LE
ROI DE ROME

L'auteur et les éditeurs déclarent réserver leurs droits de reproduction et de traduction en France et dans tous les pays étrangers, y compris la Suède et la Norvège.

Ce volume a été déposé au ministère de l'intérieur (section de la librairie) en février 1897.

DU MÊME AUTEUR :

LIBRAIRIE PLON

Le duc d'Enghien (1772-1804). 1 vol. in-8°. 1888.

Le Divorce de Napoléon. 1 vol. in-18. 1889.

Le Roman de Dumouriez. 1 vol. in-18. 1890.

Le Maréchal Ney (1815). 1 vol. in-8°. 1893.

Le baron de Cormatin (1794-1812). 1 vol. in-18. 1894.

Le théâtre de la Révolution (1789-1799). Chez Charavay. 1 vol. in-12. 1880 (*Couronné par l'Académie française.*)

Les Bijoux de madame Du Barry. Chez Charavay. 1 vol. in-32 avec gravure. 1881.

La Censure sous le premier Empire. Chez Didier. 1 vol. in-8°. 1882. (*Couronné par l'Académie française.*)

Les Almanachs de la Révolution. A la librairie des Bibliophiles. 1 vol. in-12. 1884.

LE ROI DE ROME

d'après une miniature d'Isabey, appartenant à M.me la baronne Chr. de Launay, arrière-petite fille de M.me Soufflot, sous-gouvernante du Roi de Rome.

E. Plon Nourrit & C.ie Ed.t

HENRI WELSCHINGER

LE
ROI DE ROME
(1811-1832)

Avec portrait d'après Isabey

PARIS
LIBRAIRIE PLON
E. PLON, NOURRIT et Cⁱᵉ, IMPRIMEURS-ÉDITEURS
RUE GARANCIÈRE, 10
—
1897
Tous droits réservés

INTRODUCTION

Le fils de Napoléon a porté plusieurs noms. Celui de roi de Rome, qui lui avait été attribué avant sa naissance par le Sénatus-consulte du 17 février 1810, lui fut confirmé le 20 mars 1811. Par l'article 5 du traité de Fontainebleau en date du 11 avril 1814, l'héritier de l'Empereur reçut le titre de prince de Parme, Plaisance et Guastalla. Dans la période des Cent-jours, le 23 juin 1815, il fut proclamé Empereur sous le nom de Napoléon II par la Chambre des représentants et, avec la même qualification, dans l'Adresse au peuple français votée par les deux Chambres, les 1er et 2 juillet. Enfin il fut appelé, en 1818, duc de Reichstadt par l'empereur François II, son grand-père, et mourut, en 1832, au palais de Schœnbrunn, sous ce quatrième et dernier nom.

Pour le titre de cet ouvrage, j'ai préféré restituer au prince impérial l'appellation grandiose que son père lui avait donnée, parce que, dès le premier jour, elle a été populaire, et surtout parce qu'elle me paraît accentuer la leçon philosophique que je voudrais voir sortir de mon travail, c'est-à-dire l'inanité des prétentions humaines, quand elles offensent le droit. Non content, en effet, de dérober à Pie VII le patrimoine du Saint-Siège, Napoléon avait encore voulu prendre pour son héritier le nom de la Ville sacrée dont il avait chassé le Pape, afin d'attester devant l'Europe entière sa toute-puissance sur l'Église comme sur la société. Mais ce titre pompeux ne sera qu'un titre éphémère. Moins de cinq ans après, Pie VII rentrera à Rome en souverain, tandis que l'Empereur et son fils partiront pour l'exil, démonstration saisissante du triomphe inévitable de la Justice, même lorsqu'elle a paru succomber sous les coups de la plus formidable volonté qui ait jamais fait trembler les hommes.

Une autre leçon me paraît se dégager de l'histoire que j'ai entrepris d'écrire. J'ai dit ailleurs que, la veille d'Austerlitz, Napoléon, laissant errer sa pensée sur divers sujets, était arrivé à la question des crimes politiques et avait essayé d'en tempérer l'horreur en invoquant la nécessité ou la raison d'État. C'était le meurtre du duc d'Enghien qui obsédait alors sa mémoire. Il cherchait vainement des prétextes pour se persuader qu'il avait frappé un vrai coupable. Le remords était entré dans sa conscience et ne la quittait point. L'expiation vint un jour, et elle l'atteignit au plus intime de son être. « Napoléon, disais-je, a ressenti, lui aussi, la douleur qui arrachait au duc de Bourbon des cris de désespoir... Pendant six longues années, l'Empereur allait éprouver l'affreuse angoisse de n'avoir pu élever et former lui-même ce fils tant désiré, cet espoir et cette raison de sa vie. Dans ces peines, dans ce supplice que l'on ne saurait dépeindre, il a dû souvent regretter l'arrêt implacable qu'il avait rendu contre le duc d'Enghien et reconnaître que tout crime entraîne après lui une expiation nécessaire (1). »

La vie du fils de Napoléon, qui va si rapidement du berceau à la tombe, présente, lorsqu'on y pénètre, des détails du plus haut intérêt, des faits et des enseignements graves.

---

(1) Voir *Le duc d'Enghien*, librairie Plon, 1888.

Résumez-les un instant par la pensée et dites s'ils ne méritaient pas l'attention de l'historien ?... La naissance d'un fils voulue et prédite par un Empereur auquel la nature et les hommes ne demandaient qu'à obéir, les acclamations de la France et de l'Europe entière à la venue de ce fils, son baptême solennel et les vœux des princes, des courtisans, des rois et des peuples, les premiers malheurs de l'Empire succédant aux jours de gloire, les dernières et inutiles victoires, puis les grands désastres, la déchéance et l'exil de l'Empereur, l'arrivée en Autriche et la séquestration de son fils, les intrigues et les dessous du congrès de Vienne, la tourmente des Cent-jours, la seconde abdication, puis Sainte-Hélène, l'éloignement des Français restés fidèles au roi de Rome, la suppression de tout ce qui peut lui rappeler la France, le remplacement de son nom par un nom allemand, la mort de Napoléon et les premières douleurs de l'enfant, ses désirs, ses ambitions, puis ses illusions et ses découragements, son constant amour pour son père et pour la France, ses dernières joies et ses derniers espoirs, ses vains efforts pour dompter un corps rebelle, enfin la maladie implacable, le suprême recours à Dieu, l'agonie et la mort en pleine jeunesse, n'y avait-il pas là matière suffisante pour contempler et étudier dans un seul être les pitoyables contrastes des grandeurs et des misères humaines ?

Ce qu'on ne sait pas ou presque pas, car en cette histoire la légende a jusqu'ici prédominé sur la vérité, c'est que le fils de Napoléon a, dès les premiers moments d'une maturité précoce, eu conscience de son origine, de ses devoirs, de son avenir. Il avait beaucoup appris, il avait beaucoup médité. Dans un écrit du prince, je trouve cette pensée qui montre à elle seule combien ce jeune esprit était déjà pondéré : « Si nous commençons à juger, écrivait-il, par l'impulsion de nos passions et non d'après la raison, notre esprit perd le sentiment de la vérité, et nous devenons le jouet de nos désirs. Ceci est contraire à notre dignité. » Il avait conservé l'amour du sol natal et le respect de ses gloires. Quant aux devoirs d'un souverain, il s'en était formé l'idée la plus haute, voulant une autorité puissante et ferme, capable de satisfaire au bien moral du peuple comme à tous ses besoins, préoccupée sans trêve de l'honneur et de la grandeur de la patrie. Les lettres qui nous restent de lui attestent une générosité et une élévation d'âme vraiment peu ordinaires. Le prince cherchait à s'ouvrir la carrière des armes, la seule qui, suivant lui, convînt au fils de Napoléon, car il avait la conviction que la gloire militaire serait un acheminement plus rapide vers le trône qu'il ambitionnait. Mais il se refusait à courir les aventures. Ce qu'il voulait, c'était se rendre digne de sa grande mission par un travail assidu et par une instruction profonde. Les yeux fixés sur l'avenir, il souhaitait de n'être pas surpris quand sonnerait l'heure décisive. Aussi s'apprêtait-il à s'affranchir de tout joug importun, à voir par lui-même, à être vu et à montrer partout, comme le lui avaient prescrit les dernières volontés de son père, « qu'il était né prince français ». Surveillé et observé de près par les agents de Metternich, il gardait jalousement en son cœur certains secrets. Plus d'une fois, au moment des crises politiques extérieures, des orages y grondèrent; sa physionomie demeura impassible. Cependant ces luttes pénibles finirent par briser son corps. Les souffrances morales ont en effet développé chez lui les maux physiques et les ont même aggravés. La froide détermination du chancelier autrichien qui, en détournant les occasions ainsi que les hommes propres à les seconder, s'opposa sans pitié à ses projets d'ambition, fut une des causes non discutables de son prompt dépérissement.

L'égoïsme de sa mère accrut encore ses douleurs. Comment cette princesse avait-elle pu oublier ainsi et son fils et son époux? Elle s'imagina, avec une naïveté voisine de l'impudeur, avoir le droit de rechercher d'autres affections, ne comprenant pas qu'elle ne s'appartenait plus, ayant été marquée pour une seule et même destinée. Un souvenir classique rendra ma pensée. Euripide a cru pouvoir intéresser au sort d'Andromaque en lui supposant des inquiétudes et des craintes pour la vie d'un fils qu'elle aurait eu de Pyrrhus. Racine s'en est justement étonné et a dit : « La plupart de ceux qui ont entendu parler d'Andromaque ne la connaissent guère que pour la veuve d'Hector et la mère d'Astyanax. On ne croit point qu'elle doive aimer ni un autre mari ni un autre fils, et je doute que les larmes d'Andromaque eussent fait sur l'esprit de mes spectateurs l'impression qu'elles y ont faite, si elles avaient coulé pour un autre fils que celui qu'elle avait eu d'Hector... »

Le prince Napoléon n'avait vu Marie-Louise qu'une fois. C'était en 1836, sur la grand'route près de Parme. Il était avec son père, lorsque tout à coup le roi Jérôme lui saisit la main avec une violente émotion et lui dit : « Voilà l'impératrice Marie-Louise!... Non, reprit-il, ce n'est plus l'impératrice, c'est madame Neipperg!... » Aussi le fils de Napoléon, tout en gardant à sa mère un attachement respectueux, n'a-t-il jamais pu lui témoigner une tendresse égale à celle qu'il avait vouée à son père. Il avait le culte absolu d'une mémoire sacrée, et, sans jamais prononcer un mot qui eût l'apparence d'un regret ou d'un blâme, il dut se dire plus d'une fois, avec une peine amère, que l'impératrice Marie-Louise avait disposé de sa vie contrairement à d'inviolables devoirs. Comment l'histoire ne s'attendrirait-elle pas sur les chagrins et les tortures que subit et endura ce prince, dès qu'il fut arrivé à l'âge de comprendre son infortune?

J'ai mis à profit pour mon livre les différentes pièces des Archives nationales et les dépêches du Ministère des Affaires étrangères qui m'ont été libéralement communiquées. Ayant à examiner la période historique qui s'écoule entre 1810 et 1832, et à faire l'étude des hommes et des événements de cette période, j'ai employé encore de nombreux Mémoires et des opuscules oubliés ou peu connus. Je me suis servi également des indications fournies par les journaux français et étrangers de l'époque. J'ai profité de quelques observations personnelles faites en Autriche, tout en regrettant que les archives de l'État et de la Cour soient peu abondantes aujourd'hui en documents relatifs au fils de Napoléon. Mais le voyage que j'ai fait à Vienne, à Schœnbrunn, à Baden, dans les endroits mêmes que le prince habitait ou fréquentait, m'a été fort utile pour me rendre un compte exact de sa vie intime. J'ai consulté, en outre et avec soin, la Correspondance de Marie-Louise, puis l'ancien ouvrage de M. de Montbel, sachant que M. de Metternich lui avait ouvert les Archives de la chancellerie d'État et celles de la famille impériale, alors en possession de pièces très curieuses. Mais je n'ai pas oublié que le chancelier a reconnu lui-même avoir exercé une influence décisive sur l'auteur dans toutes les parties du livre qui n'avaient pas pour objet de rendre hommage à la branche aînée des Bourbons. M. de Montbel a bien juré qu'il était demeuré indépendant; ce qui diminue un peu la valeur de son affirmation, c'est cette déclaration de Metternich faite au baron de Neumann : « Les grands points de vue politique, et surtout ce qui est relatif au bonapartisme, sont écrits sous ma direction (1)...»

---

(1) *Mémoires de Metternich*, t. V, p. 266.

La princesse Mélanie, troisième femme de Metternich, a dit aussi, dans son *Journal*, que son mari avait chargé M. de Montbel de composer cette histoire, et lui avait fourni toutes les indications nécessaires. Elle trouvait « du charme et du piquant » à voir un ancien ministre de Charles X « entreprendre de raconter au public la courte existence de ce pauvre jeune homme ». Lorsqu'elle entendit la lecture de l'ouvrage, elle se permit d'en critiquer le style. Le prince de Metternich fut plus aimable pour l'auteur, sans doute à cause de sa collaboration personnelle.

Après les pages agréables que M. Imbert de Saint-Amand, dans sa collection des « Femmes des Tuileries », a consacrées en 1885 à Marie-Louise et au duc de Reichstadt, j'ai lu avec intérêt et profit les deux excellents écrits du chevalier de Prokesch-Osten sur ses *Relations avec le duc de Reichstadt* et sur la mort de ce prince, ainsi que l'édition allemande qui contient plusieurs lettres non traduites dans l'édition française qu'a publiée son fils, le comte de Prokesch-Osten, en 1878.

MM. Antonin et Amédée Lefèvre-Pontalis, petits-fils de Mme Soufflot, qui fut nommée première dame du roi de Rome en 1811, puis devint sous-gouvernante en 1814, ont bien voulu m'ouvrir leurs archives de famille et me communiquer des documents précieux. Mme Soufflot, veuve d'André Soufflot, ancien membre du Corps législatif, consentit à l'exil en 1814 pour rester fidèle aux obligations qu'elle avait acceptées. Elle se rendit en Autriche avec sa fille Fanny, qui devint l'amie préférée du petit prince. Mme Soufflot, à son retour en France, reçut de nombreux et flatteurs témoignages de la haute estime qu'elle avait su inspirer à la Cour d'Autriche. Pour n'en donner ici qu'un exemple, la comtesse Scarampi, grande maîtresse de la duchesse de Parme, lui écrivait le 1er septembre 1817 :

« Sa Majesté a les meilleures nouvelles possibles de son auguste fils qui, à ce que le comte de Dietrichstein assure, répond parfaitement aux espérances que vous avez vues naître et que vos sollicitudes ont tant contribué à fonder en lui. »

Je remercie également Mme la baronne Chr. de Launay de m'avoir autorisé à reproduire en tête de cet ouvrage la miniature originale d'Isabey faite à Vienne en 1815, et qui est, sans contredit, le plus exact comme le plus charmant portrait du roi de Rome.

Peu de jours avant la mort du prince, un de ses amis, le comte Maurice Esterhazy se désolait de le voir disparaître sans avoir été connu et apprécié, sans avoir donné la mesure de son intelligence et de sa valeur. « Cette courte existence, disait-il, sera bientôt oubliée, ignorée un jour, et pourtant il semblait annoncer d'autres destinées. » J'ai compris ces regrets et j'ai tenu à prouver, par une étude approfondie, qu'il y avait un intérêt historique à s'occuper d'un prince français qui fut l'objet de tant de vœux et de tant d'espérances. En même temps, j'ai cru qu'après l'exposé du divorce de Napoléon, il était utile de montrer ce que l'avenir avait fait des projets ambitieux de l'Empereur. Il m'a paru nécessaire, chemin faisant, de signaler les causes de la chute du régime impérial, les machinations subtiles de ses ennemis, et plus particulièrement les intrigues et les menées du prince de Metternich, qui, usant de tous les moyens permis ou non en politique, voulut éteindre dans la lointaine captivité du père et dans l'obscurité systématique du fils le souvenir d'une alliance imposée par les circonstances, mais détestée dès son origine par l'orgueilleuse Maison des Habsbourg.

H. W.

Paris, février 1897.

LE
ROI DE ROME

CHAPITRE PREMIER

LE SÉNATUS-CONSULTE DU 17 FÉVRIER 1810.

Le 17 février 1810, trois jours après l'adhésion officielle de l'empereur d'Autriche au mariage de l'archiduchesse Marie-Louise avec Napoléon, le ministre d'État, comte Regnaud de Saint-Jean d'Angély, lisait aux sénateurs réunis en séance solennelle l'exposé des motifs du sénatus-consulte qui réunissait l'État de Rome à l'Empire. Après avoir dit que les circonstances avaient forcé l'Empereur à faire la conquête du sol romain, puis à régler l'usage de cette conquête; après avoir accusé la Papauté d'être la cause volontaire de ce qu'il appelait une révolution, le ministre félicitait Napoléon de placer une seconde fois sur sa tête la couronne de Charlemagne. Il dévoilait ensuite la pensée maîtresse de son souverain : « Il veut, disait-il, que l'héritier de cette couronne porte le titre de roi de Rome; qu'un prince y tienne la Cour impériale, y exerce un pouvoir protecteur, y répande ses bienfaits en y renouvelant la splendeur des arts. » L'article 7 du sénatus-consulte, que le Sénat s'empressa de voter sans opposition comme tous les autres articles, était ainsi libellé : « Le prince impérial porte le titre et reçoit les honneurs de roi de Rome. »

Ainsi ce n'était pas assez pour l'Empereur de vouloir ressembler par sa puissance et par sa gloire à Charlemagne; il tenait encore à prendre, pour le donner à son héritier, un titre analogue à celui que la Papauté avait rétabli pour le roi des Francs. Après la dissolution de l'empire carlovingien, le titre d'Empereur des Romains ou de Chef du Saint-Empire romain était resté attaché au monarque appelé par le choix de la Diète à gouverner l'Allemagne. A partir du règne de Frédéric III, la dénomination d'Empereur élu d'Allemagne et de Chef du Saint-Empire échut, par succession, aux princes de la Maison d'Autriche. Le 6 août 1806, par suite du protectorat de l'empereur des Français imposé à la Confédération germanique, François II dut renoncer à la couronne d'Allemagne, prit le titre d'empereur héréditaire d'Autriche sous le nom de François Ier et perdit la qualification solennelle de « Chef du Saint-Empire romain, Avocat et Chef temporel de la Chrétienté » dont ses ancêtres avaient été honorés. C'est donc intentionnellement, et afin de diminuer encore le prestige de la Maison d'Autriche, que Napoléon avait choisi le titre de roi de Rome pour le futur prince impérial (1). Il avait substitué le nom de roi à celui d'empereur par une transformation empruntée aux Grecs byzantins qui traduisaient en Βασιλεύς le mot *Imperator*. On peut croire aussi que dans sa pensée l'appellation de « Roi de Rome » lui paraissait plus précise, plus complète, plus autoritaire que celle d'Empereur des Romains. Il se plaisait d'ailleurs, lui qui vivait dans les grands souvenirs classiques et qui tenait à frapper les imaginations par la majesté de l'histoire ancienne, à rétablir pour son héritier le titre qu'avaient porté Romulus et ses successeurs. Mais il détruisait ainsi les illusions de ceux qui le croyaient disposé à séparer un jour la couronne d'Italie de la couronne de France, puis il inquiétait le roi Murat sur le maintien de sa propre couronne et il enlevait à son meil-

---

(1) La Constitution impériale du 28 floréal an XII (18 mai 1804) disait dans l'article IX que « le fils aîné de l'Empereur porte le titre de prince impérial ». A ce moment, Napoléon espérait encore avoir des enfants de Joséphine. Mais quand il a divorcé, il se croit sûr d'avoir un fils, et il substitue au titre de « prince impérial » celui de « Roi de Rome ». Cependant le sénatus-consulte du 5 février 1813, relatif à la régence, parlait du « prince impérial, roi de Rome ».

leur serviteur, le prince Eugène, tout espoir d'en obtenir une.

Donc, plusieurs semaines avant le mariage autrichien et de longs mois avant la naissance d'un fils, Napoléon décrétait qu'il aurait un héritier et que cet héritier occuperait dans la ville des Papes la place prépondérante ; qu'il en serait le roi et qu'il en recevrait les honneurs. Il décrétait cela au moment même où Pie VII, arraché de sa capitale, était devenu son prisonnier. Que dire d'une telle confiance et d'une telle audace ? Si elles nous surprennent, nous qui examinons les événements près d'un siècle après leur réalisation, comment les contemporains, qui virent les faits eux-mêmes répondre aux volontés de Napoléon, n'auraient-ils pas été frappés et stupéfiés par une telle puissance ? Il leur semblait y apercevoir quelque chose de surhumain ; aussi les plus sceptiques s'étonnaient-ils d'une pareille fortune. Tout, d'ailleurs, avait été si merveilleux dans sa vie que Napoléon se croyait lui-même placé en dehors des conditions imposées aux autres hommes. Il en était arrivé à ne plus admettre la moindre opposition à ses volontés, à ses caprices. Il s'était fait une loi de tout vouloir, de tout oser. Tout devait lui obéir. La religion, comme les autres institutions, n'avait qu'à s'incliner devant ses ordres. Et si elle se permettait la plus simple résistance, elle serait frappée et asservie.

L'article 10 du sénatus-consulte stipulait que les Empereurs, après avoir été couronnés à Notre-Dame de Paris, le seraient à Saint-Pierre de Rome avant la dixième année de leur règne. Comment ne pas faire observer, avant tout développement, que le roi de Rome, ayant à peine atteint l'âge de quatre ans, n'aura déjà plus de couronne et ne sera plus pour l'Europe qu'un prince autrichien ?... Ainsi devaient s'évanouir les exigences impérieuses de celui qui se croyait le maître des rois. C'est en vain que Napoléon avait prétendu s'arroger un pouvoir sans contrôle et sans limites. C'est en vain que, dans le même sénatus-consulte, il avait fait donner au titre second cette rédaction orgueilleuse : « *De l'indépendance du trône impérial de toute autorité sur la terre.* » Il devait plier, lui comme les autres, sous l'action non pas du sort, car ce serait donner de l'importance à ce mot, mais sous l'action d'une volonté supérieure. Il avait dit dans l'article 12 : « Toute souveraineté étrangère est incompatible avec l'exercice de toute autorité spirituelle dans l'intérieur de l'Empire. » Il avait voulu restreindre l'autorité papale, en édictant par l'article 13 du même sénatus-consulte que les Papes prêteraient serment, lors de leur exaltation, de ne jamais rien faire contre les quatre propositions de 1682 (1). Il avait projeté en même temps d'écrire à Pie VII une lettre où il lui manifesterait avec hauteur son exécration pour les principes des Jules, des Boniface et des Grégoire. « C'est à Votre Sainteté à choisir, disait-il orgueilleusement. Moi et la France, nous avons choisi. » Quoique cette lettre, après réflexion, n'ait pas été expédiée, elle existe cependant et elle jette un jour singulier sur la politique impériale (2). D'après ses termes, il fallait que le Pape fût dépendant de l'Empereur, pour que celui-ci consentît à le traiter avec les honneurs dus à un prince vassal. En échange de sa soumission, en compensation du rapt de son territoire, Napoléon lui offrait, par le sénatus-consulte du 17 février, des palais partout où il voudrait résider et deux millions de revenus. On sait qu'au fur et à mesure que le différend s'accentuera entre l'Empire et l'Église, l'Empereur diminuera les revenus promis, si bien que Pie VII finira par vivre de quelques écus et sera réduit à raccommoder de ses propres mains ses pauvres vêtements.

Maintenant, si l'on veut être fixé sur l'événement précis qui va rendre plus aigu encore le conflit entre la Papauté et l'Empire, il faut se reporter au mariage de Napoléon avec l'archiduchesse Marie-Louise. C'est, en effet, ce mariage glorieux qui poussera l'Empereur à outrer ses violences contre le Pape. L'Officialité diocésaine de Paris avait eu la faiblesse de

---

(1) Le 25 février 1810, il avait décrété que l'édit de Louis XIV sur la Déclaration du clergé de France, donné au mois de mars 1682, était loi de l'Empire.

(2) *Correspondance de Napoléon*, t. XX, p. 195.

céder aux exigences de l'Empereur et de consentir à déclarer nulle son union avec l'impératrice Joséphine, quoique le cardinal Fesch eût célébré cette union en pleine validité, avec toutes les dispenses accordées en connaissance de cause par Pie VII. L'Officialité de Vienne, après une timide résistance, avait renoncé à examiner la sentence illégale d'annulation, et le comte de Metternich s'était empressé d'annoncer à Paris que son maître avait donné son consentement au mariage de sa fille avec Napoléon, tant il redoutait que l'empereur des Français, par un nouveau caprice, ne se désistât et ne fit un autre choix préjudiciable aux intérêts de l'Autriche (1). Dès ce moment solennel, impatiemmment attendu par lui, moment où sa puissance se manifestait dans tout son éclat, Napoléon ne devait plus garder le moindre ménagement avec le Saint-Père. Délivré des préoccupations d'une guerre contre l'Autriche, satisfait de la paix de Vienne, il avait songé « à finir les affaires de Rome » par un sénatus-consulte catégorique. C'est pourquoi il faisait dire par son ministre que la nécessité l'avait amené à mettre la main sur les États pontificaux. Regnaud de Saint-Jean d'Angély arrangeait les faits à sa façon. Il rappelait le refus de Pie VII d'armer la citadelle d'Ancône lorsque la flotte anglaise menaçait l'Italie vers l'Adriatique, le fanatisme de la cour de Rome qui excitait les Italiens contre la France, et il tenait à constater que « le domaine de Charlemagne avait dû rentrer dans les mains d'un plus digne héritier ». Il disait cela en termes empreints de la plus solennelle emphase. Cette phraséologie n'a rien qui étonne. Chaque fois, en effet, qu'un despote viole le droit, il est assuré de trouver un courtisan qui l'approuve et qui essaye toujours de donner à ses actes iniques l'apparence trompeuse de l'équité. Regnaud de Saint-Jean d'Angély, qui n'en était pas à sa première harangue adulatrice, glorifiait donc la politique spoliatrice de Napoléon au sujet de l'ancien patrimoine des Césars. Il voyait déjà son maître réparant les

(1) Voir pour le détail mon ouvrage sur *Le Divorce de Napoléon*, librairie Plon, 1889.

fautes de la faiblesse et faisant de Rome, naguère chef-lieu d'un petit État, une des capitales du grand empire. « Elle remontera plus haut, disait-il, qu'elle n'a jamais été depuis le dernier des Césars. Elle sera la sœur de la ville chérie de Napoléon. Il s'abstint, aux premiers jours de sa gloire, d'y paraître en vainqueur. Il se réserve d'y paraître en père... » Or, Napoléon n'entra pas à Rome. Cependant il en exprima plusieurs fois le désir. Il ne put jamais le réaliser.

L'Empereur veut donc consommer la ruine politique de la Papauté et ne lui laisser que l'apparence du pouvoir spirituel (1). Ordre est donné par lui aux évêques qui se rendront à Savone auprès du Pape pour essayer de lui arracher l'abandon de ses prérogatives, de mettre leurs paroles et leur conduite d'accord avec l'Acte officiel du 17 février. « Tout le sénatus-consulte, dira Napoléon, et rien que le sénatus-consulte (2). » Le comte d'Haussonville a fait judicieusement observer qu'aucun cabinet étranger ne protesta contre l'usurpation qui transformait Rome en seconde ville de l'Empire. Ainsi l'Autriche, qui aurait dû, avant les autres puissances, présenter des observations, ne dit mot. Elle était trop préoccupée du mariage de l'archiduchesse Marie-Louise avec l'empereur des Français, et ce n'est point même pour sauvegarder les droits du Saint-Père qu'elle eût alors soulevé le moindre conflit. Tout s'incline donc devant l'Empereur. Il commande aux hommes; il semble même commander à la nature. Des courtisans comme Séguier, Carion-Nisas et François de Neufchâteau vont en faire presque un dieu. Enfin Napoléon épouse Marie-Louise devant la France et l'Europe étonnées. Le nouvel empereur d'Occident plie à ses volontés l'ancien empereur d'Allemagne. Les rois, les princes, les membres des plus grandes familles du monde se disputent ses faveurs et ses

---

(1) Il en sera de ce dessein comme des autres qui avaient pour but de détruire l'autorité du Saint-Siège. La parole du Psalmiste deviendra une prophétie : « *Cogitaverunt consilia quæ non potuerunt stabilire* »; et la menace qu'elle contient produira ses terribles effets : « *Fructum eorum de terra perdes et semen eorum a filiis hominum.* »

(2) *Correspondance de Napoléon*, t. XX, page 198

sourires. Avec une mansuétude inouïe, le Pape oublie tout. Il souhaite que celui qui l'a spolié et emprisonné soit heureux. Il le souhaite pour le repos du monde, pour le bien de la religion (1). Il voudrait même que le mariage autrichien, cet événement imprévu, ce mariage illégalement conclu, consolidât la paix continentale. A ces vœux si généreux Napoléon répond par la destruction des Ordres religieux dans les départements de Rome et de Trasimène, par la saisie des biens des évêques qui ont refusé de prêter serment, par d'autres violences encore. Et comme Pie VII persiste à ne pas lui céder sur le point capital de l'institution canonique, il s'en prend directement à lui. Il le fait souffrir dans sa personne et dans son entourage; il réduit presque à rien l'état de sa maison; il lui interdit toute correspondance et toute relation avec le dehors, il fait fouiller ses tiroirs et ses papiers, et saisir jusqu'à son bréviaire et son anneau. Puis, après ces odieux traitements, il osera accuser sa victime de négliger « la douceur et les bonnes manières qui auraient pu réussir auprès de lui (2) », et il menacera l'Église de s'emparer du reste de son temporel. Napoléon espère que, mis en face de violences qui ne feront que s'aggraver, le Pape, effrayé, souscrira à la suppression de son pouvoir temporel, à la réunion des États romains à l'Empire, à l'établissement, soit à Paris, soit à Avignon, d'une Papauté dépendante de l'autorité impériale. Il se trompe. Partout la politique de César sera mise en échec par un vieillard débile, abandonné de tous et livré à lui-même.

Telle est la situation exacte au lendemain du nouveau mariage de Napoléon. Il était nécessaire de l'exposer sommairement pour dissiper toutes les illusions que peut causer à cette date la fortune inouïe du vainqueur de Wagram; pour montrer la mine qui se creuse déjà sous l'édifice superbe de l'Em-

---

(1) Voir l'entretien du comte de Lebzeltern avec Pie VII, le 16 mai 1810. Cf. *Le Divorce de Napoléon*, p. 231, note.

(2) Voir *Pièces justificatives* du tome III de l'ouvrage du comte D'HAUSSONVILLE, *L'Église romaine et l'Empire*.

pire et qui, dans quelques années, fera crouler de fond en comble le régime lui-même.

Tout en adoptant une politique résolument hostile au Saint-Siège, l'Empereur affectait cependant de respecter le pouvoir spirituel du Pape. Il prétendait n'avoir d'autre but dans ses actes que la gloire de la religion et l'autorité de l'Église, en même temps que la force de l'Empire et l'indépendance du trône (1). Aussi c'est à l'Église qu'il va s'adresser officiellement pour la prier de répandre ses bénédictions sur la nouvelle Impératrice. Lorsqu'il eut acquis la certitude que Marie-Louise allait devenir mère, Napoléon fit envoyer à tous les évêques de France et d'Italie une lettre pour leur annoncer l'heureuse nouvelle et les inviter à prescrire des prières spéciales pour l'Impératrice. « Cette preuve de la bénédiction que Dieu répand sur ma famille, écrivait-il à la date du 13 novembre 1810, et qui importe tant au bonheur de mon peuple, m'engage à vous faire cette lettre pour vous dire qu'il me sera agréable que vous ordonniez des prières particulières pour la conservation de sa personne... (2). » Les évêques répondirent unanimement à ce désir. Voici comment, entre autres, l'évêque de la Rochelle, Mgr Paillon, annonçait l'heureuse nouvelle à ses ouailles : « Le mariage de l'archiduchesse Marie-Louise avec Napoléon le Grand, Nos très chers Frères, est sans doute un de ces événements historiques dont il serait difficile de calculer les résultats. L'Europe, ébranlée depuis vingt ans, va prendre une assiette solide, et tout lui promet que les ferments de discorde qui nous ont agités, disparaîtront pour jamais sous l'égide d'une si auguste alliance. Puisse le Tout-Puissant, avions-nous dit, bénir par une heureuse fécondité cette union, l'assurance de notre bonheur ! Aujourd'hui nous venons, au nom de la religion, vous inviter à des sentiments d'allégresse. Nos vœux sont sur le point d'être exaucés... » L'évêque de la Rochelle invitait en conséquence les fidèles à remercier Dieu d'une telle

---

(1) *Correspondance de Napoléon*, t. XX, p. 196 et 262.
(2) Archives nationales. F¹ᶜ 105.

grâce, et il ordonnait à ses prêtres de dire à toutes les messes l'oraison spéciale, en y ajoutant ces mots : « *Pro Famula tua Maria Ludovica, Imperatrice nostra* », jusqu'à l'époque de son heureuse délivrance(1). Le cardinal Maury ordonna également des prières pour attirer la bénédiction divine « sur le premier fruit d'un mariage à jamais mémorable (2) ». L'évêque d'Angers, Mgr Charles Montault, après avoir constaté dans son mandement que les vœux de la famille impériale et les siens étaient exaucés, prescrivit de dire l'oraison *Pro laborantibus in partu,* ce qui parut choquer le ministre des cultes. Bigot de Préameneu fit observer que cette prière ne lui semblait pas la prière convenable (3). Il s'en tint à un blâme sévère qui indiquait, chez un ministre, fort instruit du reste, une certaine ignorance de la liturgie catholique. L'évêque de Nantes, Mgr Duvoisin, qui était pourtant en faveur à la Cour, s'attira également des observations. Il avait ordonné, comme les autres évêques, l'oraison spéciale, lorsque le sous-préfet de Savenay, qui se vantait de savoir encore le latin, crut y trouver une formule offensante pour la majesté impériale. Ce latin d'Église, murmuré aux oreilles du comte Réal, parut au vieux jacobin, devenu courtisan exalté, un latin inconvenant. Sur sa demande, on se livra à une enquête. Or, le conseiller de préfecture, qui faisait fonction de préfet, informa bientôt le ministre des cultes qu'il avait consulté un prêtre discret et savant, lequel lui avait fait lire cette oraison dans le missel parisien de 1762 (4). Il n'y avait donc là rien d'extraordinaire, et l'on ne pouvait faire de reproches à un prélat qui s'était conformé aux rites ecclésiastiques et qui, d'ailleurs, avait donné plus d'une preuve d'attachement et de dévouement à l'Empereur. Le conseiller aurait dû ajouter, mais il ne l'osa pas, qu'à côté

---

(1) Archives nationales, F^{ic} 105.
(2) *Ibid.*
(3) *Ibid.*
(4) Elle se trouvait déjà dans le *Missel parisien* édité par Mgr de Vintimille en 1738, parmi les *Orationes ad diversa.* C'est la même oraison que prescrivit à toutes les églises de son diocèse, pour l'impératrice Eugénie, l'archevêque de Paris, Mgr Sibour, en 1855.

de l'oraison incriminée s'en trouvait une autre que Napoléon aurait pu faire dire pour obtenir un fils (1), ainsi que le faisaient les rois, dont il imitait volontiers les usages, et qui suppliaient Dieu de leur donner un héritier pour la perpétuité de leur dynastie et la paix de la France. Mais il avait décrété par un Sénatus-consulte qu'il aurait un fils, et dès lors il lui semblait inutile de recourir aux prières de l'Église. Cependant il demandait d'autres prières quelque temps après. Ce sont là des contradictions bizarres auxquelles Napoléon était sujet assez souvent et qu'il ne prenait pas la peine d'expliquer. Les Israélites reçurent également la circulaire du ministre des cultes. Aussi le Consistoire central, en ordonnant des prières dans toutes les synagogues, fit-il savoir que la miséricorde divine avait exaucé les vœux de la France et de l'Europe. Les poètes tinrent à prendre part, eux aussi, à ces vœux solennels. Parmi les plus enthousiastes, il faut citer Casimir Delavigne et Legouvé, professeur au Collège de France et membre de l'Institut, qui traduisit en vers français un poème latin composé par son collègue Lemaire, professeur de poésie latine à l'Université (2). Ce poème était écrit avec une ardeur que Bigot de Préameneu regrettait naïvement de n'avoir pas trouvée dans les mandements épiscopaux. Mais toutes ces démonstrations n'étaient rien à côté des transports qu'allait soulever la naissance du roi de Rome.

(1) C'est l'oraison *Pro impetrando Delphino*.
(1) *Carmen in proximum et auspicatissimum Augustæ Prægnantis partum, scribebat N. E. Lemaire, Kalendariis januariis* 1811.

CHAPITRE II

LA NAISSANCE ET LE BAPTÊME DU ROI DE ROME.

Nul n'avait paru plus heureux que M. de Metternich, au moment de la conclusion du mariage de l'archiduchesse Marie-Louise avec Napoléon. Depuis 1807, en effet, il méditait une alliance de famille entre la maison des Habsbourg et l'empereur des Français, afin d'arrêter les coups qui menaçaient l'existence même de l'Autriche. Aussi, le soir du mariage, M. de Metternich, qui avait accepté à dîner avec Regnaud de Saint-Jean d'Angély, de Barante et autres courtisans dans une salle du Conseil d'État, s'était-il avancé au balcon et, devant une foule enthousiaste, avait-il porté ce toast, un verre de champagne à la main : « Au roi de Rome ! » Barante, qui rapporte cet incident, déclare que les convives demeurèrent un moment surpris et que Regnaud de Saint-Jean d'Angély lui dit tout bas : « Nous ne sommes pas encore aussi courtisans que M. de Metternich. » M. Albert Vandal nous donne l'explication de cette observation ironique : « La maison d'Autriche avait revendiqué jusqu'au lendemain d'Austerlitz comme une distinction purement honorifique, mais conservée avec un soin jaloux, la couronne des Romains. Par cette reconnaissance anticipée d'un titre qui lui avait été ravi, elle semblait légitimer l'usurpation, abdiquer en faveur du nouvel Empire ses plus insignes prérogatives et l'établir dans ses droits. Cet acte d'audacieuse déférence retentit par toute l'Europe (1). » Il ne faut pas oublier non plus, comme je l'ai mentionné plus

(1) *Napoléon et Alexandre*, t. II, p. 318.

haut, que, lorsque la Confédération des États du Rhin prit Napoléon pour protecteur, François II renonça au titre d'empereur élu d'Allemagne et à la dignité de chef du Saint-Empire romain.

Le souhait flatteur de M. de Metternich s'était réalisé, et, le 20 mars 1811, Napoléon informait solennellement François II de la naissance du prince impérial. L'accouchement de l'Impératrice avait eu lieu dans les plus grandes angoisses, mais s'était heureusement terminé avec le plus grand succès. L'enfant se portait parfaitement bien. « Ce soir, à huit heures, disait l'Empereur, l'enfant sera ondoyé. Ayant le projet de ne le faire baptiser que dans six semaines, je charge le comte Nicolaï, mon chambellan, qui portera cette lettre à Votre Majesté, de lui en porter une autre pour le prier d'être le parrain de son petit-fils. Votre Majesté ne doute pas que, dans la satisfaction que j'éprouve de cet événement, l'idée de voir perpétuer les liens qui nous unissent ne l'accroisse considérablement... » L'empereur d'Autriche répondit par de vives félicitations personnelles et envoya l'un des grands officiers de sa cavalerie, le comte Clary, avec la mission de remettre au roi de Rome le collier en diamants de tous les ordres autrichiens. Il dit dans sa lettre à Napoléon que si les souffrances de Marie-Louise avaient été grandes, le bonheur d'avoir rempli les vœux de Napoléon et de ses peuples l'avait complètement dédommagée.

Le *Moniteur* du 21 mars contenait, à la date du 20, cet avis solennel : « Aujourd'hui 20 mars, à neuf heures du matin, l'espoir de la France a été rempli. Sa Majesté l'Impératrice est heureusement accouchée d'un prince. Le roi de Rome et son auguste Mère sont en parfaite santé. » En présence de l'Empereur, de Madame Mère, de la reine d'Espagne, de la reine Hortense, de la princesse Pauline, du prince Borghèse, du prince archichancelier, le procès-verbal de la naissance fut dressé par le comte Regnaud de Saint-Jean d'Angély. Le grand-duc de Wurtzbourg et le vice-roi d'Italie servaient de témoins. Lorsque le procès-verbal eut été signé, le roi de Rome, précédé par les officiers de son service et suivi par un colonel général de la garde, fut porté par la comtesse de Montesquiou, gouvernante des enfants de France, dans son appartement. L'Empereur reçut ensuite les félicitations des princes, des grands dignitaires et des ministres. Des pages furent chargés d'aller apprendre la bonne nouvelle au Sénat, au conseil municipal de Paris, au Sénat d'Italie, aux corps municipaux de Milan et de Rome. Le duc de Cadore, ministre des affaires étrangères, dépêcha des courriers extraordinaires aux ambassadeurs et ministres de l'Empereur dans les cours de l'Europe. Des lettres personnelles de Napoléon furent portées aux princes et princesses de sa famille. Enfin des messagers se rendirent dans tous les départements. Le prince de Wagram, major général de l'armée, ordonna de tirer dans les grandes villes les mêmes salves qu'à Paris. Le duc de Feltre, ministre de la guerre, donna des ordres semblables pour toutes les villes de guerre et les pays occupés, et le comte Decrès, ministre de la marine, prescrivit les mêmes mesures pour les différents ports.

Toute la nuit qui avait précédé la délivrance de l'Impératrice, les églises de la capitale s'étaient remplies d'une foule immense qui priait pour Marie-Louise et Napoléon. Lorsque le vingt-deuxième coup de canon annonça à la population la naissance du fils tant désiré, ce fut une allégresse universelle. L'enfant était venu au monde presque inanimé. Napoléon le crut mort et ne proféra pas un mot. Il ne songeait qu'à l'Impératrice et aux souffrances qu'elle venait de subir. Tout à coup le roi de Rome jeta un cri, et l'Empereur, sortant de son mutisme et de ses angoisses, vint embrasser cet enfant, ce fils qui était la consécration définitive de son Empire. Les chirurgiens Dubois, Corvisart, Bourdier et Ivan, Mmes de Montesquiou, de Montebello et de Luçay, plusieurs dames de la cour et l'archichancelier Cambacérès avaient été présents à la délivrance. Lorsque la foule se répandit en clameurs enthousiastes, Napoléon vint se placer à une fenêtre du palais et écarta les rideaux pour jouir de la joie générale. Ce spectacle l'attendrit au point qu'il versa de grosses larmes et qu'il vint de nouveau embrasser son fils. « Un instant après la naissance du Roi, raconte M. de Bausset alors préfet du Palais, je le vis porté sur un carreau par Mme de Montesquiou. Les petites plaintes qu'il poussait encore nous firent un plaisir extrême, puisqu'elles annonçaient la force et la vie (1). »

On déposa l'enfant impérial dans le berceau offert quinze jours avant la naissance par la ville de Paris. C'était une très belle œuvre d'art, dont Prud'hon avait composé le dessin, Roguet fait le modelé, Thomas et Odiot l'exécution définitive Entouré d'un triple rang de lierre et de lauriers, d'ornements en vermeil sur fond de velours nacarat, formé de balustres de nacre et semé d'abeilles d'or, ce magnifique berceau était supporté par quatre cornes d'abondance auprès desquelles se tenaient les génies de la Force et de la Justice. La Gloire soutenait la couronne triomphale au milieu de laquelle brillait l'étoile de Napoléon. Au pied du berceau un jeune aigle fixait cette étoile et semblait vouloir s'élever jusqu'à elle. Un large rideau de merveilleuses dentelles brodées d'or recouvrait cette couchette artistique que les hasards de la fortune ont amenée et retenue à Vienne (2).

Le 20 mars, à neuf heures du soir, le roi de Rome fut ondoyé dans la chapelle des Tuileries, en présence de l'Empereur, du grand-duc de Wurtzbourg et du prince Eugène, des princes et des dignitaires, de cardinaux et d'évêques. L'ondoiement fut fait par le cardinal Fesch, assisté du prince de Rohan, premier aumônier, « le seul de son nom qui, dès le premier moment, s'était hâté de s'offrir (3) ». La cérémonie se termina par le *Te Deum*, pendant lequel le roi de Rome, dont le duc de Conegliano soutenait le manteau, fut reconduit dans ses appartements. Puis le comte de Lacépède, grand chancelier de la Légion d'honneur, et le comte Marescalchi,

---

(1) *Mémoires*, t. III.
(2) M. Amédée Lefèvre-Pontalis, ancien député, possède le voile de dentelles qui couvrait le dessus du berceau. Il le tient de sa grand'mère, Mme Soufflot, sous-gouvernante du Roi.
(3) Voir sa lettre à Napoléon, en date du 18 février 1810.

grand chancelier de la Couronne de fer, déposèrent sur son berceau les grands cordons de ces deux ordres. Ceux de l'empire d'Autriche avaient déjà été apportés par M. de Metternich en personne. Un feu d'artifice et de splendides illuminations terminèrent cette mémorable soirée. Le lendemain, le général Hulin, le même qui avait présidé le simulacre de tribunal à Vincennes le 21 mars 1804, adressait un rapport enthousiaste au ministre de la guerre sur la joie de la capitale au vingt-deuxième coup de canon qui avait annoncé la naissance du fils de l'Empereur (1). Des bulletins, affichés dans tout Paris et autour desquels se groupait une foule anxieuse, donnaient les moindres détails sur la santé du précieux enfant. L'impératrice Joséphine avait eu la bonté de féliciter elle-même Napoléon de cet heureux événement, et l'Empereur, en la remerciant, lui dit qu'il espérait bien que son fils remplirait sa destinée. Cette phrase, qu'un prochain avenir allait si étrangement souligner, il la répéta aux sénateurs qui lui apportaient leurs vœux et leurs félicitations. C'était à qui saluerait avec le plus d'empressement son heureuse fortune. Le Conseil d'État se montra aussi enthousiaste que le Sénat. Le corps diplomatique se répandit en compliments et en adulations. Quant au comte Garnier, président du Sénat, il ne crut pas sa tâche terminée et alla prononcer un discours au pied du berceau du roi de Rome, puis il offrit ses hommages et ses éloges à la gouvernante (2).

Napoléon n'oublia point l'Église en cette circonstance. Le 20 mars, il avait fait adresser aux évêques une lettre qui leur prescrivait de chanter le *Te Deum* pour remercier le ciel de lui avoir donné un fils qui allait fixer les destinées de l'Empire. Cette lettre brève, qui a la forme d'une circulaire, avait remplacé un projet de lettre plus étendue et qu'il importe de connaître, car elle jette un nouveau jour sur les véritables

(1) Archives nationales, AF^{IV} 1097.
(2) Sur sa proposition, le Conseil d'administration du Sénat vota une pension viagère de dix mille francs au page Berton de Sambuy qui était venu apporter aux sénateurs la nouvelle de la naissance du roi de Rome.

sentiments de Napoléon à l'égard du Saint-Siège. L'Empereur se félicitait de la venue d'un fils, héritier de son pouvoir. « Le roi de Rome, disait-il, lorsqu'il montera sur le trône, consolidera ce que nous avons fait. Il saura que la religion est la base de la morale, le fondement de la société et le plus ferme appui de la monarchie. » Venaient ensuite d'étranges considérations. « Il saura que la doctrine de Grégoire VII et de Boniface, doctrine destructive de la religion de Jésus-Christ, et qui portait les Papes à s'ingérer dans les affaires temporelles, doit être proscrite. Il n'oubliera pas que le fils de Charlemagne fut, à l'instigation des Papes, privé de son trône, de son honneur et de sa liberté. Ne tenant sa couronne que de Dieu, et soutenu par l'amour de ses peuples, il contiendra, il repoussera les hommes impies qui, abusant des choses les plus sacrées, voudraient fonder un empire temporel sur une influence spirituelle ; il protégera l'Église, il en suivra les dogmes ; il ne souffrira jamais aucune entreprise contre l'indépendance de son trône et aucune influence étrangère dans le sein de l'Église, si ceux qui seront appelés à l'exercer ne contractent l'obligation de ne rien faire dans ses États de contraire à la doctrine et aux privilèges de l'Église gallicane, conformes aux vrais dogmes et à la vraie religion de Jésus-Christ (1). » Après y avoir réfléchi, et probablement sur les sages conseils de son ministre des cultes, Bigot de Préameneu, Napoléon s'en tint à une missive plus simple où il se bornait à ordonner le chant du *Te Deum*. Les évêques se conformèrent à cet ordre. La plupart remercièrent Dieu de la naissance d'un héritier de l'Empire et y virent pour la France et l'Europe le gage de la paix. Invités, eux aussi, à s'associer à la joie de l'Empereur, les consistoires réformés prescrivirent des prières pour Napoléon et son fils.

A l'étranger, les démonstrations ne furent pas moins éclatantes qu'en France. A Milan, Turin, Naples, Venise, Rome, Amsterdam, Bruxelles, Francfort, Bade, Darmstadt, Wurtz-

---

(1) Archives nationales, AF_{IV} 1453.

bourg, Munich, Dusseldorf, Berne, Berlin, Trieste, Stockholm, partout enfin, ce ne fut que salves d'artillerie, illuminations, ovations, acclamations. A Vienne, on attendait avec impatience la nouvelle de la délivrance de Marie-Louise. Une correspondance de cette ville, en date du 26 mars, nous apprend que le dimanche 24, la dépêche reçue par l'ambassadeur de France causa une joie générale. Le 25, un courrier spécial apporta au palais impérial la nouvelle officielle, et l'Empereur d'Autriche ordonna pour le lendemain grand cercle à la cour, puis des représentations gratuites sur tous les théâtres afin d'associer le peuple à la joie du souverain.

Les théâtres de Paris s'étaient ingéniés à flatter Napoléon. L'Opéra avait donné le *Berceau d'Achille* de Dumaniant et Kreutzer, composé et appris en quelques jours, ce qui fut considéré « comme une sorte de prodige ». L'Opéra-Comique représentait le *Berceau* de Pixérécourt; le Théâtre-Français, la *Gageure imprévue* de Désaugiers; les Variétés, la *Bonne Nouvelle* de Genty. Achille, Mars, Vénus, tous les dieux de l'Olympe furent mis à contribution sur les autres scènes. Les auteurs, qui s'étaient préparés à tout événement et voulaient arriver en temps opportun, avaient pris la précaution d'écrire à l'avance un double dénouement, l'un pour la naissance d'un fils, l'autre pour la naissance d'une fille (1). Les poètes s'étaient, eux aussi, piqués d'émulation, et le censeur Sauvo, qui examina leurs œuvres, daigna parfois y reconnaître le tribut de l'admiration, de la reconnaissance et de l'amour. Il signala entre autres les compositions de Davrigny, Michaud, Baour-Lormian, de Treneuil, Delrieu, Vigée et Briffaut, fournisseurs attitrés de l'*Almanach des Muses*. J'ai lu tous ces poèmes. Il est impossible de rien imaginer de plus médiocre, de plus banal. Que dire des autres qui pullulèrent à l'envi? Que dire de ces milliers d'odes, de ballades, de sonnets, d'idylles, de stances, de cantates et d'églogues?... L'indulgence de l'Empereur fut grande, car tous ces vermisseaux de lettres reçurent

(1) Voir dans mon ouvrage *La Censure sous le premier Empire* les pages 250 à 252, relatives à ce sujet.

près de cent mille francs de gratification, distribués par les mains délicates du ministre de la justice, transformé pour le moment en Apollon (1). Les musiciens reçurent aussi leur part de cette manne généreuse (2). M. de Montalivet, ministre de l'intérieur, avait été chargé de présenter un compte rendu détaillé de toutes ces productions. Il dut constater qu'en général les intentions étaient excellentes, mais les compositions bien mauvaises. Il eut alors l'idée d'associer l'Université aux fêtes de la naissance du roi de Rome et rappela les précédents de 1661 à 1781 pour la naissance des Dauphins. Il cita le compliment du dernier recteur, M. Charbonnel, qui vivait encore et qui avait dit au premier fils de Louis XVI : « Monseigneur, vous avez été longtemps l'objet de nos désirs. Vous l'êtes maintenant de nos espérances. Puissions-nous l'être un jour de vos bontés, comme vous le serez sans cesse de notre amour. » On ne pouvait, en réalité, conjuguer plus élégamment le verbe « être ». L'Empereur repoussa le projet de harangue à l'enfant qui lui parut ridicule et n'admit qu'une chose : la célébration d'un *Te Deum,* auquel l'Université, les lycées et les collèges assisteraient (3).

On se pressait, on s'étouffait presque aux Tuileries pour avoir des nouvelles de la santé du roi de Rome. Dans les listes qui figuraient à l'entrée des appartements on trouve les signatures de la plus grande partie des représentants de la noblesse française. Les adresses pleuvaient par milliers. Cahiers bleus, cahiers roses, cahiers dorés, cahiers ornés de dessins à la plume, écrits par les meilleurs calligraphes, tout cela est encore aux Archives nationales. Militaires, magistrats, professeurs, fonctionnaires de tout rang, avocats, écrivains, jeunes gens, jeunes filles, enfants, tous se réunissent pour apporter des félicitations, des compliments, des vœux enthousiastes. Les grandes villes se joignent à ce concert de

(1) Archives nationales, F^{ic} 105.
(2) L'un d'eux, un Allemand, Schmitz, avait dû se donner bien du mal pour composer certaines *Réflexions musicales sur les douleurs de l'enfantement.* (Archives nationales, AF^{IV} 1453.)
(3) Archives nationales, AF^{IV} 1290.

louanges (1). Les diplomates offrent, eux aussi, leur tribut. Pour ne donner qu'un exemple, le marquis de Gallo écrit de Naples à l'Empereur, le 10 avril : « Voilà donc accomplis les vœux de votre cœur, Sire, et les voilà remplis par la plus grande et la plus adorable princesse qui fût digne de donner un héritier à Votre Majesté Impériale et Royale. Avoir eu l'honneur d'admirer de près les vertus de cette auguste princesse pendant son éducation, ajoute infiniment, Sire, au bonheur qui enivre mon âme à l'occasion de ce grand événement. » Il dit que ses vœux partent « d'un cœur qui admire et adore Votre Majesté Impériale et Royale depuis le commencement de sa carrière immortelle et qui n'a démenti dans aucune occasion le zèle, le dévouement et l'admiration qu'il lui a voués, depuis les heureux et mémorables jours de Leoben (2) ». Les étrangers prenaient part à ces démonstrations, comme le prouve une lettre de l'ambassadeur de France à Berlin, qui écrit, le 19 avril 1811, à l'Empereur, qu'il reçoit chaque jour une foule d'écrits pour célébrer sa gloire et sa fortune. L'un d'eux mérite plus particulièrement son attention. La naissance du roi de Rome l'a dicté aux malheureux parents des jeunes gens séduits par Schill (3). C'est un beau cahier bleu orné de faveurs jaune d'or et intitulé : « Les mères allemandes, dont les fils sont encore aux fers de France, à Napoléon le Grand, empereur de France et roi d'Italie, à l'occasion de la naissance de Sa Majesté le roi de Rome. » Les signataires de cette adresse suppliaient l'Empereur comme si elles s'adressaient à un dieu, et le priaient d'être à la fois Titus et Trajan afin que son nom vécût à jamais dans les siècles (4).

Le ministre de l'intérieur, qui tenait à perpétuer le souvenir d'un événement aussi considérable, soumettait à Napoléon un pressant rapport sur l'opportunité de gratifier les enfants nés

(1) Voir Archives nationales, AF^{IV} 1323.
(2) *Ibid.*, AF^{IV} 1685.
(3) Il s'agit de Frédéric de Schill, un des adversaires les plus acharnés de Napoléon, qui donna en 1809 le signal de la révolte en Prusse et fut tué au siège de Stralsund.
(4) Archives nationales, AF^{IV} 1690.

en France le même jour que le roi de Rome. Il rappelait « l'exemple d'Aménophis, père de Sésostris, qui voulut que tous les enfants mâles — ils étaient mille sept cents — nés le même jour que Sésostris, fussent élevés avec le jeune prince » ! Il proposait, « à l'imitation de l'un des plus grands hommes de l'antiquité », de faire instruire dans les écoles impériales les enfants, au nombre de deux mille, nés le 20 mars (1). Enfin le grand maréchal du palais, le duc de Frioul, soumettait, le 9 avril, à l'Empereur, un rapport sur les fêtes qui devaient avoir lieu le jour où Sa Majesté se rendrait à la métropole pour remercier Dieu. Largesses et dons divers, grâces multiples, secours extraordinaires, mariages de jeunes filles pauvres avec d'anciens militaires, divertissements et réjouissances de toute nature, tel était le programme qui fut adopté et exécuté. Le 19 avril, Marie-Louise fit ses relevailles dans la chapelle des Tuileries. L'abbé de Pradt dit la messe; la duchesse de Montebello et la marquise de Luçay portèrent les offrandes. Le 23 avril, l'Impératrice fit part à son père de « son immense bonheur », se louant beaucoup des bontés particulières de l'Empereur et se disant émue jusqu'aux larmes, des témoignages d'affection qu'il lui avait donnés. « Quand je lui dis que vous aimez déjà cet enfant, ajoutait-elle, il en est tout ravi !... » Un mois après, Napoléon informait les évêques que le 9 juin, jour de la Trinité, il irait lui-même présenter son fils au baptême dans l'église Notre-Dame. Son intention était que, le même jour, ses peuples vinssent dans leurs églises entendre le *Te Deum* et unir leurs prières et leurs vœux aux siens. A la même date, le cardinal Fesch, le comte de Ségur, grand maître de la cour, l'abbé de Sambucy, maître des cérémonies de la chapelle impériale, et l'architecte Fontaine, visitèrent la cathédrale pour régler et ordonner, de concert avec l'archevêque Maury, les préparatifs de la solennité.

Le 9 juin, toutes les rues que devait traverser le cortège impérial étaient occupées par la garde et par les troupes de la

---

(1) Archives nationales, AF^{IV} 1453. — 22 mars 1811.

garnison. La place de la Concorde, les rues, les boulevards étaient ornés de drapeaux, d'oriflammes, de festons de verdure, et les maisons d'emblèmes impériaux, d'écussons et de tapisseries. Les trottoirs et les fenêtres étaient garnis d'innombrables spectateurs qui criaient à tue-tête : « Vive l'Empereur ! Vive l'Impératrice ! Vive le roi de Rome !... » Le ciel était clair, la température très douce. A cinq heures du soir, le canon retentit ; les portes des Tuileries s'ouvrirent. Un régiment de chasseurs de la garde parut en grand uniforme, puis les voitures impériales où se trouvaient Napoléon et Marie-Louise, le roi de Rome et Mme de Montesquiou, sa gouvernante. « Tous les regards se portaient, dit un témoin, sur l'auguste enfant dont le nom royal allait être consacré sous les auspices de la religion. » Des acclamations enthousiastes saluèrent le cortège jusqu'à l'arrivée à la cathédrale. Devant l'entrée centrale de Notre-Dame on avait disposé une tente soutenue par des lances et parée de draperies, de guirlandes et de drapeaux. Dans la tribune du chœur, à droite, se trouvaient les princes étrangers ; dans celle de gauche, le corps diplomatique ; dans le pourtour, les femmes des ministres et des grands officiers de la couronne ; dans le sanctuaire, les cardinaux et les évêques ; dans le chœur, le Sénat, le Conseil d'État, les maires et les députés des bonnes villes ; dans la nef, les membres du Corps législatif, de la Cour de cassation, de la Cour des comptes, du Conseil de l'Université et de la Cour impériale, l'état-major et les autres invités. Au seuil de la cathédrale, le cardinal Fesch, grand aumônier, reçut Leurs Majestés, puis, aux sons des grandes orgues et de nombreux instruments, le cortège entra lentement dans l'enceinte sacrée. Vinrent d'abord les hérauts d'armes, les pages, les maîtres des cérémonies, les officiers d'ordonnance, le préfet du palais, les officiers de service du roi de Rome, les écuyers de l'Empereur, les chambellans, le premier écuyer, les grands aigles de la Légion d'honneur, les grands officiers de l'Empire, les ministres, le grand chambellan, le grand écuyer et le grand maître des cérémonies, tous en costume d'apparat. Parurent ensuite les Honneurs de l'enfant et les Honneurs des parrain et marraine. Le cierge était tenu par la princesse de Neufchâtel, le chrémeau par la princesse Aldobrandini, la salière par la comtesse de Beauvau, le bassin par la duchesse de Dalberg, l'aiguière par la comtesse Vilain XIV, la serviette par la duchesse de Dalmatie. Ces honneurs avaient été aussi enviés que jadis le privilège de remettre la chemise au roi de France. Marchaient devant le roi de Rome : à droite, l'archiduc Ferdinand et le grand-duc de Wurtzbourg, représentant son frère l'empereur d'Autriche, parrain; à gauche, Son Altesse Impériale Madame Mère, marraine, et la reine Hortense, représentant la reine de Naples. Le roi de Rome était porté par sa gouvernante, Mme de Montesquiou. L'enfant impérial était revêtu d'un manteau d'or, tissé d'argent, doublé d'hermine. Le duc de Valmy portait fièrement la queue du manteau. A droite et à gauche se tenaient les deux sous-gouvernantes et la nourrice. Sous un dais soutenu par des chanoines, on apercevait l'Impératrice portant le diadème et l'immense manteau de cour, dont le grand écuyer tenait la queue. Marie-Louise était entourée de la première dame d'honneur et de la dame d'atour, du chevalier d'honneur et du cardinal de Rohan, premier aumônier. Venaient ensuite la princesse Pauline, les dames du palais, le duc de Parme, archichancelier, le prince de Neufchâtel et de Wagram, vice-connétable, le prince de Bénévent, vice-grand électeur, le prince Borghèse, duc de Guastalla, le prince Eugène, vice-roi d'Italie, le prince Joseph Napoléon, roi d'Espagne, et le prince Jérôme, roi de Westphalie. Apparaissait enfin, sous un autre dais porté également par des chanoines, l'Empereur ayant à sa droite et à sa gauche ses aides de camp. Derrière le dais marchaient le colonel général de la garde de service au Palais, le grand maréchal, les dames d'honneur des princesses, les dames et officiers de service.

L'Empereur et l'Impératrice allèrent se placer à leurs prie-Dieu dans la partie supérieure de la nef, le roi de Rome à la droite de l'Empereur, le parrain et la marraine également à droite, puis les princes, princesses, ministres, grands officiers, grands aigles, chambellans, aides de camp et généraux autour de Leurs Majestés. Après le chant du *Veni Creator*, le grand aumônier se présenta à l'entrée du chœur et procéda à la cérémonie du baptême. Alors le chef des hérauts d'armes s'avança au milieu du chœur et cria par trois fois d'une voix puissante : « Vive le roi de Rome! » Tous les spectateurs répétèrent ce cri qui redoubla d'intensité, lorsque l'Empereur, élevant l'enfant dans ses bras, le présenta lui-même à l'assistance. À ce moment, un immense orchestre, dirigé par Lesueur, exécuta un *Vivat* triomphal qui redoubla l'émotion des spectateurs de cette scène grandiose.

Comment ne pas s'arrêter ici un instant pour se rendre compte des sentiments qui devaient remplir à cette heure solennelle le cœur de l'Empereur?... Qu'avait-il voulu avec le mariage autrichien, et que croyait-il avoir obtenu? La fondation de sa dynastie, la consolidation du pouvoir qu'il avait créé, la mise à l'abri de ce pouvoir extraordinaire contre les haines et les jalousies de sa famille qui auraient éclaté quand il ne serait plus là; enfin la défense de son œuvre contre les rancunes de l'Europe qui aurait rapidement renversé un édifice énorme, construit avec tant de labeurs, et au prix de quels sacrifices! Sans doute, sa gloire n'était pas une gloire éphémère, son nom devait durer dans l'histoire, ses institutions avaient des chances de vie, mais ce n'était pas encore assez. Il fallait une alliance, la plus haute de toutes, avec une monarchie orgueilleuse et fière de ses mariages. Il fallait que la Révolution elle-même fût couronnée et sacrée dans son chef par cette union solennelle, et que de cette union sortît un fils dont le monde reconnaîtrait tous les droits. Et voilà que ce rêve prodigieux, qu'il avait conçu depuis plusieurs années (1), il venait enfin de le réaliser. Comment n'aurait-il pas ressenti une joie profonde, comment n'aurait-il pas aveuglément compté sur ses desti-

---

(1) Voir *Le Divorce de Napoléon*, ch. II.

nées, alors que, dans cette cathédrale, la religion avec ses prêtres, la cour avec ses pompes, la société avec ses directeurs, l'Europe avec ses représentants, tout enfin s'inclinait devant lui?

Le baptême terminé, Mme de Montesquiou reprit l'enfant, fit une grande révérence à l'Empereur et sortit par la porte du sanctuaire. Elle se rendit avec le roi de Rome à l'archevêché, d'où elle repartit avec lui pour les Tuileries. Après le *Te Deum* et le *Domine, salvum fac Imperatorem et Regem,* le cardinal Fesch donna la bénédiction épiscopale et le cortège se retira, avec le même cérémonial que pour l'entrée, dans une majestueuse splendeur. Un murmure, puis une clameur d'admiration saluèrent ce prestigieux cortège qui constituait le plus beau et le plus expressif des spectacles.

L'Empereur et l'Impératrice remontèrent en voiture pour se rendre à la grande fête donnée à l'Hôtel de ville. Le préfet de la Seine, comte Frochot, les reçut à l'entrée du palais municipal, les harangua et les conduisit à l'appartement impérial où les attendaient le préfet de police, les secrétaires généraux, les sous-préfets, les maires et les adjoints de Paris. On se rendit ensuite au banquet où l'Empereur, placé sous un dais, avait à sa droite Madame Mère, à sa gauche l'Impératrice, et autour de lui les principaux personnages de l'Empire. Après le banquet, on entendit un concert; puis Leurs Majestés voulurent bien recevoir leurs invités jusque vers minuit. Un bal et un grand souper terminèrent la fête de l'Hôtel de ville, tandis qu'au dehors des illuminations nombreuses et de brillants feux d'artifice réjouissaient les Parisiens. Dès le matin de cette belle journée, les cloches et le canon n'avaient cessé de retentir; dans toutes les églises, le *Te Deum* avait été chanté; dans toutes les rues et sur toutes les places, des acclamations frénétiques avaient salué l'héritier de l'Empire. Et ces sonneries, ces salves, ces vivats, ces acclamations avaient éclaté aux mêmes heures dans la France tout entière, dans presque toute l'Europe. Partout, au milieu des fêtes et des réjouissances publiques, ce n'était que le même vœu exprimé par des millions de voix : « Vive le roi de Rome ! » Des évêques, comme ceux de Nantes et d'Angers, avaient adressé des discours enthousiastes au peuple. « Que l'ange tutélaire de la France, disait l'évêque d'Angers, veille autour de son berceau et en écarte tous les dangers ! Qu'il vive pour la gloire de la religion dans le sein de laquelle il vient de naître, et que, fidèle aux serments de son baptême, le titre de fils aîné et de protecteur de l'Église soit le plus beau de ses titres ! » Les poètes se montrèrent plus enthousiastes encore, si bien que le censeur Sauvo put affirmer dans un rapport officiel : « Tous les âges, toutes les classes et presque tous les idiomes ont acquitté noblement leur tribut, sûrs d'être accueillis par l'estime due au succès, ou par l'indulgence qui sourit à l'intention. »

L'Empereur, satisfait de toutes ces ovations, se montra généreux. Le grand-duc de Wurtzbourg reçut une épaulette en diamants de 100,000 francs et des porcelaines de Sèvres d'une valeur de 42,700 francs ; la marraine, un médaillon dont le prix était de 100,000 francs et des vases de Sèvres estimés 36,700 francs ; la gouvernante, une parure de 60,000 francs et deux tapisseries des Gobelins, le *Combat de Mars et de Diomède* et *Cornélie, mère des Gracques*, évaluées à 57,146 francs ; la reine Hortense, des porcelaines de Sèvres pour 15,440 francs ; les six dames chargées des Honneurs, des bijoux dont le montant s'élevait à 120,000 francs. Le roi de Westphalie eut une tapisserie, *Aria et Pœtus*, d'une valeur de 13,220 francs ; l'archichancelier, une tapisserie de 12,500 francs. Déjà, à l'occasion des couches de l'Impératrice et de la naissance de son fils, Napoléon avait distribué en divers cadeaux plus de 500,000 francs (1). Les premières médailles frappées à l'occasion de la naissance coûtèrent à elles seules 50,000 francs. Le vice-roi d'Italie reçut un admirable service de Sèvres, et les aides de camp des porcelaines de prix,

---

(1) Archives nationales, O² 41. — Pour ses dépenses du 27 mars au 30 avril 1810, Metternich avait reçu alors près de cent mille francs sur la cassette impériale. (Voy. Bibliothèque nationale, *Fonds fr.*, vol. 6594.)

de la même manufacture (1). Le comte de Montesquiou, chambellan de Sa Majesté, lui présenta, quelque temps après, un rapport où il lui rappelait qu'il avait promis des « grâces » au Corps législatif à l'occasion de la naissance et du baptême du roi de Rome. Il lui soumettait une liste de soixante-cinq candidats, parmi lesquels Napoléon nomma deux officiers de la Légion d'honneur et douze chevaliers, ce qui, pour un temps où la décoration n'était point prodiguée, parut une promotion considérable.

Le 16 juin, l'Empereur ouvrait solennellement les séances du Corps législatif. On remarqua l'allure hautaine de son discours. « La paix conclue avec l'empereur d'Autriche, disait-il, a été depuis cimentée par l'heureuse alliance que j'ai contractée ; la naissance du roi de Rome a rempli mes vœux et satisfait à l'avenir de mes peuples. Les affaires de la religion ont été trop souvent mêlées et sacrifiées aux intérêts d'un État de troisième ordre. Si la moitié de l'Europe s'est séparée de l'Église de Rome, on peut l'attribuer spécialement à la contradiction qui n'a cessé d'exister entre les vérités et les principes de la religion qui sont pour tout l'univers, et des prétentions et des intérêts qui ne regardent qu'un petit coin de l'Italie. J'ai mis fin à ce scandale pour toujours. J'ai accordé des palais aux papes à Rome et à Paris. S'ils ont à cœur les intérêts de la religion, ils voudront séjourner souvent au centre des affaires de la chrétienté. C'est ainsi que saint Pierre préféra Rome au séjour même de la Terre Sainte !... » Ces quelques mots dédaigneux furent dits d'une voix menaçante et répandirent une certaine émotion dans une assistance habituée cependant à toutes les surprises. Parlant ensuite de la réunion de la Hollande, Napoléon déclara qu'elle n'était qu'une émanation de l'Empire. Il avait eu soin de s'assurer les débouchés de l'Ems, du Weser et de l'Elbe. Quant à l'Espagne, que sou-

---

(1) Les fêtes des Tuileries et de Saint-Cloud coûtèrent plus de trois cent cinquante mille francs. Après le baptême, quarante mille francs de gratification furent distribués aux archevêques d'Aix et de Malines, aux évêques de Versailles, de Montpellier, de Bruges et de Gand, aux maîtres des cérémonies, chapelains et chanoines.

tenaient les forces anglaises, « lorsque l'Angleterre sera épuisée, dit-il, un coup de tonnerre mettra fin aux affaires de la Péninsule ». Il terminait par cette espérance : « Je me flatte que la paix du continent ne sera pas troublée. »

Les députés acclamèrent ce discours, comme ils avaient acclamé les autres. Mais plusieurs, parmi eux, se retiraient inquiets de la façon injuste et violente dont l'Empereur traitait le Saint-Père. L'heure paraissait cependant toute aux fêtes, aux réjouissances, aux ovations. La France et l'Europe avaient salué la naissance du roi de Rome, comme si le ciel eût fait descendre parmi les hommes l'Ange de la paix. Mais l'Empire n'avait que l'apparence du calme. Son maître, qui avait consommé une rupture éclatante avec le Saint-Siège, venait de convoquer à Paris un concile national qui allait s'ouvrir le 21 juin. Il en espérait une prompte et servile obéissance à ses volontés. Or, ce ne sera pas sans violences nouvelles qu'il domptera cette malheureuse assemblée ; et ce qu'il en obtiendra ne mettra pas fin aux embarras considérables que la politique impériale a soulevés partout. Il espérera y remédier par d'autres exigences, d'autres menaces, d'autres colères, puis par une guerre contre la Russie. Cette fois, ce sera le signal de sa ruine. Napoléon voudra être le maître de l'Europe, comme il est en apparence le maître de la Papauté. Il ne sera longtemps ni l'un ni l'autre. Les princes, les ambassadeurs, les ministres, les maréchaux, les députés, les sénateurs, les courtisans qui l'ont félicité et adulé, les poètes qui l'ont chanté, les auteurs qui l'ont célébré et déifié, tous ceux qui ont mendié de lui la faveur d'un mot ou d'un regard, se retireront précipitamment dès qu'ils verront sa puissance ébranlée, ou viendront lâchement jeter la dernière insulte au lion affaibli.

CHAPITRE III

L'ENFANCE DU ROI DE ROME.

(1811-1812)

Le 10 janvier 1810, l'archiduchesse Marie-Louise avait écrit à son amie Mlle de Poutet : « Bude est comme Vienne, et l'on ne parle que du divorce de Napoléon. Je laisse parler tout le monde et ne m'en inquiète pas du tout. Je plains seulement la pauvre princesse qu'il choisira, car je suis sûre que ce ne sera pas moi qui deviendrai la victime de la politique (1). » Le 23 janvier, elle savait qu'à Vienne on la mariait déjà avec le grand Napoléon, et elle remerciait son amie de ses vœux, « étant la seule, disait-elle, qui ne s'en réjouirait pas ». Cependant, quelque temps après le mariage, le 24 avril, elle souhaitait à son amie, qui allait épouser le comte de Crenneville, un bonheur pareil à celui qu'elle éprouvait. Le 11 mai, elle lui disait encore : « Peut-être que dans ce moment où vous êtes déjà mariée, vous goûterez un bonheur aussi inaltérable que le mien. Je suis charmée que vous vous mariiez dans le même mois que moi. Je souhaite que, comme tout se réunit pour faire se ressembler nos mariages, vous deveniez mère d'un joli enfant en même temps que moi. J'ai demandé à l'Empereur la permission de signer votre contrat de mariage. Il y a acquiescé tout de suite avec cette grâce, cette obligeance qui lui est si

---

(1) *Correspondance de Marie-Louise*. Vienne, 1887, in-12. — Des courtisans avaient fait courir le bruit que l'archiduchesse était restée reconnaissante à Napoléon de n'avoir pas fait bombarder, en 1809, le palais où elle demeurait à Vienne. A ce moment, Marie-Louise était à Bude.

naturelle... (1). » Elle disait ailleurs que les moments qu'elle passait le plus agréablement étaient ceux où elle se trouvait seule avec l'Empereur. Un an après, elle se déclarait touchée des vœux de la comtesse de Crenneville pour son fils : « J'espère qu'ils se réaliseront et qu'il fera un jour, comme son père, le bonheur de tous ceux qui l'approcheront et le connaîtront... Mon fils est étonnant pour son âge. Il a l'air d'avoir trois mois et rit déjà aux éclats. Il ressemble beaucoup à l'Empereur. » Elle ajoutait avec orgueil : « Mon fils est fort et beau. L'air de Saint-Cloud, que nous habitons depuis un mois, lui fait grand bien. » Puis le 2 septembre 1811 : « Mon fils profite à vue d'œil. Il devient charmant, et je crois même lui avoir déjà entendu dire « Papa ». Mon amour maternel veut au moins s'en flatter. » Après un voyage de deux mois en Belgique, elle revoyait toute joyeuse cet enfant chéri : « L'émotion que j'éprouvais peut être sentie, mais pas exprimée. Je l'ai trouvé bien fortifié, ayant quatre dents et disant « Papa », mais maigri et pâle, ce qui provient de la dentition... Vous pouvez vous figurer qu'il ne m'a pas reconnue ; mais peu de jours après mon retour, j'avais déjà très bien renouvelé connaissance avec lui (2). »

On voit par ces simples extraits que Marie-Louise était une épouse et une mère heureuses. Il est une légende, encore vivace, qui la représente comme une victime livrée à une sorte de Minotaure et qui prétend faire répandre des larmes sur son immolation. Certainement, son mariage a été un mariage politique, et la jeune archiduchesse a dû se soumettre avant tout, et comme bien d'autres, à la raison d'État (3). On n'ignore pas, en effet, qu'elle avait répondu à Metternich, lorsqu'il vint la prier d'accepter la main de Napoléon : « Je suis prête à me sacrifier pour mon père et pour ma patrie. »

(1) *Correspondance de Marie-Louise.*
(2) *Ibid.*
(3) Lord Liverpool disait à lord Holland, à propos de Marie-Louise, « que jamais femme ne fut courtisée d'une façon si bizarre, et que jamais femme ne fut de cette façon obtenue ». Il comparait la conduite de Napoléon en cette circonstance « à un assaut donné, plutôt qu'à une cour faite ». (*Souvenirs diplomatiques de lord Holland.*)

Il va sans dire qu'au premier abord, elle ne pouvait avoir d'affection pour celui qui avait ruiné l'Autriche et vaincu plusieurs fois son père, pour le guerrier dont elle comparait les soldats aux Huns. Mais l'éditeur de sa correspondance intime nous apprend lui-même que du moment où elle fut liée par son serment, « elle ne songea qu'à en subir les conséquences et sans se poser en victime (1) ». Aussitôt que Marie-Louise eut pris confiance dans la tendresse de Napoléon, — et sa tendresse lui fut révélée dès la première heure, — elle comprit que dans cette union elle trouverait autant de bonheur que d'orgueil. Si elle apportait au nouveau César la main de la fille de l'empereur d'Autriche, le noble descendant des Habsbourg, elle allait mêler son sang altier au sang d'un héros. Sans doute, parmi les victoires qui l'avaient déjà immortalisé, elle rencontrait des noms comme Austerlitz et Wagram, qui lui avaient fait prendre Napoléon pour l'Antéchrist (2). Sans doute, elle avait dit que Napoléon avait trop peur d'un refus et trop envie de faire encore du mal à l'Autriche pour demander sa main... Mais elle admit bientôt elle-même que pour sauver le reste de la monarchie autrichienne, il fallait faire à tout prix un sacrifice aux nécessités du moment, c'est-à-dire accepter une alliance de famille avec l'empereur des Français, laquelle conduirait à une alliance politique. Elle espérait, comme son père, que Napoléon rendrait à l'Autriche quelques-unes de ses anciennes possessions et lui permettrait en tout cas de respirer et de refaire un peu ses forces ébranlées. C'est ce que disait Gentz : « La monarchie consolidée par le mariage, quelque amer que puisse être ce dernier remède, peut subsister et braver toutes les tempêtes, si elle évite chaque emploi de ses forces à des guerres quelconques, au moins pour six ou huit ans (3). »

Marie-Louise, élevée, comme toutes les archiduchesses, dans une discipline étroite, n'avait pas abordé sans timidité son ter-

---

(1) *Correspondance de Marie-Louise*, p. 1.
(2) *Ibid.*, p. 96.
(3) *Tagebuch*, 15 février 1810.

rible époux. Mais celui-ci lui montra immédiatement une telle affection qu'elle sentit en peu de temps toutes ses craintes s'évanouir. On se rappelle avec quelle impatience Napoléon avait attendu l'arrivée de Marie-Louise à Compiègne, comment il avait devancé sa venue et de quelles prévenances il l'avait entourée. Elle a reconnu elle-même que, loin de la rudoyer, comme on le croyait en Autriche, il lui avait témoigné les plus grands égards. Les contemporains affirment tous que Napoléon voulait, toujours et avant tout, plaire à Marie-Louise; qu'il avait donné les ordres les plus sévères pour que chacun obéît à ses volontés. Il ne la quittait pas, lui prodiguant les attentions les plus délicates et les plus gracieuses, allant, dans les manifestations de sa tendresse, jusqu'à des enfantillages de jeune amoureux. Lorsque Marie-Louise devint mère, cet amour grandit encore et s'exalta. Les rares loisirs que lui laissaient les soins d'un immense empire, Napoléon les consacrait à sa femme et à son fils. Il trouvait à Marie-Louise le charme et l'esprit qu'il avait désirés; il se plut à la parer de toutes les qualités et de toutes les grâces. Il disait souvent — c'est Chaptal qui l'affirme, et ce témoin n'est guère complaisant pour l'Empereur — : « Si la France connaissait tout le mérite de cette femme, elle se prosternerait à ses genoux! » Il lui laissa prendre sur son cœur un tel empire qu'elle en vint elle-même à dire à Metternich, quelques mois après le mariage : « Je n'ai pas peur de Napoléon, mais je commence à croire qu'il a peur de moi! » Il paraîtrait, d'après la générale Durand, que Marie-Louise ne manifestait pas un amour excessif pour son fils. N'ayant jamais vu d'enfants, ne s'étant pas familiarisée avec eux pendant sa propre enfance et pendant sa jeunesse, elle n'osait le prendre dans ses bras ni le caresser, de crainte de lui faire quelque mal. Aussi le roi de Rome était-il plus affectueux pour sa gouvernante qui ne le quittait pas. Il aurait été difficile d'ailleurs de faire un meilleur choix. « Cette dame d'une famille illustre, dit la générale Durand, avait reçu une excellente éducation. Elle joignait le ton du grand monde à une piété solide et éclairée. Sa conduite avait toujours été si régulière que la calomnie n'avait jamais osé diriger une attaque contre elle. On lui reprochait un peu de hauteur, mais cette hauteur était tempérée par la politesse et par l'obligeance la plus gracieuse... (1). »

Le comte de Montesquiou était grand chambellan et possédait justement la confiance de l'Empereur. Il obtenait, avec sa femme, des grâces et des faveurs pour des émigrés auxquels il s'intéressait, estimant que c'était le meilleur moyen de les rallier à l'Empire et à son maître. Mme Durand affirme que la comtesse de Montebello était jalouse du crédit de la comtesse de Montesquiou, et qu'elle avait essayé de faire croire à Marie-Louise que la tendresse de la gouvernante pour le prince impérial n'était que de l'intérêt personnel. Avisée de ce fait, Mme de Montesquiou s'en plaignit directement à l'Impératrice, qui ne lui rendit pas une justice suffisante. Marie-Louise était d'ailleurs mécontente de l'attachement que son fils montrait à sa gouvernante. Mais pourquoi n'imitait-elle pas l'Empereur qui, à tout moment, s'emparait du petit prince, le caressait et jouait avec lui ? Ainsi, lorsqu'il déjeunait, il le faisait chercher, l'asseyait sur ses genoux, trempait un doigt dans la sauce de quelque plat et s'amusait à lui en barbouiller le visage. La gouvernante osait faire quelques objections, mais l'Empereur riait aux éclats, et l'enfant ne s'effrayait pas de cette hilarité bruyante. On a remarqué que c'est avec son fils seulement que Napoléon donnait libre cours à sa bonne humeur. Il témoignait à la gouvernante du roi de Rome une déférence particulière. Il lui écrivait directement. Le 30 septembre 1811, il mande à Mme de Montesquiou de ne pas écouter les médecins, peut-être trop soigneux, et de former de bonne heure la constitution du roi de Rome par un régime solide. Au moment où il s'occupe des préparatifs de la guerre de Russie, il fait cette recommandation à la gouvernante : « J'espère que vous m'apprendrez bientôt que les quatre dernières dents sont faites », et il promet de ne pas oublier la nourrice (2).

(1) *Souvenirs de la générale Durand.*
(2) *Correspondance de Napoléon*, t. XXII.

« Il s'occupe beaucoup de son fils, écrivait, le 23 avril 1812, Marie-Louise à son père. Il le porte dans ses bras, fait l'enfant avec lui, veut lui donner à manger, mais n'y réussit pas (1). » Le roi de Rome grandissait et déjà faisait preuve d'un caractère docile. Cependant, il avait parfois de petites colères, mais Mme de Montesquiou savait les réprimer sans avoir besoin de recourir aux verges. Un jour qu'il se roulait à terre en jetant des cris aigus, elle ferma immédiatement les fenêtres et les contrevents. L'enfant cessa de crier un moment et demanda pourquoi sa gouvernante agissait ainsi : « Pensez-vous, répondit-elle, que les Français voudraient d'un prince comme vous, s'ils savaient que vous vous mettez ainsi en colère ?... — Crois-tu, répliqua le roi de Rome, qu'on m'ait entendu ? Oh ! j'en serais bien fâché. Pardon, *maman Quiou*, je ne le ferai plus. » Et il tint parole. L'influence de cet enfant sur Napoléon était incroyable. Un jour, on lui apporta la pétition d'un homme d'esprit fort malheureux, qui, dans sa détresse, s'adressait directement au roi de Rome. L'Empereur fit présenter la pétition à son fils. « Qu'a-t-il dit ? demanda-t-il gravement. — Sire, Sa Majesté le roi de Rome n'a rien répondu. — Eh bien, qui ne dit mot, consent. » Et le pétitionnaire obtint un poste dans une des préfectures de l'Empire (2).

« Accablé de soins et de soucis, rapporte Méneval, c'était seulement auprès de sa femme et de son fils que Napoléon rencontrait une agréable distraction à tant de fatigues. Le peu

---

(1) La maison du roi de Rome était composée en 1812 d'une gouvernante, de deux sous-gouvernantes, Mmes de Boubers et de Mesgrigny, d'un secrétaire des commandements, d'un secrétaire de la gouvernante, d'un médecin, d'un chirurgien, de trois femmes de chambre, d'une nourrice et de deux nourrices retenues, d'une surveillante des nourrices, de trois berceuses, de deux femmes et de deux filles de garde-robe, de deux valets de chambre, d'un maître d'hôtel, d'un écuyer tranchant, de deux garçons de garde-robe et de plusieurs pages. Mme Soufflot ne devint sous-gouvernante qu'en 1814. Elle était première dame du Roi dès 1811.

(2) *Souvenirs de la générale Durand*. — Du jour où il put espérer un héritier, Napoléon songea à construire pour lui un palais sur les hauteurs de Chaillot. Il voulait y consacrer seize millions. « L'Élysée ne me plaît point, disait-il, et les Tuileries sont inhabitables. Je veux en quelque façon que ce soit un Sans-Souci renforcé un palais agréable, plutôt qu'un beau palais. » Les événements empêchèrent la réalisation de ce projet. (Voy. *Mémoires de Bausset et de Méneval*.)

de loisirs que lui laissaient les affaires dans la journée, il les consacrait à son fils, dont il se plaisait à guider les pas chancelants avec une sollicitude toute féminine. Les chutes fréquentes de cet enfant chéri étaient accueillies par les caresses et les éclats de rire bruyants de son père... Ce trio, dont la simplicité aurait pu faire oublier la grandeur, offrait le spectacle d'un ménage bourgeois uni par les liens de l'intimité la plus douce (1). » A peine le prince impérial avait-il terminé sa première année, que Napoléon partait pour Dresde, décidé à entreprendre la campagne de Russie. Marie-Louise le suivit, heureuse de revoir son père et la cour autrichienne. On a décrit ces journées fameuses, ce parterre de princes et de rois plus courtisans que leurs propres courtisans, les obséquiosités de Metternich et de Hardenberg allant jusqu'à l'agenouillement. On se rappelle que l'empereur d'Autriche crut faire plaisir à son gendre en lui découvrant une noblesse ancienne, et comment Napoléon répondit brusquement : « Ma noblesse à moi date du 18 brumaire. » Il est inutile de raconter encore les fêtes, les concerts, les banquets, les spectacles, les chasses, les divertissements les plus extraordinaires qui se virent jamais. Marie-Louise apparut portant les superbes diamants de la couronne et faisant pâlir d'envie l'impératrice d'Autriche, qui, malgré ses préventions, céda, elle aussi, à l'ascendant de l'empereur des Français. Le 28 mai, Napoléon quitta Dresde et lança son ultimatum à la Russie, pendant que Marie-Louise, après une excursion à Prague, retournait à Saint-Cloud (2). C'est à Dresde qu'elle avait vu pour la première fois le général de Neipperg, mais sans faire attention à cet individu qui devait tant l'occuper deux ans après. Elle écrivait à Madame Mère, le lendemain du départ de Napoléon : « Rien ne peut me consoler de l'absence de l'Empereur, pas même la présence de toute ma famille. »

(1) *Mémoires de Méneval*, t. III. (Édition de 1894, publiée par son petit-fils.)
(2) « L'Empereur d'Autriche allait la combler de bénédictions, l'Impératrice lui prodiguerait des caresses un peu forcées, et finalement, après beaucoup d'effusions, on se séparerait entre belle-mère et belle-fille, plus fraîchement que l'on ne s'était retrouvé. » (Albert VANDAL, *Napoléon et Alexandre*, t. III.)

Le préfet du palais, M. de Bausset, était parti pour la Russie quelque temps après son maître, emportant dans une caisse le portrait du roi de Rome par Gérard. M. de Bausset arriva à la tente de Napoléon le 6 septembre 1812. Il remit à l'Empereur des lettres de Marie-Louise et lui demanda ses ordres au sujet du portrait qu'il apportait. « Je pensais, dit-il, qu'étant à la veille de livrer la grande bataille qu'il avait tant désirée, il différerait de quelques jours d'ordonner l'ouverture de la caisse dans laquelle ce portrait était renfermé. Je me trompais. Pressé de jouir d'une vue aussi chère à son cœur, il m'ordonna de le faire porter tout de suite à sa tente. Je ne puis exprimer le plaisir que cette vue lui fit éprouver. Le regret de ne pouvoir serrer son fils contre son cœur fut la seule pensée qui vint troubler une jouissance aussi douce. Ses yeux exprimaient l'attendrissement le plus vrai. Il appela lui-même tous les officiers de sa maison et tous les généraux qui attendaient à quelque distance ses ordres, pour leur faire partager les sentiments dont son cœur était rempli. « Mes-« sieurs, leur dit-il, si mon fils avait quinze ans, croyez qu'il « serait ici autrement qu'en peinture ! » Un moment après, il ajouta : « Ce portrait est admirable. » Il le fit placer en dehors de la tente sur une chaise, afin que les braves officiers et les soldats de sa garde pussent le voir et y puiser un nouveau courage. Ce portrait resta ainsi toute la journée. Pendant tout le temps du séjour de Napoléon au Kremlin, le portrait de son fils fut placé dans sa chambre à coucher. J'ignore ce qu'il est devenu (1). »

Ce tableau de Gérard figurait dernièrement à l'*Exposition historique et militaire de la Révolution et de l'Empire*. Il appartient au comte de Reinach. Il a été popularisé par la gravure. Il en existe une reproduction au Musée de Versailles. Tout le monde le connaît. Qui ne se rappelle, en effet, cette gracieuse tête ronde, ces fins cheveux blonds, avec la mèche caractéristique tombant sur le front, ces yeux d'un bleu vif,

---

(1) *Mémoires de Bausset*, t. II. — Voy. aussi Tolstoï, *La Guerre et la Paix*, t. III, . 80.

cette bouche rose et ce menton accentué? Le peintre avait assis sur un coussin de velours vert l'enfant impérial, tenant de la main droite le sceptre, et de la gauche le globe. Sur sa fine chemisette flotte le grand cordon de la Légion d'honneur. Le cou et les bras sont nus. Le regard est joyeux, clair et profond. Aussi comprend-on l'enthousiasme des soldats quand ils virent leur petit empereur. De ce portrait fait par un maître, et sur lequel les yeux de Napoléon et de tant de braves se sont fixés avec amour au moment où se jouait le sort de l'Empire, semble se dégager comme une vision du passé. Il est impossible que cette toile n'ait pas gardé quelque reflet de l'instant où elle apparut, de l'heure où on l'a contemplée, de l'allégresse et de l'enthousiasme qu'elle a excités. Empreinte de tant de souvenirs, c'est un document propre à la méditation et bien fait pour émouvoir.

On sait que pendant que Napoléon était aux prises en Russie avec les plus effroyables difficultés, éclata la conspiration du général Malet. Le 23 octobre, l'audacieux général se rendit à la caserne Popincourt, puis à la caserne des Minimes, annonça la mort de Napoléon, lut un sénatus-consulte qui abrogeait le gouvernement impérial et l'investissait, lui, Malet, de tous les pouvoirs. Il réquisitionna des troupes, délivra les généraux Lahorie et Guidal enfermés à la Force, se dirigea sur l'état-major de la place Vendôme, fit arrêter le préfet de police Pasquier et le ministre de la police Rovigo, blessa grièvement le général Hulin et allait en faire autant à son adjudant général, lorsque Laborde l'arrêta courageusement et par cet acte d'énergie mit fin à la conspiration. Elle n'avait eu que quatre heures de succès; mais sans la décision de Laborde, elle eût pu se prolonger, et la situation se fût aggravée. Il faut considérer, en effet, que le préfet de la Seine, Frochot, avait eu la naïveté de croire à la nouvelle de la mort de l'Empereur et d'obéir aveuglément aux conspirateurs. Dans toute cette affaire, c'est le détail qui impressionna le plus Napoléon, et c'est à Frochot qu'il fit plus tard allusion en ces termes : « Des magistrats pusillanimes détruisent l'empire des lois, les droits du trône et l'ordre social même. » Le chancelier Pasquier fait observer que ce qui apparaissait au milieu de tous les discours de l'Empereur, « c'était la pensée qu'il avait suffi de répandre le bruit de sa mort pour faire oublier les droits de son fils (1) ». Pendant l'audacieuse tentative du général Malet, que faisait l'Impératrice? Elle était fort tranquille avec le roi de Rome à Saint-Cloud, « lorsque l'apparition d'un détachement de la garde, envoyé par le ministre de la guerre, vint l'effrayer. Elle courut aussitôt en peignoir et les cheveux épars sur le balcon donnant sur la cour, et là, elle reçut le premier avis d'un attentat inattendu pour elle, mais sa consternation ne fut pas de longue durée. » Elle apprit presque en même temps la fin de la conspiration. Deux mois après, Napoléon rentrait aux Tuileries, sans s'être fait annoncer. « Inquiète des bruits qu'elle entendait dans le salon qui précédait sa chambre à coucher, elle se levait pour en savoir la cause, quand elle vit entrer l'Empereur, qui se précipita vers elle et la serra dans ses bras (2). » Napoléon reçut le lendemain les principaux corps de l'État qui venaient lui prodiguer les nouvelles assurances d'un dévouement qu'ils allaient oublier un an après. Le Sénat, toujours obséquieux, parla de la convenance de faire couronner l'Impératrice et le roi de Rome; mais les événements devenant de plus en plus graves, cette cérémonie fut ajournée. Une question plus urgente fut étudiée et bientôt résolue : celle de la régence. On allait la confier à Marie-Louise et l'investir du souverain pouvoir, en l'absence de l'Empereur, sous la surveillance et avec l'appui d'un conseil.

En attendant le jour prochain où il espérait prendre la revanche de sa défaite en Russie, en formant de nouvelles armées et en préparant attentivement leur organisation, l'Em-

(1) *Mémoires*, t. II, p. 47. — Cependant il croyait bien que la France était attachée au roi de Rome, car il dit au Conseil d'État : « Si le peuple montre tant d'amour pour mon fils, c'est qu'il est convaincu, par sentiment, des bienfaits de la monarchie. »

(2) Méneval, t. III, pages 99 et 102.

pereur aimait encore à se distraire de ses terribles préoccupations avec sa femme et son fils. « Un jour, raconte le comte d'Haussonville, alors chambellan de l'Empereur, la porte du cabinet impérial était restée entre-bâillée à cause des jeux du petit roi de Rome. De la salle d'attente on voyait l'Empereur assis auprès de Marie-Louise et badinant avec l'enfant. Mon père se sentit frapper sur l'épaule. C'était un maréchal fameux qui n'était pas venu à Paris depuis longtemps et qui recevait une première audience. — Mais, voyez donc, monsieur, dit-il à mon père, n'est-ce pas là le parfait modèle du bonheur domestique? » Et le maréchal n'était pas seulement ému; il pleurait à chaudes larmes. « Le spectacle de la grandeur heureuse, ajoute le chambellan, a toujours eu le privilège d'attendrir le cœur des hommes. » On sait que Napoléon avait fait fabriquer des pièces de bois de divers genres pour figurer des compagnies, des bataillons, des sections d'artillerie, et qu'il manœuvrait lui-même ces pièces comme des échecs sur un échiquier. Que de fois les courtisans n'ont-ils pas vu le roi de Rome se jetant impétueusement au milieu de ses combinaisons stratégiques et bouleversant l'ordre de ces morceaux de bois, sans que l'Empereur ait manifesté le moindre mouvement d'impatience ou d'irritation! Heureux instants, mais qui ne devaient être que des instants!... S'il n'eût écouté que le sentiment paternel, Napoléon eût fait la paix avec l'Europe. Cependant il ne pouvait demeurer sous le coup des derniers revers; il ne pouvait accepter que la France fût amoindrie et perdît une partie de ses conquêtes et la gloire dont il l'avait honorée. « Un homme dans ma position, avait-il dit, ne peut pas faire la paix, s'il a été battu et s'il n'a pas réparé son échec. » Il fallait donc qu'il marchât à de nouveaux combats, avec l'espoir que quelques triomphes éclatants répareraient les fautes du passé et le mettraient dans une position qui inspirât le respect et la crainte à ses adversaires. On le voyait plus qu'autrefois préoccupé de cette nécessité redoutable, mais personne dans le palais n'osait aborder directement avec lui ce grave sujet.

Un soir, Napoléon passait par les appartements du roi de Rome, à l'heure où, sous la direction de Mme de Montesquiou, l'enfant faisait sa prière avant de s'endormir. « Mon Dieu, disait-il de sa petite voix naïve, inspire à papa le désir de faire la paix, pour le bonheur de la France et de nous tous ! » L'Empereur, qui s'était arrêté, sourit et se retira sans dire mot. Là où les courtisans gardaient un silence timide, c'était une femme et un enfant qui venaient de lui faire connaître, sous une forme humble et touchante, le vœu le plus cher de la France. Mais Napoléon, se confiant à son génie fécond en prodiges, croyait encore que la guerre seule pouvait empêcher la chute de son empire et de sa dynastie.

CHAPITRE IV

LE ROI DE ROME ET L'EMPIRE EN 1813.

Marie-Louise avait paru se préoccuper assez vivement des nouvelles complications où s'était jeté l'Empereur après son départ de Dresde, et ne trouver quelque apaisement à ses inquiétudes que dans son amour pour son fils. Elle l'avait écrit, le 1er octobre 1812, à la comtesse de Crenneville : « Vous me connaissez assez pour savoir que quand j'ai un chagrin, il est bien cruel et que, malgré cela, je ne le montre pas. Aussi vous pouvez juger celui que doit me causer l'absence de l'Empereur et qui ne finira qu'à son retour ! Je me tourmente et m'inquiète sans cesse. Un jour passé sans avoir de lettre suffit pour me mettre au désespoir, et quand j'en reçois une, cela ne me soulage que pour peu d'heures... La seule consolation que j'aie dans ce moment est mon fils, qui devient tous les jours plus aimable, et qui grandit et embellit beaucoup. Le plaisir de venir le retrouver a beaucoup diminué le chagrin que j'ai éprouvé en quittant mes parents, et trois mois ont suffi à produire un changement si favorable en lui que j'aurais eu de la peine à le reconnaître... (1). » Et dans une autre lettre : « J'ai été bien contente de me retrouver auprès de mon fils et au milieu d'un peuple que j'estime tant que les Français... J'ai revu mon fils embelli et grandi. Il est si intelligent que je ne me lasse pas de l'avoir près de moi; mais, malgré toutes ses grâces, il ne peut parvenir à me faire oublier, fût-ce pour quelques instants, l'absence de son père... » Au

---

(1) *Correspondance de Marie-Louise.* Vienne, 1887.

début de l'année 1813, elle écrit encore : « Mon fils se porte à merveille. Il n'a jamais été un instant sérieusement malade depuis sa naissance, et il a toutes ses dents depuis trois mois... Je n'ai qu'à me louer de sa santé. Il embellit et se fortifie à vue d'œil. C'est un enfant charmant... » Ces quelques extraits semblent prouver, contrairement à certaines affirmations, que Marie-Louise avait, à ce moment, tous les sentiments d'une mère. Pourquoi n'en a-t-il pas été toujours ainsi ?

Lamartine, à qui il est arrivé plus d'une fois de transformer les loups en agneaux et les monstres mêmes en êtres harmonieux, a cru voir une Marie-Louise dont les portraits les plus flatteurs n'ont jamais approché. Il a voulu la réhabiliter, prétendant qu'elle avait été calomniée. Il lui accorde tous les dons, la grâce, la tendresse, la pitié... « C'était, déclare-t-il, une belle fille du Tyrol, les yeux bleus, les cheveux blonds, le visage nuancé de la blancheur de ses neiges et des roses de ses vallées, la taille souple et svelte, l'attitude affaissée et langoureuse de ces Germaines qui semblent avoir besoin de s'appuyer sur le cœur d'un homme, le regard plein de rêves et d'horizons intérieurs voilés sous le léger brouillard des yeux. » Est-ce tout ? Non. Il vante encore « sa poitrine pleine de soupirs et de fécondité, ses bras longs, blancs, admirablement sculptés et retombant avec une gracieuse langueur comme lassés du fardeau de sa destinée ; le cou naturellement penché sur l'épaule ». Il la comparait à la « statue de la Mélancolie du Nord, dépaysée dans le tumulte d'un camp français (1) ». Enfin cette Germaine avait « une nature simple, touchante, renfermée en soi-même, muette au dehors, pleine d'échos au dedans... » C'est ainsi que parlait un grand poète qui, l'ayant vue, dix ans après, déjà lourde et massive, ayant perdu les charmes de la première jeunesse, la décrétait, de par lui, souple, svelte, langoureuse. La vérité, c'est qu'elle avait de beaux yeux et un teint animé. C'étaient là ses seuls avantages... Lorsque M. de Laborde revint d'Autriche, Napoléon, impatient, le pressa de

---

(1) *Histoire de la Restauration*, t. I.

questions sur la future Impératrice. « Que Votre Majesté, finit par répondre le prudent conseiller d'État, sauve le premier coup d'œil, et comme mari, je crois qu'Elle aura lieu d'être satisfaite. » M. Frédéric Masson, qui en a parlé autrement qu'en poète, ne lui a trouvé que « l'air d'une nourrice (1) ». M. Thiers constate que l'Empereur sembla content du genre de beauté et d'esprit qu'il crut voir en elle. D'ailleurs, « une femme bien constituée, bonne, simple, convenablement élevée, était tout ce qu'il désirait... » Lorsque Napoléon voulut savoir quels conseils ses parents lui avaient donnés : « D'être à vous tout à fait et de vous obéir en toutes choses », avait-elle répondu avec une sincère candeur. Et elle tint parole jusqu'en 1814, se montrant fort touchée des tendresses que l'Empereur ne cessait de lui prodiguer. « Elle semblait, affirme M. d'Haussonville, avoir pour lui une affection véritable. Il ne déplaisait pas à l'Empereur qu'on s'en aperçût. Peut-être même y avait-il quelque affectation dans la familiarité conjugale et bourgeoise avec laquelle il traitait la fille des empereurs d'Allemagne (2). »

Pendant les quatre mois qui s'écoulent avant la reprise des hostilités contre la Prusse et la Russie, l'Empereur ne s'oublie pas dans les effusions intimes. Sans doute, il montre qu'il a du bonheur à se trouver avec sa femme et son fils, mais il tient tête aux difficultés et aux soucis les plus effrayants qui aient jamais assailli un capitaine et un chef d'État. Il obtient du Sénat de nouveaux contingents ; il veut maintenir à tout prix ses aigles dans l'Espagne insurgée. Il essaye même de venir à bout des résistances du Pape qu'il a fait transférer de Savone à Fontainebleau. Profitant de sa faiblesse et abusant de ses fatigues, il lui arrache le Concordat du 25 janvier que Pie VII, mieux conseillé et plus éclairé, rétractera formellement deux mois après. L'Empereur, qui avait informé son beau-père de l'heureux apaisement du différend de l'Église et de l'Empire, s'irrite et menace encore

---

(1) *Napoléon et les femmes*, 1 vol. in-8º, chez Ollendorff.
(2) *Souvenirs du comte d'Haussonville.*

la Papauté, lorsque les affaires extérieures s'aggravent et imposent un dérivatif à son injuste courroux. La Prusse et la Russie viennent de se liguer ouvertement contre la France. L'Autriche, qui avait cru un instant aux succès de Napoléon en Russie, et qui redoutait qu'il n'en profitât pour achever la Prusse et l'achever elle-même, refusait poliment, à la fin de 1812, après les revers de la Grande Armée, d'augmenter l'effectif de son contingent auxiliaire. Elle se bornait à déclarer qu'elle était disposée à s'interposer pour amener le bienfait d'une paix nécessaire (1). Metternich, qui paraissait assez disposé à une politique d'accommodement, n'avait pas les allures impérieuses qu'il prit plus tard. Il affirmait que l'Autriche seule pouvait contenir par son calme et sa fermeté des millions d'hommes prêts à profiter des malheurs de la France. « Les rapports de sang qui lient les deux maisons impériales d'Autriche et de France, disait-il à Floret, son agent à Paris, donnent un caractère particulier à toute démarche faite par notre auguste maître... L'empereur des Français paraît avoir pressenti ce qui se passe en ce moment, en me disant si souvent que le mariage avait changé la face des choses en Europe. Le moment s'approche. Il peut être venu où Napoléon peut tirer le véritable profit de cette heureuse alliance... (2). » Le 20 décembre, François II appuya cette déclaration par une lettre personnelle à Napoléon, où il lui affirma qu'il n'avait d'autre but que le bien-être d'un monarque « auquel l'attachait personnellement le lien le plus sacré (3) ». Le 7 janvier 1813, Napoléon répondit que le froid seul avait été la cause de ses revers, mais que ses forces étaient déjà reconstituées. Il admettait cependant des ouvertures de paix, à la condition que la France ne céderait aucun des pays réunis par des sénatus-consultes.

(1) *Dépêches inédites aux hospodars de Valachie.* — Gentz définissait ainsi sa politique : « Autant d'alliance avec Napoléon qu'il en fallait pour ne pas se ranger en pure perte au nombre de ses ennemis, et juste aussi peu qu'il en fallait pour ne pas se brouiller directement et sans retour avec les puissances liguées contre lui. »

(2) Oncken, *OEsterreichs und Preussen Befreiuns-Kriege*, t. I, Berlin, 1876-1879.

(3) Oncken, t. I.

Mais cette réponse rendait, pour ainsi dire, les négociations impossibles. Aussi l'Autriche, tout en affirmant son dévouement à Napoléon et son amour de la paix, renforçait-elle son armée et choisissait-elle de fortes positions stratégiques. L'Empereur s'en plaignait et blâmait entre autres un agent autrichien, dont j'ai déjà parlé, M. de Neipperg, de travailler ouvertement en Suède contre la France (1). Metternich se récriait. Il jurait que sa cour tenait « la conduite la plus franche et la plus loyale que jamais personne eût tenue (2) ». Ce qui ne l'empêchait pas de confier à Lebzeltern que lorsque l'Autriche serait chargée d'une médiation efficace, elle dicterait impérieusement les conditions de la paix.

Le 1er avril, Napoléon déclarait la guerre à la Prusse, puis un mois après battait les Prussiens et les Russes à Lutzen; il informait François II de sa victoire et l'assurait en même temps que Marie-Louise était son premier ministre et s'acquittait admirablement de ses fonctions. L'Empereur l'avait en effet investie de la régence, en lui donnant pour premier conseiller le vieux Cambacérès, dont il estimait l'expérience et la sagacité, mais qui était devenu bien pusillanime. Trois semaines après, il achevait ses adversaires à Bautzen et jetait l'Autriche dans l'incertitude la plus cruelle. Metternich, sachant que l'armée russe et l'armée prussienne étaient démoralisées, conseilla à François II de rassurer Alexandre et Frédéric-Guillaume. Il fallait envoyer à Napoléon le comte de Bubna et obtenir de lui de sérieuses promesses de paix, fondées sur la reconstitution de la Prusse et sur le renoncement au protectorat de l'Empire germanique, au duché de Varsovie et aux provinces illyriennes. Bubna se rend alors à Prague, au quartier général de l'Empereur, et lui soumet les propositions de l'Autriche. « Vous voulez me déshonorer, s'écrie Napoléon. Monsieur, l'honneur avant tout, puis la femme,

---

(1) Le rapprochement entre la Suède, l'Angleterre et la Russie avait été habilement opéré par M. de Neipperg, ambassadeur en Suède. (Voy. *Mémoires d'un homme d'État*, t. II.)

(2) Oncken, t. I, et *OEsterrichische Geschichte*, t. LXXVII.

puis l'enfant, puis la dynastie ! » Il affirma que le monde allait être bouleversé. Il prédit les plus grands malheurs. « La meilleure des femmes en sera la victime. La France sera livrée aux jacobins. L'enfant dans les veines duquel le sang autrichien coule, que deviendra-t-il ? J'estime mon beau-père depuis que je le connais. Il a fait le mariage avec moi de la manière la plus noble. Je lui en sais gré de bien bon cœur. Mais si l'empereur d'Autriche veut changer de système, il aurait mieux valu ne pas faire ce mariage dont je dois me repentir en ce moment-ci. Je vous l'ai dit à Paris et je l'ai répété au prince Schwarzenberg, rien ne me répugne tant que de faire la guerre à l'Autriche. Ce qui me tient le plus à cœur, c'est le sort du roi de Rome. Je ne veux pas rendre odieux le sang autrichien à la France. Les longues guerres entre la France et l'Autriche ont fait germer des ressentiments. Vous savez que l'Impératrice, comme princesse autrichienne, n'était point aimée à son arrivée en France. A peine commence-t-elle à gagner l'opinion publique par son amabilité, par ses vertus, ses talents qu'elle développe dans les affaires, que vous voulez me forcer à donner des manifestes qui irriteront la nation. Certes, on ne me reproche pas d'avoir le cœur trop aimant. Mais si j'aime quelqu'un au monde, c'est ma femme. Quelle que soit l'issue que prenne la guerre, cela influera sur l'avenir du roi de Rome. C'est sous ce rapport-là qu'une guerre contre l'Autriche m'est odieuse (1)! » Puis s'indignant contre une médiation armée, par laquelle on voulait lui imposer les plus grands sacrifices, il s'écria : « Vous vous dites encore mes alliés, pendant que vous facilitez les mouvements des Russes en m'ôtant votre corps auxiliaire, en chassant les Polonais du royaume de Cracovie! » Il conclut énergiquement que si on voulait lui reprendre ses conquêtes, il fallait que le sang coulât.

L'empereur d'Autriche était plus hésitant que son ministre.

(1) Rapport du comte de Bubna sur l'entrevue de Prague, le 16 mai 1813. Voy. ONCKEN, t. II, p. 650, et les *Essais d'histoire et de critique*, par M. Albert SOREL. (*Metternich*.)

Il prévoyait que si Napoléon gagnait encore une ou deux batailles, l'Europe redeviendrait ce qu'elle était en 1811, ou peut-être pire encore. M. de Metternich eut de la peine à l'amener à suivre une politique qui consistait à avoir les apparences de la neutralité, et qui donnait le temps de préparer une habile défection. Il y parvint cependant. Et pendant que la cour de Vienne protestait de sa loyauté, elle signait avec la Prusse et la Russie une convention secrète par laquelle l'Autriche s'engageait à se joindre aux alliés, si Napoléon repoussait le projet de médiation armée. L'Empereur, qui connaissait toutes ces perfidies, aurait pu refuser l'armistice proposé jusqu'au 20 juillet. Il l'accepta et le porta même jusqu'au 10 août, car il lui fallait ce temps pour concentrer et augmenter ses forces. Le 26 juin, Napoléon et M. de Metternich ont, à Dresde, ce terrible entretien de six heures d'où l'on peut dire que la guerre est sortie. L'Empereur s'y répand en menaces et en reproches. Ce qui revient à chaque instant dans ses plaintes, c'est la folie qu'il a faite en épousant une archiduchesse. Et le ministre autrichien, — si l'on admet son dire, — aurait, répondu : « Puisque Votre Majesté veut connaître mon opinion, je dirai très franchement que Napoléon le Conquérant a commis une faute (1). » L'Empereur, sans se déconcerter, va droit au but : « Ainsi l'empereur François veut détrôner sa fille ? — Quoi que la fortune réserve à sa fille, l'empereur François est avant tout souverain, et l'intérêt de ses peuples tiendra toujours la première place dans ses calculs. » Devant le sang-froid de son adversaire, Napoléon s'emporte. Il s'étonne qu'on lui demande de livrer ses conquêtes sans tirer l'épée. « Et c'est mon beau-père, s'écria-t-il, qui accueille un tel projet! C'est lui qui vous envoie ! Dans quelle attitude veut-il donc me placer en présence du peuple français? Il s'abuse étrangement s'il croit

(1) Ce n'est pas ce que Metternich disait en 1809 et 1810. Il convient, à ce propos, de relire ses lettres à Schwarzenberg et à Mme de Metternich, où dominait l'orgueil de l'avoir emporté sur la Russie dans une alliance alors si recherchée. — Voir les *Mémoires de Metternich*, t. II, p. 302 à 332, et mon ouvrage, *le Divorce de Napoléon*, p. 148 à 192.

qu'un trône mutilé puisse être en France un refuge pour sa fille et son petit-fils !... » Et alors il lui échappe des paroles cruelles, des paroles irréparables qui expliquent la haine posthume de Metternich : « Combien l'Angleterre vous a-t-elle donné pour vous décider à jouer ce rôle contre moi (1)? »

Un profond silence succède à cette violente apostrophe. Puis Napoléon croit pouvoir ajouter : « Vous ne me ferez pas la guerre ? » Et Metternich lui répond, ou lui aurait répondu : « Vous êtes perdu, Sire ! » Et à peine est-il sorti qu'il expédie un courrier à Schwarzenberg pour savoir, au point de vue pratique, quelle doit être la durée de l'armistice. Schwarzenberg fixe un délai de vingt jours pour renforcer son armée de 75,000 hommes, et le prétendu négociateur de la paix consacre tous ses efforts à obtenir ce délai. Les négociations de Prague, entre Metternich, d'Anstett, Caulaincourt et Narbonne, qui s'engagent alors, ne sont en réalité que des conversations diplomatiques. Ni d'un côté ni de l'autre, on n'était sincère. Si Napoléon eût accordé les concessions exigées, l'Autriche en eût immédiatement présenté d'autres. Quant à l'Empereur, il ne voulut jusqu'au dernier moment en admettre aucune. Il quitta Dresde pendant quelques jours pour aller recevoir Marie-Louise à Mayence, pensant que de grands égards, témoignés officiellement à la fille de François II, produiraient une impression favorable en Autriche et faciliteraient un rapprochement. Il engagea même l'Impératrice à écrire à son père une lettre capable de toucher son cœur et de le déterminer à une paix plus honorable (2). A la veille même de la rupture de l'armistice, Napoléon sembla disposé à céder sur quelques points, mais, cette fois, il était trop tard. Les signaux préparés de Prague à la frontière de Silésie s'allumèrent dans la nuit du 10 au 11 août, apprenant aux alliés que les négociations étaient rompues. Sans doute, l'Empereur

---

(1) Voir le récit si vivant de cette entrevue dans les Annexes de *Napoléon et ses détracteurs*, par le prince Napoléon, pièce II, p. 306.

(2) On verra un peu plus loin (page 49) que Marie-Louise fit cette démarche auprès de François II.

avait eu tort de ne point chercher à faire la paix, comme il l'avoua plus tard à M. Fazakerley(1); mais la médiatrice de cette paix, l'Autriche, était-elle sincère dans ses offres? Elle qui, le 27 juin, avait signé avec la Prusse et la Russie le traité secret de Reichenbach, dressé le 9 juillet le plan de campagne à Trachenberg avec les alliés, conclu le traité secret de Prague avec l'Angleterre le 27 juillet, pouvait-elle dire qu'elle avait négocié loyalement?... Quoi qu'il en soit, elle était arrivée à son but : gagner du temps. Et le 12 août, grâce à son concours et à son adresse, la Triple Alliance devenait un acte officiel. Les 26 et 27 août, les alliés sont battus à Dresde ; les Autrichiens, entre autres, abandonnent à Napoléon 20,000 prisonniers, 60 pièces de canon et de nombreux équipages de guerre, ce qui n'empêche pas Metternich d'affirmer « que les troupes de Napoléon ne méritaient plus le nom d'armée ». Mais les lieutenants de l'Empereur n'ont malheureusement ni son génie ni ses triomphes. Les 18 et 19 octobre, à Leipzig, la trahison des Saxons et des Wurtembergeois transforme la bataille en déroute, quoique les pertes des alliés soient énormes. Le combat plus heureux de Hanau facilite la retraite de l'armée française ; mais c'en est fait, l'invasion est proche et l'Empire menacé. Napoléon allait revenir en hâte à Saint-Cloud, prêt à créer de nouvelles armées et avec la certitude inébranlable de trouver dans son génie militaire les occasions de réparer ses désastres.

Pendant cette terrible campagne et les péripéties extraordinaires qui l'avaient remplie, l'Empereur n'oubliait pas son fils. Ainsi, le 7 juin, il avait écrit à Mme de Montesquiou : « Je vois avec plaisir que mon fils grandit et continue à donner des espérances », et il avait assuré la gouvernante de toute sa satisfaction. Quant à Marie-Louise, il s'en préoccupait à tout instant, inquiet de sa santé et voulant qu'on lui procurât des distractions de nature avec son âge. Mais l'Impératrice avait pris son rôle de régente au sérieux et les tristesses, de 1813, qui

---

(1) *Souvenirs de lord Holland.*

avaient singulièrement aggravé celles de 1812, ne lui inspiraient pas beaucoup le désir de chercher des plaisirs et des divertissements. Napoléon avait eu un moment l'intention de faire couronner solennellement le roi de Rome ; les circonstances pénibles où se trouvait jetée la France l'en avaient dissuadé. Marie-Louise, qui désirait ardemment la paix, avait consenti avec joie à écrire à son père, quelque temps après son voyage à Mayence. Elle émettait l'espérance que l'empereur d'Autriche ne se mêlerait pas à la guerre. Elle lui parlait en même temps de son intérieur. Elle se félicitait d'avoir retrouvé son fils bien portant, très gai, très aimable et prononçant déjà quelques paroles. Six semaines après, le 23 septembre, n'ayant pas reçu de réponse favorable, elle suppliait encore son père de mettre fin aux hostilités. Avant la bataille de Leipzig, elle était allée au Sénat lire un discours patriotique où elle faisait hautement appel à la vaillance des Français contre l'Angleterre et la Russie, qui avaient entraîné la Prusse et l'Autriche dans leur coalition. « Associée depuis quatre ans aux pensées les plus intimes de mon époux, disait-elle, je sais de quels sentiments il serait agité sur un trône flétri et sous une couronne sans gloire. » Elle souleva un enthousiasme sénatorial qui dura toute une séance.

Lorsque, le 9 novembre à cinq heures du soir, Napoléon revint subitement au château de Saint-Cloud, il trouva l'Impératrice en larmes. « Ému et attendri, rapporte un témoin, il la prit sur son cœur avec un redoublement de tendresse. Leur fils, amené par la gouvernante, vint mettre le dernier trait à ce tableau de famille, qui intéressa vivement le petit nombre des spectateurs qui en étaient témoins. » Méneval, qui se trouvait à Saint-Cloud, dit du roi de Rome : « C'était alors un très bel enfant. Il avait toutes les apparences de la force de la santé, et son intelligence se développait d'une manière remarquable. La reine de Naples lui avait fait présent d'une petite calèche dans laquelle il se promenait joyeusement dans les jardins du château. Cette voiture était traînée par des moutons qu'avait dressés l'habile écuyer Franconi. » Ces joies ne sont que des joies éphémères. L'Empereur, qui prodigue à sa femme et à son fils ses plus vives tendresses, ne soupçonne pas qu'il les voit pour la dernière fois. Quelques semaines encore, et tout sera rompu entre eux. La campagne de France, l'abdication, l'île d'Elbe, les Cent-jours, la seconde abdication, le départ pour Sainte-Hélène, tous ces événements dramatiques se succéderont tumultueusement, sans que Napoléon puisse revoir Marie-Louise et le roi de Rome.

En apprenant la défection officielle de l'Autriche, défection qui n'aurait cependant pas dû la surprendre, Marie-Louise avait manifesté le plus vif chagrin. Elle craignait pourtant que l'Empereur ne lui en voulût et ne lui témoignât une affection moindre. Elle se trompait ; jamais Napoléon ne fut plus aimant. Il souriait seulement, lorsqu'elle lui disait : « L'Empereur mon père m'a répété vingt fois, quand il m'a mise sur le trône de France, qu'il m'y soutiendrait toujours, et mon père est un honnête homme... » Le 14 novembre, l'éternel Lacépède haranguait Napoléon au nom du Sénat et lui dépeignait la sollicitude de cette assemblée pour lui. Le lendemain, le Sénat mettait à la disposition de l'Empereur trois cent mille conscrits. Le 1ᵉʳ décembre, les alliés lancent la fameuse déclaration de Francfort où ils cherchent à séparer la cause de Napoléon de la cause du pays. Ils jurent que c'est à l'Empereur seul qu'ils font la guerre (1). Ils veulent la France forte et heureuse, et lui laissent une étendue de territoire plus grande que sous ses rois. L'offre des limites naturelles et la bienveillance pour les intérêts de la France n'étaient en réalité qu'un leurre. On le vit bientôt. Mais ce n'était pas seulement à l'extérieur que Napoléon allait rencontrer des embûches, c'était encore chez lui, dans son propre empire. Le Sénat,

---

(1) Ils se conformaient ainsi habilement aux instructions secrètes données depuis longtemps par Alexandre à Novossiltzof, ambassadeur de Russie en Angleterre : « On déclarera à cette nation que ce n'est pas à elle qu'on en veut, mais uniquement à son gouvernement. » (Voy. les *Plans de la Coalition en 1804*, par M. Albert Sorel, dans le *Temps* du 8 septembre 1895.) — Le 9 novembre 1813, M. de Metternich avait dit à M. de Saint-Aignan, ministre de France à Weimar, que la France devait conserver ses limites naturelles.

qui était toujours prêt, sur un signe du maître, à envoyer des millions d'hommes à la mort (1), attendait l'occasion pour se livrer, sans péril, à une lâche défection. Le 16 novembre 1813, le lendemain du sénatus-consulte qui ordonnait de nouvelles levées, le comte Molé écrivait dans son Journal intime : « A quatre heures, je fus chez Fontanes. Nous causâmes longtemps. Il me fit connaître l'opinion du Sénat. La très grande majorité hait l'Empereur. Elle ne le cache pas. Ce qu'on appelle le vieux Sénat, c'est-à-dire un noyau de dix-huit environ, tels que Sieyès, Tracy, Lanjuinais, Garat, Villetard, voudraient un directoire; un grand nombre veut le roi de Rome et la régente; un très petit nombre est dévoué à l'Empereur. Ces derniers mêmes demandent la paix à tout prix. Tous repoussent les Bourbons. » Moins de cinq mois après, Napoléon était frappé de déchéance, le roi de Rome et la régente abandonnés à l'Autriche, et Louis-Stanislas-Xavier de France appelé au trône par ces mêmes sénateurs, qui avaient eu bien soin de stipuler en même temps qu'ils seraient inamovibles et garderaient leurs traitements et leurs majorats.

Au cours de ces événements, Pie VII avait, malgré une surveillance rigoureuse, pu faire connaître au nonce sa rétractation du concordat de Fontainebleau. Lors des conférences de Prague, il avait, par l'entremise du nonce Severoli, déclaré à l'empereur d'Autriche qu'il maintenait ses droits à la souveraineté temporelle. Napoléon fut averti de ces démarches. Il comprit cette fois, mais trop tard encore, qu'il fallait céder. Il fit faire des propositions au cardinal Consalvi pour arriver à une sorte de pacification entre le Saint-Siège et l'Empire. Qui aurait pu admettre cette hypothèse même quelques mois auparavant?... Celui qui avait pris Rome pour en donner le titre et la souveraineté à son fils, allait être contraint de reconnaître la souveraineté temporelle de ce Pape qu'il avait si brutalement dépossédé.

(1) Du 17 janvier 1805 au 15 novembre 1814, le Sénat avait décrété la levée de 2,173,000 hommes.

CHAPITRE V

FONTAINEBLEAU, BLOIS, RAMBOUILLET.

(1814)

Le 31 décembre 1813, Blücher passait le Rhin avec ses soldats. Bientôt un million d'ennemis vont combattre trois cent mille Français qui, sous la direction de leur Empereur, se couvriront d'une gloire immortelle. Napoléon, qui lutte non seulement pour maintenir ses conquêtes et sauver l'avenir de sa dynastie, a retrouvé le secret des belles et grandes combinaisons d'autrefois. Si les alliés finissent par avoir raison de ces gigantesques efforts, c'est parce que la lassitude des uns, la trahison des autres leur sont venues en aide, car jamais leurs généraux n'ont manœuvré plus pitoyablement.

Avant de se remettre à la tête de ses troupes, Napoléon réorganise la régence. Marie-Louise en est chargée une seconde fois. Elle s'inspirera encore des conseils de Cambacérès. Elle aura également auprès d'elle Joseph Napoléon qui la remplacera à Paris et dirigera la défense, au cas où la régente, à l'approche des étrangers, serait forcée de quitter la capitale. Jetant alors ses regards autour de lui pour intimider les traîtres qui se dissimulent, l'Empereur menace hautement le prince de Bénévent. Il ordonne au duc de Rovigo d'exercer une surveillance active sur ce personnage, surveillance que le duc ne rendra pas rigoureuse, car il n'a plus d'espoir en l'avenir de la dynastie impériale et il se ménage, lui aussi, des protecteurs. La rancune de Napoléon avait deviné juste. C'est, en effet, l'ancien ministre des affaires étrangères qui rassemblera, quelques mois plus tard, une poignée de sénateurs pour proclamer la déchéance de l'Empire et leur conseiller de se rendre aux alliés et de se vendre aux Bourbons. Cependant l'Empereur a confiance encore dans son étoile. Il est résolu à tout essayer pour délivrer le sol sacré. Il l'a dit à la députation du Corps législatif, lors des réceptions de nouvel an : « Dans trois mois nous aurons la paix, nos ennemis seront chassés, ou je serai mort !... » Les derniers jours qui lui restent, il les passe auprès de sa femme, auprès de ce fils aimé qui lui semblait la consécration suprême de ses volontés et de ses désirs. Au moment même où, dans son cabinet de travail, il signait les décrets les plus importants, où il examinait les affaires les plus considérables, il ne pouvait se détacher de cet enfant qu'il tenait sur ses genoux, ou serré contre sa poitrine. Le roi de Rome était alors âgé de trois ans et dix mois. Son esprit avait toutes les vivacités et tous les charmes d'une enfance précoce et attachante. Il rendait caresses pour caresses à son père, et ses instants les plus joyeux étaient ceux où il pouvait venir jouer librement auprès de lui. La gravure a popularisé ces scènes intimes. Qui ne se rappelle en effet le roi de Rome endormi aux pieds de son père, tandis que celui-ci parcourt d'un œil attentif la carte de France où vont irrévocablement se jouer ses destinées (1) ?

Enfin l'heure du départ a sonné. Le 23 ~~avril~~ [*janvier*], Napoléon fait réunir aux Tuileries, dans la salle des Maréchaux, les officiers de la garde nationale. Quand ils sont tous arrivés, une porte s'ouvre et Marie-Louise apparait, suivie de la comtesse de Montesquiou qui tient le roi de Rome dans ses bras. Napoléon, avec cette dignité imposante qu'il savait prendre dans les grandes circonstances, présente aux officiers ce qu'il a de plus cher au monde. « Messieurs, leur dit-il, une partie du territoire est envahie. Je vais me placer à la tête de mon

---

(1) Dans un gracieux tableau, exposé au Salon des Champs-Élysées en 1896, M. Dawant a représenté Napoléon laissant sa main prise entre les petites mains de son fils endormi. L'Empereur est assis dans un fauteuil à côté du berceau, le front soucieux. Il est captif de ce petit être, pendant que son esprit médite les combats suprêmes qu'il va falloir livrer.

armée, et, avec l'aide de Dieu et la valeur de mes troupes, j'espère repousser l'ennemi au delà des frontières. » Puis, prenant l'Impératrice d'une main et le roi de Rome de l'autre, il fait un pas vers les officiers et leur dit d'une voix mâle où vibrait cependant une certaine émotion : « Si l'ennemi approchait de la capitale, je confie au courage de la garde nationale l'Impératrice et le roi de Rome... ma femme et mon fils. » Ces simples paroles attendrissent les officiers ; plusieurs sortent des rangs et se jettent sur les mains de l'Empereur qu'ils baisent avec respect. La plupart d'entre eux versent des larmes et ne songent pas à les cacher. Ils étaient presque tous chefs de famille et ils sentaient quelle devait être la peine de Napoléon au moment d'une telle séparation. Puis cet appel subit fait à leur dévouement par un héros qui était encore la gloire de la France et l'effroi du monde, par ce grand Empereur dépouillant un instant la majesté suprême pour se montrer simplement époux et père, ce spectacle unique était bien fait pour les impressionner. Deux jours après, l'Empereur embrassait pour la dernière fois Marie-Louise et son fils.

La veille de cette séparation, Napoléon avait appris que l'aide de camp de Murat, le général de Lavauguyon, était entré à Rome. Connaissant les desseins des alliés sur la restauration du Pape dans tous ses droits, l'Empereur avait donné l'ordre au commandant Lagorce de ramener le Saint-Père dans ses États. Pie VII, que cette nouvelle ne surprit pas, tant il avait confiance dans une réparation providentielle, fit paisiblement ses adieux aux cardinaux présents à Fontainebleau. Il ne se laissa pas aller à des récriminations. Cela eût été indigne de son caractère. Il défendit seulement aux prélats, rassemblés autour de lui, d'écouter aucune proposition qui eût trait aux affaires de l'Église et de la Papauté. Son allocution terminée, il partit dans un modeste équipage avec l'évêque Bertalozzi. Et c'est ainsi que ce même mois de janvier voit le Pape, longtemps prisonnier, s'acheminer lentement vers la Ville éternelle où l'attend une réception triomphale, tandis que l'Empereur, longtemps victorieux, se dirige vers ses dernières armées où l'attendent, il est vrai, quelques ressouvenirs de gloire, mais, bientôt après, la déchéance et l'abdication. Singulier retour des choses! C'est au moment où il n'a plus qu'une partie à jouer pour perdre ou conserver son Empire, qu'il est forcé, lui, l'impérieux despote, de rendre la liberté à ce vieux pontife qui n'a d'autres armes que sa faiblesse et son droit. Aussi va-t-il se venger sur les alliés des amertumes et des souffrances par lesquelles il vient de passer.

Le 26 janvier, il est à Châlons-sur-Marne; le 27, il reprend Saint-Dizier. Le 29, à Brienne, il inflige aux Prussiens et aux Russes une sanglante défaite. Schwarzenberg se plaint à Metternich de Blücher, qui « a couru comme un écolier en méprisant toutes les règles du métier (1) ». Il blâme la sublime légèreté des alliés, unie à leur rage ridicule d'aller visiter le Palais-Royal, ce qui peut leur faire perdre le fruit de leurs travaux. « Au quartier général, dit-il, on ne rêve que Paris. Que l'empereur Alexandre n'aille pas se procurer une seconde leçon, pareille à celle qu'il a été chercher à Lutzen! Il le doit également à ces messieurs qui ne voyaient dans l'armistice salutaire que la perte des deux nations et qui aujourd'hui, écumant de vin de Champagne, ne cessent de crier : A Paris! Si on veut y arriver, que l'on s'occupe au moins des moyens! Mais, au lieu de couvrir ma droite, m'obliger à morceler mon armée pour couvrir leurs derrières! Voilà, mon ami, ce qui s'appelle *manœuvrer comme des cochons!...* » Metternich lui répond le lendemain : « Je suis quasi fâché qu'il n'y ait pas un petit échec pour Blücher. Cela aurait le grand avantage de le rendre plus coulant. Que Dieu vous préserve d'un grand échec, car l'empereur Alexandre court à Pétersbourg sans s'arrêter! » Il saisit cette occasion pour parler du changement de dynastie en France, et avoue que cet objet est du domaine de la France seule. « Si un parti se déclare, si on peut détrôner Napoléon, si Louis XVIII est proclamé par la grande majorité de la Chambre, on traitera avec lui. » Que devient,

(1) *OEsterreichs Theilnahme an der Befreiuns-Kriege*, von Gentz, 29 janvier 1814.

après cette lettre, l'affirmation répétée de l'empereur François à Marie-Louise qu'il ne sacrifierait jamais, quoi qu'il arrivât, la cause de sa fille et de son petit-fils (1)?

Le 5 février, les alliés ouvrent le congrès de Châtillon et consentent à négocier avec les plénipotentiaires français. De part et d'autre on parle, comme à Prague, sans avoir le ferme dessein de tenir autre chose que des conversations. Mais Napoléon ne s'arrête pas à ces bagatelles. Le 10, le 11, le 14 février, il bat les Russes et les Prussiens, à Champaubert, à Montmirail, à Vauchamps. En quelques jours, il a écrasé les cinq corps de l'armée de Silésie et démontré l'incapacité formelle des généraux qui osent se mesurer avec lui. « Mon infanterie, écrit Schwarzenberg à Metternich, a tellement besoin de repos que je suis dans l'impossibilité de continuer une opération sérieuse (2). » Et quelque temps après, il fait cet aveu : « Pour ne pas être battu en détail, je me bornerai à défendre sérieusement les ponts de Bray et de Nogent, et je concentrerai les forces derrière la Seine et l'Yonne. Nous avons laissé échapper un moment que nous regretterons, et à juste titre. Le monde me jugera sévèrement (3). »

Cependant, les alliés, sous la pression tenace de Castlereagh, persistent au congrès de Châtillon à vouloir imposer à l'Em-

(1) MÉNEVAL, *Mémoires*. — D'autre part, le chancelier Pasquier rappelle, dans ses *Mémoires*, que Metternich affirmait, le 18 mars, à Caulaincourt « que les vœux de l'Autriche étaient en faveur d'une dynastie intimement liée à la sienne ». (T. II.) — Six semaines auparavant, il avait écrit à Caulaincourt que le jour où François II avait donné sa fille au prince qui gouvernait l'Europe, il avait cessé de voir en lui un ennemi personnel. Le sort de la guerre avait seul changé son attitude. Si Napoléon voulait écouter la voix de la raison, François II reviendrait aux sentiments qu'il avait au moment où il lui avait confié son enfant de prédilection. Sinon, « il déplorerait le sort de sa fille, sans arrêter sa marche ! »

(2) *OEsterreichs Theilnahme an der Befreiuns-Kriege*.

(3) *Ibid.* — Il ne faut pas croire que nos ennemis étaient toujours aussi navrés. En effet, après la prise de Troyes, le grave Metternich écrivait à Schwarzenberg : « Cette nouvelle Troie ne nous a pas arrêtés dix ans comme l'ancienne avait arrêté les héros de la Grèce. Si j'étais Lichnowsky, je vous dirais que vous ne faites ni une ni deux pour avoir Troyes; que Napoléon vous a dispensé de vous mettre en quatre pour la prendre. »

Metternich n'aura plus l'idée de faire de calembours, lorsque Napoléon reprendra cette même Troyes et forcera Schwarzenberg à battre en retraite, après la bataille de Nangis.

pereur les conditions les plus dures : renonciation à toutes les conquêtes depuis 1792, ainsi qu'aux places de Besançon, Belfort et Huningue. A ces insolences Napoléon répondra encore par des victoires. Wittgenstein est battu le 18 février à Montereau ; Sacken, à Méry-sur-Seine, le 22. Les alliés ne remportent aucun avantage à Bar et à la Ferté-sur-Aube. Ils veulent cependant faire mine résolue et le 1er mars, par le traité de Chaumont, s'engagent à ne point déposer les armes tant que la France n'acceptera pas l'ultimatum de Châtillon. On se bat à Craonne le 7 mars, sans que personne puisse s'attribuer l'avantage. Les généraux alliés ne s'entendent plus. « Sans moi, écrit Schwarzenberg à Metternich, l'imbécile Wittgenstein allait être culbuté. » Il se plaint de Wolkowsy qui le traite avec impudence et ne lui rend pas justice. « Des procédés de cette nature, avoue-t-il, achèvent d'épuiser le peu de patience qui me reste encore. » Puis il blâme les lésineries impardonnables des Anglais qui soulèvent des difficultés pour faire des avances d'argent (1). Huit jours après, Schwarzenberg s'en prend à Alexandre lui-même qui, comme on le sait, avait voulu lui préférer Moreau. « Il doit apprendre, dit-il orgueilleusement, à respecter un homme de ma trempe et savoir que de son auguste caractère au mien, il y a une différence du jour à la nuit. » Il ne traite pas mieux le roi de Prusse. « Pour le Roi, il n'est pas digne d'être jugé par les hommes d'honneur. Il soupçonne tous les vices chez les autres, parce qu'il les aurait tous, s'il en avait le courage et la force. » Quant aux ministres de ces souverains, il les traite de la sorte : « Et les ministres aussi sont assez imbéciles, assez lâches, assez chétifs pour m'accuser de sacrifier Blücher, moi qui l'ai sauvé tant de fois !... Ah ! quelle engeance ! quelle mauvaise race. Comment ! servir sous de tels auspices (2) ? » Voilà, d'après les dépêches officielles, quels étaient les adversaires de Napoléon et les ennemis de la France !... Leur détresse était bien grande alors, puisqu'elle arrache à Schwar-

(1) *OEsterreichs Theilnahme an der Befreiuns-Kriege*, 7 mars 1814.
(2) *Ibid.*

zenberg ce dernier cri : « Si nous vivons encore, c'est par miracle! » Il a dû écrire à Alexandre pour lui affirmer qu'il n'a jamais eu les mains liées, et qu'il n'a agi que d'après ses calculs militaires. « Combien l'empereur Napoléon, dit-il, serait glorieux s'il pouvait imaginer que de pareils soupçons parviennent à se glisser chez les monarques alliés! » Pendant ce temps, Blücher accusait Schwarzenberg de trahison. Les Prussiens se défiaient de leurs alliés, et, d'autre part, le généralissime autrichien suppliait Dieu de lui donner assez de force pour le mettre « au-dessus des sottises de ses chers amis (1) » !

Au dernier moment, Napoléon, qui avait paru n'admettre que la paix basée sur les conditions de Francfort, c'est-à-dire sur les frontières naturelles, consent à accepter les anciennes limites avec la Savoie, Nice, l'île d'Elbe et une partie de l'Italie pour le prince Eugène. Les alliés refusent. Ils continuent la guerre, répétant qu'ils la font à Napoléon et non pas à la France. Mais quand il s'agira de régler les comptes et lorsque le roi de France devra signer le traité de Paris, on verra ce que devient la sincérité de cette affirmation. Caulaincourt conseille à Napoléon d'accepter quand même les conditions des alliés. Ses conseils courageux et patriotiques ne sont point écoutés (2). L'Empereur ne se décourage pas encore. Il combat en soldat à Arcis-sur-Aube, avec vingt mille hommes contre quatre-vingt-dix mille. Puis il songe à couper les communications de l'ennemi, espérant que ses lieutenants lui feront tête. Ceux-ci, malgré leur bravoure, plient à la Fère-Champenoise, et Napoléon est contraint de revenir de Saint-Dizier sur Paris, pour marcher au secours de la capitale. En trois jours, il est à Fromenteau; mais, malgré sa rapidité, il est arrivé trop tard.

Le 31 mars, après une défense que Joseph a dirigée pendant une journée, Paris capitule. Les alliés y pénètrent.

---

(1) OEsterreichs Theilnahme an der Befreiuns-Kriege.
(2) Sa lettre du 3 mars à l'Empereur est un monument de fermeté et de noblesse. Elle fait un singulier honneur à sa mémoire.

Alexandre déclare en leur nom qu'ils ne traiteront ni avec Napoléon Bonaparte, ni avec aucun des siens. Il invite le Sénat à désigner un gouvernement provisoire. C'est Talleyrand qui en devient le chef; il peut alors donner un libre cours à ses intrigues. Le conseil municipal de Paris se prononce contre l'Empereur. Une partie du Sénat décrète la déchéance de celui que tous ont adulé. Les sénateurs motivent la déchéance sur des taxes illégales, sur des guerres injustes, sur des atteintes à la liberté de la presse et à la liberté civile, mesures que tous ont approuvées. Soixante-dix députés adhèrent à la manifestation sénatoriale. Caulaincourt essaye de plaider auprès d'Alexandre la cause de l'Empereur, de Marie-Louise et du roi de Rome. On ne l'écoute plus. Le gouvernement provisoire s'adresse à la France et l'invite à repousser Napoléon qui la gouvernait « comme un roi de barbares ». Il va jusqu'à dire que l'homme auquel il prodiguait hier encore les marques de l'adulation la plus servile, n'avait jamais été Français. Il fait l'éloge des « magnanimes alliés », de leur justice et de leur humanité. Sur ces entrefaites, le maréchal Marmont, duc de Raguse, cédant, dit-il, « à l'opinion publique », s'apprête à passer à l'ennemi. Le sort voudra cependant que ce traître entre un jour en relation avec le roi de Rome et vienne célébrer devant lui la valeur et la grandeur de son père!... Les maréchaux Ney, Lefebvre, Macdonald, Oudinot, pressés d'en finir et de sauver leur situation personnelle, obsèdent, menacent presque l'Empereur et lui arrachent une abdication conditionnelle, par laquelle Napoléon réserve les droits de la régente et de son fils. C'est dans le même palais où il a enfermé Pie VII et où il a essayé de lui arracher l'abandon de tous ses droits, que des maréchaux ingrats ont bloqué l'Empereur et lui ont signifié que son règne était passé (1).

Le Sénat, enhardi par la présence des alliés, appelle au trône Louis-Stanislas-Xavier de France. Le 5 avril, Napoléon

---

(1) Voir, entre autres, sur cette abdication, les récits de Pelet, Ségur, Fain, Marmont, Macdonald, Thiers, Pasquier, Henri Houssaye.

signe la seconde abdication, et cette fois sans réserves. Il traite la défection de Marmont avec le mépris qu'elle mérite; il déclare que, puisqu'il est le seul obstacle à la paix, il fait le sacrifice de sa personne à la France. C'est par la trahison, c'est par la défection qu'on est venu à bout du colosse. Mais l'Autriche ne pardonne pas à Alexandre d'avoir montré de la générosité à l'égard de son ennemi, et si elle adhère à la convention qui lui assure une principauté indépendante et lui maintient le titre d'Empereur, c'est bien malgré elle. Le 11 avril, un traité passé à Fontainebleau entre les maréchaux, les ministres d'Autriche, de Russie et de Prusse, et auquel consent le gouvernement britannique, reconnait à Napoléon, en échange de sa renonciation à toute souveraineté sur la France et l'Italie, l'île d'Elbe comme propriété personnelle et deux millions de revenu; à Marie-Louise, les duchés de Parme, de Plaisance et de Guastalla, avec réversibilité sur le roi de Rome; enfin au prince Eugène un établissement convenable hors de France. Le même traité met à la disposition de l'Empereur deux millions sur ses fonds personnels, pour lui permettre de donner des gratifications à ses meilleurs serviteurs. Il accorde également sur les fonds du Trésor et sur les revenus des pays cédés par la France deux millions aux frères et aux sœurs de Napoléon (1). Talleyrand garantit, au nom du gouvernement du Roi, l'exécution de ce traité en tout ce qui concerne la France, « dans la vue de concourir efficacement à toutes les mesures adoptées pour donner aux événements qui ont eu lieu un caractère particulier de modération, de grandeur et de générosité (2) ». L'Empereur paraît accepter

---

(1) L'article 5 du traité de Fontainebleau était ainsi rédigé : « Les duchés de Parme, de Plaisance et de Guastalla appartiendront en toute propriété et souveraineté à Sa Majesté l'Impératrice Marie-Louise. Ils passeront à son fils et à sa descendance en ligne directe. Le prince, son fils, prendra, dès ce moment, le titre de prince de Parme, de Plaisance et de Guastalla. »

(2) Le traité de Fontainebleau, qui figure à la page 493 *bis,* numéro du 5 mai 1814 du *Moniteur universel,* dit que « les puissances alliées ne pouvaient ni ne voulaient oublier la place qui appartient à l'empereur Napoléon dans l'histoire de son siècle ». C'est Alexandre qui avait tenu à cette généreuse déclaration.

toutes ces conditions avec une tranquillité majestueuse, mais, une fois seul, il pense à s'arracher la vie. « Laisser la France si petite, après l'avoir reçue si grande!... » C'est là toute l'explication qu'il donne de son désespoir. Heureusement sa tentative échoue. Il en a honte lui-même et il se ressaisit. Il se soumettra aux nouvelles épreuves qui l'attendent et il acceptera l'exil. Le lendemain du traité de Fontainebleau, Monsieur entrait à Paris, et le 3 mai Louis XVIII montait sur le trône. Le 20 avril, Napoléon s'acheminait vers l'île d'Elbe.

Metternich ne peut nier la part personnelle qu'il a prise au traité de Fontainebleau. En effet, le 11 avril 1814, il mandait à l'empereur François : « Depuis quatre jours, les plénipotentiaires (Ney, Macdonald et Caulaincourt) travaillaient avec le comte de Nesselrode à la rédaction du traité. Mais l'empereur de Russie a désiré que je prisse part aux délibérations avant la signature de l'acte, attendu qu'un des articles contenait la stipulation d'un établissement indépendant pour l'Impératrice et le roi de Rome. Ce soir, j'ai eu une séance de trois heures avec les trois plénipotentiaires français et le comte de Nesselrode, auquel s'était joint lord Castlereagh. Dans cette réunion, nous sommes arrivés à nous entendre relativement au traité. J'ai cru pouvoir assigner à l'Impératrice les duchés de Parme, de Plaisance et de Guastalla, comme étant l'objet le plus convenable à lui attribuer, et toutes les parties sont tombées d'accord là-dessus. En conséquence, l'acte fut signé. Demain, il sera expédié en bonne et due forme, et, comme le gouvernement provisoire est également d'accord avec nous sur l'ensemble, nous pourrons d'ici à deux jours publier cette pièce si importante. Immédiatement après, Napoléon sera conduit à l'île d'Elbe... » Et l'empereur d'Autriche lui répondait : « Vous avez agi dans cette affaire comme il convenait, et, comme père, je vous remercie de tout mon cœur de ce que vous avez fait dans cette circonstance pour ma fille. » Le 12 avril, il ajoutait : « Vous avez eu raison de ne pas différer la conclusion du traité jusqu'à mon arrivée à Paris, car ce n'est que par ce moyen qu'on peut mettre fin à la guerre (1). »

Il nous faut maintenant revenir un peu en arrière pour savoir ce qu'étaient devenus Marie-Louise et son fils pendant ces quelques mois si remplis d'événements. Napoléon avait écrit, le 8 février 1814, au roi Joseph une lettre péremptoire où il lui recommandait de ne jamais laisser tomber son enfant dans les mains de l'ennemi. « Soyez certain, disait-il, que dès ce moment l'Autriche, étant désintéressée, l'emmènerait à Vienne avec un bel apanage; et, sous prétexte de voir l'Impératrice heureuse, on ferait adopter par François tout ce que le régent d'Angleterre et la Russie pourraient lui suggérer. Tout parti se trouverait par là détruit. Si je meurs, mon fils et l'Impératrice régente doivent, pour l'honneur des Français, ne pas se laisser prendre et se retirer au dernier village. Souvenez-vous de ce que disait la femme de Philippe V. Que dirait-on, en effet, de l'Impératrice? Qu'elle a abandonné le trône de son fils et le nôtre; et les alliés aimeraient mieux tout finir en les conduisant prisonniers à Vienne. Je préférerais qu'on égorgeât mon fils, plutôt que de le voir jamais élevé à Vienne comme prince autrichien, et j'ai assez bonne opinion de l'Impératrice pour être persuadé qu'elle est de cet avis, autant qu'une femme et une mère peuvent l'être. Je n'ai jamais vu représenter *Andromaque* que je n'aie plaint le sort d'Astyanax survivant à sa maison, et que je n'aie regardé comme un bonheur pour lui de ne pas survivre à son père! »

Comme Joseph avait averti Napoléon que Marie-Louise avait supplié son père de ne pas favoriser les Bourbons, l'Empereur se fâcha. Il déclara qu'il ne voulait pas être protégé par une femme. « Cette idée, disait-il, la gâterait et nous brouillerait... Ne lui parlez que de ce qu'il faut qu'elle sache pour signer, et surtout évitez les discours qui lui feraient penser que je consens à être protégé par elle ou par son père. » Ce-

---

(1) *Mémoires de Metternich*, t. II.

pendant, Napoléon avait écrit, au lendemain du succès de Montereau, à son beau-père pour lui proposer de s'entendre sur les bases de Francfort. Essayant de toucher ce souverain impassible, il lui avait, mais en vain, rappelé « que, quels que fussent ses sentiments ennemis, il avait dans ses veines du sang français ». L'attitude de François II était bien faite pour l'inquiéter. Aussi, le 16 mars, avait-il renouvelé à Joseph ses adjurations : « Si l'ennemi s'avançait sur Paris avec des forces telles que toute résistance devînt impossible, faites partir, dans la direction de la Loire, la régente, mon fils, les grands dignitaires, les grands officiers, le baron de la Bouillerie et le Trésor. » Viennent alors ces lignes connues où le malheureux père semble prévoir le triste sort de l'enfant impérial : « Ne quittez pas mon fils et rappelez-vous que je le préférerais voir dans la Seine plutôt que dans les mains des ennemis de la France. Le sort d'Astyanax, prisonnier des Grecs, m'a toujours paru le sort le plus malheureux de l'histoire !... »

Jusqu'au milieu de février, Marie-Louise avait compté sur une paix honorable, amenée par les brillants succès de Napoléon. Elle s'acquittait dignement de ses devoirs de régente et consacrait ses heures de loisir soit à s'occuper de son fils, soit à faire de la charpie pour les blessés, avec les dames de la Cour. Le 11 février, elle avait passé en revue la garde nationale, tandis que les troupes acclamaient le petit roi de Rome qui, des fenêtres des Tuileries, suivait avec joie leurs évolutions. Le 21 février, elle avait reçu de Napoléon le conseil d'écrire de sa main des proclamations guerrières, adressées aux grandes villes du Nord et de la Belgique. Le 27, elle avait assisté à la cérémonie de la remise de quatorze drapeaux pris aux alliés, et elle avait publiquement exprimé le vœu que tous les Français allassent se ranger autour de leur monarque pour assurer par leur courage la délivrance de Paris. En même temps, elle avait écrit à son père, lui demandant encore une fois de se souvenir de sa fille et de son petit-fils, et de ne pas imposer à la France une paix honteuse. Elle s'entendait ainsi, et sans l'avoir cherché, avec Napoléon qui avait adressé à François II ces lignes si fières : « Si j'avais été assez lâche pour accepter les conditions des ministres anglais et russes, Votre Majesté aurait dû m'en détourner, parce qu'elle sait que ce qui avilit et dégrade trente millions d'hommes ne saurait être durable. » Mais ni la lettre de Marie-Louise ni celle de Napoléon ne purent toucher un prince qui obéissait aux âpres volontés et aux ressentiments de son premier ministre.

Lorsque les alliés se rapprochèrent de Paris, le roi Joseph communiqua à la régente et à son intime conseiller, Cambacérès, la lettre du 16 mars, puis un conseil important fut tenu aux Tuileries. C'était le 28 mars. La majorité parut d'abord opposée au départ de l'Impératrice. Talleyrand, qui savait fort bien qu'il ne serait pas écouté, affirma, mais sans insister, que si Marie-Louise quittait Paris, elle céderait la place aux royalistes. Le duc de Rovigo fut de cet avis; le conseil semblait ébranlé, lorsque Joseph lui lut les lettres de Napoléon en date des 8 février et 16 mars. Ce fut un véritable coup de foudre. On conclut naturellement au départ (1). Un instant, Marie-Louise avait eu l'intention d'aller droit à l'Hôtel de ville, et d'y renouveler la conduite de Marie-Thérèse. On l'en dissuada. Méneval le regrette fort. « La présence de Marie-Louise à Paris, dit-il, aurait pu y déjouer de coupables manœuvres et donner à Napoléon le temps d'arriver au secours de Paris (2). » La régente, très embarrassée, demanda l'avis personnel de Cambacérès, qui, craignant de se compromettre, se récusa. Elle relut alors les lettres de l'Empereur et les considéra comme un ordre sacré. Elle fixa le départ au lendemain matin, 29 mars. Au dernier moment, prise d'angoisses et de remords, entendant autour d'elle des avis différents, ne sachant que répondre aux officiers de la garde nationale qui lui rappelaient le discours de Napoléon, elle rentra dans sa chambre à coucher, jeta son chapeau sur le lit,

---

(1) Consulter à ce sujet les *Mémoires du chancelier Pasquier*, t. II. On y voit, entre autres, que Pasquier était opposé au départ, comme le duc de Massa. Il le fit avec tant de franchise que Talleyrand dit en secret à Mme de Rémusat que M. Pasquier avait donné le conseil le plus contraire aux Bourbons.
(2) *Mémoires de Méneval*, t. III.

s'assit dans une bergère, prit sa tête à deux mains et pleura abondamment. Au milieu de ses sanglots, on entendait ces paroles : « Mon Dieu! qu'ils se décident donc et qu'ils mettent un terme à cette agonie (1)! » D'après M. de Bausset, elle aurait dû accepter la capitulation et répondre par sa présence à la proclamation des alliés qui disaient chercher de bonne foi en France une autorité capable de cimenter l'union de toutes les nations et de tous les gouvernements (2). Malheureusement, Marie-Louise était une jeune femme de vingt-trois ans, qui avait plus de timidité que d'énergie, et qui n'osa jamais prendre une décision ferme. Elle eût tenu une place brillante dans un règne pacifique. Elle était absolument désorientée au milieu de ces événements tragiques, en face des horreurs de la guerre et de l'invasion, des intrigues de toutes sortes qui l'entouraient et l'enserraient.

Les cours des Tuileries étaient remplies d'équipages et de fourgons; des voitures de parade, même celle du sacre, des caissons du Trésor et de l'argenterie étaient là. Les mouvements des hommes et des chevaux amusaient le roi de Rome, qui ne croyait pas à un départ immédiat. A neuf heures du matin, les préparatifs étaient terminés. Ce ne fut pourtant qu'à dix heures et demie que l'Impératrice monta en voiture (3). Elle était accompagnée de Mmes de Montesquiou, de Montebello, de Brignole, de Montalivet et de Castiglione. Lorsqu'on voulut faire descendre le roi de Rome, l'enfant

---

(1) MÉNEVAL, t. III.

(2) *Mémoires de Bausset*, t. II. — Quelques jours après, le même de Bausset, qui paraissait si dévoué et si impartial, avouait confidentiellement à un agent des Bourbons qu'il était attaché à la monarchie légitime par les services de ses ancêtres, et qu'il lui offrait une franche adhésion. Il appelait le règne de Napoléon « une interpolation ». Il désirait devenir un des maréchaux de la cour, car ce ridicule « nom de préfet du palais, disait-il, ne saurait subsister ». Il avait conseillé à Marie-Louise de retourner en Autriche et de mettre fin « à une niaiserie sentimentale », en déliant « les nœuds d'une conjugalité » qu'il regardait comme expirée. Enfin, il s'exprimait ainsi sur Napoléon qu'il avait servi à genoux : « Cet homme a eu un moment tout le bonheur de Mahomet, ainsi que son audace et son charlatanisme ! » Tant de platitude et d'ingratitude ne suffit pas pour faire obtenir à M. de Bausset le poste de maréchal de la Cour. (Voir le *Cabinet noir*, par M. D'HÉRISSON.)

(3) *Notice historique sur le général Caffarelli*, par Ul. TRÉLAT.

opposa la plus vive résistance. Il pleurait, il poussait des cris, il s'accrochait aux rideaux de son appartement, puis aux portes et à la rampe de l'escalier. « N'allons pas à Rambouillet, disait-il, c'est un vilain château. Restons ici ! » La comtesse de Montesquiou, puis la sous-gouvernante, Mme Soufflot, furent obligées de le prendre dans leurs bras. Il se débattait violemment, et l'écuyer de service, M. de Canisy, arriva, non sans peine, à le porter jusqu'à la voiture de sa mère. « Je ne veux pas quitter ma maison, criait-il; je ne veux pas m'en aller. Puisque papa est absent, c'est moi qui suis le maître! » Cette résistance inattendue, ces cris et ces pleurs d'enfant troublaient un pénible silence et jetaient dans l'âme de ceux qui assistaient à cette scène les pressentiments les plus sinistres (1). « J'étais près de lui, rapporte M. de Bausset, et j'entendis l'expression de sa petite colère... L'instinct de ce jeune prince parla d'une autre manière que les conseillers du trône... » Comment ne pas évoquer ici un souvenir d'une analogie frappante : le duc de Bordeaux refusant à Cherbourg de monter sur le navire qui devait l'emmener avec Charles X en exil? M. de Damas, qui portait l'enfant, dut, comme M. de Canisy pour le roi de Rome, faire un violent effort pour venir à bout de sa résistance. Ainsi que l'a dit un historien, « toutes ces infortunes se ressemblent... » M. de Bausset, qui assistait au départ de Marie-Louise, dépeint le découragement et la peine des Parisiens en voyant passer cet interminable cortège, rendu plus considérable encore par les voitures des membres du gouvernement et des diverses chancelleries ministérielles, marchant sous la protection d'une escorte de mille à douze cents hommes, et occupant près d'une lieue de terrain!... « Rien ne ressemblait moins à un voyage de cour que cette tumultueuse retraite de personnes et de bagages de toute nature (2). » C'était plutôt, pour em-

---

(1) Cf. Thiers, Méneval, Bausset, Durand, Caffarelli, etc. Le duc de Rovigo dit que l'ascendant de Mme de Montesquiou put seul le calmer. « Encore fallut-il qu'elle lui promît bien de le ramener, pour le décider à se laisser emporter. » (*Mémoires*, t. VII.)

(2) Bausset, t. II.

ployer une expression de Tacite, un long cortège de deuil...
veluti longæ exesquiæ. Outre les dames d'honneur, le comte de
Beauharnais, MM. de Gontaut et d'Haussonville, le prince
Aldobrandini, MM. d'Héricy et de Lambertye, de Cussy et de
Bausset, de Seyssel et de Guerchy, MM. Corvisart, Bourdier
et Boyer étaient les principaux personnages qui suivaient
Marie-Louise et le prince impérial. « Les voitures traversaient
une foule de peuple dont la contenance indiquait la sombre
tristesse (1). » L'Impératrice laissait, par son départ, le champ
libre aux intrigues de Talleyrand.

On sait avec quelle habileté le vice-grand électeur, aidé en
cela par M. de Rémusat et ses gardes nationaux, demeura à
Paris et se dispensa de suivre l'Impératrice comme il en avait
reçu l'ordre. L'astucieux personnage n'était pas encore entièrement
décidé en faveur des Bourbons, car il voulait savoir
d'abord ce que pensaient les alliés, qui eux-mêmes paraissaient
encore indécis. La régence de Marie-Louise, dont il serait le
premier ministre, était une idée qui ne lui déplaisait point (2).
Napoléon pouvait, en effet, abdiquer ou mourir subitement.
D'autre part, si l'Autriche ne soutenait pas la régence, si la
Russie y était opposée, il serait toujours temps de se retourner
du côté des Bourbons et de leur faire croire que leur
restauration était due à son habileté et à son empressement.
Talleyrand eut soin de faire dire à Nesselrode par un officieux,
Alexandre de Laborde, qu'il était à Paris, au courant
de l'état des esprits et prêt à être consulté. Une manifestation
royaliste qui avait paru être du goût des alliés, et l'attitude
de l'Empereur qui n'avait pas encore l'air d'un homme qui
veut abdiquer, ramenèrent Talleyrand aux Bourbons. L'arrivée
du Tsar dans son hôtel de la rue Saint-Florentin, son langage
et celui de Nesselrode, partisan de la Restauration,
achevèrent de le convaincre. Alors le 1er avril, dans le conseil

---

(1) M. Pasquier assure qu'il éclata même des murmures. (*Mémoires*, t. II.)
(2) « Le gouvernement d'une femme faible et ignorante ouvrait une belle perspective à l'égoïsme de cette âme ; ce qu'il désirait, c'était la régence de Marie-Louise. » (Louis BLANC, *Histoire de dix ans*.)

tenu chez lui en présence du Tsar, du roi de Prusse et des ministres étrangers, il déclara que la régence serait dangereuse pour le repos de l'Europe, car ce serait l'Empereur qui régnerait sous le nom de Marie-Louise (1). Il fit intervenir le baron Louis et l'abbé de Pradt pour soutenir cette opinion et affirmer avec lui que la France était royaliste ; enfin, il répondit de l'assentiment du Sénat (2). A sa demande, les alliés décidèrent qu'on ne traiterait ni avec Napoléon, ni avec aucun membre de sa famille. Ainsi, comme le fait remarquer le chancelier Pasquier, ils consentirent formellement à exclure du trône de France le fils de Marie-Louise. Très certainement, ils n'avaient aucune autorisation de l'empereur d'Autriche pour prendre un tel engagement. La proclamation avait été préparée à l'avance par Talleyrand et par Pozzo (3), ou par Nesselrode. Mais tous savaient que François II laisserait faire, car l'empereur d'Autriche n'hésiterait pas entre la reprise de ses anciennes provinces et la conservation d'un trône pour sa fille (4).

Pendant que se préparait cette œuvre d'intrigues, Marie-Louise arrivait le soir du 29 mars au château de Rambouillet, et en repartait le lendemain pour Châteaudun, où elle retrouvait les frères de Napoléon, Joseph et Jérôme. A Vendôme, le 1ᵉʳ avril, elle reçut des nouvelles de Napoléon, qui, à l'endroit appelé la « Cour de France », venait d'apprendre la capitulation de Paris et de là s'était rendu à Fontainebleau. Le 2 avril, elle était à Blois. Elle y exerça la régence pendant quelques jours encore. Le 3, — c'était le dimanche des Rameaux, — elle reçut après la messe les autorités et ne put leur dissimuler sa profonde tristesse. Le 4, elle chargea le duc de Cadore d'un message pour son père, message où elle répète que son fils et elle n'ont de refuge qu'auprès de lui.

(1) Voy. Henri Houssaye, *1814*, liv. VIII, § I. — Talleyrand avait cependant laissé entendre à Méneval qu'il eût préféré la régence à la Restauration.
(2) *Mémoires de Talleyrand*, t. III, p. 155.
(3) *Mémoires de Pasquier*, t. II.
(4) D'après Gentz, ce n'est qu'à partir de la rupture des conférences de Châtillon que Metternich se mit « nettement à la tête du système qui devait rappeler les Bourbons ». (*Dépêches inédites de Gentz*.) — C'est ce que dit aussi Prokesch-Osten (page 99).

Elle le suppliait de ne pas sacrifier à l'Angleterre et à la Russie le repos et les intérêts de son petit-fils. « Je vous confie, écrivait-elle, le salut de ce que j'ai de plus cher au monde, un fils encore trop jeune pour connaître le malheur et le chagrin (1) ! » Le 7 avril, elle reçoit la visite du colonel de Garbois, qui vient, de la part de Napoléon, lui annoncer l'abdication. Elle s'étonne et s'afflige de cet acte. Elle dit qu'elle veut aller rejoindre l'Empereur. Le colonel objecte que la chose n'est pas possible. Alors elle s'écrie : « Pourquoi donc, monsieur le colonel ? Vous y allez bien, vous ! Ma place est auprès de l'Empereur, dans un moment où il doit être si malheureux ! Je veux le rejoindre et je me trouverai bien partout, pourvu que je sois avec lui !... » Le colonel de Garbois présenta d'autres objections, parla de dangers de toutes sortes. Il eut beaucoup de peine à dissuader l'Impératrice, qui finit par écrire à Napoléon. Le colonel porta aussitôt la lettre à l'Empereur. « Il me parut, dit Garbois, très touché du tendre intérêt que cette princesse lui témoignait. L'Impératrice parlait de la possibilité de réunir cent cinquante mille hommes. L'Empereur lut ce passage à haute voix, et il m'adressa ces paroles remarquables : — Oui, sans doute, je pourrais tenir la campagne, et peut-être même avec succès. Mais je mettrais la guerre civile en France, et je ne le veux pas. D'ailleurs, j'ai signé mon abdication. Je ne reviendrai pas sur ce que j'ai signé (2). » Marie-Louise, si l'on en croit Méneval et d'autres personnes qui l'entouraient, était alors réellement décidée à rejoindre Napoléon. Elle ne croyait pas à ce moment qu'on la séparerait de son époux. Elle avait parlé plusieurs fois en ce sens à Mme de Luçay et à Mme de Montesquiou. Le 7, elle avait lancé une dernière proclamation, dont l'auteur était Cambacérès (3) ; elle y suppliait les Français d'écouter la voix de Napoléon. Elle se disait confiée à leur bonne foi, glorieuse

---

(1) Voy. Imbert DE SAINT-AMAND, *Marie-Louise et l'invasion en* 1814.
(2) *Mémoires de Bausset*, t. II, et *Mémoires du colonel de Garbois*.
(3) Le même jour, ce triste personnage écrivait à Talleyrand qu'il adhérait à tous les actes faits par le Sénat depuis le 1er avril.

d'être Française et d'être associée aux destinées du souverain qu'ils avaient librement choisi. « Mon fils, ajoutait-elle, était moins sûr de vos cœurs au temps de sa prospérité. Ses droits et sa personne sont sous votre sauvegarde. » Mais cette proclamation, si elle fut lue, ne produisit aucun effet. La France était lasse de la guerre et toute prête à accepter le régime qui lui assurerait la paix (1). Cette lassitude, plus que tout autre sentiment, explique comment l'opinion publique accueillit favorablement le retour des Bourbons. Le 8 avril, — c'était le vendredi saint, — Joseph et Jérôme, accompagnés de Cambacérès, vinrent, dès le matin, conférer avec la régente. Ils lui dépeignirent les dangers très prochains qui la menaçaient et lui dirent qu'il fallait quitter Blois au plus vite. « Soit qu'ils eussent l'intention, rapporte M. d'Haussonville, de se ménager une garantie du côté de l'Autriche en s'emparant de la personne de l'Impératrice, soit qu'ils eussent songé à rejoindre avec elle et son fils l'armée française qui revenait d'Espagne, et à tenter les dernières chances d'une guerre civile, ils employèrent tous les moyens pour décider l'Impératrice à passer de l'autre côté de la Loire. Elle résista tant qu'elle put. Ils parlèrent alors de l'y contraindre de force (2). »

C'est ce que Marie-Louise apprit elle-même à M. de Bausset. Alors celui-ci demanda à la régente ce qu'elle comptait faire. « Rester à Blois et y attendre les ordres de l'Empereur », telle fut sa réponse brève. Sur ce, M. de Bausset alla raconter au chambellan d'Haussonville ce qui se passait. M. d'Haussonville appela les officiers qui veillaient avec quelques troupes sur la sécurité de la régente et leur demanda s'ils laisseraient violenter Marie-Louise. Les officiers se présentèrent en masse à elle et lui jurèrent for-

---

(1) « Nous commençons à espérer, écrit Mme de Rémusat à son fils Charles, qu'il n'y aura pas de bataille, et que, l'armée se débandant, le sang français sera épargné. » (*Correspondance de Mme de Rémusat*, t. I.) — Voy. cette même note dans la belle étude du comte D'HAUSSONVILLE sur le *Congrès de Vienne*. (*Revue des Deux Mondes*, 1862.)

(2) *Souvenirs du comte d'Haussonville.*

melle obéissance, ce qui déjoua les projets des frères de Napoléon. Peu de temps après survinrent le comte Schouvaloff, aide de camp du Tsar, et le baron de Saint-Aignan pour faciliter la retraite de la régente sur Orléans (1). L'Empereur avait abdiqué, et la malheureuse princesse était livrée désormais à tous les caprices de la fortune. Marie-Louise remet à M. de Bausset une lettre pour Napoléon et une autre pour son père. Le grand maître du palais parvient non sans peine à Fontainebleau et s'acquitte de sa mission. La lettre touchante de Marie-Louise émeut Napoléon, qui s'écrie : « Bonne Louise ! » puis fait mille questions à M. de Bausset sur sa santé et sur celle de son fils. On parla ensuite de l'île d'Elbe : « L'air y est pur et sain, dit l'Empereur, et les habitants sont excellents. Je n'y serai pas trop mal, et j'espère que Marie-Louise ne s'y trouvera pas mal non plus. » Il croyait qu'une fois en possession du duché de Parme, il serait permis à l'Impératrice de venir avec son fils s'établir auprès de lui à l'île d'Elbe. Les calculs haineux de Metternich empêchèrent cette réunion. On peut dire que ce fût un malheur pour tous, car cette réunion et l'exécution fidèle du traité de Fontainebleau eussent probablement empêché les Cent-jours. Heureux auprès d'une femme et d'un fils qu'il adorait, Napoléon n'aurait peut-être pas songé à rompre ses liens. En tout cas, il n'eût pu fournir les raisons ou les prétextes qui rendirent sa conduite excusable (2)...

Marie-Louise était, je le répète, bien décidée à le rejoindre alors, et il fallut toutes les intrigues de la diplomatie pour l'empêcher de réaliser cette intention formelle. M. d'Haussonville l'atteste : « L'Impératrice, dit-il, en apprenant que l'Empereur avait reçu en souveraineté l'île d'Elbe, voulut

(1) Voir sur le séjour de Marie-Louise à Blois un intéressant écrit, *La Régence à Blois*, Paris, 1814, 27 pages in-8°.
(2) Qu'on se rappelle ses paroles à Caulaincourt, lorsqu'il regrette que les alliés n'aient point donné la Toscane à sa femme : « Elle n'aurait eu que le canal de Piombino à traverser pour me rendre visite. Ma prison aurait été comme enclavée dans ses États. A ces conditions, j'aurais pu espérer de la voir. J'aurais même pu aller la visiter ; et quand on aurait vu que j'avais renoncé au monde, que, nouveau Sancho, je ne songeais plus qu'au bonheur de mon île, on m'aurait permis ces petits voyages. » (Voy. THIERS, t. XVII.)

savoir ce qu'elle devait penser de son nouveau séjour. Elle fit aussitôt demander Mme de Brignole, qui était Génoise et qui y avait séjourné quelque temps. Il n'est pas de questions qu'elle ne lui fît sur le climat, sur les habitants, sur les ressources du pays. Elle ne paraissait pas admettre qu'elle pût avoir d'autre séjour que celui de son époux, ni d'autre avenir que le sien. Son langage n'était pas seulement convenable sur le compte de l'Empereur ; il était plutôt exalté... Mon père est demeuré persuadé qu'elle était de bonne foi et ne songeait pas alors à séparer son sort de celui qu'elle a depuis si complètement oublié (1). » Il convient de faire remarquer ici combien la conduite de Marie-Louise au milieu de ces graves événements est à son honneur. Comment, peu de temps après, changera-t-elle de sentiments et sera-t-elle aussi frivole et aussi inconsidérée qu'elle a été sérieuse et digne?... Devant une telle versatilité, je ne vois qu'une explication. Tant que Marie-Louise est sous l'influence et la direction de Napoléon, elle comprend ses devoirs et s'y montre fidèle. Mais, lorsqu'elle tombe sous l'influence délétère de Metternich et de son agent Neipperg, elle change brusquement d'attitude et perd l'estime qu'elle avait si justement méritée pendant les jours d'angoisses et de périls. Arrivée à Orléans, le samedi saint 9 avril, Marie-Louise reçut une lettre de son père que lui apportait le duc de Cadore. François II l'assurait de son affection, mais il doutait que les alliés partageassent son zèle pour les intérêts et les droits de sa fille. Ce malheureux monarque, dont un sujet, Schwarzenberg, était pourtant le généralissime de la coalition, s'était annihilé à tel point qu'il n'avait plus la faculté d'émettre un désir. Le lien qui l'attachait aux autres souverains depuis le traité de Chaumont était un lien infrangible. L'empereur d'Autriche était bien monarque et membre de la Quadruple Alliance, mais il ne semblait vraiment plus ni souverain, ni père. M. de Sainte-Aulaire, porteur d'une autre lettre de l'empereur d'Autriche, où celui-ci

---

(1) *Souvenirs du comte d'Haussonville*

donnait à Marie-Louise quelques détails sur la tentative de
suicide de Napoléon, a raconté à M. d'Haussonville un incident que je crois enjolivé. Il paraîtrait qu'il fut reçu le matin
par l'Impératrice dans sa chambre à coucher. Elle était à
peine éveillée et assise sur le bord de son lit, tandis que ses
pieds sortaient de dessous les couvertures. Embarrassé de se
trouver en présence d'une si grande infortune, M. de Sainte-Aulaire tenait les yeux baissés pour n'avoir pas l'air d'observer
sur sa figure l'effet de la triste missive. « Ah ! vous regardez
mon pied, s'écria l'Impératrice. On m'a toujours dit qu'il
était joli... » Quel que soit l'intérêt avec lequel il faut accueillir les dires de M. de Sainte-Aulaire, il est difficile de croire
à celui-ci. Tant de coquetterie féminine, et, le dirai-je ? si
familière et si bourgeoise, ne semble pas possible en pareille
circonstance, surtout de la part d'une archiduchesse d'Autriche. Marie-Louise a pu avoir un moment de distraction ou
de trouble. M. de Sainte-Aulaire a sans doute cru piquant d'y
ajouter cet étrange commentaire.

L'Impératrice avait un chagrin bien réel en ce moment
et ne songeait qu'au départ de Napoléon et aux intérêts de
son fils. Elle voyait avec stupéfaction disparaître tous ceux
qui, jusqu'alors, l'avaient entourée de leurs hommages. Elle
les voyait allant au plus vite chercher des passeports et préparant déjà leur soumission au gouvernement nouveau. Un
grossier personnage, M. Dudon, apparaît tout à coup. Il vient,
au nom du gouvernement provisoire, fouiller les voitures de
l'Impératrice, enlever l'or, l'argenterie et les diamants qui
s'y trouvaient. Il pousse ses exigences si loin qu'il veut même
enlever à la malheureuse femme la parure qu'elle porte sur
elle. L'Impératrice le traite avec dédain et part pour Orléans.
Les Cosaques pillent à leur tour ses bagages, mais, sur l'ordre
du commissaire russe, Schouvaloff, ils rendent bientôt à
Marie-Louise ce qu'ils ont pris. M. de Méneval, qui était resté
auprès d'elle, recevait force lettres de Napoléon, qui demandait si l'Impératrice voulait le suivre dans sa mauvaise fortune, ou se retirer dans ses nouveaux États, ou rejoindre son

père. Il voulait savoir également si Mme de Montesquiou resterait auprès de son fils. Méneval lui répondit que la gouvernante ne quitterait jamais le roi de Rome, « à moins que la force ne l'arrachât de ses bras (1) ». Marie-Louise était de plus en plus dévorée par les inquiétudes et par le désir ardent de revoir enfin l'Empereur. « Se dérobant à des conseils qui n'étaient pas en harmonie avec la pensée qui la préoccupait, rapporte Méneval, elle sortit précipitamment, un jour, de son cabinet de toilette, à demi vêtue, traversa une terrasse qui séparait son appartement de celui de son fils et alla se jeter dans les bras de Mme de Montesquiou, qu'elle tenait en grande estime... Elle s'affermit auprès d'elle dans sa résolution d'aller rejoindre Napoléon à Fontainebleau. » Elle fit même des préparatifs sérieux pour un départ qui ne put se faire, car Metternich et François II surent s'y opposer (2). Il paraîtrait que la duchesse de Montebello, jalouse de Mme de Montesquiou, fut une des personnes qui dissuadèrent le plus Marie-Louise d'aller à l'île d'Elbe. La régente quitta Orléans, et le lendemain le général Cambronne arrivait en cette ville, suivi de deux bataillons de la Garde, pour la ramener avec son fils à Fontainebleau. Il était trop tard.

Marie-Louise avait reçu une lettre de Metternich, lui affirmant qu'il aurait bientôt de nouvelles preuves à lui fournir de la sollicitude de son père ; qu'il pouvait toutefois lui donner d'avance la certitude d'une existence indépendante ; mais que l'arrangement le plus convenable serait qu'elle se rendît « momentanément » en Autriche avec son enfant, en attendant qu'elle choisît entre le séjour de l'empereur Napoléon et son propre établissement. Le ministre ajoutait que son père aurait ainsi le bonheur d'aider de son mieux à sécher des larmes qu'elle n'avait que trop de motifs de répandre. Il affirmait qu'elle serait tranquille, pour le moment, et libre de sa volonté, pour l'avenir ; qu'elle pourrait emmener avec elle les personnes auxquelles elle accordait le plus de con-

---

(1) Méneval, *Mémoires*, t. III.
(2) La générale Durand cite aussi un fait de ce genre. (Voir ses *Souvenirs*.)

fiance (1). Les princes Paul Esterhazy et Wenzel-Lichtenstein avaient été chargés de la conduire à Rambouillet, où son père devait la rejoindre. Marie-Louise informa Napoléon de toutes ces nouvelles, en regrettant la hâte avec laquelle on décidait de son sort. « Je ne vis que de larmes ! » s'écriait-elle. Et pendant qu'avec les égards les plus délicats en apparence on l'amenait vers l'issue fatale, c'est-à-dire vers la séparation d'avec son époux, celui-ci, réduit au désespoir, disait tristement : « Je suis un homme condamné à vivre ! » Ainsi s'écroulait un gigantesque Empire, au milieu des angoisses de son fondateur, au milieu des larmes d'une femme et des regrets instinctifs d'un enfant, sous les coups des intrigues des uns et de la défection des autres (2).

Le 18 avril, l'empereur François arrive à Rambouillet. Marie-Louise descend le recevoir aux portes mêmes du palais « prédestiné pour servir d'agonie à toutes les dynasties expirantes (3) ». Elle prend son fils des mains de Mme de Montesquiou et le jette en pleurant dans les bras de l'Empereur, avant d'avoir reçu elle-même ses premières caresses. « Ce mouvement, dit un témoin de la scène, produisit une émotion visible dans les traits de l'empereur François (4). » Il embrassa cordialement son petit-fils. Mais, d'après un autre témoin, le roi de Rome parut peu sensible à cette marque de tendresse. Il considérait avec étonnement cette longue et grave figure. « Quand il rentra dans son appartement, il dit : « Je viens de « voir l'empereur d'Autriche ; il n'est pas beau (5). » L'enfant impérial annonçait déjà un esprit attentif. Il confiait à Méneval que Blücher était son plus grand ennemi ; que Louis XVIII avait pris la place de son papa et qu'il retenait tous ses joujoux,

(1) MÉNEVAL, t. III.
(2) On rapporte que le petit roi de Rome, s'amusant à distribuer des bonbons à des enfants qui étaient venus le voir jouer, leur dit tout à coup avec un triste sourire : « Je voudrais bien vous en donner davantage, mais je n'en ai plus. Le roi de Prusse m'a tout pris ! » Le comte de Suzor affirme avoir entendu ce propos.
(3) *Histoire de France*, par BIGNON, t. XIV.
(4) *Souvenirs de la générale Durand.*
(5) MÉNEVAL, t. III.

mais qu'il faudrait bien qu'il les lui rendît (1). Un mot, saisi au passage, se gravait dans sa mémoire et lui faisait souvent comprendre bien des choses. Mme de Montesquiou, qui était la prudence même, prenait toutes les mesures possibles pour ne pas enflammer et fatiguer une imagination aussi précoce.

L'entrevue de l'empereur François avec sa fille fut émouvante. Sous le monarque impassible le père reparut un moment. Il fit revenir le roi de Rome et le contempla avec tendresse. Il crut y voir l'image même de Marie-Louise et s'écria que « c'était bien son sang qui coulait dans ses veines ». Il jura à sa fille qu'il le prenait sous sa protection et qu'il lui servirait de père (2). Lorsque l'empereur d'Autriche et Marie-Louise furent de nouveau seuls, la question du départ se représenta urgente. L'Impératrice eût préféré attendre en Italie le moment favorable pour se rendre auprès de Napoléon. Elle ne pouvait admettre l'idée d'une séparation prolongée. Elle laissait entendre qu'elle saurait se partager entre le duché de Parme et l'île d'Elbe. François II, au contraire, suivant exactement les conseils de Metternich qui l'avait supplié de ne pas se laisser fléchir, insistait pour un séjour momentané à Schœnbrunn, loin de tous les périls et de tous les embarras. Méneval, qui a vu alors Marie-Louise de près, nous affirme que l'Impératrice, ne pouvant surmonter sa douleur, se retirait souvent dans sa chambre « et là, les coudes sur ses genoux et la tête dans ses mains, s'abandonnait à l'amertume de ses pensées et versait d'abondantes larmes ». Pourquoi la politique autrichienne était-elle si dure et imposait-elle ainsi, à qui n'en voulait pas, une séparation d'autant plus cruelle, que cette séparation, dite momentanée, devait être éternelle ? Puisque l'Empereur avait renoncé officiellement à tous ses droits sur les couronnes de France et d'Italie, puisqu'il avait accepté l'exil et une modeste principauté, pourquoi ajouter à ses déceptions et à ses désillusions une barbarie inutile ? En quoi la défense de revoir sa femme et son fils affermissait-elle

---

(1) Méneval, t. III.
(2) *Ibid.*

les précautions que l'Autriche croyait devoir prendre avec les autres puissances contre sa personne?... L'observateur le moins partial n'y voit que la volonté d'effacer par tous les moyens possibles la honte d'avoir, après la paix de Vienne, sacrifié une archiduchesse au vainqueur. Il semble, — et le reste de ce récit le prouvera, — que M. de Metternich tenait à rayer des fastes de l'Autriche et des chartes impériales, non seulement le nom de Napoléon, mais encore le souvenir de toute union avec lui. Pour le punir d'avoir osé prétendre à s'allier aux Habsbourg, — comme si ce n'était pas l'Autriche qui avait fait les premiers pas (1), — il fallait lui arracher son fils et sa femme, lui dérober leurs embrassements, lui refuser la consolation suprême de leur présence, leur enlever même leurs titres et leurs noms, et en faire des étrangers à la France. C'était aggraver inutilement la douleur de l'illustre vaincu. Qu'importe? La politique le voulait, et, comme le disait récemment un diplomate, élevé, lui aussi, dans les habitudes d'un sinistre sang-froid, « la douleur n'a rien à voir avec les affaires ! » Si l'on doute de ces affirmations, qu'on lise cette dépêche de l'empereur François à Metternich, écrite six jours avant l'entrevue de Rambouillet : « L'important est d'éloigner Napoléon de la France, et plût à Dieu qu'on l'envoyât bien loin !... Je n'approuve pas le choix de l'île d'Elbe comme résidence de Napoléon. On la prend à la Toscane ; on dispose *en faveur d'étrangers* d'objets qui conviennent à ma famille. C'est un fait qu'on ne peut admettre pour l'avenir. D'ailleurs, Napoléon reste trop près de la France et de l'Europe. Au demeurant, il faut tâcher d'obtenir que, si la chose ne peut être empêchée, l'île d'Elbe revienne à la Toscane après la mort de Napoléon ; que je sois nommé cotuteur de l'enfant pour Parme, etc., et que, dans le cas où ma fille et l'enfant viendraient à mourir, les États qui leur sont destinés ne soient pas réservés à la famille de Napoléon (2). » On ne soutiendra pas que ce souverain avait la fibre bien paternelle,

(1) Voir le *Divorce de Napoléon* et les *Mémoires de Metternich*.
(2) *Mémoires de Metternich*, t. II.

car, avec le calme professionnel d'un notaire, il réglait sagement et méthodiquement l'avenir. Comme l'avait dit Napoléon à Caulaincourt, « l'Autriche était sans entrailles ! » Elle était d'accord avec les alliés pour faire payer à Napoléon toutes les inquiétudes et toutes les angoisses par lesquelles l'Europe venait de passer. Les pouvoirs extraordinaires donnés au marquis de Maubreuil, ainsi que l'attestent les ordres authentiques du général baron de Sacken et du général baron de Brokenhausen, commandants des troupes russes et autrichiennes à la date du 17 avril 1814, prouvent que les alliés auraient même voulu aller plus loin. On sait que la proposition de l'aventurier Maubreuil, acceptée par les ministres de Louis XVIII, Dupont, Anglès et Bourrienne, et par les puissances, était de se débarrasser de Napoléon par tous les moyens. Si elle ne réussit pas, ce ne fut point la faute de Maubreuil. Il avait, pour ainsi dire, prévu un an d'avance l'objet de la déclaration des alliés qui, de l'aveu de Talleyrand lui-même, était « projetée de manière à porter tous les individus qui figurent dans les divers partis à faire disparaître Bonaparte (1) ».

Il paraîtrait cependant que, le jour même de l'entrevue avec sa fille, l'empereur d'Autriche aurait écrit à Napoléon, en lui donnant encore le titre d'Empereur et de gendre, une lettre où il l'informait que, venant de constater que la santé de Marie-Louise avait « prodigieusement souffert », il lui avait proposé de « passer quelques mois dans le sein de sa famille ». Napoléon avait donné trop de véritables preuves d'attachement à Marie-Louise pour ne point partager ses vues à cet égard. « Rendue à la santé, affirmait François, ma fille ira prendre possession de son pays, ce qui la rapprochera tout naturellement du séjour de Votre Majesté. Il serait superflu, sans doute, ajoutait-il, que je donnasse à Votre Majesté l'assurance que son fils fera partie de ma famille, et que, pendant

---

(1) *Mémoires*, t. III, p. 161. — M. de Talleyrand avait dit à Méneval, en paraissant regretter le départ de Marie-Louise, que toutes les combinaisons avaient dû échouer devant le fait de l'existence de l'Empereur ; *que l'Empereur mort, tout eût été facile*; mais que tant qu'il aurait vécu, son abstention eût été illusoire. (*Souvenirs de Méneval*, t. III.)

son séjour dans mes États, je partagerai les soins que lui voue sa mère... (1). » Pourquoi promettre à l'exilé qu'on lui rendra bientôt ce qu'il a de plus cher, et décider secrètement qu'on ne tiendra pas cette promesse? Cette politique, toute de ruses et d'expédients, était méprisable, surtout à l'égard d'un tel vaincu. Le 19 avril, l'empereur Alexandre arriva à Rambouillet et désira voir Marie-Louise, qui s'en plaignit, car elle lui attribuait toutes les mesures prises contre Napoléon, ignorant que sans lui on eût envoyé l'Empereur aux Açores. Alexandre lui témoigna les plus grands égards et demanda à voir le roi de Rome. M. de Bausset le précéda, après avoir fait prévenir Mme de Montesquiou. « En voyant ce bel enfant, Alexandre l'embrassa, le caressa, l'admira beaucoup. Il dit des choses flatteuses à Mme de Montesquiou et embrassa encore, en le quittant, le petit roi... (2). » Deux jours après, le roi de Prusse voulut voir, lui aussi, le roi de Rome. Il fut moins affectueux, moins caressant que l'empereur Alexandre; mais, comme lui, il embrassa le petit roi (3). D'après Méneval, ces visites à Marie-Louise et à son fils auraient été conseillées par Metternich « pour faire croire que Marie-Louise avait renoncé à faire cause commune avec Napoléon et s'était jetée dans les bras de ses ennemis ». Le roi de Rome n'avait pas été bien démonstratif pour les souverains qui étaient venus le voir. « Cet intéressant enfant était assez ennuyé de ces visites. Il voyait bien qu'il n'était que l'objet d'une indiscrète curiosité... (4). » Lorsque Napoléon en eut connaissance, il blâma les visites du Tsar et du roi de Prusse, et considéra comme chose inconvenante d'avoir imposé à l'Impératrice la présence de princes qui venaient d'exiler son mari. Avant son départ, il écrivit encore trois lettres à Marie-Louise, où il l'engageait à aller aux eaux d'Aix conseillées par Corvisart, car il lui fallait conserver sa santé pour son fils, qui avait tant besoin de

---

(1) Cité par I. DE SAINT-AMAND, dans *Marie-Louise et les Cent-jours*.
(2) *Mémoires de Bausset*, t. II.
(3) *Ibid.*
(4) MÉNEVAL, t. III.

ses soins. Ses derniers mots étaient ceux-ci : « J'espère que ta santé se soutiendra et que tu pourras me rejoindre... Tu peux compter sur le courage, le calme et l'amitié de ton époux... Un baiser au petit roi ! » Il dit alors à Caulaincourt, le seul homme qui eût osé lui parler avec une franchise absolue aux heures les plus terribles : « La Providence l'a voulu, je vivrai... Qui peut sonder l'avenir? D'ailleurs, ma femme et mon fils me suffisent. Je les verrai, j'espère, je les verrai souvent. Quand on sera convaincu que je ne songe plus à sortir de ma retraite, on me permettra de les recevoir, peut-être d'aller les visiter. » Puis, emportant cette espérance qui devait être si cruellement déçue, il s'achemina vers l'île d'Elbe, après avoir fait aux soldats de sa vieille Garde ces adieux qu'un Français ne peut lire sans frissonner, et après avoir baisé le drapeau dont le souffle des batailles avait terni les couleurs, mais dont les derniers revers n'avaient pu effacer la gloire.

Le 23 avril, Marie-Louise, cédant enfin aux volontés de son père, quittait le château de Rambouillet, se dirigeant sur Vienne. Elle s'arrêta un jour au château de Grosbois, où elle reçut les derniers hommages du prince de Wagram, le même qui, ambassadeur extraordinaire et plénipotentiaire de Napoléon, avait fait à Vienne, le 8 mars 1810, la demande solennelle de la main de l'archiduchesse Marie-Louise et déclaré devant toute la Cour que cette princesse « assurerait le bonheur d'un grand peuple et celui d'un grand homme ».

CHAPITRE VI

LE DÉPART POUR L'AUTRICHE.

« Je connais les femmes, et surtout la mienne, disait Napoléon dans son dernier entretien avec Caulaincourt. Au lieu de la cour de France, telle que je l'avais faite, lui offrir une prison, c'est une bien grande épreuve. Si elle m'apportait un visage triste ou ennuyé, j'en serais désolé. J'aime mieux la solitude que le spectacle de la tristesse ou de l'ennui. Si l'inspiration la pousse vers moi, je la recevrai à bras ouverts. Sinon, qu'elle reste à Parme ou à Florence, là où elle régnera enfin. Je ne lui demanderai que mon fils... » Le malheureux Empereur n'aura ni l'un ni l'autre. Il a bien jugé sa femme quand il ne l'a pas crue capable de subir une grande épreuve et quand il a ajouté : « Je la connais. Elle est bonne, mais faible et frivole. Mon cher Caulaincourt, César peut devenir citoyen, mais sa femme peut difficilement se passer d'être l'épouse de César... (1). » Il n'avait pas tout prévu. Un prochain avenir allait montrer en Marie-Louise non seulement une épouse faible et frivole, mais oublieuse de sa dignité, insoucieuse du trône sur lequel elle était montée.

Je sais bien que dans le moment même, c'est-à-dire à l'heure du départ, Marie-Louise n'aurait pas demandé mieux, si son père l'y eût encouragée, de rejoindre l'Empereur et de partir avec lui pour l'île d'Elbe. Elle le dit même à Caulaincourt qui était venu la voir de la part de Napoléon. Elle le chargea sincèrement de paroles de tendresse pour lui; elle

---

(1) Voy. THIERS, *le Consulat et l'Empire*, t. XVII.

renouvela ses promesses de fidélité et d'attachement à son époux; elle jura de lui ramener bientôt son fils. Tout cela pouvait être sincère, mais ne dura que peu de temps. Marie-Louise eut le tort de penser qu'elle serait un embarras de plus pour Napoléon, tandis qu'il traverserait la France. Elle crut trop facilement aux périls qui les attendaient, elle et le roi de Rome, à ce moment, alors qu'il eût été si facile aux alliés de les protéger. Toujours est-il qu'elle céda aux instances de son père comme aux perfides conseils de son premier ministre, et qu'elle perdit ainsi l'occasion d'assurer à son nom une gloire ineffaçable. Élevée pourtant dans la pratique et le respect de la religion, elle ne se rappelait déjà plus les belles paroles des Livres sacrés qui, enveloppant l'épouse d'un voile de respect et de pureté, lui recommandent de demeurer ferme dans la foi et dans l'observance des commandements divins. C'en est fait désormais de son honneur. Pendant quelques jours encore, elle aura presque envie d'imiter la noble conduite de la princesse Augusta qui s'était attachée au prince Eugène, malgré l'opposition et les menaces de son père, le roi de Bavière, et avait opposé un non formel à toutes les promesses qu'on lui avait faites pour oublier la loi inoubliable du devoir. Mais ce ne sera qu'une velléité chez Marie-Louise. Cependant sa conscience se révoltera parfois et lui dira secrètement qu'elle est une mauvaise épouse, jusqu'au jour prochain où elle lui dira qu'elle est une mauvaise mère. Elle s'attendrira un peu; elle représentera dans une aquarelle mélancolique une jeune femme saluant de son écharpe un navire qui disparaît à l'horizon; elle versera quelques larmes, et enfin elle s'associera faiblement, puis résolument, à la politique impitoyable de l'Autriche. Elle se laissera dominer par un général de rencontre à la solde de Metternich. L'histoire ne peut plus avoir pour elle de la compassion; elle ne lui doit que du mépris (1).

(1) Une personne qui l'avait vue de près, lady Burghersh, femme de l'attaché militaire à l'ambassade d'Angleterre, disait de son refus déguisé de se rendre auprès de Napoléon : « Je pense que c'est un monstre, car elle prétendait l'aimer, et il s'est toujours bien conduit envers elle. C'est révoltant à elle de l'abandonner

Le 25 avril, Marie-Louise, accompagnée par Mmes de Montebello et de Brignole, le général Caffarelli, MM. de Saint-Aignan, de Méneval et de Bausset, le docteur Corvisart et le chirurgien Lacorner, quittait le château de Grosbois. Le roi de Rome la suivait avec Mme de Montesquiou, Mme Rabusson, Mmes Soufflot et Marchand, sous la surveillance du général Kinski et de plusieurs officiers. Marie-Louise arriva le 25 à Provins, où elle écrivit quelques mots à Napoléon, qui les reçut à Porto-Ferrajo. Le 26, elle était à Troyes, le 28 à Dijon, le 29 à Gray, le 30 à Vesoul, le 1er mai à Belfort. Le 2 mai, elle passait le Rhin, près de Huningue, et se dirigeait sur Bâle. Méneval, qui nous donne ces détails, nous apprend qu'elle reçut dans cette ville une lettre de Napoléon, datée de Fréjus, et que cette lettre éveilla dans son cœur un nouveau regret de n'avoir pas rejoint l'Empereur à Fontainebleau. « C'était, dit-il, une peine secrète, une sorte de remords qui se manifestait souvent, malgré tous les efforts qu'elle faisait pour n'en rien laisser paraître... (1). » Marie-Louise entra à Bâle à cinq heures du soir, au milieu de troupes suisses, bavaroises et autrichiennes qui lui rendirent les honneurs comme à une souveraine. Il convient de dire qu'elle se déroba aux bruyantes acclamations de la foule et demeura un jour entier chez le sénateur Wincker, sans vouloir recevoir d'autres personnes que le général Kinski et les chambellans Wrbna et de Tosi. Elle partit avec un équipage nombreux; vingt-quatre voitures la suivaient. Le roi de Rome était dans une voiture particulière avec sa gouvernante, Mme de Montesquiou. Le voyage le distrayait visiblement, mais il lui échappa tout à coup cette triste réflexion : « Pourquoi ne veut-on plus me laisser embrasser mon papa (2)? »

Marie-Louise écrivit de Zurich à son père pour lui dire que les nouvelles reçues de l'Empereur, dans sa dernière lettre,

---

dans son malheur, après avoir affecté de l'adorer dans sa prospérité... » (Voir le *Correspondant* du 10 juin 1894. Cité par Mme Marie Dronsart.)

(1) Méneval, t. III.
(2) *Vie de Napoléon II*, Paris, 1832, chez Ladvocat.

l'avaient fort impressionnée. Napoléon paraissait attristé de son passage en Provence, où il avait eu à subir les invectives de la foule, comme si les alliés, qui lui avaient maintenu le titre d'Empereur et accordé une principauté, n'auraient pas pu faire protéger son voyage avec les quatorze cents soldats qu'ils lui avaient laissés. Marie-Louise prenait sur elle d'engager son père à faire remettre à Napoléon ses objets confisqués à Orléans, sa bibliothèque et les économies qu'il avait pu réaliser sur sa liste civile. Son gendre n'était plus son ennemi; il devait avoir confiance dans sa générosité et sa bonté. Ce fut la dernière démarche qu'elle tenta auprès de l'empereur François. La façon dont elle fut accueillie devait la dissuader, d'ailleurs, de renouveler de pareilles instances. Partout on célébrait son retour, et sur son passage des députations badoises, wurtembergeoises, bavaroises venaient la saluer. Elle traversa la Suisse, passant par Schaffouse et le lac de Constance. Une fois dans le Tyrol, ce furent des ovations enthousiastes. A Innsbruck, qui appartenait alors à la Bavière et qui aurait voulu revenir à l'Autriche, on détela les chevaux de sa voiture, et les habitants la traînèrent comme en triomphe. Le soir, sous ses fenêtres, des Tyroliens firent entendre leurs chants nationaux. A la vue d'un des tableaux qui ornaient le palais d'Innsbruck et qui représentait Marie-Thérèse et Joseph II, M. de Bausset remarqua que le roi de Rome ressemblait au jeune prince autrichien. Marie-Louise fit appeler son fils. M. de Bausset le prit alors dans ses bras et l'éleva à la hauteur du tableau pour qu'on pût faire la constatation. Et chacun convint aussitôt de la ressemblance (1). Il y avait là une flatterie de courtisan, car tous les portraits du roi de Rome — et j'ai vu personnellement les meilleurs — attestent que l'enfant impérial n'avait du type autrichien que la lèvre inférieure. Le nez, les yeux, le front, le menton sont visiblement napoléoniens. Pendant la durée de ce long voyage, le roi de Rome resta confié à sa gouvernante.

---

(1) BAUSSET, t. III.

« Il ne voyait sa mère, rapporte Méneval, qu'aux lieux où elle s'arrêtait. Il avait oublié le chagrin avec lequel il avait quitté les Tuileries. La nouveauté des objets qui passaient sous ses yeux le divertissait, et il en jouissait avec l'heureuse insouciance de son âge (1). » A Salzbourg, la princesse de Bavière fit un aimable accueil à Marie-Louise. A Melk, elle fut reçue par le prince Trautmannsdorf, et, près de Saint-Pœlten, par l'impératrice d'Autriche, sa belle-mère, et la comtesse Lazouska, son ancienne grande maîtresse. Le 21 mai 1814, elle arriva à Schœnbrunn. Ses sœurs, Léopoldine, Marie-Clémentine, Caroline, Ferdinande et Marie-Anne, ses frères et les archiducs ses oncles, l'attendaient impatiemment. Le jeune prince François-Charles-Joseph devait être le compagnon habituel des jeux de son fils. L'archiduc Charles donna la main à Marie-Louise pour descendre de voiture. Cette fois, elle était redevenue l'archiduchesse d'Autriche. Le général Caffarelli, qui avait accompli sa mission, lui laissa une longue lettre où l'on remarque ce passage : « Dès ce moment, Votre Majesté ne s'appartient plus à elle-même ; elle appartient à la postérité. Il faut donc continuer à ennoblir le malheur ; et c'est la conduite de Votre Majesté qui fixera l'opinion de la France, de l'Allemagne, de l'Europe entière... (2). » Cette opinion allait bientôt être fixée.

Marie-Louise s'installa au château, au premier étage, dans un appartement voisin de celui de son fils, et donnant de côté sur l'allée centrale du parc. On le montre encore aujourd'hui aux visiteurs, et j'ai pu constater moi-même que la situation de ces appartements, entourés d'une verdure riante, devait être des plus agréables. Marie-Louise reprit ses relations de douce intimité avec ses jeunes sœurs. Le matin, elle aimait à s'occuper de son fils ; elle le faisait venir à la fin du déjeuner pour lui donner quelques friandises ; mais c'était Mme de Montesquiou, « noble de cœur, noble de nom », comme le dit si bien le baron d'Helfert, qui, aidée de Mme Soufflot et de sa

(1) MÉNEVAL, t. III.
(2) *Notice historique sur le général Caffarelli*, par Ul. TRÉLAT.

fille Fanny, veillait sur cet aimable enfant. La fidèle gouvernante lui apprenait à prier pour son père absent, et, chaque fois qu'elle en trouvait l'occasion, elle lui en parlait, pour habituer le roi de Rome à ne pas oublier l'empereur Napoléon. Le reste du jour, Marie-Louise faisait de la musique ou du dessin, apprenait l'italien, montait à cheval ou en voiture. Ses chevaux de selle et ses objets particuliers arrivèrent bientôt au palais, venant de Rambouillet où elle les avait laissés. Elle emmenait parfois avec elle son fils, dont les Viennois ou les habitants de Schœnbrunn admiraient la grâce et le charmant visage. Le public l'appelait familièrement le *petit Bonaparte*, et, sauf les courtisans, personne ne songeait à le nommer « Mgr le duc de Parme », comme l'avait voulu le traité de Fontainebleau. Le 15 juin 1814, Marie-Louise alla au-devant de son père à Siegartskirchen, et revint avec lui à Schœnbrunn. L'Empereur la traitait visiblement comme une fille chérie, mais ne la considérait plus comme une souveraine. Le lendemain, François II fit une entrée triomphale à Vienne et vint remercier Dieu à la cathédrale de Saint-Étienne, où l'attendait l'archevêque Sigismond, le même qui en 1805 avait reçu à Vienne Napoléon triomphant, et qui, en 1810, avait béni son mariage par procuration. Du 29 au 30 juin, la duchesse de Montebello, Mme de Saint-Aignan et le docteur Corvisart prirent congé de Marie-Louise, ce qui lui causa quelques instants de tristesse. Bausset conservait encore ses fonctions de grand maître ; Méneval, celles de secrétaire intime ; M. Héreau, celles de médecin ; Mme de Montesquiou, de gouvernante ; Mme Soufflot, de sous-gouvernante ; Mmes Hureau de Sorbec et Rabusson, celles de lectrices. Mlle Fanny Soufflot secondait sa mère auprès du petit prince, qui l'aimait tout particulièrement et ne voulait pas la quitter. »

La reine Marie-Caroline, fille de Marie-Thérèse, sœur de Marie-Antoinette, était venue s'installer au château d'Hertzersdorf, voisin de Schœnbrunn, avec l'espoir d'obtenir la reconnaissance de ses droits au trône de Naples. On sait quelle inimitié avait régné entre elle et Napoléon ; mais les malheurs de l'Empereur avaient adouci les rancunes de la vieille reine. Elle ne comprenait pas que Marie-Louise fût revenue à Schœnbrunn. « Quand on est marié, disait-elle avec sa franchise ordinaire, c'est pour la vie! » Elle s'étonna de voir que Marie-Louise eût caché dans un écrin le portrait de Napoléon, le même portrait, entouré de seize gros diamants, que sa grande maîtresse avait solennellement attaché à son cou, le 7 mars 1810. Elle avait pris en affection le petit roi de Rome et le comblait de caresses. Un jour qu'elle parlait de l'Empereur avec sa nièce, elle exprima de nouveau son étonnement de ne l'avoir pas encore vue se rendre à l'île d'Elbe. « Je ne suis pas libre, répliqua tristement Marie-Louise. — On saute par la fenêtre! » s'écria Marie-Caroline. Mais sa nièce n'avait ni son audace, ni son énergie. Au bout d'un mois, Marie-Louise parut s'ennuyer de la vie monotone de Schœnbrunn, où elle n'avait pour distractions que la compagnie de ses sœurs, des archiducs Charles et Rodolphe, quelquefois de l'Empereur et de l'Impératrice. Son fils ne suffisait pas à l'occuper. Sous le coup de remords évidents, elle avait besoin, pour les dissiper, de changer de pays, de se distraire par un voyage. Schœnbrunn est cependant à quelques pas de Vienne et contient de magnifiques ombrages. Mais le calme de ce palais et de son parc ne convenait pas à l'agitation secrète de Marie-Louise. Elle voulait partir pour les eaux d'Aix que lui avait conseillées Corvisart; elle parlait de ce voyage avec affectation. Sa famille cherchait à l'en dissuader, de crainte qu'elle ne revînt pas et qu'elle ne trouvât quelque moyen de rejoindre Napoléon, car des lettres étaient venues de l'île d'Elbe qui rappelaient à l'Impératrice ses récentes promesses. Marie-Louise demanda directement à son père la permission d'aller à Aix en Savoie, espérant qu'elle pourrait de là se rendre à Parme, comme on le lui avait assuré. Celui-ci, après avoir consulté Metternich, autorisa ce voyage à deux conditions : elle laisserait son fils à Schœnbrunn et elle prendrait avec elle une personne de choix qui servirait d'intermédiaire entre elle et le cabinet autrichien. Elle accepta. Metternich avait d'abord pensé au prince Nicolas Esterhazy, puis son attention politique se porta sur le général comte de Neipperg, qui commandait une division près de Genève. Ce Neipperg avait déjà une histoire. Beau cavalier, à la chevelure blonde et au teint coloré, portant gracieusement le bel uniforme des hussards hongrois, homme distingué et élégant, quoiqu'une blessure reçue à la guerre l'eût privé d'un œil et l'obligeât à porter un bandeau noir qui coupait son front en deux, doué d'un esprit souple et astucieux, passionné pour les arts et surtout pour la musique, le comte avait enlevé la femme d'un de ses amis et en avait eu plusieurs enfants. Cela ne l'empêchait pas de mener encore joyeuse vie.

Le comte de Neipperg, né à Salzbourg en 1771, était issu d'une famille de Souabe au service de l'Autriche (1). Il avait autant de disposition pour les négociations diplomatiques que pour les études militaires. Metternich saisit bientôt ses aptitudes et l'employa dans plusieurs missions délicates. Ce fut Neipperg qui, ministre plénipotentiaire en Suède, contribua à détacher Bernadotte de Napoléon et à montrer aux alliés « le chemin du sol sacré ». Ce fut Neipperg qui poussa le roi Murat à se réunir aux ennemis de la France, le 11 janvier 1814. Ce fut encore lui qui, muni d'une lettre du roi de Bavière, osa inviter le prince Eugène à imiter un pareil exemple. On sait le refus qu'il essuya... A vrai dire, il fallait être singulièrement apte à l'intrigue pour accepter successivement de pareilles tâches. De tels services avaient attiré les regards de l'empereur d'Autriche et du premier ministre sur lui; on comprit que l'on avait affaire à un homme précieux

---

(1) La maison de Neipperg est une ancienne maison féodale de Souabe qui est présumée descendre de Conrad de Neipperg en 1261. Celui qui devint le mari morganatique de Marie-Louise s'appelait Adam-Albert. Il était le fils d'Adam-Adalbert, comte de Neipperg, et de la comtesse Pola. L'*Almanach de Gotha* relate officiellement son mariage avec « Marie-Louise, duchesse de Parme, Plaisance et Guastalla, veuve de Napoléon Ier, empereur des Français, née archiduchesse d'Autriche ».

qui, à l'occasion, ne reculerait devant aucun ordre ni aucune besogne. C'est, en effet, ce qui arriva.

Neipperg se présenta donc à Marie-Louise qui voyageait secrètement sous le nom de duchesse de Colorno, comme un officier désigné par le gouvernement autrichien pour être attaché à sa personne. Il l'accompagna de Carouge à Aix, se tenant toujours à cheval auprès de sa voiture. Méneval, qui l'observa dès son apparition, lui trouva un air bienveillant et des manières polies, mais le jugea bientôt « adroit et peu scrupuleux, sachant cacher sa finesse sous les dehors de la simplicité (1) ». Marie-Louise se rappelait vaguement cet homme qui devait avoir une si grande influence sur sa destinée. C'était en 1812, à Dresde, époque à laquelle, chambellan de son père, il avait été mis pour la première fois à ses ordres. Insinuant et flatteur, actif et prudent, il devint bientôt son factotum. Ce fut lui qui lui choisit une villa aux environs d'Aix. Il eut le talent d'en trouver une qui offrait une vue charmante. Il ne laissa pas l'Impératrice s'ennuyer un moment. Il lui procura, entre autres distractions, plusieurs auditions de Talma. Il fit venir Isabey, son peintre préféré, pour qu'il s'occupât de son portrait. Il la conduisit souvent en barque sur le lac du Bourget. Enfin, il ne négligea aucune occasion de distraire cette belle égoïste qui se laissait faire et soignait minutieusement « sa fragile santé », et qui devait cependant survivre vingt-six ans à son époux. Quinze jours après son arrivée à Aix, elle écrivit à Napoléon une lettre dont M. de Bausset se chargea. Ce fut l'une des dernières. M. de Bausset, qui allait faire un petit voyage à Parme pour se rendre compte de la future résidence de sa souveraine, eut la bonne pensée de faire parvenir secrètement à l'île d'Elbe un petit buste du roi de Rome, d'une ressemblance parfaite et qui était, paraît-il, l'œuvre d'un statuaire français établi à Vienne (2). La joie de l'Empereur fut grande en recevant cet

(1) MÉNEVAL, t. III.
(2) « Ce buste, dit M. de Bausset, suivit Napoléon à Sainte-Hélène, et c'est sur les traits de l'enfant que se reposèrent les yeux du père mourant. » (T. III).

objet si précieux. Mais ses désirs étaient loin d'être satisfaits. Ce qu'il aurait voulu avant tout, c'était la présence même de sa femme et de son fils. Le 9 août, Marie-Louise avait reçu de lui une lettre qui la suppliait de se rendre en Toscane, pour se rapprocher de l'île d'Elbe. « Vous savez combien je désire faire la volonté de l'Empereur, écrivait Marie-Louise à Méneval, qui était alors pour quelques semaines à Paris; mais, dans ce cas, dois-je la faire, si elle ne s'accorde pas avec les intentions de mon père? » Certainement, elle aurait dû obéir à son époux, qui devait, suivant toutes les lois, être préféré à son père; mais elle se bornait à se dire malheureuse et à vouloir mourir... Cette douleur et ce désespoir n'étaient que factices, car on savait que le séjour d'Aix était pour elle la fréquente occasion des plus agréables divertissements.

A cette même date, Napoléon faisait informer Méneval qu'il attendait l'Impératrice pour la fin d'août. « Écrivez-lui, disait-il au général Bertrand, que je désire qu'elle fasse venir mon fils, et qu'il est singulier que je ne reçoive pas de ses nouvelles, ce qui vient de ce qu'on retient les lettres; que cette action ridicule a lieu probablement par les ordres de quelque ministre subalterne et ne peut pas venir de son père; toutefois, que personne n'a de droits sur l'Impératrice et son fils. » Le ministre subalterne était le comte de Neipperg, qui, fidèle aux prescriptions du cabinet de Vienne, exerçait, avec autant d'adresse que de courtoisie apparente, la surveillance la plus rigoureuse sur la correspondance de Marie-Louise. Quelque temps après, le malheureux empereur renouvellera vainement sa tentative. Il fera écrire par quatre voies différentes et dira cette fois qu'il attend l'Impératrice à la fin de septembre. Ses lettres ne lui parviendront pas davantage, et Marie-Louise n'aura pas la vertu d'obéir à sa conscience et de faire son devoir en allant spontanément le retrouver. L'ingrate épouse, après sa cure, a le désir de voir quelques beaux sites de la Suisse. Le 9 septembre, on la voit à Lausanne; le 10, à Fribourg; le 11, à Berne. Elle a quitté Aix, non point parce que le gouvernement français l'a désiré (1), mais parce qu'elle a fini son traitement. Du 11 au 20 septembre, elle va visiter les glaciers de la région, en compagnie de Mme de Brignole et de M. de Neipperg, deux créatures qui semblent avoir été inventées tout exprès pour la détourner de son époux, car l'une, stylée par M. de Talleyrand, parlait adroitement contre l'Empereur, et l'autre savait qu'en disant du mal de Napoléon, il ne déplairait point à M. de Metternich et à François II. Marie-Louise rentre à Berne le 21 septembre et reçoit dans cette ville la visite de la princesse de Naples, Caroline d'Angleterre. Les deux princesses passent la journée au mileu d'agréables distractions ; le soir venu, elles chantent le duo de *Don Juan : La ci darem la mano,* accompagnées au piano par Neipperg lui-même, aussi bon musicien que bon officier. Et, pendant ce temps, Napoléon croit sa femme malheureuse, et il gémit sur son sort déplorable !... Après une visite à Zurich et au château de Habsbourg, Marie-Louise revient à Schœnbrunn. Elle a laissé son fils pendant trois mois aux mains de sa gouvernante ; elle veut bien reconnaître qu'il est « fort aimable et se porte à merveille ».

On sait maintenant qu'elle aurait désiré prolonger son séjour, de façon à ne quitter la Suisse que pour aller prendre possession de ses duchés. Elle avait reçu au mois d'août un pli officiel signé de son père, relatif à l'organisation de ses nouveaux domaines. Les étrangers, c'est-à-dire les Français, n'avaient pas droit de séjour chez elle. Le comte Magnanoli allait être chargé de l'administration, et Marie-Louise espérait bien que le comte de Neipperg, devenu pour elle un compagnon indispensable, aurait, comme ministre, la haute main sur les duchés. Mais voici qu'une lettre de Metternich lui parvient peu de temps après et l'informe respectueusement que l'Empereur la dissuade de tout voyage à Parme pour le moment

---

(1) Voir la lettre de Talleyrand à Metternich, en date du 9 août 1814. — Il paraîtrait cependant que Marie-Louise a dû recevoir des émissaires de Fouché aux eaux d'Aix. On a même prétendu qu'Isabey et que Corvisart l'avaient pressentie sur la question de la régence. (Voir Henri HOUSSAYE, *1815*.)

et l'invite même à rentrer en Autriche. Les royalistes et les jacobins se remuaient beaucoup, paraît-il ; des conspirations s'ourdissaient dans l'ombre, et il fallait attendre, pour aller à Parme, des jours plus calmes. Le comte de Neipperg, avec beaucoup d'habileté et d'insistance, fit valoir toutes ces raisons et décida l'Impératrice à se soumettre. Pendant le voyage de Suisse, sa tante, Marie-Caroline, était morte. Cette fin subite attrista quelque temps Marie-Louise et lui remit en mémoire les conseils énergiques de la vieille reine, conseils qu'elle s'était bien gardée de suivre, et qu'elle allait à jamais oublier.

« Les fautes dans lesquelles Marie-Louise est tombée, assure formellement Méneval, doivent être imputées à ceux entre les mains desquels elle a été un instrument de haine et de vengeance. Ses liens ont été brisés par la politique qui les avait formés (1). » Ceci ne veut pas dire que Méneval excuse Marie-Louise, car il la savait d'une nature très égoïste. Un jour de franchise, elle-même l'avait avoué à l'Empereur, qui s'était ainsi récrié : « C'est le vice le plus affreux que je connaisse (2) ! »

Marie-Louise était rentrée à Schœnbrunn, au moment où la ville de Vienne recevait les souverains alliés, leurs ministres et de nombreux diplomates pour le congrès qui allait s'ouvrir un mois après. Ce fut surtout, comme on le sait, une occasion de divertissements et de fêtes de tout genre, festins, bals, concerts, représentations, carrousels, redoutes, avant d'être l'objet de discussions graves, car on était tellement heureux de la chute de Napoléon, qu'on ne pensait qu'à s'en réjouir de toutes les façons. Aussi, comme l'avait dit le prince de Ligne, le Congrès ne marchait pas, il dansait. Cependant, un grand nombre de diplomates ne se gênaient point pour déclarer aux heures graves que l'Empereur était encore trop près de l'Italie et de la France. On répétait à Vienne ce qu'on disait à Paris. « On murmure ici beaucoup, écrivait Mme de Rémusat à son mari, que l'Empereur ne demeurera point à l'île d'Elbe. On l'envoie à Sainte-Lucie ou à Madagascar. » Il est certain que

---

(1) MÉNEVAL, t. III.
(2) *Souvenirs de la générale Durand.*

le choix de cette dernière île eût été singulièrement heureux. Quelques mois de séjour dans la région fiévreuse de Majunga, et l'Europe eût été délivrée de celui qui faisait encore sa terreur et son obsession. D'autres parlaient déjà de Sainte-Hélène. Le fils n'était pas ménagé non plus. M. de Bausset dit avoir entendu à Vienne le propos suivant relatif au roi de Rome : « Quant à son fils, il fallait l'élever pour en faire un prêtre. » Qu'on ne s'étonne point de ce propos ; nous lui verrons prendre bientôt une forme officielle. L'animosité contre la France, même gouvernée par un roi, n'était pas moins ostensible. Les membres du congrès de Vienne s'étonnaient d'avoir tiré un parti insuffisant de la capitulation de Paris et se reprochaient de n'avoir pas assez affaibli la France. L'un des principaux, Hardenberg ou Humboldt, disait avec un sentiment de jalousie évidente : « Il n'a fallu que trois mois à la France pour reprendre son rang et sa considération politique dans les affaires de l'Europe (1). » Aussi se concertaient-ils tous pour amoindrir son influence et pour l'exclure presque officiellement des délibérations du Congrès. On sait comment l'extrême habileté de M. de Talleyrand arriva à triompher de toutes ces intrigues et à semer la division parmi ses adversaires. Dès la première conférence, avec un sang-froid imperturbable, il ne voulut rien reconnaître de ce qui avait pu être décidé avant son arrivée entre les quatre Cours principales ; il protesta contre les idées ambitieuses prêtées à la France et ne demanda que de grands égards pour elle ; puis en faisant valoir, selon les instructions de Louis XVIII, le principe de la légitimité, principe d'ordre et de stabilité pour toutes les puissances, en obtenant enfin que les pouvoirs du Congrès fussent attribués aux huit Cours signataires du traité de Paris, il replaça peu à peu la France à son rang (2).

(1) BAUSSET, t. III.
(2) Voy. *Mémoires de Talleyrand*, t. II. — Il est curieux de voir à ce propos ce que disait une dépêche du comte de Bombelles, datée de Paris, 1er septembre 1814, et adressée à Metternich :
« ... Quoi qu'en disent les feuilles françaises, la France est loin d'être tranquille. L'armée, tout en se réorganisant, conserve un mauvais esprit... Le peuple,

Il faut reconnaître ici, — et cela est de simple justice, — que Marie-Louise se tint à l'écart des fêtes qui ne convenaient point à sa situation, et des réunions où elle aurait pu entendre des paroles malsonnantes. Elle se reprenait à s'occuper de son fils, dont la grâce enfantine et les aimables paroles la charmaient. A ce moment même, des souvenirs touchants furent réveillés en elle. Le directeur du garde-meuble de la couronne de France fit prévenir M. de Méneval que le ministère de la maison du Roi était disposé à lui rendre le berceau du roi de Rome, ce berceau magnifique que la ville de Paris avait offert à Marie-Louise quelque temps avant la naissance du petit roi. On comprend quelles durent être les impressions de l'Impératrice, lorsqu'elle revit cette œuvre d'art qui rappelait de si belles espérances et de si douces joies!... Quelques jours avant l'ouverture du Congrès, le général autrichien Delmott mourut, et de pompeuses obsèques lui furent faites à Vienne. Le roi de Rome tint à voir le cortège, et comme le soir il racontait naïvement au prince de Ligne le plaisir qu'il avait éprouvé à voir défiler tant de soldats : « A ma mort, lui dit le prince, vous verrez bien autre chose. L'enterrement d'un feld-maréchal est tout ce que l'on peut voir de plus beau en ce genre. » Un mois après il mourait, et le petit prince pouvait admirer les régiments qui suivaient le cercueil de son vieil ami (1). Le roi de Rome n'était conduit chez son grand-père que dans les circonstances solennelles. Celui-ci lui témoignait une réelle affection. Les sœurs de Marie-Louise étaient également fort gracieuses pour lui. Seule, l'im-

---

en général, est assez paisible. Las de tant de troubles et de malheurs, il ne se révoltera contre aucun gouvernement et ne sera foncièrement attaché à aucun. Il fallait aux Romains du temps de Suétone du pain et des spectacles. Cette devise est devenue entièrement celle de la France... Tout ira tant bien que mal si la paix subsiste, mais une guerre quelconque perdrait la France. Il n'est pas inutile que Votre Altesse soit bien convaincue de cette vérité. Elle doit diminuer de beaucoup l'influence que M. de Talleyrand cherchera à se donner au Congrès. Il compte partir le 10 pour Vienne. »

Ausgang der französichen Herrschafft in Ober Italien, par le baron DE HELFERT, *Archiv fur OEsterreichische Geschichte,* t. LXXVI, 1890.

(1) BAUSSET, t. III.

pératrice d'Autriche lui montrait quelque froideur. Elle et ses beaux-frères parlaient de le faire entrer plus tard dans les Ordres, et il fallut plusieurs fois que l'Empereur s'interposât pour faire cesser la conversation sur un sujet qui blessait Marie-Louise. Autour d'elle s'échangeaient des propos hostiles contre Napoléon et contre son fils, propos qu'elle trouvait ensuite reproduits par les feuilles autrichiennes. C'était ce que Napoléon avait le plus redouté, et ses lettres à Joseph montrent combien il avait eu raison de craindre pour son fils le sort douloureux du fils d'Hector. Le 2 décembre 1814, Marie-Louise s'était rendue à Vienne avec le petit roi. Des curieux s'arrêtèrent avec insistance devant les armoiries impériales qui ornaient encore sa voiture et s'exprimèrent à ce sujet en termes presque inconvenants. De retour à Schœnbrunn, Marie-Louise donna à M. de Bausset l'ordre de faire effacer les armoiries et de les remplacer par son chiffre. La livrée verte des laquais fit place à une livrée bleue, et, dès ce moment, on n'appela plus Marie-Louise que la duchesse de Parme (1). Neipperg ne la quittait pas. Ayant accepté de l'observer, de la surveiller à toute heure, il s'acquittait de cette triste mission avec un zèle particulier et une sorte de conscience. Ce qu'il empêchait surtout, c'était toute correspondance venue de l'île d'Elbe ou partie de Schœnbrunn pour cette île. Napoléon s'impatientait d'un tel silence. Il en était réduit le 10 octobre à recourir au grand-duc de Toscane pour lui demander « s'il voulait bien permettre » qu'il lui adressât chaque semaine une lettre destinée à l'Impératrice, espérant qu'il recevrait en retour des lettres d'elle et quelques mots de son fils. « Je me flatte, disait-il, que, malgré les événements qui ont changé tant de choses, Votre Altesse Royale me conserve quelque amitié. » Telle était la situation pénible à laquelle on avait osé réduire l'Empereur. Est-ce que le traité de Fontainebleau était vraiment observé ainsi ? Et lorsque les alliés signèrent ce traité, tous, sauf les représentants de l'Autriche, ne crurent-ils pas que

(1) Voy. *Mémoires de Talleyrand*, t. II. — Talleyrand affirme que cette substitution eut lieu sur l'invitation de l'empereur d'Autriche.

l'Impératrice et le roi de Rome iraient séjourner à l'ile d'Elbe, ou pourraient tout au moins correspondre avec Napoléon? Encore une fois, à quoi servait ce raffinement de cruauté?

Il est curieux d'examiner ici, comme le comporte d'ailleurs notre sujet, l'attitude du prince de Talleyrand à Vienne au sujet de Marie-Louise et de son fils, et de voir quelles impressions il transmettait à Louis XVIII sur Vienne et sur Schœnbrunn. Il réclamait Parme, Plaisance et Guastalla pour la reine ou le petit roi d'Étrurie, en raison du principe sacré de la légitimité, et parce que c'était leur patrimoine (1). Il affirmait le 13 octobre que l'empereur d'Autriche avait déjà fait pressentir l'archiduchesse Marie-Louise « qu'il avait peu d'espoir de lui conserver Parme ». En effet, devant l'opposition de la France et de l'Espagne, l'Autriche hésitait à tenir la promesse contresignée à Fontainebleau. Marie-Louise était, comme le remarque justement Méneval, « réduite au rôle d'une plaideuse (2) », et ses affaires marchaient mal. On verra bientôt que Neipperg les prit au sérieux, s'en occupa activement et, avec l'appui d'Alexandre, sut leur donner une tournure plus favorable. Dans la même lettre, Talleyrand révélait ainsi les desseins des alliés et les siens à l'égard de Napoléon : « On montre ici une intention assez arrêtée d'éloigner Bonaparte de l'ile d'Elbe. Personne n'a encore d'idée fixe sur le lieu où on pourrait le mettre. J'ai proposé l'une des Açores. C'est à cinq cents lieues d'aucune terre. Le fils de Bonaparte n'est plus traité maintenant comme dans les premiers jours de son arrivée à Vienne. On y met moins d'appareil et plus de simplicité. On lui a ôté le grand cordon de la Légion d'honneur et on y a substitué celui de Saint-Étienne (3). » Un jour, le fin diplomate avait eu l'occasion de rencontrer le petit roi, et l'archiduc Charles, le lui désignant, lui dit malicieusement : « Reconnaissez-vous cet enfant? — Altesse, fit l'autre, je le

---

(1) Voir la lettre de Louis XVIII à Talleyrand, du 21 octobre 1814. (*Mémoires*, t. II.)

(2) MÉNEVAL, t. III.

(3) *Mémoires de Talleyrand*, t. III.

connais, mais je ne le reconnais pas. » Le 12 novembre, il rappelait à Louis XVIII qu'Alexandre, contrarié de l'opposition de l'Autriche à ses vues secrètes et mécontent surtout de Metternich, aurait dit : « L'Autriche se croit assurée de l'Italie, mais il y a là un Napoléon dont on peut se servir. » A quoi Louis XVIII avait répondu à son ministre : « Je crois au propos attribué à l'empereur Alexandre au sujet de l'Italie. Il est dans ce cas de la plus haute importance que l'Autriche et l'Angleterre se pénètrent bien de l'adage, trivial si l'on veut, mais plein de sens et surtout éminemment applicable à la circonstance : *Sublata causa, tollitur effectus*(1). » Voilà quatre mots latins dont il ne faudrait pas trop vouloir approfondir le sens, ni étendre la portée, car on pourrait alors leur trouver une certaine ressemblance avec quelques mots français du duc de Berry dits à M. de Bruslart, à propos de Napoléon : « Ne se trouvera-t-il pas quelqu'un pour lui donner le coup de pouce? »

A la même date du 12 novembre, les ambassadeurs du roi de France écrivaient au ministre des affaires étrangères : « Nous sommes fondés à espérer de faire rendre Parme à la famille d'Espagne et de faire donner une des Légations à l'archiduchesse Marie-Louise. Si cet échange peut être observé, on en proposera le retour au Saint-Siège, dans le cas où le prince son fils mourrait sans enfants (2). » Metternich paraissait être de cet avis, car il avait laissé entendre à Talleyrand qu'il désirait « qu'une ou deux Légations fussent données à l'archiduchesse Marie-Louise et à son fils (3) ». Le 23, les ambassadeurs du Roi mandent au ministre des affaires étrangères : « Si les paroles de M. de Metternich pouvaient inspirer la moindre confiance, on serait fondé à croire qu'il trouverait l'archiduchesse Marie-Louise suffisamment établie en obtenant l'État de Lucques qui rapporte cinq à six cent mille francs, et que, pour lors, les Légations pourraient être rendues au Pape

---

(1) *Mémoires*, t. II, p. 474
(2) *Mémoires*, t. II.
(3) *Ibid*

et Parme à la reine d'Étrurie (1). » Mais les affaires ne prenaient pas une tournure aussi favorable. Le 30 novembre, Talleyrand écrivait au Roi que le prince de Metternich avait assuré récemment à Marie-Louise qu'elle conserverait Parme. On avait appris que Murat avait adressé à l'ex-Impératrice une longue lettre dans laquelle il lui promettait, si l'Autriche l'aidait à rester à Naples, de la faire remonter au rang dont elle n'aurait jamais dû descendre. Le 7 décembre, Talleyrand se plaignait de l'astuce de Metternich, qui ne songeait qu'à faire perdre du temps au Congrès et détournait par des fêtes multipliées son attention sur les choses graves. Cependant, le 20 décembre, il croyait pouvoir dire : « Je suis fondé à espérer que la reine d'Étrurie aura pour Parme l'avantage sur l'archiduchesse (2). » Il se trompait. Marie-Louise allait obtenir les duchés de Parme, Plaisance et Guastalla; mais son fils n'en devait pas avoir l'héritage, contrairement aux prescriptions formelles du traité du 11 avril. Ses droits, on ne se donnera pas la peine de les examiner, et sa mère, par un égoïsme sans nom, ne songera même pas à émettre la moindre protestation. L'Autriche avait trouvé cette exclusion nécessaire pour faire admettre par les alliés la concession faite à Marie-Louise.

(1) L'infante Marie-Louise, troisième fille de Charles IV, roi d'Espagne, avait été régente du royaume d'Étrurie après la mort de son époux, Louis Ier, en 1803. Elle ne sut pas gouverner son royaume et dut le quitter en 1807, époque à laquelle il fut annexé à la France. Marie-Louise obtint une compensation en Portugal. (Voir *Le royaume d'Étrurie*, par P. MARMOTTAN, 1896.)
(2) *Mémoires*, t. II.

CHAPITRE VII

LA COUR DE VIENNE ET LE RETOUR DE L'ILE D'ELBE.

L'influence du comte de Neipperg sur Marie-Louise se faisait sentir de plus en plus. C'est ainsi qu'il avait amené l'Impératrice à céder au désir, hautement exprimé par le prince de Metternich, de ne plus communiquer avec l'île d'Elbe et de remettre au premier ministre et à l'empereur François II les lettres qu'elle recevrait de Napoléon. Elle osa avouer ce fait à Méneval. Et, grâce à cette lâche soumission, l'empereur d'Autriche, voulant prouver jusqu'où allait son énergie personnelle, avait pu montrer aux alliés réunis à Vienne une lettre où Napoléon se plaignait, à la date du 20 novembre, du silence obstiné de Marie-Louise. Le captif de Sainte-Hélène avait dit, à ce propos, au commissaire anglais, le colonel Campbell : « Ma femme ne m'écrit plus. Mon fils m'est enlevé, comme jadis les enfants des vaincus, pour orner le triomphe des vainqueurs. On ne peut citer dans les temps modernes l'exemple d'une pareille barbarie ! » Hélas ! on pouvait citer l'arrachement du petit Louis XVII à sa mère et son enfance livrée à la férocité et à la perversité du savetier Simon, actes abominables qui resteront parmi les plus grandes monstruosités que l'histoire ait jamais relevées et flétries... On pouvait citer encore l'enlèvement et le meurtre du duc d'Enghien ; attentat inique dont l'auteur, à son insu peut-être, subissait en ce moment même le châtiment... Mais si tout à coup la pensée de Napoléon le ramenait à la fatale matinée du 21 mars, il devait se dire avec effroi qu'il avait méconnu, onze ans auparavant, le désespoir d'un père, et qu'il n'avait pas reculé devant l'assassinat d'un jeune prince innocent, croyant en être absous par l'approbation de lâches courtisans et par la trop facile raison d'État.

Méneval, qui, en ces tristes circonstances comme partout ailleurs, se montra homme de cœur et de courage, faisait parvenir de temps à autre à l'île d'Elbe des nouvelles de Marie-Louise et du roi de Rome. La plus grande distraction de Méneval était, — il l'avoue dans ses intéressants Souvenirs, — de passer chaque jour quelques heures dans l'appartement du petit prince. Il loue sans restriction sa gentillesse et sa douceur, son intelligence précoce, ses vives reparties. Il en fait alors ce gracieux portrait qui répond fidèlement à celui d'Isabey placé en tête de cet ouvrage : une chevelure blonde et bouclée, de beaux yeux bleus, un teint frais et animé, des traits réguliers. La santé de l'enfant était excellente et permettait de lui donner une instruction au-dessus de son âge. Sa dévouée gouvernante avait pour lui une tendresse et des soins exceptionnels. Elle le levait habituellement à sept heures du matin. Après une prière où le roi de Rome n'oubliait jamais son père, commençaient les leçons. Déjà l'enfant, qui allait avoir quatre ans, lisait couramment. C'était avec l'aimable fille de Mme Soufflot qu'il avait appris ses premières lettres. Il possédait quelques petites notions d'histoire et de géographie. L'aumônier de la Légation française, l'abbé Lanti, lui parlait italien; un valet de chambre lui parlait allemand; cette dernière langue ne plaisait guère au roi de Rome; il en trouvait la prononciation rude et pénible (1). Après ses leçons, l'enfant courait à ses promenades et à ses jeux dans le parc de Schœnbrunn. Le jour des Rois, Marie-Louise donna un goûter à ses frères et à ses sœurs. Elle y fit venir son fils, et le hasard voulut qu'il trouvât la fève dans sa part de gâteau. On but à la santé du petit roi, et le jeune prince se réjouit des acclamations qui saluaient sa royauté fortuite, aussi éphé-

---

(1) Voir MÉNEVAL, t. III.

mère cependant que la royauté dont son père avait cru lui assurer le pompeux héritage.

Marie-Louise ne cessait de penser aux duchés de Parme, de Plaisance et de Guastalla, que lui avait concédés le traité de Fontainebleau, sous la garantie des alliés et du gouvernement français. Mais, comme je l'ai dit plus haut, tout était remis en question par l'opposition subite de la France et de l'Espagne. Le prince de Talleyrand, qui venait de signer, avec l'Autriche et l'Angleterre, un traité secret d'alliance défensive contre la Russie et la Prusse, espérait toujours que l'Autriche abandonnerait Parme à la reine d'Étrurie ou au jeune roi, son fils. L'adroit négociateur aurait voulu également que Metternich lui sacrifiât les intérêts du roi Murat, mais il redoutait d'être moins exaucé sur ce point que sur l'autre, car il savait que le ministre de François II était passionnément épris de la reine de Naples. Ce détail faisait sourire Louis XVIII et lui inspirait ce souvenir classique : « Si Antoine abandonna lâchement sa flotte et son armée, du moins c'était lui-même et non pas son ministre que Cléopâtre avait subjugué (1)... » Dans sa lettre du 19 janvier 1815 au Roi, Talleyrand laissait entendre qu'il avait quelque motif d'espérer que l'archiduchesse Marie-Louise serait réduite à une pension considérable : « Je dois dire à Votre Majesté, ajoutait-il, que je mets à cela un grand intérêt, parce que décidément le nom de Buonaparte serait par ce moyen, et pour le présent et l'avenir, rayé de la liste des souverains, l'île d'Elbe n'étant à celui qui la possède que pour sa vie, et le fils de l'archiduchesse ne devant pas posséder d'État indépendant (2). » Le 15 février, il donnait au roi de France des détails minutieux sur l'affaire des duchés qui le préoccupait toujours. La commission, chargée des arrangements territoriaux, avait proposé de rendre à la reine d'Étrurie Parme, Plaisance et Guastalla ; les Légations au Saint-Siège ; Lucques, les Présides, Piombino et la reversion de l'île d'Elbe au grand-duc de Toscane. Quant à Marie-

(1) *Mémoires de Talleyrand*, t. II.
(2) *Ibid.*, t. III.

Louise, avec la pension payée par la Toscane, elle aurait eu quelques fiefs situés en Bohême. Talleyrand ajoutait que ce plan, inspiré par lui, permettrait de diminuer en Italie les petites souverainetés et d'enlever au fils de l'archiduchesse tout espoir de gouverner le moindre État. Après bien des atermoiements, François II paraissait consentir à rendre les duchés à la reine d'Étrurie et à attribuer Lucques à Marie-Louise, avec deux pensions sur l'Autriche et sur la France, à la condition que Lucques reviendrait à l'Autriche après la mort de l'archiduchesse. Talleyrand laissait entendre qu'il y aurait discussion sur ce dernier point, comme sur la pension française. Il en avait parlé à Metternich et ne semblait pas satisfait de son entretien. Sa grande présomption et sa grande légèreté, disait-il, l'avaient empêché de prévoir qu'il pourrait ne pas avoir un succès complet. Mais, au premier mot, l'archiduchesse Marie-Louise a paru ne pas vouloir se contenter de Lucques, ni même se souvenir de cette principauté, « où il ne lui serait pas agréable d'aller, disait-elle, tant que Napoléon sera à l'île d'Elbe ». S'appuyant sur le traité du 11 avril, elle voulait au moins quelque chose d'équivalent au duché de Parme. Elle aurait bien accepté les Légations, mais on craignait que la cour de Rome ne jetât les hauts cris... Metternich avait, en dernier lieu, demandé trois jours de délai pour arriver à une détermination ferme.

Le 13 février, Talleyrand eut un entretien désagréable avec l'empereur Alexandre. Celui-ci lui demanda brusquement pourquoi la France n'exécutait pas le traité de Fontainebleau. C'était une affaire d'honneur, et lui et l'empereur d'Autriche étaient blessés qu'on ne s'y conformât point. Quand on pense que, dans ce moment même, le cabinet de Vienne se disait prêt à abandonner Parme à la reine d'Étrurie, contrairement aux engagements pris le 11 avril, on se demande lequel était le plus fourbe de Talleyrand ou de Metternich. Pressé ensuite sur la question de savoir pourquoi le gouvernement français ne faisait pas remettre à Napoléon les sommes fixées par le même traité, Talleyrand essayait de se tirer d'af faire en faisant remarquer qu'il y aurait « du danger à fournir des moyens d'intrigue aux personnes que l'on pouvait croire disposées à en former (1) ». L'empereur de Russie prit cette réponse pour ce qu'elle valait. Devant son attitude, Talleyrand ne craignit pas de dire au Roi que l'affaire du traité du 11 avril était à l'ordre du jour; que tout le monde en parlait; qu'elle reparaissait souvent « et d'une manière déplaisante ». Louis XVIII pouvait, selon lui, se débarrasser de certains points pénibles au moyen d'un arrangement avec l'Angleterre, laquelle prendrait peut-être à sa charge les pensions stipulées. Le 26 février, Talleyrand fit encore remarquer que l'empereur de Russie était fort actif dans les affaires de l'archiduchesse, et qu'il avait dressé un plan dans lequel les Légations seraient presque en entier enlevées au Pape, ce qui mettrait Alexandre en opposition avec les principes convenus entre les plénipotentiaires des grandes puissances. Une lettre, venue de Vienne à cette date, apprenait au ministre des affaires étrangères à Paris que le projet, soutenu par la France, de restituer Parme et Plaisance à la reine d'Étrurie et d'apanager Marie-Louise, venait d'être rejeté, quoique l'Autriche y eût d'abord consenti. L'opinion publique attribuait ce changement à l'empereur de Russie, qui s'intéressait vivement au sort de la malheureuse princesse. « On dit, ajoutait la lettre, que le prince de Talleyrand s'était adressé à un diplomate russe pour gagner son influence en faveur de la reine d'Étrurie, et que celui-ci lui avait répondu qu'il était impossible de donner à une autre les pays qui avaient été assignés à l'impératrice des Français par le traité de Fontainebleau. — Ce traité, a dit Talleyrand, a été signé le pistolet sur la gorge. — N'oubliez pas, répliqua gravement le ministre, que c'est le même pistolet qui a remis Louis XVIII sur le trône de France (2) ! »

Le Roi répondit à son ambassadeur, le 3 mars, que lord Castlereagh avait également insisté auprès de lui pour l'exécution de la convention du 11 avril. Le diplomate anglais, se

(1) *Mémoires*, t. III.
(2) Archives des Affaires étrangères, vol. 688.

disant d'accord avec le ministre autrichien qui consentait à coopérer à l'expulsion de Murat, lui avait demandé de reconnaître que les duchés fussent donnés à Marie-Louise. Il était, d'ailleurs, entendu que les trois branches de la maison de Bourbon se chargeraient d'indemniser la reine d'Étrurie. Le Roi avait répondu que si l'Autriche tenait à ce que la convention du 11 avril fût exécutée à l'égard de l'archiduchesse Marie-Louise, il exigeait que la reine d'Étrurie, ou son fils, reçût en indemnité Lucques et l'État des Présides. En outre, il posait la condition que la souveraineté de Parme serait reconnue comme appartenant à la Reine ou à son fils et devrait leur revenir à la mort de Marie-Louise, époque à laquelle Lucques et les Présides seraient réunis à la Toscane. A la même date, Talleyrand, assuré de plaire au Roi qui ne pouvait supporter les airs protecteurs de l'empereur de Russie, se raillait de ce souverain en ces termes : « L'Empereur, disait-il, a promis d'être chez lui pour la Pâque russe, et je crois que de tant de promesses qu'il a faites, c'est la seule qu'il tiendra, parce qu'il verrait pour lui de l'inconvénient à ne pas la tenir... Ce besoin, ou ce désir que tout le monde a de s'en aller, hâtera la conclusion des affaires (1). » Ces affaires allaient devenir bientôt plus graves qu'on n'aurait pu le supposer, et les railleries devaient faire place à des préoccupations extrêmement importantes.

On a dit que Marie-Louise, préoccupée de l'avenir de son fils et renonçant tout à coup à sa froide indifférence, aurait, à la date du 19 février 1815, fait valoir auprès du Congrès les droits de ce fils à la couronne de France, et que cette protestation aurait été insérée au protocole du 24 février dudit Congrès, malgré le refus de signer fait par les ministres français. J'ai compulsé les protocoles aux Affaires étrangères et n'y ai rien trouvé (2). J'ai seulement, dans un des volumes originaux du congrès de Vienne qui contient diverses pièces, découvert une copie de cette protestation à la date indiquée,

(1) *Mémoires*, t. III.
(2) On n'en a d'ailleurs pas tenu à la date du 24 février.

copie faite d'après le *Vrai Libéral* du 10 août 1817, qui l'avait
empruntée à des journaux anglais (1). Metternich et Talleyrand n'en disent rien. Je veux bien faire une courte
analyse de cette pièce dont on n'a pas encore parlé, mais je
me hâte de dire qu'elle me paraît apocryphe. Marie-Louise y
prenait une allure fière qu'on ne lui connaissait pas. Elle citait
l'exemple de Marie-Thérèse ; elle revendiquait les droits de
son fils au trône de France donné par le peuple et consacré
par Dieu, « trône national et de droit divin ». Elle présentait
un long exposé historique des événements qui avaient amené
Napoléon à prendre le pouvoir suprême et à en faire reconnaître la légitimité par toutes les nations. Elle composait un
tel éloge de l'Empire et attaquait avec tant de violence la
monarchie légitime que je ne doute pas que cette protestation
ne vienne de Sainte-Hélène ou n'ait été fabriquée dans quelque
officine bonapartiste. On peut donc affirmer, sans crainte de
se tromper, que jamais Marie-Louise n'a été capable d'écrire
ni de signer une pièce pareille. Ce qui était plus vrai, c'est
que Marie-Louise, qui voulait à tout prix conserver les duchés
de Parme, Plaisance et Guastalla, avait confié au comte de
Neipperg tous ses intérêts. Celui-ci, qui s'était préalablement
assuré de l'adhésion et de l'appui secrets d'Alexandre, avait
promis de les défendre énergiquement, mais à la condition
que l'Impératrice ne songerait pas à demander la réversion
des duchés pour son fils, ni à vouloir l'emmener avec elle
Cette dernière proposition eût dû paraître inadmissible à une
mère ; cependant elle fut acceptée par Marie-Louise. Méneval, qui était au courant de tous ces conciliabules, ne put
s'empêcher de dire combien il était affecté de voir l'Impératrice prendre si facilement son parti (2). Elle n'écoutait plus
que Neipperg. Elle avait fini par s'attacher à lui, au point que
le général ayant reçu l'ordre de se rendre provisoirement à
Turin, elle alla demander à Metternich la permission de le
garder auprès d'elle jusqu'au règlement définitif de ses af-

(1) Archives des affaires étrangères, vol. 688, p. 164 à 167.
(2) *Souvenirs de Méneval*, t. III.

faires. Le ministre céda. Cette demande ne dérangeait point ses plans, au contraire.

L'événement qui allait subitement arrêter à Vienne les bals, les concerts, les tableaux vivants, les jeux, les loteries et les redoutes était, comme on le sait, le retour de l'île d'Elbe.

J'ai été personnellement frappé, et depuis longtemps, de voir que beaucoup d'historiens (1) ont attribué si peu d'importance aux raisons intimes qui agirent si fortement sur l'esprit de Napoléon et le décidèrent à sortir de l'île d'Elbe. Il est cependant de la dernière évidence que la non-exécution du traité du 11 avril 1814 a dû particulièrement impressionner et irriter l'Empereur. Ainsi on ne lui avait pas encore remis la rente des deux millions promis; on laissait dire partout que les duchés de Parme, Plaisance et Guastalla allaient revenir à la reine d'Étrurie, et qu'une pension serait seulement allouée à Marie-Louise. On ne donnait plus à l'impératrice les titres que l'article 2 du traité lui avait cependant maintenus comme à l'Empereur. La famille impériale, qui eût dû être traitée avec égards, était l'objet de menaces non déguisées. Enfin on n'avait pas encore attribué aux officiers et aux serviteurs de l'Empereur, sur les fonds placés par Napoléon sur le Grand-Livre, la Banque et les actions des forêts, les gratifications promises par l'article 4. Un tel oubli des actes approuvés officiellement par l'Europe et le gouvernement français était fait pour l'exaspérer. Mais il y avait autre chose. Napoléon savait qu'à Vienne on avait parlé, entre diplomates (2), de la nécessité de l'enlever de l'île d'Elbe et de le mener soit aux Açores, soit à Sainte-Lucie. Un nommé Mariotti, consul de France à Livourne, avait écrit à Talleyrand, le 28 septembre 1814, qu'il serait facile de l'enlever et de le conduire à l'île Sainte-Marguerite (3).

---

(1) Il faut en excepter particulièrement M. Henri Houssaye. Voir son *1815*, p. 158 à 165.
(2) Voir *Mémoires de Talleyrand*, t. II.
(3) Voir Henri Houssaye, *1815*, p. 170.

On a contesté ce fait. Or, une nouvelle lettre de Mariotti, découverte récemment par M. Wertheimer et datée du 5 octobre 1814, a été, celle-là, vraiment envoyée à Talleyrand. Elle est ainsi conçue : « J'ai adressé le 28 (septembre) à Paris et le 30 à Vienne le projet d'une entreprise destinée à enlever *le voisin*. Ce projet est, à mon avis, le seul qui puisse réussir en ce moment. Pour peu que le capitaine (Taillade) du brick (*l'Inconstant*) entre dans nos intérêts, le succès est certain. J'ai exposé dans mes rapports les moyens à employer pour le sonder et pour le séduire. J'envoie maintenant de Genève un marchand de légumes, et de Florence par Piombino (à l'île d'Elbe) une marchande de modes, car tout ce qui vient d'ici est tellement suspect qu'un séjour de plus de trois jours est impossible. Je fais tout pour arriver à bonne fin, mais je plie sous le poids des dépenses, car jusqu'ici je n'ai pas reçu un rouge liard (1). » Le fait est donc certain aujourd'hui. Outre l'enlèvement, il avait été question de l'assassinat. Des bruits sérieux étaient venus jusqu'à l'Empereur, qui avait cru devoir prendre les précautions les plus minutieuses dans l'île d'Elbe et autour de l'île. Enfin, on s'était appliqué à écarter de Parme sa femme et son fils, pour les empêcher de le venir voir et de demeurer avec lui. On avait arrêté toute correspondance entre eux, comme si les liens du sang étaient à jamais rompus.

En conséquence, il est permis de dire : « Si Napoléon n'a pas tenu ses engagements, qu'est-ce que l'Europe a fait des siens ? Pourquoi lui a-t-elle fourni des motifs plausibles pour s'échapper de sa retraite ?... » On voit que la politique autrichienne, mesquine et méchante, portait ses fruits. Elle jetait l'Europe dans de nouveaux périls ; elle l'exposait à de nouvelles angoisses ; elle allait affaiblir la monarchie des Bourbons, faire verser inutilement des flots de sang, bouleverser et ruiner la France déjà si éprouvée, amener sur son sol attristé les confiscations, les proscriptions, la terreur et la

---

(1) Éduard WERTHEIMER, *Talleyrand in Wien zur Congresszeit*; Art. de la *Neue Freie Presse* du 11 avril 1896. — Cette lettre porte l'adresse du prince de Talleyrand à Vienne.

guerre civile... Encore une fois, si l'Empereur eût trouvé devant lui des souverains et des ministres faisant honneur à leurs serments et à leurs signatures, s'il avait eu la situation solennellement promise par le traité du 11 avril 1814, si on lui avait épargné la douleur de le séparer brutalement de sa femme et de son fils, si des projets sinistres n'avaient pas menacé sa liberté et sa vie, il eût été impardonnable de quitter sa retraite et de rejeter sa patrie dans des maux incommensurables. Sans doute, les débuts de la Restauration n'avaient pas été heureux. Sans doute, de nombreux mécontentements s'étaient élevés, et leurs rumeurs étaient arrivées jusqu'à l'île d'Elbe. Mais quelle que fût l'ambition de Napoléon, quel que fût son désir de reprendre le pouvoir, de châtier ses ennemis, de punir les traîtres et de dominer encore une fois l'Europe, s'il s'était trouvé en face des alliés respectueux de son infortune et de ses droits suprêmes, il n'eût pu invoquer des raisons sérieuses pour justifier sa réapparition parmi les Français. Il faut bien admettre encore que la façon insolente dont le congrès de Vienne osait traiter la France, et que les mesures impolitiques des Bourbons contre les institutions nouvelles et contre les soldats de la vieille armée, avaient fait bouillonner son sang et lui avaient inspiré l'ardent désir de défendre les unes et de venger les autres. Toutefois, ce qu'on a appelé les causes secondaires, c'est-à-dire la violation des articles du traité et les menaces dirigées contre lui et les siens, a dû figurer, suivant moi, parmi les causes primordiales de son départ. Une politique plus habile, sinon plus généreuse, eût évité de les lui fournir.

En remettant le pied sur le sol français, l'Empereur disait au peuple : « J'arrive parmi vous reprendre mes droits. Tout ce qui a été fait sans vous est illégitime. » Il affirmait à ses soldats qu'ils n'avaient pas été vaincus, et il les invitait à reprendre le drapeau tricolore, le drapeau de la nation et de la victoire. « Nous devons oublier, ajoutait-il cependant, que nous avons été les maîtres des nations, mais nous ne devons pas souffrir qu'aucune se mêle de nos affaires. » Ces paroles allaient droit au cœur des Français. Mais l'étranger ne croyait pas à la modération de Napoléon et au changement de sa politique. Ce fut dans la soirée du 6 mars qu'on apprit à Vienne la nouvelle de son retour. On donnait à ce moment à la Burg devant les membres du Congrès une belle représentation de tableaux vivants (1), lorsqu'une agitation subite se manifesta parmi les spectateurs. Comme cela se voit au troisième acte d'un grand opéra, la fête fut brusquement interrompue. Les empereurs et les rois se réunirent aussitôt pour se concerter sur les mesures à prendre. Le 7 mars, Talleyrand, qui avait eu connaissance de la terrible nouvelle par un agent des Rothschild de Vienne, et par M. de Metternich, en informa Louis XVIII à tout hasard. Il croyait que Bonaparte se porterait de côté de Gênes ou vers le midi de la France. Il conseillait aussitôt de le traiter comme un bandit (2). « Je ferai, disait-il, tout ce qui sera en

(1) Voy. *Fêtes et souvenirs du congrès de Vienne*, par le comte DE LA GARDE, 1843, et *Mémoires de M. de Bausset*, t. III.
(2) *Mémoires*, t. III. — Il s'est ouvert, au mois de mars 1896, dans la capitale de l'Autriche, sous la protection de l'Empereur et sous la présidence du comte d'Abensperg-Traun, une exposition rétrospective du congrès de Vienne dont j'ai fait l'étude dans le *Monde* du 23 mars. J'en détache quelques lignes qui se rattachent plus directement à cet ouvrage : « ... La rentrée de l'Empereur aux Tuileries a bouleversé l'œuvre si habile de Louis XVIII et de Talleyrand. Le Congrès effrayé se lève contre Napoléon. Il l'appelle un bandit; il le jette au ban des nations, il met sa tête à prix. Il ne retrouve son calme qu'après le désastre de Waterloo et la seconde abdication. Et le 9 juin, par un Acte final qui laisse de côté toutes les considérations morales et se borne à invoquer pour la ratification des dispositions votées : « l'intérêt majeur et permanent », il complète les dispositions du traité du 30 mai 1814 avec une foule de dispositions contenues dans cent vingt et un articles. Quant à la France, elle payera bientôt, même sous son Roi légitime et par un autre traité draconien, la terreur nouvelle qu'elle a fait en quelques mois ressentir aux nations. La faute en est, suivant Metternich et les autres diplomates, à l'usurpateur qui a tout remis en question et dont le souvenir doit être abhorré... Mais lorsqu'on visite l'Exposition du congrès de Vienne, ce n'est pas « le brigand » qu'on revoit, ce n'est pas « le Buonaparte » qu'il fallait « anéantir » et contre lequel étaient dirigées les déclarations furibondes des 13 mars et 11 avril, c'est l'empereur Napoléon, c'est le gendre de l'empereur François II. On le trouve, on le rencontre partout, seul ou entre Marie-Louise et le roi de Rome. Les vitrines sont pleines de présents faits par lui à sa femme ou à la famille impériale.

« Ici c'est le trône qu'il a occupé à Venise ; là c'est son bureau de la Malmaison, là c'est celui du palais de Saint-Cloud. Son buste en marbre, sa table de travail, sa miniature entourée de brillants, la reproduction du tableau de David, *Bona-*

moi pour qu'ici l'on ne s'endorme pas et pour faire prendre par le Congrès une résolution qui fasse tout à fait descendre Bonaparte du rang que, par une inconcevable faiblesse, on lui avait conservé, et le mette enfin hors d'état de préparer de nouveaux désastres à l'Europe. » Le 12 mars, il informait le Roi que le projet de déclaration contre Bonaparte avait été rédigé par la légation française et communiqué à Wellington et à Metternich. Il lui importait plus qu'à personne de montrer contre Napoléon un acharnement impitoyable, parce que la haute société de Vienne et la plupart des diplomates le soupçonnaient de connivence avec l'Empereur. Aussi, lui d'ordinaire si réservé, se répandait-il en paroles menaçantes. Il disait à tout propos que l'on devait « lui courir sus comme à un chien enragé ». Il pariait, en proposant une forte somme, que dans trois mois l'usurpateur serait anéanti (1).

Talleyrand avait chargé son secrétaire de confiance, La Besnardière, de rédiger un mémoire où se trouveraient exposés tous les motifs qui devaient porter les alliés à réunir leurs forces et à marcher sans retard contre Napoléon. Voici comment débute ce mémoire que l'on croyait perdu (2) : « Les puissances de la chrétienté, réunies en congrès général à Vienne pour compléter les dispositions du traité du 30 mai 1814, ayant appris de quelle manière et avec quelle suite Napoléon Bonaparte avait quitté l'asile dont il était redevable à la clémence de l'Europe, n'ont pu douter qu'il ne méditât quelque nouvel attentat contre les droits et le repos des nations, et l'événement vient de prouver qu'il aspire à faire encore

parte passant les Alpes, une autre miniature d'Isabey, son nécessaire de voyage, son épée offerte à Alexandre, son carrosse nuptial, les *Adieux de Fontainebleau*, la *Sortie de l'île d'Elbe*, son portrait par Gérard, son portrait en camée, on ne voit que lui, et partout on le voit dans l'appareil de la grandeur et de la puissance. »

(1) *Talleyrand in Wien zur Congresszeit*, von Eduard WERTHEIMER. — Pozzo di Borgo et Nesselrode étaient particulièrement sévères pour Talleyrand.

(2) M. Dumont, archiviste des Affaires étrangères, qui avait eu connaissance de ce fait par le général anglais Alova, aide de camp de Wellington, avait, dans un *memorandum* du 20 juin 1838 (Affaires étrangères, vol. 680, *Vienne*), attesté que M. de Talleyrand s'était bien gardé de joindre ce *Mémoire* à sa correspondance pendant le congrès de Vienne. Je l'ai retrouvé aux Archives des Affaires étrangères, dans le vol. 681. Il porte le n° 139.

de la France son instrument et sa première victime. Les entreprises, qu'un seul individu ose ainsi, sans droit, sans titre, sans prétexte quelconque, former contre un grand royaume par l'unique motif d'une ambition furieuse et sans autre moyen que ceux qu'il espère tirer de l'égarement des peuples et des doctrines révolutionnaires, n'appartiennent point à l'état de guerre, tel que la loi des nations le reconnaît et l'admet, et constituent un acte de brigandage, dans le sens propre et précis du mot. Cet individu s'est donc placé lui-même hors de la protection de toute loi divine et humaine ; *c'est justement qu'il tombera sous les coups du premier qui l'aura frappé,* et il est, d'ailleurs, passible de toutes les peines que les codes des peuples civilisés décernent contre les brigands et les malfaiteurs. » Comment, après de pareilles provocations à l'assassinat, douter de la mission confiée à M. de Maubreuil ?... Mais ce n'est pas fini. « Tout persuade, ajoutait le mémoire, aux puissances de la chrétienté qu'au lieu de fauteurs et de complices, les tentatives de Napoléon Bonaparte ne rencontreront en France que l'horreur qu'elles méritent et le châtiment qui leur est dû. Mais, comme en rétablissant, par le traité du 30 mai 1814, la paix générale de la chrétienté, les puissances, et particulièrement celles qui ont signé ce traité, se sont, par cela même, engagées et ont, d'ailleurs, un intérêt évident et commun à concourir de tout leur pouvoir au maintien de cette paix par la base immuable des négociations qui l'ont formée, elles regardent comme un devoir, dans les circonstances présentes, de déclarer, ainsi qu'elles le font, que, sur la première demande de Sa Majesté Très Chrétienne, elles seront prêtes à se porter, et si besoin était, avec toutes leurs forces, au secours du roi et du royaume de France contre tout perturbateur de cette paix, spécialement contre Napoléon Bonaparte, et qu'il ne sera jamais accordé ni paix, ni trêve, ni asile à cet ennemi de tous les hommes. Donné à Vienne, etc. (1). » Le 13 mars, la fameuse déclaration était

---

(1) Affaires étrangères, *Vienne,* vol. 681. —Dans son *Journal,* Gentz affirme, et cela n'est pas exact, qu'il est l'auteur de la déclaration du 13 mars, préparée

signée par les représentants des huit puissances et envoyée, immédiatement aux préfets des départements frontières. Talleyrand en informait ainsi M. de Jaucourt, le 14 mars : « Jamais il n'y a eu une pièce de cette force et de cette importance signée par tous les souverains de l'Europe... Je ne crois pas qu'ici nous ayons pu faire mieux (1). » On en connaît la teneur, mais il est bon d'en rappeler ces quelques lignes : « En rompant ainsi la convention qui l'avait établi à l'île d'Elbe, Buonaparte détruit le seul titre légal auquel son existence se trouvait attachée... Les puissances déclarent en conséquence que Napoléon Buonaparte s'est placé hors des relations civiles et sociales, et que, comme ennemi et perturbateur du repos du monde, il s'est livré à la vindicte publique. » Il est facile de remarquer la corrélation qu'il y a entre cette pièce et le mémoire publié plus haut.

C'était, en réalité, une provocation officielle à un attentat direct contre la vie de l'Empereur (2). Les alliés avaient pris,

avec Metternich chez Talleyrand. — Il nous apprend encore que Metternich n'avait pas alors perdu toute gaieté, car le 1ᵉʳ avril il écrit ceci : « Metternich m'avait préparé un poisson d'avril en faisant fabriquer une lettre de Bonaparte contre la déclaration des puissances. J'y étais préparé. Aussi cela n'a pas pris ! »

(1) Archives des Affaires étrangères, vol. 680. *Vienne*. — « Il faut parfois en politique frapper trop fort pour frapper juste, disait un jour Talleyrand, afin de se justifier de la violence de cette déclaration. Ne voyez-vous pas que, pour empêcher l'Autriche de se souvenir jamais qu'elle avait un gendre, il fallait lui faire mettre sa signature au bas d'une sentence de mort civile et non d'une déclaration de guerre ? On peut toujours traiter avec un ennemi. On ne se remarie pas avec un condamné. » (VILLEMAIN, *Souvenirs contemporains*, t. II.)

(2) Il y a à cette mesure un précédent historique. La cour de Dresde, lorsque Frédéric II eut envahi la Saxe sans déclaration de guerre, l'avait déclaré « perturbateur de la paix publique », et la Diète l'avait mis au ban de l'Empire. — Napoléon crut habile d'opposer Fouché à Talleyrand et chargea le duc d'Otrante de la réponse. Le 29 mai, dans le conseil des ministres, celui-ci, faisant allusion à la déclaration du 13 mars, la qualifia de libelle, de pièce apocryphe fabriquée par l'esprit de parti, contraire à tout principe de morale et de religion, attentatoire au caractère de loyauté des souverains dont les auteurs de cet écrit avaient compromis tous les mandataires. Elle ne méritait qu'un profond mépris. Elle n'avait fixé l'attention du ministère que lorsque des courriers du prince de Bénévent l'avaient apportée en France. Elle émanait visiblement de la légation du comte de Lille à Vienne, qui au crime de provocation à l'assassinat avait ajouté celui de falsification de la signature des ambassadeurs... Si l'on admet ce genre de réponse, il faut convenir qu'il était difficile de trouver mieux. Le conseil d'État, à qui l'on avait déféré cette déclaration, se servit des mêmes motifs pour la repousser.

toujours à l'instigation de Talleyrand, comme le prouvent les documents officiels, des mesures contre Pauline Borghèse, Jérôme et Joseph Bonaparte. Les Polonais au service de Napoléon étaient rappelés par le gouvernement russe. Napoléon était déclaré par Louis XVIII traître et rebelle; chacun devait lui courir sus. Les adresses en faveur de la monarchie légitime se multipliaient chaque jour. Les grands Corps et les conseils municipaux, les maréchaux, les généraux, les magistrats, les fonctionnaires, tous juraient fidélité au Roi. Une semaine après, les mêmes, avec un non moindre enthousiasme, prêtaient serment à l'Empereur.

C'est le 7 mars seulement qu'on avait appris à Schœnbrunn le départ de l'île d'Elbe. Marie-Louise en fut informée au retour d'une promenade à cheval avec le comte de Neipperg (1). L'archiduc Jean souhaita franchement devant elle que Napoléon se cassât le cou dans une telle aventure. Marie-Louise parut très affligée, mais ceux qui la connaissaient intimement ne doutaient pas que son émotion ne fût excitée que par l'égoïsme et par la crainte. Ces duchés de Parme, Plaisance et Guastalla qu'elle croyait avoir reconquis, elle allait donc les perdre par la faute de son impatient époux. Il faudrait, à la suite de ce terrible coureur d'aventures, reprendre une vie d'angoisses et de périls!... Non, car cette fois elle était bien résolue à ne pas revoir l'homme dont le génie tumultueux l'épouvantait. Méneval affirme que François II avait dit à sa fille « que si Napoléon pouvait réussir, il ne la laisserait aller en France que lorsque l'expérience aurait fait voir qu'on pouvait se fier à ses dispositions pacifiques ». Quelles que soient la précision et la valeur habituelles des affirmations de Méneval, je crois qu'il a dû se tromper ici, ou reproduire une parole sans conséquence. Des entretiens de Marie-Louise et de son père à cette époque, il est sorti autre chose qu'une promesse de laisser Marie-Louise revenir tôt ou tard en France. D'abord toute communication fut interdite avec cette

(1) MÉNEVAL, t. III.

terre dangereuse. Lettres et journaux furent interceptés. Puis Metternich eut avec l'archiduchesse un mystérieux entretien. Le 12 mars, Marie-Louise écrivit à ce ministre une lettre préparée par M. de Neipperg et dans laquelle, se disant étrangère aux projets de Napoléon, elle se mettait sous la protection des puissances. Le 13, les alliés lançaient leur déclaration menaçante. En échange de sa soumission, Marie-Louise recevait l'assurance que les duchés lui resteraient; de plus, Neipperg, pour tous ses services, obtenait la dignité de maréchal de la cour, ce qui lui permettait de monter désormais dans le carrosse de l'archiduchesse... Voilà ce que l'empereur d'Autriche et sa diplomatie avaient su trouver pour se venger de l'empereur des Français ! Non seulement François II s'associait aux puissances qui le livraient « à la vindicte publique », mais encore il essayait de le déshonorer, car il connaissait bien le genre d'intimité qui régnait ouvertement entre le comte de Neipperg et sa fille (1). En tolérant une pareille intrigue, il faisait tomber sur la maison d'Autriche une honte que ne voulut pas admettre Napoléon, car celui-ci persistait à croire sa femme fidèle et n'osait pas soupçonner de telles infamies (2). Il paraîtrait que l'empereur Alexandre était venu secrètement à Schœnbrunn pour conférer avec Marie-Louise et savoir ses intentions définitives. Elle avait répondu que son père était seul maître de ses destinées, et elle avait refusé de se prononcer

---

(1) Lord Holland dit de François II : « C'était un homme de quelque intelligence, de peu de cœur et sans aucune justice. » Il conteste absolument qu'il fût, comme on l'a affirmé, doux et bienveillant. Dans toutes les circonstances, il avait agi comme un homme d'un caractère bien opposé. « Quant au mariage de sa fille, ajoute lord Holland, il faut admettre cette alternative, ou qu'il ait consenti à sacrifier son enfant à une politique couarde, ou bien qu'il ait lâchement abandonné et détrôné un prince qu'il avait choisi pour son gendre. Il sépara sa fille du mari qu'il lui avait donné et aida à déshériter son petit-fils, issu d'un mariage qu'il avait approuvé et, à ce que je crois, sérieusement recherché. Pour éloigner de l'esprit de cette même fille le souvenir de son époux détrôné et exilé, mais dont la conduite envers elle était irréprochable, on prétend qu'il encouragea et même combina lui-même les moyens de la rendre infidèle... » (*Souvenirs diplomatiques de lord Holland.*)

(2) « La chasteté, disait l'Empereur, est pour les femmes ce que la bravoure est pour les hommes. Je méprise un lâche et une femme sans pudeur. »

sur la possibilité de reprendre la régence (1). Elle était décidée depuis longtemps à ne plus retourner en France. Elle ne souhaitait qu'un petit pays paisible où elle occuperait ses loisirs auprès de l'homme qui avait remplacé pour elle le héros dont la réapparition subite faisait trembler l'Europe.

La surveillance sur les quelques Français encore en résidence à Vienne était devenue très rigoureuse. M. de Bausset s'était arrangé pour recevoir en cachette des journaux de Paris, par l'entremise d'un joaillier de Vienne. On le sut et on menaça si sérieusement le joaillier que celui-ci dut renoncer à servir d'intermédiaire pour ces périlleuses communications. Bientôt François II fit entendre à Marie-Louise que les événements étaient devenus trop graves pour laisser l'enfant impérial à Schœnbrunn (2). On avait répandu depuis quelque temps des bruits fâcheux sur la gouvernante du prince, la vertueuse et fidèle Mme de Montesquiou. On l'accusait de parler au prince de ce qui se passait et de lui faire entendre qu'il pourrait retourner à Paris auprès de son père. Cela était faux. Mme de Montesquiou ménageait, au contraire, l'esprit d'un enfant aussi jeune ; elle se contentait seulement de le faire prier matin et soir pour son père. Mais c'était là encore un grief impardonnable... Marie-Louise informa tristement la gouvernante qu'elle allait conduire son fils au château impérial à Vienne. Le 20 mars, en effet, le roi de Rome y arriva avec sa mère. En ce même jour qui était l'anniversaire de sa naissance, et comme par un redoublement de méchanceté inexplicable, le comte Wrbna reçut l'ordre de signifier à Mme de Montesquiou qu'elle n'était plus chargée de l'éducation du prince, et qu'elle eût à quitter Vienne au plus tôt. « Malgré ses prières, ses instances, ses protestations, écrit Méneval, elle fut forcée d'obtempérer à un ordre aussi cruel.

(1) BAUSSET, t. III.
(2) L'empereur d'Autriche devançait les désirs de Joseph de Maistre, qui écrivait le 22 mars 1815, à propos du retour de Napoléon : « L'archiduchesse Marie-Louise et son fils seront très embarrassants dans cette occasion. Il faudrait que l'empereur d'Allemagne eût le courage de les mettre (surtout le jeune prince) hors de la puissance de Napoléon. » (Lettres, t. I.)

Il lui fallut abandonner à des subalternes un enfant qu'elle avait reçu dans ses bras, qu'elle n'avait pas quitté un instant depuis sa naissance, et qui avait été l'objet de sa constante sollicitude (1). » Le motif de cette séparation si brusque était, si l'on en croit Mme de Colloredo, que l'on soupçonnait le comte Anatole de Montesquiou, son fils, présent alors à Vienne, d'avoir voulu enlever l'enfant. Or, le 20 mars, le comte devait partir pour Paris. Il avait quitté Schœnbrunn en même temps que Marie-Louise et le roi de Rome, pour aller voir à Vienne son ami M. de Bresson de Valensole. Les ordres qu'il avait donnés à son cocher n'avaient sans doute pas été compris, car sa voiture se rendit au Prater. La police viennoise, retrouvant cette voiture dans le parc, supposa que tout était arrangé pour un enlèvement. Comme M. de Montesquiou était revenu à pied à Schœnbrunn et un peu tard, les soupçons s'accentuèrent, d'autant plus que, depuis le mois de janvier, on avait su que Fouché avait eu l'intention de faire enlever le prince, afin d'établir une régence dont il aurait été le premier ministre (2). Je ne dis pas, en ce qui concerne M. de Montesquiou, que celui-ci n'ait pas eu un moment l'intention de soustraire le roi de Rome aux Autrichiens, mais de là à une action définitive il y a loin, et rien ne prouve que M. de Montesquiou ait alors voulu ou pu agir (3).

Mme de Montesquiou, qui avait obtenu la permission de voir encore une fois le roi de Rome, était revenue à Schœnbrunn, après lui avoir prodigué ses caresses. Le lendemain, elle songeait à partir, lorsque le comte Wrbna revint auprès

---

(1) Méneval, t. III. — « Elle avait suivi, malgré les dégoûts dont elle était entourée, le prince dont elle était la gouvernante. La meilleure mère ne peut pas montrer un plus grand attachement que celui dont elle fit preuve. » (*L'île d'Elbe et les Cent-jours*.) Il n'y a rien à ajouter à ce juste hommage rendu par l'empereur Napoléon à Mme de Montesquiou.

(2) Méneval, t. III.

(3) On a dit aussi que le lieutenant-colonel Monge, des grenadiers de la garde, avait été chargé, par Napoléon, d'enlever Marie-Louise et son fils. Je n'ai pu vérifier ce bruit. — Le prétendu enlèvement du roi de Rome à cette même date par la comtesse de Mirepoix et Mme de Croy-Chanel n'est qu'une fable.

d'elle et lui dit que l'Empereur, ayant décidé d'ajourner son départ, la priait de rester à Schœnbrunn. Elle refusa, préférant se rendre au couvent de la Visitation à Vienne. Mais, avant d'abandonner pour toujours l'enfant qu'elle adorait, elle exigea un ordre écrit de l'Empereur et un certificat médical attestant qu'elle laissait le roi de Rome dans un parfait état de santé. François II lui écrivit une lettre affectueuse, motiva son désir sur la rigueur des circonstances et lui fit offrir une parure de saphirs. Marie-Louise y ajouta une boucle des cheveux de son fils. On se figure aisément le chagrin du roi de Rome, quand il ne retrouva plus auprès de lui celle qu'il appelait dans son langage tendre et naïf « maman Quiou »... D'après Méneval, cette séparation douloureuse fut vivement ressentie par l'enfant, qui s'était fait une douce habitude des soins empressés et maternels de sa gouvernante. « Il la redemandait sans cesse, et les regrets qu'il témoignait de sa perte étaient la seule consolation qu'elle pût recevoir dans cette triste circonstance (1). » Ainsi, une femme dévouée était l'objet de la défiance et de la crainte de tout un gouvernement. On persistait à croire que son fils était le chef d'un complot, et on le lui fit bien voir. Le comte Anatole avait été autorisé à retourner en France ; mais, arrivé à Lembach, il fut brutalement arrêté et ramené à Vienne, où on le tint plusieurs jours au secret. Il n'obtint son élargissement que grâce aux instances du prince de Talleyrand (2) ; mais il dut donner sa parole d'honneur de ne point quitter Vienne, sans sans avoir demandé et obtenu un passeport en règle. La

(1) MÉNEVAL, t. III, p. 429.
(2) La comtesse de Montesquiou écrivait à M. de Talleyrand : « Je me sens assez de forces physiques et morales pour soutenir une plus longue captivité, et je vous avoue que, lorsque je souffrirai seule, je souffrirai avec plus de constance. Mais de voir ce jeune malheureux regrettant tout, excepté les marques d'amitié qu'il m'a données en faisant tant de chemin pour venir me voir, se sentant appelé en France par ses affaires, sa femme, son fils, sa fortune même — son absence depuis quatre mois empêche de pouvoir rien terminer — toute la contrariété qu'il éprouve, me désespère et me rend de plus en plus pénible ma triste retraite. » Ce ne fut que dans les premiers jours de juin que Talleyrand obtint les passeports demandés. (*France*, vol. 1801. Archives des Affaires étrangères.)

comtesse de Montesquiou s'indigna des soupçons de la police, et, comme la *Gazette de Vienne* s'était faite spécialement l'écho de ces bruits, elle lui adressa un démenti formel, que le journal, avec une discourtoisie peu habituelle cependant en Autriche, ne publia pas (1).

La veuve du général de Mitrowsky remplaça provisoirement Mme de Montesquiou; mais, si distinguée que fût cette dame, ce n'étaient plus les mêmes soins maternels ni la même sollicitude (2). On allait bientôt remettre l'enfant aux mains de gouverneurs qui devaient lui faire regretter encore plus celle qu'il avait considérée comme une seconde mère, car Marie-Louise ne lui témoignait un peu d'affection que par intervalles et se reposait sur les autres de la tâche, pourtant si douce, d'instruire et d'élever son fils. Elle paraissait alors très occupée à des exercices de piété. Une foi plus sincère et plus intelligente lui eût fait comprendre ses devoirs d'épouse et de mère. Mais elle manquait avec insouciance aux uns comme aux autres. De nombreux émissaires étaient partis de Paris pour Vienne. Un seul, qui avait, paraît-il, l'appui secret de Fouché, parvint en cette ville. On suppose que Fouché voulait connaître définitivement l'opinion secrète de Talleyrand sur la régence de Marie-Louise, et demandait s'il pouvait compter sur lui. Cet émissaire était M. de Montrond, l'âme damnée de Talleyrand. J'ai fait ailleurs le portrait de cet intrigant; je n'y reviendrai pas (3). M. de Montrond, qui s'était servi du passeport d'un Italien, l'abbé Altieri, remit à Méneval une lettre de Napoléon pour Marie-

---

(1) MÉNEVAL, t. III.

(2) Mme Soufflot, la sous-gouvernante qui restait encore auprès du roi de Rome, écrivait à ses enfants, à la date du 8 avril : « Votre pauvre mère est malheureuse d'être séparée de vous dans des moments si pénibles. Hélas! où l'amour de mon devoir et mon bon cœur m'ont-ils conduite? Dans le chemin de l'honneur le plus sévère, mais aussi dans celui de tous les chagrins. Après avoir déjà fait tant de sacrifices à ce cher enfant, je n'ai pu me résoudre à l'abandonner dans une crise aussi pénible que délicate, celle où on le séparait de celle qui lui était si chère à tant de titres. Je continuerai, tant que cela me sera permis, de veiller sur lui et de suppléer aux sages leçons qu'il a toujours reçues... » (Collection Amédée Lefèvre-Pontalis.)

(3) Voir la *Revue de Paris* du 2 février 1895.

Louise, et des lettres de Caulaincourt pour lui et pour Mme de Montesquiou. Il avait confié à Méneval, mais sur un ton plaisant qui inspirait la défiance, qu'il avait carte blanche pour enlever Marie-Louise en la faisant déguiser sous des habits d'homme. « Je pensai, dit Méneval, qu'il venait plutôt pour faire les affaires de Talleyrand que celles de Napoléon. » Il est bien permis de croire à cette observation, car Montrond s'étonnait lui-même de la confiance subite que lui avait témoignée le gouvernement impérial. Ayant à s'expliquer un peu plus tard sur les émissaires envoyés par Napoléon à Vienne, Talleyrand parlait ainsi de Montrond : « Il n'avait ni dépêche, ni mission ostensible... » Talleyrand savait le contraire. « Ou plutôt, ajoute-t-il, a-t-il été envoyé par le parti qui sert ostensiblement Bonaparte, que par Bonaparte lui-même. » Ceci semble plus vrai. « Il était chargé de paroles pour M. de Metternich, M. de Nesselrode et moi. » Or, il leur remit des lettres de Caulaincourt. « Ce qu'il était chargé de me demander, dit encore Talleyrand, était si je pouvais bien me résoudre à exciter une guerre contre la France. — Lisez la déclaration, lui ai-je répondu. Elle ne contient pas un mot qui ne soit dans mon opinion. Ce n'est pas d'ailleurs d'une guerre contre la France qu'il s'agit; elle est contre l'homme de l'île d'Elbe (1). » Ceci était un sophisme, car la France, qui avait acclamé le retour de Napoléon, marchait avec lui. Montrond ayant ensuite demandé à M. de Metternich si le gouvernement autrichien avait totalement perdu de vue ses idées du mois de mars 1814 : « La régence ? nous n'en voulons point », répondit M. de Metternich (2). Enfin, Montrond chercha à connaître les dispositions de l'empereur Alexandre.

(1) Talleyrand, qui avait adhéré à la quadruple Alliance le 27 mars, croyait pouvoir affirmer au Roi, le 29, que le traité de Chaumont était uniquement fait dans le but de soutenir la France, quoique, au fond, il sût le contraire. Il avait, en effet, confidentiellement écrit à M. de Jaucourt, le 16 mars : « Songez bien à ceci : c'est que cette même Europe qui a été amenée à faire la déclaration que je vous ai envoyée, est en pleine jalousie de la France, du Roi et de la maison de Bourbon. » Elle le prouva bien, peu de temps après.

(2) On verra le contraire au chapitre suivant, ce qui prouve combien chacun était sincère.

« La destruction de Bonaparte et des siens », répondit Nesselrode, et les choses en restèrent là. « On s'est borné, ajoute Talleyrand, à faire connaître à M. de Montrond l'état des forces qui vont être immédiatement employées, ainsi que le traité du 25 mars dernier. Il est reparti pour Paris, avec ces renseignements et ces réponses qui pourront donner beaucoup à penser à ceux qui, aujourd'hui, se sont attachés à la fortune de Bonaparte (1). » La mauvaise humeur de Talleyrand s'explique par la connaissance qu'il eut du décret de confiscation pris par Napoléon contre lui et les membres du gouvernement provisoire, ce qui fut une faute de la part de l'Empereur. Cette faute, le courageux Caulaincourt aurait voulu la lui éviter, comme en témoigne la lettre du 4 avril 1815, où il ose une fois de plus lui dire la vérité, blâmant une mesure impolitique, contraire aux promesses de tolérance et d'oubli faites par Napoléon. Le gouvernement provisoire avait été créé à l'instigation formelle d'Alexandre. Les alliés avaient négocié et conclu avec lui un armistice qui avait servi de base au traité de Paris. Mettre en jugement les hommes de ce gouvernement, c'était offenser sans utilité les principales puissances (2).

En attendant qu'il se prononçât définitivement pour la cause de l'Empereur ou pour celle du Roi, Talleyrand mandait à Louis XVIII que le voyage du comte de Montesquiou avait été l'objet de réels soupçons. Il avait invité le comte à retour-

---

(1) *Mémoires de Talleyrand*, t. III.

(2) D'après les *Mémoires de Napoléon*, Montrond devait fournir à Talleyrand l'occasion d'écrire en France et au gouvernement français la possibilité de découvrir le fil de ses trames, gagner l'ambassadeur de Louis XVIII, porter une lettre à Marie-Louise et rapporter sa réponse. Montrond n'obtint en réalité que des réponses évasives de Talleyrand et ne l'intimida guère. Je ne crois pas, d'ailleurs, qu'il en eût l'intention. Toujours est-il que les menaces de séquestre sur ses biens et d'un grand procès qu'allait lui faire la Haute Cour n'aboutirent qu'à éloigner Talleyrand de l'Empire. Une note de Napoléon définissait ainsi la mission exacte de Montrond : « Voir M. de Talleyrand et le renseigner sur la véritable disposition des esprits. » Suivant Bignon, la mission de Montrond, qui jouait double rôle et était auprès de Talleyrand l'agent confidentiel de Fouché aussi bien que celui de l'Empereur, fut plus nuisible qu'utile à la cause française. (Voy. BIGNON, *Histoire de France sous Napoléon*, t. XIV.)

ner immédiatement en France, affirmant que son voyage avait eu pour objet l'enlèvement du roi de Rome. « Le langage de madame sa mère, recueilli par la surveillance autrichienne établie auprès d'elle, permettrait, disait-il, de le croire (1). » Or, jamais Mme de Montesquiou n'avait parlé de l'enlèvement possible du prince confié à ses soins. Mais ce n'était pas encore assez. Talleyrand, informant le Roi de la remise du roi de Rome à l'empereur d'Autriche par la gouvernante, osait ajouter : « Son langage a été si opposé aux résolutions prises par l'Autriche et par les autres puissances, que l'Empereur n'a pas voulu permettre qu'elle restât plus longtemps auprès de son petit-fils. » Ceci était une fausseté de plus. Il est probable que la déclaration du 13 mars, où l'on traitait Napoléon de « brigand », avait blessé Mme de Montesquiou ; mais il est impossible de prouver qu'elle ait tenu ouvertement le moindre propos contre l'Autriche et contre son Empereur.

Le jour où l'on signifiait à la gouvernante l'ordre d'avoir à se séparer du roi de Rome, le jour où l'on enfermait le pauvre enfant au château impérial sous les yeux de son grand-père, Napoléon rentrait aux Tuileries. C'était le 20 mars. Il avait combiné son retour avec cette date qui lui rappelait la naissance du fils tant désiré. Contrairement à ses espérances, il rentrait seul dans ce palais. Aussi, quelques jours après, confiait-il à un chambellan autrichien, M. de Stassart, de passage à Paris, une lettre touchante pour l'empereur François. Il disait à son beau-père que le plus vif de ses vœux était de revoir bientôt les objets de ses plus douces affections. Il désirait que l'Impératrice et le roi de Rome vinssent par Strasbourg, les ordres étant donnés sur cette ligne pour leur réception dans l'intérieur de ses États. Il ne doutait pas que l'Empereur ne se hâtât de presser l'instant de la réunion d'une femme avec son mari, d'un fils avec son père. Il n'avait d'ailleurs qu'un but : consolider le trône que l'amour de ses peuples

(1) *Mémoires*, t. III

lui avait conservé et rendu, pour le léguer un jour, affermi sur d'inébranlables fondements, à l'enfant que François II avait entouré de ses bontés paternelles (1). Cette lettre fut interceptée à Linz. Les souverains alliés en sourirent devant le beau-père de Napoléon, et le beau-père la laissa sans réponse.

Caulaincourt essayait, en sa qualité de ministre des affaires étrangères, de faire connaître partout la valeur réelle des événements qui avaient ramené Napoléon en France. Il écrivait à Méneval, le 26 mars, que le *Moniteur* contenait l'exacte vérité, et que, pour le surplus, il s'en rapportait à ceux qui avaient vu les choses. « Ramenez-nous l'Impératrice, disait-il. Nous ne pouvons pas mettre son retour en doute... Tant de vœux et de si bons sentiments l'appellent ici qu'elle ne saurait trop se hâter. » En même temps, il mandait à Mme de Montesquiou : « Isabey vient de rendre l'Empereur bien heureux en lui remettant le joli portrait du prince impérial qu'il vient de finir (2). Revenez vite, ramenez-nous, avec l'Impératrice, ce cher enfant que nous aimons à devoir à ses soins et aux vôtres. L'Empereur ne s'est jamais mieux porté. Il parle avec attendrissement de tout ce qu'il aime, et nous ne pouvons pas mettre en doute que son auguste beau-père ne rende tout de suite une femme à son mari et un fils à son père... » Le duc de Vicence écrivait dans le même sens au prince Eugène. Puis s'adressant à M. de la Besnardière, le factotum de M. de Talleyrand : « Je ne vous parle pas des événements, Monsieur; les résultats vous disent ce qui est. Ceux qui en ont été spectateurs peuvent vous attester qu'il n'y a plus que des vœux pour l'Empereur dans le Midi, dans la Bretagne, comme à Paris et dans le Nord. Tous les princes

---

(1) Archives des Affaires étrangères, vol. 1801, *France*. — Marie-Louise avait reçu directement de Napoléon, et à la même date, ce petit billet : « Ma bonne Louise, je suis maître de toute la France. Tout le peuple et toute l'armée sont dans le plus grand enthousiasme. Le soi-disant Roi est passé en Angleterre. Je t'attends pour le mois d'avril ici avec mon fils. Adieu, mon amie. — NAPOLÉON. » (Collection de M. Antonin Lefèvre-Pontalis.)

(2) Le petit prince était représenté avec un gracieux costume rose que traversait le grand cordon de Saint-Étienne. Sa figure souriante rappelait les traits de Napoléon et de Marie-Louise.

sont partis en licenciant leurs maisons, et vos courriers de Vienne et de Madrid m'arrivent comme si on me les expédiait. Votre retour est exigé... L'Empereur aime à penser que, depuis *le chef* jusqu'aux derniers employés, tout le monde est avant tout Français, dans cette affaire toute nationale. Le passé n'est rien. La patrie est tout. Nos premiers vœux et tous nos vœux sont pour le maintien de la paix... »

Le 27 mars, Caulaincourt avait adressé à M. de Metternich une lettre importante où il montrait comment la nation française, « trompée dans ses vœux et lasse d'obéir à un gouvernement dont les mesures irréfléchies et les principes mal déguisés tendaient à faire rétrograder la raison humaine », avait rappelé l'Empereur. Il affirmait que la première pensée de Napoléon avait été le maintien de la paix. Il tenait à en donner l'assurance formelle à l'Autriche. Il attendait des principes et des sentiments de son beau-père le retour de l'Impératrice et du roi de Rome. Une circulaire, empreinte des mêmes déclarations pacifiques, était adressée en même temps à tous les agents diplomatiques de la France (1). Mais le général allemand commandant à Kehl faisait savoir au général commandant à Strasbourg qu'il ne pouvait laisser passer de courriers allant à Vienne. Le duc de Vicence protesta vainement contre ce procédé contraire aux droits et aux usages, d'autant plus irrégulier que la France était en paix avec l'Europe entière. Sa lettre au ministre des affaires étrangères du grand-duc de Bade n'obtint pas plus de réponse que les autres. Les souverains firent aussi semblant de n'avoir pas reçu la lettre de Napoléon, en date du 4 avril, où celui-ci disait que son retour était l'ouvrage d'une irrésistible puissance, la volonté unanime d'une grande nation qui connaissait ses devoirs et ses droits, et où il réitérait ses vœux pour le maintien d'une honorable tranquillité. Napoléon écrivait encore à Marie-Louise : « Ma bonne Louise, je t'ai écrit bien des fois... Je t'envoie un homme pour te dire que tout va très bien. Je suis

---

(1) Archives des Affaires étrangères, *France*, vol. 1801.

très adoré et maître de tout. Il ne me manque que toi, ma bonne Louise, et mon fils. — Napoléon (1). » Marie-Louise, qui reçut ce mot, ne répondit pas. Un autre billet, daté de Lyon, 11 mars, et tout entier de la main de Napoléon, avait été apporté à Schœnbrunn par un cavalier qui l'avait caché dans une de ses bottes. Il contenait à la fin cette pressante invitation : « Viens me rejoindre avec mon fils. J'espère t'embrasser avant la fin de mars (2). » Marie-Louise parut n'avoir reçu aucun de ces billets et, oubliant délibérément qu'elle était la femme de Napoléon, garda le même et odieux silence.

De son côté, et sans se lasser, Caulaincourt continuait ses communications. Le 8 avril, il informait le cardinal Fesch que l'Empereur le nommait ambassadeur près le Saint-Siège. Il lui résumait ainsi la nouvelle politique de son maître : « Assagi par les événements, mais se croyant toutefois encore en mesure de parler haut à l'Église, l'Empereur n'a plus aucune vue sur le temporel de Rome. Dès lors, il n'y a plus aucun sujet de discussion entre Sa Majesté et cette cour. Quant au spirituel, Sa Majesté s'en tient à la bulle de Savone... Pour le moment, l'Empereur veut s'abstenir de s'occuper d'affaires ecclésiastiques. Il a cependant à cœur que le Saint-Père donne l'institution canonique aux évêques qu'Elle avait nommés avant son départ. Votre Éminence doit en avoir la liste... Sa Majesté a vu avec plaisir, par les correspondances qu'a laissées le comte de Lille et par celles qui ont été interceptées, que le Saint-Père n'a point cédé sur les principes du Concordat, et qu'il s'est refusé à reconnaître les évêques émigrés. Cette conduite n'a pu que lui être très agréable. Cependant, d'un autre côté, on a trouvé dans les mêmes pièces la preuve que la cour de Rome avait mis en usage contre le roi de France les pratiques obscures et illégales dont l'Empereur avait eu aussi précédemment à se plaindre. Il ne peut convenir à Sa Majesté d'admettre en France ni des Jésuites, ni des Pères de la Foi. Lors de la vacance des sièges, Sa Majesté ne peut reconnaître que des

---

(1) *Document inédit.*
(2) *Id.*

vicaires capitulaires (1). » La lettre se terminait par ce curieux détail : « Sa Majesté a vraiment à cœur que Votre Éminence puisse s'arranger pour être à Paris le 30 mai, afin d'officier au couronnement du prince impérial. » Donc, d'après cette lettre, Napoléon n'avait pas perdu l'espoir de voir revenir son fils auprès de lui ; il parlait même de le faire couronner, ainsi que le stipulait un des articles du sénatus-consulte du 5 février 1813, comme s'il était absolument maître de sa destinée et de celle du roi de Rome.

Le 8 mars, M. de Méneval avait fait parvenir secrètement au duc de Vicence une lettre détaillée sur la situation à Vienne. Les journaux français étaient soigneusement interdits par le ministère autrichien ; les négociations du Congrès suspendues, les troupes en mouvement sur tous les points. L'empereur Alexandre avait « une haine d'enfant contre Napoléon ». Tout gouvernement monarchique, aristocratique ou démocratique, lui paraissait bon en France, sauf le gouvernement impérial. Cependant, la seule personne qui pût encore obtenir quelque chose de lui, c'était Caulaincourt. On n'était pas rassuré pour l'avenir, car les fonds avaient baissé à Vienne dès l'arrivée de Napoléon à Paris. « M. de Talleyrand, ajoutait Méneval, est en défiance aujourd'hui près des alliés et de tout le monde. » Il était évident que ni ses démonstrations actives ni la déclaration du 13 mars, dont il était l'auteur, n'avaient rassuré les alliés contre sa versatilité si connue.

On supposait en effet à toutes ses actions des motifs doubles et contradictoires. Quant au retour de l'Impératrice en France, le cabinet de Vienne ne paraissait pas disposé à l'admettre. « L'esprit de l'Impératrice, disait encore Méneval, est tellement travaillé à cet égard, qu'elle n'envisage son retour en France qu'avec terreur. Tous les moyens possibles ont été employés depuis huit mois, — dois-je dire depuis trois ans ? — pour l'éloigner de l'Empereur... On ne m'a pas permis depuis six mois de lui parler sans témoin... On lui a fait faire, à l'insu

(1) Archives des Affaires étrangères, *France*, vol. 1801.

de tout le monde, plusieurs démarches pour se déclarer étrangère aux projets de l'Empereur, pour se mettre sous la sauvegarde de son père et des alliés, pour demander la couronne de Parme... » Sa santé n'en avait pas souffert. « L'Impératrice a beaucoup engraissé. Le prince impérial est un ange de beauté, de force et de douceur. Mme de Montesquiou le pleure tous les jours. Cette pauvre dame est traitée avec bien de la rigueur. Elle est reléguée dans un petit appartement de deux pièces dans une maison particulière à Vienne... » A cette lettre Méneval ajoutait un petit post-scriptum afin d'excuser un peu Marie-Louise, ce qui prouvait sa générosité naturelle. « Elle est vraiment bonne au fond, disait-il, mais bien faible et ennemie de la réflexion. Il est bien fâcheux qu'elle n'ait pas eu un meilleur entourage (1). »

Vers cette même époque, Marie-Louise, causant avec Méneval, lui avait confié que si elle consentait à laisser son fils à Vienne et à se rendre sans lui à Parme, c'était dans son intérêt. Elle pensait bien, dans ses duchés, faire une économie annuelle de cinq cent mille francs et lui assurer ainsi en quelques années une existence indépendante. A quoi Méneval s'était permis de répondre que le nom de Napoléon lui paraissait une fortune suffisante pour l'enfant impérial. Peu de temps après, il voulut savoir si Marie-Louise consentirait à rejoindre l'Empereur, un jour ou l'autre. Elle commença par déclarer qu'elle n'était plus maîtresse de ses actions, qu'elle était née sous une étoile funeste, et qu'elle était condamnée à n'être jamais heureuse (2). Elle ajouta enfin que son oncle l'archiduc Charles et un jurisconsulte avaient dissipé ses incertitudes au sujet de son rapprochement avec l'Empereur, et « qu'elle traiterait avec Napoléon de séparation à l'amiable, quand elle pourrait lui écrire (3) ». Elle n'en

(1) Archives des Affaires étrangères, *France*, vol. 1801, et *Mémoires*, t. III.
(2) « Telle était cette nature frêle, timide, rêveuse, née pour la vie privée *et pour les tendresses du foyer allemand.* » (LAMARTINE, *Histoire de la Restauration*, t. I.)
(3) Pour prix d'obéissance à leurs volontés, les alliés stipulèrent, dans un protocole séparé des conférences et daté du 28 mars, que les duchés de Parme, Plaisance et Guastalla, à l'exception des parties situées sur la rive gauche du

avait pas encore l'autorisation, mais, en revanche, on lui laissait adresser des lettres aussi nombreuses que passionnées au général de Neipperg, qui était parti le 18 avril, à la tête d'une division, pour combattre Murat. Le séjour de Vienne et de Schœnbrunn étant devenu intolérable pour les Français, Méneval demanda la permission de retourner en France. Le pauvre petit roi de Rome allait rester presque seul au milieu des Autrichiens, qui espéraient en faire ce qu'avait tant redouté Napoléon : un prince étranger.

Pô, seraient possédés en toute souveraineté par elle, mais qu'ils retourneraient, après elle, à l'infant, don Carlos, fils de S. M. Marie-Louise d'Espagne. L'empereur d'Autriche renonçait pour sa fille à toute pension à laquelle elle et les siens pourraient prétendre à la charge de la France. (Archives des Affaires étrangères, *Vienne*, vol. 683.)

L'art. 99 de l'Acte final du Congrès de Vienne, en date du 9 juin 1815, ne devait ratifier que la possession des duchés par Marie-Louise. Quant à la reversion elle fut ajournée. Elle ne fut décidée en faveur de l'infante d'Espagne, Marie-Louise, de son fils et de ses descendants, que par le traité spécial du 10 juin 1817.

CHAPITRE VIII

LES INTRIGUES DE FOUCHÉ ET DE METTERNICH EN 1815.

On a lu, dans une dépêche du prince de Talleyrand à Louis XVIII, que M. de Metternich, interrogé par M. de Montrond sur les sentiments de l'Autriche à l'égard de la régence de Marie-Louise, aurait sèchement répondu : « La régence ? Nous n'en voulons point (1). » Les documents et les faits que j'ai étudiés imposent, comme on va le voir, un démenti absolu à cette assertion. Les relations de Fouché et de Metternich au début des Cent-jours, leurs communes intrigues au sujet du renversement de Napoléon et son remplacement éventuel par Napoléon II ou par le duc d'Orléans, — car Louis XVIII ne venait dans leurs combinaisons qu'en troisième ligne, — sont un très intéressant point d'histoire qui doit former une des parties essentielles de ce récit. Ces intrigues si curieuses ont donné lieu à ce que l'on a appelé la « mission d'Ottenfels ».

M. Thiers avait posé, en 1849, à M. de Metternich, — quelques mois avant la mort du chancelier, — la question suivante : « La mission de M. Werner (2) à Bâle est certaine. Quels en étaient l'objet et l'importance ? Ce point a de la gravité, car cette mission, en brouillant Napoléon avec Fouché, eut des conséquences assez sérieuses. » On verra bientôt que l'affaire d'Ottenfels n'eut aucune action décisive sur les sentiments du duc d'Otrante, puisque, dès sa rentrée au ministère de la police,

---

(1) 13 avril 1815, *Mémoires*, t. III.
(2) Il s'agissait du baron François d'Ottenfels-Gschwind, qui avait pris le pseudonyme de Werner pour s'entendre à Bâle, au nom de Metternich, avec un affidé de Fouché.

il était disposé à trahir l'Empereur. D'autre part, le prince Richard de Metternich admet que le récit de M. Thiers (1) est assez fidèle, ce qui s'expliquerait, d'après lui, par les renseignements que M. de Metternich lui aurait communiqués. On verra aussi quelle confiance il faut attacher à ces renseignements. Rien n'est si compliqué que les machinations de Fouché et de Metternich à propos de l'éventualité de la régence de Marie-Louise avec Napoléon II, et il m'a fallu les regarder de bien près pour en découvrir tous les ressorts. Mais pour comprendre clairement cette question, il convient de revenir un peu en arrière.

A peine Louis XVIII, après vingt-cinq années d'exil, était-il monté sur le trône, que les fautes de son ministère et les imprudences de son entourage lui avaient aliéné beaucoup d'esprits. Le mécontentement s'était étendu de la vieille armée napoléonienne à la nation (2). Aussi des complots allaient-ils menacer l'autorité royale. Ils étaient formés par des individus experts en agitation, et parmi eux devait reparaître un des hommes les plus adroits et les plus dangereux de la Révolution : j'ai nommé Fouché, duc d'Otrante. Celui-ci ne pouvait se consoler d'être arrivé trop tard à la curée de 1814. Il espérait cependant avoir bientôt une forte compensation, car il se rendait parfaitement compte que les fautes de la Restauration amèneraient à bref délai une réaction fatale. Lorsque les violences des ultras eurent répandu dans le pays un véritable malaise et fourni un prétexte naturel d'agitation, il recommença à comploter. Il s'était remis en relation avec le prince de Talleyrand, auquel il avait confié ses intérêts pour le maintien de ses dotations. Avant le départ de l'ambassadeur pour Vienne, il était allé plusieurs fois rue Saint-Florentin

---

(1) *Le Consulat et l'Empire*, t. XIX.

(2) Pour en avoir une certitude complète, il suffit de lire les lettres que M. de Jaucourt adressait de Paris à M. de Talleyrand pendant son ambassade à Vienne. Ainsi, examinant un jour la manière dont les affaires avaient été conduites depuis la rentrée du Roi en 1814, M. de Jaucourt faisait cet aveu : « Grand Dieu ! quel chemin nous avons parcouru depuis ce temps-là !... *Il faut le dire en un seul mot : il conduisait à l'île d'Elbe.* » (Affaires étrangères, *Vienne*.)

sans avoir « l'avantage de le trouver et de lui faire ses adieux (1) ». Il aurait désiré lui parler des affaires intérieures de la France et surtout des Français qu'on avait exclus des places et qu'on allait obliger à quitter le pays. « Votre Altesse, disait-il, peut s'en rapporter à moi sur la situation des choses et les dispositions secrètes des esprits... Bientôt il n'y aura ici de tranquillité pour personne. » Il le priait de se souvenir quelquefois d'un homme qui lui était et lui serait toujours attaché (2).

D'accord avec lui et prévoyant une catastrophe prochaine, il avait pensé à faire offrir le pouvoir au duc d'Orléans, puis à Napoléon II avec Marie-Louise régente. Toutes les combinaisons éloignaient naturellement l'Empereur, qu'on devait envoyer aux Açores ou à Sainte-Lucie. Talleyrand, qui était en rapport avec les diverses coteries parisiennes, savait par Fouché, Jaucourt et d'Hauterive que l'autorité de Louis XVIII était battue en brèche, et il prenait déjà ses dispositions, suivant son habitude, pour se ranger du côté du plus fort. D'autre part, Fouché s'était entendu avec le duc de Dalberg pour correspondre plus aisément avec le prince de Metternich, auquel il faisait part de toutes ses inquiétudes sur la triste situation de la monarchie. Aussi le ministre de François II, si l'on en croit le duc de Rovigo, avait-il fait adresser au duc d'Otrante, au commencement de l'année 1815, ces trois questions : « 1° Qu'arriverait-il si Napoléon reparaissait ; 2° si le roi de Rome se montrait à la frontière, appuyé par un corps autrichien ; 3° si simplement une révolution éclatait en France ? » A la première question, Fouché aurait répondu que tout dépendrait du premier régiment français ; à la seconde, que toute la France se

(1) Lettre du 28 septembre 1814 (Affaires étrangères, Vienne, vol. 681), publiée par M. Pallain, Correspondance de Talleyrand et de Louis XVIII.

(2) Il avouait en même temps qu'il correspondait avec M. de Metternich. Ainsi il donnait au chancelier autrichien des détails sur la France et l'Europe, en formant entre autres le vœu que la Belgique revînt à l'Autriche comme « un hommage rendu à une possession séculaire interrompue seulement depuis une vingtaine d'années ». — M. de Méneval a eu connaissance des lettres de Fouché à Metternich par le comte Aldini, auquel le chancelier les avait communiquées.

prononcerait pour le roi de Rome ; à la troisième, que la révolution aurait lieu en faveur du duc d'Orléans. Ces prévisions étaient exactes. En attendant, Fouché se tenait adroitement à l'écart et laissait à d'autres le soin de préparer le terrain. On travaillait l'armée et les ouvriers. De nombreux généraux consultés acceptaient volontiers l'idée d'une régence (1). « On n'attendait plus qu'une réponse de Vienne pour commencer, rapporte le duc de Rovigo, lorsque Napoléon débarque à Cannes. Il se fait précéder de proclamations et du bruit que sa femme et son fils viennent le joindre, si bien que tout le monde le croit. » Le duc de Rovigo ajoute que ce langage était si conforme à celui que tenaient les gens de M. Fouché, que tout le monde fit compliment au duc d'Otrante d'un événement dont il était intérieurement mécontent.

Chose plaisante, la rumeur accentuée de l'arrivée de Marie-Louise et du roi de Rome (2) fit croire à Fouché que Talleyrand l'avait joué en disposant l'Autriche à céder ce précieux dépôt et en prévenant Napoléon du moment favorable pour quitter l'île d'Elbe. Ce ne fut pas cette seule hypothèse qui détermina Fouché à agir. A la nouvelle de la marche de l'Empereur sur Paris, il vit la monarchie perdue ; se dérobant alors aux agents du Roi qui voulaient l'emmener de force à Gand, il prit son parti. Le jour de la rentrée de Napoléon, il apparut. Cette fois, il était satisfait, car son plus redoutable

---

(1) On a dit qu'au lendemain de l'abdication de Napoléon, Marie-Louise avait fait dresser un acte authentique par lequel elle protestait, au nom de son fils, contre cette abdication et réservait ses droits au trône. Une copie de cet acte aurait été communiquée à Regnaud de Saint-Jean d'Angely. — Méneval, Bausset, et les contemporains à même de connaître cet important détail, n'en disent rien. J'incline à croire que cet acte a été composé, lui aussi, à Paris, par les derniers partisans de Napoléon. Au commencement de 1815, deux mois avant le retour de l'île d'Elbe, « on fit imprimer une quantité prodigieuse d'exemplaires de cette protestation pour les distribuer avec profusion dans toutes les casernes et tous les corps de garde de France, afin de connaître les sentiments des soldats. Ils les furent tels que les conjurés le désiraient. » (Voir *Fouché de Nantes*, 1816, in-18.)

(2) « Les journaux de Paris ont annoncé la prochaine arrivée de l'archiduchesse Marie-Louise en France. Il serait bien désirable de donner la plus grande publicité aux faits qui démentent cette assertion. » (Blacas à Talleyrand, 16 avril.)

rival était retenu à Vienne. Le duc d'Otrante allait pouvoir conduire les affaires à son gré, caresser et tromper Napoléon beaucoup trop crédule, préparer sa chute et dicter ses conditions au successeur, quel qu'il fût, de l'Empereur. Il reprit le ministère de la police, où se trouvaient déjà ses créatures, et, affectant une vive émotion, dit à Napoléon : « Sire, vous m'avez sauvé la vie. J'étais caché depuis huit jours pour fuir la persécution ! »

De son côté, Talleyrand se croyait joué par Fouché. Quand il apprit la rentrée de son ami au ministère, il n'en douta plus. Les deux rusés compères s'observaient sans rien dire, redoutant chacun, de la part de l'autre, quelque rouerie nouvelle, lorsque Talleyrand, ayant été maladroitement proscrit par un décret impérial (1), résolut de se prononcer contre le nouveau régime. Il conseilla à Metternich d'envoyer à Fouché un courrier secret chargé de connaître les sentiments réels de ce dernier et de lui offrir, à la condition que Napoléon disparût, — c'était la condition nécessaire et toujours invoquée, — l'appui de l'Autriche pour réinstaller, à son choix, Louis XVIII, la régence ou le duc d'Orléans. Talleyrand laissait, comme on le voit, le champ libre aux intrigues de Fouché.

Le 25 mars, le duc d'Otrante eut avec le baron Pasquier, dans son jardin, un entretien mystérieux. Il lui dit audacieusement que l'Empereur était plus fou que jamais, et que son affaire serait faite avant quatre mois. Il ne demandait pas mieux que les Bourbons revinssent, mais il fallait que les affaires fussent arrangées « un peu moins bêtement que l'année précédente ». Des garanties bonnes et solides étaient nécessaires. Il invita donc Pasquier à se tenir prêt au moindre signal, ce qui indiquait bien que Fouché était disposé à trahir Napoléon, qui ne l'avait employé qu'à regret sur le conseil de

(1) Napoléon à l'archichancelier : « 13 août 1815. Nommez une commission de magistrats sûrs pour lever le séquestre et faire l'inventaire des papiers qu'on trouvera chez le prince de Bénévent et dans la maison des autres individus exceptés de l'amnistie par un décret de Lyon. On m'annonce qu'on trouvera des papiers importants. Nommez des hommes sûrs. » (Archives nationales, AF[IV] 907. *Minutes des lettres de Napoléon.*)

ses intimes (1). Or, Fouché jouait cyniquement son double jeu, paraissant servir à la fois les intérêts du Roi et ceux de l'Empereur. Mais si, contrairement à ses prévisions, le régime impérial se maintenait par des victoires, il pouvait être, sinon emprisonné, du moins jeté dehors à la première occasion. C'était une de ses craintes. Son entretien avec Pasquier le prouve. Il cherchait donc d'autres combinaisons politiques, soit avec Marie-Louise, soit avec Louis XVIII, soit avec le duc d'Orléans. Il correspondait secrètement, comme je l'ai dit, avec Metternich, allant jusqu'à livrer l'état de certains armements; mais, de crainte d'être découvert, il demandait à Wellington, en avril 1815, de lui procurer un asile en Angleterre, au cas où il serait proscrit.

Ces préliminaires, importants à connaître, nous amènent précisément aux rapports de Fouché avec Metternich, c'est-à-dire à ceux qui ont trait à la mission du baron d'Ottenfels à Bâle. Dans ses Mémoires, le chancelier autrichien appelle cette mission « un incident dans l'histoire des Cent-jours », et il paraît ne lui accorder qu'une valeur légère. On verra bientôt que c'était là plus qu'un incident. Metternich dit que Fouché, après avoir repris le portefeuille de la police au retour de Napoléon, faisait voir pour la seconde fois « ce singulier mélange de soumission aux volontés de l'Empereur et d'insubordination qui le caractérisait. Ce ministre, ajoutait-il, voyait parfaitement clair dans la situation de Napoléon et de la France. Il savait on ne peut mieux ce que voulaient et pouvaient les puissances alliées; aussi ne croyait-il pas à la victoire finale de Napoléon revenu sur le trône de France. Il m'envoya donc à Vienne un agent secret, chargé de proposer à l'empereur François de laisser proclamer empereur le roi de Rome. En même temps, il me faisait prier d'expédier un affidé à Bâle pour qu'on pût s'entendre sur les moyens d'exécution de l'entreprise. L'empereur François était incapable de se prêter à une démarche pareille; le ministre de la police

(1) Voir dans les *Mémoires du chancelier Pasquier*, t. III, p. 170 à 173, ce très intéressant entretien.

française pouvait seul se faire illusion à cet égard (1)... »
Cette façon de narrer les choses n'est pas exacte. M. de Metternich, qui redoutait encore la puissance et le génie militaires de Napoléon, profita de l'offre de Fouché pour tenter de renverser au plus tôt le pouvoir renaissant de l'Empereur. Il résolut de caresser la vanité et l'ambition du duc d'Otrante, et, pour cela, il lui laissa entrevoir que, dans un avenir prochain, lui, Fouché, serait peut-être appelé à jouer le rôle considérable que Talleyrand avait su prendre en 1814. Telle est la vérité.

A la fin du mois d'avril, le comte Perregaux, chambellan de service auprès de Napoléon, lui annonça qu'un premier commis de la banque Eskelès et Cie, de Vienne, était arrivé à Paris pour des règlements de comptes avec la banque Perregaux, Laffitte, Baguenault et Delchert; il ajouta que ce voyage, dont l'urgence ne lui paraissait pas justifiée, devait avoir un motif secret. Le 28 avril, Réal fut averti, rechercha le commis, le fit arrêter et conduire à l'Élysée, où Napoléon lui-même l'interrogea (2). On examina ses papiers, qui n'avaient rien de mystérieux. On avait arrêté par précaution son jeune fils venu avec lui; puis on avait promis à l'agent autrichien de le rendre à la liberté, ainsi que son enfant, s'il avouait qu'il avait une mission secrète. « Il déclara — c'est le chancelier Pasquier qui le raconte — que le prince de Metternich l'avait chargé d'une mission secrète auprès du duc d'Otrante; qu'il avait déjà vu deux fois ce dernier, la veille et l'avant-veille, à l'hôtel de la Police générale. Il ajouta que le but de sa mission était d'engager le duc d'Otrante à envoyer promptement à Bâle, à l'auberge des *Trois Rois*, une personne de sa confiance intime, laquelle y trouverait un secrétaire du prince de Metternich sous le nom de Henri Werner. Quant à lui, ses pouvoirs consistaient dans une lettre en chiffres du prince de Metternich (il l'avait laissée au duc d'Otrante) et dans un bordereau avec lequel celui qui en serait porteur se ferait reconnaître de M. Henri

---

(1) *Mémoires de Metternich*, t. I; *Autobiographie*, p. 207.
(2) *Mémoires du chancelier Pasquier*, t. III.

Werner. Il expliqua à peu près le contenu de ce bordereau, qui était resté aussi dans les mains de M. Fouché ». La lettre de Metternich était écrite en caractères sympathiques, et le prince avait remis au commis une poudre spéciale pour faire ressortir l'écriture. Le rendez-vous avec Henri Werner était fixé au 1er mai. Napoléon songea tout de suite à faire arrêter Fouché et saisir ses papiers; puis il réfléchit que les papiers devaient être en sûreté, loin de toute recherche (1). Alors il résolut d'approfondir l'affaire, mais très secrètement.

Deux heures après, Fouché vint, comme il le faisait chaque jour, travailler chez l'Empereur. Le travail terminé, Napoléon l'emmena dans le jardin de l'Élysée et mit la conversation sur la politique des diverses puissances, cherchant évidemment à le faire parler. Fouché ne dit mot de la lettre de Metternich et ne manifesta aucun embarras. Dès qu'il fut parti, Napoléon appela un de ses secrétaires, Fleury de Chaboulon, celui qui lui avait rendu tant de services à l'île d'Elbe, et qui l'avait décidé au retour. Il lui expliqua ce qu'il attendait de lui : prendre des passeports chez le duc de Vicence, aller à Bâle et chercher à savoir ce que voulait cet Henri Werner. Fleury reçut en même temps, de la main de l'Empereur, un ordre ainsi libellé :

« *Paris*, 28 *avril* 1815. — Le lieutenant général Rapp, notre aide de camp, les généraux commandant à Huningue et nos agents civils et militaires, à qui le présent ordre sera communiqué, accorderont pleine et entière confiance au chevalier Fleury, notre secrétaire, et lui faciliteront, par tous les moyens qui sont en leur pouvoir, la communication avec Bâle, soit pour y passer, soit pour en faire venir des individus (2). » La relation impériale de *L'île d'Elbe et les Cent-jours*, celles de Fleury de Chaboulon (3) et de Pasquier, disent que l'Empereur ne

---

(1) Napoléon a dû se dire qu'il ne trouverait pas plus de papiers en 1815 qu'il n'en trouva chez Fouché en 1810, lorsqu'il le remplaça par Savary et qu'il ordonna des perquisitions en son hôtel.

(2) *Minutes des lettres de Napoléon.* Archives nationales, AF^{IV} 907.

(3) *Mémoires pour servir à l'histoire de la vie privée, du retour et du règne de Napoléon en* 1815.

parla à son ministre de l'agent secret que plusieurs jours après, lorsque Fouché, averti par Réal, vint faire l'aveu d'une lettre venue de Vienne. Mais les minutes des lettres de Napoléon placent cet aveu le jour même de l'interrogatoire de l'agent autrichien et du départ de Fleury. Je trouve en effet à la date du 29 avril 1815 (1) un billet de Napoléon au comte Réal, où l'Empereur lui mande ces détails précis : « Fouché m'a parlé hier de cet homme. Il supposait que c'était un mystificateur. Il paraîtrait que cet homme aurait menti et lui aurait apporté une lettre à l'encre sympathique qui était pour... — l'adresse du banquier à qui il en a remis une autre en même temps (*sic*). — Interrogez là-dessus ces individus. Il pourrait avoir remis d'autres lettres à d'autres personnes. » Tout me porte donc à croire qu'après son travail habituel avec l'Empereur, Fouché a été aussitôt prévenu de ce qui avait été découvert, et qu'il est revenu auprès de Napoléon pour lui dire simplement la chose, en affectant de la considérer comme ridicule et en laissant croire qu'il n'était peut-être pas la seule personne à laquelle l'agent de Metternich eût remis une lettre confidentielle. Et ici je reprends la version impériale : « L'Empereur demanda seulement s'il savait ce qu'était devenu son agent. Le duc d'Otrante balbutia et finit par avouer qu'il venait d'apprendre que la préfecture de police l'avait fait arrêter. Il était donc bien évident que la confidence n'était faite que parce que l'intrigue était éventée. Il eût été bien sans doute, dès ce moment, de faire arrêter ce ministre; mais l'Empereur jugea plus prudent d'attendre le retour de l'agent qu'il avait envoyé à Bâle, et se contenta de défendre à Fouché de donner suite à cette négociation (2). »

Napoléon avait dit à Fleury de profiter de la circonstance pour faire connaître à M. de Metternich sa position et ses in-

(1) Archives nationales, AF^{IV} 907.
(2) *L'île d'Elbe et les Cent-jours.* — M. de La Valette, dans ses *Mémoires*, raconte une scène violente que Napoléon fit à Fouché à ce sujet. Je veux bien y croire, mais avec quelques restrictions, car La Valette, qui s'était caché pour l'entendre, reparaissait un peu trop tôt pour recevoir les confidences de Fouché à ce sujet.

tentions pacifiques, et tâcher d'établir un rapprochement entre lui et l'Autriche. Fleury, qui ne voulait pas se laisser devancer par l'agent véritable de Fouché, ne perdit pas une minute. Il se pourvut d'une commission d'inspecteur général des vivres, et le 3 mai se présenta à Bâle, sous le prétexte d'y faire de nombreux achats. « On est, disait-il avec humour, toujours bien reçu des Suisses avec de l'argent. » Il se rendit sans obstacle à l'auberge des *Trois Rois,* où devait descendre M. Werner. Celui-ci était déjà arrivé depuis le 1ᵉʳ mai. « L'agent secret de Metternich, disent les notes de l'éditeur des *Mémoires*, était le baron d'Ottenfels, alors secrétaire aulique à la chancellerie d'État. Il avait reçu l'ordre de se rendre incognito à Bâle, sous le pseudonyme de Henri Werner, et de s'y rencontrer à l'hôtel des *Trois Rois* avec l'affidé de Fouché... » Comment Metternich, qui prétend avoir été convié à cette négociation par Fouché, finit-il par y accéder ?... L'empereur d'Autriche lui aurait dit de communiquer l'affaire au Tsar et au roi Frédéric-Guillaume, et de leur laisser le soin de décider si l'on devait envoyer « un homme de confiance à Bâle pour s'édifier sur les vues et les desseins de l'auteur de la proposition ». Les deux souverains voulurent bien y acquiescer. « Je chargeai de cette mission, dit Metternich, un employé de mon département. Je lui indiquai les signes auxquels il reconnaîtrait l'agent français et lui recommandai de bien écouter *sans rien répondre.* »

Voici maintenant les instructions écrites que le secrétaire aulique avait reçues de Metternich lui-même, s'il rencontrait aux *Trois Rois* une personne qui se dirait envoyée par le duc d'Otrante et le prouverait par une copie du même document ainsi conçu : « *Le 9 avril* 1815. Les puissances ne veulent pas de Napoléon Bonaparte. Elle lui feront une guerre à outrance, désirant ne pas la faire à la France (1). Elles désirent savoir ce

(1) Cette déclaration est, je le répète, identique à celle qu'Alexandre faisait en 1804 à Novossiltzof, ex-ambassadeur à Londres. (Voy. le *Temps* du 8 septembre 1895, *Les Plans de la coalition en 1804*, par M. Albert Sorel.) Ces déclarations sont aussi sincères l'une que l'autre.

que veut la France et ce que vous voulez. Elles ne prétendent point s'immiscer dans les questions de nationalité et dans les désirs de la nation, relativement à son gouvernement; mais elles ne sauraient, dans aucun cas, souffrir Bonaparte sur le trône de France. Envoyez une personne qui possède votre confiance exclusive au lieu que vous indiquera le porteur. Elle y trouvera à qui parler (1). » C'était la lettre écrite par Metternich, mais sans signature et avec de l'encre sympathique, lettre qui démontre que Metternich a fixé lui-même le rendez-vous à Bâle et ce qu'il attendait de Fouché.

Le baron d'Ottenfels devait dire qu'il avait été envoyé à Bâle par le cabinet autrichien pour s'aboucher avec la personne de confiance déléguée par le duc d'Otrante, en vertu d'une invitation qui lui aurait été adressée directement à Paris. Il devait ajouter que le duc d'Otrante connaissait le but de sa mission; qu'il savait que les puissances ne voulaient plus traiter avec Napoléon Bonaparte, et qu'il s'agissait de s'expliquer sur le choix de la personne destinée à le remplacer, sans avoir recours préalablement à une guerre redoutable pour tous. On pouvait donc faire la chose pacifiquement. Si la France désirait Louis XVIII, les puissances l'engageraient à rentrer en vertu d'un nouveau pacte, en le priant d'éloigner les émigrés et d'écarter les entraves que les alentours du Roi avaient mises à l'établissement d'un nouvel ordre de choses. Si la France, au contraire, voulait le duc d'Orléans, les puissances serviraient d'intermédiaire « pour engager le Roi à se désister de ses prétentions ». Enfin, si la France préférait la régence, la lettre de Metternich répondait à cette hypothèse par ces cinq mots bien clairs : « On ne s'y refusera pas. » Toutefois les instructions du baron d'Ottenfels contenaient cette restriction relative à la régence : « L'Autriche, la première, est loin de la désirer :

« *a*. — Parce qu'une longue minorité du souverain offre une infinité de chances de désordres;

---

(1) Voy. *Mémoires de Metternich*, t. II, p. 514 à 516.

« *b*. — Parce que l'Autriche ne se soucie pas d'exercer une influence directe en France, ce dont elle pourrait être accusée bientôt par cette nation et par les autres puissances de l'Europe (1). »

Mais ce n'était là qu'une précaution diplomatique, car, quelque temps après, l'Autriche elle-même offrira nettement la régence.

Le baron d'Ottenfels ne devait faire d'ouvertures officieuses qu'après avoir écouté tout ce que l'envoyé du duc d'Otrante pouvait avoir à lui dire. Par excès de prudence, Metternich avait ajouté : « Il ne lui donnera dans aucun cas *rien par écrit* et se dira spécialement homme de ma confiance. Il sera prêt à retourner à Vienne sur-le-champ avec les ouvertures dont pourrait le charger la personne munie des communications du duc d'Otrante. » Ces détails prouvent bien que Metternich et son souverain n'ont pas eu la moindre hésitation à se prêter à une entrevue qui devait les fixer sur les points les plus importants de la situation et les préserver peut-être d'une guerre nouvelle où ils auraient eu plus à perdre qu'à gagner, étant données les compétitions si ardentes des alliés. Fleury, déterminé à bien jouer son rôle, annonce donc au faux Werner qu'il était chargé par *quelqu'un* de Paris de s'entretenir avec lui. Ils se montrent leurs signes de ralliement, puis ils se mettent à causer. Werner fait d'abord à Fleury les politesses d'usage; il lui dit ensuite qu'il l'attendait depuis deux jours, et qu'il commençait à craindre que Fouché ne se fût désisté. Fleury, qui ne savait rien et qui ne voulait cependant pas se compromettre, répond, en s'avançant pas à pas, que la lettre de Metternich laissait bien quelques incertitudes, mais que le ministre de la police était prêt à offrir au chef du cabinet autrichien toutes les preuves de son dévouement. Lui, son agent de confiance, devait répondre en toute franchise aux ouvertures qui lui seraient faites. Il demandait donc nettement ce qu'on attendait de lui. Werner, qui ne devait point

(1) *Mémoires de Metternich*, t. II.

parler, répond alors que Metternich a l'espoir qu'un homme aussi prévoyant que Fouché n'a dû accepter le ministère de la police que pour épargner aux Français les malheurs de la guerre civile et ceux de la guerre étrangère. Il compte bien qu'il secondera les efforts des alliés pour se débarrasser de Bonaparte. « Par quels moyens? demande Fleury sans sourciller. — M. de Metternich, déclare Werner, ne m'a point entièrement communiqué ses vues à cet égard. » On voit que les deux agents jouaient serré. Fleury insiste. « M. Fouché, ajoute alors Werner, pourrait trouver les moyens de délivrer la France de Bonaparte, sans que les alliés répandissent de nouveaux flots de sang.

« — Je ne connais que deux moyens, dit brutalement Fleury : le premier, c'est de l'assassiner...

« — L'assassiner! s'écrie Werner; jamais un tel moyen ne s'offrit à la pensée de M. de Metternich!

« — Le second moyen, poursuit Fleury sans se déconcerter, c'est de conspirer contre Napoléon... M. de Metternich et les alliés ont-ils déjà quelques relations d'établies?

« — Ils n'en ont aucune. A peine a-t-on eu le temps à Vienne de s'entendre. C'est à M. Fouché à préparer, à combiner ses plans... »

Alors Fleury change de langage et va droit au but que lui avait recommandé l'Empereur. Il affirme audacieusement que les alliés ont été trompés, et qu'il n'est plus facile de soulever la France contre Napoléon. Les ennemis des Bourbons sont devenus ses partisans. Sur ce, Werner s'étonne et objecte que cette affirmation est entièrement contraire aux rapports venus de Paris. Fleury soutient que l'accueil enthousiaste fait à l'Empereur depuis le golfe de Jouan jusqu'à la capitale montre qu'il a pour lui aussi bien la nation que l'armée. Werner veut protester. Fleury, sans l'écouter, développe et soutient énergiquement cette idée. D'ailleurs, comment Napoléon aurait-il pu faire la loi à des millions d'hommes disséminés sur sa route? La nation, quoi qu'on en dise, approuve les sentiments de l'armée pour son chef. Et l'approche des alliés, loin de diviser les Français, les réunira plus étroitement encore. Alors Werner croit que son interlocuteur veut lui assurer que la France secondera, comme autrefois, les projets de conquête de Napoléon. Fleury proteste. La France veut les garanties que lui ont refusées les Bourbons, mais elle veut aussi la paix. Si l'Empereur refusait cela, Fouché et les véritables patriotes se réuniraient pour se défaire de lui. « Mais, répond Werner, le duc d'Orléans procurerait à la France ces garanties. — Le duc d'Orléans aurait contre lui les partisans de Louis XVIII, de Napoléon et de la régence. — Eh bien, alors, les alliés pourraient consentir à vous donner le jeune Napoléon et la régence... — Un peuple qui a été en guerre avec lui-même et avec ses voisins a besoin d'être conduit par un homme qui sache tenir ferme les rênes du gouvernement... — Mais l'on pourrait vous composer un conseil de régence qui répondrait à l'attente des alliés et de la France. » Ottenfels livrait ainsi la pensée secrète de l'Autriche et des alliés.

Fleury fait immédiatement remarquer que les difficultés et les périls viendront des hommes de guerre rivaux et jaloux. Il n'y a qu'un seul homme qu'on pourrait placer à la tête du gouvernement, c'est le prince Eugène. Que dirait M. de Metternich de cette proposition?... Werner répond qu'il ne le sait pas. Et les alliés?... Les alliés non plus. D'ailleurs, cette question n'ayant point été prévue, Werner ne peut ni ne doit y répondre. Fleury reprend ses affirmations. Le seul chef qui convienne à la France, c'est Napoléon, non plus l'ambitieux et le conquérant, mais l'homme corrigé par l'adversité. S'il est tel que Fouché l'espère maintenant, Fouché s'estimera heureux de pouvoir concourir, avec Metternich, à établir la bonne harmonie entre l'Autriche et la France, et à restreindre en même temps la puissance de l'Empereur, de telle façon qu'il ne puisse plus troubler la tranquillité universelle. Voilà quel doit être aussi le but des alliés... Au surplus, Fleury se chargera de rendre compte à Fouché de ce qu'il a entendu; mais à supposer qu'on écarte Napoléon, qu'en fera-t-on?... — Je l'ignore, répond Werner; M. de Metternich ne s'est point expliqué à cet égard. Je lui soumettrai cette question. Je lui ferai connaître votre opinion sur la situation de la France et de Napoléon ; mais je prévois d'avance combien les sentiments actuels de M. Fouché lui causeront de l'étonnement... — Les circonstances changent les hommes, conclut sentencieusement Fleury. M. Fouché a pu détester l'Empereur quand il tyrannisait la France, et s'être réconcilié avec lui depuis qu'il veut la rendre libre et heureuse. — Tel est succinctement le premier entretien de Fleury et d'Ottenfels (1). Les deux agents, après quelques autres propos sur divers sujets, convinrent de se rendre immédiatement à leurs postes respectifs, et de se retrouver huit jours après à Bâle.

Fleury, au bout de quatre jours, vint rapporter à l'Empereur les détails de son entrevue. Celui-ci fut satisfait de son empressement, et se félicita de ce que Metternich n'avait rien projeté contre sa vie. « Avez-vous demandé à M. Werner, interrogea-t-il ensuite, des nouvelles de l'Impératrice et de son fils ? — Oui, Sire. Il m'a dit que l'Impératrice se portait bien, et que le jeune prince était charmant. — Vous êtes-vous plaint qu'on violait à mon égard le droit des gens et les premières lois de la nature ? Lui avez-vous dit combien il est odieux d'enlever une femme à son mari, un fils à son père ; qu'une telle action est indigne des peuples civilisés ?... — Sire, je n'étais que l'ambassadeur de M. Fouché... » Ce nom rappela les intrigues qu'il fallait découvrir. « Fouché, confia l'Empereur à Fleury, pendant votre absence est venu me raconter l'affaire. Il m'a tout expliqué à ma satisfaction. Son intérêt n'est point de me tromper. Il a toujours aimé l'intrigue, il faut bien le laisser faire... » Ainsi, Napoléon s'était, une fois de plus, laissé duper par son ministre. Plus tard à Sainte-Hélène, et après avoir vu de quelles trahisons il avait été la

(1) Voir *Mémoires pour servir à l'histoire de Napoléon en 1815*. — Et voici comment Metternich en rend compte : « Les agents se rencontrèrent à Bâle à l'heure fixée et se séparèrent après une courte entrevue, parce qu'ils n'avaient rien à se dire. » Il semblerait, d'après le chancelier, qu'ils ne s'étaient fait aucune communication importante, et que, sans avoir dit autre chose que des banalités, chacun s'en était tenu là.

victime, il regretta de ne l'avoir point fait arrêter. Cependant, là encore, il affirma que cette arrestation aurait produit un éclat qui eût brusquement suspendu une négociation si importante. Fleury remarque de son côté, pour expliquer une telle indulgence, que Fouché avait le don de plaire et de persuader au plus haut degré, et qu'il avait su obtenir de l'Empereur plus de confiance que celui-ci ne désirait lui en accorder.

Se conformant aux ordres de Napoléon, qui lui dit d'aller raconter sa mission à Fouché, Fleury se rendit auprès du ministre de la police et lui fit un récit complet de l'affaire, sans lui indiquer toutefois la date précise de la seconde entrevue.

« Belle mission ! s'écria audacieusement Fouché, voilà comment est l'Empereur !... Il se méfie toujours de ceux qui le servent le mieux !... Savez-vous que vous m'avez donné de l'inquiétude ? Si l'on vous avait vendu, on aurait bien pu vous envoyer dans quelque forteresse et vous y garder jusqu'à la paix !... » Fleury, en entendant ces menaces indirectes, ne se troubla point. Il répliqua que, devant des intérêts aussi grands, il ne fallait pas songer à soi. « J'avais d'abord, reprit Fouché, regardé tout cela comme une mystification ; mais je vois bien que je m'étais trompé. » Et le vieux renard, paraissant enchanté de ce qu'avait dit Fleury à Ottenfels, déclara que cette conférence pouvait ouvrir les yeux à Metternich. « Pour achever de le convaincre, dit-il sans sourire, je lui écrirai et je lui peindrai avec tant de clarté et de vérité la situation réelle de la France, qu'il sentira que le meilleur parti à prendre est d'abandonner les Bourbons à leur malheureux sort et de nous laisser nous arranger à notre guise avec Bonaparte. Quand vous serez près de partir, venez me revoir, et je vous remettrai une lettre. » Puis, semblant s'ouvrir entièrement à Fleury : « Je n'avais point parlé tout de suite à Napoléon de la lettre de Metternich, parce que son agent ne m'avait point remis la poudre nécessaire pour faire reparaître l'écriture. Il a fallu avoir recours à des procédés chimiques qui ont demandé du temps. » Enfin il lui lut la lettre qui forme l'annexe des instructions d'Ottenfels. « Vous voyez qu'elle ne dit rien », ajouta-t-il avec une incroyable indifférence... Ainsi, une lettre où l'on refusait de traiter avec Napoléon, où l'on parlait de guerre à outrance contre lui, où l'on invitait enfin Fouché à révéler « ce qu'il voulait », une telle lettre ne disait rien !... Sans vouloir remarquer l'incrédulité de Fleury, Fouché ajouta qu'il méprisait et détestait les Bourbons, au moins avec autant de violence que Napoléon les méprisait et les détestait lui-même. Fleury quitta le ministre de la police, certain, cette fois, qu'il venait de parler à un traitre ; puis il alla faire part à l'Empereur de sa conviction. A sa grande surprise, Napoléon ne la partagea point. Il rassura seulement Fleury sur les insinuations menaçantes de Fouché, et lui dit qu'il n'avait rien à craindre.

Or, au moment même de la première entrevue de Fleury et de Werner, il s'était passé à Paris un incident qui montre une fois de plus combien Fouché était perfide. M. Pasquier, qui tenait à être renseigné sur les événements, était venu le 2 mai demander à Fouché l'autorisation de séjourner quinze jours à Paris. Celui-ci l'avait engagé à y demeurer tout le temps qu'il voudrait, car l'Empereur allait être obligé de partir pour l'armée, « et, une fois parti, disait-il cyniquement, nous resterons maîtres du terrain. Je veux bien qu'il gagne une ou deux batailles, il perdra la troisième, et alors notre rôle à nous commencera. Croyez-moi, nous amènerons un bon dénouement... (1). » Le chancelier Pasquier a raison de dire que cette trahison de Fouché est une des particularités les plus singulières de cette époque. Mais ce qui est plus singulier, c'est que Napoléon, averti par ses meilleurs serviteurs, ait pu si longtemps ménager le duc d'Otrante. Cette indulgence ne s'explique, je le répète, que par sa confiance en lui-même et par la résolution secrète de faire justice quand les événe-

---

(1) *Mémoires de Pasquier*, t. III, p. 196. — Fouché amena si bien le dénouement que deux mois après il siégeait dans le conseil du Roi auprès de M. Pasquier.

ments le permettraient. « Il paraît certain, affirme Bignon, que Napoléon n'avait fait que différer jusqu'à sa première victoire la mise en jugement de ce ministre (1). »

Quelques jours après, Fleury retourna chez Fouché chercher la lettre promise. Celui-ci, après s'être étonné de son prompt départ, lui remit deux lettres au lieu d'une pour M. de Metternich. Dans la première, il déclarait que le trône de Napoléon, soutenu par la confiance et l'amour des Français, n'avait rien à redouter des attaques des alliés. Dans la seconde, il discutait habilement les ouvertures faites par Werner et il concluait après examen des trois propositions : République, Régence, Orléans, que Napoléon était le seul chef possible. Il est permis de croire que M. de Metternich dut recevoir, par un agent secret, une troisième lettre qui le mit un peu mieux au courant des réelles intentions de Fouché.

Fleury revint auprès de Napoléon et lui montra la seconde lettre, mais il chercha vainement à faire ressortir les sous-entendus qui s'y trouvaient. « Il n'y vit, dit-il, que les éloges donnés à son génie ; le reste lui échappa (2). »

Le faux Werner fut exact au nouveau rendez-vous. Il dit à Fleury qu'il avait rapporté à M. de Metternich la conversation franche et loyale qu'ils avaient eue ensemble. « Il s'est empressé, affirma-t-il, d'en rendre compte aux souverains alliés, et les souverains ont pensé qu'elle ne devait rien changer à la résolution qu'ils ont prise de ne jamais reconnaître Napoléon pour souverain de la France et de n'entrer personnellement avec lui dans aucune négociation. » Puis il fit cette importante confidence : « Mais, en même temps, je suis autorisé à vous déclarer formellement qu'ils renoncent à rétablir les Bourbons sur le trône, et qu'ils consentent à vous donner le jeune prince Napoléon. Ils savent que la régence était, en 1814, l'objet des vœux de la France, et ils s'estiment heu-

---

(1) « J'aurais dû le fusiller, a dit Napoléon à Sainte-Hélène ; j'ai fait une grande faute de ne pas le faire. » (Montholon, t. II.)
(2) *Mémoires pour servir à l'histoire de Napoléon en* 1815, t. II, p. 32.

reux de pouvoir les accomplir aujourd'hui (1). — Mais que ferez-vous de l'Empereur ? redemanda Fleury, car c'était là le point important à connaître. — Commencez par le déposer. Les alliés prendront ensuite, et selon les événements, la détermination convenable. Ils sont grands, généreux et humains, et vous pouvez compter qu'on aura pour Napoléon les égards dus à son rang, à son alliance et à son malheur. » De la part d'une puissance qui avait toujours protesté contre l'envoi trop clément de son ennemi à l'île d'Elbe et qui aurait voulu les Açores ou les petites Antilles pour lieu de détention de l'Empereur, ces assertions étaient vraiment peu rassurantes. Fleury voulut savoir si l'Empereur serait prisonnier des alliés ou libre de choisir sa retraite. « Je n'en sais pas davantage, se borna à répondre Werner. — Je vois, riposta Fleury, que les alliés voudraient qu'on leur livrât Napoléon pieds et poings liés. Jamais les Français ne se rendront coupables d'une pareille lâcheté ! » Il fit alors valoir l'adhésion unanime de la France et sa ferme volonté, si on l'attaquait, de se défendre. Werner objecta que les Français n'avaient plus ni artillerie, ni cavalerie, ni argent pour faire la guerre. Fleury lui démontra en peu de mots qu'il se trompait. Alors Werner jura que les alliés ne poseraient point les armes tant que Napoléon serait sur le trône, car M. de Metternich l'avait chargé de dire que l'Autriche agissait d'un commun accord avec les autres puissances, et qu'elle n'entamerait aucune négociation sans leur assentiment.

Fleury essaya de prouver éloquemment à Werner de quelle gloire le nom de M. de Metternich serait entouré, si le mi-

---

(1) Comment cette proposition peut-elle cadrer avec cette parole de l'empereur Alexandre à lord Clancarty : « Je me suis assuré que l'Autriche, de son côté, ne songe plus à la régence et ne la veut plus. » (Lettre de Talleyrand à Louis XVIII, 23 avril.) — Et, d'autre part, comment cela s'arrange-t-il avec les déclarations de Gentz (*Dépêches inédites*), qui assure que l'empereur d'Autriche n'avait aucun goût pour la régence et Napoléon II?... Ce n'était donc que momentanément, pour tromper les Français et arriver à se débarrasser de Napoléon, que les alliés paraissaient favorables à la régence, car François II n'aurait jamais osé, sans leur adhésion, présenter cette combinaison. Tout cela montre bien que, de part et d'autre, on cherchait à se duper.

nistre autrichien consentait à devenir le médiateur de l'Europe et à défendre la cause de l'humanité. L'agent français crut découvrir (chose étonnante !) quelque émotion chez son interlocuteur, qui s'empressa d'affirmer que M. de Metternich accepterait le rôle de médiateur, si rien ne l'en empêchait. Fleury lui lut ensuite les lettres de Fouché, qui le surprirent beaucoup. Le faux Werner ajouta qu'elles surprendraient encore plus M. de Metternich. « Il me répétait, disait-il, la veille de mon départ, que le duc d'Otrante lui avait témoigné en toute occasion une haine invétérée contre Bonaparte, et que, même en 1814, il lui avait reproché de ne l'avoir point fait enfermer dans un château fort... Il faut que M. Fouché, pour croire au salut de l'Empereur, ignore totalement ce qui se passe à Vienne ; ce qu'on lui a fait dire par M. de Montrond (1) et par M. Bresson le ramènera sans doute à des idées différentes et lui fera sentir qu'il doit, pour ses intérêts personnels et pour celui de la France, seconder les efforts des alliés... — Napoléon personnellement n'est rien pour nous, répéta Fleury, mais son existence sur le trône se trouve tellement liée au bonheur et à l'indépendance de la nation que nous ne pourrions le trahir sans trahir aussi la patrie... Le parti le plus sage est de se borner à lui lier les mains, de manière à l'empêcher d'opprimer de nouveau la France et l'Europe. Si M. de Metternich approuve ce parti, il nous trouvera tous disposés à seconder secrètement ou ouvertement ses vues salutaires... » Fleury affirme encore une fois qu'il est ainsi le fidèle interprète du duc d'Otrante. L'homme de Metternich dit, en quittant Fleury, qu'il répétera textuellement à son ministre tout ce qu'il a entendu. Les deux agents conviennent ensuite d'un nouveau rendez-vous pour le 7 juin.

Fleury redit à l'Empereur les détails de son second entre-

---

(1) On voit que Montrond était aussi bien, en allant à Vienne, l'agent de Fouché que celui de l'Empereur. Et c'est lui qui, sans aucun doute, avait préparé la mission d'Ottenfels en demandant de vive voix à Metternich si l'Autriche soutiendrait la régence succédant à l'abdication, volontaire ou forcée, de Napoléon.

tien, et Napoléon parut en concevoir quelques espérances. « Ces messieurs, remarquait-il, commencent à s'adoucir, puisqu'ils m'offrent la régence. Mon attitude leur impose. Qu'ils me laissent encore un mois, et je ne les craindrai plus ! » Fleury insista sur les allures mystérieuses de Montrond et de Bresson. L'Empereur finit par admettre que Fouché le trahissait. « Je regrette, ajouta-t-il, de ne pas l'avoir chassé, avant qu'il fût venu me découvrir l'intrigue de Metternich. A présent, l'occasion est manquée. Il crierait partout que je suis un tyran soupçonneux et que je le sacrifie sans motif... » Napoléon craignait aussi de jeter en France quelque alarme, car les adversaires du régime impérial n'auraient pas manqué de dire que sa cause était perdue, puisque le ministre le plus habile l'abandonnait. L'Empereur recommanda ensuite à Fleury d'aller voir Fouché et de le laisser bavarder à son aise. Mais l'air contraint et les captieux efforts du ministre de la police pour connaître toutes les paroles d'Ottenfels prouvèrent à Fleury que ses soupçons étaient fondés.

Le prince Richard de Metternich affirme que « dès la seconde entrevue de Bâle, la mystification devint si évidente que les pourparlers furent tout simplement rompus... » Ils ne le furent pas aussi simplement qu'il le suppose, ni dès la seconde entrevue, puisque le baron d'Ottenfels, dont la confiance dans Fleury était plus grande qu'on ne veut le reconnaître aujourd'hui, avait paru accepter une troisième entrevue. Seulement, comme je l'ai dit, il est plus que probable que dans l'intervalle Fouché avait trouvé le moyen d'éclairer Metternich. Napoléon s'en doutait bien, et si Waterloo eût été un succès comme Fleurus, le duc d'Otrante eût été révoqué et emprisonné. Un soir, Lavalette entendit Napoléon dire à Fouché : « Vous êtes un traître ; il ne tiendrait qu'à moi de vous faire pendre, et tout le monde applaudirait (1). » Il

---

(1) *Mémoires de Lavalette*, t. II. — Les *Mémoires de Fouché* reproduisent un petit discours de Carnot pour dissuader l'Empereur de faire fusiller Fouché. Cette générosité servit peu à Carnot, car, à la seconde Restauration, Fouché s'empressa de le placer sur les listes de proscription.

paraîtrait que Fouché aurait froidement répondu : « Sire, je ne suis point de l'avis de Votre Majesté. » Mais il comprit une fois de plus combien l'Empereur le méprisait. Il devait se venger de ce mépris en faisant tous ses efforts pour anéantir le régime impérial.

Lorsque approcha le moment fixé pour la troisième entrevue de Bâle, Fleury alla demander à Napoléon ses ordres à ce sujet. L'Empereur voulut s'opposer au départ de son zélé serviteur. Metternich devait être averti par Fouché. L'agent ne viendrait plus. Des périls certains attendraient Fleury à Bâle... Celui-ci insista. L'Empereur le laissa enfin partir, mais en lui recommandant beaucoup de prudence... Ce que Napoléon avait prévu arriva en partie. Ottenfels ne reparut point. « Ainsi se termina cette négociation qui peut-être aurait réalisé bien des espérances, si M. Fouché ne l'eût point fait échouer. » Fleury fait observer au cours de son récit que l'Angleterre, dans le mémorandum du 27 avril, et l'Autriche, dans la déclaration du 9 mai, avaient dit « qu'elles ne s'étaient point engagées, par le traité du 29 mars, à rétablir Louis XVIII sur le trône, et que leurs intentions n'étaient point de poursuivre la guerre dans la vue d'imposer à la France un gouvernement quelconque ». C'étaient les paroles mêmes d'Ottenfels prononcées dans la première entrevue. Napoléon, les ayant retrouvées là, dit un jour à son lever, comme il l'avait déjà dit à Fleury : « Eh bien ! messieurs, on m'offre déjà la régence ! Il ne tiendrait qu'à moi de l'accepter. » Or Fouché s'empara de ce mot et fit donner une grande publicité aux propositions de Metternich pour diminuer ainsi le nombre des partisans de Napoléon. On voit d'ici le thème. Napoléon était d'un égoïsme odieux, puisqu'il aurait pu assurer à sa dynastie une succession paisible et épargner à la France les horreurs d'une lutte sans merci. Mais ce qu'on ne disait pas, c'est que la question réitérée de Fleury : « Que fera-t-on de Napoléon ? » était toujours demeurée sans réponse. On connaît celle que fit l'Angleterre trois mois après.

Fouché avait encore dirigé sur Vienne, et cela d'accord

avec l'Empereur, un de ses familiers, M. de Saint-Léon, qui avait porté à Metternich une lettre du même style que la lettre remise à Ottenfels par Fleury. Elle est datée du 23 avril 1815. Elle mérite d'être examinée de près.

« Tous les événements, disait Fouché, ont confirmé ce que je vous prédisais il y a un mois. Vous étiez trop préoccupé pour m'entendre. Écoutez-moi aujourd'hui avec attention et confiance. » Fouché faisait alors remarquer qu'ils pouvaient tous deux influer puissamment sur les destinées très prochaines et peut-être éternelles de la France, de l'Autriche et de l'Europe. On trompait Metternich sur ce qui se passait et sur ce qu'on préparait. Napoléon n'avait pas seulement pour lui une soldatesque ivre de guerre... L'armée était tirée du sein de la nation tout entière, et la nation se rangeait autour de Napoléon et de son trône. Les Bourbons, réduits à chercher partout la Vendée, ne l'avaient pas trouvée dans la Vendée même. Ils avaient à peine quelques petites bandes tremblantes dans le Midi. Sans doute, Napoléon avait beaucoup gêné la liberté, mais sans la détruire. La gloire était pour la France une compensation : « Elle n'a pu supporter l'avilissement où l'avait jetée le gouvernement des Bourbons. Le peuple français veut la paix ; mais si on le force à la guerre, il se croit sûr avec Napoléon de n'être pas humilié (1) ! »

Fouché discutait alors le refus des puissances de reconnaître Napoléon et leur volonté d'obliger la France à choisir un autre prince. Il constatait que cette prétention portait atteinte au droit des gens, et que, de tous les sentiments de la nature, la haine était celui qui paraissait avoir le plus d'empire sur le cœur des rois. La France, d'ailleurs, était prête à se défendre. Avec un million d'hommes elle était résolue à maintenir le chef qui faisait son orgueil : « Dans cette guerre, qui sera réellement une croisade contre l'indépendance d'une nation, la contagion des principes de la Révolution française pourra passer chez des peuples trop

(1) Il faut remarquer que c'était le thème de Fleury dans la première entrevue avec Ottenfels.

INTRIGUES DE FOUCHÉ ET DE METTERNICH. 151

ignorants et trop barbares encore pour qu'elle serve à leur bonheur. A l'approche de l'empereur Napoléon et de ses armées marchant au feu en chantant la liberté, les rois peuvent être abandonnés de leurs sujets, comme les Bourbons l'ont été par les soldats sur lesquels ils comptaient le plus... »
Fouché paraissait impatient de connaître au plus tôt les secrets desseins de Metternich. Il désirait entre autres lui faire demander par son agent Saint-Léon « ce qu'on pourrait faire et obtenir en adoptant le duc d'Orléans. M. Fouché, dit Pasquier qui rapporte ce fait, voulait avoir plusieurs cordes à son arc. Il avait remis à M. de Saint-Léon une lettre que celui-ci avait cachée dans la selle d'un harnois. Il ne la remit pas dans le premier moment et voulut, sur sa simple parole, trancher du négociateur. Mais, voyant que ce qu'il pouvait dire de son chef était peu écouté, il se décida enfin à remettre la lettre dont il était porteur (1). » Talleyrand, faisant part de cette missive à Metternich, le prit sur le ton léger. Il dit que Saint-Léon était un agent bénévole de M. Mollien, et il ajouta même « un peu de mes affaires ». Il fit croire que cet agent était venu avec des intentions menaçantes de la part de Napoléon ; toutefois il se hâta de déclarer : « Saint-Léon est un fort bon et galant homme, mais qui entend les affaires politiques à peu près comme Dupont de Nemours, que l'on m'enverrait sûrement aussi, s'il n'était pas parti pour l'Amérique (2). » Le chancelier Pasquier est dans le vrai quand il conclut ainsi : « Toutes ces menées, toutes ces intrigues ne devaient conduire à rien, la situation étant de celles qui ne se dénouent que sur les champs de bataille. »

Il ressort cependant bien des choses importantes de l'affaire d'Ottenfels. On y trouve d'abord la preuve de la trahison évidente de Fouché, trahison que l'Empereur finit par reconnaître et ne sut pas châtier (3). Il subissait ainsi la faute

---

(1) *Mémoires de Pasquier*, t. III.
(2) *Correspondance de Talleyrand et de Louis XVIII*, publiée par M. Pallain, p. 380.
(3) Napoléon disait plus tard à Montholon : « Je pouvais sauver ma couronne

d'avoir repris un pareil misérable, faute dont souffrira bientôt Louis XVIII lui-même. On peut constater ensuite que les entrevues de Bâle ont amené, par contre-coup, le rapprochement définitif de Talleyrand et de Fouché, et leur union étroite dans les mêmes intrigues et les mêmes complots. Mais c'est Fouché qui, cette fois, devait paraître le plus en avant, précipiter, dès Waterloo, la chute de l'Empereur, lui refuser tout moyen de tenter un effort suprême, envoyer des émissaires à Gand, puis les désavouer cyniquement, tromper à la fois les royalistes, les libéraux et les bonapartistes, enfin revenir comme pis aller aux Bourbons. Louis XVIII acceptera ses services et fera, comme on l'a dit, « le plus cruel sacrifice qu'ait fait un frère et un roi ».

Il faudrait être bien naïf pour croire que Fouché ait un seul moment regretté ses palinodies et les trahisons qui ont signalé sa conduite. Il s'en félicita, au contraire, devant Fleury de Chaboulon. Il lui dit un jour qu'il avait prévu que Napoléon ne pourrait se soutenir, et qu'il avait dû « préférer le bien de la France à toute autre considération!... » M. Thiers, ajoutant un peu trop de confiance aux Mémoires de Lavalette, a reproché à l'Empereur d'avoir dit crûment à Fouché ce qu'il pensait de lui et d'avoir provoqué ainsi une défection irrémédiable. L'entretien du 15 mars avec Pasquier prouve suffisamment que le duc d'Otrante était déjà résolu à trahir Napoléon, puisque cet entretien précède d'un mois l'affaire d'Ottenfels.

Après les diverses intrigues que cette affaire a révélées, il convient encore de faire remarquer la manière dégagée avec laquelle la maison d'Autriche et son premier ministre y traitaient les Bourbons. Si la France veut leur retour, ce ne sera qu'en vertu d'un nouveau pacte. Ils devront éloigner les émigrés et changer de politique. Si la France aime mieux

en lâchant la bride aux ennemis du peuple contre les hommes de la Restauration. Je ne l'ai pas voulu. Vous vous rappelez, lorsqu'à la tête de vos faubouriens, vous vouliez faire justice de la trahison de Fouché et proclamer une dictature. Je vous ai refusé, parce que tout mon être se révolte à la pensée d'être le roi d'une Jacquerie. »

le duc d'Orléans, les puissances serviront d'intermédiaire pour engager le Roi et sa ligne à *se désister de leurs prétentions*... Voilà ce qui s'appelle malmener « le principe sacré de la légitimité », qui avait eu tant de succès à l'ouverture du congrès de Vienne ! Enfin, l'Autriche va jusqu'à dire que si la France désire la régence, elle ne s'y refusera pas. Et bientôt l'Autriche offrira elle-même cette régence, oubliant tout à fait les Bourbons, dont elle avait paru, au retour de l'île d'Elbe, vouloir défendre les droits. Le généralissime de la coalition, le prince de Schwarzenberg, était d'accord avec Metternich pour traiter le Roi et les princes avec un dédain vraiment inouï. Ainsi, le 12 mai 1815, Schwarzenberg osait écrire à Metternich (1) : « Comment voudrait-on persuader aux Français que Louis XVIII est l'homme qu'il leur faut, tandis que son état de décrépitude ne leur assure pas une année de règne ? Serait-ce l'imbécile d'Angoulême ou le ridicule Berry qui doit leur offrir la perspective d'un brillant règne ? » Schwarzenberg pensait bien que Metternich déterminerait Fouché à préférer le duc d'Orléans, qui serait « toujours plus homogène à la France actuelle ». Mais il fallait avant tout, suivant Schwarzenberg, faire disparaître Napoléon « de la scène qu'il n'a que trop longtemps souillée de sa présence outrageante pour l'humanité (2) ». Puis, revenant aux Bourbons qu'il honore des mêmes injures : « Ces gens-là, dit le généralissime, ne sont plus faits pour régner. Il me semble que nos baïonnettes peuvent les mettre sur le trône, mais jamais elles ne parviendront à les y soutenir. » Cette constatation prouvait qu'il fallait choisir d'autres chefs pour la France, après avoir renversé ce Napoléon dont on redoutait toujours la popularité.

Metternich était de cet avis. Le premier prétendant venu, pourvu qu'il ne fût pas jacobin, ferait probablement l'affaire.

---

(1) *OEsterreichs Theilnahme an der Befreiuns-Kriege*, von F. von Gentz.
(2) Qu'on se rappelle les platitudes et les génuflexions du même Schwarzenberg lors du mariage en 1810 et de l'entrevue de Dresde en 1812, et que l'on compare avec les insultes qui précèdent !

Puis le hasard arrange les choses même les plus difficiles. Ne savait-on pas, d'ailleurs, que l'empereur Alexandre ne cachait point ses sympathies pour le duc d'Orléans?... En se prononçant trop nettement pour telle ou telle résolution, les alliés pouvaient craindre de maintenir autour de l'usurpateur des hommes utiles à sa politique. L'Angleterre, il est vrai, par l'organe de lord Clancarty, paraissait devoir soutenir le souverain légitime ; mais elle se heurtait à une telle opposition de la part du tsar, qu'elle se décidait, elle aussi, à attendre les événements.

Talleyrand, qui informait exactement Louis XVIII, lui faisait entendre que le moyen de se concilier l'Europe serait de composer un ministère où chaque parti trouvât des garanties. En résumé, les alliés déclaraient que la présence de Bonaparte était incompatible avec le maintien de la paix en Europe, mais, en même temps, qu'ils ne cherchaient pas à imposer à la France l'obligation de prendre telle ou telle dynastie. Au fond, chacun agissait dans son intérêt ; nul n'était sincère. Telle était la situation en mai 1815. Il fallut que Marie-Louise, à qui Alexandre avait lui-même offert la régence, refusât formellement de retourner en France ; il fallut que le duc d'Orléans déclinât les propositions secrètes de Fouché et de Talleyrand ; il fallut enfin que la possibilité d'une sorte de gouvernement fédératif ou républicain causât la plus grande frayeur à Metternich et aux Anglais, pour que Louis XVIII retrouvât quelques chances de ressaisir le pouvoir. Mais à quelles conditions ?... Wellington imposa Fouché, et Metternich, Talleyrand. Les alliés, oubliant leur serment de ne faire la guerre qu'à Bonaparte, allaient rançonner impitoyablement la France, comme si elle était encore gouvernée par leur pire ennemi. Il convient cependant de reconnaître — et ce n'est que simple équité — que le Roi, secondé par le duc de Richelieu, montra le plus grand courage et la plus grande dignité au milieu de formidables épreuves (1), car

---

(1) Voir à ce sujet *Une lettre du Roi*, publiée par moi dans la *Revue des études historiques*, année 1893. — Napoléon, s'étonnant à Sainte-Hélène de voir qu'un

même vaincue, quand elle a un chef qui la comprend, il faut toujours compter avec la France.

Tout me porte à croire que, si Marie-Louise avait exercé la régence avec un conseil imposé par les alliés, la France n'aurait pas tenu la noble attitude qui, sans pouvoir venir à bout de toutes les exigences de l'Europe, imposa du moins le respect. On voit par le récit détaillé de la mission d'Ottenfels que M. de Metternich a eu tort de ne considérer cette mission que comme un incident. C'était quelque chose de plus en effet : c'était une forte intrigue. Elle a prouvé que l'empereur d'Autriche et son premier ministre étaient, en avril 1815, de concert avec Fouché, prêts à toutes les propositions, disposés à toutes les éventualités, tant était grande encore la terreur que leur inspirait Napoléon.

esprit aussi supérieur que Louis XVIII eût employé un traître comme Fouché, disait du duc de Richelieu : « A la bonne heure ! celui-là, je le comprends. Il ne sait rien de notre France, mais c'est l'honneur personnifié, c'est un bon Français ! » (*Mémoires de Montholon*, t. I.)

CHAPITRE IX

NAPOLÉON II ET LA CHAMBRE DES REPRÉSENTANTS.

Malgré le silence que l'on gardait à Vienne, malgré l'interruption de toute correspondance, Napoléon espérait encore que Marie-Louise et son fils viendraient le rejoindre à Paris. « Le peuple, dit un correspondant de Wellington, à la date du 9 avril 1815 (1), attache un si grand prix au retour de Marie-Louise que dans tous les endroits où j'ai passé, depuis Paris jusqu'à Valenciennes, on se portait en foule sur mon passage, pour savoir si *Elle* était déjà arrivée; et lorsque je répondais qu'elle était encore à Vienne, je lisais la consternation sur le visage des questionneurs, qui s'écriaient : — Oh ! si Elle ne vient pas, nous sommes perdus ! Son père sera contre nous... » L'Impératrice ne devait pas quitter Vienne en ce moment, ni pour son duché de Parme, ni pour Paris. Le 12 avril, on affichait à Parme une déclaration de Marie-Louise par laquelle elle faisait savoir à ses sujets « qu'ayant pris en considération les circonstances et l'impossibilité de se rendre en personne dans ses États, elle avait prié son très aimé père de vouloir bien les faire administrer en son nom (2) ». Le petit roi de Rome était placé sous une surveillance rigoureuse. Des gardes nombreux veillaient aux portes de son appartement et sous ses fenêtres. Une police active examinait de près les alentours du palais où on le tenait enfermé. La ville de Vienne, le château impérial, le château de Schœnbrunn étaient inspectés

---

(1) *Supplementary Despatches*, t. X.
(2) Voir *Mémoires de Bausset*, t. III, et Angeberg, *le Congrès de Vienne*, t. II.

jour et nuit par des agents qui avaient reçu les ordres et les consignes les plus sévères (1). Pendant que le comte de Neipperg était occupé à manœuvrer avec sa division contre le roi Murat, sa femme vint à mourir subitement en Wurtemberg, laissant plusieurs enfants. J'ai dit que le comte l'avait jadis enlevée à son mari, lequel était mort à la fin de 1814. Neipperg l'avait délaissée, quoiqu'elle fût de bonne composition à son égard, lui permettant de se livrer en toute liberté aux plaisirs de la table et du jeu (2). Il fallait à ce viveur hardi d'autres amours, et celles qu'il choisit montrent à quelle hauteur il avait osé élever ses prétentions. Marie-Louise apprit la mort de la femme de Neipperg avec une satisfaction peu déguisée. Un obstacle entre elle et son favori venait déjà de s'écarter. Les autres pouvaient disparaître à leur tour.

Le 6 mai, Méneval, qui avait enfin obtenu son passeport pour la France, alla au palais impérial, à Vienne, faire ses adieux au roi de Rome. Il remarqua avec peine son air sérieux et mélancolique. Le petit prince avait perdu cet enjouement et cette loquacité enfantine qui avaient tant de charmes en lui. Il ne vint pas à la rencontre de son fidèle ami et le vit entrer sans donner aucun signe qui annonçât qu'il le connût. « Quoiqu'il fût déjà depuis plus de six semaines confié aux personnes avec lesquelles je le trouvai, rapporte Méneval, il ne s'était pas encore familiarisé avec elles, et il semblait regarder avec méfiance ces figures qui étaient toujours nouvelles pour lui. Je lui demandai, en leur présence, s'il me chargerait de quelques commissions pour son père que j'allais revoir. Il me regarda d'un air triste et significatif sans me répondre ; puis, dégageant doucement sa main de la mienne, il se retira silencieusement dans l'embrasure d'une croisée éloignée. Après avoir échangé quelques paroles avec les personnes qui étaient dans le salon, je me rapprochai de l'endroit

---

(1) D'après une lettre de Caulaincourt à Napoléon, il paraîtrait que le prince impérial fut rendu à sa mère, à Schœnbrunn, le 29 mai. (Archives des affaires étrangères.)
(2) Méneval, t. III.

où il était resté à l'écart, debout, et dans une attitude d'observation ; et comme je me penchais vers lui pour lui faire mes adieux, il m'attira vers la fenêtre et me dit tout bas, en me regardant avec une expression touchante : — Monsieur *Méva*, vous lui direz que je l'aime toujours bien !... »

Pauvre enfant ! Pauvre orphelin ! car il est permis de l'appeler ainsi, puisque son père était à jamais éloigné de lui, puisque sa mère l'avait abandonné sans remords à des mains étrangères !... La scène que Méneval vient de décrire : cet air triste, ce silence étrange, cette fuite soudaine dans l'embrasure d'une croisée, puis ce dernier aveu confié tout bas à un ami montrent combien l'enfant impérial se méfiait des nouveaux gardiens qu'on venait de lui imposer. Les derniers détails que Méneval nous donne au moment de son départ nous attendrissent encore sur lui. L'enfant redemandait sans cesse Mme de Montesquiou à Mme Marchand qu'on ne lui avait laissée que provisoirement. Sa sous-gouvernante, Mme Soufflot, qui, aidée de sa charmante fille, Fanny, savait le distraire et l'intéresser mieux que personne, ne devait pas être plus épargnée que les autres (1).

On avait cessé de l'appeler Napoléon, pour lui donner le nom de François qu'il n'aimait pas. Il le disait franchement, sans se préoccuper que ce fût le nom de son grand-père. Au moment où Méneval se séparait de lui, c'était un bel enfant doué de qualités précieuses, que les événements avaient singulièrement développées.

Que fit Marie-Louise en recevant les adieux de M. de Méneval ? De quel message le chargea-t-elle pour Napoléon ? En termes d'une banalité extrême, elle dit qu'elle lui souhaitait « tout le bien possible ». Elle se flattait d'apprendre que l'Empereur consentirait à une séparation « à l'amiable », sans

(1) Elles allaient être forcées de le quitter, elles aussi, quelques mois après. En effet, le 11 octobre, Mme Soufflot informait ses enfants de son retour. « Demain, écrivait-elle, doit arriver le gouverneur. Je resterai deux ou trois jours pour habituer ce cher petit, et, malgré que j'aie le cœur déchiré par cette cruelle séparation, vous devez penser avec quel empressement j'irai vous rejoindre. » (Collection Amédée Lefèvre-Pontalis.)

que cette séparation altérât en elle les sentiments d'estime et d'affection. Elle disait cela au moment où elle s'était déjà abandonnée à Neipperg, au moment où elle désirait ardemment son retour d'Italie, « car, à son âge et dans sa situation, elle avait besoin de conseil (1) ». Elle ne pensait qu'aux dangers que Neipperg pouvait courir, tandis qu'elle envisageait froidement la lutte gigantesque que Napoléon allait soutenir contre l'Europe. Elle cherche alors à se distraire. Elle commence à pincer de la guitare et se félicite d'acquérir un nouveau talent. Elle voudrait avoir un mari semblable à M. de Crenneville, « car, dit-elle naïvement, ce ne serait qu'un pareil qui pourrait peut-être me décider à reprendre un esclavage pareil (2) ». Or, elle avait déjà fait son choix... En proie à une tristesse inexprimable, Méneval quitta Marie-Louise pour ne plus la revoir. « Elle est redevenue princesse autrichienne, dit-il ; elle est aujourd'hui l'un des instruments de la politique antifrançaise en Italie... Mariée à Napoléon, elle était unie à un homme trop grand pour qu'il pût y avoir entre eux communauté d'idées et de sentiments. » Méneval déplorait son caractère faible et mou, son esprit craintif, son absence de volonté, sa disposition malheureuse à subir les coups du sort et à les considérer comme irrémédiables.

Le 5 mai 1815, M. de Talleyrand informait Louis XVIII, à Gand, que des lettres saisies sur M. de Stassart avaient été envoyées à Vienne (3). « Ces lettres, disait-il, réclament l'une et l'autre, pour des motifs différents, le retour de l'archiduchesse et de son fils. Le ton que prennent Buonaparte et son ministre est celui de la modération et de la sensibilité. Les lettres sont restées cachetées jusqu'au moment de la conférence ; elles ont été ouvertes en présence des ministres des puissances alliées. On est convenu de n'y point répondre. L'opinion a été unanime (4). » Une demande aussi naturelle

---

(1) Lettre à Mme de Crenneville, 11 avril 1815.
(2) Lettre du 28 mai 1815.
(3) Voir ch. VII.
(4) *Mémoires*, t. III, et Affaires étrangères, vol. 1802, *France*. Voir plus haut.

laissait le père de Marie-Louise si placide qu'il poussait la condescendance jusqu'à remettre aux alliés les lettres de son gendre. Cette conduite indignait M. de Gentz lui-même. Décidément, le beau rôle en cette circonstance n'était ni pour l'empereur d'Autriche, ni pour sa fille. Mais leur soumission avait été récompensée. Dans l'acte final du congrès de Vienne, par l'article 99, l'impératrice Marie-Louise était enfin reconnue duchesse de Parme, de Plaisance et Guastalla. La réversibilité des duchés n'était point déclarée en faveur de son fils. Elle devait être déterminée entre les alliés par un acte ultérieur. Marie-Louise était enfin au comble de ses vœux. Malgré l'opposition de la France et de l'Espagne, elle avait obtenu ce qu'on lui avait contesté pendant plus d'une année. Mais, en même temps, elle savait que son fils ne serait pas son héritier et elle ne protestait point contre cette déchéance injustifiée, de peur de perdre les États qui lui revenaient en vertu du traité du 11 avril 1814. Sa petite ambition était satisfaite. Marie-Louise pensait d'ailleurs qu'on trouverait bien en Autriche ou en Bohême quelque apanage et quelque titre d'occasion pour en parer le malheureux roi de Rome.

La haine des ennemis de l'Empereur était arrivée à son paroxysme. Le 13 avril, Talleyrand, dans une lettre au Roi, parlait de la « destruction » de Napoléon et espérait que, grâce à la déclaration du 13 mars, on arriverait à l'anéantir. « Cet objet rempli, les opinions particulières de chaque parti se trouveront sans appui, sans force, sans moyen d'agir, et ne présenteront plus aucun obstacle (1). » Il aurait même voulu que les puissances votassent une autre déclaration qui accentuât celle du 13 mars, maintenant que Napoléon s'était rendu maître de Paris et avait repris le pouvoir (2). Les alliés acceptèrent cette idée, mais ne purent s'entendre sur la forme à lui donner. Ils ajournèrent la discussion, pensant peut-être

(1) *Mémoires*, t. III.
(2) Archives des Affaires étrangères, *Vienne*, vol. 681, et *Correspondance de Talleyrand avec Louis XVIII*, publiée par M. Pallain.

qu'une proclamation, faite par leurs généraux au moment de l'invasion du territoire français, suffirait (1). A Londres, un placard affiché sur les murs de la capitale promettait mille livres sterling à qui amènerait dans le royaume la personne « del signore Napoleone Buonaparte ». Le 28 avril, lord Castlereagh fulminait contre l'Empereur à la Chambre des communes et insultait l'armée et la nation françaises pour leur coupable docilité à défendre sa cause. Napoléon essayait vainement d'apaiser toutes ces haines et de faire connaître ses réelles intentions à l'Europe, c'est-à-dire le maintien de la paix et l'espoir de revoir bientôt sa femme et son fils. Une note venue de Vienne répondait laconiquement : « La France n'a qu'à se délivrer de son oppresseur pour être en paix avec l'Europe (2). » Le roi de Prusse appelait l'armée française « une armée de rebelles » et la sienne « une armée de héros ». Caulaincourt, qui informait l'Empereur de ces provocations, disait avec sagesse : « Votre Majesté y répondra par un noble silence, mais Elle verra sans doute dans ce nouvel acte d'une implacable animosité un motif de plus de proportionner les moyens de résistance à la violence de l'attaque. »

Lorsque Méneval revint à Paris, le 17 mai, son premier soin fut d'aller voir l'Empereur pour lui donner des nouvelles de sa femme et de son fils. L'Empereur voulut d'abord connaître le sort du roi de Rome. Il en parla avec la plus grande tendresse et il écouta, visiblement ému, les moindres détails donnés sur cet enfant. Il s'entretint ensuite, mais avec beaucoup de ménagements, de Marie-Louise. Il la plaignit même de ses épreuves, ne paraissant douter ni de sa franchise ni de sa fidélité. Méneval rapportait à Napoléon l'émotion produite à Vienne et à Schœnbrunn par son retour; comment on avait privé Marie-Louise de toute communication avec lui; comment elle avait juré de ne point lui écrire et de remettre à François II les lettres de son mari. Il dépeignit, en termes attristés, ses insomnies et ses alarmes

---

(1) Voir ANGEBERG, *le Congrès de Vienne,* t. II.
(2) Archives des Affaires étrangères, *France,* vol. 1801.

continuelles, sa séparation d'avec son fils, qui avait dû résider momentanément à la Burg sous les yeux de l'Empereur et des alliés. Il disait, en ces termes, les causes de l'éloignement de Mme de Montesquiou : « Les sentiments connus de cette dame respectable et le tendre attachement qu'elle se plaisait à nourrir dans le cœur de son auguste élève pour l'Empereur son père, la rendirent bientôt suspecte (1). » Quant au petit prince, voici le portrait qu'il en faisait : « Plus grand et plus fort que ne le sont ordinairement les enfants de son âge, beau, bon, doué des plus aimables qualités et annonçant les dispositions les plus heureuses, il fait la consolation de sa mère et a gagné la tendresse de l'Empereur son grand-père. Le souvenir de la France lui est toujours présent, et son affection enfantine pour sa chère patrie se peint dans les réflexions touchantes qui lui échappent, lorsqu'il en entend parler... »

Quelque temps après, l'Empereur dicta au duc de Vicence une note spéciale dont le but était de faire écrire par Méneval un rapport sur la situation de l'Impératrice et du roi de Rome, rapport destiné à la Chambre, des réprésentants, qui, dès l'ouverture de la session, serait peut-être appelée à se prononcer sur la conduite de l'Autriche. Voici quelle était cette note : « Il est possible que la Chambre fasse une motion pour le roi de Rome, tendant à faire ressortir l'horreur que doit inpirer la conduite de l'Autriche. Cela serait d'un bon effet. Méneval doit faire un rapport daté du lendemain de son arrivée. Il tracera, depuis Orléans jusqu'à l'époque de son départ de Vienne, la conduite de l'Autriche et des autres puissances à l'égard de l'Impératrice ; la violation du traité de Fontainebleau, puisqu'on l'a arrachée, ainsi que son fils, à l'Empereur ; il fera ressortir l'indignation que montra à cet égard à Vienne sa grand'mère, la reine de Sicile. Il doit appuyer particulièrement sur la séparation du prince impérial de sa mère, sur celle avec Mme de Montesquiou, sur ses larmes en la quittant, sur les craintes de Mme de Montesquiou relatives à la sûreté,

---

(1) *France*, vol. 1802. Archives des Affaires étrangères.

à l'existence du jeune prince. Il traitera ces deux points avec la mesure convenable. Il parlera de la douleur qu'a éprouvée l'Impératrice, lorsqu'on l'arracha à l'Empereur. Elle a été trente jours sans dormir, lors de l'embarquement de Sa Majesté. Il appuiera sur ce que l'Impératrice est réellement prisonnière, puisqu'on ne lui a pas permis d'écrire à l'Empereur et qu'on lui a même fait donner sa parole d'honneur de ne jamais lui écrire un mot. Méneval encadrera dans ce rapport tous les détails qu'il a donnés à l'Empereur, et qui sont de nature à y trouver place et peuvent donner à ce rapport de la couleur (1). » Dans les deux mois qui précédèrent la reprise des hostilités, l'Empereur cherchait à tromper son impatience de revoir son fils, en recevant plusieurs fois les petits princes et les petites princesses, ses neveux et nièces. Il les faisait déjeuner avec lui, les interrogeait, leur demandait des fables ; mais leur présence ne remplaçait point celle du roi de Rome tant désirée et si vainement attendue.

Les Chambres se réunirent le 3 juin. La Chambre des pairs chargea Cambacérès, son président, de porter aux pieds de l'Empereur l'expression de ses sentiments de reconnaissance et de dévouement. La Chambre des représentants attendit qu'elle fût constituée pour offrir ses hommages à l'Empereur. Ce n'était là en réalité que de vaines formules. L'attention se portait ailleurs. Le 17 juin, Napoléon ouvre la session législative, informe les pairs et les représentants qu'une coalition formidable menace de nouveau la France, et déclare qu'il compte sur le patriotisme et le dévouement de tous pour assurer l'indépendance du pays. On l'acclame. On lui renouvelle des serments qu'on tiendra un mois à peine. Carnot fait connaitre le lendemain à la France que le vœu national a rappelé l'Empereur, instruit par ses épreuves et prêt à réparer les malheurs des Français. Les étrangers vont apprendre quelle est l'énergie d'un grand peuple qui combat pour son

(1) *Correspondance de Napoléon*, t. XXVIII, et Archives des Affaires étrangères, vol. 1802, *France*.

indépendance. Benjamin Constant, qui, la veille encore, jurait de mourir pour la monarchie légitime, défend dans un manifeste éloquent la cause de l'Empereur qui s'apprête à ressaisir ses armes et à conduire ses soldats à la victoire (1). Le 16 juin, Boulay de la Meurthe lit aux Chambres un rapport de Caulaincourt sur la situation extérieure, par lequel le ministre démontre que le retour de Napoléon n'a été pour l'Europe que le prétexte d'une nouvelle invasion, et que le but des alliés est le démembrement et la ruine de la France. Quatre jours après, on apprend, presque en même temps que la victoire de Fleurus, le désastre de Waterloo. Malgré l'héroïsme de la vieille armée et les efforts suprêmes de son chef, l'existence du pays était de nouveau menacée.

Le mercredi 21 juin, Napoléon est de retour au palais de l'Élysée. A une heure, les Chambres se réunissent, et Carnot leur annonce les terribles nouvelles. L'intention de l'Empereur était de se concerter avec les Chambres sur les mesures à prendre contre l'invasion. Le représentant éternel de la Révolution, La Fayette, reparut à la tribune. Il fit voter une résolution par laquelle la Chambre des représentants se déclarait en permanence, proclamait le péril auquel était exposée l'indépendance de la nation, remerciait les armées de leur dévouement, invitait les ministres à se rendre auprès d'elle et disait que toute tentative faite pour dissoudre la Chambre serait réputée crime de haute trahison. Dès cet instant, il fut évident pour tous que Napoléon allait être acculé à une nouvelle abdication. Les ministres lurent un message de l'Empereur qui exposait la situation et réclamait la nomination d'une commission de cinq membres pour se concerter avec une commission pareille, nommée par la Chambre des pairs, en vue des mesures immédiates à prendre. Trois heures après, les commissaires étaient désignés. Ils se réunirent et conclurent à l'élection de négociateurs chargés de s'entendre avec les puissances coalisées. Cette promptitude était signifi-

(1) Archives des Affaires étrangères, *France*, vol. 1802.

cative. Napoléon la comprit. Sur la sollicitation de sa mère, de ses frères, du maréchal Davoust, de plusieurs généraux et de nombreux représentants, l'Empereur se décida à signer l'abdication fameuse, dont on connaît les termes. Elle fut lue le 22 juin à une heure à la Chambre des pairs, et à deux heures à la Chambre des représentants. Napoléon reconnaissait que ses efforts pour vaincre avaient échoué. Il ne blâmait personne. Il n'accusait que les circonstances. « Je m'offre, disait-il, en sacrifice à la haine des ennemis de la France. Puissent-ils être sincères dans leurs déclarations et n'en avoir voulu qu'à ma personne! » Un avenir prochain allait démontrer combien ces prévisions pessimistes et ces craintes étaient fondées. « Ma vie politique est terminée, ajoutait-il, et je proclame mon fils empereur des Français, sous le nom de Napoléon II. Les ministres actuels formeront provisoirement le conseil de gouvernement. » Il invitait les Chambres à organiser sans délai ce conseil. Le dernier souhait aux Français partait du cœur d'un patriote : « Unissez-vous pour rester encore une nation indépendante! » Ici, comme le fait observer le chancelier Pasquier, il alliait habilement l'idée de l'indépendance nationale avec celle de la proclamation de son fils comme empereur. Il espérait séduire ainsi l'armée et élever entre elle et les Bourbons une barrière infranchissable. Fouché paraissait être de l'avis d'une régence, mais ce n'était que pour gagner du temps. Sûr déjà du retour des Bourbons qui allaient s'imposer comme une nouvelle nécessité, il avait à préparer ses conditions. Pour cela, il fallait opposer de nombreux obstacles à un retour précipité, et paraître ensuite les aplanir, afin de donner à son concours une valeur toute particulière, ce qu'on peut littéralement appeler « une valeur marchande ».

Après la lecture de l'acte d'abdication, Carnot essayait de rassurer les pairs sur la situation de l'armée, lorsqu'il fut interrompu avec la dernière violence par le maréchal Ney, qui affirma que l'ennemi était à Nivelle avec quatre-vingt mille hommes; que dans six ou sept jours il serait dans le sein de la capitale, et qu'il n'y avait plus d'autre salut que dans des propositions de paix (1). Cette scène fut des plus pénibles. L'intervention du général Drouot, qui annonça le ralliement d'une certaine partie de la vieille Garde, put seule en diminuer le déplorable effet. Mais lorsque le prince Lucien vint dire à la tribune : « L'empereur Napoléon a abdiqué en faveur de son fils. Politiquement, l'Empereur est mort. Vive l'Empereur! » et conseilla aux pairs de prêter un serment immédiat à Napoléon II, M. de Pontécoulant s'opposa immédiatement à cette motion. « Je suis loin, dit-il, de me déclarer contre ce parti, mais je déclare fermement, — quels que soient mon respect et mon dévouement pour l'Empereur, — que je ne reconnaîtrai jamais pour roi un enfant, pour mon souverain celui qui ne résiderait pas en France. On irait bientôt retrouver je ne sais quel sénatus-consulte. On nous dirait que l'Empereur doit être considéré comme étranger ou captif, et que la régence est étrangère ou captive, et on nous donnerait une autre régence qui nous amènerait la guerre civile (2)... » Le prince Lucien lui répliqua : « Du moment où Napoléon a abdiqué, son fils lui a succédé. Il n'y a pas de délibération à prendre, mais une simple déclaration à faire... En reconnaissant Napoléon II, nous appelons au trône celui que la Constitution et la volonté du peuple y appellent. »

Le comte Boissy d'Anglas proposa l'ajournement, car c'était assez de la guerre étrangère, sans vouloir y ajouter la guerre civile. Aussitôt le brave Labédoyère, qui avait payé de sa personne dans les derniers combats, se précipite à la tribune. « L'Empereur, dit-il avec colère, a abdiqué en faveur de Napoléon II. Je regarde son abdication comme nulle, de toute nullité, si l'on ne proclame pas à l'instant Napoléon II. Eh! qui s'oppose à cette résolution généreuse? Ceux qui ont toujours été aux pieds du souverain, tant qu'il fut heureux et triomphant. Ces individus, qui se sont éloignés de lui dans son

---

(1) Voir mon ouvrage sur le *Maréchal Ney*, Plon, 1894, p. 73.
(2) *Histoire des deux Chambres de Buonaparte*, par F. Th.-Deldare, et *Archives parlementaires*, publiées par Mavidal et Laurent, 1ʳᵉ série.

malheur, veulent aussi repousser Napoléon II. Ils sont déjà pressés de recevoir la loi de l'étranger (1)! » Ces paroles violentes déchaînent un tumulte effroyable. Labédoyère, rendu plus furieux, crie que de vils généraux méditent peut-être en ce moment de nouvelles trahisons. Il fallait les saisir, les traduire devant les Chambres, les juger et les punir pour effrayer ceux qui voudraient déserter les drapeaux ; il fallait raser leurs maisons, proscrire leurs familles. « Je sais, ajoute-t-il, que les amis du patriotisme paraissent étrangers dans cette enceinte, où, depuis dix ans, il ne s'est fait entendre que des voix basses ! » Une partie de la Chambre des pairs se dresse irritée. Elle interrompt bruyamment l'orateur. Labédoyère hausse encore la voix et menace du geste ses adversaires. « A l'ordre ! à l'ordre ! répondait-on de toutes parts. — Jeune homme ! vous vous oubliez ! disait le prince d'Essling. — Vous vous croyez encore au corps de garde ! criait M. de Lameth exaspéré. — Désavouez ce que vous avez dit !... » objurguait le comte de Valence (2). Le président, Lacépède, se couvrit, mais le calme ne se rétablit que très lentement.

Le comte Cornudet prit ensuite la parole : « Le procès-verbal, dit-il, a constaté l'abdication de Napoléon ; il constatera la réclamation du prince Lucien. Cette précaution suffira pour constater les droits de Napoléon II, mais il est hors de France. Tranchons le mot : il est captif. » En attendant, Cornudet réclamait, au nom de la sûreté publique et de l'indépendance nationale, l'établissement d'un gouvernement provisoire. Le comte de Ségur, appuyé par Joseph et Rœderer, et combattu par le comte de Pontécoulant, demanda que ce gouvernement prît le titre de Régence et négociât au nom de Napoléon II. Le duc de Bassano exigeait la proclamation immédiate du fils de l'Empereur. Après diverses observations de Quinette, du comte de Valence, de Thibaudeau, l'ajournement fut voté. Puis la Chambre des pairs procéda au scrutin pour

---

(1) *Histoire des deux Chambres*, par Th. Delbare.
(2) Plusieurs témoins de cette scène devaient s'en souvenir, lors du procès de Labédoyère, et contribuer par haine à sa condamnation après les Cent-jours.

la nomination de deux membres de la commission du gouvernement. Elle élut le duc de Vicence et le baron Quinette. A la Chambre des représentants, le général Grenier informa ses collègues que la commission nommée pour se concerter avec la Chambre des pairs sur les mesures de salut public, avait décidé la formation d'une commission chargée de négocier avec les puissances coalisées. MM. Legrand, Crochon, Duchesne se perdirent en divagations. Le prince d'Eckmühl décidé à rassurer l'opinion au sujet de la situation de l'armée et des prétendues menaces dirigées contre la Chambre. Enfin, le duc d'Otrante vint lire le message de Napoléon et conclut ainsi : « Ce n'est pas devant une Assemblée composée de Français que je croirais convenable de recommander les égards dus à l'empereur Napoléon, et de rappeler les sentiments qu'il doit inspirer dans son malheur. Les représentants de la nation n'oublieront point, dans les négociations qui devront s'ouvrir, de stipuler les intérêts de celui qui, pendant de longues années, a présidé aux destinées de la patrie. » On sait le peu d'importance qui fut attaché à cette recommandation, faite d'ailleurs pour la forme.

Fouché proposa ensuite de nommer une commission de cinq membres, chargée de se rendre auprès des souverains alliés pour y traiter des intérêts de la France et soutenir l'indépendance du peuple français. M. Mourgues conseilla d'accepter l'abdication de Napoléon, de placer sa personne sous la sauvegarde de l'honneur national, de transformer la Chambre en Assemblée constituante, de confier le poste de généralissime au maréchal Macdonald, de nommer La Fayette général en chef des gardes nationales de France, et le maréchal Oudinot général en second, ce qui souleva de nombreux murmures. M. Dupin aurait désiré, lui aussi, que la Chambre des représentants se transformât en Assemblée nationale et préparât une Constitution nouvelle. M. Garreau voulut lire l'article 67 de l'Acte additionnel qui prohibait toute motion en faveur des Bourbons; mais le président lui fit observer que cet article était bien connu. On voit que Fouché avait déjà pris ses précautions pour ne rien compromettre. Regnaud de Saint-Jean d'Angély pria le bureau de la Chambre de se rendre auprès de l'Empereur et de lui exprimer la reconnaissance du peuple pour le sacrifice fait par lui à l'indépendance nationale. Il fit accepter cette proposition à l'unanimité, puis une autre qui repoussait les motions relatives à l'Assemblée nationale ou Constituante. Enfin, la Chambre arrêta la nomination sans délai d'une commission de cinq membres prise dans les deux Chambres, pour exercer provisoirement les fonctions du gouvernement, tout en conservant le ministère actuel.

La séance fut ensuite suspendue de trois heures et demie à quatre heures. Le président rendit compte de la visite du bureau à l'Empereur. « Sa Majesté, dit-il, a surtout insisté sur le motif qui avait déterminé son abdication, et elle a recommandé à la Chambre de ne point oublier qu'elle avait abdiqué en faveur de son fils. » Il cita ces autres paroles de Napoléon : « Je vous remercie des sentiments que vous m'exprimez. Je recommande à la Chambre de renforcer les armées et de les mettre dans le meilleur état de défense. Qui veut la paix doit se préparer à la guerre. Ne mettez pas cette grande nation à la merci de l'étranger, de peur d'être déçus dans vos espérances. Dans quelque position que je me trouve, je serai heureux, si la France est libre et indépendante. Si j'ai remis le droit qu'elle m'a donné à mon fils, si j'ai fait de mon vivant ce grand sacrifice, je ne l'ai fait que pour le bien de la nation (1). » M. Durbach prit alors la parole et voulut faire admettre la nomination d'un conseil de régence. De nombreuses voix lui crièrent : « Ce n'est pas le moment ! » Puis on procéda à l'élection de la commission. On choisit le comte Carnot, le duc d'Otrante et le général Grenier. Ceux-ci, avec le duc de Vicence et le baron Quinette de la Chambre des pairs, formèrent le gouvernement provisoire.

Le même jour, Fouché fit part au chancelier Pasquier de sa joie d'avoir obtenu l'abdication. « Qu'allez-vous faire,

---

(1) *Archives parlementaires*, t. XIV.

demanda Pasquier, sur la condition faite en faveur de son fils qu'il prétend encore imposer à la France?... Ce qu'il faut avant tout, c'est la paix, et on ne peut la retrouver, au dehors, comme au dedans, qu'avec la maison de Bourbon. — Croyez-vous que je ne le sache pas comme vous? répliqua Fouché. Mais nous avons été pris de si court... On ne peut pas retourner ainsi les esprits du jour au lendemain. Nous avons d'ailleurs à ménager l'armée, qu'il ne faut pas effaroucher, qu'il faut tâcher de rallier, car elle pourrait encore faire beaucoup de mal... » Il confiait à Pasquier, avant la séance, qu'il serait président de la commission de gouvernement, qu'il était sûr de n'y avoir que des gens à lui, dont il ferait ce qu'il voudrait. « Vous voyez que je suis bien fort, s'écriait-il orgueilleusement, car il n'y a rien de tel qu'une puissance collective dont un seul homme dispose (1). »

Le soir, dans son salon, au milieu de soixante personnes, il répéta son refrain : « Qu'on ne me presse pas ! Si on ne me laisse pas le temps dont j'ai besoin, on gâtera toutes les affaires. » Il ne fut pas content de l'élection qui lui donnait Carnot et le général Grenier pour collègues. Il préférait le choix de Caulaincourt et de Quinette. Cependant il sut dissimuler sa mauvaise humeur, et il chercha immédiatement à s'entendre avec ses quatre collègues sur la nécessité d'empêcher dans les Chambres la reconnaissance des droits de Napoléon II. « Il est certain, dit le chancelier, que toutes les forces dont le parti impérial disposait encore allaient être mises en œuvre pour emporter un vote sur ce point. M. Fouché en était fort préoccupé (2). » Le lendemain matin, avant la séance des Chambres, Fouché et Pasquier reprirent leur conversation sur ce sujet. Fouché raconta que Napoléon, furieux du peu de succès que Lucien, Labédoyère, Bassano et Rœderer avaient eu à la Chambre des pairs pour faire proclamer

---

(1) *Mémoires de Pasquier*, t. III. — Les choses allaient plus vite que Fouché ne l'avait cru. Son intérêt était de retarder le retour des Bourbons, afin de mieux imposer ses conditions.

(2) *Mémoires de Pasquier*, t. III.

son fils, avait tout fait pour ranimer le zèle de ses partisans et faire triompher sa cause à la Chambre des représentants. « Sait-on jamais, dit-il, ce qui peut se passer dans une Assemblée aussi mal organisée que celle-là ? » Fouché redoutait beaucoup une déclaration en faveur de Napoléon II, qui rallierait certainement l'armée autour de lui. Rien ne pouvait être plus grave. « Hâtons-nous de faire proclamer Louis XVIII ! conseilla Pasquier. — Vous en parlez bien à votre aise, répliqua Fouché. Voyez comme ils ont nommé hier Carnot ! Ma puissance se borne dans ce moment à éviter le mal, à parer au danger le plus pressant !... » Il comptait sur Manuel. « Je lui disais encore tout à l'heure qu'il fallait absolument, à tout prix, empêcher que les droits de cet enfant ne fussent reconnus. Il m'a dit d'être tranquille et m'a répondu de tout. » On verra tout à l'heure la conduite ambiguë de Manuel et le résultat qu'elle produisit. Le duc d'Otrante était inquiet de n'avoir pas de nouvelles de Gand. Il se plaignait du silence des amis du Roi. « Est-ce qu'ils ne devraient pas avoir un agent ici ? Est-ce qu'ils n'auraient pas dû déjà se mettre en rapport avec moi ? Ils doivent connaître mes intentions... » Tout en paraissant favorable aux Bourbons, le duc d'Otrante ne s'avançait pas trop, car il se méfiait de la Chambre des représentants, et il voulait, comme toujours, se ménager plusieurs issues. La tâche qu'il assumait, n'était pas facile ; elle eût fait reculer un homme moins habitué à manier plusieurs intrigues à la fois.

Le 23 juin, la séance des représentants s'ouvrit à onze heures et demie du matin. M. Bérenger déposa une motion d'ordre tendant à rendre le gouvernement provisoire responsable collectivement. Il loua le sacrifice du plus grand des héros qui ferait bénir son nom par la postérité, avec ceux de Titus et de Marc-Aurèle. Mais, du moment qu'il n'y avait plus de monarque, il n'y avait plus d'inviolabilité, et dès lors il convenait de décréter la responsabilité collective des cinq membres du gouvernement provisoire. M. Dupin ajouta qu'il fallait prêter serment d'obéissance aux lois et de fidélité à la nation. M. Defermon vint déclarer que personne n'avait caractère pour recevoir ce nouveau serment. « Messieurs, dit-il avec vivacité, avons-nous ou n'avons-nous pas un Empereur des Français? Il n'est personne d'entre nous qui ne se dise à lui-même : — Nous avons un Empereur dans la personne de Napoléon. (*Oui! oui!* s'écrient la plupart des membres de l'Assemblée.) Bien convaincu de cette vérité, je me suis demandé si les ennemis du dehors pourraient se jouer des efforts de la nation, lorsqu'ils verront que la Constitution est notre étoile polaire, et qu'elle a pour point fixe Napoléon II. (*Une foule de voix : Oui! oui!*). Que paraîtrions-nous aux yeux de l'Europe et de la nation, si nous n'observions pas fidèlement les lois fondamentales? Napoléon Ier a régné en vertu de ces lois. Napoléon II est donc notre souverain. (*Même assentiment.*) Lorsqu'on verra que nous nous rallions fortement à nos constitutions, que nous nous prononçons en faveur du chef qu'elles nous avaient désigné, on ne pourra plus dire à la garde nationale que c'est parce que vous attendez Louis XVIII, que vous ne délibérez pas. (*Non! non!*) Nous rassurons l'armée, qui désire que nos constitutions soient observées. Il n'y aura plus de doute sur le maintien constitutionnel de la dynastie de Napoléon. »

A ce moment, comme le constate le procès-verbal, un mouvement d'enthousiasme se manifesta dans toute l'Assemblée. Les cris de « *Vive l'Empereur !* » retentirent avec la dernière énergie. Un grand nombre de députés élevaient leurs chapeaux, en accentuant cette ovation. La majorité demanda et obtint que cette manifestation presque unanime fût consignée au procès-verbal. Boulay de la Meurthe profita de l'émotion générale pour préciser la question. « Je crois, dit-il, qu'il n'est aucun de nous qui ne professe que Napoléon II est notre empereur ; mais, hors de cette enceinte, il en est qui parlent d'une autre manière. Il n'y a pas de doute que des journalistes affectent de considérer le trône comme vacant. Or, je déclare, l'Assemblée serait perdue, la France périrait, si le fait pouvait être mis en doute. Il ne peut pas y avoir de question à cet égard. N'avons-nous pas une monarchie constitutionnelle ? L'Empereur mort, l'Empereur vit. Napoléon Ier a déclaré son abdication ; vous l'avez acceptée. Par cela seul, par la force des choses, par une conséquence irrésistible, Napoléon II est empereur des Français... » Mais il dénonça aussitôt les machinations du dehors et du dedans. Il attaqua la faction d'Orléans. « Je sais, ajouta-t-il, que cette faction est purement royaliste. Je sais que son but secret est d'entretenir des intelligences même parmi les patriotes. » Puis, pour déjouer les intrigues, il fit la proposition suivante, qui fut chaleureusement applaudie : « Je demande que l'Assemblée déclare et proclame qu'elle reconnaît Napoléon II pour empereur des Français. »

M. Penières, répondant à Boulay de la Meurthe, proposa d'édicter que les commissaires envoyés aux alliés seraient chargés de réclamer à l'empereur d'Autriche, « comme un gage de la paix », le jeune Napoléon et sa mère. Cette motion fut soulignée par des murmures. Le général Mouton-Duvernet fut mieux accueilli, quand il s'écria : « Je ne suis pas orateur, je suis soldat. L'ennemi marche sur Paris. Il faut que vous ayez des armes à lui opposer. Proclamez Napoléon II empereur des Français. A ce nom, il n'y aura pas un Français qui ne s'arme pour défendre l'indépendance nationale ! » M. de Maleville intervint pour proposer l'ajournement, sous prétexte que les représentants n'avaient pas reconnu de successeur à Napoléon. Son discours fut interrompu par des négations et par des cris de colère : « Vous calomniez l'Assemblée ! » lui disait-on. Regnaud de Saint-Jean d'Angély redemanda que dans cette même séance on proclamât Napoléon II empereur des Français, et que tous les actes publics ou privés fussent rédigés en son nom. « Appuyé ! appuyé ! » criaient de nombreuses voix. M. Dupin voulut s'opposer encore à une acclamation irréfléchie, à un mouvement d'enthousiasme peu raisonné. Comment pouvait-on espérer d'un enfant ce qu'on n'avait plus attendu d'un héros ? « Gardons-nous, s'écria-t-il, d'interpréter le vœu de la nation et de lui imposer un choix !... C'est au nom de la nation qu'on se battra, qu'on négociera ; c'est d'elle qu'on doit attendre le choix du souverain... » Une vive agitation suivit ce discours, et une voix cria : « Que ne proposez-vous la République ? » M. Duchesne réclama l'ajournement, car, sans examiner si le traité de Fontainebleau avait été, oui ou non, violé, il suffisait de dire que Napoléon II n'était pas en France. La question ne serait éclaircie que lorsque l'Autriche, connaissant enfin ses véritables intérêts, aurait rendu le prince et sa mère.

Apparut alors Manuel, sur lequel le duc d'Otrante comptait beaucoup pour retourner l'Assemblée et pour empêcher que les droits du roi de Rome ne fussent législativement reconnus. L'orateur résuma avec adresse le débat et essaya de montrer toutes les difficultés que présenterait une détermination quelconque. On l'écouta avec une attention marquée. « S'agit-il ici d'un homme, d'une famille ? dit-il. Non, Messieurs, il s'agit de la patrie. Il s'agit de ne rien compromettre, de ne point proscrire l'héritier constitutionnel du trône et de se livrer à l'espérance que les alliés n'auront point contre ce fils d'un père — dont leur politique n'a point voulu reconnaître l'existence sur le trône de France, — et la même politique et les mêmes intérêts... » Il regardait cette discussion comme une calamité. « N'est-ce pas, en effet, un grand malheur que d'être obligé de divulguer, de proclamer, à la face de l'Europe, jusqu'à quel point des considérations politiques ont influé ou pourraient avoir influé dans la décision de Napoléon et dans celle que vous avez à prendre, relativement à son fils ? » Mais la discussion s'était ouverte ; il fallait établir et résoudre la question. L'abdication existait. Elle emportait avec elle une condition en faveur du fils de Napoléon. Cette condition, l'Assemblée l'avait acceptée, en recevant l'abdication de l'Empereur. Maintenant, il importait que le gouvernement provisoire agît au nom de la nation ; mais dans cette nation n'y avait-il qu'une opinion, qu'un parti ? Ce n'est pas que l'orateur crût les divers partis si nombreux et si forts qu'on le disait. Le parti républicain n'existait que chez des êtres dépourvus d'expérience et de maturité. Le parti d'Orléans n'était guère plus à craindre.

Le parti royaliste avait de nombreux fidèles, mais qui ne servaient que par souvenir et par sentiment. Quels que fussent ces partis, le plus grand nombre des Français n'avaient d'autre idée que de sauver l'État. « Dans un tel moment, ajoutait Manuel, pouvez-vous avoir un gouvernement provisoire, un trône vacant? Laisserez-vous chacun s'agiter, les alarmes se répandre, les prétentions s'élever? Voulez-vous qu'ici on arbore le drapeau des lis, là le drapeau tricolore?... Au milieu de l'agitation et des troubles qui naîtraient d'un tel état de choses, que deviendrait le salut de la patrie? Je répète que, par cela seul qu'on l'a mis en question, Napoléon II doit être reconnu. » Manuel se gardait bien de contester les droits de Napoléon II, mais il s'arrangeait de façon qu'on ne tirât pas des conséquences positives et immédiates de ces droits. Très habilement, il laissait de côté la question de la régence, pour ne pas remettre le pouvoir aux frères de Napoléon. « Il faut, disait-il, éviter qu'on puisse réclamer les principes de la Constitution qui appelleraient tel ou tel prince à la tutelle du souverain mineur et qui donneraient à sa famille une influence immédiate sur la marche du gouvernement. »

Il concluait ainsi : « La Chambre des représentants passe à l'ordre du jour motivé :

« 1° Sur ce que Napoléon II est devenu empereur des Français, par le fait de l'abdication de Napoléon Ier et par la force des constitutions de l'Empire ;

« 2° Sur ce que les deux Chambres ont voulu et entendu, par leur arrêté à la date d'hier, portant nomination d'une commission de gouvernement provisoire, assurer à la nation les garanties dont elle a besoin pour sa liberté et son repos, au moyen d'une administration qui ait toute la confiance du peuple. »

Ainsi Manuel, tout en paraissant défendre les droits du roi de Rome, faisait écarter le serment à Napoléon II et la proclamation officielle du nouvel Empereur. C'est ce qui allait permettre, deux jours après, au gouvernement provisoire de libeller tous ses actes : « Au nom du peuple français. » La

Chambre ne vit pas les restrictions habiles glissées dans cette rédaction. Elle ne comprit qu'une chose : la reconnaissance incontestable des droits de Napoléon II. Aussi, lorsque l'ordre du jour fut soumis à son vote, elle se leva tout entière et l'adopta, en poussant le cri de « *Vive l'Empereur!* » qui fut acclamé dans l'enceinte législative et répété dans les tribunes. On crut Manuel plus impérialiste que les autres représentants, et l'on demanda l'impression de son discours. La Chambre des pairs fut presque aussitôt avisée de l'ordre du jour adopté, et elle s'y rallia à l'unanimité. Thibaudeau lui avait fait observer que ce vote devait causer toute satisfaction aux amis de la patrie, parce qu'il écartait le gouvernement royaliste qu'une minorité factieuse aurait voulu leur imposer, gouvernement qui n'était d'accord avec aucune des institutions militaires et civiles.

On était cependant en face d'une réelle équivoque. « Si le parti napoléonien, dit le chancelier Pasquier, avait eu satisfaction dans les termes, leurs adversaires avaient le succès réel, parce que le second paragraphe de l'ordre du jour détruisait presque nécessairement dans ses effets le premier(1). » Toutefois la Chambre avait cru faire une véritable démonstration en faveur de Napoléon II. Le chancelier Pasquier l'en blâme ainsi : « La Chambre des représentants n'en fut pas moins, par cette concession au parti bonapartiste, compromise avec le pays, comme avec la maison de Bourbon. Elle perdit tout le mérite de la vigueur dont elle avait fait preuve en provoquant l'abdication. » Mais elle n'avait pas provoqué l'abdication de l'Empereur avec l'intention d'exclure son héritier légitime. Elle respectait la Constitution; elle voulait qu'elle fût appliquée strictement; c'est ce qu'on ne comprit pas. Quant à Manuel, il essaya d'être habile, et il le fut trop. Son habileté tourna contre lui, car les partisans de l'Empereur furent absolument persuadés qu'il avait parlé en faveur de Napoléon II. En réalité, aucun parti ne devait être satisfait de la séance de la Chambre, parce que les tentatives faites pour

---

(1) *Mémoires*, t. III, p. 261.

repousser ou pour reconnaître les droits du roi de Rome n'avaient point abouti.

Le lendemain, 24 juin, la commission du gouvernement disait aux Français : « Un grand sacrifice a paru nécessaire à votre paix et à celle du monde. Napoléon a abdiqué le pouvoir impérial. Son abdication a été le terme de sa vie politique. Son fils est proclamé. » Mais la déclaration du gouvernement provisoire contenait un peu plus loin cette information qui paraissait en contradiction formelle avec les droits de Napoléon II : « Des plénipotentiaires sont partis pour traiter *au nom de la nation* et négocier avec les puissances de l'Europe cette paix qu'elles ont promise à une condition qui est aujourd'hui remplie... Quel qu'ait été son parti, quels que soient ses dogmes politiques, quel homme, né sur le sol de la France, pourrait ne pas se ranger sous le drapeau national pour défendre l'indépendance de la patrie ?... L'Empereur s'est offert en sacrifice en abdiquant. Les membres du gouvernement se dévouent en acceptant de vos représentants les rênes de l'État. » On va voir avec quelle habileté Fouché et ses amis confisquèrent les droits de Napoléon II, mais comment aussi ils furent amenés à subir Louis XVIII, que les uns auraient voulu écarter et les autres soumettre à toutes leurs exigences.

Ne se laissant donc pas décourager par l'attitude des représentants qui étaient en grande partie favorables à Napoléon II, le duc d'Otrante correspondait en secret avec la cour de Gand, à laquelle il promettait d'étouffer l'esprit révolutionnaire. Il rentrait en relation avec Wellington en jurant de rétablir les Bourbons et en s'efforçant de tromper les alliés sur la situation réelle des partis. Ce qu'il voulait, c'était un gouvernement où il pût être le maître. Il se jugeait au moins aussi fort que Talleyrand en 1814, et il ne négligeait rien pour assurer ses propres intérêts. De son côté, Talleyrand ne demeurait pas dans l'ombre. Déjà on s'adressait à lui, car on pressentait le parti qu'il pouvait tirer de la situation. Au lendemain de l'abdication, le duc de Vicence, qui faisait partie du gouvernement provisoire, lui écrivait que le pays avait besoin d'hommes sages et d'un esprit supérieur à tous les événements. Il fallait un gouvernement selon l'esprit et les habitudes de la France, et qui offrit de solides garanties. Le prince connaissait mieux que personne les fautes du passé et les besoins de l'avenir. Il ne laisserait certainement pas échapper l'occasion de rendre un grand service à sa patrie (1). Le duc de Vicence adressait en même temps au comte de Nesselrode une lettre où il se félicitait d'avoir pu apprécier, mieux que personne, la noblesse et la grandeur d'âme de l'empereur Alexandre. « Cette connaissance est pour moi, disait-il, une base sur laquelle je me plais à fonder l'espoir du rétablissement de la paix et du repos général de l'Europe, aujourd'hui que l'obstacle qu'on accusait la France d'y opposer, n'existe plus. »

Caulaincourt constatait que l'empereur Alexandre avait été vainqueur sans avoir combattu, et qu'il pouvait jouir de son succès sans avoir perdu un seul homme. Il n'avait plus besoin que de savoir s'arrêter. « Ne serait-il pas, ajoutait-il, dans son grand caractère de dire : J'étais l'ennemi de l'empereur Napoléon, je n'étais point l'ennemi des Français? Napoléon est mort politiquement, la guerre est finie (2). » Cette déclaration suffisait, suivant Caulaincourt, pour amener la pacification générale. Mais, pour le moment, Alexandre n'était pas plus favorable à la cause de Napoléon qu'à celle de Louis XVIII. Il englobait un peu la France dans son ressentiment contre l'Empereur qui avait troublé la paix européenne, et contre le Roi qui avait cherché à le brouiller avec une partie des alliés. Il ne pardonnait pas à Louis XVIII ses dédains manifestes; il en voulait à Talleyrand qui avait signé un traité secret contre lui avec l'Autriche et l'Angleterre. Donc c'était chose assez imprudente de compter en cet instant sur une bonne volonté de sa part, aussi grande qu'elle avait paru l'être en 1814. Talleyrand savait tout cela. Mais connaissant aussi les sympathies nouvelles du Tsar pour le duc d'Orléans, il était prêt à

---

(1) Archives des Affaires étrangères, *France*, vol. 1801.
(2) *Ibid.*

aller au prince vers lequel le portaient d'ailleurs des tendances intimes et déjà anciennes (1). Il n'avait pas caché à Louis XVIII le mécontentement d'Alexandre fondé sur le refus du cordon bleu, sur l'inutilité de son intervention en faveur du duc de Vicence, sur le peu d'intérêt montré pour le projet de mariage entre le duc de Berry et la grande-duchesse Anne, sa sœur, et sur la politique antilibérale suivie par la cour et le ministère français. Il avait osé dire au Roi que l'empereur de Russie était plus sympathique au duc d'Orléans qu'à lui, car ce prince, qui avait porté la cocarde tricolore, lui semblait être le seul qui pût réunir tous les partis. Louis XVIII avait répondu à son ambassadeur qu'il avait besoin de ses sages avis et l'avait invité à venir le rejoindre à Gand, aussitôt après la signature de l'Acte final du Congrès. Talleyrand, attendant les événements pour prendre un parti définitif, eut l'art d'ajourner son retour jusqu'au 10 juin. Il fut aidé en cela par la volonté des ministres des autres puissances qui, se méfiant de ses intrigues, ne se souciaient guère de voir un aussi habile homme reprendre trop tôt le chemin de la France (2). Il ne revit donc Louis XVIII que le 22 juin, à Mons, au lendemain de Waterloo et lorsque la défaite de Napoléon lui eût permis de se décider en connaissance de cause. Après bien des efforts et bien des sacrifices, il obtint, le 28 juin, à Cambrai, une déclaration royale qui corrigeait les maladresses et les imprudences de celle de Cateau-Cambrésis. Il engagea en même temps Louis XVIII à s'opposer à l'entrée de Fouché dans le nouveau ministère, car un tel choix lui paraissait une faiblesse (3). Mais il avait affaire à trop forte partie, et le duc d'Otrante, qui allait écarter les partisans

---

(1) Une caricature, qui faisait fureur à Vienne, le représentait avec six têtes, dont la première criait : « Vive la République ! » la seconde : « Vive l'Égalité ! » la troisième : « Vive le premier Consul ! » la quatrième : « Vive l'Empereur ! » la cinquième : « Vivent les Bourbons ! » la sixième : « Vive...! » Talleyrand attendait pour ce dernier cri ce que la nation ou le hasard décideraient.

(2) Voy. le n° du 11 avril 1896 de la *Neue Freie Presse*, article de M. Wertheimer sur *Talleyrand pendant le Congrès de Vienne*. — Voy. aussi les *Mémoires de Méneval*, t. III, et Pozzo di Borgo, t. II.

(3) *Mémoires de Talleyrand*, t. III.

de Napoléon II pour ramener la Restauration, devait exiger et obtenir le payement de ses services.

Le 24 juin, Fouché, qui s'était fait nommer président du gouvernement provisoire, avait reçu aussitôt les pouvoirs nécessaires pour se débarrasser, à l'occasion, de ses rivaux ou de ses ennemis. Il envoie plusieurs négociateurs auprès de Wellington, mais avec mission de ne rien faire, ni de ne rien dire au sujet du futur gouvernement de la France. Fouché se réserve le droit d'agir et de décider. La présence de Napoléon à l'Élysée et les ovations qu'il y reçoit lui font peur, car il redoute un coup de main contre les Chambres et le gouvernement provisoire. Il laisse alors habilement répandre des bruits de complots contre Napoléon et cherche à hâter son départ sous prétexte de sauvegarder sa vie. Il fait lire à la Chambre des représentants une lettre où lui, président du gouvernement provisoire, écrit à Wellington que la France acceptera bien un monarque, mais un monarque qui voudra régner sous l'empire des lois. Il ne nommait personne. Toutefois son silence, défavorable à Napoléon II, parut à beaucoup favorable aux Bourbons. L'Assemblée, hésitante et troublée, passe à l'ordre du jour. Wellington refuse les passeports que le ministre de la police a sollicités pour Napoléon et veut que la personne de l'Empereur soit livrée aux alliés. Il conseille en même temps à Louis XVIII de ne pas insister sur le passage de sa déclaration du 28 où il parle de punir les régicides, « parce que le Roi ayant consenti avant son départ au principe de l'emploi de Fouché », il ne pouvait se refuser de l'employer.

Fouché, qui prévoit tout, se fait écrire par le prince d'Eckmühl qu'il convient de traiter avec Louis XVIII, à la condition que le Roi rentrera sans garde étrangère, qu'il prendra la cocarde tricolore, qu'il assurera la sécurité des personnes et des propriétés, qu'il maintiendra les Chambres existantes et conservera les généraux et les fonctionnaires actuels. Il ne se préoccupe plus des droits de Napoléon II qu'il a paru défendre un instant. Maintenant qu'il se croit en mesure de dicter des conditions, il fait comprendre à ses amis et aux autres que ce serait un péril pour la France de risquer ses destinées en faveur d'un enfant prisonnier à Schœnbrunn. Il ajoute qu'on aura de la peine à le délivrer. Puis le fils de Napoléon, qui tient de près à l'Autriche, sera peut-être une source de grosses difficultés pour l'avenir. Enfin cet habile homme manœuvre si bien ses affaires que le comte d'Artois, les princes, le faubourg Saint-Germain le considèrent, sinon avec estime, du moins avec confiance. Et Wellington lui-même osera dire, quelque temps après, à Louis XVIII : « C'est à lui que vous devez d'être remonté sur le trône de vos pères !... »

Napoléon, dont le gouvernement provisoire avait refusé les dernières offres contre l'armée étrangère, se décide à partir pour Rochefort. Le 29 juin, Fouché informe hypocritement la Chambre de ses démarches en faveur de Napoléon. Le ministre de la marine avait armé deux frégates, et le général Becker avait été chargé de pourvoir à la sûreté de l'Empereur. Celui-ci venait de s'éloigner, en faisant des vœux pour la prospérité de la France et persuadé que son fils allait lui succéder, ainsi que les deux Chambres l'avaient déclaré par le vote de l'ordre du jour du 23 juin. Les partisans de Napoléon II étaient fort nombreux dans la Chambre des représentants ; et si le duc d'Otrante avait voulu seconder leurs intentions et leurs votes, l'Autriche se fût probablement résignée à soutenir Napoléon II et la régence. Mais les politiciens intriguaient dans l'ombre. Les négociateurs, Andréossy, Boissy d'Anglas, Valence, Flauguergues et La Besnardière, qui ne devaient s'occuper que de l'armistice, n'avaient pas craint d'aborder la question politique. Leur désir, peu dissimulé, était de faire triompher la solution monarchique, mais avec une Charte qui consacrât le dogme de la souveraineté nationale. Ce n'était pas chose aussi facile qu'ils le pensaient. Pas plus que la majorité des représentants, l'armée n'était favorable à la Restauration. On allait s'en apercevoir à la séance du 30 juin. Le général Laguette-Mornay vint dire tout à coup aux représentants qu'ayant visité, avec le prince d'Eckmühl, les troupes depuis la Villette jusqu'à Saint-Denis, il avait reçu d'elles l'assurance de défendre la liberté et la patrie jusqu'à la mort. Mais à ces intentions généreuses se mêlait le souvenir de leur ancien Empereur et de leurs serments d'obéissance et de fidélité à Napoléon II. L'autre commissaire, Garat, fit le même récit et ajouta : « Je me suis particulièrement attaché à prononcer aux soldats le nom de patrie, de liberté, de constitution, d'indépendance. Ils me répondaient avec transport, mais il est vrai de dire que le nom de Napoléon II était dans toutes les bouches. » Alors un membre s'écrie : « Eh bien, disons donc comme l'armée : Vive Napoléon II! » Et, dans un mouvement subit d'enthousiasme, la majorité de l'Assemblée se lève aux cris de : « Vive Napoléon II! » Cette nouvelle manifestation semblait un échec pour les intrigues de Fouché et pour les habiletés de Manuel. Le général Mouton-Duvernet accentua les dispositions ardentes des représentants en affirmant qu'ils n'accepteraient pas le gouvernement monarchique qui n'avait su que « flétrir leurs anciens lauriers ». M. Garreau déclara qu'il avait vu des chefs et des soldats terrifiés à la lecture d'une adresse royaliste aux deux Chambres et au gouvernement, composée par M. de Maleville, qui, naguère encore, proposait de déclarer coupable quiconque proférait les cris séditieux de : « Vive Louis XVIII! Vivent les Bourbons! » Et ce même homme osait aujourd'hui proposer de les reprendre (1). La Chambre ordonna l'impression et l'envoi aux départements et aux armées du discours de M. Durbach, qui reposait sur cette solennelle déclaration qu'aucune proposition de paix ne serait acceptée, si l'exclusion des Bourbons n'était reconnue. Manuel revint donner lecture d'une adresse patriotique aux Français, où M. Bérenger regretta de ne point trouver le nom de Napoléon II. Ce représentant réclama l'observation de la Constitution, c'est-à-dire l'exclusion des Bourbons et la possession du trône confiée à Napoléon et à sa famille. « Le père a abdiqué, dit-il, le fils règne; vous l'avez

---

(1) Le 6 juillet, M. de Maleville protesta, par une lettre adressée au président de la Chambre des représentants, et obtint la distribution d'un écrit contenant sa défense.

déclaré... Je demande que votre commission revoie son adresse, que vos véritables sentiments soient exprimés et qu'elle se termine par ces mots : « Vive Napoléon II ! » Cette motion fut appuyée par de nombreux représentants. Manuel remonta à la tribune et exprima sa surprise de n'avoir pas été bien compris. « Je veux le bonheur des Français, dit-il, et je ne crois pas que ce bonheur puisse exister si le règne de Louis XVIII recommence. » Ici l'orateur fut interrompu par les applaudissements qui soulignèrent cet aveu, plus que Manuel ne l'aurait désiré. Le projet d'adresse fut renvoyé à la commission.

Le 1er juillet, M. Bory de Saint-Vincent raconta qu'étant allé au quartier général de la Villette avec les commissaires de la Chambre, il avait entendu les soldats crier : « Vive la liberté! Vive Napoléon II! Vivent les représentants! Point de Bourbons! » Son discours, qui était dirigé contre Louis XVIII et contre les princes, fut, lui aussi, imprimé et envoyé aux départements et aux armées. M. Jacotot donna ensuite lecture de l'adresse remaniée. Il s'y trouvait entre autres le passage suivant : « Napoléon n'est plus le chef de l'État. Lui-même a renoncé au trône. Son abdication a été acceptée par nos représentants. Il est éloigné de nous. Son fils est appelé à l'Empire par les Constitutions de l'État. Les souverains coalisés le savent. La guerre doit donc être finie, si les promesses des rois ne sont pas vaines... »

La lecture de l'adresse fut couverte de bravos et renvoyée à la Chambre des pairs, qui en soumit l'examen à une commission spéciale. Un secrétaire de la Chambre des représentants lut ensuite une lettre signée par le prince d'Eckmühl, les généraux Pajol, Fressinet, d'Erlon, Roguet, Petit, Henrion, Brunet, Vandamme. Cette lettre demandait aux représentants de ne pas reprendre les Bourbons rejetés par l'immense majorité des Français. « Les Bourbons, disaient les chefs de l'armée, n'offrent aucune garantie à la nation... Nous les avions accueillis avec les sentiments de la plus généreuse confiance. Nous avions oublié tous les maux qu'ils nous avaient causés par un acharnement à vouloir nous priver de nos droits les plus sacrés. Eh bien ! comment ont-ils répondu à cette confiance ? Ils nous ont traités comme rebelles et vaincus. L'inexorable histoire racontera un jour ce qu'ont fait les Bourbons pour se remettre sur le trône de France ; elle dira aussi la conduite de l'armée, de cette armée essentiellement nationale, et la postérité jugera qui mérita mieux l'estime du monde ! » La lettre fut lue deux fois et acclamée. On adopta l'ordre du jour, tout en disposant que des commissaires iraient à l'armée porter, avec l'adresse, le procès-verbal de la séance. Le 2 juillet, le comte Thibaudeau lut aux pairs le rapport de la commission sur l'adresse des représentants. Il eut soin de relever que, dans leurs diverses déclarations, « les alliés avaient promis de cesser la guerre, dès que Napoléon aurait disparu, et de laisser la France libre de choisir elle-même son gouvernement ». Il insista sur la déclaration de l'Autriche, en date du 9 mai, où il était dit : « L'Empereur (François II), quoique irrévocablement résolu à diriger tous ses efforts contre l'usurpation de Napoléon Buonaparte, est néanmoins convaincu que le devoir qui lui est imposé par l'intérêt de ses sujets et par ses propres principes, ne lui permettra pas de poursuivre la guerre pour imposer à la France un gouvernement quelconque. » Il rappela que cette affirmation solennelle avait été adoptée le 12 mai par toutes les puissances participant au congrès de Vienne.

Mais, malgré l'abdication de Napoléon, les armées anglaises et prussiennes avaient précipité leur marche sur Paris ; les monarques avaient paru se jouer de leurs promesses et de leurs serments. Aussi, d'après Thibaudeau, la Chambre des pairs devait-elle partager les sentiments de la Chambre des représentants, défendre la souveraineté du peuple et son indépendance, enfin repousser tout chef qui, appuyé par les étrangers, viendrait opposer ses droits à ceux de la nation. L'adresse fut votée par quarante-quatre voix contre six. Fouché, qui voyait bien les intentions des Chambres, ne se pressait point de leur faire une opposition formelle. C'est ce que lui reproche le chancelier Pasquier, qui, dans ses Mémoires, s'étonne de ses irrésolutions et de ses tergiversations, et le blâme de n'avoir pas su entraîner les deux Chambres. Fouché écrivait à Wellington, le 1er juillet, une lettre qu'il faut examiner de près. Les commissaires chargés de négocier l'armistice avaient pu se rendre auprès du général anglais, qui leur annonça, le 27 juin, de la part de Blücher, qu'aucun armistice n'aurait lieu, tant que Napoléon serait à Paris. Vainement il avait été répondu que l'Empereur avait quitté la capitale, les opérations des alliés avaient continué, et leur quartier général s'était installé le 1er juillet à Louvres, à six lieues de la capitale. Or, Fouché, dans sa lettre à Wellington (1), s'étonnait que les commissaires n'eussent pas encore reçu de réponse positive : « Je dois parler franchement à Votre Altesse, disait-il ; notre état de possession, notre état légal, qui a la double sanction du peuple et des deux Chambres, est celui d'un gouvernement où le petit-fils de l'empereur d'Autriche est le chef de l'État. Nous ne pourrions songer à changer cet état de choses que dans le cas où la nation aurait acquis la certitude que les puissances révoquent leurs promesses et que leur vœu commun s'oppose à la conservation de notre gouvernement actuel. » Mais l'armistice était nécessaire pour laisser aux puissances le temps de s'expliquer, et à la France le temps de connaître leurs intentions réelles. « Toute tentative détournée pour nous imposer un gouvernement, avant que les puissances se soient expliquées, forcerait aussitôt les Chambres à des mesures qui ne laisseraient, dans aucun cas, la possibilité d'aucun rapprochement... Tout emploi de la force en faveur du Roi serait regardé par la France comme l'aveu du dessein formel de nous imposer un gouvernement malgré notre volonté... Plus on userait envers la nation de violence, plus on rendrait cette résistance invincible ! » Pendant qu'il paraissait défendre ainsi les droits et l'indépendance de la France, Fouché laissait entendre au gouvernement

---

(1) *Supp. Despatches of Wellington*, tome X, p. 641.

provisoire qu'on pourrait en finir autrement. Ses communications insidieuses, ses mensonges et ses perfidies irritèrent Carnot, qui le traita avec une violence dont Fouché devait se souvenir (1). Une autre déconvenue était réservée au président du gouvernement provisoire. Il avait cru que Davout était disposé à accepter le retour de Louis XVIII, et il lui avait dépêché Vitrolles pour s'entendre avec lui à ce sujet, lorsque survinrent la visite des représentants aux avant-postes et les démonstrations non équivoques des soldats. Les officiers, qui partageaient leurs sentiments pour Napoléon II, en parlèrent au maréchal, au moment même où celui-ci les interrogeait sur la possibilité du retour des Bourbons. De telles protestations s'élevèrent que Davout oublia l'acquiescement qu'il allait donner aux propositions du duc d'Otrante et signa même l'adresse napoléonienne de l'armée aux deux Chambres. Sur ces entrefaites, une vigoureuse offensive du maréchal Exelmans à Velizy et à Versailles rendit Blücher plus conciliant. Il consentit à recevoir les commissaires français à Saint-Cloud et à adhérer à une convention qui n'était autre que la capitulation de Paris, et dont l'un des articles, l'article 12, qui aurait dû sauver la vie à tous les généraux compromis, fut plus tard judaïquement interprété et trompa ainsi les légitimes espérances des négociateurs (2).

Dès que Fouché apprit la présence de Talleyrand à Cambrai, il lui fit expliquer la situation et l'étendue des services que lui Fouché était appelé à rendre comme président du gouvernement provisoire. Il laissait entendre quelle était sa force, et quelle récompense il était en droit d'exiger s'il menait les choses au point où le voulaient les Bourbons. Le 4 juillet, les Chambres eurent connaissance de la capitulation de Paris. Le représentant Garat constata qu'on ne pouvait rien obtenir de plus avantageux, mais il ajouta qu'il fallait, par une série

(1) Pour décider ses collègues, Fouché disait que c'était pour eux une question de vie ou de mort. « Eh! qu'importent ta vie et la mienne, s'écria Carnot, quand il s'agit du salut de la France! Tu n'es qu'un lâche et qu'un traître! » (*Mémoires de Carnot*, p. 184.)

(2) Voir mon ouvrage sur le *Maréchal Ney*, ch. IV.

d'articles législatifs, établir les principes fondamentaux de la Constitution et faire reconnaître les droits des Français. Manuel, qui était d'accord avec Fouché pour retarder toute solution compromettante, demanda et obtint le renvoi de la motion de Garat à la commission chargée d'élaborer un projet de Constitution. Par un article spécial, la Chambre décréta que la cocarde, le drapeau et le pavillon aux trois couleurs étaient mis sous la sauvegarde de l'armée, de la garde nationale et de tous les citoyens. On revint ensuite à la motion de Garat. Le 5 juillet, les représentants la votèrent par trois cent vingt et une voix contre quarante-deux. Elle disait qu'aucun prince ne pourrait être appelé au trône, s'il ne jurait de reconnaître la souveraineté du peuple, la liberté individuelle, la liberté de la presse, la liberté de conscience, l'inamovibilité de la magistrature, l'égalité des droits civils et politiques, l'inviolabilité des propriétés nationales et des domaines nationaux. Le même jour, malgré l'opposition de Manuel, qui jouait vraiment un triste rôle, la Chambre discuta mot à mot une déclaration solennelle destinée au pays. « Le gouvernement de la France, disait-elle, quel qu'en puisse être le chef, doit réunir les vœux de la nation légalement émis. Un monarque ne peut offrir de garanties réelles, s'il ne jure d'observer une constitution délibérée par la représentation nationale et acceptée par le peuple. » Cette déclaration, qui convenait plutôt à un empire plébiscitaire qu'à une monarchie légitime, fut ajournée par la Chambre des pairs, qui n'en trouva point la délibération opportune.

Le 6 juillet, Manuel vint présenter à ses collègues l'analyse des travaux de la commission chargée d'élaborer un projet de constitution. Le mode de gouvernement seul possible était un équilibre entre les pouvoirs du peuple et les pouvoirs du monarque. C'était donc la monarchie constitutionnelle qui paraissait le seul régime convenable, et la commission le proposait avec la division de la puissance législative entre deux Chambres. Ces dispositions furent aussitôt votées, mais la suite de la discussion fut interrompue par les récriminations de Bory-Saint-Vincent contre une minorité factieuse qui voulait substituer le drapeau blanc au drapeau tricolore. On s'ajourna au lendemain. Le 7, on vit paraître des soldats étrangers dans le jardin du Luxembourg. Le maréchal Lefebvre protesta à la Chambre des pairs contre cette présence offensante pour un des grands corps de l'État. Bientôt après, on vint lire un message du gouvernement provisoire, ainsi conçu : « Jusqu'ici nous avons dû croire que les intentions des souverains alliés n'étaient point unanimes sur le choix du prince qui doit régner en France; nos plénipotentiaires nous ont donné les mêmes assurances à leur retour. Cependant les ministres et les généraux des puissances alliées ont déclaré hier, dans la conférence qu'ils ont eue avec le président de la commission, que tous les souverains s'étaient engagés à replacer Louis XVIII sur le trône, et qu'il va faire ce soir ou demain son entrée dans la capitale. Les troupes étrangères viennent d'occuper les Tuileries, où siège le gouvernement. Dans cet état de choses, nous ne pouvons plus faire que des vœux pour la patrie, et, nos délibérations n'étant plus libres, nous croyons devoir nous séparer. » On ne pouvait finir plus misérablement, et, la conduite louche du président du gouvernement provisoire, qui, après avoir trompé les bonapartistes, les libéraux et les républicains, se vendait aux royalistes, méritait la plus entière réprobation. Fouché était arrivé à vaincre la résistance de ses collègues du gouvernement qui avaient eu l'idée de se retirer avec l'armée sur les bords de la Loire. Ce message était donc pour les uns l'aveu de leur impuissance, pour les autres l'aveu de leur défection.

La Chambre des pairs écouta silencieusement cette communication, puis se retira, ou plutôt s'enfuit. Pendant ce temps, la Chambre des représentants perdait son temps à discuter de vaines questions constitutionnelles. On lui lut enfin le message du gouvernement, qui fut entendu avec stupeur. Alors Manuel, voulant ressaisir une popularité qui lui échappait, s'élança à la tribune et, parodiant Mirabeau, s'écria : « Nous sommes ici par la volonté du peuple, nous n'en sortirons que par la force des baïonnettes! » Ce pastiche oratoire n'eut aucun succès. La Chambre passa à l'ordre du jour pur et simple sur le message, puis invita le prince d'Essling à prendre les mesures d'ordre que nécessitait la situation de Paris. Le lendemain, 8 juillet, les portes du palais législatif étant fermées, un simulacre de séance se fit chez Lanjuinais. Les cent cinquante représentants présents signèrent un procès-verbal qui constatait l'illégalité des mesures prises et se séparèrent. La Chambre des représentants était morte, comme on l'a dit, « en travail de constitution ». Malgré la bonne volonté de la majorité, la cause de Napoléon II était irrémédiablement perdue. Fouché avait obtenu de Wellington le 6 juillet, dans une secrète entrevue à Neuilly, la promesse qu'il ferait agréer ses services au Roi. Après avoir trahi l'Empereur, le duc d'Otrante trahissait son fils, et si quelques-uns s'en indignèrent, nul ne s'en étonna.

CHAPITRE X

NAPOLÉON ET LA DUCHESSE DE PARME.

Louis XVIII était rentré à Paris le 8 juillet, après avoir reçu au château d'Arnouville, près Saint-Denis, les serments de Fouché, serments de fidélité et de dévouement à la monarchie légitime et à sa personne royale. Il avait confié la présidence du nouveau ministère au prince de Talleyrand, qu'il n'aimait pas plus que Fouché. Il acceptait provisoirement le concours de ces deux hommes, parce qu'il ne pouvait faire autrement; mais il était décidé à la première occasion à s'en débarrasser avec empressement. Cette occasion devait bientôt s'offrir. Le ministère, qui comptait orienter la monarchie avec une politique nouvelle et gouverner la France en maître après avoir réduit à néant les prétentions bonapartistes, allait disparaître dès la reprise des négociations diplomatiques, car il n'avait aucune autorité à l'intérieur et aucune influence à l'étranger. Les mêmes qui avaient contribué à le faire arriver étaient les mêmes qui réclamaient déjà son départ. Il s'agissait, en attendant, de faire sortir Napoléon du territoire français. L'empereur d'Autriche, qui aurait pu dire un mot en sa faveur, se garda bien d'intercéder. Il ne pensait guère davantage au roi de Rome et se souciait peu de soutenir le moindre de ses droits. Gentz s'en étonnait lui-même : « Quand on pense, écrivait-il alors, à quelle hauteur l'Autriche pourrait s'élever en embrassant fortement les intérêts du fils de Napoléon, on est sans doute étonné (la postérité le sera bien plus encore) qu'une résolution pareille ne se trouve même pas comptée aujourd'hui parmi les chances probables, à peine parmi les chances possibles ! » Gentz constatait que l'Autriche sacrifiait son intérêt particulier à celui de ses alliés et même à l'opinion publique. François II n'avait pas en effet compris le profit qu'il eût pu tirer de la situation. « Les considérations personnelles ont peu de pouvoir sur lui, disait Gentz, et l'idée de séparer sa politique de celle des autres Cours lui répugnerait absolument (1). » L'empereur d'Autriche avait fini par accepter le retour des Bourbons, quoique son allié Alexandre les aimât si peu « que si l'on pouvait lui proposer un moyen terme entre Louis XVIII et Napoléon II, je ne doute pas, affirmait encore Gentz, qu'il ne le saisisse avec empressement ». Voilà ce qu'écrivait l'intime conseiller de Metternich au moment de la seconde Restauration, ce qui démontre nettement que l'adhésion de l'Europe au retour de la monarchie légitime était loin d'être unanime, sans doute parce que l'Europe redoutait que Louis XVIII fit trop d'opposition à ses secrets desseins contre la France.

On sait comment Napoléon, s'étant rendu compte qu'il lui était désormais impossible de s'échapper, décida de se rendre à un peuple qu'il appelait le plus constant et le plus généreux de ses ennemis (2), et comment à Plymouth il apprit qu'on le considérait comme prisonnier de guerre. Par le protocole du 28 juillet 1815, les alliés déclaraient que ce que la Grande-Bretagne se chargerait de faire à l'égard de Napoléon « lui donnerait de nouveaux titres à la reconnaissance de l'Europe (3) ». Cinq jours après, les représentants des quatre grandes puissances laissaient la garde de l'Empereur, le choix de sa détention et les mesures à prendre au gouvernement bri-

(1) François II connaissait les desseins des autres puissances à l'égard de l'Empereur. Wellington était si pressé de s'en emparer qu'il aurait voulu que le gouvernement provisoire livrât de ses propres mains Napoléon aux alliés.
(2) Il ignorait que Castlereagh, lors du traité de Fontainebleau, s'était opposé à ce qu'on lui maintînt le titre d'Empereur et avait préconisé une autre position que celle de l'île d'Elbe pour lui servir de retraite.
(3) Archives des Affaires étrangères, *France*, vol. 1803.

tannique. Puis Hardenberg, Nesselrode, Castlereagh et Metternich informaient le prince de Talleyrand que ce gouvernement invitait les grandes puissances à envoyer un commissaire à Sainte-Hélène, lieu définitivement adopté pour y garder Napoléon (1). Les alliés avaient cru le dérober à la vue du monde en l'exilant à deux mille lieues de sa patrie, sur un îlot perdu au sein de l'Océan. C'était le mettre, au contraire, sur un sommet qui allait attirer tous les regards. « Aigle, s'est écrié Chateaubriand, on lui donna un rocher d'où il était vu de toute la terre. » Et cette fois Lamartine a pu dire avec raison : « La Providence lui avait accordé la dernière faveur qu'elle puisse faire à un grand homme : celle d'avoir un intervalle de paix entre sa vie et sa mort, de se recueillir dans la satisfaction et le repentir de ses actes, et de jouir, dans ce lointain qui donne leur vraie perspective aux choses humaines, du regard, de l'admiration et de la pitié de la postérité. Ni Alexandre ni César n'obtinrent de leur fortune ce don suprême des dieux. Que les insensés plaignent un pareil sort ! Les hommes religieux de tous les cultes et les hommes qui auront dans l'âme l'instinct de la vraie gloire dans tous les siècles, y reconnaîtront une faveur du Ciel. »

Marie-Louise apprend cet exil meurtrier, et elle ne proteste pas. On est en droit de se demander si elle ne fut pas satisfaite en secret d'un éloignement qui la laissait libre de vivre ouvertement avec l'homme qu'elle avait choisi et auquel elle devait s'unir six ans après. Le prince de Metternich s'était contenté de l'aviser ainsi le 13 août : « Napoléon est à bord du *Northumberland* et en route pour Sainte-Hélène... » Quant à l'Empereur, qui ne veut pas douter de la fidélité et de l'attachement de Marie-Louise, il dira dans son testament « qu'il a tou-

---

(1) Le premier lieu de détention choisi était plus humain, puisque Metternich avait écrit le 18 juillet à Marie-Louise en l'informant de l'arrivée de Napoléon sur le *Bellérophon* : « D'après un arrangement fait entre les puissances, il sera constitué prisonnier au fort Saint-Georges dans le nord de l'Écosse et placé sous la surveillance de commissaires autrichiens, russes, français et prussiens. Il y jouira d'un très bon traitement et de toute liberté, compatible avec la plus entière sûreté qu'il ne puisse échapper. » (*Mémoires*, t. II, p. 526.)

jours eu à se louer de sa très chère épouse, qu'il lui conserve jusqu'au dernier moment les plus tendres sentiments et la prie de veiller pour garantir son fils des embûches qui environnent encore son enfance (1) ». Or, depuis le premier jour de l'an 1815, Marie-Louise n'avait point écrit à Napoléon, et cependant elle lui avait promis de lui donner souvent des nouvelles d'elle-même et de son enfant. Mais elle ne se rappelait plus les adieux de l'Empereur et ses derniers conseils. Elle avait intérêt à tout oublier.

La haine de Fouché poursuivait aussi bien la famille de Napoléon que Napoléon lui-même. Dans son rapport au Roi sur la situation de la France, il écrivait qu'il fallait éloigner les frères de Napoléon. « Sans être d'aucun danger personnel, de fausses espérances pourraient survenir et les engager à servir d'instruments aux autres. Le chef de cette famille, disait-il, survivra peut-être à son abdication. Il a d'ailleurs un fils, et s'il a manqué quelque développement aux déclarations des puissances, il pourrait paraître nécessaire de les rendre maintenant explicites. » Que voulait-il encore? On va le savoir. Dans une séance tenue le 27 août par les ministres des Cours alliées, il fut convenu qu'on exigerait des personnes auxquelles il serait accordé asile dans les États alliés, une soumission conforme au formulaire ci-après : « Le soussigné... déclare que son désir est de rentrer en... et que désirant obtenir à cet effet l'agrément de Sa Majesté, il s'engage à s'établir dans la partie des domaines de Sa Majesté qui lui sera assignée et de se conformer en tous points aux lois et règlements en vigueur pour les étrangers dans les États... et en particulier à ceux que Sa Majesté pourrait ordonner d'appliquer plus particulièrement aux individus compris dans la liste susdite qui réclament l'hospitalité dans l'Empire (2). » Quels étaient « ces individus »? Une liste annexée au procès-

---

(1) Ne faut-il pas voir dans ces dernières lignes une précaution de Napoléon? S'il s'était laissé aller à un juste ressentiment, c'est son fils qui en eût probablement supporté la peine. D'autre part, il lui eût répugné de faire rougir le fils devant sa mère.

(2) Archives des Affaires étrangères, *France*, vol. 1803.

verbal des conférences des ministres réunis nous les nomme. Ce sont : Mme Lætitia Bonaparte, *Marie-Louise et son fils,* Joseph, Lucien, Louis et Jérôme Bonaparte, leurs femmes et leurs enfants, Élise et Pauline Bonaparte avec leurs maris et leurs enfants, le cardinal Fesch, le prince Eugène, sa femme et ses enfants, Hortense et ses enfants (1). Ainsi, au premier rang de ces individus qui doivent se conformer aux lois et règlements de police en vigueur pour les étrangers, Hardenberg, Castlereagh, Nesselrode et Metternich ont placé l'impératrice Marie-Louise et le roi de Rome !... Nous sommes loin du traité de Fontainebleau et des engagements solennels pris par les alliés. Comment le prince de Metternich n'a-t-il pas eu honte d'adhérer à un tel protocole et de traiter ainsi la fille et le petit-fils de son maître?... Qu'on ne s'étonne donc pas si le prince de Talleyrand, président du conseil, remercie deux jours après, le 29 août, les ministres des quatre Cours alliées des mesures prises par eux à l'égard de la famille Bonaparte, aussi bien qu'à l'égard des Français proscrits par l'ordonnance du 24 juillet. Il applaudissait « à la sagesse de ces mesures ». Il ne soulevait qu'une objection. La destination affectée à Lucien Bonaparte — c'était la ville de Rome — lui semblait le laisser trop en dehors de la surveillance nécessitée par le rôle qu'il était venu jouer récemment en France (2). Le 1ᵉʳ septembre, les ministres alliés se hâtèrent de répondre que le gouvernement romain se chargeait de surveiller attentivement Lucien et sa famille.

On n'osa pas cependant demander à Marie-Louise de signer le formulaire de résidence pour elle et pour son fils. Il est probable que l'empereur d'Autriche, ayant eu connaissance des résolutions prises le 27 août, se porta garant pour sa fille et son petit-fils auprès d'un ministre trop zélé. Seulement on exigea autre chose. Si le *Moniteur* du 28 septembre est exactement renseigné, Marie-Louise aurait signé à Schœnbrunn un acte formel par lequel elle renonçait, pour sa per-

(1) Affaires étrangères, *France,* vol. 1803.
(2) *Ibid.*

sonne et pour celle de son fils, au titre de Majesté et à toute prétention sur la couronne de France. Il ne lui était plus permis de prendre désormais que les titres d'archiduchesse d'Autriche et de duchesse de Parme. Il est vrai que M. de Bausset conteste ce fait (1). Mais sa relation est d'une telle partialité en faveur de Marie-Louise qu'elle laisse subsister quelques doutes. L'ex-Impératrice a bien pu, avec sa faiblesse native, céder aux exigences nouvelles qu'on lui imposait, puisqu'elle avait couru, pour ainsi dire, au-devant des premières (2). Quant au prince de Metternich, il témoignait une sorte d'indifférence pour Marie-Louise et son fils. Quelquefois seulement, et par occasion, il affectait un peu de bienveillance. « Le prince, écrivait Pozzo di Borgo à Nesselrode, le 5 octobre, varie ses discours selon le désir de ceux qui l'écoutent. Il fréquente et ne décourage nullement ceux qui lui parlent des intérêts du roi de Rome... » Or, Metternich considérait cet enfant comme un otage mis entre les mains de l'Autriche par les alliés. Il avait déjà la ferme volonté de se servir du jeune prince comme d'un épouvantail et de l'opposer, suivant les circonstances, au gouvernement actuel de la France et à celui qui lui succéderait.

Le petit roi de Rome, qui avait perdu son cher Méneval et sa bonne « maman Quiou », n'avait plus autour de lui d'autres visages amis que ceux de Mme Soufflot, la sous-gouvernante, Fanny sa fille, et Mme Marchand, la mère du premier valet de chambre de l'Empereur. Celle-ci veillait sur sa nuit et sur son réveil. Elle avait pour le jeune enfant des soins maternels et lui faisait réciter assidûment ses prières. Les dames Soufflot cultivaient avec soin l'esprit du roi de Rome, lui faisant la lecture, l'intéressant par d'aimables récits, répondant avec patience à ses questions multipliées. Ces personnes si bienveillantes et si délicates, si aimées par l'enfant impérial, devaient le quitter sous peu, car l'Autriche soupçonneuse ne

---

(1) *Mémoires*, t. IV.
(2) On verra plus loin que l'Empereur d'Autriche a devancé lui-même les désirs de Louis XVIII à ce sujet.

voulait plus de Français autour d'un prince aussi français (1).

Le 30 juin de cette même année, l'empereur d'Autriche avait confié l'éducation supérieure de son petit-fils au comte Maurice de Dietrichstein, d'une famille illustre qui comptait parmi ses aïeux un prince de l'Empire. Le comte Maurice, qui s'était fait remarquer par sa bravoure dans les campagnes de la Révolution, avait depuis cultivé avec talent les lettres et les arts. Il était d'un caractère affable et bon, un peu timide, mais ayant plus « de moyens » que ne lui en prête Gentz, dont la plume méchante n'épargne habituellement personne. Il n'avait nullement l'intention de faire languir son élève dans la médiocrité; il sut, au contraire, gagner son affection par sa bonté et son zèle. Il eut pour adjoint le capitaine Foresti, originaire du Tyrol, qui était un officier de mérite, instruit surtout dans les sciences mathématiques, parlant très couramment le français et l'italien. Il n'est pas vrai, comme l'a voulu établir une légende accréditée par le poète Barthélemy, qu'on ait cherché à oblitérer l'intelligence du jeune prince, car les ré-

---

(1) Voici la lettre que Marie-Louise écrivit à Mme Soufflot le 19 octobre 1815 : « Les circonstances m'obligeant de mettre mon fils dans les mains des hommes, je ne veux pas vous laisser partir, Madame, sans vous assurer de toute la reconnaissance que je vous ai vouée pour toutes les peines que vous vous êtes données pour la première éducation de mon fils qui a si complètement réussi au gré de mes désirs. Je désirerais pouvoir vous prouver, de loin comme de près, toute ma satisfaction, et je vous prie de croire que je serais heureuse de trouver une occasion pour vous le prouver. »

L'enfant impérial n'oublia pas sa sous-gouvernante, qui de retour à Paris lui avait adressé quelques jouets. Il lui écrivait le 17 janvier 1816 : « Ma chère Toto, je vous aime toujours beaucoup; nous parlons souvent de vous et je vous embrasse, ainsi que Fanny, de tout mon cœur. »

Marie-Louise, en envoyant ce mot, ajoutait : « Mon fils, qui me charge de cette lettre, vous remercie bien de tous les jolis souvenirs que vous lui avez envoyés. Nous parlons souvent de vous et je lui montre toute la reconnaissance que nous vous devons tous deux pour les soins que vous avez bien voulu lui rendre, ainsi que Fanny. J'ai vu avec plaisir, par votre lettre, que vous aviez retrouvé votre famille bien portante. Elle aura été heureuse de vous revoir après une si longue sortie. Mon fils et moi nous jouissons de la meilleure santé et je suis fort contente de ses progrès et du développement de son intelligence. Je vous prie de croire que je pense souvent à vous et que je fais des vœux bien sincères afin que dans le courant de cette année vous n'éprouviez que du bonheur.

« Votre très affectueuse,
« MARIE-LOUISE. »

(*Collection Antonin Lefèvre-Pontalis.*)

sultats de cette éducation ont prouvé tout le contraire. On avait même commencé ses études un peu plus tôt que celle des archiducs, qui ne se faisaient qu'à partir de la cinquième année (1). Toutefois, il est certain que le roi de Rome ne fut pas élevé à la française et qu'on chercha même à diminuer chez lui les instincts de naissance et de race pour lui inculquer autant que possible des manières et des goûts allemands. Mais la nature fut plus forte que les éducateurs. On n'y parvint pas, et, comme la suite des événements le prouvera, le fils de Napoléon est resté, ainsi que le voulait son père, un prince français (2).

Le capitaine Foresti atteste que son élève était d'une grâce et d'une gentillesse parfaites. « Il parlait déjà facilement, dit-il, et avec cet accent particulier aux habitants de Paris. Nous prenions plaisir à l'entendre exprimer, dans le langage naïf de son âge, des pensées, des observations d'une extrême justesse. » Quand on voulut lui apprendre la langue allemande, il opposa aux leçons une résistance qui dura longtemps, comme s'il eût eu l'instinct qu'on voulût lui faire perdre ainsi sa qualité de Français. A force de patience, on arriva à vaincre cette résistance. Il dédommagea ses précepteurs dans ses autres études par sa facilité, son intelligence et son esprit ingénieux. « Il y avait dans cette jeune tête, rapporte Foresti, une faculté logique très intéressante à observer. » Sa nature, si expansive et si joyeuse au début, était devenue presque mélancolique, mais son caractère était resté résolu. S'il obéissait par conviction, il commençait d'abord par résister. Il n'était point démonstratif et semblait, au contraire, très

(1) Voir les intéressants détails donnés par le capitaine Foresti à M. de Montbel. (*Le duc de Reichstadt.*)

(2) J'ai retrouvé dans un opuscule absolument oublié, « *Du système de l'éducation du roi de Rome et des princes français* », publié à Londres en 1820 en un texte moitié anglais, moitié français, un travail daté de Saint-Cloud, le 27 juillet 1812. « C'est dans l'empire de Dieu sur les rois, dit cet opuscule, que doivent se puiser les principes de l'éducation des princes du sang de Napoléon faits pour obéir et pour commander... » L'auteur, qui doit être un impérialiste passionné, dit à propos des sujets qu'il faudra soumettre au jeune prince : « Dieu et l'Empereur seront l'inépuisable sujet de ses compositions. »

réservé, ce qui pour les malveillants faisait croire à une sorte de dissimulation. Foresti remarque qu'il pensait beaucoup plus qu'il ne voulait dire. Comment en eût-il été autrement? Le malheur avait aiguisé, affiné ses facultés. Le roi de Rome avait vu écarter de lui, et sans motifs sérieux, tous ceux qu'il aimait. Il se défiait des nouveaux maîtres qu'on lui imposait. Ce ne fut qu'après avoir étudié attentivement son entourage que cet enfant si précoce lui manifesta quelque confiance. La bonté et la franchise étaient, d'ailleurs, spontanées chez lui. S'il avait reçu un blâme de ses maîtres, s'il avait témoigné quelque colère, il était le premier à leur tendre la main et à les prier d'oublier ses torts. Un caractère aussi aimable eût mérité les attentions vigilantes de Marie-Louise. On comprend quelle joie eût éprouvée un tel enfant à vivre intimement avec sa mère, à recevoir d'elle ces premières leçons, si douces et si charmantes, qui laissent sur la vie tout entière une impression ineffaçable. Pendant quelque temps, Marie-Louise vint s'informer des dispositions de son fils, lui donner quelques éloges et parfois quelques petites réprimandes, puis, lasse de tant d'efforts, elle cessa bientôt de s'occuper de ses études. Cependant, chaque fois qu'il pouvait voir sa mère, l'enfant lui prodiguait ses caresses. Elle les lui rendait bien, mais on la voyait absorbée par une pensée plus instante : le retour du comte de Neipperg. Enfin, lorsque celui-ci revint d'Italie à la date du 12 décembre, elle manifesta une joie surprenante. Elle avait retrouvé « un de ses bons amis », écrivait-elle à la comtesse de Crenneville; et elle ajoutait : « Ils sont bien rares dans ce monde pour moi! » La question du duché de Parme était aussi l'une de ses plus vives préoccupations. Elle comptait se rendre bientôt dans ses possessions. Il est vrai qu'elle déguisait son ambition sous le prétexte de rendre service à son enfant. « Je serai obligée, disait-elle, de laisser ici ce que j'ai de plus cher au monde, mais je m'armerai de courage, et l'idée que ce voyage sera nécessaire à ses intérêts m'en donnera. » Or, les intérêts du roi de Rome étaient si peu en cause, que l'enfant devait rester jusqu'en 1818 sans avoir de situation définitive. On l'appelait officiellement le prince de Parme, sans être assuré que ce nom lui resterait. Sa malheureuse destinée était livrée au caprice des hommes et des événements.

Pendant ce temps, où en était la France? Quelle était la conduite des alliés qui avaient solennellement juré que leurs hostilités étaient dirigées contre le seul Napoléon?... Les alliés traitaient la France et la royauté en ennemies, comme si l'Empereur eût été encore là. Ils avaient exigé le licenciement de l'armée et le châtiment de ceux qu'ils appelaient les complices du 20 mars, alors que les Cent-jours avaient été la conséquence inévitable des fautes de la première Restauration. Ils intervenaient à tout moment dans les affaires intérieures de la France, manifestaient des exigences incroyables, commettaient toute sorte de vexations. Ils osaient demander la cession de l'Alsace, de la Lorraine, de la Flandre, de l'Artois, de la Savoie et des places frontières avec une écrasante indemnité de guerre. Il fallut que le prince de Talleyrand, qui avait brouillé Louis XVIII et Alexandre, cédât la place au duc de Richelieu pour que la Russie consentît à s'interposer et obtînt des conditions moins cruelles, quoique très rigoureuses encore (1). Quelques jours auparavant, le duc d'Otrante, qui n'avait plus la moindre autorité dans le conseil et que l'on avait cessé de craindre, avait dû se retirer avec l'apparence d'une mission diplomatique qui se convertira bientôt en exil. Voilà à quoi devaient aboutir tant de machinations et tant d'intrigues!... Les deux complices, arrivés en même temps, s'en allaient congédiés presque à la même heure. Le duc de Richelieu acceptait la lourde responsabilité du traité de Paris, mais aucun diplomate n'eût obtenu des conditions meilleures. Le patriotisme et le dévouement du ministre et du Roi triomphèrent d'une situation effroyable, compliquée par l'attitude inouïe des puissances qui, oubliant

---

(1) Voir sur ce sujet une *Lettre de Roi,* publiée par moi dans la *Revue des Études historiques,* en mai 1893.

volontairement la parole donnée les 13 et 25 mars 1815, traitaient la France et la monarchie légitime en vaincues et se moquaient « de la prétendue inviolabilité du territoire français ». Ainsi, lorsque l'objet de la haine des souverains, l'empereur Napoléon, était exilé à deux mille lieues de son pays et gardé à vue par des soldats vigilants et un gouverneur impitoyable, lorsque le prince impérial était à la merci de l'Autriche qui comptait, grâce à la faiblesse et à l'abandon de sa mère, en faire un prince étranger et lui enlever tout espoir de monter sur un trône, lorsque les Français étaient dans l'impuissance absolue de reprendre leurs guerres et leurs conquêtes, les alliés n'en dévoilaient pas moins leurs anciens et véritables desseins : enlever à la France ses dernières ressources et l'annihiler pour jamais. Mais une sorte de terreur ou de remords viendra troubler les appétits de l'Europe. Tant que le fils de Napoléon vivra, elle ressentira une inquiétude indicible. Elle craindra qu'arrivé à l'âge viril, le jeune prince ne comprenne la force et la puissance de son nom. Elle craindra qu'il n'obtienne tout à coup l'appui d'audacieux partisans et qu'il ne profite du premier mouvement en France pour saisir le pouvoir et déchirer les odieux traités de 1814 et de 1815. Aussi ne faut-il pas s'étonner que l'Europe se soit préoccupée autant de Schœnbrunn que de Sainte-Hélène.

Parmi les précepteurs du roi de Rome figurait Mathieu Collin, le frère du poète autrichien Henri Collin. C'était un écrivain de valeur qui s'était adonné à la littérature et à la composition dramatique. Son esprit et sa moralité l'avaient fait appeler auprès des archiduchesses Clémentine, Léopoldine et Caroline pour leur donner quelques leçons littéraires. Il voulut bien s'occuper de l'éducation du petit prince et s'y adonna avec zèle. D'un caractère affectueux et complaisant, il parvint à gagner en peu de temps la confiance du roi de Rome. Entre les leçons, il s'amusait avec lui dans un bosquet voisin de la Gloriette, ce portique laid et prétentieux qui domine le parc de Schœnbrunn. Ils jouaient tous deux à « Robinson Crusoë », creusaient une caverne et fabriquaient de petits ustensiles ingénieux. C'était avec ce mélange de gravité et de gaieté qu'on pouvait plaire à cet enfant. « Près d'accomplir sa cinquième année, écrit Gentz le 26 février 1816, il est rempli de charmes et de grâce, mais rien moins que facile à traiter, puisqu'à beaucoup d'esprit naturel il réunit une aversion pour tout ce qui est contrainte et assujettissement. Cet enfant qui, avec une éducation d'un genre élevé, deviendrait peut-être un homme remarquable, est naturellement condamné à languir dans la médiocrité (1). » Gentz n'était pas juste. L'éducation qu'on donnait au roi de Rome était la même que celle des archiducs. Quant à la destinée que Gentz lui prédisait, ce ne devait pas être la faute de ses maîtres. Si elle a été obscure, c'est parce que Metternich l'a voulu ainsi, en interdisant au fils de Napoléon toute ambition royale ou impériale. Gentz est plus exact lorsqu'il fait de cet enfant un objet d'alarmes et de terreurs pour la plupart des cabinets européens. « Il faut avoir assisté, dit-il, aux discussions politiques de l'été dernier pour savoir à quel point le nom de ce pauvre enfant agite et effraye les ministres les plus éclairés et tout ce qu'ils voudraient inventer ou proposer pour faire oublier jusqu'à son existence (2)!... » François II croyait devoir employer tous les moyens pour mettre fin à tant d'alarmes. Ainsi, il exigeait que le roi de Rome ne vît plus les personnes qui avaient pris part à sa première éducation. Gentz va jusqu'à dire qu'on aurait voulu faire oublier à l'enfant la langue française et ne lui laisser d'autre idiome que l'allemand. Gentz exagérait, mais c'était de bonne foi. Il s'étonnait d'un tel régime, et il formulait à cet égard des critiques fort sévères. « Si la maison d'Autriche avait pris l'engagement sacré, non pas seulement de combattre la dynastie de Napoléon, mais encore de calmer quiconque en Europe pourrait s'inquiéter de son nom ou de son ombre, on n'aurait pas pu

---

(1) Dépêches inédites aux hospodars de Valachie.
(2) Ces craintes ne rappellent-elles pas les vers d'Oreste dans la première scène d'*Andromaque* :

> Je viens voir si l'on peut arracher de ses bras
> Cet enfant dont la vie alarme tant d'États.

adopter un système plus conséquent. » Il trouvait que le gouvernement autrichien n'était pas juste. « Il serait sans doute déloyal d'offrir cet enfant aux yeux des contemporains comme un épouvantail, ou comme point d'appui dans quelque grand revirement de l'avenir; une pareille conduite ne serait pas digne d'une grande puissance. Mais il y a une mesure en tout. » Gentz s'étonnait de la simplicité du cabinet autrichien et de son manque d'habileté. « Lorsqu'on entend encore parler bien souvent de la politique machiavélique de la cour de Vienne et de son égoïsme profondément calculé, de ses arrière-pensées, etc., on n'a qu'à s'arrêter sur ce seul objet pour juger ses accusateurs. Si l'empereur de Russie, ajoutait-il, avait pu marier une de ses sœurs à Napoléon, j'aurais été curieux de voir s'il eût sacrifié les intérêts de sa famille avec la même facilité, la même candeur que François II; et cependant pour toute récompense on nous a fait entendre plus d'une fois, l'été passé, combien l'Autriche était intéressée à détruire les soupçons que l'opinion publique ne cessait de nourrir sur notre compte. » En résumé, le confident de Metternich critiquait l'incapacité du ministère autrichien et le peu de profondeur de sa politique. Il affirmait que des bruits, « sortis d'une source supérieure », couraient sur une prétendue renonciation du titre d'Impératrice, faite solennellement à Schœnbrunn par Marie-Louise. « Par un autre trait de condescendance pour les prétentions peu généreuses de nos amis, disait-il encore, on va sacrifier le titre d'Impératrice que l'archiduchesse ne pouvait perdre d'après aucun principe du droit public et qui lui avait été confirmé par la convention de Fontainebleau. On lui laissera toutefois par courtoisie le titre de Majesté. Cependant, comme ce serait encore trop aux yeux des autres cours qui ont très souvent critiqué ce dernier reste de splendeur, on a déclaré qu'elle quitterait même la Majesté, si la reine d'Estrurie veut y renoncer à son tour (1)... »

Le chevalier de Los Rios, chargé d'affaires de France à

(1) Il va sans dire que la reine d'Étrurie refusa d'obéir à cette proposition. — Une dépêche de Vienne attestait qu'on avait informé Marie-Louise qu'elle ne

Vienne, informait, le 28 février, le duc de Richelieu que François II avait prescrit à sa fille de se rendre à Vérone le 18 mars. Il l'avait invitée en outre à ne garder à son service que les Français qui lui seraient absolument indispensables. « Elle en a renvoyé, dit Los Rios, une trentaine sur cinquante, y compris le marquis de Bausset, qu'elle a nommé grand maître honoraire de sa maison. » Or, peu de temps auparavant, le marquis de Bausset avait informé le chevalier de Los Rios qu'il tenait à sa qualité de Français et qu'il ambitionnait d'être compté au nombre des plus fidèles sujets de Louis XVIII. « Si mon séjour hors de France, avait-il dit, et les fonctions que je remplis ici n'avaient pas l'extrême approbation du Roi, je puis vous assurer qu'aucune considération ne saurait me retenir. » Il lui avait été répondu par l'ambassade française que le Roi ne voyait aucun inconvénient à ce qu'il demeurât auprès de l'archiduchesse, et que même il lui en octroyait la permission (1). Et tout à coup, c'était l'empereur d'Autriche qui exigeait le départ de l'inoffensif Bausset, tant ce monarque avait peur de la moindre influence française (2). Il est vrai qu'il nommait presque en même temps le comte de Neipperg chevalier d'honneur de sa fille, en lui donnant la mission de l'accompagner à Parme. Quant au roi de Rome, on avait décidé qu'il ne quitterait pas Vienne ou Schœnbrunn. Sa berceuse, Mme Marchand, venait de recevoir l'ordre de se retirer. Ainsi cette femme dévouée, qui avait veillé le prince depuis sa naissance, qui passait toutes les nuits dans sa chambre et recevait le matin ses premières caresses, qui était chargée du soin de le vêtir et qui lui faisait répéter ses prières en y mêlant, elle aussi, le nom de son père, — cette personne si modeste et si simple était devenue suspecte à son tour (3) ! Dès son départ, le

devait plus user dorénavant du titre d'Impératrice, « ce qui, ajoutait la dépêche, lui a été extrêmement sensible ». (Affaires étrangères, *Vienne*, année 1816.)

(1) Archives des Affaires étrangères, *Vienne*.

(2) « J'ai reçu avec sensibilité, écrivait alors Marie-Louise au marquis de Bausset, la démission de votre charge de grand-maître de ma maison que vous avez remplie avec autant de zèle que de fidélité. Les circonstances seules dans lesquelles je me trouve me font une loi de l'accepter. » (Affaires étrangères, *Vienne*.)

(3) La sous-gouvernante de l'enfant, Mme Soufflot, qui était partie avec sa fille

capitaine Foresti vint coucher dans la chambre de l'enfant impérial. « La première fois, je craignis qu'à son réveil, rapporte Foresti, il ne se livrât au vif chagrin de l'enfance en ne retrouvant plus près de lui celle qu'il était accoutumé de revoir chaque matin. En s'éveillant, il s'adressa à moi sans hésiter et me dit, avec un calme étonnant pour son âge : « Monsieur de Foresti, je voudrais me lever. »

Déjà cette jeune nature se formait aux épreuves et prenait de l'empire sur elle-même. Ce n'est pas que le roi de Rome fût indifférent au départ de Mme Marchand ; mais après l'avoir pleurée, il se rappela les conseils qu'elle lui avait donnés de se montrer courageux, et il tint à y être fidèle. Voici quelques mots de lui qui prouveront combien il pensait à sa situation et combien il était instruit du passé. La première fois qu'il vit le prince de Ligne, il demanda le rang de ce seigneur. « C'est un maréchal, lui répondit-on. — Est-il un de ceux, dit-il aussitôt, qui ont abandonné mon père ?... » Une autre fois, jouant avec un jeune archiduc, il dit tout à coup : « Quand je serai grand, je prendrai mon sabre et j'irai délivrer mon père qu'*ils* retiennent en prison !... » Et en parlant ainsi, il agitait avec force un petit sabre que lui avait donné son grand-père. Le 7 mars, l'archiduchesse Marie-Louise partit pour Parme avec le comte de Neipperg et une suite nombreuse d'Autrichiens et d'Italiens. Elle passa par Vérone, où l'attendait une réception assez surprenante. Ayant l'intention d'assister à une représentation au théâtre de cette ville, elle fit retenir une loge sous un nom supposé et crut qu'elle pourrait garder ainsi un strict incognito. « Malgré ces précautions, écrit le consul de Livourne, elle fut reconnue et

---

Fanny, au mois d'octobre précédent, avait été comblée de prévenances par Marie-Louise, par les princes et tout leur entourage. Chacun avait rendu hommage à sa conduite et à son zèle. Le gouverneur, comte de Dietrichstein, lui avait adressé, le 20 octobre 1815, les vers suivants :

> Les mêmes soins nous occupaient tous deux
> Et j'attachais du prix à ce partage ;
> De sincère amitié nous avons plus d'un gage,
> Même intérêt, même espoir, mêmes vœux.

(*Collection Amédée Lefèvre-Pontalis.*)

l'on commença à crier : Vive l'Impératrice Marie-Louise! Vive Napoléon II! » Ces cris devinrent unanimes et se prolongèrent avec un enthousiasme qui tenait de la fureur. L'archiduchesse en fut effrayée. Elle s'empressa de quitter le théâtre en toute hâte. Les spectateurs sortirent aussitôt et l'accompagnèrent jusque chez elle, avec les mêmes ovations. Les troupes autrichiennes prirent les armes, et diverses arrestations eurent lieu. Ces incidents devaient, quelques mois après, se reproduire à Bologne.

Le 15 mars, le baron de Vincent informait le duc de Richelieu que S. M. l'empereur d'Autriche, « voulant donner une nouvelle preuve de l'intérêt qu'il portait au maintien de l'ordre de choses si heureusement établi en France, en prévenant les conjectures que pourrait rencontrer la malveillance », avait cru devoir, au moment où S. M. l'impératrice Marie-Louise se disposait à se rendre à Parme, « lui proposer de quitter le titre impérial (1). » Marie-Louise consentit en effet à prendre le titre suivant : « S. M. la princesse impériale, archiduchesse d'Autriche, Marie-Louise, duchesse de Parme, Plaisance et Guastalla (2). » Le titre de « Majesté » effarouchait encore plus d'un esprit en France. Aussi la dépêche de Vincent ajoute-t-elle : « L'archiduchesse se serait même prêtée à renoncer pour elle au titre de Majesté, s'il n'avait été conservé à l'infante Marie-Louise (la reine d'Étrurie), qui se trouve dans une situation absolument semblable (3)... » Le baron de Vincent faisait valoir la concession de François II comme une nouvelle preuve de sa sollicitude à s'occuper d'assurer la paix en Europe. Louis XVIII se déclara vivement touché des motifs qui avaient porté l'empereur d'Autriche à provoquer lui-même cette détermination... Le petit roi de Rome allait provisoirement garder le nom de prince de Parme avec le titre d'Altesse Sérénissime. Quelques jours après, le 24 mars, le prince de Metternich écrivait au comte de Neipperg qu'il

---

(1) Archives des Affaires étrangères, *Vienne.*
(2) *Ibid., Parme,* vol. 5.
(3) Voy. plus haut, p. 179.

avait remis à l'empereur d'Autriche une lettre où Neipperg mentionnait les difficultés qui s'élevaient au sujet du cérémonial à observer pour l'entrée solennelle de la duchesse de Parme dans sa capitale. Metternich faisait observer que si la princesse, par des considérations particulières, avait renoncé au port du titre impérial, elle avait conservé toutefois celui de Majesté, ce qui lui en donnait les prérogatives et lui assurait la préséance sur le cardinal Gazelli.

Au mois d'avril, Marie-Louise, entourée du comte Magawli, de la comtesse de Scarampi et du général comte de Neipperg, entre dans la capitale de son nouveau duché. Elle va entendre aussitôt le *Te Deum* à la cathédrale, puis prend possession du palais ducal. La petite cour de Parme était composée de dames du palais et de chambellans. Il y avait cercle tous les soirs. On y donnait quelques divertissements. Parfois la duchesse faisait apporter le portrait de son fils, l'admirait et laissait croire que le petit prince viendrait à Parme avant six mois. « Les amis de l'ordre, dit la dépêche qui relate ce fait, se persuadent volontiers que cette promesse ne se réalisera pas. Ce serait une démarche impolitique et dangereuse, vu la mauvaise disposition des esprits en Italie. » On faisait ainsi allusion à l'incident du théâtre de Vérone. Mais on ajoutait : « On a cru s'apercevoir que le général comte de Neipperg et la comtesse de Scarampi, grande maîtresse, sont placés auprès de la princesse pour l'aider de leurs conseils et empêcher qu'on ne puisse lui en donner de contraires à ses intérêts ou à leurs instructions. » C'étaient comme deux geôliers qu'on lui avait imposés, car la dépêche dit encore : « Ces deux surveillants ne la quittent pas et ne permettent que qui que ce soit puisse l'entretenir en particulier (1). » Un autre détail prouvera à quel point la duchesse était surveillée. « Son appartement (celui de M. de Neipperg) n'est séparé de celui de la princesse que par la chambre d'une demoiselle de compagnie qui est arrivée avec elle... Le soir, lorsque tout le monde est retiré,

---

(1) Archives des Affaires étrangères, *Parme*. — Cité par M. I. de Saint-Amand.

le général de Neipperg ferme les portes de cet appartement et en retire les clefs. » Telle était la mission d'un général autrichien. Neipperg l'avait prise au sérieux. Il ne permettait pas qu'aucun mémoire fût remis à sa souveraine ou que personne lui parlât, même lors des présentations, sans qu'il fût à ses côtés. Ce que l'Autriche redoutait par-dessus tout, c'était le réveil des espérances impériales. Des poèmes en l'honneur de Napoléon ayant paru à Parme, Metternich s'inquiéta. Il écrivit à Neipperg, le 25 juin, de prendre garde à certains passages dont la tendance ne pouvait être que nuisible à l'opinion, parce qu'ils contribuaient à « nourrir des espérances sur un ordre de choses devenu incompatible avec celui qui existe actuellement en Europe (1) ». Il lui faisait remarquer que la cour de Parme pourrait, en tolérant de pareils écrits, s'exposer à des complications pénibles « avec les gouvernements intéressés à effacer jusqu'au souvenir de cette époque trop mémorable ». On ne pouvait être plus dévoué à la monarchie légitime. Metternich avait d'ailleurs une crainte affreuse de tout ce qui était bonapartiste. Ainsi, ayant appris que la princesse Borghèse allait séjourner quelques semaines aux bains de Lucques, il informait Neipperg de cette nouvelle et l'invitait à faire en sorte que Marie-Louise évitât de voir cette personne, « même insignifiante », et se refusât au désir d'une audience de sa part.

Mais la duchesse de Parme n'était pas plus empressée de voir la princesse Borghèse que tout autre membre de la famille impériale. Elle avait su, le 7 juillet, que le prince Louis Bonaparte allait habiter Livourne. Elle s'empressa de prier son oncle, le grand-duc de Toscane, de le faire renoncer à cette intention, car, suivant elle, un séjour prolongé en cette ville « ferait crier toute l'Europe ». On lui attribuait des projets politiques, et, dans sa position, elle était obligée de prendre des précautions particulières, surtout à cause de l'avenir de son fils, l'être auquel elle était « le plus attachée

(1) Archives des Affaires étrangères, *Parme*.

en ce monde ». Elle croyait peut-être avoir ces tendres sentiments, mais son départ de Schœnbrunn et ses lettres intimes n'en fournissaient guère la preuve. Marie-Louise ayant appris aussi que Lucien Bonaparte était arrivé à Gênes, avait eu recours également au grand-duc de Toscane pour éloigner ce prince. « Mon père, disait-elle, m'a bien recommandé d'éviter tout point de contact *avec la famille*, et je me suis trop bien trouvée de ce bon accueil pour ne pas désirer de m'y conformer... Toutes ces excursions sur les côtes de la Méditerranée suffiraient pour donner de l'ombrage aux Bourbons et troubler cette douce tranquillité dont je jouis dans ce petit État que le sort m'a dévolu et où je suis *parfaitement heureuse...* »
Elle variait ses appréciations, suivant les personnes auxquelles elle écrivait. Ainsi, à la comtesse de Crenneville, elle disait que la vie ne lui était pas fort agréable à Parme. « Il n'y a que l'idée que je fais mon devoir, en sacrifiant tout à mon fils, qui me soutienne (1). » Qu'avait-elle donc sacrifié à ce fils? Rien. Tous ses efforts avaient tendu à aller à Parme avec le comte de Neipperg, le seul être vraiment auquel elle était le plus attachée... Mais pour éviter de justes reproches d'égoïsme, elle disait qu'elle ne pensait qu'à soulager la misère de ses peuples et à ménager un heureux avenir à son fils. « Sans cela, quoique bien jeune encore, j'ai un dégoût horrible du monde, et je vous assure qu'en entrant dans un couvent, il me prend toujours l'idée d'envier ceux qui y ont cherché le repos, car plus je pénètre dans les replis de ce monde et plus j'acquiers la triste certitude de sa perversité (2). » Or, sans entrer dans un couvent, elle eût pu choisir une retraite moins mondaine et se montrer plus fidèle et plus réservée. Tandis que l'Empereur était à jamais séparé de sa femme et de son fils, Marie-Louise eût dû, au moins pour le souci de sa dignité, partager les angoisses de l'exilé. Elle n'évitait que ce qui était de nature à donner à sa propre personne quelque peine ou quelque inquiétude. Elle ne songeait

(1) *Correspondance de Marie-Louise* (1799-1847). Vienne, 1887, Gérold.
(2) *Ibid.*

alors qu'à fortifier sa précieuse santé. « J'ai pris le courage, écrivait-elle à son amie, de me plonger dans les ondes, et je crains que je ne revienne avec une figure semblable à celle de la pleine lune, ce qui me fâcherait beaucoup. Du reste, je suis heureuse et tranquille, et je me félicite chaque jour de ma nouvelle situation. Nous allons tous les soirs au théâtre. » Telle était la créature frivole que l'Empereur avait eu la faiblesse de préférer à Joséphine.

Metternich recherchait tous les moyens de plaire à Louis XVIII, mais en échange il demandait quelques concessions. Ainsi, conversant un jour avec le marquis de Caraman, notre ambassadeur à Vienne, il lui avait parlé des titres honorifiques que Napoléon avait donnés à ses généraux et à ses courtisans, titres empruntés à des lieux étrangers. Suivant lui, l'empereur d'Autriche avait exprimé le désir de les voir abolis. « Je l'ai assuré, écrivait Caraman à Richelieu, le 17 juillet, que les intentions du Roi étaient absolument conformes à celles de son souverain, mais que ces titres tenant à des souvenirs qu'il fallait encore ménager, la prudence exigeait que l'on prît des mesures largement combinées pour y parvenir (1). » Metternich, qui avait recueilli des informations à Paris, voulut bien, après enquête, paraître moins exigeant. François II ne soulevait aucune opposition contre les titres obtenus par des faits militaires remarquables, tels que ceux de Rivoli, d'Essling, de Wagram, etc. Mais il demandait le changement de ceux qui n'étaient fondés que sur des souvenirs d'usurpation. Pour contre-balancer l'effet produit par cette exigence nouvelle, — car parmi les survivants de la noblesse impériale, bon nombre s'étaient ralliés à la monarchie légitime, — Metternich rappela à Caraman, le 7 août, que l'Empereur avait de son propre mouvement réformé le titre de Majesté Impériale qu'on avait laissé à l'archiduchesse, quoique l'Acte du Congrès de Vienne eût reconnu officiellement ce titre. Le

(1) Archives des Affaires étrangères, *Vienne*. — L'Autriche voulut revenir là-dessus en 1830. Elle fut si mal accueillie qu'elle cessa désormais toute réclamation à cet égard.

prince ajouta que l'année suivante, dans l'*Almanach impérial de la cour d'Autriche*, la qualification « impériale » ne figurerait plus parmi les titres de Marie-Louise. Metternich pria même l'ambassadeur de faire mettre dans l'*Almanach royal de France*, à l'article « Maison impériale d'Autriche », cette mention abrégée : « Marie-Louise, archiduchesse d'Autriche, duchesse de Parme (1). »

Une certaine effervescence bonapartiste se faisait alors remarquer en Italie. Des partisans de Napoléon et du roi de Rome s'étaient rendus à Florence, où Marie-Louise devait séjourner incognito. Mais des mesures sévères avaient été prises pour réprimer tout mouvement. Aussi se bornait-on à saluer l'ex-Impératrice quand elle visitait les musées de la ville. Ses promenades, ses distractions étaient nombreuses. Pour laisser croire qu'elle s'intéressait toujours à son fils, elle en parlait souvent et se plaignait d'en être séparée, comme si elle n'eût pas cherché elle-même cette séparation. Ses yeux se remplissaient de larmes quand elle prononçait le nom de son petit François, et ce chagrin maternel, plutôt nerveux que sincère, attendrissait naturellement le cœur des dames qui lui faisaient la cour. Cependant elle ne quittait jamais le comte de Neipperg, « qui brûlait pour elle d'un sentiment chevaleresque ». C'est notre chargé d'affaires de France à Florence, M. de Fontenay, qui fait cette constatation. D'après le même diplomate, Neipperg aurait dit devant plusieurs personnes, à propos du roi de Rome : « J'espère bien que l'éducation qu'on donne à cet enfant sera toujours telle qu'il fera le bonheur de sa mère et que, sachant bientôt tout ce qu'exigent sa position et le repos de Marie-Louise, il évitera tout ce qu'une fausse et vaine politique pourrait jamais lui conseiller (2). »

(1) La Russie ne témoignait pas autant de déférence envers le gouvernement français. Gentz rappelait dans son *Journal*, à la date du 13 septembre 1816, qu'Alexandre se plaisait souvent à relever les fautes énormes des Bourbons depuis leur retour. « Il verse le sarcasme à pleines mains, disait-il, sur leur conduite faible et vacillante, sur leur attachement superstitieux aux anciens usages et à l'ancienne étiquette, sur l'ignorance et le fanatisme des émigrés, sur la folie des ultra-royalistes. » (*Journal de Fr. de Gentz.*)

(2) Archives des Affaires étrangères, *Florence*, cité par M. I. de Saint-Amand.

Si Neipperg, en parlant de sa souveraine, a dit « Marie-Louise », sans lui donner les titres auxquels elle avait droit, il a fait publiquement montre d'une familiarité qui donnait droit à plus d'une réflexion désagréable pour lui comme pour la duchesse de Parme. C'est ce qui permettait à M. de Fontenay d'ajouter : « Marie-Louise trouve, dit-on, le général Neipperg très aimable, et Neipperg a une opinion très prononcée contre Bonaparte. Marie-Louise aime les arts, s'occupe beaucoup de musique et de dessin, fait des projets pour remplir agréablement et utilement le temps qu'elle compte passer à Parme. » On voit une fois de plus que cette mère désolée se consolait rapidement.

La police se préoccupait toujours des manifestations napoléoniennes. Le 2 septembre, un rapport de police informait le ministre qu'il se vendait à Vienne des « schalls » parsemés d'étoiles et d'abeilles. Au milieu de ces schalls se trouvait le « temple de l'Hymen » avec le portrait de la duchesse de Parme. Aux quatre coins, on remarquait l'effigie du prince son fils. De plus, les élégants portaient des cravates dont les bouts représentaient l'image du roi de Rome. Ces objets avaient, paraît-il, une grande vogue à Vienne dans la bonne société. La police s'étonnait qu'on tolérât la vente d'objets aussi séditieux et demandait qu'on fît au marchand de sages observations. Quelques jours après, une manifestation eut lieu à Bologne, pendant que la duchesse visitait l'Institut. Le général de Neipperg s'en plaignit à M. de Metternich. « C'est dans cette occasion, disait-il, que les habitants de Bologne ont manifesté de la manière la plus indécente leur mauvais esprit. Plus de cinq cents personnes se sont assemblées autour de la voiture de madame l'archiduchesse en criant : *Viva Napoleone il grande e la sua infelice sposa, l'Imperatrice, nostra Sovrana !* » L'ingrate épouse de l'Empereur se trouva malheureuse ce jour-là surtout. Elle dut s'échapper par une porte secrète de l'Institut et regagner en secret son auberge. Elle s'en plaignit amèrement. Elle maudit « cette vilaine populace de Bologne », ses vivats et ses acclamations, qui avaient tout à coup, par le rappel du nom de Napoléon, réveillé ses remords. Neipperg chercha à les dissiper en faisant lire à Marie-Louise les pamphlets qui circulaient en Europe contre l'Empereur prisonnier. Il accomplissait cette lâche besogne avec l'autorisation de Metternich, qui lui avait permis d'utiliser ingénieusement tous les moyens propres à amoindrir chez Marie-Louise le souvenir de Napoléon.

Et cependant l'Empereur n'oubliait pas celle qu'il avait tenu à épouser, croyant que sa destinée l'exigeait et que la tranquillité de la France voulait une dynastie. Mais tout en regrettant Marie-Louise, il reconnaissait enfin la faute de ce second mariage, et il s'écriait : « Je n'hésite pas à prononcer que mon assassinat à Schœnbrunn eût été moins funeste à la France que ne l'a été mon union avec l'Autriche (1). » Un autre jour, il disait à M. de Montholon : « J'ai aimé Marie-Louise de bonne amitié ; elle ne se mêlait pas d'intrigues. Mon mariage avec elle m'a perdu, parce qu'il n'est pas dans ma nature de pouvoir croire à la trahison des miens, et que du jour du mariage avec Marie-Louise, son père est devenu, pour mes habitudes bourgeoises, membre de ma famille. Il m'a fallu plus que de l'évidence pour croire que l'empereur d'Autriche tournerait ses armes contre moi et détrônerait, dans l'intérêt des Bourbons, sa fille et son petit-fils. Sans cette confiance, je n'aurais pas été à Moscou ; j'aurais signé la paix de Châtillon. » Il déplorait la stérilité de son union avec Joséphine : « Un fils de Joséphine, avouait-il, m'eût rendu heureux et eût assuré le règne de ma dynastie. Les Français l'auraient aimé bien autrement que le roi de Rome, et je n'aurais pas mis le pied sur l'abîme couvert de fleurs qui m'a perdu... » Il reprochait à François II sa duplicité, et il se blâmait de n'avoir pas, en 1809, usé de tous les droits du vainqueur. « Je croyais l'empereur d'Autriche un bon homme ; je me suis trompé. Ce n'est qu'un imbécile. Il s'est fait sans aucun doute l'instrument de Metternich pour me perdre. J'aurais

(1) *Mémorial de Sainte-Hélène*.

mieux fait, après Wagram, d'écouter les vœux ambitieux de ses frères et de diviser sa couronne entre l'archiduc Charles et le grand-duc de Wurtzbourg (1). »

Parfois le chagrin le prenait et, parfois aussi, le désespoir. Le 15 août de cette première année d'exil, le général Gourgaud vint lui apporter un bouquet de violettes, en lui disant gracieusement : « C'est de la part du roi de Rome ! — Bah ! fit l'Empereur avec brusquerie, le roi de Rome ne pense pas plus à moi qu'à vous !... » Il se trompait, ou plutôt il faisait semblant de se tromper. Il ne pouvait douter en effet que cet enfant, si sensible et si précoce, n'eût gardé de lui un inaltérable souvenir, et que les derniers serviteurs restés auprès de lui ne lui eussent, en répétant son nom, appris à prier matin et soir pour lui, pour la fin de son exil. On ne savait qu'imaginer pour accroître les douleurs de Napoléon. N'ayant pas osé le tuer, on lui faisait subir un supplice de chaque jour, en saisissant tous les prétextes pour l'exaspérer et lui rendre la vie insupportable (2). Ainsi le baron Stürmer, commissaire autrichien en résidence à Sainte-Hélène, apprit, peu de jours après son arrivée, qu'un grave incident s'était produit. On avait osé apporter au prisonnier des cheveux de son fils. On soupçonnait de ce crime le sieur Welle, jardinier de la cour d'Autriche, venu récemment dans l'île. Stürmer le fit appeler. Welle avoua qu'il avait été chargé d'un paquet pour Marchand, le valet de chambre de l'Empereur, et qu'il le lui avait remis le lendemain de son arrivée. Welle assura que ce paquet, confié par M. Boos, directeur des jardins de Schœnbrunn, ne contenait aucune lettre, mais simplement quelques cheveux du petit prince pour son père. « Je blâmai fort M. Welle, écrit Stürmer à Metternich, de m'en avoir fait un secret. Il s'excusa en m'assurant que ce paquet lui avait paru de trop peu de conséquence pour qu'il valût la peine d'en

---

(1) Montholon, t. I.
(2) Il ne faut pas oublier cette dépêche de lord Liverpool à lord Castlereagh, datée de Fivehouse le 29 juillet 1815 : « Si le roi de France voulait pendre ou fusiller Bonaparte, ce serait à mes yeux la meilleure solution pour cette affaire. »

parler (1). » Ce pauvre homme, au cœur simple et bon, ne pouvait comprendre, en effet, comment on arriverait à faire de la remise d'une boucle de cheveux une véritable affaire d'État. Mais Hudson Lowe ne pardonna point à Stürmer d'avoir procuré à l'Empereur un peu de joie par un tel souvenir et le traita avec tant de rudesse que Metternich, informé de ce fait, fut obligé de s'en plaindre à l'ambassadeur d'Autriche à Londres, le prince Esterhazy. « Votre Altesse, lui écrivit-il, s'entretiendra à ce sujet, confidentiellement et très amicalement, avec lord Castlereagh, qui est trop perspicace pour ne pas comprendre que toute nuance dans la façon dont est traité le commissaire autrichien ne servirait qu'à encourager les espérances, soit affectées, soit véritables, dont se berce le parti bonapartiste, qui devrait pourtant depuis longtemps avoir renoncé à tout espoir de voir une puissance quelconque s'intéresser au sort d'un homme qui est l'objet de la malédiction universelle. » Il ajoutait, après cette réflexion un peu violente de la part de celui qui avait tant adulé Napoléon : « Rien n'est plus correct que la conduite de madame l'archiduchesse Marie-Louise, et elle pousse la réserve jusqu'au scrupule. Madame l'archiduchesse a non seulement rompu toutes relations avec la famille Bonaparte, mais elle ne permet le séjour à aucun Français dans son pays. Si elle a des difficultés à vaincre, ce n'est plus avec les individus de cette nation, mais bien plutôt avec la foule d'Anglais voyageurs qui parcourent l'Europe et l'Italie et qui prêchent les doctrines les plus révolutionnaires et les plus antisociales. »

Ainsi, pendant que Napoléon s'attendrissait en baisant une boucle des cheveux de son fils, sans espoir de revoir jamais cette tête si chère, la mère bannissait impitoyablement de sa présence tous les « individus » qui lui rappelaient la France, son mariage et les splendeurs impériales. Elle servait sans

(1) Rapports du baron Stürmer, 13 décembre 1816. — Voy. le même incident dans la *Captivité de Sainte-Hélène*, d'après les rapports du marquis de Montchenu, par M. Georges Firmin-Didot, p. 96 et suiv.— Il paraîtrait que c'est la fille de Mme Soufflot qui eut, la première, l'idée d'envoyer cette boucle de cheveux à Napoléon.

honte les rancunes autrichiennes ; elle ne se rappelait plus que, pendant quatre ans, elle avait été honorée par toute une nation à l'égal d'une Française. Elle livrait son fils à des étrangers dont la plupart cherchaient à lui faire oublier son origine. Elle obéissait à M. de Metternich qui le voulait ainsi. En effet, le chancelier avait dit au marquis de Caraman, qui exprimait quelque crainte au sujet de l'avenir du roi de Rome, qu'il ne fallait pas s'inquiéter, « que si on avait voulu faire quelque chose de lui, on s'en serait occupé dans des occasions qui présentaient à la fois facilité et sûreté d'exécution, mais qu'actuellement toute idée de ce genre ne serait qu'une absurdité. Il m'a dit, ajoute l'ambassadeur de Louis XVIII, que, toutes les fois que ceux qui avaient rêvé de reproduire cet enfant étaient venus en conséquence frapper à sa porte, ils avaient été si bien reçus qu'ils ne devaient plus penser à y revenir !... » Qui l'aurait cru ? Le portrait d'un enfant, une boucle de ses cheveux, tout cela troublait l'Autriche et l'Europe ! Aussi fallait-il redoubler de surveillance. On verra que le prince de Metternich ne cessera, à Schœnbrunn et à Vienne, d'entourer le roi de Rome de ses créatures, d'éloigner tout Français et toute personne qui pourrait lui parler de la France... Vaine politique, précautions inutiles ! Qu'on lui retire toute relation avec son père et avec son pays natal, qu'on change son nom, qu'on cherche à lui imposer une éducation allemande, quoi qu'on fasse, le roi de Rome, par un instinct irrésistible, persistera à chérir la France et les Français. Quel cœur avaient donc ces hommes pour traiter aussi impitoyablement le père et l'enfant (1)? L'un n'était-il pas vaincu et captif? L'autre n'était-il pas séparé de ses parents et de ses amis ? Que leur fallait-il de plus ? Et comment ne pas s'émouvoir lorsqu'on entend Napoléon dire au comte de Las Cases, à la fin de l'année 1816 : « Si vous voyez un jour ma femme et mon fils, embrassez-les. Depuis deux ans, je n'en ai au-

---

(1). « Mon calme imperturbable, mon immuable sérénité m'ont valu la confiance de tout le monde ! » disait un jour Metternich à Varnhagen. (*Salons de Vienne.*)

cune nouvelle ni directe ni indirecte. Il y a dans ce pays depuis six mois un botaniste allemand qui les a vus dans le jardin de Schœnbrunn, quelques mois avant ce départ. Les barbares ont empêché qu'il ne vînt me donner de leurs nouvelles... »

Dans leur haine contre Napoléon, Metternich et Hudson Lowe s'étaient compris.

Marie-Louise, très tranquille et très heureuse en son duché de Parme, ne songeait point à retourner, même pour quelques jours, dans sa chère Autriche. On lui rendait les honneurs d'une souveraine, et son petit orgueil s'en trouvait satisfait. Occupée de réceptions et de fêtes, donnant des dîners et des bals, elle n'avait pour le captif de Sainte-Hélène aucun souvenir ému. Quant à l'abandonné de Schœnbrunn, elle le laissait aux mains de Dietrichstein, de Collin et de Foresti, sans trop s'en préoccuper. L'enfant finissait par s'habituer à son silence. Privé de son père, privé de sa mère, il réfléchissait longuement; parfois quelques paroles graves montraient combien il avait connaissance de sa situation. Un jour qu'un petit archiduc lui montrait une médaille d'or frappée à l'occasion de sa naissance et lui demandait de qui était l'effigie : « C'est la mienne, dit-il aussitôt; c'est la mienne, quand j'étais roi de Rome. » En général, il était silencieux, mais il écoutait avec une profonde attention. Un officier supérieur autrichien, dans une conversation avec ses gouverneurs, oubliant qu'il était là et ne se doutant pas, d'ailleurs, qu'il ferait la moindre observation, nomma trois grands capitaines étrangers et dit qu'il n'en connaissait pas de plus illustres. « J'en connais un quatrième que vous n'avez pas nommé, interrompit brusquement l'enfant. — Lequel, monseigneur? fit l'officier étonné. — Mon père! » dit en rougissant le jeune prince, et il s'enfuit. Le capitaine Foresti, qui rapporte cette anecdote, ajoute que l'officier avait ramené le roi de Rome en lui déclarant qu'il avait eu raison de citer son père, mais qu'il avait eu tort de s'enfuir.

Il paraît que l'enfant questionnait à tout moment Foresti, Collin et Obenaus sur son père, sur son gouvernement, sur sa chute, sur l'existence qu'il menait actuellement à Sainte-Hélène. Il exigeait des réponses très précises, ce qui gênait parfois les précepteurs. Ils durent en référer à l'empereur d'Autriche, qui leur permit de répondre nettement. Foresti constate que, dans les premiers jours, le roi de Rome l'interrogeait avec avidité et avec une affluence d'idées surprenante. Quelque temps après, il parut satisfait et devint, à ce sujet, plus calme, plus réservé. Il ne parla plus de sa situation d'autrefois. Le précepteur croit qu'il gardait pour lui certaines pensées ; cela était vrai. Le jeune prince portait, en effet, des secrets que son âme seule pouvait méditer. L'isolement où on le laissait avait déterminé en lui une tristesse dont il n'aimait point à révéler la cause. Marie-Louise avait beau écrire à Mme de Crenneville (1), à propos du fils de Mme de Scarampi : « Le cœur me saigne, lorsque je pense qu'il y a plus d'un an que je n'ai vu le mien, et Dieu sait combien de mois encore s'écouleront avant que j'aie ce bonheur... », et une autre fois : « Vous qui savez comme j'aime mon fils, vous jugerez facilement de la peine que j'éprouve de retarder le moment de l'embrasser (2) » ; sa tendresse vraie se partageait uniquement entre Neipperg et une perruche nommée Margharitina (3).

Elle ne savait pas que Napoléon appelait souvent la mort pour mettre fin au supplice de sa détention lointaine. Cependant, l'Empereur avait encore quelques illusions. Un jour où il était moins triste, il disait : « Si j'étais libre, je trouverais un grand bonheur à parcourir incognito l'Allemagne, l'Italie, l'Angleterre, à méditer sur tout ce que je verrais... Me voyez-vous à Vienne ou à Parme, surprenant l'Impératrice à la messe ou dans une promenade ? » Puis, apprenant le départ du jardinier Welle qui lui avait fait remettre la boucle de cheveux du roi de Rome, il s'écriait : « Il faut être bien

---

(1) 30 mars 1817.
(2) 11 avril.
(3) *Correspondance de Marie-Louise*, p. 198.

barbare pour refuser à un époux, à un père la consolation d'entretenir une personne qui a vu sa femme depuis peu et touché son enfant !... » Une autre fois, il faillit verser des larmes en constatant que, par la sauvage politique de quelques individus, il était pour toujours privé de leurs embrassements. Il avait raison de dire : « Les cannibales désapprouveraient les cruautés que l'on commet ici. » En effet, on ne peut comprendre que le gouverneur de Sainte-Hélène et que le baron Stürmer aient empêché un jardinier inoffensif de donner à leur prisonnier quelques nouvelles des deux êtres qu'il aimait. C'était une méchanceté vraiment inexplicable. Au mois de juin, un sieur Radovitsch, employé de la maison de commerce Biagini, qui s'était fait matelot à bord d'un bâtiment anglais chargé d'approvisionner l'île de Sainte-Hélène, fit remettre secrètement à l'Empereur un buste du roi de Rome, exécuté par un habile sculpteur de Livourne. Cette œuvre d'art échappa, non sans peine, à la vigilance cruelle d'Hudson Lowe, qui l'aurait mise en pièces, si elle fût tombée en sa possession. « L'homme qui voudrait briser une telle image, s'écriait Napoléon devant O'Méara, ne serait-il pas un barbare, un monstre ? Pour moi, je le regarderais comme plus méchant que celui qui donne du poison à un autre, car il est probable que celui-ci est toujours excité par l'appât de quelque gain, tandis que le premier ne serait poussé que par la plus noire atrocité et qu'il serait capable de commettre tous les crimes... Ce buste vaut pour moi un million, quoique ce gouverneur ait dit avec mépris que ce serait beaucoup de donner cent louis de cela !... » Comme O'Méara s'étonnait un jour de ce que l'Impératrice n'eût rien fait pour obtenir la délivrance de l'Empereur : « J'ai, répliqua vivement Napoléon, toujours eu lieu de me louer de la conduite de ma bonne Louise, et je pense qu'il est entièrement hors de sa volonté de rien faire pour me secourir. » Ainsi, éclairé ou non sur la conduite de Marie-Louise, il ne se permettait aucun reproche contre elle et la défendait généreusement en toute occasion.

Le gouvernement de la Restauration redoutait encore l'ex-Empereur, même à Sainte-Hélène. Il paraît qu'en mars 1817, les journaux des Pays-Bas insérèrent une lettre apocryphe de Napoléon à la maréchale Ney. « Le prince de Metternich, écrivait le marquis de Caraman au duc de Richelieu, en m'en parlant avec toute l'humeur qu'une pareille effronterie peut donner, m'a reproché encore que nous ne nous mettions pas assez en avant pour obtenir justice d'un gouvernement assez faible ou assez fort pour se permettre chez lui de pareilles attaques. » M. de Caraman avait répondu que la présence des armées d'occupation était un obstacle pour une telle démonstration. Il était vraiment impossible de montrer trop de mécontentement, quand on se trouvait hors d'état de faire respecter son autorité. Cependant, le prince de Metternich blâma la modération du cabinet français. Il soutint « qu'il fallait forcer les puissances à adopter des mesures violentes et efficaces, en les mettant au pied du mur; que la seule manière était de déclarer que le Roi ne pouvait supporter plus longtemps des insultes outrageantes pour sa dignité ». Il conseillait donc la rupture de toutes relations avec les Pays-Bas et un appel aux grandes puissances pour obtenir l'éloignement des sujets français proscrits. Il affirmait que l'Autriche et la Prusse soutiendraient ces revendications. Malgré ces audacieux conseils, le gouvernement de Louis XVIII n'osa point protester.

Un journal des États-Unis, l'*Abeille américaine,* contenait une lettre d'un sieur de Méraudet, datée de Hambourg, le 17 avril 1817, où cet individu affirmait que l'Empereur allait être transféré à Malte. Suivant lui, Bonaparte continuait à occuper l'attention publique. Un parti perfide faisait de grands efforts en Angleterre pour exciter l'intérêt en sa faveur. On le nommait sans cesse. On le mêlait à tout. On le faisait écrire. Ses courtisans s'occupaient aussi de son fils et en voulaient à la monarchie légitime (1). Cet article avait causé une certaine inquiétude au gouvernement, ainsi qu'une lettre du général

---

(1) Archives nationales, F⁷ 6668.

de Montholon qui circulait secrètement et que la police recherchait avec soin. Le 11 juin, le chevalier Artaud crut devoir écrire au ministre des affaires étrangères de France qu'il était étonné de voir, dans l'*Almanach militaire* de la monarchie autrichienne, le nom de François-Joseph-Charles, prince de Parme. Il en avait parlé au duc de San-Carlos, qui lui avait répondu : « Il ne faut pas s'étonner que l'on ait donné encore au fils de Marie-Louise le titre de prince de Parme. Il est convenu qu'il aura ce titre, parce qu'on évite de lui donner celui de Napoléon ou celui de Buonaparte. Sans cela, le prince de Metternich dit qu'il ne sait comment le nommer, et le prince ajoute que ce titre de prince de Parme ne doit laisser rien préjuger sur la question de réversibilité du duché de Parme à la branche de Bourbon qui régnera sur cet État, question qui pourra s'élever à la mort de Marie-Louise... » Le chevalier Artaud ajoute : « Samedi dernier, pendant que je me promenais à Schœnbrunn avec M. de Schrœbel, un garde nous prévint que l'archiduc se promenait. Nous rencontrâmes, en effet, le fils de Marie-Louise avec un sous-gouverneur et un domestique (1). » Ainsi, le roi de Rome n'était plus qu'un archiduc !... Mais officiellement on l'appelait prince de Parme. On ne pouvait tolérer cela. Aussi, le 22 juin, Artaud apprit-il avec joie que, dans l'*Almanach impérial et royal* de l'État, à l'article intitulé : *Direction officielle du fils de Marie-Louise*, on avait supprimé ce titre qui l'offensait. « J'ai fait part, dit-il, de cette circonstance à M. le duc de San-Carlos, qui s'en est montré étonné et charmé (2). »

Un bruit singulier courait depuis quelque temps, et le chevalier Artaud n'avait pas hésité à s'en faire le propagateur. « Des rumeurs sourdes, écrivait-il à Paris, portent à croire que le prince de Metternich dira à Rome quelques mots sur la possibilité d'une déclaration de divorce entre Marie-Louise et Napoléon. On pense, ajoutait-il, que la France appuyerait de tout son pouvoir cette négociation, qui serait complétée

---

(1) Archives des Affaires étrangères, *Vienne*, 1817.
(2) *Ibid.*

par un mariage entre Marie-Louise et l'archiduc Reinier(1). » Cela n'était qu'une fausse nouvelle. La vérité est que si Marie-Louise avait pu divorcer, c'eût été pour former des liens légaux avec le comte de Neipperg, qui lui était devenu aussi cher qu'indispensable. En attendant, l'Autriche continuait à poursuivre Napoléon de sa haine, jusque dans sa famille qu'on redoutait surtout à cause de certaines menées en Italie. Certains disaient que le roi de Rome allait, un jour ou l'autre, être mis à la tête de ce royaume. Aussi le prince de Metternich était-il d'avis (2) que Lucien fût obligé de se rendre en surveillance, jusqu'à nouvel ordre, dans une ville du nord de l'Italie. Quelque temps après, il exprimait au baron de Vincent le regret que les puissances n'eussent pas encore adopté, envers les partisans de la Révolution française, une conduite uniforme(3). Metternich invitait donc le gouvernement français à prendre des mesures de circonstance. « Le seul remède, disait-il, est dans un accord parfait avec toutes les puissances pour étouffer partout cet esprit révolutionnaire que les derniers trois mois de règne de Napoléon en France ont développé avec plus de force et de danger qu'il n'en avait dans les premières années de la Révolution française... » En conséquence, les ministres des quatre Cours alliées décrétaient l'obligation, pour les individus compris dans les diverses listes de proscription du 24 juillet 1815, de se rendre en Autriche, en Prusse ou en Russie. On exceptait de cette mesure « Mme Joseph Bonaparte, aussi longtemps que sa conduite continuerait à être irréprochable ». Il est vrai que, d'autre part, on n'était point rigoureux pour les régicides, « vu l'âge avancé, les infirmités et le peu de fortune de la plupart d'entre eux (4) ».

Le 10 juin 1817, les alliés statuaient enfin sur la succession des duchés. L'infant don Charles-Louis, fils de la duchesse de

---

(1) Archives des Affaires étrangères, *Vienne*, 1817.
(2) 2 juin 1817. Affaires étrangères, vol. 1803.
(3) 22 juin. *Ibid.*
(4) 10 juillet. *Ibid.*

Lucques, ancienne reine d'Étrurie, devait être l'héritier de Parme, Plaisance et Guastalla, à la mort de Marie-Louise (1). Cette fois, on violait ouvertement le traité de Fontainebleau et, plus particulièrement, l'article 5, qui avait stipulé la réversibilité des duchés sur le roi de Rome. On se bornait à promettre à l'enfant une dotation pécuniaire. Cela parut suffisant à Marie-Louise, car nous trouvons plus tard cet aveu dans une lettre intime : « Le sort et l'avenir de mon fils ont été fixés... Vous savez que ce n'était jamais ni des trônes, ni des États que j'ambitionnais pour mon enfant, mais je lui souhaitais d'être le plus riche et aimable particulier de l'Autriche. Mon premier souhait a été rempli par le traité du 10 juin, et je jouis d'une douce consolation, en pensant que je pourrai à présent fermer les yeux tranquillement, dans la persuasion qu'après moi mon fils ne sera ni abandonné, ni par le manque de fortune sous la dépendance de qui que ce soit (2)... » Son fils n'était même plus le prince de Parme, mais « un riche particulier », et cela lui semblait bien. Le conseiller de Metternich, Gentz, ne pensait pas de même. Dans une dépêche aux hospodars de Valachie, il s'occupait longuement de la question, et il révélait des faits curieux qui donnaient entre autres un démenti à l'assertion de Metternich relevée plus haut. Il rappelait que l'affaire des duchés avait été l'une des plus contestées pendant le congrès de Vienne (3). La clause spéciale du traité de Fontainebleau aurait été annulée, si l'empereur Alexandre n'avait défendu les droits de Marie-Louise et de son fils « avec une chaleur tout à fait chevaleresque ». Son intervention puissante avait amené la cession temporaire de Parme pour l'ex-Impératrice. La reine d'Étrurie avait eu Lucques à titre de compensation. Mais l'Espagne,

---

(1) Ce petit prince avait écrit, sous la dictée de sa mère, à Napoléon, le 24 juillet 1807 : « Sire, maman me parle toujours de vous. Je vous aime et je veux vous connaître. En attendant, envoyez-moi votre portrait, qu'il y a longtemps que maman souhaite et que vous lui avez promis. » (*Le royaume d'Étrurie*, par P. MARMOTTAN.)

(2) *Correspondance de Marie-Louise*, 13 octobre 1817.

(3) Voir ANGEBERG, *le Congrès de Vienne*, t. I et II.

comme on l'a déjà vu, avait protesté et refusé son adhésion à la résolution du Congrès et au traité de Paris. « L'été dernier, continue Gentz, le gouvernement anglais, gêné dans toutes ses relations avec l'Espagne, par la position isolée de cette puissance, et très désireux, en même temps, de fixer le sort futur de Parme et de Plaisance et l'existence problématique du petit Napoléon, sollicita vainement le cabinet de Vienne de mettre en train la négociation prévue et stipulée par l'article du Congrès. » Cet article avait remis à une négociation ultérieure le règlement de la succession de Parme et de Plaisance. L'affaire était délicate et pénible pour François II. En effet, l'intérêt politique de l'Autriche était lésé par la succession d'une branche des Bourbons à Parme et Plaisance. De plus, il paraissait un peu déloyal de dépouiller de tous les droits éventuels, créés par le traité de Fontainebleau, un enfant qui, bien que fils de Napoléon, ne cessait pas d'être le petit-fils de l'empereur François. Mais la France et l'Angleterre considéraient toujours comme un sujet d'alarmes la succession de cet enfant, même dans un État de peu d'importance (1). Le cabinet de Vienne, plus intéressé que tout autre à la tranquillité de l'Italie et à la stabilité du système que l'on venait d'y fixer, n'était pas lui-même sans inquiétude sur l'effet que la succession éventuelle du jeune Napoléon pourrait produire sur l'esprit des Italiens. L'empereur d'Autriche s'était enfin décidé à déclarer qu'il abandonnait l'héritage des duchés à la branche des Bourbons de Parme et qu'il ferait « un autre sort au jeune Napoléon ». Le cabinet anglais avait pu croire la question tranchée, mais une nouvelle difficulté allait bientôt surgir. Ici Gentz nous apporte des renseignements inédits.

(1) Lorsque le traité du 17 juin fut connu en France, le Protocole proposa, puisque la succession de Parme était assurée à la reine d'Étrurie et à son fils, de rétablir l'article PARME dans l'*Almanach* de 1818. « On placerait d'abord, disait une note officielle, l'archiduchesse Marie-Louise comme duchesse de Parme, puis la reine d'Etrurie et son fils comme héritiers présomptifs et éventuels. » Le ministre y consentit. (Affaires étrangères, *Parme*, vol. 5.) — On poussa la condescendance plus loin, car, en 1819, on mit après le nom de Marie-Louise celui du « lieutenant général comte de Neipperg, chevalier d'honneur de Sa Majesté ».

Pendant les dernières semaines de son séjour à Vienne, l'empereur Alexandre, ayant plusieurs fois conféré avec Marie-Louise, s'était réellement passionné pour ses intérêts. Il avait chargé une personne de confiance de dire à Metternich qu'il avait promis à l'ex-Impératrice de défendre non seulement sa cause, mais encore celle de son fils, et qu'il fallait assurer au roi de Rome la succession de Parme et Plaisance. Metternich fit les objections que l'on devine : résistance de la France et de l'Angleterre, etc. Alexandre insista. Metternich montra encore quelque opposition. Alors Alexandre fit rédiger « une convention secrétissime par laquelle la Russie, l'Autriche et la Prusse s'engageaient à unir leurs efforts pour faire décider la question de Parme et Plaisance en faveur du jeune Napoléon ». L'Autriche finit par accéder à cette convention, qui fut signée entre les trois puissances, peu de jours avant le départ d'Alexandre. Le secret fut bien gardé. Mais lorsque l'Angleterre pressa les négociations relatives à Parme, Metternich ne put dissimuler un certain embarras. Il accepta toutefois d'examiner la question. Au mois de janvier 1816, lord Cathcart ayant proposé au cabinet de Saint-Pétersbourg de s'occuper de cette affaire, l'empereur de Russie dit à ce diplomate « qu'il ne pouvait entrer dans cette question, avant de s'être concerté avec la cour de Vienne, avec laquelle il avait des engagements particuliers ». Cette réponse produisit une certaine sensation à Londres. Elle éveilla des soupçons. Lord Stewart voulut avoir des éclaircissements précis et questionna le cabinet de Vienne. Metternich se décida à lui confier la convention secrétissime et le mit au courant des circonstances qui l'avaient provoquée. Il ajouta cependant qu'il regardait « cette pièce comme non avenue » ; que les dispositions de l'Empereur son maître et les siennes étaient les mêmes qu'en octobre 1815 et qu'il était prêt à charger le général Vincent de négocier sans retard. « La franchise de Metternich couvrit ce que la convention secrète de 1815 aurait pu avoir d'offensant pour l'Angleterre. » La cour de Londres se contenta de cette déclaration. Afin de rétablir de meilleures relations avec l'Espagne, le Tsar céda à son tour et la succession de Parme et Plaisance revint à l'héritier de la reine d'Étrurie. Telle fut la volte-face de l'Autriche qui amena nécessairement la Russie à modifier ses premiers desseins. Gentz, en exposant l'affaire, se défend de critiquer son gouvernement. Il reconnaît que son maître et son ministre ont eu des motifs impérieux pour ce changement d'attitude. Mais il ajoute, avec une ironie évidente, que si le dénouement de l'affaire de Parme lui inspire des regrets, il s'en console par le désintéressement et par la générosité de l'Autriche, si rares dans les transactions politiques. « Le jeune Napoléon, dit-il, n'est même pas nommé dans le traité sur la succession de Parme. Il est exclu tacitement de par le fait. L'Empereur, sans rien stipuler à son égard envers personne, se charge du sort de ce malheureux enfant. » Il paraissait lui promettre des terres en Bohême et un apanage décent. Gentz ajoute : « La mère en sera inconsolable. Après les promesses magnifiques de l'empereur Alexandre, elle ne pouvait guère entrevoir une issue pareille. Les grands intérêts du monde en ont autrement ordonné (1). » Or, Marie-Louise exprimait ainsi son sentiment au sujet de cette solution : « J'avoue que cette dernière m'a fait bien du plaisir (2)... ».

La Russie paraissait s'être rapprochée de la France, comme le montre la dépêche du chevalier Artaud au ministre des affaires étrangères, et dans laquelle ce diplomate racontait ainsi son entrevue avec le comte de Stachelberg, le 18 août 1817. « Pour nous, disait Stachelberg, la France ne saurait être trop grande, trop puissante ; nous le disons, nous le prêchons, on ne nous écoute pas... Vous êtes heureux encore d'avoir à Paris M. Pozzo di Borgo ; il vous est bien dévoué... » Puis, faisant allusion au congrès d'Aix-la-Chapelle : « Alors l'Empereur parlera à M. de Richelieu devant tous les princes. Il lui montrera son âme. Il a une âme, l'Empereur ; qu'on le laisse faire! Ici, que vous promet-on? — On est très convenablement avec nous. La Russie nous aime, elle doit nous aimer.

(1) Dépêches inédites aux hospodars de Valachie.
(2) *Correspondance intime*, p. 199, 200.

Elle veut nous faire du bien, elle veut nous en faire la première, et je dirai presque, la seule. Elle est jalouse. Dans toutes les concessions, elle désire qu'on sache qu'elle a parlé d'abord, mais il ne faut pas paraître compter après elle sur l'Angleterre, ni sur l'Autriche. Une conversation avec un ministre russe est d'un grand danger. Il accable de compliments, mais il faut qu'on épouse tous ses dépits (1). » Voilà pour la Russie ; voyons maintenant pour l'Autriche. Amené à parler de Gentz, Artaud disait à Richelieu, le 19 octobre : « M. de Gentz est un personnage très remarquable, dans lequel il se trouve deux individus, deux caractères et deux points de départ bien distincts. Il a d'abord été homme de lettres, et ensuite il a dirigé ses méditations vers les études diplomatiques. Il a servi de sa plume la Prusse et l'Autriche, mais le politique n'a pas cessé d'être homme de lettres. On voit bien que son premier état est d'avoir de l'esprit (2), de plaire, de chercher à persuader, de bien parler, de dire tout ce qui est susceptible d'être exprimé avec vivacité, ce qui a du piquant, du naïf, du charme ; il est aisé de s'apercevoir que quelquefois il est tout à fait à sec dans la connaissance des affaires, et qu'alors il n'a plus d'autre secours qu'une sagacité très exercée, à l'aide de laquelle il surprend ce qu'on ne lui a pas confié dans le cabinet de Vienne. » Enfin Artaud informait M. de Richelieu, le 14 novembre 1817, que Gentz lui avait fait cette confidence : « Vous comptez sur la Russie, mais n'y comptez

---

(1) Archives des Affaires étrangères, *Vienne*, vol. 398.
(2) Ce n'était pas seulement de l'esprit que recherchait Gentz, c'était encore de l'argent. Il a été un des écrivains les plus pensionnés de l'Europe, et il a reçu de toutes mains, sans vergogne. Voici ce que contenait son *Journal* (t. II), à la fin de 1816 : « *Finita la commedia* pour 1816. Année brillante dans l'histoire de ma vie. Rétablissement de ma santé, affaires importantes, perspectives riches. Je suis content de moi-même, jouissant de beaucoup de choses et me moquant du reste. » Ailleurs, il fait complaisamment le compte de ses gains et il s'en vante. Ainsi, en 1814, il a récolté en bénéfices extraordinaires 48,000 florins, dont 24,000 du roi de France remis par Talleyrand. Il fait un jour savoir à notre ambassadeur à Vienne « qu'une augmentation pécuniaire de 250 ducats sera reçue avec une très vive reconnaissance et qu'on y attachera au moins autant de prix qu'on pourrait le faire à une décoration dont on n'a déjà que trop ». (Affaires étrangères, *Vienne*, vol. 404.)

pas. Elle vous poussera et ne fera que de faibles efforts pour vous. Savez-vous qui décidera tout ? — car voilà la question. — La Prusse! » Puis il disait, quelques jours après, qu'il avait vu le secrétaire particulier de Metternich. Celui-ci avait voulu faire insérer dans le *Beobachter* un article de l'*Allgemeine Zeitung*, n° 137. « Dans cet article, qui est très bien fait et dans un sens favorable à votre ministère, on parle des différents partis de la France, entre autres des bonapartistes, et l'on dit que ceux-ci n'ont plus de crédit et sont peu à redouter. J'ai donc voulu faire insérer cet article, et la censure de la chancellerie s'y est opposée, mais l'article paraîtra deux jours plus tard (1). » Les diplomates se dénonçaient entre eux. Caraman mandait à Richelieu, le 5 décembre 1817, que le comte de Stachelberg avait « de vraies inquiétudes sur la sincérité de Metternich » (2).

La France avait donc à se défier aussi bien de l'Autriche que de la Russie et des autres puissances, car leur sympathie n'était qu'apparente. Pendant qu'elle cherchait par son gouvernement quelque appui en Europe contre les menées bonapartistes qu'elle redoutait plus que jamais, pendant que Louis XVIII et ses ministres ne trouvaient pas Napoléon assez éloigné et assez surveillé, un seul monarque, négligeant les offenses reçues, — et Dieu sait si elles avaient été longues et douloureuses ! — un seul, le pape Pie VII, intercédait en faveur du captif de Sainte-Hélène. Il mandait de Castel-Gandolfo, le 6 octobre 1817, à Consalvi, que la famille de Napoléon lui avait fait connaître les souffrances de l'Empereur à Sainte-Hélène. Il l'invitait à écrire en son nom aux souverains alliés, et notamment au prince régent, pour les prier d'adoucir les rigueurs de son exil. Il se souvenait qu'après Dieu c'était à Napoléon qu'on devait le rétablissement de la religion en France. « Savone et Fontainebleau, ajoutait-il, ne sont que

(1) Il y était question d'une fausse protestation de Marie-Louise. Voir plus haut, ch. VII.
(2) Gentz ajoutait dans un autre accès de franchise : « Faites des vœux pour que la France et l'Autriche ne s'entendent jamais ! » (Affaires étrangères, *Vienne*, vol. 398.)

des erreurs de l'esprit et des égarements de l'ambition humaine (1). » Cette noble et touchante intervention d'un pontife qui avait été l'objet des plus indignes traitements de la part de l'Empereur, suffit pour montrer ce que peut une religion où le pardon est considéré comme une vertu. Pie VII avait demandé aux ennemis de Napoléon une grâce qu'ils refusèrent. Ils eurent tort. Ces souverains, qui se disaient les représentants de Dieu sur la terre, qui parlaient en toute occasion des principes sacrés et du droit éternel, oubliaient que leur premier devoir était la clémence et que manquer à ce devoir, c'était exposer leurs propres dynasties aux périls d'un avenir plus ou moins éloigné. Mais leurs passions parlaient plus haut que leurs consciences (2). Après avoir éloigné pour jamais Napoléon de la France, ils allaient entourer le roi de Rome d'une surveillance inquiète et jalouse. L'Angleterre s'était constituée le geôlier du père; l'Autriche se constituait le geôlier de l'enfant.

(1) Voy. *L'Église romaine et le premier Empire,* par le comte D'HAUSSONVILLE, t. V, p. 347. — Le *Journal de Luisbourg* et l'*Abeille américaine* ont publié, en novembre 1817, une autre lettre attribuée à Pie VII et adressée par lui à Alexandre. Après examen de cette lettre et après de minutieuses recherches faites à Rome par l'entremise très obligeante de Mgr Celli, je me suis convaincu que cette pièce était apocryphe. (Archives nationales, F⁷ 6668.)

(2) Le bruit courut plus tard qu'Alexandre aurait reproché à Napoléon de ne pas s'être adressé à la générosité de la Russie : « Il le pouvait, aurait-il dit, et s'il l'avait fait, il serait peut-être encore Empereur des Français. » (*Mémoires d'un homme d'État,* t. XII.)

CHAPITRE XI

LE DUC DE REICHSTADT

(1818-1820)

Dans une conférence tenue à Paris le 4 décembre 1817, en présence du duc de Richelieu, des ambassadeurs d'Espagne et d'Angleterre, des ministres de Prusse et de Russie, le ministre d'Autriche avait fait, au nom de sa Cour, la déclaration suivante :

« S. M. l'Empereur, croyant qu'il est de l'intérêt général de fixer le sort du prince François-Charles, fils de S. M. l'archiduchesse Marie-Louise, duchesse de Parme, Plaisance et Guastalla, au moment où la succession dans ces duchés vient d'être réglée définitivement entre les six cours appelées par l'article 99 de l'Acte du Congrès de Vienne à prendre en considération et à fixer les termes de cet arrangement, annonce aux cinq autres puissances ses intentions suivantes :

« Sa Majesté Impériale et Royale Apostolique s'est décidée à renoncer pour Elle et ses successeurs, en faveur du prince François-Charles et de sa descendance directe et masculine, à la possession des terres de Bohême connues sous le nom de bavaro-palatines, possédées aujourd'hui par S. A. I. et R. le grand-duc de Toscane, lesquelles terres devaient, en vertu de l'article 101 de l'Acte du Congrès, rentrer dans le domaine particulier de Sa Majesté Impériale et Royale Apostolique, à l'époque de la réunion du duché de Lucques au grand-duché de Toscane. La réversion de ces terres au domaine particulier de Sa Majesté Impériale n'aura, en conséquence, lieu qu'après le décès du prince François-Charles, s'il ne devait point laisser de descendance directe et masculine, et dans le cas contraire, après l'extinction de cette descendance. » Cet acte particulier avait donc conféré au jeune prince la propriété éventuelle de terres en Bohême, dont les revenus étaient estimés à cinq cent mille francs environ. Mais le roi de Rome ne devait posséder cet apanage qu'après la mort de Marie-Louise. Pour le moment, celle-ci était obligée de subvenir à ses besoins par ses revenus de Parme, Plaisance et Guastalla.

En attendant un titre et un rang, le petit prince vivait auprès de son grand-père, sans prévoir quel serait son avenir.

Sa mère n'avait d'autre préoccupation que d'écarter les personnes qui venaient de France en Italie avec l'intention de l'approcher. Sa vigilance allait même plus loin. Elle avait su, entre autres, qu'un sieur Hennequin composait un ouvrage sur les campagnes de Bonaparte et qu'il avait l'intention de l'offrir à son fils. Elle lui fit défendre d'en envoyer un seul exemplaire à Parme (1). Cependant elle était moins rigoureuse pour d'anciens amis, comme Méneval, car le 30 janvier 1818, elle lui écrivait pour le remercier de ses vœux. Elle se disait parfaitement heureuse et contente de la situation dans laquelle elle se trouvait (2). Sur ces entrefaites, M. de Las Cases ayant écrit à Marie-Louise, il fallut que le prince de Metternich permît à la duchesse de répondre à celui qui avait montré tant de fidélité à Napoléon après sa chute. « Si Mme l'archiduchesse, lui mandait-il, se décide à écrire un peu de lignes à M. de Las Cases, je me chargerais de lui faire remettre, à son arrivée en Autriche, la lettre de Sa Majesté par une personne de confiance qui aurait l'ordre de lui déclarer que Mme l'archiduchesse, en trouvant du plaisir à lui donner cette marque d'intérêt, exige de lui sa parole qu'il n'en fasse aucun usage et qu'il tienne sa parole secrète pour tout le monde sans exception... » Il est peu probable que l'insouciante duchesse ait vu M. de Las Cases. La seule présence

---

(1) Archives des Affaires étrangères.
(2) *Ibid.*

de ce bon Français aurait augmenté ses remords, car elle en avait, quoiqu'elle parût s'en défendre.

M. de Caraman donnait, le 22 février, au duc de Richelieu quelques détails sur le fils de Marie-Louise et sur son avenir. Il affirmait que lui, ambassadeur français, aurait été prêt à faire à M. de Metternich les plus vives représentations, si le ministère autrichien avait semblé stipuler quelque avantage pour la descendance future du prince. « J'ai la satisfaction de pouvoir vous assurer qu'il n'y sera pas dit (dans le décret d'apanage que l'on préparait) un mot de succession ni de descendance, et tout se bornera aux dispositions qui lui sont personnelles. » L'ambassadeur apprenait à son gouvernement, au sujet de l'enfant impérial, une nouvelle assez surprenante. « Il paraît, assurait-il, que l'intention est de le réserver à l'état ecclésiastique, mais on ne veut pas l'annoncer d'avance (1). » Le duc de Richelieu répondait, deux semaines après : « Les nouveaux détails que vous transmettez sur le projet d'établissement dont la cour de Vienne s'occupe pour le fils de l'archiduchesse Marie-Louise, et l'intention qu'on paraît avoir de le destiner à l'état ecclésiastique, seraient de nature à nous convenir parfaitement. » Le duc était enchanté de cette nouvelle, et voici pourquoi : « Nous ne pouvons qu'applaudir à des dispositions qui ôteront à la malveillance un élément auquel elle aurait peut-être su donner de la valeur... » Ainsi qu'on l'avait fait jadis pour les fils des anciens rois francs, il eût fallu mettre le fils de Napoléon dans un cloître, afin de rassurer la France et ses alliés. A défaut d'un cloître, on lui donnera un palais dont les grilles et les murs seront tout aussi solides et aussi infranchissables. Mais pendant ce temps, le prince, poussé par ses instincts de race, manifestait un goût accentué pour tout ce qui était militaire. Il avait à peine sept ans, qu'il se plaçait gaiement avec un petit fusil à la porte du cabinet impérial et rendait les honneurs aux personnages qui se présentaient chez son grand-père. Il apprenait le manie-

---

(1) Archives des Affaires étrangères, *Vienne*, 1818.

ment des armes avec ardeur. Quand on lui donna, pour le récompenser, les insignes de sergent, il montra la joie la plus vive. Qu'aurait dit son glorieux père en le voyant si empressé, dès l'enfance, à témoigner de son goût et de ses aptitudes pour la carrière militaire? Il eût reconnu son propre sang. Mais s'il avait vu l'enfant impérial avec l'uniforme autrichien, il n'eût pu longtemps supporter un tel spectacle. Ce qu'il avait voulu écarter semblait s'accomplir. Son fils bien-aimé devenait un étranger. Toutefois la douleur de Napoléon eût trouvé quelque vengeance dans l'attitude des étrangers à l'égard du nouveau gouvernement. On avait dit à tous que la présence de l'Empereur sur le sol français était la seule cause de leur ressentiment, et voilà que, Napoléon disparu, les alliés continuaient à se défier de la France et du Roi. « Lord Wellington, constatait Gentz en février 1818, n'a jamais aimé les Français, et je l'ai entendu plus d'une fois parler de cette nation avec un sentiment mal déguisé de haine et de mépris. Il regarde les efforts qu'ils font pour se relever de leur humiliation comme une espèce de révolte contre leurs vainqueurs (1). » L'Autriche affectait les mêmes sentiments, et M. de Caraman, notre ambassadeur à Vienne, avait à endurer parfois de M. de Metternich des observations fort désagréables pour l'amour-propre et l'indépendance des Français (2).

Marie-Louise était enfin venue au mois de juillet passer quelques jours auprès de son père et de son fils. C'était le moment où Napoléon, contraint par l'Angleterre de se séparer du docteur O'Méara, lui donnait un mot d'introduction auprès de sa femme, et le rédigeait ainsi : « S'il voit ma bonne Louise, je la prie de lui permettre qu'il lui baise les mains! » Puis il ajoutait de vive voix : « Si vous voyez mon fils, embrassez-le pour moi. » Et répétant le conseil qu'il ne se lassait jamais de donner : « Qu'il n'oublie jamais

---

(1) GENTZ, Dépêches inédites aux hospodars de Valachie. — Il ne faut pas oublier que lord Chatam disait déjà en 1764 : « Que deviendrait l'Angleterre si elle était toujours juste envers la France?... Craignez, réprimez la maison de Bourbon ! »

(2) Archives des Affaires étrangères, *Vienne*, vol. 399.

qu'il est né prince français ! » Sa dernière recommandation était celle-ci : « Faites tous vos efforts pour m'envoyer des renseignements authentiques sur la manière dont mon fils est élevé. » O'Méara n'était pas encore parti que l'Autriche imposait un nouveau nom au fils de Napoléon. Le 22 juillet, par quatre patentes impériales, François II, empereur d'Autriche, roi de Jérusalem, de Hongrie, de Bohême et autres lieux, déclarait se trouver, par suite de l'Acte du Congrès de Vienne et des négociations avec ses hauts alliés, dans le cas de déterminer le titre, les armes, le rang et les rapports personnels du prince François-Charles-Joseph, fils de sa bien-aimée fille Marie-Louise, archiduchesse d'Autriche, duchesse de Parme, Plaisance et Guastalla. L'Empereur lui donnait donc le titre de « duc de Reichstadt » avec celui d'Altesse Sérénissime. Il lui permettait de se servir d'armoiries particulières, savoir : de gueule à la face d'or, à deux lions passans d'or, tournés à droite, l'un en chef et l'autre en pointe, l'écu oval posé sur un manteau ducal et timbré d'une couronne de duc ; pour supports, deux griffons de sable armés, becquetés et couronnés d'or, tenant des bannières sur sur lesquelles étaient répétées les armes ducales. Les griffons de sable remplaçaient les aigles impériales, et la couronne de duc, celle d'empereur. Le duc de Reichstadt devait prendre rang à la cour d'Autriche immédiatement après les princes de la famille impériale et les archiducs d'Autriche. La seigneurie de Reichstadt, située dans le royaume de Bohême, autrefois possession bavaro-palatine, et qui appartenait à l'archiduc Ferdinand, avait été érigée en duché par les mêmes lettres patentes. En même temps, l'Empereur accordait au nouveau duc la jouissance, sa vie durant, des terres bavaro-palatines en Bohême, savoir la seigneurie de Tachlowitz, la terre de Gross-Bohen, les seigneuries de Kasow, de Kron-Porzistchen et Ruppau, les seigneuries de Plosskowitz, de Buschtierad et de Reichstadt, les terres de Misowitz, Sandau, Tirnowan, Schwaden et Swoleniowes, et la maison numéro 182, située au Hradschin, avec toutes leurs appartenances, meubles, immeubles et droits y attachés. Les patentes ne qualifiaient le duc de Reichstadt que sous le nom de prince François-Charles-Joseph, fils de l'archiduchesse Marie-Louise. On ne disait pas un mot de son père, comme si l'enfant fût né d'un père inconnu... M. de Montbel, étonné, en parla plus tard au prince de Metternich, qui voulut bien lui répondre qu'il fallait, pour juger une telle détermination, se placer dans la situation même et se reporter à l'époque où elle avait été prise (1). Ainsi Metternich l'engageait à reculer, par la pensée, jusqu'à l'époque où l'Europe s'était levée pour reconquérir son indépendance et se défendre contre Napoléon échappé de l'île d'Elbe. La victoire n'avait point apaisé la fureur des peuples. L'Allemagne, indignée, regardait sa haine contre Napoléon comme un *lien de vertu* qui devait unir les peuples. Le nom de l'oppresseur inspirait à tous un même sentiment d'horreur; l'Europe venait de reconnaître « combien il y avait eu danger pour elle de laisser à un guerrier si entreprenant le prestige attaché au titre d'empereur ». En donnant à tous les rois et souverains créés par lui le nom de Napoléon, l'empereur des Français en avait fait une dénomination de dynastie à laquelle il attachait une signification de puissance et d'autorité. « L'empereur d'Autriche, qui avait déjà sacrifié toutes ses affections à la sûreté et au bonheur de ses sujets, avait à cœur de leur prouver, ainsi qu'à l'Europe, que, dans aucune situation, ses sentiments paternels ne l'emporteraient sur ses principes et son amour pour ses peuples. » Remarquez que c'est là une phrase, pour ainsi dire, stéréotypée. S'agit-il pour François II de manquer aux engagements résultant de l'alliance entre la France et l'Autriche, ou aux promesses solennelles de l'alliance de famille faite entre lui et Napoléon, de méconnaître les intérêts de sa fille et de son petit-fils, c'est toujours en vertu des principes et de l'amour pour ses peuples. Il ôta donc au jeune prince son nom de dynastie, comme il lui avait refusé le titre d'empereur, « pour que, dès lors, des noms,

---

(1) Voy. Montbel, p. 104 à 106.

tous consacrés en Autriche, prouvassent qu'il ne serait plus désormais qu'un prince autrichien ».

La crainte que Napoléon avait éprouvée, et qu'il venait de manifester récemment encore devant son entourage, semblait devenir une réalité. Mais, qu'on y prenne garde ; ce ne sont là que des dehors fallacieux. On se tromperait beaucoup si on leur attachait plus d'importance qu'ils n'en méritent. Sans aucun doute, le prince impérial ne s'appellera plus Napoléon, mais il gardera l'amour de son père, l'amour de la France. Malgré les froids et habiles calculs de la diplomatie autrichienne, la flamme qui anime ce jeune cœur ne s'éteindra qu'avec son dernier souffle. On aura beau donner au fils de Napoléon des maîtres allemands et une éducation allemande, le faire vivre dans un air et dans un milieu allemands; il voudra être et il restera Français, tant il est vrai que les liens mystérieux formés par Dieu, sur le sol qui prend le doux nom de patrie, ne se dénouent qu'avec la mort.

Le 2 août, M. de Saint-Mars envoyait au duc de Richelieu le rescrit par lequel étaient déterminés les nouveaux noms et titres du fils de la duchesse de Parme. Le secrétaire de l'ambassade française à Vienne en trouvait la rédaction « des plus simples et des plus convenables ». Le duc de Reichstadt était placé à peu près dans la même situation politique que le duc de Leuchtenberg, sans avoir aucun droit de souveraineté (1). Quelques jours après, le duc de Richelieu adressait au baron de Vincent, ministre plénipotentiaire d'Autriche, l'adhésion du gouvernement français à l'accession de la duchesse de Parme à l'Acte du Congrès de Vienne. Il faisait toutefois remarquer que le gouvernement l'admettait uniquement par esprit de conciliation, mais sans que cela tirât à conséquence pour les actes de même nature qui pourraient lui être présentés à l'avenir. Le chargé d'affaires de Florence, M. de Fontenay écrivait de son côté, à la même date, au duc de Richelieu, que le grand-duc de Toscane n'avait fait

(1) Affaires étrangères, *Vienne*, 1819. — Il s'agissait du prince Eugène, qui avait obtenu la principauté d'Eischtedt avec le titre de duc de Leuchtenberg.

aucun obstacle à la cession des terres bavaro-palatines au fils de Marie-Louise. Quant à la duchesse de Parme, elle avait paru « extrêmement sensible » au nouveau titre qui venait d'être accordé à son fils. « Le comte de Neipperg, ajoutait Fontenay dans la lettre de remerciement écrite à ce sujet à M. le comte d'Appony (1), reconnaît que le titre actuel du jeune duc de Reichstadt est convenable, sous tous les rapports, à la naissance et au rang de ce prince, et qu'on ne pouvait rien faire qui fût plus agréable à Mme la duchesse de Parme (2). » Il paraît qu'on avait hésité entre le nom de comte de Multing et celui de duc de Reichstadt. Mais la duchesse de Parme avait qualifié le premier nom « de mauvaise plaisanterie ». Elle trouvait qu'à un fils d'empereur revenait au moins de droit le titre de duc. Ce titre que subit le gouvernement de Louis XVIII, parut cependant séditieux et capable d'exercer des troubles, puisque la police française imposa aux sieurs Laugier, parfumeurs à Paris, l'engagement de ne plus mettre en vente, sous le nom d'*Eau du duc de Reichstadt*, une essence qu'ils débitaient autrefois sous le nom d'*Eau du roi de Rome* (3). Le 29 août, le général Gourgaud, qui revenait de l'île Sainte-Hélène, adressa à Marie-Louise une lettre qui causa un certain trouble à Parme et à Vienne, les journaux anglais l'ayant publiée peu de temps après. La voici textuellement. Elle est d'une authenticité certaine et elle mérite d'être connue, car elle imprime à la mémoire de Marie-Louise une flétrissure méritée :

« MADAME,

« Si Votre Majesté daigne se rappeler l'entretien que j'ai eu avec Elle, en 1814, à Grosbois (4), lorsque, la voyant malheureusement pour la dernière fois, je lui fis le récit de tout

---

(1) Le comte d'Appony, ministre d'Autriche près la cour de Toscane, avait négocié au nom de l'Empereur l'affaire des terres bavaro-palatines auprès du grand-duc.
(2) Archives des Affaires étrangères, *Parme*, — cité par I. de Saint-Amand.
(3) Archives nationales, F^7 6884.
(4) C'était à la date précise du 24 avril.

ce qu'avait éprouvé l'Empereur à Fontainebleau, j'ose espérer qu'Elle me pardonnera le triste devoir que je remplis en ce moment, en lui faisant connaître que l'empereur Napoléon se meurt dans les tourments de la plus affreuse et de la plus longue agonie. Oui, Madame, celui que les lois divines et humaines unissent à vous par les liens les plus sacrés, celui que vous avez vu recevoir les hommages de presque tous les souverains de l'Europe, celui sur le sort duquel je vous ai vue répandre tant de larmes lorsqu'il s'éloignait de vous, périt de la mort la plus cruelle, captif sur un rocher au milieu des mers, à deux mille lieues de ses plus chères affections, seul, sans amis, sans parents, sans nouvelles de sa femme et de son fils, sans aucune consolation. Depuis mon départ de ce roc fatal, j'espérais pouvoir aller vous faire le récit de ses souffrances, bien certain de tout ce que votre âme généreuse était capable d'entreprendre ; mon espoir a été déçu : j'ai appris qu'aucun individu pouvant rappeler votre époux, vous peindre sa situation, vous dire la vérité, ne pouvait vous approcher ; en un mot, que vous étiez au milieu de votre cour comme au milieu d'une prison. Napoléon en avait jugé ainsi. Dans ses moments d'angoisse, lorsque pour lui donner quelques consolations nous lui parlions de vous, souvent il nous a répondu : « Soyez bien persuadés que si mon épouse ne fait aucun grand effort pour alléger mes maux, c'est qu'on la tient environnée d'espions qui l'empêchent de rien savoir de tout ce qu'on me fait souffrir, car Marie-Louise est la vertu même ! »

Privé de l'honneur de se rendre auprès d'elle, le général saisissait une occasion sûre pour lui faire parvenir cette lettre ; il espérait qu'il n'invoquerait pas en vain la générosité de son caractère et la bonté de son cœur. « Le supplice de Napoléon, disait-il, peut durer longtemps encore. Il est temps de le sauver. Le moment présent semble bien favorable : les souverains vont se réunir au congrès d'Aix-la-Chapelle, les passions paraissent calmées. Napoléon est loin d'être à craindre ; il est si malheureux que les âmes nobles ne peuvent que s'intéresser à son sort. Dans de telles circonstances, que Votre Majesté daigne réfléchir à l'effet que produirait une grande démarche de votre part; celle, par exemple, d'aller à ce congrès, d'y solliciter la fin du supplice de Napoléon, de supplier son auguste père de joindre ses efforts aux vôtres pour obtenir que votre époux lui soit confié, si la politique ne permettait pas encore de lui rendre la liberté. Lors même qu'une telle démarche ne réussirait pas en entier, le sort de Napoléon en serait bien amélioré. Quelle consolation n'éprouverait-il pas en vous voyant agir ainsi? Et vous, Madame, quel serait votre bonheur ! Combien d'éloges, de bénédictions vous attirerait une telle conduite, que vous prescrivent la religion, votre honneur, votre devoir; conduite que vos plus grands ennemis peuvent seuls vous conseiller de ne pas suivre! On dirait : Les souverains de l'Europe, après avoir vaincu Napoléon, l'ont abandonné à ses plus cruels ennemis; ceux-ci le faisaient mourir du supplice le plus long et le plus barbare; la durée de son agonie le réduisait à demander des bourreaux plus prompts. Il paraissait oublié et sans secours; mais Marie-Louise lui restait, et la vie lui a été rendue. Ah ! Madame, au nom de ce que vous avez de plus cher au monde, de votre gloire, de votre avenir, faites tout pour sauver votre époux; l'ombre de Marie-Thérèse vous l'ordonne!... Pardonnez-moi, Madame, pardonnez-moi d'oser vous parler ainsi ; je me laisse aller aux sentiments dont je suis pénétré pour vous; je voudrais vous voir la première de toutes les femmes !... »

Cette lettre, qui lui rappelait si éloquemment ses devoirs, ne fit qu'importuner Marie-Louise. Elle ne lui causa aucune émotion. Un journal anglais, inspiré par Metternich, osa dire que le général Gourgaud avait reçu de l'argent à la suite de sa missive, en même temps que l'ordre de ne plus faire de démarches. Cela était faux. En effet, le général indigné crut devoir écrire au directeur du journal anglais qui avait reproduit le bruit mensonger, ces quelques mots :

« Londres, 26 octobre 1818 (1).

« Dans une des colonnes de votre journal d'aujourd'hui, sous la rubrique d' « Aix-la-Chapelle, *correspondance particulière* », on lit : « Le général Gourgaud, qui a adressé dernièrement une lettre à Sa Majesté l'archiduchesse Marie-Louise, duchesse de Parme, pour lui demander d'user de toute son influence près du Congrès, en faveur de son époux et de son maître, *a reçu pour réponse à sa lettre une somme d'environ trente mille francs et, en même temps, l'ordre positif de ne plus, à l'avenir, entretenir Sa Majesté de ce sujet.* »

« Les deux dernières assertions, contenues dans cet article sont entièrement fausses ; la défense de dire la vérité n'est pas et ne pouvait pas être la réponse de la lettre confidentielle que j'eus l'honneur d'adresser à Sa Majesté le 29 août dernier. Cette supposition même est injurieuse au caractère bien connu de cette princesse. Il n'est pas vrai non plus que j'aie reçu de présent ; je n'ai reçu d'autre récompense de cette démarche que l'approbation flatteuse d'un certain nombre d'hommes respectables et la satisfaction que je goûte d'avoir satisfait à mes devoirs.

« J'ai l'honneur d'être, etc.

« Le général GOURGAUD.

« N° 22, Compton-Street, Brunswick-Square. »

Comme le comte de Neipperg et Marie-Louise s'étaient aussi préoccupés du général Gourgaud, Metternich crut devoir écrire à ce sujet à Neipperg lui-même : « Quant au général Gourgaud, je prie Votre Excellence de dire à Sa Majesté qu'il est à Hambourg ; que, pour le moment, il ne peut pas se rendre en Italie... » Metternich ajoutait que, pour le mettre hors d'état de nuire, l'Empereur consentait à lui accorder asile dans ses États. Je ne crois pas que Gourgaud eût demandé cet asile. Sa lettre et son attitude n'étaient pas faites d'ailleurs pour le lui assurer (2).

(1) Publiée par la *Bibliothèque historique*, t. IV, p. 201.
(2) La publication si impartiale et si fidèle de la *Campagne de 1815*, écrite à

A défaut de l'épouse ingrate, la mère de Napoléon s'était adressée directement et sans crainte, le 19 août, aux souverains réunis au congrès d'Aix-la-Chapelle. Elle leur disait : « Mon fils aurait pu demander asile à l'Empereur, son beau-père. Il aurait pu s'abandonner au grand cœur de l'empereur Alexandre, dont il fut jadis l'ami. Il aurait pu se réfugier chez Sa Majesté Prussienne, qui, sans doute, se voyant implorée, ne se serait rappelé que son ancienne alliance. L'Angleterre peut-elle le punir de la confiance qu'il lui a témoignée? » On objectait la raison d'État; mais cette raison avait ses limites... Le congrès d'Aix-la-Chapelle répondit que le maintien de Napoléon Bonaparte dans l'île de Sainte-Hélène était nécessaire au repos de l'Europe, « car c'était le pouvoir de la Révolution française, incarné dans un individu qui s'en prévalut pour asservir les nations sous le joug de l'injustice, que les alliés étaient heureusement parvenus à détruire ». En conséquence on devait plutôt renforcer qu'atténuer les dispositions propres à assurer la détention de l'ex-Empereur (1). Le protocole du 13 novembre établissait que toute correspondance avec le prisonnier de Sainte-Hélène, toute communication quelconque qui ne serait pas soumise à l'inspection du gouvernement britannique, serait regardée « comme attentatoire à la sûreté publique et qu'il serait porté plainte et pris des mesures contre quiconque se rendrait coupable d'une pareille infraction (2) ». Telle fut la réponse des alliés. Ils n'avaient d'ailleurs pas plus de pitié pour le fils et conseillaient secrètement de redoubler la surveillance à Schœnbrunn. Cependant l'Empe-

Sainte-Hélène en 1817, avait exaspéré contre le général Gourgaud le duc de Wellington, qui l'avait poursuivi de sa haine. Pendant plusieurs années, le général erra proscrit en Europe, sans pouvoir rentrer en France. Il y revint seulement le 20 mars 1821, grâce à la bienveillance de M. Pasquier, alors ministre des affaires étrangères. Il se défendit vigoureusement en 1827 contre les accusations de Walter Scott qui, dans son histoire romanesque de Napoléon, l'avait accusé d'avoir fait connaître au gouvernement anglais les projets d'évasion de l'Empereur. Il put affirmer et prouver que le célèbre romancier avait été « le calomniateur volontaire d'un dévouement et d'une fidélité irréprochables ».

(1) Archives des Affaires étrangères, *Vienne*, 1818. — *Mémoire de Pozzo di Borgo au Congrès.*

(2) Affaires étrangères, *ibid.*

reur d'Autriche ne cachait pas son affection pour le jeune prince qui lui avait plu par son caractère aimable et franc (1). François II était au fond un bon père de famille. Lorsque la politique et ses tristes nécessités lui permettaient de s'abandonner à ses impulsions natives, lorsqu'il se croyait libre de montrer que la raison d'État n'étouffait pas en lui la bonté, il était vraiment affectueux pour cet être si intéressant, si délaissé et que l'Europe, toujours inquiète, redoutait. Aussi lui avait-il permis de venir s'installer auprès de lui, dans son propre appartement. De même qu'autrefois le roi de Rome jouait dans le cabinet de Napoléon et par ses grâces enfantines déridait le front sévère de l'Empereur, ainsi aujourd'hui, celui qu'une politique implacable avait appelé « le duc de Reichstadt » ne craignait pas de troubler les graves occupations du souverain de l'Autriche. Il lui adressait souvent de ces questions, naïves en apparence, et qui donnent tant à penser.

M. de Montbel raconte à ce propos que le fils de Napoléon, s'approchant un jour de l'empereur François II, lui dit tout à coup d'un air préoccupé :

« Mon grand-papa, n'est-il pas vrai, quand j'étais à Paris, que j'avais des pages?

— Oui, je crois que vous aviez des pages.

— N'est-il pas vrai aussi que l'on m'appelait le roi de Rome?

— Oui, l'on vous appelait le roi de Rome.

— Mais, mon grand-papa, qu'est-ce donc être roi de Rome?»

Ici, l'empereur François, qu'on accuse un peu trop de manquer d'esprit de repartie, fit une réponse judicieuse :
« Mon enfant, quand vous serez plus âgé, il me sera plus

---

(1) En présence de ce rapprochement du roi de Rome et de François II, comment ne pas rappeler le fait que signale M. Albert Vandal dans le tome III de *Napoléon et Alexandre Ier*, lors de l'entrevue de Dresde en 1812? L'Empereur avait remarqué l'absence de l'héritier présomptif de la couronne d'Autriche, l'archiduc Ferdinand, et comme sa belle-mère s'excusait de ne l'avoir point amené, en alléguant sa jeunesse et sa timidité, Napoléon s'était écrié : « Vous n'avez qu'à me le donner pendant un an, et vous verrez comme je le dégourdirai. »

facile de vous expliquer ce que vous demandez. Pour le moment, je vous dirai qu'à mon titre d'empereur d'Autriche je joins celui de roi de Jérusalem, sans avoir aucune sorte de pouvoir sur cette ville... Eh bien, vous étiez roi de Rome comme je suis roi de Jérusalem. » L'enfant regarda son grand-père, réfléchit et se tut. Il avait, malgré la simplicité de ses huit ans, compris que son titre n'était qu'un titre éphémère et que cette ville de Rome, dont on lui avait déjà tant parlé, ne lui appartenait pas. C'était sans doute pour cela qu'on lui avait cherché un autre nom... Il suivait son grand-père à Vienne aussi bien qu'à Schœnbrunn, et il le charmait par sa vivacité et son adresse. Le prince impérial n'aimait pas à être traité en enfant. A ses premières leçons d'équitation, on lui avait amené un tout petit cheval. Il refusa de le monter. « Je veux, dit-il, un grand cheval comme celui de papa pour aller à la guerre ! » Un autre fait montre encore le sentiment précoce que le fils de Napoléon avait de sa dignité. L'ambassadeur de Perse Abdul-Hassan-Chan était venu, à la Cour, offrir à l'Empereur et à l'Impératrice des présents de la part du Schah. Le jeune prince le rencontra chez le peintre Lawrence et l'entendant converser bruyamment avec son gouverneur, le comte de Dietrichstein, sans se préoccuper de lui, il dit tout à coup, avec une gravité comique qui fit sourire tout le monde : « Voilà un Persan bien vif ! Il paraît que ma présence ne lui cause pas le plus léger embarras. »

Le duc de Reichstadt — puisque désormais le prince va s'appeler ainsi — avait terminé à huit ans ses études préparatoires aux études classiques. Il savait déjà très bien le français, un peu d'italien et d'allemand. A dater de ce moment, il aborda avec son maître Mathieu Collin les études classiques et les langues anciennes. L'enfant s'appliquait à ces nouvelles études, mais sans ardeur. Il se sentait attiré davantage par les sciences militaires, dont on commençait à l'entretenir. Sous la surveillance du colonel Schindler et du major Weiss, il fit, si l'on en croit le capitaine Foresti, de rapides progrès. Il allait lui-même au-devant des questions, cherchant à mériter de favorables suffrages et à se faire heureusement apprécier. Celle qui aurait dû être là, jouissant de sa présence et de ses entretiens, de ses plaisirs et de ses études, se bornait à demander quelquefois, par lettres, des nouvelles de sa santé. Un jour, elle apprend qu'il a la rougeole, et elle s'en inquiète. Lorsqu'elle sait que cette maladie est terminée, elle en rend grâces au Ciel. Elle ne se dit pas que d'autres qu'elle se sont installés au chevet du petit malade. Non, elle n'a qu'une pensée, une pensée singulière. En remerciant Dieu d'avoir préservé son fils, elle constate que c'est un bonheur pour lui d'avoir eu la rougeole à son âge, car « au moins n'aura-t-il pas les inquiétudes que j'ai de cette contagion, n'ayant jamais eu cette maladie, qui est bien dangereuse pour les grandes personnes (1) ». Marie-Louise continuait à faire preuve d'un surprenant oubli au sujet de son passage en France comme impératrice. Il semblait vraiment que Napoléon et l'Empire n'eussent point existé pour elle. Le comte de Dillon, ministre de France à Florence, informait le marquis Dessoles, à la date du 13 mars 1819, que la duchesse de Parme s'était beaucoup préoccupée, à sa réception, de la santé du Roi. Elle avait fait aussi de nombreuses questions sur la famille royale, évitant dans sa conversation de rappeler tout ce qui pouvait se rattacher au temps qu'elle avait passé en France, « comme un songe dont elle fuyait le souvenir »... De son côté, et quelques jours après, le marquis de Caraman écrivait qu'il était impossible de mettre plus de mesure et de prudence que l'archiduchesse Marie-Louise, dans une position aussi délicate. « En toutes les circonstances, on ne retrouve jamais que la duchesse de Parme. Le comte de Neipperg la seconde bien franchement dans la marche qu'elle a adoptée. Toutes les tentatives qui ont pu être faites pour rappeler d'anciens souvenirs ont été écartées avec soin. » Le marquis de Caraman ajoutait que Bologne était un foyer des plus actifs où se rassemblaient ceux qui conservaient de coupables espérances. « L'archiduchesse

(1) *Correspondance de Marie-Louise.*

Marie-Louise en a eu la preuve à son dernier passage. Elle avait, par prudence, ordonné que ses chevaux l'attendissent hors de la ville. Aussitôt qu'on l'a su, une foule de gens très bien mis se sont postés de ce côté, et les cris les plus séditieux appelaient hautement pour leur empereur celui que l'Europe entière a repoussé. Cette scène a été tellement scandaleuse et si embarrassante pour l'archiduchesse, qu'elle a pris la résolution de ne plus passer par Bologne (1). »

Cependant, la duchesse de Parme aurait voulu suivre à Rome l'empereur François qui devait s'y rendre. Mais celui-ci, redoutant quelque aventure pareille à celle de Bologne, s'y refusa. Le comte de Dillon s'étonnait du désir de la duchesse, car « dans un temps où la famille de Bonaparte se trouvait en présence de la sienne, toute la prévoyance humaine n'aurait pu lui éviter des moments très embarrassants ». Déconseillée par son père, la duchesse renonça à son voyage à Rome et pour son retour à Parme — elle était à Sienne au commencement d'avril — choisit la route de Pistoia à Modène, moins fréquentée que celle d'Arezzo, car elle craignait une nouvelle manifestation. Il paraît qu'elle aurait répondu à ceux qui l'avaient acclamée, lorsqu'elle traversait Bologne : « Gardez cet enthousiasme pour votre légitime souverain ; il ne peut que me déplaire ! » Les cris de « Vive Napoléon ! » l'avaient fort irritée. Quant à M. de Neipperg, il n'avait pu dissimuler, lui aussi, une violente colère. La duchesse et ses courtisans redoutaient une révolution avec autant d'effroi que les diplomates autrichiens eux-mêmes. Dans une dépêche de Metternich au baron de Lebzeltern, ministre d'Autriche près la cour de Russie, en date du 30 septembre 1819, il était dit « que l'esprit de vertige et de révolution menaçait d'un bouleversement total les trônes, les gouvernements et toutes les institutions ». Il était donc nécessaire, suivant Metternich, pour toutes les cours allemandes de se bien concerter. Les conférences de Carlsbad avaient réalisé en principe ce qui,

---

(1) Archives des Affaires étrangères, *Vienne,* vol. 400.

peu de mois auparavant, n'eût point été compris. Les mesures de précaution adoptées à Carlsbad avaient été converties en lois par la diète fédérale le 20 septembre, et l'on espérait que le ministère français, s'inspirant, lui aussi, de leur esprit, cesserait de ménager tous les partis, sous peine de complications extérieures (1).

On redoutait surtout en Autriche l'éventualité de la mort de Louis XVIII et des crises qui la suivraient. Rendant compte d'une conversation avec Metternich, M. de Caraman écrivait le 29 novembre 1819 au marquis Dessoles : « Le prince ne m'a pas dissimulé qu'il croyait que la mort du Roi serait l'époque où tous les partis, comprimés et dissimulés, chercheraient à reprendre de l'influence et ranimeraient tous leurs moyens. Il ne voit de dangereux parmi ces partis que le reste de celui qui tient encore aux Bonaparte, celui qui, parmi les militaires, appelle le prince Eugène, et enfin celui qui désire la réunion de la France aux Pays-Bas, sous le prince d'Orange. Le premier de ces partis chercherait, à ce que croit le prince de Metternich, à exciter quelque mouvement en faveur du jeune duc de Reichstadt; mais il m'a fait observer, en même temps, combien toutes ces idées seraient faciles à déjouer, parce qu'elles seraient repoussées aussitôt que connues, l'Autriche étant bien loin de s'engager dans une question aventureuse, aussi éloignée de ses principes; et que, d'ailleurs, elle ne peut pas se dissimuler qu'en se prêtant le moins du monde à une démarche aussi coupable, loin d'être soutenue par aucune puissance, elle éveillerait l'inquiétude et la jalousie de toutes et compromettrait pour un succès, rien moins que probable, toutes les chances de sa tranquillité et peut-être l'existence de toute la monarchie. Le prince de Metternich a analysé ensuite avec moi les chances plus ou moins favorables dont pouvait se flatter le parti militaire, soit en mettant en avant le prince Eugène, soit en se servant de la popularité du prince d'Orange. Il voit peu de probabilités à ce que le premier ob-

---

(1) Archives des Affaires étrangères, *Vienne*, vol 400.

tienne quelque succès, mais il n'est pas aussi rassuré sur les facilités que trouverait le second. » Le marquis de Caraman demandait à M. Pasquier si, en cas de succession légitime, l'Europe aurait un nouvel hommage à rendre au Roi. Dans le cas contraire, les ministres étrangers se tiendraient à l'écart et attendraient des instructions. Une réunion des souverains signataires du traité de Chaumont aurait lieu, au premier moment favorable, pour statuer. D'ailleurs, le prince de Metternich était prêt à s'occuper de cette affaire. M. Pasquier, ministre des affaires étrangères, écrivit alors à M. de Caraman une lettre importante. Il venait de converser avec le Roi sur la situation. Louis XVIII parlait lui-même froidement de l'éventualité de sa mort. Il disait que « le mort saisit le vif », et que la politique des souverains était de déjouer le complot des ambitieux. « Mon successeur, affirmait le Roi, doit naturellement être à l'instant reconnu aux Tuileries, dans Paris et dans toute la France. » Les ministres étrangers devaient, eux aussi, reconnaître le nouveau roi et, si une révolte contre l'autorité légitime éclatait, intervenir aussitôt « en montrant aux factieux l'Europe entière prête à fondre encore une fois sur la France » !... M. Pasquier répondait que « les puissances avaient, sans perdre de temps, intérêt à donner à leurs ministres des instructions éventuelles dans ce sens ». Il priait M. de Caraman de renouer une conversation avec le prince de Metternich et de lui faire comprendre que c'étaient là ses réflexions personnelles (1).

Pendant ce temps, par une coïncidence curieuse, Napoléon était préoccupé, lui aussi, de la triste éventualité de sa fin. « Ma forte constitution fait un dernier effort, après quoi elle succombera. Je serai délivré, disait-il à Marchand, et vous le serez aussi... » Mais il ne voulait pas mourir sans les secours de la religion. A sa demande, le cardinal Fesch était allé, l'année précédente, à une audience du cardinal Consalvi, pour lui annoncer que l'Empereur et sa suite s'attristaient de

---

(1) Archives des Affaires étrangères, *Vienne*, vol. 400.

n'avoir point encore de prêtre à Sainte-Hélène. Ils désiraient que le gouvernement britannique mît fin à cette déplorable lacune. Le Pape, très ému, avait donné des ordres pour entamer une négociation pressante à ce sujet. Ce n'est qu'à la fin de septembre 1819 que les abbés Buonavita et Vignal parvinrent à Longwood. Ainsi, depuis son arrivée, en 1815, dans cette île maudite, c'est-à-dire depuis plus de quatre ans, Napoléon n'avait pas entendu une seule fois la messe. C'est à quoi n'avaient pensé ni la catholique Autriche, ni l'Angleterre, ni aucun des commissaires étrangers chargés de garder celui qui avait signé le Concordat de 1801. L'homme qui avait fait revivre les splendeurs du culte dans l'antique cathédrale de Paris et dans toutes les églises de France se contentait maintenant d'un petit autel dressé, le dimanche, dans la modeste salle à manger de Longwood. Privé de tout ce qui pouvait adoucir un exil aussi affreux que le sien, séparé de cette femme et de cet enfant qu'il avait en vain redemandés à ses vainqueurs, oublié de la terre qu'il avait emplie du fracas de ses armes et de la gloire de son nom, il cherchait et trouvait quelque consolation dans la religion, qui, seule, reste fidèle à l'infortune.

CHAPITRE XII

LE TESTAMENT ET LA MORT DE NAPOLÉON.

A la fin de l'année 1819, le cabinet de Vienne avait, comme je l'ai indiqué plus haut, interrogé secrètement les grandes puissances pour savoir quelles seraient la situation de la France à la mort de Louis XVIII et la conduite qu'il importerait de tenir lors de ce grave événement. Sans affirmer que l'hypothèse d'une régence avec Napoléon II se fût de nouveau présentée à l'esprit de Metternich, il est cependant certain que divers mouvements favorables à la cause du duc de Reichstadt avaient dû, depuis longtemps, attirer son attention. Ainsi, au mois de juin 1817, sous le prétexte de la pénurie des subsistances et de la cherté progressive du pain, une tentative de révolte s'était produite à Lyon, mais elle avait été aussitôt comprimée. Dans une commune avoisinante, à Saint-Genis-Laval, le capitaine Oudin s'était emparé, avec quelques hommes, de la caserne de la gendarmerie, et avait proclamé Napoléon II empereur. Dans sept autres communes, le drapeau blanc avait été abattu et les bustes du Roi brisés. Quelques troupes eurent raison des factieux. De nombreuses arrestations furent opérées, une soixantaine d'individus condamnés à la déportation, à l'emprisonnement, et quelques-uns à mort, parmi lesquels le capitaine Oudin. Les soldats qui avaient été chargés de l'exécution des condamnés se livrèrent, sous l'excitation d'un de leurs chefs, à des violences abominables qui produisirent la plus douloureuse impression dans la région lyonnaise (1). Elles causèrent en France de vives inquiétudes qui se propagèrent jusqu'à l'étranger. Aux menées bonapartistes s'ajoutèrent bientôt des menées ultra-royalistes et des complots fomentés par les libéraux qui, accusant le gouvernement d'être l'œuvre des alliés, revendiquaient le drapeau tricolore. Là où leurs intrigues étaient le plus à redouter, c'était dans la zone comprise entre Lyon, Grenoble et Dijon. Les villes industrielles du Lyonnais, du Dauphiné et de la Franche-Comté témoignaient une vive sympathie aux mécontents, qui se recrutaient de préférence parmi les anciens officiers supérieurs de l'Empire. La Fayette, Manuel, Benjamin Constant, d'Argenson, Laffitte étaient leurs principaux inspirateurs. Grâce à une surveillance très vigilante et à la dénonciation d'un sieur Tiriot, la conspiration dite « de l'Est » devait échouer. On arrêta un certain nombre de suspects, mais ils furent acquittés par la cour de Riom, faute de preuves suffisantes (2). Toujours est-il que la situation du gouvernement n'était pas très solide, ou du moins ne semblait pas telle. On craignait donc à l'extérieur que, si Louis XVIII venait à mourir subitement, il n'y eût des troubles en France et des tentatives sérieuses pour substituer un nouvel empire à la monarchie.

Il faut reconnaître que nous n'étions pas brillamment représentés à l'étranger. A Vienne, entre autres, l'ambassadeur français, le marquis de Caraman, ne paraissait pas à la hauteur de sa tâche. C'était le même homme qui, étant à Berlin lors de la défaite de Waterloo, avait eu l'idée malheureuse de convier le corps diplomatique à aller féliciter avec lui la maréchale Blücher, au sujet des succès de son mari (3). Cette démarche déplorable montre ce que valaient son tact et son esprit d'à-propos. Or, le ministre des affaires étrangères, M. Pasquier, lui avait donné mission de vérifier si le mémoire

(1) Pasquier, *Mémoires*, t. IV, p. 170.
(2) Voir pour les détails les *Mémoires de Pasquier*, t. IV, p. 389 à 400. — Voir, *passim*, l'ouvrage de M. Guillon, *Les complots militaires sous la Restauration*, Plon, 1895.
(3) Voir mon ouvrage sur *Le maréchal Ney*, ch. III, p. 76, 77.

adressé par le cabinet de Vienne aux autres puissances était exact, tout en prenant les plus strictes précautions pour éviter que ces investigations fussent connues. M. de Caraman crut plus habile d'en converser directement avec M. de Metternich et lui demanda — comme je l'ai déjà relevé — quelle serait l'attitude de l'Europe en pareille occurrence. Metternich, qui parlait toujours en son nom, répondit qu'elle ferait respecter les conditions du traité de Chaumont. « Sa Majesté, rapporte M. Pasquier, fut très frappée de l'astuce, de la perfidie du langage de M. de Metternich et, en même temps, de la simplicité de M. de Caraman, qui ne semblait pas s'en être aperçu (1). » Le Roi n'admettait pas que les ministres étrangers eussent besoin de nouvelles instructions en cas de sa mort, attendu que, d'après l'axiome même de la monarchie, « le Roi ne meurt jamais en France ». Il rédigea même à ce sujet une note précise et digne, comme tout ce qui sortait de sa plume. Le ministre des affaires étrangères, dans sa réponse à M. de Caraman, inséra la plus grande partie de cette note en la lui indiquant comme texte du langage à tenir, sans en mentionner la source. Malheureusement, la discrétion de l'ambassadeur ne put tenir à pareille épreuve. « On savait déjà, et il a été prouvé depuis, qu'il ne pouvait rien cacher à M. de Metternich. Il lui remit donc, sur sa demande, une copie de la partie de la dépêche contenant le texte même de la note rédigée par le Roi. Cette copie fut mise sous les yeux de l'empereur d'Autriche (2). On affecta à Vienne d'en être dans la plus grande admiration. M. de Metternich ne craignit pas de mettre la crédulité de M. de Caraman à une nouvelle épreuve, en lui persuadant que les principes de cette note devaient fournir la matière d'une communication que la France adresserait à toutes les cours. L'Autriche se ferait un devoir de l'appuyer ; ce serait l'occasion que chacun saisirait pour adresser des instructions communes à leurs légations et ambassades à Paris. Ainsi, quand le Roi avait pris le soin de

---

(1) *Mémoires de Pasquier*, t. IV, p. 160.
(2) Archives des Affaires étrangères, *Vienne*, 6 février 1820.

montrer lui-même que la question ne devait pas être examinée, puisqu'elle était résolue à l'avance, on lui proposait de la faire traiter *ex professo* par-devant et par tous les cabinets de l'Europe (1). » Cette conduite de M. de Metternich prouvait combien il tenait à démontrer le peu de stabilité de la France et combien ce pays avait besoin de sa protection. Il avait peut-être d'autres pensées en tête, notamment celle de faire servir le duc de Reichstadt à sa politique, comme un instrument placé entre ses mains pour flatter ou réduire à volonté les prétentions de tel ou tel parti... Toujours est-il que M. Pasquier répondit, le 24 mars 1820, à M. de Caraman qu'il regrettait l'usage fait par lui de la note de Louis XVIII. « Le Roi, disait-il, ne peut douter des droits de l'héritier de la Couronne, ni demander aux cours étrangères que leurs ministres reconnaissent son successeur légitime (2). » Il fallait donc laisser les choses en l'état... Il subsistait cependant de cette affaire un fait curieux, c'est que l'Autriche, qui s'était si souvent fait gloire d'avoir contribué au retour de la monarchie légitime, paraissait soumettre officiellement au consentement de l'Europe la reconnaissance de la succession directe au trône en France, et laissait même prévoir certaines complications prochaines.

Louis XVIII n'avait point pour Marie-Louise l'antipathie qu'il témoignait ouvertement à tous les membres de l'ancienne famille impériale. Il est vrai que la duchesse de Parme saisissait toutes les occasions pour témoigner humblement à la cour de France son zèle et sa déférence. M. de Neipperg faisait d'ailleurs bonne garde. Ainsi, le 17 mai 1820, il informait son maître des menées bonapartistes qu'il avait su prévenir. Un individu, nommé Vidal, avait voulu remettre à Marie-Louise une lettre de Joseph Bonaparte. Un autre émissaire, nommé Carret, devait dire à la duchesse de Parme, de la part du roi Joseph : « Le Roi prie Votre Majesté de conserver sa santé. C'est la plus chère espérance de l'Empe-

(1) *Mémoires de Pasquier*, t. IV, p. 361.
(2) Archives des Affaires étrangères, *Vienne*, 1820, vol. 401.

reur. Vous êtes, Majesté, le seul soutien de son fils, qui ne sera, à ce qu'espère le Roi, ni cardinal, ni archevêque. Il a de très fortes raisons de croire que le père, la mère et le fils seront enfin réunis (1)... » Naturellement, on avait empêché le sieur Carret de transmettre cet avis à Marie-Louise, qui, d'ailleurs, n'aurait pas voulu recevoir le messager du roi Joseph. Le chargé d'affaires à Florence, M. de Fontenay, s'était étonné, le 1er avril 1820, de la persistance de certains journaux français à attaquer la duchesse et son gouvernement. Nulle part, cependant, on ne surveillait plus attentivement les menées révolutionnaires. « Le comte de Neipperg, affirmait-il, est un ministre qui, par ses bons principes, sa fermeté et l'influence puissante qu'il exerce sur les volontés de Mme l'archiduchesse, mérite une grande confiance. » On devait bien quelques égards à Marie-Louise pour une telle conduite. Aussi le roi de France lui adressa-t-il lui-même une lettre pour lui annoncer l'heureux accouchement de la duchesse de Berry. Le ministre des affaires étrangères, en la lui faisant parvenir, osait espérer que la cour de Parme prendrait part à la satisfaction de la France et de la monarchie.

La duchesse ne s'ennuyait pas trop à Parme, si l'on en juge par ses lettres. Elle disait en avril, à la comtesse de Crenneville, que le carnaval était fort gai, qu'elle donnait tous les mardis des petits bals où elle dansait elle-même autant qu'il fallait pour ne pas s'endormir (2). L'air était très pur à Parme, et elle avait repris ses forces et son embonpoint. « J'y suis si heureuse et tranquille, disait-elle, que je crains toujours quelque malheur, puisqu'on dit que le bonheur ne ne peut pas exister sur la terre... » Pendant ce temps, Napoléon se mourait lentement sur le sol meurtrier que l'Angleterre avait choisi tout exprès pour venir plus facilement à bout de sa robuste constitution. Tandis qu'il endurait les plus terribles souffrances, sa femme ne songeait qu'à elle-même,

---

(1) *Kaiser Franz und die Napoleoniden*, von Dr H. SCHLITTER. *Archiv für OEsterreichische Geschichte*, t. LXXII.

(2) *Correspondance de Marie-Louise*, p. 215.

à sa vie paisible que pouvait troubler un malheur subit. Lequel? La mort de Napoléon?... Non, mais des agitations en Italie, la guerre civile, la guerre étrangère et, surtout, l'absence du général de Neipperg, qui lui était devenu « bien nécessaire ». Elle redoutait encore quelque mouvement préjudiciable au gouvernement des Bourbons, car elle était maintenant, comme on le sait, favorable à Louis XVIII qui, cependant, avait tout employé au congrès de Vienne pour lui disputer ses duchés. Les communications adressées par les soins de Louis XVIII à l'épouse de Napoléon, et faites pour prévenir toutes les illusions qu'elle aurait pu encore conserver sur l'avenir de son fils, ne laissaient pas d'être piquantes. En effet, le duc de Reichstadt devenait par sa mère le cousin du duc de Bordeaux. Marie-Louise, mère du duc de Reichstadt, et Marie-Clémentine, mère de la duchesse de Berry, étaient petites-filles de Marie-Caroline de Naples, sœur de Marie-Antoinette. Les deux princes descendaient ainsi tous les deux de Marie-Thérèse. Une mystérieuse destinée allait bientôt placer le cercueil du duc de Reichstadt dans la crypte de l'église des Capucins à Vienne, à quelques pas du mausolée de la grande Impératrice, et, sur cette même terre autrichienne, devait mourir en exil, lui aussi, le duc de Bordeaux.

Le bruit avait couru, en France, que les augustes parents de Marie-Louise avaient des vues favorables sur l'avenir de son fils. Des Français, qui avaient visité le duché de Parme, disaient que le portrait du jeune prince était reproduit plusieurs fois dans chaque salon du palais ducal et, presque toujours, en costume militaire. « On parle, assuraient-ils, de l'affection que lui témoigne la famille de sa mère, et l'on a l'air de regarder le triomphe du gouvernement impérial comme immanquable. » Voilà ce que le préfet de l'Isère mandait au ministre de l'intérieur le 16 juillet 1820. On ne pouvait être plus mal renseigné, car la cour de Vienne était, au contraire, peu sympathique à l'avènement du duc de Reichstadt au trône de France. M. de Caraman écrivait, d'ailleurs, le 11 octobre au baron Pasquier : « La première pensée du cabinet de Vienne a été d'attacher beaucoup de prix à devancer toutes les formes d'usage pour adresser au Roi les félicitations de l'Empereur, afin de ne laisser aucune prise aux calomnieuses insinuations que les malveillants ne cessent de répandre sur les espérances qu'ils osent rattacher à l'existence du duc de Reichstadt (1). » On avait parlé un moment d'une autre éventualité : la mise en liberté de Napoléon. Là encore, le cabinet de Vienne montrait la persistance et l'âpreté de sa haine. M. de Caraman en informait ainsi le baron Pasquier, le 28 octobre 1820 : « Les appréhensions que donnent les affaires d'Angleterre et la crainte des suites qui pourraient résulter d'un changement de ministère et, par conséquent, d'une nouvelle direction dans l'opinion politique du cabinet anglais, ont engagé le prince de Metternich à prendre en considération s'il ne serait pas prudent d'adopter quelques précautions pour assurer l'Europe contre la possibilité de voir rendre la liberté au prisonnier de Sainte-Hélène. » Il fallait donc une résolution commune pour s'opposer à tout changement. « Si l'opinion ou les intérêts du cabinet anglais le portaient à vouloir se débarrasser de la garde du prisonnier, les puissances alliées le réclameraient *comme leur propriété*, et si les Anglais voulaient l'éloigner de Sainte-Hélène, on exigerait qu'il fût remis entre les mains des puissances pour en disposer suivant ce que leur sûreté pourrait exiger. Ceci, ajoutait M. de Caraman, n'est encore qu'un projet (2). » On voit que le prince de Metternich n'admettait aucun adoucissement au sort du captif de Sainte-Hélène. Il le considérait comme « la propriété » de l'Europe. Pouvait-il penser autrement du fils ?

Mais la mort allait bientôt servir la haine de l'Autriche et des puissances alliées. Au commencement de l'année 1821, Napoléon se sentit perdu. « Je ne suis plus Napoléon ! répétait-il douloureusement. Les monarques qui me persécutent peuvent se rassurer, je leur rendrai bientôt la sécurité !... »

---

(1) Archives des Affaires étrangères, *Vienne*, vol. 401.
(2) *Ibid.*, *France*, vol. 1805.

Son état empira très rapidement. « L'Angleterre, disait-il au docteur Arnott, réclame mon cadavre. Je ne veux pas la faire attendre et mourrai bien sans drogues. C'est votre ministère qui a choisi cet affreux rocher, où se consume en moins de trois ans la vie des Européens, pour y achever la mienne par un assassinat. Et comment m'avez-vous traité, depuis que je suis sur cet écueil? Il n'y a pas une indignité, pas une horreur dont vous ne vous soyez fait une joie de m'abreuver. Les plus simples communications de famille, celles même qu'on n'a jamais interdites à personne, vous me les avez refusées. Vous n'avez laissé arriver jusqu'à moi aucune nouvelle, aucun papier d'Europe. Ma femme, mon fils n'ont plus vécu pour moi. Vous m'avez tenu six ans dans la torture du secret. Dans cette île inhospitalière, vous m'avez donné pour demeure l'endroit le moins fait pour être habité, celui où le climat meurtrier du tropique se fait le plus sentir. Il m'a fallu me renfermer entre quatre cloisons, dans un air malsain, moi qui parcourais à cheval toute l'Europe (1)!... »

Malgré le mal qui ne lui laissait pas un instant de répit, malgré la fièvre, les vomissements et les suffocations, Napoléon a le courage, dans la matinée du 15 avril, de faire et d'écrire lui-même son testament, moins le détail des différents legs qu'il se borna à contresigner. J'ai tenu entre mes mains ce précieux écrit, qui est conservé avec le plus grand soin aux Archives nationales. Je voulais examiner de près la composition de cet acte solennel (2). A la deuxième page, on lit : « Ce présent testament, tout écrit de ma propre main, est signé et scellé de mes armes : Napoléon. » A la quatrième page, on trouve ces lignes autographes : « Ceci est mon testament écrit tout entier de ma propre main : Napoléon. » Le

---

(1) *Opinion d'un médecin sur la maladie de l'empereur Napoléon et sur la cause de sa mort*, par J. Héreau.

(2) Il est rédigé sur un grand papier filigrané in-4°, long de 0^m,32 sur 0^m,20 de largeur, avec la marque : « J. Wathman, 1819. — Balston et Cie », et l'écusson en forme de cœur où sont les lettres V. E. C. L. entre-croisées. A la première page figurent ces mots : « Ceci est mon testament ou acte de ma volonté dernière. »

cachet aux armes impériales est attaché au papier par de la soie rouge. Sur le revers de la dernière feuille, qui a été pliée en deux, on lit : « Ceci est une instruction pour Montholon, Bertrand et Marchand, mes exécuteurs testamentaires. J'ai fait un testament et sept codicilles dont Marchand est dépositaire : Napoléon (1). » La signature de la deuxième page est une des plus nettes qu'ait données l'Empereur; on en lit toutes les lettres sans difficulté. Le parafe est vigoureusement accentué. Le texte du testament impérial est connu, et je ne veux en reproduire que ce qui intéresse directement cet ouvrage. Après avoir dit qu'il mourait dans le sein de la religion catholique, dans le sein de laquelle il était né, après avoir demandé que ses cendres reposassent sur les bords de la Seine au milieu du peuple français, Napoléon écrivait les paragraphes suivants qu'il faut considérer avec attention :

« 3° J'ai toujours eu à me louer de ma très chère épouse Marie-Louise. Je lui conserve jusqu'au dernier moment les plus tendres sentiments. Je la prie de veiller pour garantir mon fils des embûches qui environnent encore son enfance.

« 4° Je recommande à mon fils de ne jamais oublier qu'il est né prince français et de ne se prêter à être un instrument entre les mains des triumvirs qui oppriment les peuples de l'Europe. Il ne doit jamais combattre, ni nuire en aucune manière à la France. Il doit adopter ma devise : « Tout pour le peuple français. »

Cette prescription solennelle allait servir de règle au fils de l'Empereur. Dans la suite de son testament, Napoléon disait : « Je lègue à mon fils les boîtes, ordres et autres objets tels qu'argenterie, lit de camp, armes, selles, éperons, vases de ma chapelle, livres, linge qui ont servi à mon corps et à mon usage... Je désire que ce faible legs lui soit cher comme lui retraçant le souvenir d'un père dont l'univers l'entretiendra. » Jamais la pensée, la préoccupation de son fils ne furent plus instantes dans l'esprit de Napoléon qu'à ces dernières heures.

(1) La première page du testament est toute fanée par le temps, et les cassures du papier ont été réunies par des bandes de papier pelure d'oignon.

Le testament parle à toutes les pages de ce fils tant aimé (1). Napoléon lui lègue tout ce qu'il possède encore. Dans les codicilles, signés le 26 avril, il prie les exécuteurs testamentaires de redresser les idées de son fils sur les faits et sur les choses et de l'engager à reprendre le nom de Napoléon, aussitôt qu'il sera en âge de raison et pourra le faire convenablement. Il veut qu'on réunisse et qu'on lui acquière tout ce qui pourra lui rappeler sa personne. « Mon souvenir, dit-il avec la même fierté, fera la gloire de sa vie. » Cet espoir fut réalisé par le prince lui-même qui, sans avoir besoin d'y être incité par personne, garda jusqu'au dernier soupir le culte de l'Empereur. Napoléon semblait n'avoir rien oublié. Il demandait qu'on recherchât chez Denon et d'Albe les plans qui lui appartenaient et qu'on fît une réunion de gravures, tableaux, livres et médailles « pour donner à son fils des idées justes et détruire les idées fausses que la politique étrangère aurait pu vouloir lui inculquer ». L'Empereur invitait en outre les exécuteurs testamentaires, lorsqu'ils auraient la possibilité de voir l'Impératrice, à dissiper aussi chez elle les mêmes idées, à l'entretenir de l'estime et des sentiments que son mari avait eus pour elle, et à lui recommander son fils, qui n'avait de ressources que de son côté. Napoléon se rappelait avoir donné, à Orléans, deux millions en or à Marie-Louise. Il voulait que cette somme ne fût réclamée qu'autant que cela serait nécessaire pour compléter ses legs. Enfin, aussitôt que son fils serait en âge de raison, il espérait qu'il pourrait rentrer en relation avec sa grand'mère, avec ses oncles et tantes, quelque obstacle qu'y mît la maison d'Autriche. Si, par un retour de fortune, il remontait sur le trône, il était du devoir des exécuteurs testamentaires de lui mettre sous les yeux tout ce qu'il devait à ses vieux officiers, soldats et serviteurs. Le testament terminé, Napoléon dit simplement à ceux qui l'entourent : « Maintenant que j'ai si bien mis ordre à mes

---

(1) « Ce fils, prisonnier comme lui, était le seul grand sentiment par lequel il survécût sur la terre, son orgueil, son amour, sa dynastie, son nom, sa postérité. Il n'eut de larmes qu'à cette image. » (LAMARTINE.)

affaires, ce serait vraiment dommage de ne pas mourir ! »

Deux jours après, il appelle le général de Montholon, car il a à remplir un dernier devoir. Il va lui faire connaître les conseils dont il le charge pour son fils. Sous sa dictée, Montholon écrit quelques pages admirables. L'Empereur dit ce qu'il a fait et ce qu'il aurait voulu faire ; il indique les conditions nouvelles du gouvernement et de la société ; il proclame l'importance que doit avoir la religion ; il montre de quel intérêt et de quelle valeur sont les leçons de l'histoire ; il cherche enfin à pénétrer, à animer un jeune cœur de la sagesse qui donne tant de grandeur à ses derniers moments. Ces paroles suprêmes revêtent un caractère de calme et de gravité extraordinaires.

Les conseils de Napoléon commençaient par une leçon de modération et de clémence : « Mon fils ne doit pas songer à venger ma mort. Il doit en profiter. Que le souvenir de ce que j'ai fait ne l'abandonne jamais ; qu'il reste toujours, comme moi, Français jusqu'au bout des ongles ! Tous ses efforts doivent tendre à régner par la paix... Refaire mon ouvrage, ce serait supposer que je n'ai rien fait. L'achever au contraire, ce sera montrer la solidité des bases, expliquer tout le plan de l'édifice qui n'était qu'ébauché. On ne fait pas deux fois la même chose dans un siècle. J'ai été obligé de dompter l'Europe par les armes. Aujourd'hui, il faut la convaincre. J'ai sauvé la Révolution qui périssait ; je l'ai lavée de ses crimes ; je l'ai montrée au monde resplendissante de gloire. J'ai implanté en France et en Europe de nouvelles idées ; elles ne sauraient rétrograder. Que mon fils fasse éclore tout ce que j'ai semé. Qu'il développe tous les éléments de prospérité que renferme le sol français. A ce prix, il peut être encore un grand souverain. » L'Empereur affirmait que les Bourbons ne se maintiendraient pas, et qu'à sa mort il y aurait partout une réaction en sa faveur. Il était possible que, pour effacer le souvenir de leurs persécutions, les Anglais songeassent à favoriser le retour de Napoléon II. En ce cas, le rôle du jeune souverain était tout tracé. Il fallait partager avec l'Angleterre le commerce du monde. D'ailleurs, Napoléon léguait à son fils assez de force et de sympathie pour qu'il pût continuer son ouvrage avec les seules forces d'une diplomatie élevée et conciliatrice. Mais l'Autriche consentirait-elle à le rendre à la France et sans conditions? C'était là le point douteux. « Que mon fils, s'empressait-il d'ajouter, ne remonte jamais sur le trône par une influence étrangère. Son but ne doit pas être seulement de régner, mais de mériter l'approbation de la postérité. » Sans doute, la situation était très difficile, mais « François Ier, remarquait-il, s'est trouvé dans une position plus critique, et la nationalité française n'y a rien perdu ». Napoléon engageait encore son fils à se rapprocher de sa famille. Joseph et Eugène pouvaient lui donner de bons conseils. Hortense et Catherine étaient des femmes supérieures. « S'il reste en exil, disait-il encore, qu'il épouse une de mes nièces. Si la France le rappelle, qu'il épouse une princesse de Russie; c'est la seule Cour où les liens de famille dominent la politique. » L'Empereur avait trop souffert du mariage avec une archiduchesse pour recommander une alliance autrichienne. Il fallait, d'ailleurs, s'unir à une grande puissance pour accroître l'autorité de la France à l'extérieur, mais éviter en même temps d'introduire dans le conseil une influence étrangère. De plus, Napoléon invitait le prince impérial à ne pas prendre son pays à rebours, à parler à ses sens comme sa raison, à ne craindre enfin qu'un parti, celui du duc d'Orléans. Il savait que ce parti était à l'œuvre depuis longtemps. Ces craintes étaient réellement justifiées, puisque les seules chances du duc de Reichstadt s'évanouirent avec les suites immédiates de la révolution de 1830.

Quant à la politique gouvernementale, l'Empereur recommandait à son héritier d'éviter les hommes qui avaient trahi la patrie, mais d'oublier les antécédents des autres, de récompenser le talent, le mérite et les services partout où il les trouverait, de s'entourer de toutes les capacités réelles du pays, de s'appuyer sur les masses, de gouverner pour la communauté, pour toute la grande famille française. « Mon fils, disait-il encore, doit prévenir tous les désirs de la liberté. Il est, d'ailleurs, plus facile, dans les temps ordinaires, de régner avec des Chambres que seul. Les Assemblées prennent une grande partie de votre responsabilité, et rien n'est plus facile que d'avoir toujours la majorité pour soi ; mais il faut prendre garde et ne pas démoraliser le pays. L'influence du gouvernement est immense en France. S'il sait s'y prendre, il n'a pas besoin de corrompre pour trouver partout des appuis. Le but d'un souverain ne doit pas être seulement de régner, mais de répandre l'instruction, la morale, le bien-être. Tout ce qui est faux est un mauvais secours... Il faut que la loi et l'action du gouvernement soient égales pour tous, que les honneurs et les récompenses tombent sur les hommes qui, aux yeux de tous, en paraissent les plus dignes. On pardonne au mérite, on ne pardonne pas à l'intrigue. » Pour la Légion d'honneur, qui avait été un immense et puissant levier pour la vertu, le talent et le courage, il fallait la donner à propos. « Mal employée, disait-il justement, ce serait une peste ! »

Il importait encore que l'héritier impérial comprît la nécessité actuelle de régner avec la liberté de la presse, sans toutefois l'abandonner à elle-même. Cette nécessité se justifiait par cette courte observation : « Il faut, sous peine de mort, ou tout conduire, ou tout empêcher. » Régénérer le peuple, établir des institutions capables d'assurer la dignité humaine, de développer les germes latents de prospérité, de propager partout les bienfaits du christianisme et de la civilisation, c'était le rôle de l'héritier de l'Empereur. « Avec mon fils, disait Napoléon, les intérêts opposés peuvent vivre en paix et les idées nouvelles s'étendre, se fortifier sans secousses et sans victimes... Mais si la haine aveugle des rois poursuit mon sang après ma mort, je serai vengé, mais cruellement vengé. La civilisation y perdra de toutes les manières si les peuples se déchaînent. » Au point de vue de la politique générale, il fallait satisfaire à des désirs de nationalité qui se manifestaient en Europe, faire avec le consentement de tous ce que Napoléon avait dû faire avec la force des armes, écarter le souvenir des trônes élevés dans l'intérêt de ses frères, chercher à résoudre les graves questions extérieures dans la Méditerranée. « Là, il y a de quoi entretenir toutes les ambitions des puissances, et avec des lambeaux de terres sauvages on peut acheter le bonheur des peuples civilisés. » Quant à la valeur de la politique intérieure, il indiquait un critérium infaillible : « Pour que mon fils sache si son administration est bonne ou mauvaise, qu'il se fasse présenter un rapport annuel et motivé des condamnations prononcées par les tribunaux. Si les crimes et les délits augmentent, c'est une preuve que la misère s'accroît, que la société est mal gouvernée. Leur diminution est la preuve du contraire. » Enfin, arrivant aux idées religieuses et aux rapports avec le Saint-Siège : « Les idées religieuses, dit-il, ont encore plus d'empire que ne le croient certains philosophes bornés... Pie VII sera toujours bien pour mon fils. C'est un vieillard plein de tolérance et de lumières. De fatales circonstances ont brouillé nos cabinets. Je le regrette vivement. » Puis, songeant à l'histoire et à ses leçons, lui qui n'avait jamais pu souffrir les écrits vengeurs de Tacite, il se repent et dit : « Que mon fils lise et médite souvent l'histoire : c'est là la seule véritable philosophie. Qu'il lise et médite les guerres des grands capitaines. C'est le seul moyen d'apprendre la guerre. Mais tout ce que vous lui direz, tout ce qu'il apprendra lui servira peu, s'il n'a pas au fond du cœur ce feu sacré, cet amour du bien qui seul fait faire les grandes choses. Mais je veux espérer qu'il sera digne de sa destinée... » Ici la voix de l'Empereur s'éteignit. Il ne put en dire davantage. Il avait cependant, au milieu de ces conseils de haute politique, glissé un dernier mot pour ses vieux compagnons d'armes. Il ne les avait pas plus oubliés dans son testament que dans ses adieux suprêmes, recommandant à la sollicitude de son fils « ces pauvres soldats si magnanimes, si dévoués... ». Ce qui frappe dans la dictée faite au général de Montholon, c'est le ton de justice et d'équité sereines, de recueillement et de possession de soi-même, de raison, de calme et de sagesse. La politique de dictature et de combat avait vécu.

Une autre pensée préoccupait fortement Napoléon : garantir son fils de la maladie dont il allait périr. Les vomissements fréquents qu'il endurait lui faisaient penser que, de ses organes, c'était l'estomac le plus malade. Il exigeait donc que l'on ouvrît son corps après sa mort, qu'on fît des observations exactes sur l'état de son pylore et qu'on les soumît à son fils. « Je veux du moins le garantir de cette maladie », dit-il plusieurs fois. Ses volontés devaient être exécutées (1). Le 20 avril, l'Empereur avait demandé à rester seul avec l'abbé Vignali. Après un long entretien avec le prêtre, il avait fait préparer une chapelle ardente. Le 1er mai, faisant preuve d'une lucidité d'esprit et d'une volonté peu ordinaires, il avait donné l'ordre d'exposer le Saint Sacrement et de dire les prières des Quarante Heures. Au lendemain de son entretien solennel avec le prêtre, il dit au docteur Antomarchi, qu'il prenait à tort pour un sceptique : « Je crois en Dieu. Je suis de la religion de mes pères. N'est pas athée qui veut (2) ! » Comment d'ailleurs un tel homme eût-il pu dédaigner les consolations de la religion chrétienne, lui qui la savait grande et généreuse entre toutes, lui qui n'avait jamais douté de Dieu? Que de fois, dans ses méditations profondes, ne s'était-il pas dit qu'il était impossible d'opposer des barrières aux investigations de l'esprit, de l'arrêter à un point déterminé et de lui défendre d'aller plus avant, comme si la notion de l'infini, et de l'infini représenté par Dieu, et dont l'expression est partout, ne s'imposait pas irrésistiblement à l'homme! « Pouvez-vous, disait alors Napoléon à Antomarchi, ne pas croire à Dieu? Car enfin tout proclame son existence, et les plus grands esprits y ont cru. »

Au moment où je retrace cette affirmation si ferme et si

---

(1) Héreau, l'ancien chirurgien de Madame Mère et de Marie-Louise, fit à cet égard, et d'après des documents authentiques, un examen attentif qu'il consigna dans son livre intitulé : *Napoléon à Sainte-Hélène*. Il l'offrit, en mars 1827, au duc de Reichstadt, « heureux, disait-il au prince, si je puis vous préserver des peines et des inquiétudes qui doivent accompagner une vie que l'on croit toujours menacée ». — Voir aussi sur ce point les récits de Montholon et d'Antomarchi.

(2) Il relisait souvent les Évangiles. Un jour, méditant sur le sermon de Jésus sur la Montagne, il se disait ravi, extasié de la pureté, de la sublimité d'une telle morale. (*Mémorial de Sainte-Hélène.*)

nette de l'Empereur, il me revient en souvenir une parole que je veux citer, car elle est comme le puissant corollaire de ce qui précède. Dans son discours de réception à l'Académie française, en 1882, M. Pasteur s'exprimait ainsi : « La grandeur des actions humaines se mesure à l'inspiration qui les fait naître. Heureux celui qui porte en soi un Dieu, un idéal de beauté, et qui lui obéit : idéal de l'art, idéal de la science, idéal de la patrie, idéal des vertus de l'Évangile ! Ce sont là les sources vives des grandes pensées et des grandes actions. Toutes s'éclairent des reflets de l'infini... » Celui qui a dit cela est le plus grand savant de ce siècle, et je me plais à rapprocher, dans le même acte de foi, le génie de la science moderne du génie des armées.

Le 4 mai, une tempête s'abattit sur Sainte-Hélène. La pluie tombait à torrents. Le vent, soufflant en foudre, ébranlait l'île entière. La nature semblait s'associer dans ses déchaînements terribles à l'effrayante agonie qui venait de commencer. Le 5 mai, à deux heures du matin, le délire apparut. Il dura toute la journée. Il était accompagné de cris lamentables, de bruyants et sinistres sanglots, comme si la vie avait horreur de s'arracher de ce corps robuste qui avait résisté à tant de fatigues, à tant d'angoisses, à tant d'épreuves. Enfin Napoléon demeura immobile, la main droite hors du lit, le regard fixe, la bouche un peu contractée. Les derniers mots recueillis par Antomarchi furent : « France... Armée... Joséphine !... » Puis une légère écume vint aux lèvres du moribond. Au moment même où le soleil, qui avait reparu après la tempête, se couchait dans la mer, le comte de Montholon fermait les yeux de l'Empereur... Ce n'était pas Marie-Louise, c'était la pauvre Joséphine qui avait eu la dernière pensée de Napoléon (1). On sait les tristes incidents qui suivirent la fin du héros, l'attitude indigne de Hudson Lowe et des médecins anglais, qui n'eurent pas plus de respect pour Napoléon mort que pour Napoléon vivant. Le 9 mai eurent lieu les obsèques au bruit du

(1) Elle-même, à son lit de mort, le 29 avril 1814, avait prononcé ces dernières paroles : « *L'île d'Elbe*, Napoléon ! »

canon des forts et de l'escadre. Tout était fini. L'Angleterre était venue à bout de son prisonnier (1), mais celui-ci lui léguait pour jamais « l'opprobre de sa mort ».

Cette fin cruelle, qui prouvait que « les malheurs ont aussi leur héroïsme et leur gloire (2) », répandit une émotion immense dans le monde entier. Sir Thomas Moore et lord Byron dirent, avec des accents indignés, la douleur que leur avait causée la conduite de leurs compatriotes. Si l'Empereur avait commis de ces fautes qu'il est impossible d'atténuer, il faut reconnaître qu'il venait de les expier longuement. Il avait retenu le Pape en captivité pendant quatre ans, et voilà qu'il avait été cloué sur un roc jusqu'à ce que le temps et la maladie, vautours impitoyables, fussent venus à bout de lui. Il avait enlevé au duc de Bourbon un fils innocent et l'avait, sans pitié, frappé de mort. Et voilà que le roi de Rome, qui lui avait été enlevé dès l'âge de quatre ans, était condamné à périr lentement sur un sol étranger, au milieu de ses ennemis, et détruisait ainsi les espérances attachées à la durée éternelle de sa dynastie!... De combien de familles l'Empereur n'avait-il pas été la désolation? Que de mères, que de femmes n'avait-il pas mises en deuil? Que de foyers n'avait-il pas détruits? Aussi que lui réservait sa destinée? Il avait perdu par sa faute une épouse qu'il adorait, et l'ingrate que son orgueil insensé avait choisie pour la remplacer, non seulement l'avait abandonné, mais encore le trompait lâchement avec le premier venu. Toutes les douleurs, toutes les amertumes, toutes les déceptions et toutes les souffrances, il les avait subies lentement pendant six longues années, à tel point qu'on l'entendit s'écrier plus d'une fois : « Les monstres! Que ne me faisaient-ils fusiller? J'aurais du moins reçu la mort d'un soldat!... » Lui qui avait dompté l'Europe et s'était assis en maître sur le plus beau trône du monde, il mourait dans une île inaccessible, sans avoir même à son lit de mort les

---

(1) Que devenait la parole dite en 1814 par lord Castlereagh au duc de Vicence « qu'il valait mieux se fier à l'honneur anglais qu'à un traité » ?

(2) Napoléon à Montholon

consolations de sa femme et les caresses de son enfant!

Le 15 juillet 1821, le marquis de Caraman mandait au baron Pasquier, ministre des affaires étrangères, qu'il avait reçu sa dépêche du 6 où il lui annonçait la mort du prisonnier de Sainte-Hélène. M. de Metternich l'en avait avisé de son côté aux bains de Baden. Venait ensuite une partie secrète écrite en chiffres et qu'il faut méditer : « M. de Metternich a senti tous les inconvénients qui pourraient résulter de la publication des pièces qui seraient apportées sur le continent après la mort de Buonaparte, et il a expédié sur-le-champ un courrier à Londres. Il réclame du ministre anglais tous les secours de l'amitié pour s'assurer de ce qui pourrait être envoyé de Sainte-Hélène en Angleterre, pour que l'on se borne à le connaître au cabinet, sans en occuper le public. Il m'a paru qu'il craignait surtout la publication d'un testament qui pourrait rappeler d'une manière trop vive l'intérêt qui s'attache aux sentiments de père et d'époux que l'on voudrait pouvoir faire oublier. On évitera ici tout ce qui peut réveiller l'attention sur les relations qui ont existé avec Buonaparte (1). » Ce passage en dit long sur la politique autrichienne. Ainsi, à ce moment suprême où les âmes les plus rebelles éprouvent un mouvement de pitié, à l'heure solennelle de la mort, c'est-à-dire à l'heure de l'oubli et du pardon, le prince de Metternich, interprète de sa cour, ne songeait qu'à détruire les derniers indices des relations intimes entre Napoléon et François II. Il n'y avait plus ici de gendre, ni de beau-père. Un sieur Buonaparte venait de mourir. Quel pouvait bien être cet inconnu?... M. de Metternich essayait, en cette occasion, de montrer un beau sang-froid qui parut étonnant même aux diplomates. Le 16 juillet, il écrivait à Esterhazy, à Londres : « Cet événement met un terme à bien des espérances et des trames coupables. Il n'offre au monde nul autre intérêt. » C'est d'ailleurs le même personnage qui se demandait sérieusement si Napoléon avait bien mérité le titre de grand homme. Poussées jusque-

---

(1) Archives des Affaires étrangères, *Vienne,* vol. 402.

là, l'indifférence et la suffisance confinent au ridicule et à la sottise. Metternich devait avoir, en ces circonstances, un digne Sosie. Le général comte de Neipperg lui mandait, le 17 juillet, que Marie-Louise avait été « très frappée » en lisant dans la *Gazette de Piémont* la nouvelle de la mort de l'ex-Empereur. La duchesse espérait, par le prince de Metternich, avoir des détails plus complets. Si l'événement se confirmait, la duchesse et sa cour prendraient le deuil pour trois mois. Neipperg rappelait à Metternich que ces mesures avaient été convenues avec lui lors de son dernier séjour à Parme. Ainsi, on avait réglé bien à l'avance ce que Marie-Louise devrait faire en cas de la mort subite de son époux. C'était une précaution utile. Le 20 juillet, Neipperg ajoutait que le baron Vincent, ambassadeur d'Autriche à Paris, l'avait officiellement avisé de la mort de Napoléon, et que l'empereur d'Autriche avait chargé le capitaine Foresti de l'annoncer au duc de Reichstadt. La duchesse de Parme priait le prince d'intervenir auprès du gouvernement anglais pour tout ce qui concernait « le testament du défunt » et l'héritage laissé par lui au prince son fils. Elle désirait, en outre, avoir un compte exact en sa qualité de tutrice. « Sa Majesté, continuait Foresti, quoique très affectée de la nouvelle qui lui est parvenue et surtout de la manière inattendue qui la lui a fait connaître en lisant les journaux, continue cependant à jouir d'une très bonne santé (1). »

De son côté, Marie-Louise écrivait, le 19 juillet, à la comtesse de Crenneville : « La *Gazette de Piémont* a annoncé, d'une manière si positive, la mort de l'empereur Napoléon qu'il n'est presque plus possible d'en douter. J'avoue que j'en ai été extrêmement frappée ; quoique je n'aie jamais eu de sentiment vif d'aucun genre pour lui, je ne puis oublier qu'il est le père de mon fils et que, loin de me maltraiter, comme le monde le croit, il m'a toujours témoigné tous les égards, seule chose que l'on puisse désirer dans un mariage de politique. »

---

(1) Affaires étrangères, *Parme*. Cité par M. Imbert de Saint-Amand.

Elle savait bien le contraire, puisque Napoléon, littéralement épris d'elle, lui avait montré l'attachement le plus tendre. « J'en ai donc été très affligée, continuait-elle, et quoiqu'on doive être heureux qu'il ait fini son existence malheureuse d'une manière chrétienne, je lui aurais cependant désiré encore bien des années de bonheur et de vie, pourvu que ce fût loin de moi. » Elle n'eût pas été en effet très désireuse de lui laisser voir auprès d'elle le général de Neipperg, qui ne la quittait plus. Dans l'incertitude où elle se trouvait encore de la mort certaine de Napoléon, elle s'était installée à Sala, refusant d'aller au théâtre jusqu'à ce que l'on sût quelque chose de définitif. Elle se plaignait toujours de sa santé, mais sa faiblesse de constitution ne l'empêcha pas de survivre bien longtemps à Napoléon. Elle se plaignait de la chaleur et des cousins. « J'en ai été tellement piquée dans la figure, confiait-elle à son amie, que j'ai l'air d'un monstre et que je suis contente de ne pas devoir me montrer. Je ferai sous peu un voyage à cheval dans la montagne pour voir les parties du duché qui me sont encore inconnues (1). » Ces petites choses la préoccupaient plus que le grand événement dont l'Europe frémissait, et de frivoles distractions arrivaient à propos pour distraire son esprit médiocre. Neipperg écrivait, le 24 juillet, à Metternich, qu'il avait trouvé l'ingénieux moyen de parler de Napoléon dans la *Gazette de Parme*, sans faire mention des titres d'Empereur, d'ex-Empereur ou des noms de Buonaparte ou de Napoléon, « inadmissibles en tout cas et qui auraient froissé ou le cœur de Sa Majesté, ou les principes de politique en vigueur ». Il espérait que le biais qu'il avait cru devoir adopter ne serait point condamné par le prince. « Le mot de *Serenissimo* est dans la langue italienne encore plus générique que dans toutes les autres et s'applique différemment à chaque gradation princière. C'est la raison qui m'a engagé à le proposer à Sa Majesté pour l'insertion de l'article officiel dans la *Gazette de Parme*, dont Votre Altesse trouvera un exemplaire ci-joint. »

---

(1) *Correspondance de Marie-Louise*.

Donc, Marie-Louise et Neipperg se félicitaient d'avoir trouvé un biais ingénieux en cette grave affaire. En effet, transformer le titre d'Empereur en celui de « Serenissimo » était une trouvaille et ne choquait en rien les principes actuels de l'Autriche. C'était pour elle une façon de se venger des humiliations tant de fois subies, notamment en 1809 et en 1810. Le 31 juillet, Neipperg donnait à Metternich quelques détails sur la cérémonie funèbre. « Les vigiles et les obsèques ont eu lieu hier soir dans la chapelle du palais de Sala, qui était toute drapée en noir et ornée avec simplicité, mais avec toute la décence qu'exigeait la circonstance. Sur le sarcophage, il n'y avait aucune espèce d'emblème ni d'ornement qui aurait pu rappeler le passé. » Marie-Louise assistait au service funèbre avec les personnes du service intérieur de sa cour. « L'émotion de Sa Majesté a été très forte et bien naturelle, quand Elle dut se rappeler le père de son fils et sa malheureuse fin. Elle a ordonné de faire célébrer mille messes ici et mille messes à Vienne à la mémoire du défunt (1). » Quand on pense que ce Neipperg est le favori avoué de Marie-Louise, qu'il est admis à communiquer officiellement avec le prince de Metternich, que celui-ci, d'accord avec le gouvernement autrichien, tolère et même encourage sa position équivoque; que Marie-Louise est à la veille de donner au duc de Reichstadt un frère adultérin, et que tous, sous prétexte que les convenances s'y opposent, refusent à Napoléon un titre que l'Europe entière et eux-mêmes ont reconnu, on se demande quel est le plus hypocrite et le plus fourbe en cette affaire?

D'après les instructions de Metternich transmises directement à Neipperg, le deuil officiel de la cour de Parme fut fixé du 25 juillet au 24 octobre. Il ne devait s'étendre qu'à la duchesse, à sa maison et à ses gens (2). Le mode habile inventé par Neipperg pour annoncer la mort de Napoléon et le deuil de l'archiduchesse reçut l'approbation de la cour de Vienne.

---

(1) *Die Stellung der OEsterreichischen Regierung zum Testament Napoléon Bonapartes*, von Dr Hanns Schlitter, *Archiv für O. G.*, t. LXXX.
(2) *Ibid.*

L'article de la *Gazette de Parme* fut reproduit dans l'*Observateur autrichien* (1); Marie-Louise fut très satisfaite d'apprendre que les dispositions prises à sa Cour avaient été approuvées par l'Empereur et « trouvées conformes à sa position, aussi délicate que difficile ». La duchesse de Parme avait ordonné que les cérémonies funèbres continueraient jusqu'au 4 août et que, dans les prières pour le défunt, on se servît de la formule « *pro famulo tuo consorti Ducis nostræ* », avec l'ordre rigoureux de ne point faire intervenir le nom de Napoléon. Ainsi le grand Empereur était appelé « l'époux de notre duchesse » au moment même où cette duchesse allait mettre au monde l'enfant qui devait, huit jours après, s'appeler le prince de Montenuovo (2). En outre, la *Gazette de Parme* avait reçu la défense d'insérer aucun des articles de Sainte-Hélène qu'avaient reproduits les autres journaux. Vaines mesures! Défense plus inutile encore que monstrueuse! Le monde entier parlait de la mort de Napoléon, et tout s'effaçait alors devant cet événement. Qu'importait à sa gloire qu'on le passât sous silence dans les petits duchés de Parme, de Plaisance et de Guastalla? L'empereur d'Autriche était seul à rendre « la plus entière justice à la parfaite mesure de la conduite de Mme l'archiduchesse ».

Le 22 juillet, le capitaine Foresti, sur l'ordre de l'Empereur, avait dû annoncer au prince impérial la mort de son père. Depuis quatre mois, l'enfant avait dépassé sa dixième année. Il était arrivé à un âge où une nature telle que la sienne pouvait comprendre un pareil malheur et en mesurer l'étendue. « Je choisis l'heure paisible du soir, écrivit Foresti à Neipperg, et je vis couler plus de larmes que je n'en aurais attendu d'un enfant qui n'a vu ni connu son père (3). D'après les pres-

---

(1) « La cour de Vienne mit un soin particulier à ce que nulle émotion publique ne signalât la mort du père du duc de Reichstadt et de l'époux de l'archiduchesse Marie-Louise. » (*Mémoires de Pasquier*, t. V.)

(2) Le 9 août 1821 naquit cet enfant adultérin, auquel l'empereur d'Autriche voulut bien donner un titre princier. Il devint chambellan, conseiller intime, général de cavalerie, et mourut à Vienne le 7 avril 1895.

(3) *Ich wählte die ruhige Abenstunde und sah mehr Thränen fliessen als ich*

santes instructions du prince de Metternich, l'empereur François a décidé que la cour s'abstiendrait de tout deuil et que seul le duc de Reichstadt le porterait. » On vient de lire que le jour où Foresti fut chargé d'apprendre, à Schœnbrunn, au duc de Reichstadt la mort de son père était le 22 juillet. « Dans le même lieu, le même jour où lui-même, onze ans après, devait expirer, je lui annonçai, ajoute le précepteur, la fin de son père Il pleura amèrement, et sa tristesse dura plusieurs jours. » Puis l'enfant, reconnaissant de la sollicitude qui lui était témoignée, dit à Foresti : « Mon père était bien loin de penser en mourant que c'est de vous que je recevrais des soins si affectueux et tant de preuves d'attachement. » Le duc de Reichstadt faisait ainsi allusion à une scène assez violente que Napoléon avait faite au même Foresti en 1809. Après le combat de Ratisbonne, Foresti et plusieurs officiers autrichiens avaient été amenés prisonniers devant l'Empereur. Napoléon était à cheval, entouré d'un nombreux état-major. « Où donc est l'archiduc? » demanda-t-il vivement à Foresti. Et sans l'écouter, il incrimina la politique autrichienne qui avait voulu profiter des difficultés de la guerre d'Espagne pour le surprendre. Le prince remarquait avec un tact souverain que l'officier rudoyé par Napoléon était le même qui venait s'acquitter si délicatement envers lui de la mission la plus pénible (1). Le jeune prince ne se borna pas, comme sa mère, à prendre un deuil passager. Il le porta longtemps avec ses gouverneurs et sa Maison. Quant au deuil de cœur, à ces regrets qui, pour être profonds et sincères, n'ont pas besoin d'être exprimés par des manifestations extérieures, ce ne fut point l'affaire de quelques mois ou même de quelques années. Jusqu'à la dernière minute de sa trop courte existence, le fils de Napoléon garda précieusement en son âme le souvenir inaltérable de celui qui incarnait à ses yeux toutes les grandeurs et tous les prestiges. « L'objet essentiel de ma vie, disait-il un jour à

---

mir von einem Kinde erwartet hätte welches seinem Vater nie gesehen nie gekanut hat. (Archiv für O. G., t. LXXX.)

(1) Voy. M. DE MONTBEL, p. 123, 124.

l'empereur François II et au prince de Metternich, doit être de ne pas rester indigne de la gloire de mon père. »

Marie-Louise, alors préoccupée de la naissance d'un nouvel enfant, avait accueilli comme on le sait la mort de Napoléon avec une émotion de pure convenance. Cependant, un mois après, elle semblait se montrer un peu moins indifférente. Elle disait à son amie, le 16 août, qu'elle avait reçu très peu de marques d'intérêt, ce qui lui avait causé beaucoup de chagrin. Elle le manifestait en termes qu'il faut retenir. « *On a eu beau me détacher du père de mon enfant;* la mort, qui efface tout ce qui a pu être mauvais, frappe toujours douloureusement, et surtout lorsqu'on pense à l'horrible agonie qu'il a eue depuis plusieurs années. Je n'aurais donc pas de cœur si je n'en avais pas été extrêmement émue, d'autant plus que je l'ai appris par la *Gazette piémontaise...* Toutes les cérémonies funèbres m'ont aussi affectée, et je dois dire que je suis plus maigre et plus souffrante des nerfs que jamais (1). » Elle se repentait peut-être alors du silence obstiné qu'elle avait gardé pendant six ans à l'égard de Napoléon et de sa lâche soumission à la politique cruelle de Metternich. Mais ces regrets et ces remords ne durèrent pas longtemps. Il ne lui était pas même venu à l'idée de réclamer le corps de son époux, ou seulement quelque souvenir de lui. Ce fut Madame Mère qui écrivit de Rome à lord Londonderry, le 15 août, pour le supplier de lui faire rendre le corps de Napoléon. Elle le fit dans les termes les plus touchants : « Même dans les terres les plus reculées, disait-elle, chez les nations les plus barbares, la haine ne s'étendait pas au delà du tombeau... Je demande les restes de mon fils. Personne n'y a plus de droits qu'une mère. Sous quel prétexte pourrait-on retenir ces restes immortels? La raison d'État et tout ce qu'on appelle politique n'ont point de prix sur des restes inanimés... J'ai donné Napoléon à la France et au monde. Au nom de Dieu, au nom de toutes les mères, je vous en supplie, mylord, qu'on ne me refuse pas

---

(1) *Correspondance de Marie-Louise.* — *Lettres intimes.*

les restes de mon fils (1) ! » Cette demande resta sans réponse. L'ombre du héros faisait encore peur à l'Angleterre.

Une note, émanant des bureaux de la direction générale de l'administration départementale et de la police française, en septembre 1821, affirmait que les États de l'archiduchesse Marie-Louise avaient été souvent signalés comme un lieu de refuge pour les mécontents italiens et français. Pour compenser cette fâcheuse nouvelle, la note ajoutait que le comte de Neipperg avait dîné chez le ministre de France et offert assez ouvertement au marquis de La Maisonfort de lui faire avoir une audience particulière de la duchesse, proposition qui avait été poliment déclinée. « M. de Neipperg, affirmait-on, est tout ce qu'on peut désirer de mieux. On dirait que c'est à Paris qu'il a été nommé chevalier de S. M. madame l'archiduchesse Marie-Louise (2). » Le marquis se ravisa peu après et, le 27 septembre, fut présenté. La duchesse lui demanda des nouvelles de Louis XVIII, de sa goutte, de ses promenades. Elle désira aussi savoir des détails sur le voyage de la duchesse de Berry au Mont-Dore. Elle s'exprimait avec aisance et naturel. « Elle était en deuil, mais en soie, sans aucun des attirails de veuve. Sa suite porte le crêpe. Elle va tous les jours au spectacle et saisit toutes les occasions de se distraire... » Elle ne se souvenait déjà plus de Napoléon. Cependant celui-ci, lui consacrant une pensée suprême, avait chargé le docteur Antomarchi de prendre son cœur, après l'autopsie, de le porter à Parme à sa chère Marie-Louise, et de lui raconter tout ce qui se rapportait à sa situation et à sa mort (3). A son testament, il avait ajouté un codicille spécial où il priait sa femme de prendre Antomarchi à son service et de lui payer une pension annuelle de six mille francs. Hudson Lowe refusa de laisser emporter le cœur de Napoléon à Parme. Antomarchi, qui put sortir de Sainte-Hélène le 27 mai, ne

---

(1) Archives des Affaires étrangères, *France*, vol. 1805, cité par M. Georges Firmin-Didot. (*Le marquis de Montchenu*.)
(2) Archives nationales, F⁷ 6678.
(3) Voir *Mémoires d'Antomarchi*, t. II.

parvint dans le duché de Parme que le 15 octobre. Le chevalier Rossi, dont il était connu, le présenta au comte de Neipperg, qui lui adressa de nombreuses questions sur la maladie et la mort de l'Empereur. Antomarchi demanda à voir Marie-Louise. « La nouvelle de votre arrivée, répondit Neipperg, n'a fait qu'accroître la douleur de l'archiduchesse. Elle se plaint. Elle gémit. Elle n'est pas en état de vous recevoir. » Sur ce, Antomarchi lui montra une lettre de Montholon et de Bertrand qui, l'accréditant auprès de Marie-Louise, priaient la duchesse, au nom de l'Empereur, de prendre le chirurgien à son service et de lui payer une pension viagère de six mille francs. Dans la même missive, ils demandaient à Marie-Louise d'admettre également auprès d'elle l'abbé Vignali et de l'employer comme aumônier jusqu'à la majorité du prince impérial. La duchesse se fit lire la lettre par Neipperg, puis renvoya son favori avec cette réponse : « Sa Majesté regrette vivement d'être hors d'état de vous recevoir, mais elle ne le peut. Elle accueille avec transport les dernières volontés de Napoléon à votre égard. Cependant, elle a besoin, avant de les exécuter, de les soumettre à son auguste père. » Neipperg assura ensuite Antomarchi de la bienveillance de la duchesse et lui offrit même une bague en son nom. Le docteur parut assez surpris de voir les personnes de la Cour en grand deuil. Neipperg lui dit doucereusement, et en affectant même une sorte d'émotion, que c'était par ordre de la duchesse : « Elle voulut, associant toute la Cour à sa douleur, que chacun donnât des regrets à celui qu'elle pleurait. Elle se plaisait à rendre à Napoléon mort le culte qu'elle lui avait voué pendant sa vie. — Et le prince? — Il va à merveille. — Il est fort? — D'une santé à toute épreuve. — D'espérances? — Il étincelle de génie. Jamais enfant ne promit tant. — Il est confié à d'habiles mains? — A deux hommes de la plus haute capacité qui lui donnent à la fois une éducation brillante et solide. Chéri de toute la famille impériale, il l'est surtout de l'Empereur, du prince Charles qui le surveille avec une sollicitude sans égale. »

Antomarchi se retira. Le soir, il aperçut la duchesse de

Parme au théâtre, où l'on jouait la *Cenerentola*. « Ce n'était plus ce luxe de santé, cette brillante fraîcheur dont Napoléon l'entretenait si souvent. Maigre, abattue, défaite, elle portait la trace des chagrins qu'elle avait essuyés. Elle ne fit, pour ainsi dire, qu'apparaître. Mais je l'ai vue. Cela me suffisait. » Ce n'étaient pas les chagrins qui l'avaient ainsi changée, ni les pleurs qu'elle donnait à la mémoire de Napoléon, mais les suites d'une récente et mystérieuse grossesse qu'Antomarchi ignorait. Le docteur partit pour Rome, où il vit la princesse Pauline, puis Madame Mère. L'émotion de Lætitia fut grande. Antomarchi ne put lui confier qu'une partie des événements dont il avait été le témoin. A une seconde visite, il osa en dire davantage, mais à tout instant il était interrompu par des sanglots. Puis la malheureuse mère séchait ses larmes et reprenait ses questions. « Le courage et la douleur, dit-il, étaient aux prises ; jamais déchirement ne fut plus cruel. » Marie-Louise avait évité une entrevue aussi pénible, sans doute pour échapper aux remords, sinon à une terrible angoisse. Quelque temps après, elle fit remettre à Antomarchi une lettre destinée à l'ambassadeur d'Autriche en France, lettre où elle exprimait sa bienveillance pour le médecin de son époux, dont elle tenait à remplir la dernière volonté (1). Il s'agissait de la pension viagère, qui ne fut jamais payée par la duchesse. Marie-Louise oubliait cela comme le reste. Napoléon l'avait suppliée de veiller sur son fils, dont elle était la suprême ressource. Elle abandonnait ce soin au prince de Metternich.

La mort de Napoléon n'était pas, ainsi qu'on l'avait cru en Autriche et en France, la fin du bonapartisme. Il allait, au contraire, reparaître sous une forme surprenante. Ceux-là mêmes qui avaient le plus combattu Napoléon et sa tyrannie devaient en faire l'incarnation du patriotisme. Libéraux, patriotes, républicains unis aux bonapartistes, tous s'empressèrent d'opposer à la Restauration, qu'ils accusaient d'être l'œuvre des alliés, la mémoire de l'Empereur, qui seul repré-

---

(1) *Mémoires d'Antomarchi*, t. II.

sentait pour eux la grandeur et la gloire de la patrie. Les partisans du duc de Reichstadt allaient exploiter avec habileté ce sentiment qui devait trouver immédiatement un profond écho dans le peuple et dans l'armée.

Le 25 avril 1821, dix jours avant sa mort, Napoléon avait écrit une lettre, adressée au banquier Laffitte, où il lui rappelait qu'à son départ de Paris, en 1815, il lui avait remis une somme de près de six millions, dont le banquier avait donné double reçu. L'Empereur annulait un de ces reçus et chargeait, après sa mort, le comte de Montholon de présenter l'autre, pour que Laffitte remît au comte ladite somme avec les intérêts à cinq pour cent, à dater du 1er avril 1815, en défalquant les payements dont il avait été chargé par différents ordres. Il désirait que la liquidation de ce compte eût lieu entre Laffitte, Montholon, Bertrand et Marchand. Cette liquidation une fois réglée, il donnait par sa lettre décharge entière du dépôt (1). Puis Napoléon dictait une autre lettre au trésorier de son domaine privé, le baron de La Bouillerie, pour l'inviter à remettre également le compte et le montant de son domaine à M. de Montholon. Avant de s'acquitter des dernières intentions de l'Empereur, les exécuteurs testamentaires demandèrent à l'Angleterre le retour de ses restes en France. On leur répondit que, si le gouvernement les réclamait, il serait fait droit à leur demande. Les nouvelles démarches de Bertrand et de Montholon, même limitées à la sépulture à Ajaccio, n'aboutirent pas.

Le 14 juillet 1821, l'ambassadeur d'Autriche à Londres, le prince Esterhazy, mandait à Metternich que lord Bathurst avait attiré son attention sur un point particulier : les dispo-

---

(1) Après avoir dressé un procès verbal du décès de l'Empereur, les exécuteurs testamentaires constatèrent que les cassettes impériales contenaient 327,833 fr. 20. Le 14 mai, ils firent le partage des livres et effets de l'Empereur, en mettant de côté les objets destinés à son fils, aux princes et princesses de sa famille. Le 25 juillet, ils arrêtèrent l'état des payements faits pour le compte de la succession. Ils s'élevaient à 341,447 fr. 70. Bertrand et Montholon avaient donc fait l'avance d'une somme de 13,644 fr. 50.

sitions du testament relatives à la remise du cœur de Napoléon à l'archiduchesse Marie-Louise et de son estomac à son fils. Le ministre anglais avait approuvé la ligne de conduite que le gouverneur avait tenue en cette occasion, c'est-à-dire le refus du transport des organes en Autriche. « Sans émettre une opinion positive, lord Bathurst, disait Esterhazy, m'a laissé entrevoir son opinion particulière ; que si Mme l'archiduchesse énonçait le vœu que les dépouilles mortelles fussent respectées, on obvierait de cette manière, non seulement aux inconvénients d'un refus positif, mais on faciliterait également les moyens de prévenir que, soit sa famille, soit quelques-uns de ses adhérents en France, en tentent un essai d'emporter ses restes, soit par négociation, soit par ruse, soit même par force (1). » Metternich eut alors l'idée de faire écrire par Marie-Louise une lettre à son père, en la datant des derniers jours du mois d'août. Elle était ainsi conçue :

« D'après les indications que Votre Majesté m'a fait donner dans le courant du mois de juillet dernier, et d'après celles qui me sont parvenues depuis, il ne m'est plus permis de douter que le Tout-Puissant a disposé des jours de douleurs de Napoléon, mon époux. Les journaux avaient devancé dans l'annonce de cette nouvelle les lettres que j'ai reçues de Vienne et de Paris; ils vont même plus loin et présentent déjà plusieurs versions sur le lieu destiné à son sépulcre. Si, depuis 1814, il ne m'a plus été donné de faire entendre ma voix dans les conjonctures qui ont décidé de son sort, je pense qu'il doit en être de même encore aujourd'hui et qu'en persévérant dans le silence, dont vos conseils et ma situation m'ont fait un devoir, il ne me reste qu'à renfermer en moi les sentiments que je dois naturellement éprouver. Toutefois, si après tant de vicissitudes j'avais un vœu à exprimer, et pour moi, et, à ce qu'il me semble, pour le duc de Reichstadt, ce serait que les restes mortels de mon mari, du père de mon fils, fussent respectés. En déposant avec une confiance sans bornes ce vœu dans le

---

(1) *Staats Archiv*, Schlitter.

cœur paternel de Votre Majesté, je lui abandonne le soin de le faire connaître, si Elle le juge convenable ou nécessaire. » Donc, par obéissance pour son père, par respect pour son époux, la femme qui avait trahi Napoléon avec le général de Neipperg refusait le don de son cœur. Elle avait raison, après tout. Elle n'en était plus digne.

Nous allons lui voir d'autres préoccupations. Le 16 juillet, Metternich écrivait à Esterhazy qu'il était possible que Napoléon eût fait des dispositions testamentaires et qu'elles allaient être apportées en Angleterre (1). « Il est difficile de croire, disait-il, que dans ces pièces Bonaparte n'ait point mêlé des objets prêtant au jeu des partis. Ce sera au gouvernement britannique à porter une attention particulière sur cette possibilité, et nous nous fions trop à sa sagesse pour ne pas être convaincu des soins qu'il prendra pour empêcher que, par des publications indiscrètes, les esprits ne puissent être remués. Cette considération porte directement sur les dispositions qui peuvent être relatives à Mme la duchesse de Parme et à son fils... (2). » Metternich ajoutait — et voici où l'Autriche cesse d'être dédaigneuse de tout ce qui concernait l'Empereur — que, si Napoléon avait laissé une grande fortune, il ne pouvait pas être indifférent, pour les souverains alliés et pour le repos de l'Europe, de la laisser à des individus dévoués à son parti qui pourraient en faire un usage pernicieux. M. de Neipperg se mettait à la disposition de Metternich. Il s'empressait de l'informer, le 3 août, que la duchesse de Parme se conformerait entièrement à ses conseils « relativement aux dispositions données par le défunt à l'égard de son cœur et de son estomac, déposés par ordre du gouvernement anglais dans le tombeau de Sainte-Hélène ». Le même jour, Neipperg écrivait une autre lettre où se trouvent ces détails intéressants : « Sa Majesté Madame l'archiduchesse, duchesse de Parme, me charge de témoigner à Votre Altesse

---

(1) La meilleure étude que j'aie consultée à cet égard, et avec fruit, est celle du docteur Schlitter. (*Archiv für OEsterreichische Geschichte*, t. LXXX.)
(2) Schlitter, *ibid*.

sa reconnaissance particulière pour la sollicitude qu'Elle met à recueillir les dispositions testamentaires du défunt et pour avoir fixé, dans l'intérêt de S. A. S. le duc de Reichstadt, son bien-aimé fils, les bases sur lesquelles les affaires de la succession se traiteront à Vienne, lesquelles ont été approuvées par l'Empereur, son auguste père. Madame l'archiduchesse a choisi le comte Maurice de Dietrichstein pour son fondé de pouvoir près du conseil qui sera présidé par Votre Altesse. » Neipperg ajoutait que Marie-Louise était d'accord avec Metternich « pour couvrir du voile du plus grand secret » tout ce qui se rapportait aux affaires de la succession. La question des fonds laissés par l'Empereur l'intéressait beaucoup. « Sa Majesté trouve inconcevable, disait-il, que le gouvernement anglais n'ait ou ne veuille pas avoir l'air d'avoir des notions positives sur l'existence d'un testament et généralement sur les fonds que le défunt peut avoir placés dans la banque de Londres... Il lui paraît aussi assez invraisemblable qu'avec la grande surveillance exercée par sir Hudson Lowe, il soit possible que le testament ait été envoyé en Europe, à l'exemple d'autres papiers intéressants et importants que le comte de Montholon prétend avoir expédiés en Angleterre. Il règne en tout ceci une teinte mystérieuse qui mérite certainement l'attention de Votre Altesse. »

Le 26 septembre, Marie-Louise, que l'héritage de Napoléon préoccupait toujours, priait M. de Bombelles de s'informer si elle pouvait revendiquer pour son fils la propriété de San Martino, achetée par l'Empereur, en 1814, à l'île d'Elbe. Elle faisait rechercher le testament, qu'elle soupçonnait être, comme l'écrivait Neipperg, « dans les mains de quelque *individu* de la famille Bonaparte, peut-être de Joseph ». Metternich se défiait des imprudences de Marie-Louise et continuait à la guider en cette affaire, comme dans toutes les autres. Il en avertissait ainsi l'ambassadeur Esterhazy, à la date du 2 octobre : « En général, nous désirons que madame l'archiduchesse, dans son intérêt, comme dans celui de son fils, évite soigneusement d'agir en son nom dans une affaire aussi délicate. Le seul moyen pour elle de prévenir toute complication embarrassante et compromettante, est de se maintenir positivement sous l'égide de l'Empereur, son auguste père. » Les exécuteurs testamentaires avaient demandé par lettre à voir Marie-Louise. Neipperg en informa Metternich le 16 novembre et lui dit que la duchesse n'avait d'autre intérêt à les recevoir que « pour en tirer des renseignements sur le testament de son défunt époux ». Elle aurait préféré que ces messieurs voulussent bien fournir ces lumières directement à l'ambassadeur, le baron de Vincent, car leur arrivée à Parme produirait un effet déplorable (1). Elle pensait donc que sa position ne lui permettait pas de leur donner l'audience sollicitée.

Le 4 décembre, le cabinet autrichien apprit par le baron de Vincent que Napoléon avait laissé, en 1815, quatre ou cinq millions en dépôt chez Laffitte. Or, Laffitte refusait de s'en dessaisir jusqu'à ce qu'il eût pris conseil à cet égard, ne se croyant pas suffisamment autorisé par le titre dont Bertrand et Montholon avaient fait usage vis-à-vis de lui (2), d'autant plus qu'il était question d'un testament. On assurait que les délégués de Napoléon s'en disaient dépositaires, mais n'étaient autorisés à en faire usage qu'à la majorité du duc de Reichstadt. Quelques jours après, Neipperg priait Metternich, au nom de la duchesse de Parme, de prendre les mesures nécessaires pour empêcher la perte du dépôt fait chez Laffitte, car ces fonds devaient revenir à son fils. Marie-Louise suppliait en outre le chancelier de s'opposer à la remise des legs faits aux exécuteurs testamentaires et autres. Metternich commença par donner des instructions au baron de Vincent pour s'informer de la présence réelle du dépôt (3). Le

---

(1) SCHLITTER, *Archiv für O. G.*
(2) Voir la lettre de Napoléon citée plus haut. — Voir, pour le détail, le *Testament de Napoléon*, par M. DUPIN. (*Mémoires*, t. I.)
(3) M. de Montholon venait de donner au gouvernement de Louis XVIII communication officielle du testament impérial. « M. Laffitte, dit le chancelier Pasquier, ne trouvait pas, et avec assez de raison, que les exécuteurs testamentaires eussent qualité suffisante pour qu'il pût avec sûreté se dessaisir en leurs mains.

28 janvier 1822, le comte de Neipperg insistait au nom de Marie-Louise et demandait à Metternich si la duchesse de Parme ne pouvait pas défendre ses intérêts par voie judiciaire. Il était évident que sa sollicitude maternelle ne lui permettait point de renoncer au moindre avantage en faveur de son bien-aimé fils. Pendant ce temps, voici ce qui se passait entre les exécuteurs testamentaires et la banque qui avait reçu le dépôt de Napoléon. M. de Montholon avait vu l'avocat Dupin, le 7 novembre 1821. Il lui avait présenté la reconnaissance authentique de la banque Perregaux-Laffitte, la lettre de Napoléon et toutes les clauses du testament. Dupin alla voir Laffitte qui, tout en excipant de sa bonne volonté personnelle, montra quelque crainte que les exécuteurs testamentaires n'eussent pas qualité suffisante pour donner décharge. M. de Montholon résolut de plaider et rapporta d'Angleterre une expédition du testament dûment légalisée. Après une consultation avec Dupin, Bonnet, Tripier et Gairal, assignation fut donnée à la banque Laffitte. Celle-ci objecta que Napoléon était frappé d'incapacité par l'ordonnance royale du 6 mars 1815, que les actes passés à l'étranger n'étaient pas exécutoires en France et que le testament n'accordait pas la saisie aux exécuteurs testamentaires. La banque demanda la vérification du testament par expert. Dupin plaida à huis clos, le 25 février 1822, et repoussa hautement ces conclusions. Ayant à combattre l'objection de la mort civile, il s'indigna. « Puisqu'on se mettait furtivement à la place de l'héritier du sang, c'était, disait-il, faire injure à cet héritier que de supposer qu'il lui vint jamais à la pensée d'invoquer un tel moyen contre son père ! » D'ailleurs une ordonnance ne pouvait prononcer efficacement sur l'état d'un citoyen. Il

Il voulait, au moins pour la forme, y être contraint par jugement. » On consulta le gouvernement, qui, d'un commun accord, écarta la répétition du dépôt confié au banquier, répétition qui, de sa part, eût paru indigne de la grandeur nationale et de la dignité royale. Quant au testament lui-même, le conseil des ministres ne voulut pas le reconnaître et permettre ainsi aux exécuteurs testamentaires de faire valoir leurs droits. Le comte de Montholon prit alors le parti de déposer le testament en Angleterre et de s'en faire délivrer un extrait.

fallait une loi. Dupin fit observer ironiquement que Laffitte n'était pas pressé de se séparer brusquement de plusieurs millions, ni de payer les intérêts, qui montaient à 1,750,000 francs. Le tribunal donna acte à Laffitte des offres qu'il fit le 28 février de verser les fonds à la Caisse des consignations. Les exécuteurs testamentaires, s'appuyant sur le conseil d'arbitres qui étaient le duc de Bassano, le duc de Vicence et le comte Daru, acceptèrent et considérèrent le jugement comme une transaction. Les arbitres décidèrent en outre qu'une pension provisoire de 3,000 francs serait faite, à la charge des légataires, au docteur Antomarchi, jusqu'au moment où Marie-Louise se déciderait à accomplir les intentions de son époux (1).

Juridiquement, l'affaire paraissait éteinte, et les exécuteurs testamentaires n'avaient nullement l'intention, au moins pour l'instant, de pousser les choses plus loin. Mais il n'en fut pas de même en Autriche. Vers cette même époque, Marie-Louise, qui avait connu la teneur du testament, faisait écrire, le 29 mars, par Neipperg à Metternich, que la lecture de cet acte avait produit une impression désagréable sur son esprit. Le premier codicille surtout l'avait singulièrement étonnée. La duchesse de Parme avait vu « avec surprise, disait Neipperg, que son défunt époux disposait de la somme de deux millions que Sa Majesté avait emportée de Paris, au moment où elle crut, à l'approche des armées alliées, devoir quitter cette capitale pour se réfugier à Blois et à Orléans ». Elle prétendait que, sur cette somme, neuf cent mille francs avaient été renvoyés à l'Empereur et que le reste avait servi aux frais de son voyage avec une Cour immense et à son séjour à Schœnbrunn, d'octobre 1814 à mars 1816. D'ailleurs, elle regardait « au-dessous de sa dignité de jamais rendre compte de l'emploi d'une somme aussi peu importante ». A peu près à la même date, le baron de Vincent informait Metternich que M. de Montholon lui avait donné connaissance du

(1) Voir *Mémoires de Dupin*, t. I et annexes.

testament et copie de certains articles. Les fonds déposés chez Laffitte devaient y rester cinq ans. Enfin le testament ne serait remis au duc de Reichstadt qu'à sa majorité. Le baron de Vincent avait reçu les pleins pouvoirs de Marie-Louise, mais il estimait que ses réclamations en faveur du duc de Reichstadt ne pouvaient porter que sur la moitié des fonds. Entre temps, le comte Bertrand, qui n'avait pu être reçu par Marie-Louise, essayait de l'émouvoir au sujet du retour des restes de Napoléon. Il lui écrivait, le 16 mai, « que le plus illustre des captifs dont l'histoire fasse mention » avait exprimé le désir que sa dépouille mortelle fût transférée en France. Les exécuteurs testamentaires avaient adressé une requête à cet égard au roi George IV et à l'empereur François II. Bertrand et Montholon suppliaient la duchesse de Parme d'intervenir. Marie-Louise ne tenta pas la moindre démarche à cet égard. Et comme Marchand et les exécuteurs testamentaires avaient demandé à lui remettre eux-mêmes les dentelles de l'Empereur et un bracelet tressé avec ses cheveux, elle fit répondre le 23 mai que l'empereur d'Autriche n'autorisait pas leur venue, mais que l'ambassadeur Appony était autorisé à donner reçu de ces legs et à les faire parvenir à destination (1).

Le 12 juin, Metternich demandait à Neipperg s'il pouvait répondre à l'une de ces deux questions : « Doit-on recueillir la moitié de la succession (de Napoléon), en se prévalant des lois françaises qui ne permettent à un père que de disposer de la moitié de ses biens, lorsqu'en mourant il laisse un fils? Ou doit-on, dans l'intérêt du duc de Reichstadt et de madame l'archiduchesse, donner acte de renonciation à cette succession? Voilà toute la question. » Il faut croire que Neipperg répondit favorablement à la première question, car la duchesse de Parme ne renonça pas à l'héritage de Napoléon. En effet, le 12 août, Metternich informa le baron de Vincent que l'em-

---

(1) Marchand envoya ces objets à Marie-Louise le 1er juillet, avec une chaîne de montre pour le duc de Reichstadt, faite également avec des cheveux de Napoléon.

pereur François, par une résolution du 10 juillet, recommandait à son ambassadeur en France de ne rien négliger pour assurer les droits de propriété qui pourraient être dévolus au duc de Reichstadt. Mais il est bon de constater, dès à présent, qu'en agissant ainsi, l'ex-Impératrice allait directement contre les décisions mêmes de son époux. Si l'Empereur avait voulu laisser sa fortune au duc de Reichstadt, il n'eût eu besoin d'aucun conseil pour un tel legs. Il aimait assez son fils pour lui témoigner de toute façon sa profonde tendresse. Qu'avait-il jugé bon de lui laisser?... Ses armes, l'épée d'Austerlitz, le sabre de Sobieski, son nécessaire d'or, les vases sacrés de sa chapelle, ses lits de camp, sa lunette de guerre, ses montres, ses médailles, son argenterie, ses selles et ses éperons, ses fusils de chasse, sa bibliothèque, ses cachets, ses uniformes, le manteau bleu de Marengo, le grand collier de la Légion d'honneur, le collier de la Toison d'or, le glaive du premier Consul, l'épée du Sacre... Quant à l'argent, lui qui n'avait jamais thésaurisé pour lui-même, il le jugeait indigne d'être mis dans l'héritage transmis à son fils. Les six millions placés chez Laffitte en 1815, son domaine privé, c'est-à-dire les économies faites pendant quatorze ans sur la liste civile, à raison de douze millions par an, les meubles de ses châteaux, les palais de Rome, Florence et Turin, il considérait tout cela comme devant faire retour à ses soldats et aux villes et campagnes qui avaient souffert de l'invasion. Il était entré pauvre au pouvoir; il en voulait sortir pauvre. Il croyait honorer ainsi son unique héritier, et il est certain que si le prince impérial eût alors atteint sa majorité, il n'eût jamais élevé la moindre protestation contre les dispositions suprêmes de son père.

Le 17 octobre 1822, le baron de Vincent recevait copie authentique du testament et des codicilles. Mais, malgré leur teneur formelle, l'Autriche persistait à réclamer auprès du ministre des affaires étrangères. C'était Chateaubriand qui occupait alors ce poste. Le 20 mai 1823, il répondit au baron de Vincent que l'affaire du testament était arrangée entre les divers légataires. Il le priait, en conséquence, d'inviter le prince de Metternich à renoncer à toute revendication au nom de la maison d'Autriche. Mais le baron de Vincent exigeait des raisons plus péremptoires (1). Cette insistance finit par froisser Chateaubriand, qui demanda à ses bureaux une note par laquelle il pût connaître le testament lui-même, la correspondance des Affaires étrangères avec le cabinet de Vienne, l'objet précis de la réclamation des exécuteurs testamentaires, les hésitations du banquier Laffitte pour rendre le dépôt des cinq millions, le procès devant les tribunaux. Il savait déjà que le cabinet français n'avait pas voulu admettre les dons faits par Napoléon, alléguant que le testateur était en état de mort civile d'après l'ordonnance du 6 mai 1815 et par la loi du 12 janvier 1816, et qu'il n'avait pu disposer de sa fortune par voie de dernière volonté. De plus, le testament contenait des dispositions exorbitantes et inexécutables. Il disposait de biens qui n'appartenaient pas au testateur. Le duc de Reischtadt, d'ailleurs, ne pouvait être considéré comme héritier, puisque la loi du 12 janvier 1816 lui en refusait les droits (2). Mais le prince de Metternich insistait toujours auprès du baron de Vincent. Il lui rappelait que, par suite d'une résolution du 13 septembre 1823, S. M. l'empereur d'Autriche, aïeul et tuteur naturel du duc de Reichstadt, l'avait invité à faire connaître qu'il était dans l'impossibilité de prendre une décision relativement aux droits particuliers de succession de son petit-fils et aux dispositions dernières de Napoléon Bonaparte, jusqu'à ce qu'on pût savoir si le testateur avait laissé des biens propres et disponibles, et quels étaient ces biens. Ces éclaircissements devaient être obtenus par l'intermédiaire du ministère des Affaires étrangères pour que la tutelle pût se déclarer en connaissance de cause.

Le 30 avril 1824, M. de Chateaubriand écrivit avec hau-

---

(1) Voir Archives des Affaires étrangères, *Vienne,* vol. 404.
(2) La note disait en outre que les questions de la cour de Vienne étaient indiscrètes et insidieuses. Elle ajoutait : « Il n'existe pour le gouvernement du Roi ni fils de Napoléon, ni tuteur de cet enfant. » (Archives des Affaires étrangères, *Vienne,* vol. 404.)

teur au baron de Vincent que le gouvernement du Roi avait pensé que la cour de Vienne était dans l'intention de regarder ou de faire regarder comme une simple formalité la renonciation que les exécuteurs testamentaires et quelques légataires de Napoléon Bonaparte avaient eu l'idée de lui réclamer. « Il semblait convenable, en effet, disait-il, et la cour de Vienne partage sans doute cette opinion, d'éviter l'espèce de scandale qui pourrait résulter d'une discussion ouverte sur des questions qui tiennent aux ressorts les plus délicats de l'ordre social, sur les droits de la légitimité, sur les faits de l'usurpation et sur les tristes conséquences qu'ils ont entraînées. Frappé de cette considération, le Roi, qui n'a point hésité à faire le sacrifice de sommes qu'il était en droit de revendiquer, ne m'aurait point autorisé à demander la renonciation, s'il n'eût dû croire que, comme chose convenue et de pure forme, elle serait immédiatement envoyée. Votre Cour n'ayant pas cru pouvoir terminer cette affaire, le gouvernement du Roi doit replacer sous son véritable jour la question de l'héritage de Bonaparte... Aucune personne tenant à lui par les liens du sang ne peut ni hériter ni posséder en France. » La loi de 1816 rendait superflue toute renonciation à des droits frappés de nullité et détruisait le motif des questions que la cour de Vienne avait cru devoir poser. La Restauration avait d'ailleurs remis aux mains du roi de France les biens de toute nature que l'usurpateur avait pu acquérir.

Cette réponse paraissait péremptoire. Elle ne termina cependant pas le différend. Sur de nouvelles réclamations de la part de l'Autriche, le garde des sceaux, comte de Peyronnet, était obligé d'affirmer encore une fois, le 22 octobre 1825, — c'est-à-dire un an après, — à M. de Chateaubriand que, par suite de l'ordonnance du 6 mars 1815 et de la loi du 12 janvier 1816, Bonaparte ne pouvait jouir en France d'aucun droit civil, et par conséquent n'avait pu ni acquérir ni donner (1). L'Autriche ne se déclara pas encore

---

(1) Archives des Affaires étrangères, *Vienne*, vol. 404.

convaincue, puisque moins de trois mois après la mort du duc de Reichstadt, Metternich écrivait au baron Marschall « que la solution des questions relatives à la succession de feu l'empereur Napoléon et qui, avant le triste événement que nous déplorons tous (1), auraient dû être soumises à la haute tutelle de Mgr le duc de Reischstadt, dépendaient uniquement du bon plaisir de Sa Majesté l'archiduchesse, duchesse de Parme ». Or, Marie-Louise, sur les conseils de Metternich, faisait valoir ses droits à une partie de la succession de Napoléon, même après la mort de son fils. Ce ne fut que le 18 mai 1837, lorsqu'elle fut convaincue du peu de solidité de ses réclamations, qu'elle envoya à Me Porcher de Lafontaine, avocat de la cour royale de Paris, « sa renonciation comme héritière, disait-elle, de feu Napoléon-François-Charles-Joseph, duc de Reichstadt, notre fils, à tous droits et prétentions quelconques sur tous les biens, meubles et immeubles, situés en France, ayant appartenu à l'empereur Napoléon, notre illustre époux (2) ». Ainsi, ce nom de Napoléon, que l'Autriche avait effacé de ses chartes et de ses annales, ce nom qu'elle refusait au duc de Reichstadt comme à l'Empereur depuis de longues années, reparaît tout à coup, non pas dans quelque acte mémorable, mais dans une procédure dont l'unique but était l'héritage impérial (3). De son « illustre époux », le souvenir des biens qu'elle aurait pu obtenir était le seul que Marie-Louise conservera, même après la mort de son fils.

(1) La mort du duc, survenue le 22 juillet 1832.
(2) *Archiv für OEsterreichische Geschichte Hans Schlitter*, t. LXXX.
(3) Voici ce que devint l'héritage de Napoléon. Des cinq millions déposés chez Laffitte (c'était le chiffre reconnu), on ne put retirer que trois millions et demi. Les deux cents millions du domaine privé de l'Empereur étaient réduits en 1818 à cent dix-huit millions, qu'une ordonnance royale fit verser au Trésor. Avec les trois millions et demi du dépôt, les exécuteurs testamentaires se virent forcés de faire face à des legs montant à neuf millions. Le 5 août 1854, sur le rapport de M. Fould et après avoir entendu le Conseil d'État, Napoléon III ouvrit au ministre d'État un crédit de huit millions, affecté à l'exécution des dispositions testamentaires de Napoléon Ier. Une commission spéciale chargée de la répartition fut nommée le 29 août. La régularisation du crédit devait être ultérieurement proposée au Corps législatif.

CHAPITRE XIII

L'ÉDUCATION DU DUC DE REICHSTADT ET M. DE METTERNICH.

L'éducation du duc de Reichstadt se poursuivait méthodiquement. Le jeune prince faisait ses études classiques avec le professeur d'histoire et de littérature Mathieu Collin. Il apprenait les mathématiques, l'italien et les premiers principes d'art militaire avec le capitaine Foresti. Le prélat de la cour, Mgr Wagner, lui donnait deux fois par semaine l'enseignement religieux, développant en lui les qualités et les vertus natives. La science et les manières aimables de ce prélat avaient inspiré au duc de Reichstadt beaucoup d'estime et d'affection pour lui. Le duc faisait ses devoirs avec une grande attention. Les cahiers que Foresti montra en 1832 à M. de Montbel, étaient d'une belle écriture, sans ratures et sans taches. On y trouvait des traductions en latin de textes allemands signées *Franciscus*. « Pour suppléer à l'émulation que seule peut créer la concurrence des élèves, rapporte Foresti, en même temps que pour s'assurer que l'instruction était suivie avec assiduité, l'Empereur avait institué deux commissions chargées d'examiner le prince à des époques déterminées. La commission des études classiques était composée des gouverneurs, du prélat de la Cour et du conseiller aulique Sommaruga. La commission à laquelle était confié l'examen des études militaires, comptait au nombre de ses membres un officier supérieur, le colonel du génie Schindler, le major Weiss, professeur à l'Académie militaire, et les gouverneurs. » Le 14 novembre 1823, le professeur Collin mourut après une courte maladie et fut remplacé par

Joseph d'Obenaus, ancien gouverneur de l'archiduc François-Charles. Ce nouveau professeur, qui avait dirigé l'éducation de Henri de Hesse, du comte Eugène Wrbna et du comte Charles Pachta, s'était chargé d'enseigner au duc de Reichstadt l'histoire universelle et l'histoire d'Autriche jusqu'en 1815, la philosophie, le droit public et le droit des gens, l'économie politique et la statistique (1). Ce furent surtout les leçons d'histoire et de statistique que goûta particulièrement le jeune prince.

« Il aimait, dit encore Foresti, à s'occuper de spéculations historiques. Il y portait de la pénétration et une grande justesse de jugement. » En 1823, il commença l'étude de la géométrie et de la levée des cartes, faisant déjà des travaux sur le terrain (2). Avec le major Weiss, il apprit l'art des fortifications et étonna bientôt ses juges par son instruction et ses aptitudes.

La précocité et la fermeté de son esprit frappaient tout le monde. « On a remarqué toujours en lui tant de réflexion, affirme Foresti, qu'à proprement parler il n'a presque pas eu d'enfance. Vivant habituellement avec des personnes d'un âge différent du sien, il semblait se plaire dans leur conversation. Sans avoir, dans ses premières années, rien d'extraordinaire, son intelligence était néanmoins précoce; ses reparties étaient aussi vives que justes; il s'exprimait avec précision et un choix de termes remarquables. » Il traitait ses maîtres avec bonté, mais sans ces épanchements affectueux qu'il avait témoignés tant de fois à M. de Méneval et à Mme de Montesquiou. Parfois, il lui échappait des boutades un peu rudes. Un jour, il affirmait devant une dame d'honneur très coquette et déjà sur le retour que la France était un beau pays; et comme la dame lui répondait sèchement : « Il était plus beau, il y a douze ans. — Et vous aussi ! » osa-t-il répliquer.

Sous la direction de deux professeurs érudits, MM. Po-

---

(1) En 1825, il fut nommé conseiller de régence, puis baron. L'éducation du duc de Reichstadt devait se terminer en juin 1831.

(2) Il visita, entre autres, à cette époque, les champs de bataille d'Austerlitz et de Wagram.

devin et Barthélemy, le duc de Reichstadt étudia soigneusement les classiques français. Parmi les poètes, il préférait Corneille et Racine. Parmi les prosateurs, il aimait surtout La Bruyère, lisant et relisant ses *Caractères,* admirant la profondeur de ses observations. Les chapitres de *la Cour,* des *Grands* et de *l'Homme* étaient ceux qu'il se plaisait à approfondir. « Cette prédilection, remarque un de ses maîtres, tenait essentiellement à la nature de son esprit. Peu confiant, peut-être par suite de sa position qu'il jugeait avec discernement, il portait sur les hommes un regard scrutateur. Il savait les interroger, les examiner. Il les devinait. Ses idées à leur égard étaient généralement sévères ; mais souvent nous étions obligés de reconnaître la vérité et la justesse de ses observations. » Il affectionnait Chateaubriand et avait annoté l'*Itinéraire de Paris à Jérusalem.* Il pratiquait également la littérature allemande. Il aimait Gœthe, mais surtout Schiller. La *Guerre de Trente ans* le passionnait. Parmi les historiens allemands, il avait distingué Schmidt et Muller. La langue italienne, que lui enseignaient l'abbé Pina et Foresti, lui était fort agréable. La *Jérusalem* du Tasse l'avait ravi. Il en savait de nombreuses stances. M. Baumgartner, professeur à l'Université de Vienne, lui apprit la physique, la chimie et les sciences naturelles. On enseigna également au jeune prince la musique, dont il se dégoûta rapidement. Du dessin, il ne retint que le goût des procédés graphiques nécessaires aux travaux de fortification et d'architecture. Tous ces détails prouvent une fois de plus que l'éducation du duc de Reichstadt était au moins aussi soignée et aussi étendue que celle d'un archiduc. Quant à l'histoire de Napoléon, dès l'âge de quinze ans, il put, en lisant de nombreux ouvrages, se rendre un compte précis des événements (1). La nouvelle Impératrice, la princesse Caroline-Augusta de Bavière, lui témoignait, comme François II, beaucoup de tendresse. Elle aimait à causer avec lui et à développer

---

(1) Il lut, entre autres, Montholon, O'Méara, Gourgaud, Antomarchi, Fleury de Chaboulon, Las Cases, Ségur, Pelet, Benjamin Constant, Massias, Arnault et le *Mémorial de Sainte-Hélène,* sans compter plusieurs écrits allemands.

son intelligence. Le second fils de l'Empereur, l'archiduc François, et l'archiduchesse Sophie, femme de l'archiduc, étaient pour le jeune prince de véritables amis. L'archiduchesse, qui n'avait que six ans de plus que lui, lui montrait une affection qui lui fut d'un charme sans pareil. En l'absence d'une mère qui se bornait de temps en temps à émettre quelques regrets peu sincères, il put sentir combien sont exquis et sûrs le dévouement et l'amitié d'une femme de cœur.

La duchesse de Parme — si l'on en juge par ses lettres intimes — se portait maintenant à merveille. Elle commençait « même à engraisser ». Elle avait dit adieu à la médecine et s'occupait beaucoup de concerts d'amateurs. Elle y faisait sa partie et exécutait des morceaux sur le clavecin, comme les variations de Mayseder sur un thème de *Nina*. Elle montait presque tous les jours à cheval. Depuis que ses nerfs s'étaient remis, elle était devenue très habile et même imprudente en ce genre d'exercice. Elle donnait des dîners et des fêtes; elle allait au théâtre et elle disait dans sa joie : « Je me trouve d'ailleurs si contente ici que, si j'avais mon fils auprès de moi, je ne demanderais plus rien d'autre dans ce monde; mais le bonheur parfait ne peut pas y exister (1). » Elle n'eût cependant point osé sacrifier le duché de Parme, ni l'intimité enfin avouée et connue avec le général de Neipperg, pour aller rejoindre son fils à Schœnbrunn. Toutefois, Marie-Louise avait été voir son père à Vérone, où se tenait le Congrès qui allait décider de l'intervention en faveur de Ferdinand VII contre les Cortès. Elle se déclarait satisfaite d'être réunie aux siens, — le duc de Reichstadt pourtant n'y était pas, — mais elle s'ennuyait à mourir, « non faute d'amusements, mais de société, et faute d'avoir un moment pour respirer. A présent, disait-elle à la comtesse de Crenneville, nous n'avons même plus de théâtre, ce qui était la seule ressource, car le reste du jour se passe à rendre et à recevoir des visites et à faire des toilettes. »

(1) *Correspondance de Marie-Louise*, année 1822, p. 230, 231.

A Vérone se trouvaient, outre l'empereur et l'impératrice d'Autriche, le roi de Prusse, le vice-roi et la vice-reine d'Italie, le roi des Deux-Siciles, le roi et la reine de Sardaigne, le duc de Modène, le prince de Metternich, M. de Gentz, etc. Chateaubriand, qui représentait la France, fut invité par Marie-Louise à ses réceptions. Il en parle ainsi dans son *Histoire du Congrès de Vérone* (1) : « Nous refusâmes d'abord une invitation de l'archiduchesse de Parme. Elle insista, et nous y allâmes. Nous la trouvâmes fort gaie ; l'univers s'étant chargé de se souvenir de Napoléon, elle n'avait plus la peine d'y songer. Elle prononça quelques mots légers et, comme en passant, sur le roi de Rome : elle était grosse. Sa cour avait un certain air délabré et vieilli, excepté M. de Neipperg, homme de bon ton. Il n'y avait là de singulier que nous, dînant auprès de Marie-Louise, et les bracelets faits de la pierre du sarcophage de Juliette, que portait la veuve de Napoléon. En traversant le Pô, à Plaisance, une seule barque, nouvellement peinte, portant une espèce de pavillon impérial, frappa nos regards. Deux ou trois dragons, en veste et en bonnet de police, faisaient boire leurs chevaux ; nous entrions dans les États de Marie-Louise : c'est tout ce qui restait de la puissance de l'homme qui fendit les rochers du Simplon, planta ses drapeaux sur les capitales de l'Europe, releva l'Italie prosternée depuis tant de siècles !... »
En parlant à Marie-Louise, Chateaubriand lui dit qu'il avait rencontré ses soldats à Plaisance, mais que cette petite troupe n'était rien à côté des grandes armées impériales d'autrefois. Elle lui répondit sèchement : « Je ne songe plus à cela ! » L'impératrice des Français n'était plus désormais qu'une petite princesse, se contentant d'une vie facile où les concerts, les dîners, les spectacles, les voyages constituaient pour elle les jouissances les plus grandes. La *Cassina dei Baschi* lui paraissait un séjour plus enviable que celui des Tuileries, et l'amour d'un majordome préférable à celui d'un Empereur. Le maréchal de Castellane dit que son père vit la duchesse quelque

---

(1) Paris, 1838, t. I.

temps après. « Elle a parlé de la France seulement comme si elle y avait voyagé, sans laisser la possibilité d'en rien dire, sans parler du rôle qu'elle y a joué. Elle a beaucoup parlé de l'empereur François, des souverains de l'Europe ; mais son fils n'a pas même été nommé (1). »

Ce n'était pas Marie-Louise qui donnait de l'inquiétude au gouvernement de la Restauration. Elle saisissait, au contraire, toutes les occasions pour montrer à la famille royale combien elle lui était dévouée. On savait, d'ailleurs, qu'elle n'avait jamais encouragé les tentatives des partisans de Napoléon II. Elle avait fait même tous ses efforts pour les écarter de ses États et pour anéantir leurs espérances. Aussi la jugea-t-on digne des plus grands égards. Au lendemain de la mort de Louis XVIII, le ministre des affaires étrangères écrivait au baron de Vincent, ambassadeur d'Autriche en France : « J'ai l'honneur d'envoyer à Votre Excellence une lettre que le Roi adresse à Madame sa sœur et cousine, l'archiduchesse duchesse de Parme, sur la mort du Roi que la France vient de perdre. Toute la famille des souverains avait pour lui de l'estime et de la vénération. Elle partagera les regrets de Sa Majesté Très Chrétienne, et je ne doute pas que la cour de Parme ne soit vivement touchée de son affliction (2). » Le 4 octobre de la même année, le baron de Damas proposait à Charles X d'accréditer auprès des cours de Parme et de Modène le marquis de la Maisonfort, déjà accrédité près des cours de Lucques et de Florence. « L'ancienne position de Mme la duchesse de Parme, disait-il, avait fait penser, vers l'époque de la Restauration, qu'il serait embarrassant d'avoir un ministre auprès d'elle... Les circonstances ne sont plus les mêmes qu'en 1814, et la France en est séparée par la longueur d'un règne. La famille royale n'a éprouvé, de la part de Mme la duchesse de Parme, que des témoignages d'égards et d'amitié ; Votre Majesté croira peut-être devoir y répondre par la mesure que j'ai l'honneur de lui proposer. » Charles X s'em-

---

(1) *Journal du maréchal de Castellane*, t. II.
(2) Archives des Affaires étrangères, *Parme*, vol. 5.

pressa d'approuver ce rapport, et le marquis de la Maisonfort fut accrédité. « Le roi de France, lui écrivit M. de Damas, ne donne point à Mme la duchesse de Parme le titre de Majesté (1), et il continuera de suivre cette règle dans ses communications personnelles... Quant à vos relations, vous vous conformerez, pour leur style, au protocole usité. Chaque Cour a son langage, et vous saurez toujours employer celui qui conviendra le mieux à une princesse avec laquelle le Roi ne veut entretenir que des relations amicales. » Le 27 novembre, le marquis informait le ministre qu'arrivé le 16 à Parme, il avait, pendant une réception solennelle à la Cour, entendu la duchesse s'exprimer avec le plus grand intérêt sur la famille royale, sur Mme la Dauphine, qu'elle avait vue à Vienne dans son enfance, et sur le duc de Bordeaux. Le marquis de la Maisonfort put constater dans ses relations avec la duchesse de Parme qu'elle parlait sans affectation de la France et du rôle qu'elle y avait joué. « Jamais, disait-il, elle n'a prononcé devant moi le nom de l'usurpateur, mais elle me l'a souvent désigné comme le moteur de grandes choses qui n'ont jamais contribué à son bonheur. » On conçoit qu'un pareil tact, une pareille correction aient ravi ceux qui maudissaient « l'ogre de Corse ». Aussi le marquis ne tarissait-il pas d'éloges sur la veuve de Napoléon. « Née trop grande dame, ajoutait-il, pour regretter une élévation que les événements ont prouvé n'être que factice, *elle a l'air de solliciter l'indulgence pour ce qu'elle a été et d'appeler l'estime pour ce qu'elle est et veut être.* » Ainsi Marie-Louise, trop heureuse de recevoir l'ambassadeur du roi Charles X, s'effaçait devant lui, s'humiliait presque. Elle était stylée par Neipperg, qui avait su, lui aussi, gagner les bonnes grâces du marquis de la Maisonfort. Grâce à lui, la

---

(1) Cette omission avait déjà choqué le comte de Neipperg, car, le 23 novembre 1817, un agent des Affaires étrangères informait le duc de Richelieu que Neipperg lui avait renvoyé l'enveloppe d'une dépêche officielle qu'il avait reçue « ouverte de la façon la plus inconvenante, et que même on s'y était permis de biffer sur l'enveloppe le titre de Majesté adressé à Sa Majesté l'archiduchesse, duchesse de Parme ». Le directeur des postes, interpellé à ce sujet, jura, en s'excusant fort, que cette infidélité ne pouvait être attribuée à aucun bureau français. (Affaires étrangères, *Parme*, vol. 5.)

cour de Parme avait de l'apparence : « Le comte de Neipperg y prévoit tout, y anime tout, y répond de tout. Il est impossible de ne pas croire à son dévouement pour la cause des rois qu'il a servis toute sa vie et à son penchant pour la France... Il est impossible de mieux penser que ce général, chevalier d'honneur de Sa Majesté la Duchesse et le véritable interprète de ses volontés. » M. de Lamartine, secrétaire de légation auprès du ministre de France à Florence, et qui écrivait alors « deux petits volumes de poésies purement et simplement religieuses, destinées à la génération qui a conservé un Dieu dans son cœur », avait eu également l'honneur de dîner avec la duchesse de Parme. « Cette princesse, mandait-il à M. de Damas, plus à l'aise dans son État borné qu'elle ne l'était à une autre époque, se montre infiniment plus aimable et plus spirituelle à Parme qu'à Paris... Elle parle du passé comme d'une époque historique qui ne tient plus à elle ni au temps présent(1). » Le secrétaire ne se gênait point pour indiquer la véritable situation de la duchesse. Il disait tout haut ce qu'on disait tout bas : « Le comte de Neipperg, favori et époux de l'archiduchesse, est à la tête de toutes les administrations. » Il en faisait, lui aussi, l'éloge. Il affirmait, en outre, que Neipperg avait su éloigner de la cour de Parme toutes les intrigues qui auraient tenté de s'y rattacher. « S'il se passait quelque chose de mal contre les Bour-

---

(1) 13 décembre 1827. Affaires étrangères, *Parme*. — Lamartine annonçait en même temps à M. de Damas que la duchesse de Parme voulait contracter un emprunt de dix millions chez Rothschild. Le banquier exigeait la garantie et la signature du duc de Lucques. Celui-ci y avait consenti, mais à la condition d'avoir un million sur les dix. Rothschild avait en outre pris hypothèques sur la totalité des domaines de Parme, qui se montaient à trente millions. La terre de Borgo San Domino, que possédait la mère du duc de Lucques, avait été vendue autrefois à Marie-Louise, qui en avait formé un majorat en faveur d'un enfant de Neipperg. Le nouvel emprunt était officiellement affecté aux dépenses du cadastre et d'un grand théâtre nouveau. « Mais on assure qu'à peu près le tiers de cette somme, disait le secrétaire, est destiné à acheter des terres et des rentes pour les enfants de l'archiduchesse, de sorte que la dette de l'État ne sera que peu ou point diminuée par cette opération. » (Affaires étrangères, *Parme*.) Les trois enfants nés de l'union secrète de Marie-Louise et du comte de Neipperg étaient le prince de Montenuovo et deux filles, dont l'une épousa le comte de San Vitale.

bons et la légitimité, me disait-il ce matin, je ne serais pas ici, et puisque j'y suis, c'est qu'on n'y a pour eux que les sentiments qu'on doit y avoir. Car je suis un vieux serviteur de leur Cour et un ennemi de leurs ennemis. » Ce langage « fier et hardi, sincère et loyal », prouvait à Lamartine combien Marie-Louise et Neipperg étaient éloignés de soutenir la cause du duc de Reichstadt. Le poète se laissa donc séduire par l'accueil flatteur de la duchesse de Parme. Aussi va-t-il jusqu'à excuser ses fautes. Il reconnaît qu'elle était fidèle à sa nature affaissée et langoureuse; il avoue même qu'elle avait bien fait d'écarter la « gloire théâtrale et stoïque » qu'on exigeait d'elle. Mais c'est en vain que Lamartine cherche à lui attribuer de l'émotion et de la grâce; il ne parviendra point à dissimuler son égoïsme et ses tristes faiblesses.

Le cabinet des Tuileries ne cessait de se préoccuper du duc de Reichstadt et des personnes venues de France, d'Italie ou d'Allemagne qui cherchaient à l'approcher. Le marquis de Caraman écrivait, le 4 janvier 1825, au baron de Damas, qu'il avait pris tous les renseignements possibles sur les relations que les frères Le Bret, de Stuttgard, paraissaient avoir avec le prince. La surveillance dont ils étaient l'objet ne leur permettait que difficilement de remplir les promesses faites par eux à M. de Las Cases. « Je me suis assuré, disait-il, que tous les jours les subalternes qui se trouvent autour du duc de Reichstadt, y ont été placés par la police et relèvent directement de cette partie de l'administration. Le comte de Sedlinstky, chargé du département, y met une conscience religieuse. L'Empereur a cru devoir lui abandonner le soin du choix de ces individus, depuis la tentative de M. de Montesquiou, et il lui répond de tout ce qui pourrait se passer dans l'intérieur du jeune duc. Le comte m'a assuré que tout ce qui entourait le jeune duc était placé par lui et qu'il en répondait. » Puis venaient des renseignements fort intéressants sur le prince lui-même : « Le jeune duc de Reichstadt commence à se former. Il est d'une figure agréable et amuse toute la Cour par des manières vives et spirituelles qui contrastent singulièrement avec la gravité habituelle de toute la famille impériale. Il se distingue par son adresse dans tous les exercices du corps, mais il a un éloignement absolu pour toute espèce d'occupation sérieuse. » Ce renseignement était inexact, comme le prouvent les détails donnés par M. Prokesch-Osten. « L'Empereur le gronde souvent, ajoutait M. de Caraman, mais l'Impératrice, les archiducs et les archiduchesses ne résistent pas à la séduction de ses manières. Il le sait et en fait usage pour obtenir tout ce qu'il désire. Il est impossible de ne pas s'arrêter au moment où il acquerra la connaissance de tout ce qui s'est passé et du rôle qu'il était appelé à jouer dans l'avenir. Il est difficile de prévoir ce que le développement d'idées aussi nouvelles produira dans une tête vive que l'intérêt personnel trouvera peut-être moyen d'exciter encore plus et qu'une situation déjà trop élevée aura préparée à recevoir les germes d'ambition qui ne seront que trop aisés à faire fructifier. La sagesse de l'Empereur n'a peut-être pas assez combattu l'attrait qu'il a senti pour cet enfant, par cela même qu'il était abandonné. Les personnes qui peuvent se permettre des observations en ont fait, mais elles n'ont pas été écoutées, et je crains qu'il n'arrive une époque où la position de ce jeune homme deviendra embarrassante. Je ne suis pas le seul à avoir cette opinion, mais la qualité de petit-fils de l'Empereur oblige à une grande réserve, dans une question aussi délicate (1). »

J'ai lu à Vienne, aux Archives impériales et royales, trois lettres du duc, écrites en allemand et adressées en 1821 à son grand-père, où il l'assure de sa tendresse et où il fait des vœux pour la durée de sa vie et de son bonheur. Il déclare qu'il saura s'acquitter de la tâche qui lui incombe et lui obéira toujours. Deux de ces lettres sont des compliments pour le jour de sa fête et le jour de sa naissance. Il s'y montre très modeste, car il s'appelle lui-même : « *Ein so kleiner un bedeutender Mensch als ich...* un petit homme

---

(1) Archives des Affaires étrangères, *Vienne*, vol. 406.

insignifiant. » Le marquis de Caraman aurait donc voulu que le grand-père du duc de Reichstadt le tînt à l'écart et lui témoignât une froideur officielle. Il osait reprocher au souverain une trop grande sympathie que la gentillesse de l'enfant et l'abandon de sa mère, motivé par les cruelles exigences de la politique, avaient peu à peu déterminée et consolidée. Encore une fois, l'existence de l'héritier de Napoléon était une sorte de cauchemar pour les monarchies, surtout pour la monarchie française. Le 4 octobre 1825, un sieur Poppon informait la police qu'on avait découvert à Genève un dépôt de pièces de vingt francs et de quarante francs à l'effigie de Napoléon II. Il prétendait qu'un complot se tramait dans le canton de Vaud contre Charles X. Suivant lui, il aurait été question d'assassiner le Roi, le Dauphin et le duc de Bordeaux, pour leur substituer le duc de Reichstadt. Heureusement, la police put s'assurer qu'elle avait affaire à un exalté qui avait pris ses visions pour des réalités (1). L'attention des agents fut attirée, six mois après, sur un officier général autrichien, aide de camp du jeune Napoléon, qui était venu visiter le château de Versailles et qui entretenait, disait-on, une correspondance secrète avec des individus suspects à Nancy. Renseignements pris, on reconnut que c'était le prince de Dietrichstein, le frère du gouverneur, qui faisait un voyage d'agrément en France et qui ne s'était nullement occupé de politique intérieure ou extérieure (2). Les moindres détails faisaient l'objet de graves communications. Ainsi l'un des secrétaires de l'ambassade française à Vienne envoyait, le 5 août 1828, au comte de La Ferronnays, ministre des affaires étrangères, le renseignement suivant : « Le duc de Reichstadt a été confirmé la semaine dernière par le cardinal-archiduc Rodolphe, dans la chapelle de l'Empereur, à Baden. Il fut conduit à l'autel par l'Empereur. On assure que Sa Majesté lui donnera incessamment un régiment (3). » Ce n'étaient pas seulement les agents du ministère qui pensaient au duc

---

(1) Archives nationales, F⁷ 6979.
(2) *Ibid.*, F⁷ 6975.
(3) Archives des Affaires étrangères, *Vienne*, vol. 409.

de Reichstadt et à l'éventualité menaçante de son retour. M. de Talleyrand y faisait lui-même grande attention. « Ses regards, rapporte Vitrolles, ne s'arrêtaient jamais au présent et ne se perdaient point dans un avenir éloigné, vague et incertain, mais ils s'attachaient à ce qui était prochain. Il prenait ses mesures en conséquence. Dès qu'il vit les difficultés s'amonceler devant le gouvernement du Roi, il se porta au-devant de tout ce qui pouvait le remplacer. « Prenez-y garde, monsieur de Vitrolles, me disait-il dans les commencements ; le duc d'Orléans marche sur leurs talons ! » et plus tard : « Voyez-vous, la question se place entre le duc de Bordeaux et le duc de Reichstadt (1). »

Qu'il songeât ou non à un glorieux avenir, le jeune prince se livrait avec acharnement à l'étude, et particulièrement à celle de l'histoire. « Dans ce genre, affirme le capitaine Foresti, il avait certainement plus de lectures qu'aucun jeune homme de son âge, lorsque le baron d'Obenaus commença à lui donner des leçons formelles et systématiques sur l'histoire universelle... » Foresti ajoute que, dès qu'il eut atteint sa quinzième année, le comte de Dietrichstein se fit un devoir de mettre sous ses yeux tous les écrits, sans exception, qui avaient été publiés sur l'histoire de son père et sur la Révolution française. Le comte lui parla toujours sur ce thème délicat avec franchise et les convenances nécessaires. « Aussi personne n'avait lu et ne savait autant que lui à cet égard (2). » On voit donc, contrairement à une légende trop accréditée, qu'on ne voulait ni étouffer son intelligence, ni lui cacher ses origines. Cependant, M. de Montbel affirme qu'il n'avait encore sur l'histoire de Napoléon que les notions généralement reçues, et qu'il fallait lui apprendre à discerner la vérité, au milieu d'une foule d'écrits inexacts ou passionnés. L'empereur d'Autriche, préoccupé du développement moral de son petit-fils, manda le prince de Metternich et l'invita à parler au prince impérial de son père, en toute sincérité. Il lui aurait

---

(1) *Mémoires de Vitrolles*, t. III, p. 455.
(2) Entretiens de Foresti et de Montbel.

même dit : « Ne lui cachez à cet égard aucune vérité ; enseignez-lui à vénérer sa mémoire !... » Ces paroles furent répétées par M. de Metternich à M. de Montbel, qui les reproduisit dans son ouvrage. Cet honorable écrivain ne s'est peut-être pas assez dégagé de l'influence qu'exerçait sur lui un homme d'État éminent, auquel il reconnaissait plus qu'à tout autre le pouvoir de répondre aux intentions du monarque. Il n'est pas un passage de son livre où il ne rende, perpétuellement et sans aucune restriction, un hommage pompeux à la sagesse, aux lumières, au désintéressement et à la bonté du prince de Metternich. Mais certaines parties ont été visiblement écrites sous sa dictée, ce qui en diminue quelque peu l'autorité et l'impartialité (1). Tout en ne contestant point la haute impulsion imprimée par le ministre aux études historiques du jeune prince, tout en avouant son habileté et son expérience en cette matière, je ne puis croire cependant qu'il ait tracé un tableau fidèle de la carrière de Napoléon, qu'il ait séparé consciencieusement le juste de l'arbitraire, l'impérieux du violent, le superbe de l'exagéré. Il eût fallu pour cela une équité parfaite, un empire sur soi-même qu'une froideur et un calme apparents ne suffisent point à inspirer. Il eût fallu, pour juger un être aussi extraordinaire et aussi complexe que Napoléon, attendre le recul des années et des événements ; ce n'est point cinq ou six ans après sa mort que ce jugement était possible.

Le prince de Metternich, d'ailleurs, avait été trop l'adversaire acharné et l'ennemi personnel de l'Empereur pour pouvoir porter sur sa vie entière, et devant son fils, une appréciation équitable. M. de Montbel nous assure que le tableau qu'il en fit avait pour objet de démontrer que l'abus des mêmes qualités comme l'abus des mêmes défauts contribuèrent à élever Napoléon au faîte de la puissance et à le précipiter. Je le veux bien, mais l'admirateur de Metternich a une réflexion surprenante que je tiens à relever ici : « Il manquait à Napoléon une qualité essentielle qui, seule, peut assurer le bonheur des

---

(1) Voir *Mémoires de Metternich*, t. V, p. 265, 266.

peuples et la solidité des trônes : la modération ; mais sans la modération, il ne serait jamais parvenu à l'Empire. » Si le prince de Metternich dans ses hautes instructions a employé des naïvetés de ce genre, il a dû faire sourire plus d'une fois son illustre élève. Mais, qu'on se rassure, il ne fut point naïf. Et d'ailleurs, pour juger ce qu'il lui dut dire, nous n'avons qu'à examiner un peu la « Biographie de Napoléon » qu'il a insérée dans ses Mémoires (1) et dont le duc de Reichstadt eut certainement la primeur, si ce n'est par le texte lui-même, au moins par les idées.

Metternich veut bien reconnaître à l'Empereur une rare sagacité, une persévérance infatigable à accomplir ses desseins, un esprit de domination actif et clairvoyant, une remarquable adresse. Il avoue que Napoléon n'éprouvait aucune difficulté ni aucune incertitude dans l'action, qu'il allait toujours droit au but ; qu'il avait horreur des idées vagues et de la fausse philosophie ; qu'il aimait les aperçus clairs et les résultats utiles. Il dit qu'il était législateur, administrateur et capitaine par son seul instinct. Il consent même à admettre qu'il avait du génie pour les grandes combinaisons militaires et qu'il était toujours à la place, dangereuse ou non, du chef d'une grande armée. Il le voit ayant l'unique passion du pouvoir, maître de lui-même, des hommes et des événements. Il le montre encore facile et bon dans la vie privée, indulgent jusqu'à la faiblesse, « simple et même coulant » dans la société intime, toujours bon fils et bon parent. « Ni l'une ni l'autre de ses épouses, ajoute-t-il, n'ont jamais eu à se plaindre de ses procédés. » Il rend hommage à la force de son caractère, à l'activité et à la lucidité de son esprit, au charme de sa conversation, à l'abondance de ses idées et à la clarté de ses conceptions, à sa facilité d'élocution ; à sa mémoire, « assez riche de noms et de faits pour en imposer à ceux dont les études étaient moins solides que les siennes » ; à ses facultés naturelles, qui suppléaient au savoir ; à son mépris pour tout ce qui était

(1) Tome I.

petit. Passant aux défauts, il cherche tout de suite, en grand seigneur qui seul croit avoir le sentiment de la grandeur et des convenances, à le déprécier et même à le ridiculiser. Il dépeint sa figure courte et carrée, sa tenue négligée, ses vains efforts pour se rendre imposant, sa gaucherie dans la tenue, son désespoir de ne pouvoir hausser sa taille et d'ennoblir sa tournure, sa marche guindée sur la pointe du pied et un bizarre mouvement du corps, copié des Bourbons, ses poses enseignées par Talma et sa joie de se retrouver dans ce comédien. Il blâme son manque de savoir-vivre et de politesse. Si Napoléon invoque souvent l'histoire, cela ne l'empêche pas d'avoir une connaissance imparfaite des faits historiques. L'auteur du Concordat soutient la religion, mais c'est plutôt chez lui une affaire de sentiment que de politique éclairée. Napoléon ne nie pas la vertu et l'honneur, mais il croit que tout homme n'a d'autre mobile que l'intérêt. En se défendant d'avoir usurpé le trône de France, il ne cherche qu'à s'étourdir et à dérouter l'opinion. Il dit bien que son origine est le 18 brumaire, mais il attache cependant beaucoup de prix à la noblesse de sa naissance et à l'antiquité de sa famille. Sensible aux malheurs bourgeois, il ne recule jamais devant la somme immense des souffrances individuelles pour assurer l'exécution de ses projets. Il est généreux, mais d'une générosité intéressée. S'il attache les hommes à sa fortune, c'est pour les compromettre. Sans doute, il est impossible de lui dénier « de grandes qualités », sans doute, il a de la force, de la puissance, de la supériorité, mais ce sont « des termes plus ou moins relatifs ». Et Metternich en arrive à cette conclusion impertinente : « L'opinion du monde est partagée et le sera peut-être toujours sur la question de savoir si Napoléon méritait le titre de grand homme. »

Qu'est-il donc le vainqueur de Marengo, d'Austerlitz, d'Iéna et de Wagram, aux yeux de cet homme si infatué de lui-même? « Un météore qui n'a eu qu'à s'élever au-dessus des brouillards d'une dissolution générale! » Cependant, ses succès ont eu un éclat inouï. Soit ; mais leur éclat « diminue à proportion de la facilité qu'il a eue à les obtenir ». Comment contester qu'il a eu à combattre des résistances opiniâtres, des rivalités et des passions prodigieuses, des adversaires formidables?... Ici, oubliant qu'il réduit à rien le prestige de l'Europe dont il s'est fait le défenseur, Metternich abaisse tout pour abaisser le héros. Les résistances étaient amorties par la lassitude universelle, les rivalités impuissantes, les passions misérables, les adversaires désunis et paralysés par leur désunion. Aussi ne faut-il pas s'exagérer l'idée de la grandeur de Napoléon. Il se disait bien le successeur de Charlemagne, mais la suprématie qu'il voulait exercer sur l'Europe n'était que l'idéal défiguré et exagéré de l'empire de Charlemagne. Tout au plus Napoléon paraissait-il être « comme un chef d'atelier qui commande à des ouvriers ». Son orgueil était si démesuré qu'il ne comprenait pas comment le monde pouvait aller sans lui. L'édifice qu'il avait élevé avait paru colossal, mais formé de matériaux pourris et sans consistance, il avait croulé de fond en comble. Restaient enfin les écrits de l'Empereur, qui passionnaient et émouvaient l'univers. Il ne fallait point y attacher de l'importance, parce qu'ils le montraient « non pas tel qu'il était, mais tel qu'il voulait paraître ». Voilà quel était l'historien chargé par François II de faire connaître l'empereur Napoléon à son fils (1)!

J'aimerais à croire, cependant, que dans ses entretiens avec le prince impérial, le premier ministre de François II sut mettre de côté les récriminations, les insinuations et les rancunes qui font du portrait de Napoléon une gravure trop poussée au noir. M. de Montbel, qui alla prendre ses inspirations auprès de M. de Metternich, n'a point remarqué cela. Il se confond en admiration devant les leçons du prince ; il dit, de confiance, que « le duc de Reichstadt recevait ces hautes instructions avec un grand empressement ». Il nous le présente allant

---

(1) Or, ce Napoléon était celui que Metternich avait flatté comme tant d'autres, celui dont Talleyrand a dit : « Les trois hommes qui ont reçu sur la terre le plus de louanges sont Auguste, Louis XIV et Napoléon... Je n'ai pas vu à Erfurt une seule main passer noblement sur la crinière du lion. » (*Mémoires*, t. I.)

consulter Metternich dans tous ses doutes à propos des ouvrages historiques contemporains, lui soumettant ses observations, recevant de lui des indications précises, interrogeant son expérience et son habileté sur les événements auxquels il avait pris part, examinant les pièces diplomatiques, tous les documents qui montrent « l'histoire dans sa nudité, et non déguisée sous ces ajustements fantastiques dont se plaisent à la revêtir les passions intéressées des partis ou les rêveries de quelques imaginations brillantes ». Je sais, par expérience, comment il faut lire ces pièces diplomatiques, quelle valeur il faut leur attribuer, quel soin il faut mettre à en saisir le sens déguisé, — car il est peu de documents aussi ambigus, aussi mystérieux, aussi faux, — et je me demande si le diplomate qui voulait former le jeune Napoléon à l'étude exacte de l'histoire avait l'impartialité nécessaire. Comment aurait-il pu être dévoué aux intérêts du prince impérial, l'homme qui disait à Vitrolles, en mars 1814, au moment où il devait soutenir les intérêts de Marie-Louise et du roi de Rome : « Croyez-vous que nous nous regardions comme liés par les intérêts de notre archiduchesse et de son fils? Il n'en est rien. On ne sacrifie pas le salut des États à des sentiments de famille, et la perspective même d'une régence qui donnerait le pouvoir à l'Impératrice et à son fils ne nous détournerait pas de poursuivre les conditions nécessaires à l'existence des États européens. L'Autriche se suffit à elle-même. Elle ne doit pas compliquer sa situation en embrassant des intérêts qui lui sont étrangers (1). » Comment eût-il été sincère l'homme qui disait le 25 janvier 1814 à Alexandre : « Le jour de la chute de l'Empire, il n'y aura de possible que le retour des Bourbons. Jamais l'empereur François ne soutiendra un autre gouvernement que le leur » ; et le 11 avril suivant, sans se préoccuper de la différence de ses déclarations : « Le vœu sincère du cabinet d'Autriche était de faire la paix avec Napoléon, de limiter son pouvoir, de

---

(1) *Mémoires du baron de Vitrolles.*

garantir ses voisins contre les projets de son ambition inquiète, mais de le conserver, lui et sa famille, sur le trône de France » ? Comment eût-il été honnête le ministre qui avait fait grand maître de la maison de Marie-Louise ce Neipperg qui, après avoir été son amant, devenait son époux morganatique? Comment eût-il pu montrer une véritable sollicitude au duc de Reichstadt, lui qui se préoccupait de faire légitimer les enfants nés de cette union singulière et de leur assurer une situation à la Cour? N'avait-il pas, d'ailleurs, fait du fils de Napoléon un prisonnier dont les moindres paroles, les moindres gestes, les moindres écrits étaient surveillés?... M. de Montbel approuve cependant cette surveillance et déclare qu'il fallait préserver le prince « de la rencontre de personnes dont on pouvait suspecter les intentions ».

Était-ce bien le guide qu'il fallait au roi de Rome, le diplomate qui se faisait honneur d'une duplicité de carrière, d'une souplesse et d'une dextérité si éloignées de la franchise ordinaire, qui avait osé qualifier la France « de peuple dégradé » ? Pouvait-il réellement inspirer des sentiments français au prince impérial, celui qui, depuis la Révolution, poursuivait notre pays d'une haine infatigable, qui le dénonçait sans cesse comme un pays menaçant pour l'Europe; qui, l'ayant réduit à d'étroites limites, aurait voulu le mutiler davantage; qui avait fait mettre Napoléon au ban de l'Europe et l'avait désigné à la vindicte populaire; qui avait contribué à son cruel exil et à sa mort prématurée sur le rocher de Sainte-Hélène? Il est vrai qu'il ne doutait de rien le chancelier qui disait un jour à un historien impressionné par ses confidences : « Je suis un peu le confesseur de tous les cabinets. Je donne l'absolution à celui qui a le moins de péchés, et je maintiens ainsi la paix du monde (1)! » Je doute fort qu'il y ait eu de la part du duc de Reichstadt un vif empressement à se rapprocher du prince de Metternich. Le bel ambassadeur qui, jadis, se faisait un devoir de se signaler par une grâce et une afféterie toutes mon-

---

(1) Capefigue, *Les diplomates européens*, t. Ier, 1843.

daines, était devenu sec et gourmé. Son visage pâle avait pris une impassibilité rigide, que ses courtisans appelaient sublime et où les hommes indépendants ne voyaient que la marque d'une importance et d'une suffisance extraordinaires. Sa confiance en lui-même et sa présomption superbe, ses habitudes d'égoïsme et de dissimulation, ses instincts d'expédients et de haute comédie qui en faisaient un acteur consommé, ne pouvaient amener entre lui et la nature si ouverte du jeune prince une sympathie réelle. Le fils de Napoléon avait compris qu'il avait devant lui un homme qui ne savait pas oublier et qui était résolument prêt à se montrer hostile à la France, le jour où l'Autriche en redouterait le relèvement. Il allait apprendre, par l'étude directe de l'histoire des derniers temps, que le plus grand ennemi de son père avait été ce même prince de Metternich qui, avec une adresse et une constance incomparables, avait su endormir les soupçons de Napoléon et déterminer peu à peu sa chute.

Cette confiance que le duc de Reichstadt n'accordait pas au ministre de François II, il la témoignait par contre à son grand-père. Si l'empereur d'Autriche, dont le cœur était bon mais faible, n'avait craint d'encourir les reproches du chancelier, dont il jugeait la présence indispensable au salut de la monarchie autrichienne (1), s'il n'avait pas cru devoir céder aux exigences implacables de la politique, il eût peut-être autorisé le duc à rejoindre sa mère à Parme. Mais l'Europe voulait que l'on gardât le jeune prince à Schœnbrunn ou à Vienne, et l'Empereur se résignait à subir les volontés de l'Europe, dont le prince de Metternich aimait à se dire l'unique et officiel représentant.

(1) Metternich l'avait fait croire à beaucoup et le croyait lui-même. « Que feriez-vous, prince, lui demandait un jour le vieux général de Gerzelles, si vous n'étiez plus en activité ? — Vous admettez là, répliqua Metternich avec raideur, un cas qui est impossible. » Cela se vit pourtant en 1848. Mais même après l'insurrection qui le força à déposer le pouvoir et à quitter l'Autriche pour se réfugier en Angleterre, Metternich continua à se juger infaillible. Il dit un jour à M. Guizot, amené sur le même sol par la Révolution, que l'erreur n'avait jamais approché de son esprit. « Vous êtes bien heureux ! repartit M. Guizot. Moi, cela m'est arrivé quelquefois. »

CHAPITRE XIV

« LE FILS DE L'HOMME. »

(1829)

Marie-Louise continuait à vivre agréablement et paisiblement à Parme. D'après ses lettres, on voit qu'elle prenait part aux plaisirs du carnaval, où elle se déguisait comme ses invités (1). Le général comte de Neipperg ne la quittait point. Il avait, à ce moment, un gros rhume « qu'il ne veut point du tout ménager, écrit-elle, et avec lequel il m'inquiète, car il est toujours enroué le soir à ne pouvoir parler ». Cette santé lui était plus chère que toute autre. « Le général, dit-elle ailleurs, qui a horriblement toussé dans ces derniers temps, est mieux, mais si maigre que cela m'effraye (2)!... » Elle aimait toujours à voyager. Elle se rendit à Naples, qu'elle appelait un « paradis terrestre ». Elle ne disait plus rien de son fils ; elle semblait l'avoir tout à fait oublié. Puis elle s'inquiète de nouveau de la santé de son pauvre général, qu'elle croyait en convalescence. Il a eu une rechute et elle se dit découragée, car elle redoute une pleurésie dangereuse. La maladie de Neipperg dégénère en un état d'affaiblissement général qui dure quelques années, puis la mort apparaît menaçante. « Quelle triste vie ! s'écrie Marie-Louise. Il faut savoir ce que c'est de devoir trembler pour la vie de personnes que l'on aime pour pouvoir bien se représenter ma triste situation, et je ne sais pas si je ne serais pas plus heureuse que le bon Dieu m'enlève de la terre, que de

(1) Lettre à la comtesse de Crenneville, 27 février 1824.
(2) 27 avril 1824.

continuer à vivre de cette manière. Ma santé s'en ressent aussi (1)... » Le 22 février 1829, le comte de Neipperg, conseiller intime et chambellan de l'empereur d'Autriche, feld-maréchal et ministre de la duchesse de Parme, chevalier de la Toison d'or et titulaire d'autres ordres, mourait en laissant deux enfants de son mariage morganatique, plus deux enfants de son mariage avec la comtesse de Neipperg : le comte Alfred de Neipperg, qui, devenu chambellan de l'Empereur, épousa une fille du roi de Wurtemberg, et le comte Erwin de Neipperg, qui fut capitaine des trabans, conseiller privé et membre à vie de la Chambre des seigneurs d'Autriche (2).

Marie-Louise pleura amèrement la mort de son favori et lui fit élever un mausolée magnifique, symbole de ses immenses regrets. Elle manifestait une douleur profonde qui surprit et blessa tous ceux qui persistaient à ne voir en elle que la veuve de Napoléon. Le 30 mars, elle écrivait à la comtesse de Crenneville que cette dernière perte était le plus triste, le plus cruel événement de sa vie. « Le temps, loin d'affaiblir mes regrets, disait-elle, ne fait que les augmenter, et j'ai bien moins pleuré au commencement que je ne le fais à présent journellement, et chaque jour amène de plus douloureuses pensées. Je sens si bien que tout mon intérieur, tout mon bonheur sont détruits à jamais, que, pour que je connusse encore ce dernier, le cher défunt devrait revenir à la vie. Enfin j'ai beau me répéter qu'il est heureux, *qu'il veille sur moi du haut du ciel;* je ne puis me consoler !... » Il y a, dans l'expression ardente de cette douleur, comme une ingénuité qui désarmerait presque, si l'on ne se rappelait aussitôt la froideur avec laquelle Marie-Louise apprit la mort de Napoléon. La duchesse de Parme se loue beaucoup des égards de Metternich. « Il s'est montré, dans cette circonstance, comme le vrai ami du général et de moi, et je m'abandonne aveuglément à lui pour ce qui regarde le tes-

(1) 20 janvier 1829.
(2) D'après le baron de Méneval, la mort du premier mari de la comtesse de Neipperg, née comtesse Pola, ne précéda la mort de celle-ci que de quelques mois. On sait que Neipperg avait jadis enlevé cette femme à son mari. (*Mémoires de Méneval*, t. III, p. 592.)

tament. Quant à l'autre chapitre, je suis décidée à ne plus prendre personne dans la maison, à la place du général... (1). » C'était une décision peu ferme, car Marie-Louise devait lui donner comme successeur le comte de Bombelles, dont elle allait faire son grand maître, puis encore son mari secret, cinq ans après (2). On voit que Marie-Louise ne pouvait se passer de consolateurs. Toutefois, à ce moment, elle paraissait inconsolable. « Mes nerfs, avoue-t-elle encore, sont dans un état affreux... Au reste, ma santé m'est devenue indifférente. Je la soigne, parce que je la dois à tous mes enfants, mais je n'y tiens plus. Ma vie est trop sans agrément pour que je tienne à quelques années de plus ou de moins. » Le Ciel devait lui accorder encore dix-sept années de répit pour s'habituer à ce terrible chagrin. « Je dois avouer, dit-elle dans cette même lettre du 30 mars, qu'à mesure que le temps s'écoule, j'ai moins le courage de faire le voyage de Vienne. Je donnerais tout au monde pour rester tranquille cet été ; je prendrai cependant, s'il m'est possible, une grande résolution. » Elle ira sans doute, à Schœnbrunn, s'installer auprès du duc de Reichstadt... Non, ce sera un voyage d'agrément qu'elle fera en Suisse.

Un ami du général de Neipperg, le célèbre docteur Aglietti, qui lui avait prodigué ses soins, avait adressé d'affectueuses condoléances à la duchesse de Parme. Elle lui répondit ainsi, le 5 avril 1829 : « J'ai reçu, il y a peu de jours, mon cher Aglietti, votre lettre du 29 mars. Les sentiments que vous m'exprimez m'ont infiniment touchée, et je vous prie de croire que je vous rends la pleine justice que vous avez fait tout au monde pour sauver la vie à notre cher défunt ; mais il y a malheureusement des occasions où tout le grand talent que vous possédez à un si haut degré et tous les efforts de l'art sont impuissants, car il est impossible de lutter contre la volonté divine. Vous avez bien raison de dire que le temps et la reli-

---

(1) Il s'agit toujours du testament de Napoléon. (Voir ch. XII.)
(2) Elle avoua ce nouveau mariage dans ses testaments des 25 mai 1837 et 22 mai 1844. (Voir M. I. DE SAINT-AMAND, p. 413.)

gion peuvent seuls adoucir l'amertume d'une pareille perte. Hélas! le premier, loin d'opérer son pouvoir sur moi, ne fait qu'augmenter journellement ma douleur, et si vous me voyiez dans ce moment, vous me trouveriez bien moins calme et résignée que lorsque vous êtes parti de Parme. J'ai été bien malade, depuis, d'une fièvre rhumatismale avec des douleurs nerveuses périodiques. Mariggi m'a parfaitement traitée et remise sur pied, mais j'éprouve de la peine à me remettre entièrement. Dans ces sortes de maux, il faudrait de la distraction; mais où en trouver, lorsqu'on ne sent qu'un vide affreux autour de soi et que le cœur est mort pour toujours au bonheur!... »

Le baron de Vitrolles, qui venait de remplacer le marquis de la Maisonfort, attestait lui-même cette émotion persistante : « Toutes ses pensées, mandait-il au comte Portalis, étaient empreintes de ces douloureux souvenirs. Ses yeux se remplissent de larmes lorsqu'elle en parle, et elle en parle sans cesse. Elle avait placé en lui (Neipperg) toute la tendresse d'une femme, tout l'attachement d'une mère pour le père de ses enfants, enfin toute la confiance d'un souverain pour le conseiller le plus intime et le ministre le plus digne de sa faveur... » Vitrolles trouvait l'archiduchesse maigre et changée. Avec une taille plus haute et des traits plus réguliers, elle faisait penser à la duchesse de Berry. « On lui attribue, ajoutait-il, de la bonté de cœur, un esprit assez élevé, un caractère facile et même un peu mobile. » Comme tous les Français qui l'avaient approchée, il s'étonnait « du merveilleux oubli » qu'elle montrait de Paris, de son séjour et de son existence en France. « Les personnes de la famille de Napoléon, disait-il encore, lui paraissent être à peu près inconnues quand on lui en parle. Les dames mêmes qui ont été attachées à sa personne, sont tellement oubliées qu'elle fait des questions sur leur taille, leur figure, leur esprit. Dans une dernière conversation, elle me disait en parlant du temps qu'elle avait passé à Paris : « Ah! mon Dieu! jusqu'à présent j'étais bien heureuse ici, et cette époque de ma vie ne se présentait à moi que comme un mauvais rêve (1) ! »

Le bruit courait que la mort du comte de Neipperg et l'impression produite sur la duchesse par cette mort, hâteraient le moment où Marie-Louise céderait volontairement l'État de Parme au duc de Lucques, moyennant une rente d'un million deux cent mille francs. Le duc de Reichstadt pourrait entrer en possession de ses revenus des terres bavaro-palatines, et cet argent lui permettrait de faire brillante figure à la cour de Vienne. Mais d'autres — et ceux-là étaient mieux renseignés — disaient que Marie-Louise préférait sa petite Cour aux obligations de la Cour autrichienne, et que les charges actuelles du duc étaient déjà payées sur l'État de Parme. Vitrolles interrogea à cet égard la duchesse. Elle lui répondit que le séjour de Vienne lui était agréable par la présence de son fils et par les bontés de l'Impératrice, qu'elle éprouverait une véritable peine à le quitter, que cependant elle se repentait presque autant, lorsqu'elle s'éloignait de Parme. Elle avouait regretter plus que jamais la mort de Neipperg, qui n'avait pas soupçonné la gravité de sa maladie. « Non, certainement, dit-elle, il ne l'a pas connue, car, sans cela, il m'aurait donné des conseils sur la situation où il me laissait, conseils qui me seraient si nécessaires, et il ne l'a pas fait ! » Le ministre des affaires étrangères, le comte Portalis, répondait gravement à Vitrolles le 25 avril : « Rien de plus intéressant et de mieux exprimé que ce que vous me mandez de la personne, du caractère de Mme la duchesse de Parme et de la douleur profonde dont l'a frappée la perte d'un homme qui, comme ami sincère et comme ministre éclairé, possédait à juste titre sa confiance et son estime (2). » Le langage diplomatique a des nuances admirables pour toutes les situations ; il sait vraiment leur donner une forme et un relief extraordinaires.

La douleur de Marie-Louise n'empêchait point les dîners, les réceptions et les soirées au théâtre... La duchesse allait

---

(1) Archives des Affaires étrangères, *Parme*, et *Mémoires du baron de Vitrolles*.

(2) Archives des Affaires étrangères, *Parme*.

même prochainement inaugurer, et en grande pompe, le nouveau théâtre de Parme devant le roi de Sardaigne, avec le concours de la Pasta. A ces fêtes devait bientôt succéder un voyage en Suisse. Marie-Louise en informait ainsi la comtesse de Crenneville, à la date du 11 juillet : « Je devrais aller prendre les eaux d'Aix, mais j'avoue qu'il me serait trop pénible de me retrouver seule dans ce lieu. » Elle se rappelait la compagnie du général de Neipperg en 1814. « J'irai donc prendre une cure d'eau et d'air près de Genève. » Elle aurait bien voulu voir « ses enfants », car leur présence lui aurait été bien nécessaire cette année. « Comme ils vous auront parlé de mes souffrances, je ne vous les répète pas. Elles ont été bien grandes, mais le bon Dieu a voulu me conserver encore cette fois-ci. Il saura pourquoi, car je tiens chaque jour moins à la vie. » Ses enfants étaient ceux de Neipperg. Il ne peut naturellement venir à l'idée de personne que le duc de Reichstadt ait partagé la douleur de sa mère et que la cour de Vienne ait jugé nécessaire de l'associer au deuil de Marie-Louise. La duchesse termine cette lettre découragée en priant son amie de lui retenir une loge au Carcano, si la Pasta vient y chanter. Puis Marie-Louise se rend à Genève, et l'administration et la police royales s'occupent fort de sa présence en ce pays. Sa vue inspira à un sieur Élisée Lecomte de mauvais vers qui inquiétèrent le préfet de l'Ain. « Si l'auteur, écrit ce fonctionnaire zélé, était en France, je l'eusse déféré au procureur du Roi. » Le poème suspect était intitulé *Marie-Louise à Genève*. On y relevait certains passages qui faisaient allusion à la veuve d'Hector. Ce poème, qui eut alors un certain retentissement, se vendit, même en France, à bon nombre d'exemplaires, malgré les efforts du préfet de l'Ain pour en empêcher la circulation(1). D'après les rapports de la police, nous apprenons que la duchesse de Parme habitait au château du petit Saconnex (2). Elle avait eu d'abord l'intention « d'aller à Aix, dit un rapport,

---

(1) Archives nationales, F⁷ 6993.
(2) Elle avait loué pour le mois d'août et de septembre le château de Mme Budé-Boissy.

suivie de vingt Allemands et de deux ou trois bâtards. Elle a excité peu d'intérêt et même de curiosité. Elle a renoncé à aller à Aix pour retourner en Italie par l'Oberland et les Grisons. Elle est perclue de rhumatismes et d'obstructions. Elle a l'air d'une femme de cinquante-cinq ans, mal conservée. Elle est fort triste et a refusé toute démonstration d'honneurs (1). » Elle était allée voir la reine Hortense, qui se faisait, comme on le sait, appeler la duchesse de Saint-Leu. Elle avait reçu la visite de la duchesse de Clermont-Tonnerre et de Mme de Staël. Le 2 septembre, le préfet de l'Ain affirmait qu'elle avait, dans un dîner, demandé des nouvelles « de ce petit duc de Bordeaux qui fait, dit-on, le bonheur de la France (2) ». Elle sortait souvent pour aller visiter les villages voisins. Vêtue de longs habits de deuil, elle parcourait les sites pittoresques et causait familièrement avec les paysans. Le préfet de l'Ain faisait surveiller sa demeure, afin de savoir si les Français venaient la visiter. Il avait donné l'ordre d'interdire la vente du portrait du duc de Reichstadt en deçà de la frontière. Le préfet de l'Isère mandait au ministre de l'intérieur que le peuple genevois faisait tout haut, sur l'ex-Impératrice, des réflexions qui ne devaient pas lui plaire. Le préfet du Jura allait jusqu'à s'écrier : « Son inconduite a terni l'éclat de sa première position. » Le préfet de l'Ain l'appelait « la comtesse de Neipperg », car c'était le nom qu'elle avait osé avouer pour ses voyages (3). Il annonçait qu'elle était accompagnée de la baronne Hamelin, de Mme de Sainte-Marie, de la comtesse de Valin, du baron de Werklin, du professeur Morigé et du capitaine Richard. Il constatait la maigreur de sa taille et l'altération de son teint, devenu couperosé. On avait relevé sur les registres du château de Ferney sa signature, ainsi conçue : « L'archiduchesse Marie-Louise, infante de Parme. » Le séjour au petit Saconnex dura du 8 août au 19 septembre 1829 et excita les inquiétudes du gouvernement français.

(1) Archives nationales, F⁷ 6993.
(2) *Ibid.*
(3) *Ibid.*

Le ministre de l'intérieur, le baron de La Bourdonnaye, informait le prince de Polignac que son départ subit tenait au désordre de ses affaires et à l'épuisement de ses fonds. Si elle avait généreusement traité quelques serviteurs de son mari, elle avait, en général, repoussé les suppliques qu'on lui adressait de toutes parts. Elle n'avait reçu, comme visites d'apparat, que celles du résident d'Autriche et d'un officier envoyé par le roi de Sardaigne. Le changement de sa physionomie, le peu d'agrément de ses manières, les défauts de son caractère avaient bientôt dissipé l'intérêt et la curiosité que l'annonce de son voyage en Suisse avait, au premier moment, excités (1). L'opinion ne se préoccupait donc plus guère de Marie-Louise. Il faut reconnaître, d'ailleurs, qu'elle n'en recherchait pas les manifestations.

Elle revint dans son duché. Elle se retira à Sala, dans une campagne éloignée, ne voulant voir personne. Elle se félicitait de son dernier voyage. Elle prétendait que l'excellent air de la Suisse et, plus encore, les soins d'un des plus célèbres médecins de l'Europe, M. Buttini, qu'elle avait consulté à Genève, l'avaient fait renaître à la vie et lui avaient rendu une partie de sa santé. Elle confondait maintenant, dans la même tendresse, tous ses chers enfants, qui étaient « son seul bonheur sur la terre et sa consolation ». Vers la fin de l'année 1829, elle rentra à Parme et reprit ses réceptions. « Cela m'a été bien pénible, écrivait-elle à son amie, depuis la perte que j'ai faite. Je crains les plaisirs de la société, et c'est la solitude qui convient le plus à un cœur brisé; mais chacun a ses devoirs, et celui-ci est un des miens, mais un des plus terribles à remplir pour moi. » Le jour de sa naissance était revenu, et elle en disait avec amertume : « C'est dans des jours pareils à celui d'hier que je sens doublement la perte que j'ai faite, et ce jour qui ne respirait autrefois que bonheur et contentement pour moi, a été, par les tristes souvenirs qu'il a réveillés en moi, un jour de deuil et de larmes (2). » Elle ne se rappelait que le

---

(1) Archives des Affaires étrangères, *Parme*.— Cité par M. I. de Saint-Amand.
(2) *Correspondance de Marie-Louise.*

général de Neipperg. Elle avait oublié avec quelle tendresse Napoléon célébrait ce jour chéri, avec quelle grâce son fils lui adressait à ce propos ses petits compliments. Cependant, elle avait pensé une fois au duc de Reichstadt, car elle avait demandé à son amie de lui adresser quelques nouveautés de Paris en gilets et en cravates, pour les lui offrir. Un simple présent, pour lui prouver qu'elle pensait encore à lui, et c'était tout. Mais elle ne songeait point à aller le voir à Schœnbrunn, ni à se préoccuper de son instruction, de son éducation, de sa santé, de ses projets, de son avenir.

D'autres pensaient à lui. C'étaient d'anciens partisans de l'Empereur. Aussi la police française surveillait-elle avec soin les moindres menées bonapartistes. J'ai retrouvé, dans plusieurs cartons aux Archives nationales (1), de nombreux rapports inédits sur les emblèmes séditieux avec lesquels les défenseurs de l'Empire essayaient de réchauffer le zèle des populations. Ainsi, dès 1817, on signale des cocardes tricolores répandues à profusion à Lisieux et une protestation de Marie-Louise au congrès de Vienne. Dans l'Hérault et la Côte-d'Or, une foule de gravures représentent le roi de Rome en sergent; des cartes portent l'image de Napoléon II. Dans l'Allier et dans l'Indre, on voit des tabatières avec les portraits de la famille impériale, Napoléon, Marie-Louise et leur fils; dans l'Indre-et-Loire, on trouve des pipes de terre à l'effigie des Bonaparte, des placards séditieux où il est dit que Napoléon, échappé de Sainte-Hélène, se rend avec des soldats en France et va mettre son fils sur le trône, en devenant lui-même lieutenant général. On vend partout des foulards avec l'image du roi de Rome et des médaillons du petit prince. En 1829, on écrit à Romilly sur les arbres : « Vive Napoléon II ! » A Metz, le 7 juin, on saisit des gravures représentant Napoléon, sous le saule de Sainte-Hélène, et embrassant la France, tandis que la Vérité tient un livre sur lequel sont écrits : « L'honneur anglais est à jamais flétri ! » Dans le département de la Seine,

---

(1) F^7 6704, 6705, 6706.

on vend de nombreux flacons à liqueur avec l'effigie du duc de Reichstadt, des médaillons et des mouchoirs à la même effigie. Dans la Seine-Inférieure, on colporte des tabatières, des gilets, des cravates, des gravures avec le portrait du jeune prince (1). Dans Seine-et-Marne et dans Seine-et-Oise, ce ne sont que des gravures, des cocardes, des placards bonapartistes. A Ploërmel, on vend jusqu'à des bretelles avec l'image de Napoléon II. En Corse, on répand des placards napoléoniens. A Sisteron et dans toutes les Basses-Alpes, on affiche des placards séditieux.

Dans toute la France, c'est une véritable avalanche de mouchoirs, de rubans, de pipes, de bustes, de bonnets, de tabatières, de médaillons, de bérets, de bretelles, de statuettes, de gravures, d'assiettes, de couteaux, de canifs, de gilets, d'épingles, de foulards, de coquetiers, de verres à boire, de cocardes, de cartes, etc., sans compter les brochures, les chansons, les affiches, les pièces de monnaie qui représentent le fils de Napoléon dans toutes les poses et dans tous les costumes (2). On arrête, on met en prison les colporteurs; on menace des peines les plus sévères les détenteurs de ces objets suspects. Une note de police, datée du 12 juin 1828, indique combien on se préoccupait de ces manifestations. « Napoléon, dit-elle, appartient à l'histoire, et son fils à l'Autriche. Qu'on vende le portrait de ce dernier, il n'y a rien de prohibé là dedans, du moment qu'on lui laisse ses noms et titres actuels, les seuls légitimes. Mais qu'on vende son portrait qui le représente à cheval en uniforme de hussard et qu'on ajoute en bas de la gravure un *N* couronné et entouré d'une auréole, cela passe les

(1) Les portraits surtout causaient de l'émoi aux agents. Cet émoi datait de loin. Un rédacteur de l'*Indépendant*, M. Latouche, avait rendu compte, en 1822, de l'exposition des tableaux au Salon du Louvre et avait parlé avec éloges d'un joli portrait représentant un enfant qui tenait à la main un bouquet de fleurs bleues. Cet article attira l'attention. La foule s'amassa devant le tableau. Les uns prirent les fleurs pour des *Vergiss mein nicht*, les autres s'écrièrent : « C'est le roi de Rome! » La police fit évacuer le Salon, enlever le portrait et supprimer l'*Indépendant*, qui reparut peu de temps après sous le nom de *Constitutionnel*.

(2) Jusqu'en Pologne même on fit cette propagande. Ainsi, en 1829, à Cracovie, il circulait des pièces de monnaie avec cette exergue : « N. F. C. Joseph, roi de Pologne. »

limites, — car le duc de Reichstadt a même renoncé au nom de Napoléon, — et rappeler ce nom, en l'appliquant à son fils, cela paraît inconvenant. » Un inspecteur de la librairie alla perquisitionner à la librairie de la rue Neuve-Saint-Augustin, n° 25, où se vendaient ces gravures, et en fit la saisie (1). Le 8 septembre 1829, le ministre de l'intérieur, M. de La Bourdonnaye, adressa aux préfets une circulaire interdisant formellement les dessins qui porteraient atteinte à l'autorité légitime. « Lorsque les tableaux gravés ou lithographiés, disait la circulaire, où Bonaparte figure comme général, représentent des batailles et portent un caractère historique, l'autorisation peut être accordée... Toutes les autres compositions doivent être évidemment écartées. Ainsi les portraits et gravures qui représentent Bonaparte sous toutes les formes, dans sa vie publique comme dans sa vie privée, et reproduisent des faits d'armes isolés, des incidents ou des épisodes plus ou moins apocryphes et trop souvent en opposition avec l'histoire, doivent être proscrits. Vous repousserez également ces lithographies de formats divers qui n'ont pour objet que de rappeler à l'imagination et à la mémoire du peuple les insignes et les souvenirs d'un pouvoir illégitime... Mais la distinction qui vient d'être faite relativement à Bonaparte ne doit, en aucune manière, s'appliquer à son fils. Celui-ci n'appartient ni à l'histoire, ni à la France, et la malveillance peut seule chercher à répandre son portrait. Ainsi, sous quelque prétexte ou sous quelque déguisement qu'il vous soit présenté, vous refuserez votre autorisation (2). »

Les bonapartistes ne se contentaient pas de répandre des objets séditieux, sous forme de bustes, de médailles, d'assiettes ou de foulards; ils avaient, comme je l'ai déjà relevé, essayé des complots. Ce fut ainsi qu'à Bordeaux, en 1817, — pour reprendre les choses d'un peu plus haut, — on avait songé à supprimer les autorités civiles et militaires, et à rétablir

---

(1) Le 18 juillet 1829, la police avait été inquiétée par le faux bruit de l'arrivée du duc de Reichstadt à Besançon. (Archives nationales, F7 6995.)
(2) Archives nationales, F7 6706.

le pouvoir suprême entre les mains de Napoléon et de son fils. A Lyon, dans la même année, on devait proclamer Napoléon II. Ces deux affaires échouèrent et amenèrent seize condamnations à mort. Le complot de Paris, du 12 août 1820, où entrèrent des officiers, comme le général Tarayre, les colonels Fabvier, Caron, Combes, Ordener, Pailhès, Varlet, les capitaines Nantil, Michelet, Thévenet, les lieutenants Maillet, Krettly, Lavocat et divers personnages politiques, fut une des plus sérieuses affaires qui aient été tentées. On voulait s'emparer des Tuileries et de la famille royale, proclamer un gouvernement provisoire, tout en invoquant, pour enlever les troupes, le nom de Napoléon II (1). Le complot échoua. Le procès qui s'ensuivit amena trois condamnations à mort. Le général Maison, qui avait paru sympathique aux accusés, fut remplacé au gouvernement de Paris par le maréchal Marmont, et le général Defrance, qui était devenu suspect, fut remplacé à la 7e division militaire par le général Coutard. Après la mort de Napoléon, les conspirations, au lieu de cesser, continuèrent. Dans l'Est, le parti bonapartiste trouva le terrain tout préparé par la Charbonnerie. Les garnisons de Belfort et de Neuf-Brisach devaient, dans la nuit du 29 au 30 décembre 1821, arborer le drapeau tricolore, proclamer la déchéance des Bourbons et installer un gouvernement provisoire avec La Fayette, Voyer d'Argenson et J. Kœchlin. Les garnisons de Saumur et de Marseille devaient, elles aussi, entrer dans le mouvement. Le hasard fit découvrir et échouer le complot (2). En juillet 1822, une autre affaire organisée à Colmar par le colonel Caron, en faveur de Napoléon II, n'eut pas plus de succès. Le colonel Caron fut condamné et fusillé à Strasbourg. Le complot des sous-officiers de Saumur qui avaient, sur l'instigation de La Fayette, de Laffitte et de Benjamin Constant, songé à mettre Napoléon II sur le trône en

(1) Voir, pour les détails, le volume de M. GUILLON, *Les complots militaires sous la Restauration*, et les *Mémoires de M. Pasquier*, t. IV, ainsi que les débats de la Cour de Paris, du 7 mai au 8 juin 1821.

(2) Voir GUILLON.

lui imposant la constitution de 1791, échoua également et fut suivi de plusieurs condamnations à mort dans la même année. Le second complot de Saumur, organisé par le général Berton, fut jugé en août. Six condamations à mort furent prononcées et, parmi elles, celle du général (1). Je ne cite ici que pour mémoire le complot des quatre sergents de la Rochelle, qui fut plutôt un complot libéral qu'un complot bonapartiste.

Celui de la Bidassoa, organisé en 1823, en faveur des libéraux espagnols, avait des attaches et des tendances nettement napoléoniennes. Les prévenus acquittés des anciens complots de l'Est et beaucoup de carbonari s'étaient donné rendez-vous en Espagne, puis s'étaient rapprochés de la frontière française. L'*Observateur*, journal espagnol, disait, à la date du 19 février 1823 : « Plusieurs Français de distinction ont conçu le projet de passer en Espagne et d'y former une régence qui expédiera des ordres et des décrets au nom de Napoléon II, légitime empereur des Français, et proclamera l'Acte additionnel de 1815... Sa Majesté l'Impératrice Marie-Louise sera invitée à venir présider la Régence (2)... » Des officiers en réforme ou en retraite allaient travailler les troupes. Ils répandaient partout des adresses séditieuses où ils suppliaient les vainqueurs de Fleurus, d'Iéna, d'Austerlitz, de Wagram, de se refuser aux insinuations des puissances étrangères qui voulaient leur faire combattre la liberté. Ils criaient : « Vive Napoléon II ! Vivent les braves ! » D'autres, qui se disaient « le conseil de régence de Napoléon II », protestaient contre la légitimité et le gouvernement de Louis XVIII. Ils déclaraient antinational tout attentat, émané de ce prince, contre l'indépendance de la nation espagnole. Ils faisaient circuler le bruit que le roi de Rome était en Espagne et qu'il allait apparaître à l'armée. Le colonel Fabvier, qui avait déjà dirigé le complot de Paris en 1820, s'était mis à la tête du mouvement dit « de la Bidassoa » et n'hésitait pas à con-

---

(1) Voir GUILLON et les *Complots de Saumur*.
(2) *Ibid.*, p. 274 et suiv.

seiller aux soldats français de désobéir à leurs chefs. Il donna de sa personne le 6 avril et voulut empêcher le passage de l'armée. Mais la décision énergique du général Vallin, qui fit tirer à boulets sur les insurgés et franchir la Bidassoa par ses troupes, mit fin à cette tentative rebelle. Fabvier se retira en Angleterre (1). Le succès de l'expédition d'Espagne et la fuite ou la retraite des principaux conspirateurs allaient désormais empêcher toute tentative de complots militaires.

L'année 1829 devait être signalée par un procès destiné à devenir célèbre sous le nom de *Procès du Fils de l'Homme*. Voici ce qui lui donna naissance. Le poète Barthélemy, l'auteur des *Némésis*, avait écrit, avec la collaboration de Méry, un poème bonapartiste intitulé : *Napoléon en Égypte*. Il l'avait offert, en 1828, aux membres de la famille impériale dispersés à Rome, à Florence, à Trieste, à Philadelphie. Il décida ensuite d'aller le porter, lui-même, à un prince que des affections plus intimes — pour se servir de son langage — attachaient plus particulièrement à son héros. Tandis que Méry partait pour la Provence afin d'y rétablir une santé usée par les veilles, Barthélemy quittait Paris pour se rendre à Vienne, dans l'espoir de parvenir jusqu'au jeune duc de Reichstadt. « Cette entreprise, purement littéraire et tout à fait inoffensive, n'obtint aucun résultat. Il fallut reculer devant des obstacles politiques, et le poète voyageur est revenu dans sa patrie, sans avoir recueilli le fruit de sa course aventureuse (2). » Mais, en même temps qu'il conçut un nouveau poème sous ce titre pompeux : *Le Fils de l'Homme*, poème qu'il devait écrire de concert avec Méry, il donna au public le récit de son voyage en Autriche. Ce récit est des plus curieux. Je vais en résumer quelques passages intéressants pour le sujet dont je m'occupe.

Le jour même de son arrivée à Vienne, Barthélemy alla

(1) Il devait racheter ses erreurs par sa conduite héroïque en Grèce contre les Turcs. — Voir GUILLON, p. 340.
(2) Préface du *Fils de l'Homme*. Bruxelles, Wahlen et Cie, 1829.

aux bureaux de la police demander un permis de séjour. Après un véritable interrogatoire sur sa personne et sur les motifs de son voyage, le poète obtint pour un mois le droit de bourgeoisie dans la capitale de l'Autriche. Grâce à quelques lettres de recommandation et à la rencontre d'un obligeant compatriote, il put fréquenter les maisons les plus honorables de Vienne. Sa qualité de Français et d'auteur le mit en relation avec le poète Sedlitz, l'orientaliste Hammer, la romancière Mme Pichler. Bientôt il se présenta chez le comte de Czernine, grand chambellan de l'Empereur, qui le reçut avec bonté. Lorsque celui-ci apprit le but de son voyage, c'est-à-dire une entrevue du poète avec le duc de Reichstadt pour lui remettre le poème de *Napoléon en Égypte,* il l'engagea à aller voir le comte de Dietrichstein. Barthélemy eut le plaisir de trouver en lui un des seigneurs les plus aimables et les plus instruits de la cour de Vienne. Le comte voulut bien dire au poète que son nom et ses ouvrages, comme ceux de Méry, ne lui étaient pas inconnus. Barthélemy, lui offrant alors un exemplaire de son dernier poème, lui dit aussitôt : « Puisque vous voulez bien me témoigner tant de bienveillance, j'oserai vous supplier de me servir dans l'affaire qui m'attire à Vienne. Je suis venu dans le but unique de présenter ce livre au duc de Reichstadt. Personne, mieux que son maître, ne peut me seconder dans ce dessein... » Aux premiers mots de cette requête verbale, le visage de Dietrichstein prit une expression de malaise. Après quelques instants de silence, le gouverneur répondit : « Est-il bien vrai que vous soyez venu à Vienne pour voir le jeune prince? Qui a pu vous engager à une pareille démarche? Est-il possible que vous ayez compté sur le succès de votre voyage? Ce que vous me demandez est tout à fait impossible... » Barthélemy répliqua franchement qu'il n'avait reçu de mission de personne; qu'il s'était décidé à ce voyage de son propre mouvement; qu'en France on ne savait pas, on ne prévoyait pas qu'il fût si difficile de voir le duc de Reichstadt. Il croyait que, d'ailleurs, les mesures exceptionnelles prises pour le préserver de tout contact avec des imposteurs ou des hommes dangereux ne devaient pas le concerner, puisque lui, poète, n'était qu'un homme de lettres, un citoyen inaperçu, étranger à tout rôle ou à toutes fonctions politiques. « Je ne demande pas, ajouta-t-il, à entretenir le prince sans témoins. Ce sera devant vous, devant dix personnes, s'il le faut, et s'il m'échappe un seul mot qui puisse alarmer la politique la plus ombrageuse, je consens à finir ma vie dans une prison d'Autriche. »

M. de Dietrichstein se déclara persuadé des bonnes intentions de Barthélemy, qu'il pensait « éloigné de toute vue politique ». Mais il lui était impossible d'outrepasser les ordres qui s'opposaient à toute entrevue. Le motif réel de ces rigueurs était, paraît-il, la crainte d'un attentat sur sa personne. « Mais, objecta Barthélemy, un attentat de cette nature est toujours à craindre, car le duc de Reichstadt n'est pas entouré de gardes. Un homme résolu pourrait l'aborder, et une seconde suffirait pour consommer un crime. » Puis il ajouta : « Vous craignez peut-être qu'une conversation trop libre avec des étrangers ne lui révèle des secrets, ou ne lui inspire des espérances dangereuses. Mais est-il possible à vous d'empêcher qu'on ne lui transmette ouvertement ou clandestinement une lettre, une pétition, un avis, soit à la promenade, soit au théâtre ou dans tout autre lieu?... » Alors le gouverneur répondit sèchement : « Soyez bien persuadé, monsieur, que le prince n'entend, ne voit et ne lit que ce que nous voulons qu'il lise, qu'il voie et qu'il entende... — Il paraît d'après cela, dit Barthélemy, que le fils de Napoléon est loin d'être aussi libre que nous le supposons en France... — Le prince n'est pas prisonnier, mais... il se trouve dans une position toute particulière. » Et comme le poète insistait : « Veuillez bien ne plus me presser de vos questions; je ne pourrais vous satisfaire entièrement. Renoncez également au projet qui vous a conduit ici... — Du moins, dit encore Barthélemy, vous ne pouvez me refuser de lui remettre cet exemplaire au nom des auteurs. Il a sans doute une bibliothèque, et ce livre n'est pas assez dangereux pour être mis à l'Index. » M. de Dietrichstein secoua la tête comme un homme irrésolu. Le poète comprit qu'il lui était pénible de l'accabler de deux refus dans la même journée. Aussi prit-il congé de lui, en le priant de lire son poème, afin de se convaincre qu'il ne contenait rien de séditieux, et de lui permettre d'espérer qu'après la lecture il se montrerait moins sévère.

Quinze jours s'écoulèrent. Barthélemy revint chez le gouverneur du duc et réitéra sa demande d'entrevue : « Je ne vous conçois pas, répondit M. de Dietrichstein. Vous mettez trop d'importance à voir le prince. Quant à la remise de votre exemplaire, n'y comptez pas. Votre livre est fort beau comme poésie, mais il est dangereux pour le fils de Napoléon. Votre style plein d'images, cette vivacité de descriptions, ces couleurs que vous donnez à l'Histoire, tout cela dans sa jeune tête peut exciter un enthousiasme et des germes d'ambition qui, sans aucun résultat, ne serviraient qu'à le dégoûter de sa position actuelle. »

Barthélemy voulut ajouter quelques mots, mais il était visible que Dietrichstein ne l'écoutait plus. Il prit un congé définitif et résolut de retourner en France. Jusqu'au moment de son départ, il continua à voir les personnes qui s'étaient intéressées à lui. Un soir, au Hoftheater, enceinte elliptique mal éclairée par un lustre à huit branches, Barthélemy aperçut le duc de Reichstadt dans une loge voisine de la loge impériale. Il décrit ainsi sa vision — car il mit son voyage en vers, sous le titre que j'ai déjà indiqué : *Le Fils de l'Homme*.

> Dans la loge voisine une porte s'ouvrit
> Et, dans la profondeur de cette enceinte obscure,
> Apparut tout à coup une pâle figure.
> Étreinte dans ce cadre, au milieu d'un fond noir,
> Elle était immobile, et l'on aurait cru voir
> Un tableau de Rembrandt, chargé de teintes sombres
> Où la blancheur des chairs se détache des ombres...
> Acteurs, peuple, empereur, tout semblait avoir fui,
> Et, croyant être seul, je m'écriai : C'est lui !...

Le poète examinait curieusement cet être mystérieux :

> Voyez cet œil rapide où brille la pensée,
> Ce teint blanc de Louise et sa taille élancée,
> Ces vifs tressaillements, ces mouvements nerveux,
> Ce front saillant et large orné de blonds cheveux.
> Oui, ce corps, cette tête où la tristesse est peinte,
> Du sang qui les forma portent la double empreinte.
> Je ne sais toutefois... je ne puis sans douleur
> Contempler ce visage éclatant de pâleur.
> On dirait que la vie à la mort s'y mélange...

Ici, Barthélemy se laisse aller à d'étranges suppositions. Il se demande quel germe destructeur a sitôt défloré ce fruit adolescent. Il redoute, par une regrettable insinuation que rien n'a justifiée et qui souleva les plus formels démentis, que le prince ne soit condamné à une fin précoce par la volonté d'une politique perverse.

Si le duc de Reichstadt a lu ce poème, comme le dit M. de Montbel, il est possible qu'il ait déclaré qu'on avait eu raison de ne pas laisser arriver jusqu'à lui l'auteur d'un écrit où on le représentait comme victime d'une corruption inventée par la politique ; mais je ne crois pas qu'il ait protesté contre le reste. Le poème du *Fils de l'Homme* est, en effet, sorti d'une belle inspiration. Il a du souffle, de la vigueur, de l'élévation. Le poète s'adressait ainsi à l'ardeur ambitieuse du jeune duc :

> Mais quoi ! content d'un nom qui vaut un diadème,
> Ne veux-tu rien un jour conquérir par toi-même ?...
> La nuit, quand douze fois ta pendule a frémi,
> Qu'aucun bruit ne sort plus du palais endormi,
> Et que seul, au milieu d'un appartement vide,
> Tu veilles, obsédé par ta pensée avide,
> Sans doute que parfois sur ton sort à venir
> Un démon familier te vient entretenir !...

Il lui faisait entrevoir le retour en France et la résurrection de l'Empire :

> Si le fer à la main, vingt nations entières,
> Paraissant tout à coup autour de nos frontières,

> Réveillaient le tocsin des suprêmes dangers;
> Surtout si, dans les rangs des soldats étrangers,
> L'homme au pâle visage, effrayant météore,
> Venait en agitant un lambeau tricolore;
> Si sa voix résonnait à l'autre bord du Rhin...
> Comme dans Josaphat, la trompette d'airain,
> La trompette puissante aux siècles annoncée,
> Suscitera des morts dans leur couche glacée.
> Qui sait si cette voix, fertile en mille échos,
> D'un peuple de soldats n'éveillerait les os?
> Si, d'un père exilé renouvelant l'histoire,
> Domptant des ennemis complices de sa gloire,
> L'usurpateur nouveau, de bras en bras porté,
> N'entrerait pas en roi dans la grande cité?...

Mais c'était un rêve. Le poète n'avait fait qu'entrevoir le jeune prince, et il plaignait cet adolescent oublié, méconnu, caché :

> Combien dans ton berceau fut court ton premier rêve!
> Doublement protégé par le droit et le glaive,
> Des peuples rassurés esprit consolateur,
> Petit-fils de César et fils d'un Empereur,
> Légataire du monde, en naissant roi de Rome,
> Tu n'es plus aujourd'hui rien que le *Fils de l'Homme!*
> Pourtant, quel fils de roi, contre ce nom obscur,
> N'échangerait son titre et son sceptre futur?

M. de Montbel prétend que l'opinion publique s'indigna à Vienne contre le poème de Barthélemy et de Méry, et que les personnages distingués qui avaient reçu Barthélemy s'affligèrent qu'il eût répondu à leur hospitalité en insultant l'Autriche dans ses sentiments les plus sacrés et les plus chers. Il se demande si le poète n'avait pas cherché avec ce libelle autre chose que l'occasion d'éveiller l'attention publique par la violence de ses accusations. Cela est possible. Mais cette émotion ne fut rien à côté de celle du gouvernement français. Il vit, dans le *Fils de l'Homme*, un libelle séditieux, et il traduisit, le 29 juillet 1829, Barthélemy devant le tribunal de police correctionnelle. Une foule d'avocats distingués et des personnages, comme Victor Hugo, M. de Schonen, le général Gourgaud, se pressaient dans l'étroite enceinte. Le tribunal se composait du président Meslin, des juges Phélipe de la Marnière, Colette de Beaudicourt et Mathias, de l'avocat du Roi, Menjaud de Dammartin. Les prévenus étaient le poète Barthélemy, l'imprimeur David et les libraires Denain et Levanneur (1). Menjaud établit aussitôt la prévention. M. Barthélemy, poète encore jeune (2) mais non pas obscur, écrivain spirituel au contraire, plein de verve et de facilité, n'avait pas recherché un procès pour réchauffer l'intérêt et recruter des lecteurs. Mais il avait à répondre sincèrement d'attaques contre la dynastie, contre les droits du Roi, et de provocations à renverser le gouvernement. L'avocat ne cherchait pas à connaître la pensée, le but, les coupables désirs de l'auteur. Il n'avait à apprécier que l'ouvrage, et il en incriminait d'abord le titre. « Le *Fils de l'Homme!* s'écriait-il... Quel homme? Sans doute de cet homme dont des agitateurs s'efforcent sans cesse d'évoquer le fantôme... » L'épigraphe du poème :

Quid puer Ascanius? Superatne et vescitur aura?

était significative et faisait apprécier, à elle seule, la direction d'esprit qui allait dominer tout l'ouvrage. Menjaud attaquait ensuite la préface, la profession de foi dans laquelle le poète disait qu'il avait voulu répéter aux oreilles d'un fils :

La gloire paternelle aux plaines de Memphis!

Il signalait à la répression les vers par lesquels Barthélemy offrait un souvenir pieux à Napoléon, tournait en dérision les fils de saint Louis et la Charte, et Metternich lui-même! Puis il dénonçait ceux où l'auteur déplorait la chute de Napoléon, ses tortures à Sainte-Hélène, son désespoir d'être privé de son fils, puis la situation douloureuse de ce fils, l'appel à l'usurpateur, l'appel à l'invasion du pays et au renversement du

---

(1) Voir le *Procès du «Fils de l'Homme»*, chez Denain, 1829, in-8°.
(2) Barthélemy avait alors trente-quatre ans.

trône légitime. Il fallait que la magistrature déployât une rigueur salutaire pour venger les offenses faites au Roi, à la monarchie, à la société.

Barthélemy fut admis à présenter lui-même sa défense en vers. M. de Montbel le déplorait ainsi : « C'était le premier exemple de Thémis admettant les Muses à altérer par leurs accents la sévérité du langage des lois et l'austère dignité de leur sanctuaire !... »

Barthélemy commença de la sorte :

> Voilà donc mon délit?... Sur un faible poème
> La critique en simarre appelle l'anathème,
> Et ces vers, ennemis de la France et du Roi,
> Témoins accusateurs, s'élèvent contre moi !...
> Aussi, je l'avouerai, la foudre inattendue,
> Du haut du firmament à mes pieds descendue,
> D'une moindre stupeur eût frappé mon esprit
> Que le soir, si funeste à mon livre proscrit,
> Où d'un pouvoir jaloux les sombres émissaires
> Se montraient en écharpe à mes pâles libraires
> Et, craignant d'ajourner leur gloire au lendemain,
> Cherchaient le *Fils de l'Homme,* un mandat à la main !

Toutefois, Barthélemy rendait grâce au hasard tutélaire qui sur lui seul suspendait l'arrêt fatal. Il avait, il est vrai, à la cour de Pyrrhus, voulu chercher le fils d'Hector et lui redire les gloires de son père, mais, loin d'un Argus que rien n'avait fléchi, il avait repassé le Rhin, et, depuis, il avait raconté cette pénible histoire. Il avouait sa faute :

> En voyant l'héritier de ces grandes douleurs,
> J'ai soupiré d'angoisse et j'ai versé des pleurs,
> Et j'ai cru qu'on pouvait, sans éveiller des craintes,
> Exhaler des regrets mêlés de douces plaintes.
> Moins sévère que vous, la royale bonté
> Excuse les erreurs de la fidélité.
> Delille, *à la Pitié* vouant sa noble lyre,
> Chantait pour les Bourbons en face de l'Empire.
> Voulez-vous nous ravir sous nos rois tolérans
> Un droit que le poète obtenait des tyrans?

> Ah ! laissez-moi gémir sur les jeunes années
> D'un frêle adolescent mort à ses destinées,
> Et, tribut éphémère emporté par le vent,
> Semer de quelques fleurs la tombe d'un vivant !

Une élégie était-elle donc un crime? Aux applaudissements de l'auditoire, Barthélemy demandait à son accusateur d'être de bonne foi, de ne pas dépecer son livre, de ne pas détourner le sens exact de ses pensées, de ne pas lui prêter l'intention d'invoquer la discorde. Il relisait les passages suspects, et il en montrait la loyauté. Il ne cherchait point à rallumer la guerre civile, à combattre et à renverser la monarchie. Les temps étaient passés où les fils d'Apollon, au seul frémissement de leur luth, excitaient ou calmaient les passions. Il terminait ainsi sa défense :

> Cessez donc d'affecter de puériles craintes !
> Des élans généreux les flammes sont éteintes,
> L'égoïsme glacé nous rend muets ou sourds.
> Dans le paisible sein des hommes de nos jours
> Les cœurs dégénérés battent sans énergie.
> Les chants des Marseillais ont perdu leur magie,
> Et, des peuples vieillis respectant le repos,
> La lyre rend des sons qui meurent sans échos !...

Me Mérilhou, avocat du prévenu, prit ensuite la parole. Quinze ans s'étaient déjà écoulés depuis la chute de Napoléon et les temps d'une ombrageuse susceptibilité semblaient avoir disparu. On pouvait, ce semble, s'exprimer sur un homme « qu'aucun effort humain ne saurait exiler de l'histoire » ! Béranger, Delavigne, Lamartine, Victor Hugo, Lebrun, lord Byron et bien d'autres avaient célébré l'homme du Destin. Et pourtant la monarchie était encore debout. Tout à coup, un poète était l'objet d'une poursuite rigoureuse. Pourquoi?... Il avait publié un poème où vivait la mémoire de Napoléon. Il avait voulu présenter à son fils les chants que lui avaient inspirés les travaux et les victoires de son père, et voilà qu'on l'accusait d'avoir méconnu les droits de la maison de Bourbon et cherché à ébranler le plus ancien des trônes européens. La gravité du crime contrastait avec l'exiguïté et l'innocence des moyens, comme le procès contrastait avec la longanimité du pouvoir qui souffrait tant de publications napoléoniennes. Comment expliquer tant de rigueurs contre une œuvre légère où le génie du poète n'avait exprimé que des sentiments douloureux ? Elle ne pouvait se comprendre que par le zèle nouveau du ministère public, qui croyait apercevoir des délits dans toutes les opinions contraires aux siennes. Comment pouvait-on poursuivre le *Fils de l'Homme*, alors que le tribunal avait, dans la chambre du conseil, déclaré qu'il n'y avait lieu à poursuites ?

L'avocat repoussa le commentaire trop ingénieux de l'avocat du Roi, qu'il appelait « une vraie falsification ». Il rappela que les auteurs de *Napoléon en Égypte* avaient eu l'idée de déposer aux pieds du fils « le plus noble et le plus désintéressé des hommages, le monument élevé à la gloire du père, idée touchante dont l'accomplissement ne pouvait trouver d'entraves que dans un seul lieu du monde. Les héros d'Homère envoyaient aux enfants les cadavres de leurs pères morts au champ d'honneur pour recevoir l'hommage de leur piété filiale. La cour de Vienne avait été moins généreuse envers le fils de son ancien ennemi. » Mérilhou analysait le poème avec une véhémence, une noblesse de termes, une émotion vibrantes. « S'il est vrai, disait-il, que la poésie vit de contrastes, quel sujet plus touchant que le sort d'un jeune homme qui n'a reçu de son père d'autre héritage qu'un nom qui ne lui permet ni la gloire, ni l'obscurité ?... » Il défendait ensuite l'auteur d'avoir voulu provoquer à la révolte. D'ailleurs, était-ce au duc de Reichstadt, était-ce au peuple français que s'adressait la provocation ? Quels motifs, quels faits de révolte indiquait Barthélemy ? Ici, l'accusation était muette... Enfin, parler d'un événement qu'on redoutait, ce n'était point le provoquer. « La poésie n'a-t-elle donc plus sa licence et ses privilèges, disait-il encore, et n'est-ce pas briser sa lyre et le déshériter d'un patrimoine de génie que de lui interdire ces formes véhémentes, ces figures passionnées par lesquelles elle remue l'âme de l'homme?... Oter à Archiloque son fouet vengeur, à Juvénal sa mordante hyperbole, à Tibulle, à Parny leur palette enchanteresse, à Corneille ses vers républicains, c'est proscrire la poésie, c'est lui défendre d'émouvoir et de charmer. Louis XIV toléra, dans Racine poète, des réflexions critiques qui l'indignèrent dans Racine prosateur. Et de nos jours, Napoléon au faîte de la gloire, obsédé d'adulateurs, entendit sans s'indigner de simples poètes protester contre son pouvoir et évoquer autour de lui des fantômes accusateurs... » Mérilhou rappelait qu'il avait laissé Marie-Joseph Chénier lui reprocher d'avoir étouffé la République, sa mère, et Delille chanter les malheurs de la race royale dans le poème *la Pitié*. Il en citait des vers véhéments. « Eh bien, Napoléon pensionna Chénier et honora Delille. Il ne les envoya pas à la police correctionnelle. » Et si l'Empire était tombé, ce n'était point par les vers républicains de Chénier, ni par les vers royalistes du chantre de la *Pitié*. L'avocat repoussait aussi l'accusation sur les prétendues attaques à l'ordre de successibilité au trône. Ce procès était un étrange anachronisme. Il semblait un procès du genre de ceux que la loi du 11 novembre 1815 avait fait inopinément surgir. Mais le système des tendances n'avait plus de raison d'être, pas plus que la théorie des provocations indirectes et la théorie des accusations collectives. La nation était tranquille et libre. On avait le droit de dire que Napoléon avait existé, avait régné, avait vaincu et que son règne n'avait pas été sans gloire.

« Et l'on ne pourrait pas, s'écriait l'éloquent défenseur dans sa conclusion, imprimer qu'il a un fils, que ce fils hérite de son infortune, en expiation des courtes joies qui ont entouré ses jeunes ans ! On ne pourrait pas dire que ce jeune homme est captif, et il serait défendu de plaider un malheur dont les Annales modernes n'offrent pas d'exemple ! Et ce qui serait innocent en parlant du père, deviendrait un crime en parlant du fils?... Qu'a-t-il fait jusqu'ici pour mériter l'honneur d'être l'objet de tant d'alarmes ? Courbé d'avance sous le poids d'un grand nom, on ne le distingue des princes de sa maison que par les soupçons et les précautions injurieuses pour la France dont on accable sa vie !... L'exécution fidèle de la Charte, l'abnégation sincère de ces voies de violence ou de fourberie qui ne peuvent que discréditer le pouvoir, voilà le meilleur rempart contre les vaines terreurs. Cessez de combattre des fantômes ! Cessez de donner par vos poursuites de la réalité à des chimères que l'ambition de nos voisins peut exploiter un jour contre la grandeur de notre belle France ! »

Sans se laisser convaincre par l'éloquence de cette belle plaidoirie ; sans écouter Mᵉ Persin, avocat de l'imprimeur David, qui déclarait qu'il n'existait plus de roi de Rome et qu'on ne connaissait que « le fils de l'étrangère et l'élève de Metternich », le tribunal, s'appuyant sur l'article 2 de la loi du 25 mars 1822 et sur les articles 1ᵉʳ et 2 de la loi du 17 mai 1819, ainsi que sur l'article 87 du Code pénal, condamna l'auteur incriminé à trois mois de prison et à mille francs d'amende... Le ministère public l'emportait, mais le gouvernement n'avait pas lieu de se féliciter de son triomphe. Le procès du 29 juillet 1829 amenait, en effet, deux résultats inattendus pour lui. Malgré une condamnation sévère, le poète Barthélemy voyait sa réputation s'accroître. On allait jusqu'à comparer les rigueurs de sa situation à celles de la situation faite à Béranger. D'autre part, l'opinion publique, hier encore assez indifférente, semblait aujourd'hui attentive et sympathique au nom de celui qui avait cessé un instant d'être le duc de Reichstadt pour redevenir le fils de l'Homme, c'est-à-dire le fils de l'Empereur.

CHAPITRE XV

LE CHEVALIER DE PROKESCH-OSTEN.

La duchesse de Parme attendait que le temps fixé pour la durée de son grand deuil fût terminé pour donner des bals à ses sujets. Elle se consolait de ce retard en allant souvent au théâtre, mais elle n'était point ravie de ses chanteurs : « C'était à qui hurlerait le plus, écrivait-elle. Je suis charmée que le roi de Sardaigne ne soit pas venu à présent, car il y aurait de quoi prendre des maux de nerfs si on restait du commencement à la fin (1). » Quelques jours après, le deuil était clos et les bals reprenaient. « J'ai donné, disait-elle, un premier bal mardi passé. Il a été très brillant, et je dois dire que nous avons à présent, pour une petite ville comme Parme, de bien jolies jeunes femmes et en assez grand nombre. » Puis, comme elle craignait de paraître trop frivole : « Le monde, ajoutait-elle, n'a plus d'attraits pour moi. Quand j'y vais, c'est par devoir, et je ne trouve de vrai bonheur qu'en m'occupant de l'éducation des enfants que le cher défunt m'a laissés (2). » Et son fils, le fils de l'Empereur? Elle n'en parle pas ; seulement, trois mois après, au moment d'aller passer quelque temps avec lui et avec l'empereur d'Autriche, elle avoue qu'elle ne part qu'avec regret. « Outre le chagrin, dit-elle, que j'ai de quitter pour trois mois mes enfants, je n'ai jamais entrepris un voyage plus à contre-cœur, parce que je n'y prévois que déboires et

(1) *Correspondance de Marie-Louise*, 12 janvier 1830.
(2) 31 janvier. — *Lettres intimes*.

contrariétés, et que je prévois aussi qu'à cause de mon fils je serai obligée de tenir tête à mon père, dans ce moment où j'aurais tant besoin de le ménager... Je voudrais déjà être de retour. » Que voulait-elle dire par cette lutte contre son père ? Aurait-elle eu l'intention de lui redemander son fils, de le ramener avec elle à Parme ? Je n'ai malheureusement pu éclaircir ce point particulier... Elle voyageait presque seule et avait besoin de recourir parfois aux bons offices de ses amies. « Pardon de cet ennui, mandait-elle à la comtesse de Crenneville, mais autrefois j'avais le général qui me montrait tout, et à présent je suis seule. Quelles tristes réflexions cela fait naître ! » Pour le moment, nul n'avait encore remplacé « le cher défunt ».

L'empereur d'Autriche continuait à porter un vif intérêt à l'éducation de son petit-fils. Il assistait parfois avec l'Impératrice à ses examens. Le dernier eut lieu le 1ᵉʳ mai 1830. Foresti rapporte qu'on interrogeait le jeune prince sur le code de législation militaire, lorsque l'examen fut interrompu par la débâcle subite du Danube, qui s'était rué dans les faubourgs de Léopoldstadt et de Rossau, renversant des maisons entières et faisant un grand nombre de victimes. L'Empereur et l'Impératrice montèrent en bateau pour parcourir les lieux les plus menacés et porter des secours aux indigents. Le duc de Reichstadt, emporté par son ardeur généreuse, eût bien voulu les suivre, mais ses médecins, qui avaient des craintes pour sa santé, s'y opposèrent. Il faut dire que le duc de Reichstadt subissait une croissance inquiétante et que sa taille se développait d'une façon presque anormale. Aussi l'Empereur lui défendit-il de le suivre. Le duc s'en consola en lui remettant pour les pauvres et les malheureux tout ce que contenait sa bourse.

En même temps que ses diverses études, le jeune prince aimait beaucoup l'équitation. Il y avait dès l'enfance pris un goût particulier, et c'était plaisir de le voir monter des chevaux impétueux, soit au milieu des troupes, soit au Prater. Dès l'âge de sept ans, il avait voulu revêtir l'uniforme de soldat.

De sergent, il était devenu officier, puis en 1828 capitaine au régiment des chasseurs de l'Empereur. En 1829, il commandait une compagnie de grenadiers. En juillet 1830, il allait devenir major au régiment de Salins; en novembre, lieutenant-colonel du régiment d'infanterie de Nassau. Le 20 mars 1830, il avait atteint l'âge de dix-neuf ans et ne songeait qu'à la carrière des armes, où il voulait s'illustrer à tout prix. En attendant, il avait consenti à passer quelques mois à Baden, jolie petite ville d'eaux voisine de Vienne, où sa mère était enfin venue le rejoindre. Un savant docteur, directeur du musée de Baden, que j'ai eu l'honneur et le plaisir de voir dans ce charmant pays, il y a deux ans, raconte ainsi une entrevue qu'il eut en 1830 avec le jeune prince : « Marie-Louise, dit-il, habitait avec son fils, pendant l'été, la délicieuse station balnéaire de Baden, près de Vienne. Elle s'y trouvait notamment en 1830, au « pavillon de Flore », et le duc de Reichstadt était installé en face d'elle, dans la maison du « Temple grec ». Presque tous les matins et souvent le soir, je voyais sortir à cheval le pâle et mince jeune homme; il était toujours vêtu très simplement d'un habit brun foncé, coiffé d'un chapeau de feutre noir et accompagné d'un valet à cheval comme lui. Il descendait au pas la Gutenbrunnerstrasse, où je suis né, et que nous habitions alors; puis, arrivé dans l'Helenenthal, il faisait prendre le galop à sa monture. Mon père était médecin et avait eu l'occasion de donner ses soins à l'ex-Impératrice. Un jour qu'elle venait le consulter, elle me vit — j'avais alors dix ans — en train de préparer des insectes pour la collection entomologique de mon père. Elle regarda mon travail, loua le goût avec lequel j'avais disposé les papillons, que je me procurais en élevant des chenilles, et finit par dire en poussant un soupir :

« — Ah! si mon fils pouvait s'intéresser à ces choses !

« — Pourquoi ne pas essayer, Altesse Impériale? répliqua mon père de son ton brusque et rond.

« — Oui; mais comment faire?

« — Il pourrait venir ici voir ma collection.

« — Oh! il ne voudra pas, dit la mère tristement.

« — Eh bien! le gamin ira lui montrer quelques-uns de ses papillons... »

« Marie-Louise dit qu'elle en serait enchantée et, deux ou trois jours plus tard, me fit avertir de l'heure la plus convenable pour cette visite. J'avais de grandes boîtes couvertes de gaze verte et remplies de chenilles à divers états de leur transformation. J'espérais ainsi amuser ou intéresser le jeune duc. Mais, à cette époque, il nourrissait des pensées ambitieuses qui l'absorbaient tout entier et égarait ses rêveries en des projets césariens que son entourage et l'empereur François lui-même avaient fini par ne plus combattre, quoiqu'ils en vissent bien l'inanité. Néanmoins, pour faire plaisir à sa mère, l'ex-roi de Rome essaya de s'intéresser à mes insectes; mais il n'eut pas la force de jouer longtemps cette petite comédie, et, après un instant, il y renonça. Le souvenir de cette entrevue n'en a pas moins laissé en moi une image très nette et très précise de ce malheureux prince. Rien de plus séduisant que sa physionomie, sa personne tout entière et ses manières. Il avait l'air doux et triste, et ressemblait d'une manière frappante à son père et à sa mère. Le menton, la courbe des maxillaires étaient essentiellement napoléoniens; le front, par contre, avait la courbe si particulière aux Habsbourg. Il tenait aussi de Marie-Louise ses yeux d'un bleu clair, ses cheveux blonds, son nez plutôt long et busqué, bien que délicatement dessiné. L'ensemble était rayonnant d'intelligence et de poésie, à raison même du terrible amaigrissement qui commençait à creuser ses traits, et qui se retrouve dans le plâtre moulé sur sa face, immédiatement après sa mort, et que conserve aujourd'hui le musée de Baden (1). »

C'est vers cette même époque que le duc de Reichstadt fit la connaissance du chevalier de Prokesch-Osten, qui allait devenir son meilleur et son plus fidèle ami. Antoine Prokesch, né en 1795 à Gratz, était issu d'une très honorable famille

---

(1) Voir du docteur Herrmann Rollet, la *Neue Beitrage zur Chronik der Stadt Baden bei Wien* (*VII Theil*) Verlag von P. Schütze, 1894, p. 78 à 80.

bourgeoise. Son père, qui jouissait de l'estime de Joseph II, était propriétaire en Styrie d'une terre située dans la vallée de la Murz. Après une éducation très soignée, le jeune homme entra dans l'armée autrichienne et fit les campagnes de 1813, 1814 et 1815. Il avait ressenti, comme ses camarades, la haine du despotisme napoléonien, en même temps qu'une admiration irrésistible pour l'énergie et l'ascendant de l'Empereur. Il ne fut point favorable au retour des Bourbons, qu'il jugeait un anachronisme. Il croyait que le renversement de Napoléon était, de la part des puissances, un manque de confiance dans leurs propres forces. Le retour de l'île d'Elbe ne le surprit pas. Il le considéra comme une preuve de ce qu'un tel homme pouvait faire en France. Les revers de l'Empereur ne diminuèrent point l'estime qu'il lui avait vouée. Il avait l'âme assez haute, lui qui avait été dans les rangs des adversaires de Napoléon, pour ne point partager les sentiments médiocres de certains hommes qui s'acharnaient alors sur le prisonnier de Sainte-Hélène et qui allaient jusqu'à dénier ses talents militaires. Prokesch, indigné, fit paraître dans le cours de l'année 1818 un mémoire intitulé : *Les batailles de Ligny, des Quatre-Bras et de Waterloo*, mémoire qui fut lu avec le plus grand intérêt par les principaux officiers de l'armée autrichienne. Ce travail allait devenir, à l'insu de l'auteur, le point de départ de ses relations avec le duc de Reichstadt. Prokesch avait étudié la stratégie dans les bureaux de l'archiduc Charles et s'était passionné pour les mathématiques, qu'il professa à l'École des cadets à Olmütz de 1816 à 1818. Il devint aide de camp du feld-maréchal de Schwarzenberg et composa des écrits militaires intéressants. Il se livra ensuite à des études géodésiques dans les Karpathes et fit de grands voyages en Grèce, dans l'Asie Mineure et en Égypte. Il revint sur les côtes de la Grèce prendre, sous les ordres de l'amiral Dandolo, le commandement d'une flotte armée contre les pirates qui menaçaient le commerce autrichien. Enfin il se distingua dans différentes missions à Smyrne, à Saint-Jean d'Acre, à Alep, à Rhodes, en Égypte. Pour de tels services il obtint le titre de chevalier d'Orient, *Ritter von Osten* (1).

Après plusieurs années d'absence, il revint à Gratz, où ses compatriotes lui firent l'accueil le plus flatteur. François II, qui visitait alors la Styrie, s'était arrêté dans cette ville. Il voulut voir l'officier distingué qui avait pris part à des événements aussi dramatiques que les luttes des Grecs contre les Turcs, et s'était acquitté avec habileté de missions délicates. Le 22 juin 1830, le chevalier de Prokesch-Osten fut invité à la table impériale et placé à côté du duc de Reichstadt, qu'il n'avait pas eu jusqu'alors l'occasion d'approcher, quoiqu'il désirât beaucoup le connaître. La destinée allait les lier tous deux d'une amitié étroite. Cette amitié fut un doux et clair rayon dans la trop courte et trop sombre vie du prince. Il trouva dans le chevalier de Prokesch comme un frère aîné qui lui montra presque aussitôt un dévouement absolu. Prokesch avoue que ce beau et noble jeune homme, aux yeux bleus et profonds, au front mâle, aux cheveux blonds et abondants, calme et maître de soi dans tout son maintien, fit sur lui, dès la première heure, une impression vraiment extraordinaire (2). Il n'échangea avec le duc que quelques paroles timides, car, pendant tout le dîner, l'Impératrice et l'archiduc Jean se plurent à l'interroger sur ses voyages. Ce ne fut qu'à la fin de la soirée que le jeune prince put lui serrer fortement la main et lui dire ces mots significatifs : « Vous m'êtes connu depuis longtemps ! » Cette poignée de main cordiale était, comme le reconnut bientôt Prokesch, un gage d'affection certaine (3).

(1) Prokesch fut plus tard attaché à l'ambassade d'Autriche à Rome, puis devint ministre plénipotentiaire à Athènes, feld-maréchal et membre du Conseil privé de l'Empereur, ambassadeur à Berlin, membre de l'Académie des sciences de Vienne. Son intelligence, sa droiture, sa vigueur et son activité méritaient de tels honneurs. — M. G. Valbert a dit qu'il était un élève du prince de Metternich, « qui l'avait formé, façonné et nourri du lait de sa sagesse ». (*Revue des Deux-Mondes* du 1er novembre 1896). Ce que j'en sais me donne à croire qu'il avait certaines idées de Metternich, mais qu'il s'était formé lui-même.

(2) *Mes relations avec le duc de Reichstadt.* — Mémoire du comte de P. O., traduit par son fils et extrait du 1er volume des *OEuvres posthumes*, chez E. Plon, 1878, 1 vol. in-18.

(3) Dans cette rencontre heureuse se réalisait la parole du noble Henri Per-

Le lendemain matin, le comte de Dietrichstein vint le voir et le pria de le suivre chez son illustre élève. Dès qu'il l'aperçut, le fils de Napoléon accourut à lui, le regard animé, l'attitude pleine de confiance, et il lui répéta : « Vous m'êtes connu et je vous aime depuis longtemps ! Vous avez défendu l'honneur de mon père à un moment où chacun le calomniait à l'envi. J'ai lu votre mémoire sur la bataille de Waterloo, et, pour mieux me pénétrer de chaque ligne, je l'ai traduit deux fois, d'abord en français, puis en italien. » Dans cet écrit, Prokesch avait montré qu'au rebours des guerres précédentes, où la fortune s'était plu à accorder ses faveurs à Napoléon, l'Empereur avait eu contre lui à Waterloo mille obstacles : des pluies diluviennes qui avaient détrempé le terrain de manœuvres, retardé ses mouvements et harassé ses troupes, enfin des difficultés de toute nature qui avaient fait intercepter ses courriers. En réalité, ses talents étaient demeurés les mêmes et ses conceptions aussi puissantes, mais un sort ennemi avait contrarié tous ses efforts. La conversation tomba ensuite sur la Grèce. Or, la veille, dans la conversation qui avait suivi le dîner, devant l'Impératrice, l'archiduc Jean et le comte de Dietrichstein, Prokesch avait eu la hardiesse de dire que, le trône de Grèce manquant de prétendants depuis le refus du prince de Cobourg, le fils de Napoléon semblait naturellement désigné pour l'occuper ; et, à sa grande suprise, l'auditoire avait paru l'approuver.

Dans son entretien avec le duc de Reichstadt, Prokesch revint adroitement sur cette idée ; le jeune prince le comprit aussitôt sans qu'il eût besoin d'insister. Mais, un autre jour, il fit entendre au chevalier qu'il avait des visées plus hautes. Toutefois, avec une modestie sincère, il se défendait d'une ambition prématurée. Même pour la couronne hellénique, il se jugeait encore trop jeune. De la Grèce, on en vint à la Syrie.

reyve qui, frappé avant l'heure, eut cependant la joie de compter des amitiés précieuses : « La Providence a fait certaines âmes avec certaines ressemblances qui forcent ces âmes, quand elles se rencontrent, à se regarder, à se reconnaître et à s'aimer. »

Le duc se mit à parler de la campagne de Bonaparte et des causes de son arrêt devant Saint-Jean d'Acre (1). Il s'exprimait avec ardeur. Il examinait en juge compétent les résultats considérables qu'aurait pu amener la prise de cette ville. De là à s'occuper plus amplement de Napoléon, il n'y eut qu'un pas. Le duc parlait avec animation. « On sentait, dans chacune de ses paroles, la plus chaleureuse admiration, l'attachement le plus profond pour son père. Il appuyait de préférence sur ses talents militaires. Le prendre pour modèle et devenir un grand capitaine, sur ce point il était tout feu, toute flamme. » Prokesch et lui discutèrent plusieurs manœuvres de l'Empereur. Le chevalier fut surpris de la sagacité du prince. Il déclara en toute franchise que, parmi les officiers alors réunis à Gratz, personne ne lui paraissait avoir le coup d'œil militaire plus pénétrant et des aptitudes plus prononcées pour le commandement en chef. Lorsque le duc de Reichstadt vit qu'il avait découvert en son interlocuteur un esprit capable de l'apprécier, une âme loyale et sûre comme la sienne, il le supplia de rester auprès de lui. « Sacrifiez-moi, dit-il, votre avenir... Nous sommes faits pour nous entendre. Si je suis appelé à devenir pour l'Autriche un autre prince Eugène, la question que je me pose est celle-ci : comment me sera-t-il possible de me préparer à ce rôle ? » Et, en présence du comte Dietrichstein qui eut le bon goût de ne point s'en offenser, il dit qu'il lui fallait un homme capable de l'initier aux nobles devoirs de la carrière militaire ; or, il ne voyait aucun homme de ce mérite dans son entourage. Prokesch se récria. Le duc lui paraissait trop précipité dans son jugement, et, quant à lui, il ne se croyait pas capable d'une telle mission. Le prince le laissa dire, puis reprit la conversation sur les faits d'armes de son père. Prokesch le quitta bientôt pour aller présenter ses hommages à la duchesse de Parme, qui se trouvait, elle aussi, de passage à Gratz. Une demi-heure après, le duc de Reichstadt, qui était venu le re-

---

(1) Voy. Montbel, *Récit de Prokesch-Osten.*

joindre, embrassa froidement sa mère, puis ramena l'entretien sur son départ de Paris en 1814. « Nous nous quittâmes, ajoute Prokesch, comme deux hommes qui ont la conviction que rien ne pourra jamais les séparer. »

La nature généreuse du duc de Reichstadt, qui avait un besoin ardent de se confier et d'aimer et qui avait dû trop souvent se dissimuler avec des êtres incapables de la comprendre, s'était élancée avec une ardeur naïve au-devant de cette âme si franche qu'elle sentait déjà sienne. Chose extraordinaire, c'est un étranger, un ancien adversaire du despotisme napoléonien qui, à défaut des Français écartés par la défiance de Metternich, apparaît tout à coup pour faire renaître chez le jeune prince l'intérêt, la confiance et l'attachement. « En me parlant, raconte Prokesch, il semblait que son cœur cherchait à s'épanouir, et il m'expliquait le sentiment qu'il éprouvait alors, en me disant que j'étais pour lui un homme entièrement de son choix. »

Dès le premier entretien, le chevalier se sentit impressionné par l'esprit, les connaissances et le jugement du duc de Reichstadt. Il l'écrivit aussitôt au comte de Dietrichstein : « Quand on porte un aussi grand nom, disait-il, et que, dès l'enfance, on se sait appelé à de si hautes destinées; quand, en outre, on est aussi bien doué que Son Altesse et que l'on vit dans des temps pareils aux nôtres, c'est qu'on est désigné par la Providence pour de grandes choses. » A l'appréciation équitable du caractère et des aptitudes du jeune duc, Prokesch ajoutait particulièrement la franchise. Il donna en effet à son ami, dès le premier jour, des avis sincères. Il se plut à l'avertir de ses imperfections, à l'habituer à se vaincre dans ses désirs, à triompher enfin des obstacles qui pouvaient nuire à son développement moral et intellectuel. Heureux les princes qui peuvent et qui veulent avoir de tels conseillers !... Le comte Maurice de Dietrichstein, qui était très satisfait de voir se former un pareil courant de sympathie entre son élève et le chevalier de Prokesch, — car il comptait sur lui pour l'aider à parfaire son éducation, — lui écrivit le lendemain,

24 juin, une lettre dont voici la traduction : « Très cher ami, le prince a été si enchanté de votre entretien d'hier qu'il considère comme une des choses les plus désirables pour lui de le renouveler aussi souvent que possible pendant notre séjour ici. Il vous prie, en conséquence, de venir le voir demain, à neuf heures du matin, moment où nous ne serons pas dérangés (seulement en frac). Que peut-il y avoir de plus agréable et de plus utile pour un jeune homme plein d'avenir, appelé aux plus hautes destinées, sur lequel le monde a ses regards fixés, que la conversation d'un homme que distinguent les plus brillants avantages du cœur et de l'esprit? Personne ne partagera plus amicalement et plus sincèrement ces vœux que votre ami dévoué (1). »

Le chevalier de Prokesch se rendit aussitôt à cette aimable invitation, et il fut très chaleureusement reçu par le prince. Tous deux, devant le gouverneur, causèrent aussitôt avec un abandon familier. Ils parlèrent encore de l'Égypte. « Quel souvenir y a-t-on conservé de mon père? demanda le duc. — On ne s'en souvient que comme d'un météore qui a passé sur ce pays, en l'éblouissant. — Mais le peuple, qui eut alors à supporter les malheurs de la guerre, n'en a-t-il pas conservé un profond ressentiment? — L'inimitié des habitants contre Napoléon a fait place à d'autres inimitiés. Il n'est resté pour son souvenir qu'une grande admiration... » Le duc s'en étonna. Il comprenait bien que des esprits élevés eussent pu former un pareil jugement; mais la multitude? A son avis, — et l'on conviendra que ce n'était pas celui d'un jeune homme, — la multitude devait considérer le héros « comme elle regarde un beau tableau, sans pouvoir se rendre compte de ce qui constitue son mérite (2) ». Puis, le duc aborda un sujet qui l'intéressait beaucoup aussi, c'est-à-dire des devoirs et des qualités du commandant en chef. Il en parlait avec animation, l'œil brillant, les joues en feu.

(1) *Mein Verhältniss zum Herzog von Reichstadt*, Stuttgart, 1878.
(2) Conversation de M. de Prokesch avec Montbel, p. 166. — *Le duc de Reichstadt.*

Le hasard voulut que le comte de Dietrichstein vînt à sortir un instant. Les deux interlocuteurs restèrent seuls. Aussitôt le prince saisit la main de Prokesch et lui demanda avec une confiance et une vivacité charmantes : « Parlez-moi franchement ! Ai-je quelque mérite et suis-je appelé à un grand avenir ? Ou n'y a-t-il rien en moi qui soit digne qu'on s'y arrête ? Que pensez-vous, qu'espérez-vous de mon avenir ? Qu'en sera-t-il du fils du grand Empereur ? L'Europe supportera-t-elle qu'il occupe une position indépendante quelconque ? » Cette fois, c'était bien le fils de Napoléon qui parlait. C'en était fait du duc de Parme, du duc de Reichstadt et des autres titres étrangers dont on l'avait affublé. L'adolescent timide avait disparu. Nul, excepté Prokesch, ne l'avait encore compris. A la Cour, on le jugeait froid et taciturne. Ne se sachant pas deviné, il semblait élever de lui-même des barrières autour de ses idées. Il avait fallu qu'il rencontrât un véritable ami pour qu'il lui ouvrît son âme. Sans doute, il avait dit plus d'une fois à l'Empereur, son grand-père, le seul auquel il voulût bien se confier : « Comment concilier mes devoirs de Français avec mes devoirs d'Autrichien ? » Mais jamais il ne s'était exprimé avec la candeur, avec l'effusion qu'il venait de témoigner à Prokesch.

On a vu le combat qui se livrait dans son esprit. Fallait-il qu'il se prononçât un jour entre sa patrie réelle et sa patrie d'adoption ? « Si la France m'appelait, ajoutait-il, non pas la France de l'anarchie, mais celle qui a foi dans le principe impérial, j'accourrais, et, si l'Europe essayait de me chasser du trône de mon père, je tirerais l'épée contre l'Europe entière (1). Mais y a-t-il aujourd'hui une France impériale ? Je l'ignore. » On lui cachait les nouvelles extérieures. Il savait bien cependant qu'il y avait eu quelques manifestations ; mais fallait-il compter là-dessus ? « Des révolutions aussi

(1) « La France et l'Autriche, dit-il plus tard au duc de Raguse, pouvaient un jour être alliées et leurs armées combattre l'une à côté de l'autre. Ce n'est pas contre la France que je puis et dois faire la guerre. Un ordre de mon père l'a défendu, et jamais je ne l'enfreindrai. Mon cœur me le défend aussi, de même qu'une bonne et sage politique. » (*Mémoires de Marmont*, t. VIII.)

graves méritent et exigent des bases plus solides. » Il l'avait dit un jour devant Metternich lui-même : « Je manquerais aux devoirs que m'impose la mémoire de mon père, si je devenais le jouet des factions et l'instrument des intrigues... Jamais le fils de Napoléon ne pourra consentir à descendre au rôle méprisable d'un aventurier (1). » Puis, examinant le cas où il ne pourrait pas rentrer en France, il voulait devenir pour l'Autriche un autre prince Eugène. Cependant, il ne cachait point que l'Autriche avait méconnu son père et méconnu ses intérêts à elle. En l'abandonnant, elle avait, suivant lui, fait le jeu des Russes. Prokesch lui répondit : « Vous avez un noble but devant vous. L'Autriche est devenue votre patrie d'adoption. Vous pouvez, par vos talents, vous préparer à lui rendre dans l'avenir d'immenses services. — Je le sens comme vous, répondit-il. Mes idées ne doivent pas se porter à troubler la France... Ce serait déjà pour moi le but d'une assez noble ambition que de m'efforcer de marcher un jour sur les traces du prince Eugène de Savoie ; mais comment me préparer à un si grand rôle (2)?... Je désire pouvoir trouver autour de moi des hommes dont les talents et l'expérience me facilitent le moyen de fournir, s'il est possible, cette honorable carrière. » Puis fixant Prokesch il s'écria : « Ah ! si vous restiez auprès de moi !... Mais devant vous s'ouvre une voie semée de riantes perspectives, capable de vous tenter ! » Prokesch le rassura en lui disant : « Nous parlerons de cela plus tard. » Et ils se séparèrent après s'être embrassés (3).

Ces deux entretiens montrent dans le duc de Reichstadt un

---

(1) MONTBEL, p. 152. — Voir aussi PROKESCH-OSTEN.

(2) Il ne faut pas oublier que le prince Eugène de Savoie-Carignan avait demandé à Louis XIV de servir la France. Après le refus du Roi, il s'offrit en 1683 à l'Autriche, qui eut l'intelligence de l'accepter. Dès 1687, il était feld-maréchal général, puis président du conseil aulique de la guerre. Plus tard, Louis XIV lui fit offrir inutilement le bâton de maréchal. Ses victoires à Zentha, Carpi, Chiari, Luzzara, Hochstedt, Oudenarde, Malplaquet, Peterwardein, Belgrade, sont assez connues. Il rencontra dans le maréchal de Villars un adversaire redoutable. Le prince Eugène, dont l'audace et le coup d'œil sont demeurés légendaires, était un de ces guerriers qui devaient passionner la nature ardente et chevaleresque du fils de Napoléon.

(3) *Mémoire de Prokesch-Osten*, p. 22, et MONTBEL, p. 168.

prince que l'on n'a pas connu. Le poème du *Fils de l'Homme* avait fait croire à la France et à l'Europe que le fils de Napoléon était étiolé, que son intelligence était faible ou abrutie. On voit, d'après ce qui précède, combien cela était faux. On avait dit aussi — on le répète encore aujourd'hui — que son instruction était nulle. Or, l'esprit, le jugement et les connaissances du prince avaient immédiatement frappé Prokesch. Plus d'une fois le duc de Reichstadt avait lu ces méchancetés et ces calomnies dans les journaux étrangers, et il en avait souffert. Puis, il s'était juré de donner un démenti formel à la triste réputation que des pamphlétaires ennemis avaient osé lui faire, et il avait redoublé de travail et d'énergie (1). Il se serait fait tuer pour défendre la mémoire de son père. « Il aimait son père, il l'adorait, dit une autre relation de Prokesch écrite après la mort du prince (2). Il étudiait en lui l'histoire entière, le passé, le présent et l'avenir. A cet amour passionné pour Napoléon il ajoutait une réelle affection pour son grand-père. Le combat long et acharné qu'ils se livrèrent tous deux, et la chute de l'un causée par l'autre, n'égarèrent pas ses sentiments. Il vit cela et adora la main toute-puissante qui conduit les rois et anéantit les peuples et les empires. » Mais Prokesch ajoutait : « Il alliait ainsi dans son cœur deux éléments opposés dont le choc, selon ma conviction, hâta puissamment sa mort. » Ce n'était donc pas un énervé, un indifférent que ce jeune homme à l'âme ardente, au cœur franc et clair comme la lame d'une épée. Sa fougue, sa vivacité d'esprit, son enthousiasme devant les grandes pensées et les grands devoirs, ses réflexions profondes sur les importantes questions militaires et politiques, sur l'état des divers empires, leurs forces, leurs ressources, leurs tendances et leurs relations, ses connaissances étendues en histoire et en géographie, en philosophie et en littérature, en statistique et en art

(1) Les bruits les plus mensongers coururent sur lui. On en trouvera un exemple dans une *Pièce historique sur le roi de Rome*, 1830, in-8°.
(2) *Lettre sur la mort du duc de Reichstadt par un de ses amis,* traduite de l'allemand par Bastien (de Luisbourg en Wurtemberg), Paris, 1833, in-8°.

militaire, en mathématiques et en langues étrangères, tout cela prouvait suffisamment qu'il était un des jeunes princes les plus instruits de son époque. Il avait, en effet, su tirer profit des nombreuses leçons qu'on lui avait libéralement données. De plus, quoiqu'il eût été éloigné de son pays dès l'âge de quatre ans, quoiqu'il eût été séparé des compatriotes qu'il aimait et que son instruction eût été faite par des maîtres autrichiens, il était entièrement resté Français. Ceux qui lui reprochaient d'avoir été élevé par Metternich au milieu de tous les préjugés qui devaient lui rendre la France odieuse et de partager ces préjugés, ceux-là mentaient ou se trompaient. S'il avait un air mélancolique qui surprenait tous ceux qui l'apercevaient, c'est que son intelligence avait été assez précoce pour comprendre les malheurs qui, dès l'enfance, avaient fondu sur lui. Le premier des trônes de l'Europe renversé après des luttes gigantesques, le plus glorieux des pères mort en captivité, une mère faible et coupable, une patrie si éloignée de lui qu'il osait à peine espérer la revoir, mille obstacles suscités entre lui et ceux qui auraient pu lui parler de cette France toujours si aimée, le souci poignant d'une destinée inquiète, exposée aux contradictions et aux périls de tout genre, comment veut-on qu'avec des pensées et des préoccupations aussi sévères, la pâleur et les soucis ne se fussent point gravés sur son front? Il est inutile d'aller chercher ailleurs d'autres explications. Celles-là suffisent. « Avec un calme au-dessus de son âge et une impartialité au-dessus de sa position, dit encore Prokesch, il suivait la lutte des partis dans les journaux et les brochures qu'il lisait avec avidité, et il assignait à chacun le temps de sa durée et le terme de ses intrigues. »

Le prince concluait de cet état de choses « qu'il devait prendre pour règle de se préparer sans repos et sans relâche ». Aussi, sans s'adonner aux plaisirs de son âge, sauf aux exercices militaires et à l'équitation, le fils de Napoléon se préoccupait avec ardeur, à dix-neuf ans, de son avenir (1). Il savait

(1) Voir la *Lettre sur la mort du duc de Reichstadt par un de ses amis*.

qu'il avait à remplir une très haute destinée, et il y consacrait tous ses efforts, lisant, étudiant, méditant... Qu'on s'étonne, après cela, si son air grave a frappé ses contemporains ! Mais telle est la légèreté et la médisance des Cours qu'on attribuait à la faiblesse constitutionnelle de sa nature ou à des plaisirs excessifs ce qui n'était que le résultat de ses labeurs et de ses préoccupations. « Une anxiété sans pareille, continue son ami, le tourmentait au milieu des rêves si pardonnables d'un avenir de gloire. Il jetait un regard sur lui-même, sur sa jeunesse, sur son inexpérience. Il tremblait que le temps ne pût le porter à la tête des affaires avant de l'avoir mûri. » C'est pourquoi il s'efforçait fiévreusement de combler toutes les lacunes de son instruction. Il lisait les campagnes des grands généraux ; il allait apprendre les manœuvres sur le terrain ; il augmentait ses connaissances en histoire (1). Il étudiait « tout ce qui paraissait de nature à le préparer à une grande mission dans le monde ». Il n'était pas de ces princes qui n'attendent que du hasard ou de l'intrigue le succès de leurs espérances. Il voulait gagner, il voulait mériter amplement le trône qu'il ambitionnait, et il se tenait prêt. « Dans ses études il ne laissait rien échapper de tout ce qui avait rapport à l'art de la guerre sans l'approfondir. » Il aimait la guerre en elle-même, non point pour la fièvre des combats, l'aiguillon des périls, la passion de l'orgueil et de la gloire. Il la considérait comme un fléau nécessaire, mais aussi comme propre à révéler les hommes, leur sang-froid, leur capacité, leur vaillance (2). Il s'était imposé une tâche difficile,

---

(1) « Dans chaque science l'histoire était pour lui la partie la plus essenielle, et son impatience l'entraînait du sujet de la science à l'esprit de cette science. L'histoire n'était pas seulement pour lui la science des faits, mais celle de l'esprit, des peuples et des individus. » (*Lettre sur la mort du duc de Reichstadt.*)

(2) « La guerre est une institution de Dieu. En elle les plus nobles vertus trouvent leur épanouissement. Sans la guerre, le monde se perdrait dans le matérialisme. » Le feld-maréchal de Moltke, qui a dit cela, s'inspirait de la parole saisissante de J. de Maistre : « Lorsque l'âme humaine a perdu son ressort par la mollesse, l'incrédulité et les vices gangréneux qui sont l'excès de la civilisation, elle ne peut être retrempée que dans le sang. »

et ce détail précis étonnera bien ceux qui ne connaissent de lui que son nom : l'histoire stratégique des campagnes de son père. Il avait commencé à la travailler avec le plus grand soin ; « mais, comme nous l'apprend Proskesch lui-même, il ne voulait la publier que lorsqu'il en serait assez content pour pouvoir la mettre au jour, sans s'exposer aux reproches de présomption et de plagiat (1) ». Une troisième entrevue avec Prokesch succéda peu de jours après aux deux premières. Le comte de Dietrichstein, qui eût voulu trouver en Prokesch un appui pour réformer le caractère impétueux du jeune prince, était venu se plaindre de l'obstination de son élève à préférer l'art militaire à toute autre étude. Il paraît, entre autres, que le duc de Reichstadt s'amusait à arranger l'orthographe allemande à sa fantaisie. C'était une petite vengeance de sa part contre une langue qu'il avait plutôt subie qu'aimée. Mais cette offense à la langue allemande semblait au comte un véritable acte de rébellion. Prokesch en parla au jeune prince, qui sourit et promit de ne plus taquiner son gouverneur. Il le considérait comme un excellent homme, incapable toutefois d'apprécier les pensées et les désirs qui le tourmentaient. Dietrichstein eût bien voulu favoriser l'ambition de son élève, mais il redoutait fort M. de Metternich, et la crainte de déplaire au puissant chancelier l'emportait sur ses bonnes intentions (2).

Le duc de Reichstadt parlait souvent au chevalier de Prokesch de son attachement pour son grand-père, car il en recevait des consolations et quelques bons conseils. Il s'exprimait avec autant de franchise sur la Cour, dont il appréciait peu les manières et l'esprit. Le duc était du petit nombre de ceux

---

(1) *Lettre sur la mort du duc de Reichstadt.*
(2) Après avoir quitté le service militaire en 1800, le comte de Dietrichstein s'était adonné aux lettres. Chambellan, puis conseiller intime de l'Empereur, intendant de la chapelle de la Cour, chargé de la direction des théâtres, il avait renoncé en 1826 à ces diverses fonctions pour devenir directeur de la Bibliothèque impériale. Le comte de Dietrichstein se sépara du duc de Reichstadt au mois de mai 1832 et fut nommé, en récompense de ses bons services, grand'-croix de l'ordre de Léopold.

qui savent apprécier les qualités d'un homme, sans être aveuglé sur ses défauts. Parmi les rares personnes qu'il estimait, il plaçait au premier rang l'archiduc Jean. Prokesch ne dit pas si le prince, dans ses diverses confidences, l'entretint jamais du comte de Neipperg. Il est vrai que le chevalier a déclaré que les aveux intimes du prince étaient la propriété de son cœur et que, se regardant comme un confesseur, il ne les révélerait pas. On ne peut donc qu'estimer une pareille réserve. Quant à sa famille, à ses oncles et tantes, le duc de Reichstadt comptait peu sur leur dévouement. Il avait plus de confiance, une confiance résolue, dans la bonté de sa cause, et il croyait certainement qu'elle finirait par s'imposer, comme une nécessité, à la France et à l'Europe. Il voulait savoir — et c'était chez lui une sorte d'impatience fébrile — ce que pensait alors cette Europe de la France et de son gouvernement. On était à la veille de la chute de Charles X, et quoique le chevalier de Prokesch la considérât comme inévitable, il ne soupçonnait pas qu'elle serait aussi rapide. Il dit cependant au duc qu'un changement de gouvernement lui paraissait probable tôt ou tard, mais qu'il serait précédé par une période anarchique. Que sortirait-il de ces troubles? Peut-être la restauration de l'Empire. Il n'osait toutefois l'affirmer. Mais, en sage conseiller, il invitait le prince à se préparer à toutes les éventualités, à se rendre compte de la situation exacte des différentes puissances, à faire valoir sa personne dans l'armée, dans le monde et parmi les diplomates, à s'éclairer sur l'état réel de la France et sur l'histoire exacte de son père. Aussitôt le duc de Reichstadt lui montra sa bibliothèque personnelle, qui comptait déjà plusieurs centaines de volumes d'œuvres historiques et de Mémoires sur Napoléon, ainsi que sur les guerres de la République, du Consulat et de l'Empire. Il tenait cette précieuse bibliothèque au courant, et il convient de répéter qu'à cet égard il n'avait trouvé aucun obstacle. « Son père était l'axe du monde de ses pensées. L'œil fixé sur le portrait peint par Gérard, il réfléchissait souvent pendant des heures entières sur les événements présents et il s'efforçait de les déduire du passé (1)... »

Prokesch lui promit de compléter ses réflexions par les siennes, de le traiter en tout comme un ami dévoué. Il l'engagea à ne concevoir que des désirs réalisables, mais à ne les perdre jamais de vue. Ces paroles ravirent le prince à tel point qu'il appela Prokesch son « Posa ». Le duc de Reichstadt faisait ainsi allusion à la tragédie de Schiller, *Don Carlos*, et à la scène fameuse où le prince dit au marquis de Posa : « Laisse-moi pleurer, pleurer sur ton cœur des larmes brûlantes, mon unique ami ! Je n'ai personne, personne... sur cette grande et vaste terre, personne ! Aussi loin que s'étend la domination de mon père, aussi loin que les navires portent notre pavillon, il n'est aucune place, aucune, où je puisse me soulager de mes larmes, aucune, hors celle-ci. (*Il se jette sur sa poitrine.*) Oh ! Rodrigue, par tout ce que nous espérons un jour dans le ciel, ne me bannis pas de cette place ! Persuade-toi que je suis un orphelin que ta compassion a recueilli auprès d'un trône ! Car enfin je ne sais pas ce que signifie le mot *père*... et je suis fils de roi !... » Ces plaintes avaient frappé le prince, car il avait aussitôt découvert entre le héros de Schiller et lui une étrange ressemblance. « Je serai votre Posa, répondit Prokesch, à la condition que vous n'imiterez pas don Carlos ; je le serai pour toute votre vie et, je l'espère, pour une vie glorieuse. » Le duc attendri se jeta dans ses bras, et, dès cette heure, leur affection fut scellée comme par un pacte solennel.

Le lendemain, le duc fit rappeler le chevalier de Prokesch, parce que l'Empereur allait quitter Gratz avec lui. Il raconta à son ami qu'il avait après son départ, et pendant plusieurs heures, lu des pages de Plutarque et de César. Il paraissait avoir envisagé si nettement sa situation que Prokesch, se rappelant qu'il avait plusieurs fois émis la pensée de devenir un autre prince Eugène, lui conseilla encore une fois de se dévouer aux intérêts de sa seconde patrie. L'Autriche n'avait suscité partout que des indifférences ou des hostilités. A la mort

---

(1) *Lettre sur la mort du duc de Reichstadt.*

de François II, des temps difficiles pourraient surgir, et l'occasion ne manquerait pas pour le jeune prince de se distinguer. Le duc lui répondit que s'il voulait marcher sur les traces du prince Eugène, c'était pour qu'on lui ouvrît la carrière des armes, la seule qui convînt au fils de Napoléon. Si jamais il acquérait quelque gloire militaire, il aurait fait un pas de plus vers le trône de France, et, une fois assis sur ce trône, il pourrait prêter à son pays adoptif un appui autrement efficace. Donc, pour l'instant, il fallait qu'il devînt capable de commander une armée. « Je ne négligerai rien, ajouta-t-il gravement, rien de ce qui peut conduire à ce but. On n'apprend pas la guerre dans les livres, dit-on ; mais est-ce que toute conception stratégique n'est pas un modèle propre à éveiller les idées? Est-ce que chaque résolution à laquelle s'arrête un grand capitaine dans une situation critique n'est pas un enseignement? Est-ce qu'en se familiarisant avec les récits historiques on n'établit pas des rapports réels et vivants non seulement avec les écrivains, mais avec les acteurs mêmes du drame de l'histoire (1)? » Telles étaient les pensées sérieuses qui agitaient ce cerveau impressionnable. Si les partisans du fils de Napoléon avaient pu le connaître et savoir quel homme était déjà ce jeune prince de dix-neuf ans, ils auraient eu plus de confiance en sa cause et son avenir. Mais M. de Metternich veillait. Il empêchait toutes relations du prince avec le dehors. Il s'opposait froidement à ses désirs comme à ses rêves.

Le bruit s'était répandu à ce moment que la Pologne était prête à se soulever. Le duc de Reichstadt, lisant cette nouvelle dans un journal, s'écria aussitôt : « Si la guerre générale vient à éclater, si la perspective de régner en France s'évanouit pour moi, si nous sommes appelés à voir surgir du sein de ce cataclysme l'unité de la Pologne, je voudrais qu'elle m'appelât. Il serait temps encore de réparer une des plus grandes iniquités du passé. » Le fils de Napoléon se rap-

---

(1) Voir *Mémoire de Prokesch*.

pelait alors la faute de son père engageant une guerre formidable avec la Russie pour le seul prétexte d'une ambition impossible à assouvir, alors que la cause de la reconstitution de la Pologne l'eût rendue légitime et peut-être victorieuse (1). Tout en faisant la part d'un enthousiasme juvénile, Prokesch se garda bien de décourager son jeune ami. Il trouvait, au contraire, dans cette hypothèse le moyen naturel de développer ses facultés et de grandir encore son caractère. Lorsque la Pologne se fut soulevée, le duc se sentit plus que jamais désireux d'aller l'aider en personne. « Il aimait ce peuple, affirme Prokesch, pour ses qualités militaires et pour l'attachement dont il avait fait preuve envers son père. Il aurait accompli des prodiges de valeur à la tête de ce peuple... Chaque nouvel orage qui menaçait d'éclater en Orient et en Occident, venait soulever dans son âme mille flots tumultueux. » Mais il était obligé devant son entourage de dissimuler ses impressions. Il avait heureusement un grand empire sur lui-même. « Sur son beau et pâle visage, aucun homme ne lut quoi que ce fût des tempêtes qui bouleversaient son cœur, mais nous n'étions pas plus tôt seuls qu'il ouvrait les journaux pour y lire le récit des efforts que tentait la Pologne. Puis il regardait en frémissant les quatre murs de sa chambre. Souvent aussi, dans un accès de désespoir, il se laissait tomber sur un canapé, maudissant la situation et les ténèbres impénétrables de l'avenir (2)... » Il aurait alors perdu toute confiance en lui-même, si Prokesch ne fût venu à son secours et ne l'eût réconforté par d'énergiques conseils. Les deux amis devaient se séparer bientôt, mais pour quelque temps seulement. Le duc allait suivre son grand-père à Vienne; Prokesch se rendait en Suisse, avec le dessein de re-

---

(1) Voir *Napoléon et Alexandre I*^{er}, par le comte Albert VANDAL, t. III. — Voir une note sur *Caulaincourt et Napoléon*, publiée par moi dans la *Revue des Études historiques*, 1896, fasc. I.

(2) Vers la fin de l'année 1831, les chefs de l'insurrection polonaise, qui avaient pensé au fils de Napoléon, se tournèrent vers son cousin, Louis-Napoléon, celui qui devait être Napoléon III, et lui offrirent le commandement de leur légion. Le prince acceptait et allait partir, quand il apprit la défaite de Varsovie.

venir ensuite au château de Kœnigswart, où Metternich lui avait donné rendez-vous. Il offrit en signe d'affection à son jeune ami une belle médaille antique d'Alexandre le Grand qu'il avait rapportée de son voyage en Grèce. Le jeune prince la suspendit à son cou, comme s'il se fût agi d'une médaille bénite. C'est qu'elle était pour lui la marque heureuse de sa première et de sa plus précieuse amitié.

CHAPITRE XVI

LE DUC DE REICHSTADT ET LA RÉVOLUTION DE 1830.

Ce fut à Zurich, le 1ᵉʳ août 1830, que le chevalier Prokesch apprit la chute du gouvernement de Charles X. Il crut un moment que les puissances allaient ramener le Roi sur le trône, comme elles l'avaient fait pour Louis XVIII, en 1814 et en 1815. Puis il songea — et il ne se trompait pas — qu'elles pourraient bien, de crainte d'une trop grande agitation en France, laisser à ce pays le soin de choisir lui-même son souverain. En Suisse, il entendit pour la première fois prononcer le nom du duc d'Orléans. A son retour, et passant par l'Allemagne, il recueillit des vœux assez nombreux en faveur du fils de Napoléon. Après tout, l'Europe ne pouvait faire une grande opposition à ce prétendant qui paraissait plus que tout autre attaché à l'Autriche et présenter plus de garanties que de dangers. Metternich était revenu précipitamment de Kœnigswart à Vienne. L'un de ses premiers soins avait été de rayer le nom de Prokesch de la liste présentée par le duc de Reichstadt pour former sa maison militaire. Prokesch s'en étonna. Il devait en savoir un peu plus tard la raison par le chancelier lui-même. A la prière du duc, Gentz intervint auprès de Metternich. Celui-ci refusa formellement de l'écouter, parce que Prokesch « mettait dans la cervelle du jeune prince des projets trop vastes ». Marie-Louise avait, à la demande de son fils, fait également une démarche dans ce sens. Elle avait subi le même échec.

Le général Belliard vint à la fin d'août à Vienne, en qualité d'ambassadeur extraordinaire, notifier à l'Autriche l'avènement de Louis-Philippe. Quelques jours après, il désira voir le duc de Reichstadt, mais le prince de Metternich lui objecta un refus poli (1). Quelle était la raison de cette attitude ? La voici, telle que Metternich l'expliqua, après la mort du prince, à Prokesch lui-même : « Figurez-vous, lui dit-il, que le général Belliard étant venu à Vienne pour me notifier l'avènement de Louis-Philippe, — et lui et moi étant assis autour d'une petite table dans mon cabinet de travail, — j'avais dans le tiroir de cette même petite table, sans qu'il s'en doutât, l'original de la pièce qui avait été signée par lui, par le maréchal Maison, par le commandant de Strasbourg, par tous les généraux enfin, sous les ordres desquels étaient les troupes échelonnées sur toute la ligne jusqu'à Paris, document par lequel les conjurés s'engageaient à conduire le duc de Reichstadt en triomphe à Paris (2). » Metternich aurait ajouté que cette pièce confidentielle lui était parvenue par le duc d'Otrante, qui avait entrepris de le décider à faciliter l'évasion du duc et qui avait juré de le faire parvenir sain et sauf à Strasbourg. Comment Fouché, qui était mort le 25 décembre 1820, aurait-il pu communiquer cette pièce en 1830 à Metternich ? Il y a là certainement une erreur commise par Prokesch dans la reproduction des paroles de Metternich. Il a dû, sans doute, faire une confusion avec le fils de Fouché, le comte Athanase d'Otrante, alors secrétaire à la légation de Suède, qui était venu à Vienne dans l'intention de seconder la cause de Napoléon II et qui paraissait être le porte-parole de Joseph Bonaparte en cette occasion (3). Toujours est-il que Metternich dit plus tard à Prokesch : « On me pressa d'abord afin d'avoir par écrit l'assentiment du duc, et voyant que je ne cédais pas, on me menaça de la République. Si je vous avais, à ce moment, mis dans le secret, vous vous seriez enfui

---

(1) « On a agi sagement, dit peu de temps après le duc à Prokesch. Que pouvait avoir à faire avec moi l'ambassadeur extraordinaire de Louis-Philippe ? Voulait-il me demander mon adhésion à ce qui vient de se passer en France ? »
(2) *Mes relations avec le duc de Reichstadt*, p. 46 et 153.
(3) *Mémoires de Metternich*, t. V, p. 161.

avec le duc et, l'un et l'autre, vous auriez couru à votre perte, car ceux qui contrecarraient les projets napoléoniens étaient positivement les plus forts. Mais vous auriez placé l'Autriche dans une situation des plus compromettantes vis-à-vis de l'Angleterre, de la Russie et de la Prusse... » Prokesch fut contraint d'avouer que, si l'occasion de fuir s'était présentée, la prudence eût eu peu de part dans leurs décisions.

Il convient de résumer ici en quelques lignes la politique de M. de Metternich à cette époque. Le prince avait une terreur et une haine profondes de la propagande révolutionnaire ; c'est à sa répression qu'il consacrait toutes ses pensées et tous ses efforts. Il avait mal reçu l'envoyé extraordinaire de Louis-Philippe, regrettant hautement avec François II « les tristes catastrophes de la fin de Juillet » et jugeant le régime nouveau incapable de ramener la paix en France et de maintenir la paix en Europe. Puis après avoir, pour ainsi dire, admonesté le général Belliard, il faisait poliment écrire au roi Louis-Philippe que François II désirait la stabilité et la prospérité de son règne. Ceci ne l'empêchait pas de dire, quatre jours après, à Appony, qu'il y avait « incompatibilité entre le nouveau gouvernement et le repos de l'Europe ». Un moment même, il pensa à l'intervention des puissances, puis il la réduisit à la déclaration d'une solidarité commune et morale contre l'anarchie, contre l'esprit de révolte qui menaçait particulièrement l'Autriche. Dans les premiers jours qui suivirent la révolution de 1830, il aurait désiré s'unir plus étroitement avec la Russie, sans partager, cependant, l'état d'irritation de Nicolas, qui ne voulait pas reconnaître le nouveau roi des Français. Au fond, Metternich était satisfait de la tension subite des rapports entre la Russie et la France, car il avait redouté, peu de mois auparavant, une alliance très probable entre l'empire russe et la monarchie de Charles X. Il affectait, malgré ses craintes pour le repos de la vieille Europe, une sérénité et une impartialité absolues. Il avait un autre dessein qu'il comptait accomplir à l'occasion : effrayer le gouvernement de Juillet et le tenir en respect avec le duc de Reichstadt qu'il ferait tout à coup apparaître à la frontière, si la Révolution relevait jamais sa tête hideuse. Il laissait entendre, en effet, qu'il se rendrait aux désirs des bonapartistes, plutôt que de tolérer la chute du pouvoir dans les mains des anarchistes ou dans celles d'un roi disposé à reprendre l'ancienne politique de conquêtes et de propagande. Ayant, en effet, la bonne fortune de garder en otage un dangereux prétendant, il n'était pas fâché de faire savoir de temps à autre qu'il oserait s'en servir. Il n'ignorait pas que les bonapartistes, alliés aux révolutionnaires, ne perdaient pas une minute pour agir contre la monarchie de Juillet et s'apprêtaient à de plus rudes attaques. Sa politique cauteleuse pouvait se résumer ainsi : persuader à Louis-Philippe qu'il faisait des vœux pour sa stabilité et sa prospérité ; laisser également croire à Charles X qu'il désirait le rétablissement de la monarchie légitime avec le duc de Bordeaux ; faire entendre, enfin, aux partisans du duc de Reichstadt qu'à l'occasion il saurait prendre en main les droits du jeune prince (1). Tant de ruses, qui eussent été dignes d'un Fouché, lui donnaient en apparence une valeur supérieure à celle des politiques de son temps. Or, les hommes qui avaient intérêt à lui maintenir cette réputation étaient ceux-là « qui admettaient, comme l'a si bien dit lord Holland, cette maxime avilissante que le mépris de la vérité est utile et nécessaire dans le gouvernement des hommes ».

La situation en Europe était, à cette date, singulièrement troublée. La Russie, redoutée de tous, convoitait le Bosphore ; l'Autriche craignait l'explosion de l'esprit révolutionnaire en Italie ; la Prusse s'inquiétait pour ses provinces de la rive gauche du Rhin, qui subissaient mal sa domination ; l'Angleterre, qui traversait une crise très grave en raison de sa

---

(1) D'après le maréchal de Castellane, François II aurait dit au général Belliard : « Charles X a mérité son sort, puisqu'il a manqué à sa parole. *Le petit Napoléon est un jeune homme distingué.* Je sais bien que je pourrais, avec lui, faire du mal au roi Louis-Philippe, mais pareille chose est loin de ma pensée. Je l'ai élevé comme étranger à la France. » (5 novembre 1830. — *Journal du maréchal*, t. II.) Ces affirmations, faites sur ce ton, paraissent peu exactes.

situation économique, se défiait des projets de la Russie ; l'Italie et la Belgique aspiraient à leur indépendance ; l'Espagne et le Portugal étaient en proie à des agitations sérieuses ; la Pologne et l'Irlande étaient prêtes à se soulever contre leurs oppresseurs. La révolution, qui venait d'éclater en France, pouvait donc, à un moment donné, embraser toute l'Europe.

Lorsque Prokesch revit le duc de Reichstadt, à son retour de Suisse, il le trouva en compagnie du capitaine Foresti et se borna devant lui à quelques termes d'une politesse aimable. Le comte de Dietrichstein, qui survint, se plaignit du choix des personnes qui allaient composer la maison militaire du prince et qui devaient être le général comte Hartmann, le capitaine baron de Moll et le capitaine Standeiski. C'étaient des officiers fort honorables sans doute, mais dont le caractère froid devait fort peu sympathiser avec celui du duc de Reichstadt. Le prince savait que Metternich avait rayé Prokesch en disant : « Celui-là, non ; j'en ai besoin pour moi-même », et avait pris trois personnes au hasard, sans s'inquiéter si elles plairaient. Enfin, Prokesch resta seul avec le duc, qui se jeta aussitôt dans ses bras et l'entretint de l'événement du jour, c'est-à-dire de la révolution survenue en France. « Répondez, dit-il, à cette question qui est pour moi d'une importance capitale : Que pense-t-on de moi dans le monde ?... Me reconnaît-on dans cette caricature que font de moi tant de feuilles, qui s'évertuent à me représenter comme un être à l'intelligence étiolée et comme estropié à dessein par l'éducation ? » Son ami le tranquillisa. Ceux qui le voyaient — et ils étaient nombreux — pouvaient-ils croire à des fables pareilles ?... En Suisse, d'ailleurs, beaucoup de personnes avaient parlé de lui avec sympathie. Ainsi, le célèbre historien Rotteck lui avait affirmé à Fribourg en Brisgau que, dans sa conviction, le duc de Reischstadt était l'unique gage de stabilité pour la France et de paix pour l'Europe.

Le duc, qui l'avait écouté avec plaisir, revint bientôt à ses doutes amers. « Tel que vous me voyez aujourd'hui, disait-il, suis-je digne du trône de mon père ? Suis-je capable de repousser loin de moi la flatterie, l'intrigue, le mensonge ? Suis-je capable d'agir ? » Prokesch lui fit comprendre que, malgré le peu de durée probable du règne de Louis-Philippe, il aurait cependant assez de temps devant lui pour envisager paisiblement les éventualités futures. Alors, revenant à la question de sa maison militaire, le prince s'écria avec tristesse : « Je ne vous aurai pas près de moi. Metternich l'a refusé à ma mère... » Puis, avec une résolution subite et se redressant : « Mais un temps viendra où il faudra aussi compter avec ma volonté ! » Son grand-père avait parlé de l'envoyer avec sa maison militaire à Prague. Ce projet lui plaisait. « Il faut, disait-il, que je voie et que je sois vu. » Prokesch lui fit observer que Prague n'était pas aussi fréquenté que Vienne, et qu'il valait mieux pour lui demeurer dans cette capitale. Il lui conseillait, avec l'autorisation de l'Empereur, de fréquenter les cercles diplomatiques et les salons, de recevoir chez lui les hommes les plus distingués de la Cour, les sommités de l'armée, des lettres et des sciences. Prokesch aurait voulu surtout étendre la sphère d'action militaire du prince. Il en parla à Gentz et fit l'éloge des aptitudes de son jeune et noble ami. Il essaya même d'agir en ce sens sur l'esprit du prince de Metternich. Mais celui-ci ne parut pas comprendre. Il prit un air glacial devant les propositions de Prokesch et, après quelques paroles banales, changea presque immédiatement de sujet. Sans craindre de froisser le chancelier, ni de se créer à lui-même des difficultés, Prokesch résolut de s'attacher ouvertement au duc de Reichstadt et continua ses visites, au su et au vu de tous. Lorsque Prokesch voulut savoir plus tard de Metternich la raison de son attitude si étrange à son égard, celui-ci lui répondit : « Comme je vous connais et comme je connaissais le duc, je voyais dans vos relations un danger pour vous et pour lui. Je ne vous croyais assez forts, ni l'un ni l'autre, pour résister à des tentations qui étaient soutenues par l'Empereur lui-même. Je ne voulais pas, tandis que je prêtais l'oreille à vos confidences et que je vous en faisais moi-même, vous placer dans la fausse position d'un homme qui, tout en m'étant dévoué, n'en aimait pas moins sincèrement le duc. »

Au mois d'août 1830, Prokesch ne soupçonnait donc pas les vrais motifs de la conduite si réservée de Metternich à son égard, et, décidé à se dévouer corps et âme au fils de Napoléon, il faisait semblant de ne point s'apercevoir de sa froideur. Ni lui ni le duc ne savaient alors qu'un parti assez puissant, représenté par des maréchaux comme Maison et Marmont et par des généraux comme Belliard et autres était prêt à aider la cause du duc de Reichstadt. Ils ignoraient qu'on avait affiché à Paris des placards où l'on réclamait le retour de Napoléon II; où l'on disait que cet enfant de Paris « était le chef de la grande nation, son premier citoyen, et qu'avec lui la France redeviendrait invincible ».

Le culte de Napoléon s'était maintenu après la mort de l'Empereur à Sainte-Hélène, et sa fin tragique avait profondément ému les esprits. Les bonapartistes avaient tiré parti de cet événement, et, grâce à leur zèle et à leur propagande, l'image de Napoléon se trouvait dans la chaumière du paysan, comme dans la mansarde de l'ouvrier. Ils s'étaient alliés aux libéraux et aux républicains pour attaquer la Restauration avec les fastes de l'Empire; unis dans le même assaut contre la monarchie légitime, ils avaient pris une part décisive aux journées de Juillet. Le préfet de police, Gisquet, a dit alors que si le duc de Reichstadt avait pu agir, il aurait facilement rallié les débris échappés aux désastres de l'Empire. Il savait que les bonapartistes, même sans la coopération du prince, avaient associé à leurs intrigues des officiers supérieurs et des réfugiés politiques, formé des comités, agité les diverses classes de la population, secondé les moindres actes d'hostilité contre le gouvernement de Louis-Philippe et essayé de prouver que le respect du nouveau roi pour la mémoire de Napoléon n'était qu'un artifice politique. Ils ne doutaient pas que le retour du duc de Reichstadt en France ne fût qu'une question de temps, et ils travaillaient avec ardeur à hâter cet événement (1).

Les journées de Juillet avaient inquiété Metternich, sans trop le surprendre. Au mois de juin, il n'avait pas hésité à confier à M. de Rayneval ses craintes sur la situation de la monarchie légitime. Il avait écrit à Appony : « L'entreprise d'Alger pourra réussir ; le gouvernement cependant n'en périra pas moins. » Ce n'était pas qu'il redoutât une révolution immédiate, mais l'affaiblissement du pouvoir royal amené peu à peu par l'ascendant des doctrines subversives et la licence de la presse. Toutefois, il croyait qu'il y aurait témérité à risquer ce qu'on appelait un coup d'État. Il aimait les constitutions légitimement données et loyalement pratiquées. Si jamais l'occasion s'en offrait, il protégerait la Charte, comme il protégeait tout ce qu'il trouvait régulièrement établi. Quelques mois après, la révolution de 1830 avait éclaté, et le prince de Metternich, sans penser à défendre l'ancienne Charte, ainsi qu'on l'aurait pu croire (2), se préoccupait d'étouffer l'esprit de faction et d'empêcher ses développements. Il disait à l'Empereur qu'il voulait examiner avec la Russie une base d'entente entre les membres de l'ancienne Quadruple Alliance, pour donner de l'unité à leurs résolutions prochaines. Il voyait noir. Il écrivait à Nesselrode que « la vieille Europe était au commencement de la fin » et que, dût-il périr, il saurait faire son devoir. Les troubles de Bruxelles venaient d'éclater, et, le 2 septembre, le général Belliard, qui sortait de chez Metternich, écrivait à son gouvernement qu'une manifestation de principe, dans cette circonstance, serait bonne et donnerait une grande sécurité à toutes les puissances européennes. Il espérait qu'au-

---

(1) Voir, pour plus de détails, le 1ᵉʳ volume de l'ouvrage de M. Thirria : *Napoléon III avant l'Empire*. — Librairie Plon.

(2) La Russie l'y eût aidé, car elle ne s'en cachait pas, vis-à-vis des autres puissances. Ainsi, Nesselrode avait écrit à Matusiewicz, le 19 octobre, que l'Empereur aurait vivement désiré que le cabinet de Londres se fût trouvé à même de déployer, dès à présent, des forces importantes pour concourir avec ses alliés à maintenir une combinaison à laquelle il avait si puissamment contribué en 1814 et en 1815. — Dans ses *Mémoires* récemment publiés, Nicolas Iᵉʳ appelle la révolution de Juillet « l'infâme Révolution ».

cune, même la Russie, ne voudrait montrer d'hostilité à la France. Il avait cependant été assez mal accueilli par le ministre autrichien, et ses protestations de paix et de bonne harmonie n'avaient guère été écoutées. Metternich lui avait affirmé que l'Autriche ne se mêlerait pas des affaires intérieures de la France, mais qu'elle ne souffrirait pas une ingérence de la France dans ses propres affaires. Le 4, Belliard obtenait une audience de l'Empereur à Schœnbrunn (1). Il remettait ses lettres de créance, et il croyait pouvoir écrire à Paris que, malgré les mauvaises dispositions de la Russie, le cabinet autrichien était favorablement disposé. Il affirmait que des ordres avaient été donnés pour la reconnaissance immédiate du gouvernement nouveau. Toutefois, les Autrichiens — si l'on en croit le premier secrétaire de l'ambassade française, qui était moins optimiste — s'inquiétaient de l'influence de la révolution de Juillet en Piémont, dans le duché de Modène et dans quelques parties des États du Pape, si bien que Metternich avait donné des ordres pour renforcer les troupes stationnées dans le royaume lombardo-vénitien. Mais, après l'audience impériale, le ministre autorisa les attachés de l'ambassade française à prendre la cocarde tricolore. Il laissa même entendre que la Russie reviendrait sur ses dispositions hostiles et finirait par imiter ses alliés en reconnaissant Louis-Philippe pour roi des Français.

Le 8 septembre, Metternich crut devoir dire en propres termes au général Belliard, qui se disposait à rentrer à Paris : « L'Empereur abhorre ce qui vient de se passer en France... Le sentiment profond, irrésistible de l'Empereur est que l'ordre de choses actuel en France ne peut pas durer... Que votre gouvernement se soutienne, qu'il avance sur une ligne pratique, nous ne demandons pas mieux... » Puis, d'un ton menaçant : « Jamais nous ne souffrirons d'empiétement de sa part. Il nous trouvera, nous et l'Europe, partout où il exercerait un système de propagande! » Le général Belliard protesta

(1) Metternich la lui avait fait attendre et s'en était même vanté auprès de Nesselrode. (*Mémoires*, t. V.)

de toutes ses forces contre cette supposition. Metternich voulut bien admettre alors la bonne volonté du gouvernement, mais il ne craignit pas de mettre en doute sa capacité à dompter l'anarchie menaçante (1). Il aurait même déclaré à Belliard, dès la première entrevue : « Je vous ai connu comme l'un des adhérents les plus zélés de l'homme qui, sans contredit, était le prototype du pouvoir. Or, vous qui avez connu Napoléon, croyez-vous que, placé dans la position du gouvernement actuel, il se serait cru en possession des moyens de gouverner nécessaires ? » Belliard dut être assez embarrassé pour répondre, d'autant plus qu'il avait osé offrir avec d'autres généraux de conduire le duc de Reichstadt en triomphe à Paris. Ainsi, c'est l'envoyé extraordinaire de Louis-Philippe, chargé d'annoncer l'avènement du nouveau roi, c'est lui qui faisait partie de la conjuration tentée, quelques semaines auparavant, pour proclamer Napoléon II !

La situation ne laissait pas d'être fort extraordinaire, et cette affaire jetait un singulier jour sur la disposition des esprits à cette époque. Le comte d'Otrante avait promis à Metternich que, si l'on consentait à lui donner Napoléon II, la France fournirait toutes les garanties possibles de paix et d'amitié. Les grands pouvoirs de l'État devaient être constitués de telle façon que l'autorité serait efficace et que l'anarchie disparaîtrait. Un projet de constitution impériale fût même soumis au chancelier. On y faisait résider la souveraineté dans la personne du nouvel empereur; on déclarait la religion catholique religion de l'Etat. On proposait de faire voter le budget des dépenses pour plusieurs années, afin d'enlever les finances au caprice des Assemblées; on offrait de créer des pairs héréditaires, d'étendre la capacité électorale à tous les Français jouissant des droits civils et contribuant aux charges publiques, d'interdire les travaux forcés et la mort civile pour les crimes politiques, de consacrer la liberté de la presse comme un droit, en tant qu'elle ne léserait

(1) Metternich l'avait écrit à Appony, le 12 septembre : « Rien de ce qui, dans ce moment, existe en France, ne pourra se soutenir. »

aucun intérêt général ou privé. Metternich écouta toutes ces propositions et résuma dédaigneusement son opinion sur ce projet : « C'est une feuille de papier, et rien de plus ! » D'autres émissaires du parti napoléonien étaient venus lui demander aussi de leur confier le jeune prince. « Quelles garanties donnerez-vous au duc de Reichstadt, touchant l'avenir qui l'attend? demanda-t-il. — L'amour et le courage des Français, qui élèveront un rempart autour de lui, lui fut-il répondu. — Mais six mois ne seront pas écoulés qu'il sera au bord du précipice. Faire du bonapartisme sans Bonaparte est impossible! » Et Metternich énuméra complaisamment les difficultés. Ambitions, exigences, ressentiments, haines, tout se dresserait contre le fils de l'Empereur. Ce qui avait fait réussir Napoléon, c'était son génie, la lassitude des secousses révolutionnaires, le besoin impérieux d'ordre et de sécurité. Ses victoires incomparables avaient fasciné le peuple et lui avaient donné à lui-même une confiance sans pareille. Les circonstances et les hommes l'avaient aidé. Mais aujourd'hui, quelle différence !

« Bonaparte lui-même, ajoutait Metternich, serait-il en position d'accomplir quoi que ce soit dans cette orageuse mêlée de gens dont la vanité grotesque ne laisse pas intactes, vingt-quatre heures durant, les plus hautes réputations, dans cette mêlée où tous les coryphées des partis, après avoir survécu à leur propre popularité, jettent toute renommée en pâture à la risée de la presse et où chaque acteur, salué à son entrée en scène par des acclamations, est ensuite, que ce soit justice ou effet de l'envie, sifflé à outrance? Napoléon avait reconstruit la nouvelle société avec les débris de l'ancienne. La France met sa gloire à réduire en poussière jusqu'aux débris qui jonchent son sol : c'est là sa spécialité... Les hommes supérieurs se continuent rarement dans leurs héritiers. Ils ont sur la société une grande influence, mais ils n'y sont que de rares accidents (1)... »

Il faut reconnaître qu'il y avait beaucoup de vrai dans ces

---

(1) Voir Prokesch-Osten.

appréciations. Le ministre exprimait en même temps les pensées de son maître, car François II avait dit qu'il aimait trop son petit-fils pour le livrer à des expériences hasardeuses. Toutefois l'Empereur avait voulu savoir quel effet produiraient de telles propositions sur le duc, et il lui en avait glissé quelques mots, dans une simple conversation. Le duc en fit aussitôt part à son ami. « Tout son être était comme enflammé, dit celui-ci. Ses rêves enfin prenaient corps et se changeaient en espérances... » Elles ne durèrent qu'un instant. Metternich se chargea de les dissiper. Le chancelier, ayant rencontré un jour le duc de Reichstadt à la porte de l'Empereur, l'avait invité à le venir voir. Le duc se rendit avec une certaine défiance chez lui. Il se conduisit prudemment, ne s'avançant pas trop, ne confiant point toutes ses pensées. Cependant, lorsqu'il revit Prokesch, il lui dit : « Je ne puis paraître aux yeux du monde que comme le petit-fils de mon grand-père. C'est aussi l'opinion du prince. Il faut que je cherche mon avenir dans l'armée; moi-même, je suis de cet avis. D'abord, quant à la France actuelle, on ne peut pas compter sur elle. Ensuite, il est certain que là-bas, vu mon jeune âge, il me serait impossible de me rendre maître des partis. » Il répétait ainsi les propres paroles de Metternich (1) et paraissait convaincu de leur vérité. Les doutes que le fils de Napoléon avait de lui-même et de sa valeur avaient subitement reparu. Ils allaient se dissiper en d'autres incidents.

Les partisans du régime napoléonien continuaient leurs démarches. L'un de leurs chefs, l'ex-roi d'Espagne, le prince Joseph Bonaparte, écrivait d'Amérique à l'empereur François II que, s'il lui confiait le fils de son frère, il garantissait le succès de l'entreprise. « Seul, disait-il, avec une écharpe tricolore, Napoléon II sera proclamé (2). » Il mandait en même temps à Metternich que les circonstances lui faisaient un devoir de

---

(1) Gentz avait dit à Prokesch que l'avènement du duc de Reichstadt à l'Empire serait une chose désirable pour l'Autriche, mais il avait aussitôt ajouté que jamais M. de Metternich n'y consentirait, car il redoutait avec lui une guerre générale.

(2) *Mémoires de Metternich*, t. V, p. 159.

ne rien épargner pour assurer le bien-être de la France et la tranquillité de l'Europe. « Napoléon II, rendu aux vœux des Français, affirmait-il, peut seul produire tous ces résultats. Je m'offre à lui servir de guide. Le bonheur de mon pays, la paix du monde seront les nobles buts de mon ambition. Je déclare n'en avoir pas d'autres... » Il ajoutait que Napoléon II empêcherait les ferments républicains de se développer en France, en Italie, en Espagne et en Allemagne ; enfin, que l'Autriche serait sa seule alliance de famille et de politique avec le continent. Il déclarait que les maisons d'Espagne et de Naples ne pourraient faire opposition aux vues des maisons de France et d'Autriche ainsi réunies, que l'Italie resterait dans le devoir, que la Prusse, la Russie et l'Allemagne ne s'agiteraient pas, que le nouveau roi d'Angleterre effacerait, par sa conduite, les honteux procédés de l'ancien gouvernement envers Napoléon mourant. Il se laissait aller à une sorte de lyrisme, voyant déjà les nuages, amoncelés sur la France et l'Europe, se dissiper au souffle de la raison et de la justice. Metternich le considéra comme un rêveur et ne lui répondit pas. Mais cette lettre indiquait bien l'impression produite dans le monde par la chute de Charles X et les espérances placées aussitôt sur la tête du fils de Napoléon (1).

Au moment où l'on présentait Louis-Philippe aux acclamations populaires, deux bonapartistes, Ladvocat et Dumoulin, hommes peu connus, avaient eu la pensée de proclamer Napoléon II. Dumoulin parut en uniforme d'officier d'ordonnance dans la grande salle de l'Hôtel de ville et allait crier : « Vive Napoléon II ! », lorsqu'un sieur Carbonnel le fit enfermer et garder à vue dans une pièce voisine. Thiers et Mignet avaient, paraît-il, conseillé ironiquement à Ladvocat de se hâter, car

(1) Le 18 septembre 1830, le prince Joseph avait également adressé à la Chambre des députés une lettre où il blâmait le choix du duc d'Orléans pour souverain et où il revendiquait les droits de Napoléon II. « J'ai des données positives, affirmait-il, pour savoir que Napoléon II serait digne de la France... Le fils de cet homme de la Nation peut seul réunir tous les partis dans une constitution vraiment libérale et conserver la tranquillité de l'Europe. » Aucune suite ne fut donnée à cette lettre.

la Fortune est une personne qui se livre seulement aux impatients. « Ainsi, d'une part, dit Louis Blanc qui raconte le fait, l'étalage d'un habit brodé, de l'autre une espièglerie d'enfant, c'est à cela que devait se réduire la lutte entre le parti d'Orléans et le parti impérial. Singularité historique dont le secret se trouve dans la trivialité de la plupart des ambitions humaines !... Pourtant le souvenir de l'Empereur palpitait dans le sein du peuple. Pour couronner dans le premier de sa race l'immortelle victime de Waterloo, que fallait-il? Qu'un vieux général se montrât à cheval dans les rues et criât, en tirant son sabre : « Vive Napoléon II !... » Le général Gourgaud fit en vain cette tentative. Le 29, on l'entendit protester à l'hôtel Laffitte contre la candidature du duc d'Orléans, et, dans la nuit du 29 au 30, il réunit chez lui quelques officiers pour aviser aux choses du lendemain. Il ne trouva pas les partisans qu'il espérait. « Il semble que les luttes civiles déconcertent les hommes de guerre, remarque encore Louis Blanc. Napoléon, d'ailleurs, avait amoindri toutes les âmes autour de la sienne. Le régime impérial avait allumé dans les plébéiens, qu'il élevait brusquement à la noblesse, une soif ardente de places et de distinctions. Le parti orléaniste se recruta de tous ceux à qui, pour ressusciter l'Empire, il n'eût fallu peut-être qu'un éclair de hardiesse, un chef et un cri... Ainsi, tout fut dit pour Napoléon, et, quelque temps après, un jeune colonel au service de l'Autriche se mourait au delà du Rhin, frêle représentant d'une dynastie qui vint en lui exhaler son dernier souffle (1). »

Pour distraire son petit-fils de ses énervantes préoccupations, François II l'emmena avec lui en Hongrie au couronnement du prince héritier, Ferdinand (2). Quand le duc revint,

(1) *Histoire de Dix ans*, t. V. — Louis Blanc parle aussi d'une offre de cinq millions faite à Lafayette de la part du prince Eugène, pour couvrir les premiers frais d'une révolution en faveur du frère de la reine Hortense. Je n'ai pu approfondir cette assertion, qui semble très contestable.

(2) Le duc écrivait de Presbourg à son ami Prokesch que le séjour de cette ville était très brillant et que ce n'étaient que fêtes, parades et réceptions. « Mais je puis pourtant, ajoutait-il, vouer deux ou trois heures à la lecture. »

un mois après, à Vienne, la Belgique était en révolution ; plusieurs personnages disaient que le jeune prince était le seul capable d'en occuper le trône et d'éviter à l'Europe de nouvelles inquiétudes. On en parla à Metternich, qui, tenant à rendre indépendante de l'influence française toute innovation dans les Pays-Bas, laissa tomber de ses lèvres minces et dédaigneuses cet arrêt sans appel : « Exclu une fois pour toutes de tous les trônes (1)! » Le prince François de Dietrichstein, frère du comte Maurice, homme de mérite et de savoir qui avait toujours apprécié le génie de Napoléon, fit à cette époque la connaissance du duc de Reichstadt. Celui-ci, sachant quelle était sa supériorité intellectuelle, alla le voir dans son domaine situé à quelques lieues de Vienne et eut un long entretien avec lui. Le prince de Dietrichstein s'exprima en toute franchise. Examinant la situation de la France, il démontra que le parti napolénien n'était pas assez fort pour se grouper autour d'un chef aussi jeune et aussi peu connu. Mais, sans imiter la sécheresse et l'indifférence de Metternich, qui s'inquiétait peu des tortures morales du fils de Napoléon, il lui rappela, lui aussi, le grand exemple d'Eugène de Savoie. Il invita le jeune prince à répondre à l'attente du plus grand nombre, à développer ses facultés, à accroître ses connaissances politiques et militaires. Le duc de Reichstadt ne demandait pas mieux. Partout où son épée aurait pu être utile, il se serait précipité pour la tirer. Ainsi, à la première nouvelle des troubles de Paris et avant la chute de la monarchie légitime, il s'était généreusement écrié : « Je voudrais que l'Empereur me permît de marcher avec ses troupes au secours de Charles X ! » Mais François II, tout en s'élevant contre l'usurpation de Louis-Philippe, ne voulait pas plus offrir à Charles X son petit-fils qu'un seul de ses soldats. Il consentait bien à donner asile au vieux roi dans ses États, à la condition que sa présence ne

(1.) Voir Prokesch-Osten. — Metternich était alors très préoccupé de la politique de Louis-Philippe. Il déclarait à Esterhazy que jamais François II n'admettrait le principe de non-intervention proclamé par la France en face de la propagande révolutionnaire. Il redoutait, ailleurs qu'en Belgique, l'imitation de ce qui venait de se passer en France.

contrariât pas un seul de ses alliés (1). Quand on examine, à ce moment, la politique de l'Europe, on reconnaît bien vite que les grands mots de solidarité et de fraternité entre les monarques, comme ceux d'humanité, de droit primordial, de droit préexistant, etc., ne sont en réalité que des mots. De loin, cette phraséologie solennelle impose ; de près, elle attriste.

Le jeune prince avait redemandé à Metternich l'autorisation d'attacher à sa personne le chevalier de Prokesch. Metternich refusa encore une fois, tout en laissant, jusqu'à nouvel ordre, le chevalier libre de fréquenter le duc. Prokesch, sans se décourager et sans craindre une disgrâce, profita amplement de l'autorisation. Il put ainsi se rendre compte des souffrances de cette jeune âme si fière, si impétueuse, si désireuse d'action et de gloire. Un soir, il trouva son ami méditant sur le testament de son père, et spécialement sur le quatrième paragraphe de l'article premier, où l'Empereur lui recommandait de ne jamais oublier « qu'il était né prince français ». Le fils de Napoléon avait fait de cette recommandation suprême la règle de conduite de sa vie, quoique cette règle rigoureuse lui causât parfois de vives inquiétudes. En effet, des occasions auraient pu se présenter où l'action qu'il cherchait se serait offerte ; mais alors il eût manqué de fidélité au testament impérial, et, pour lui, c'eût été comme s'il eût désobéi à son père lui-même. Il était donc voué à l'inaction, et il s'en désolait. Cent fois, il repassait dans son esprit toutes les éventualités possibles ; il n'en trouvait pas qui répondît entièrement à ses désirs. Il cherchait vainement « une éclaircie dans le ciel sombre » ; le ciel restait fermé. Si l'on veut connaître l'origine de la maladie lente qui le rongea et finit par le détruire, c'est là qu'il faut la chercher. Le duc essaya alors de distraire ses tristes et obsédantes pensées par les promenades à pied, par les courses à cheval. Il en abusa. Sa santé en souffrit. Une croissance anormale et les fatigues qu'elle lui causait furent

(1) Voir *Mémoires de Metternich*, t. V.

aggravées par l'équitation trop prolongée. Le prince aimait à monter plusieurs heures de suite des chevaux différents et, de préférence, des chevaux fougueux qui exigeaient un développement excessif de forces. Puis il se rejeta sur un travail absorbant, sur des études historiques ou stratégiques. Il tint à lire tout ce qui paraissait sur son père (1). Il écrivit lui-même, quoiqu'il préférât la réflexion à la rédaction, quelques essais sur des sujets d'art militaire. Il annota César, Montecuccoli, Jomini, Ségur, Norvins et d'autres auteurs.

Peu à peu, certains efforts des partisans de la cause impériale lui furent connus et suscitèrent dans son âme « un incendie qui enflamma toute l'ambition qu'il avait réprimée jusqu'alors. Ils contribuèrent beaucoup à abreuver d'amertume les dernières années de sa vie (2). » Une impatience fiévreuse, une tristesse croissante, d'ardentes illusions remplacées presque aussitôt par un morne découragement, le dégoût des distractions futiles, telles étaient ses dispositions habituelles. S'il eût trouvé le moyen de partir pour la France, il eût certainement alors tenté un coup hasardeux. Mais autant il avait le vif désir de s'emparer du pouvoir suprême, autant il se montrait peu pressé de répondre à ceux qui parcouraient les rues de Paris en se servant de son nom comme d'un cri séditieux (3). Le 2 octobre 1830, un curieux incident s'était produit à la Chambre des députés. Heulard de Montigny avait lu un rapport sur une pétition du lieutenant Harrion et du colonel Dolesone, qui demandaient le retour des cendres de Napoléon et leur dépôt sous la colonne Vendôme. « Le règne de Napoléon, disait le rapporteur, s'identifie avec l'époque la plus brillante de notre histoire. Son nom se prononce avec une sorte de culte et d'enthousiasme sous la chaumière du soldat

---

(1) « Son esprit, plus ardent que jamais, dévorait tout ce que disaient l'estime, la haine et la passion contre ou pour le puissant César, dans des milliers de livres ou de journaux. » (*Lettre sur la mort du duc de Reichstadt.*)
(2) *Ibid.*
(3) Lors du procès des ministres, les bonapartistes invitèrent le prince Napoléon-Louis, fils aîné de Louis Bonaparte, à venir à Paris seconder la cause de Napoléon II. Il répondit alors que le peuple était le seul maître de ses actes et que du moment qu'il avait accepté ce nouveau souverain, il n'avait pas à intervenir.

redevenu laboureur. » Montigny, tout en faisant l'éloge de la grandeur de Napoléon, disait qu'il n'y avait rien à craindre d'une puissance qui n'était plus. Le sentiment attaché à sa personne ne pourrait jamais se rattacher à aucun membre de sa famille. « Rappelons-nous, ajoutait-il, que, dans ces journées à jamais mémorables où le trône de Charles X s'est trouvé vacant, il ne vint à la pensée de qui que ce soit de proposer, pour l'occuper, l'élève de la politique étrangère, l'héritier décoloré d'un grand nom. » Le général Lamarque mit fin à l'éloge de Louis-Philippe qui terminait ce discours, en demandant que Paris, nouvelle Athènes, nouvelle Sicyone, reçût les cendres d'un autre Thésée, d'un autre Aratos. Le colonel Jacquemont l'appuya vigoureusement, mais, grâce à l'opposition de M. de Lameth, qui déclara que Napoléon *avait foulé aux pieds la Charte* et amené l'invasion de son pays, la Chambre n'adopta pas le renvoi de la pétition au ministre des relations extérieures.

Un soir de novembre, le duc de Reichstadt allait passer quelques instants chez le baron d'Obenaus, un de ses maîtres. Au moment où il se disposait à entrer chez lui, il se rencontra avec une jeune femme très belle qui lui prit vivement la main et la porta à ses lèvres avec l'expression de la plus grande tendresse. Avant que le prince fût revenu de sa surprise, le baron d'Obenaus apparut : « Que faites-vous, madame? Quelle est votre intention? demanda-t-il vivement. — Qui me refusera, répondit la jeune femme avec exaltation, de baiser la main du fils de mon Empereur? » Puis elle s'éloigna. Le prince monta rapidement l'escalier et ne fit d'abord aucune observation. Il se perdait en mille conjectures. Il apprit enfin que cette personne, dont il avait reconnu les traits sans pouvoir la nommer, était la comtesse Camerata, fille de la princesse Élisa Bacciochi, sœur de Napoléon. Cousine germaine du duc de Reichstadt, mariée à un riche seigneur italien, elle était renommée pour son adresse à monter à cheval et même à manier les armes. Elle se trouvait à Vienne depuis peu de jours seulement, et elle avait aperçu le duc au Prater. Quelque temps après cet incident, le 24 novembre, le domestique du baron d'Obenaus apporta au duc une lettre de la comtesse, datée du 17, et où celle-ci lui affirmait qu'elle lui écrivait pour la troisième fois. Elle lui demandait nettement s'il voulait agir en archiduc ou en prince français. Elle espérait cependant qu'il prendrait ce dernier parti. « Au nom des horribles tourments auxquels les rois de l'Europe ont condamné notre père, disait-elle dans un style enflammé, songez que vous êtes son fils, que ses regards mourants se sont arrêtés sur votre image ; pénétrez-vous de tant d'horreurs et ne leur imposez d'autre supplice que de vous voir assis sur le trône de France ! » Elle déclarait que tous les obstacles céderaient devant une volonté calme et forte. Elle avait confiance en lui. Mais si le duc se servait de sa lettre pour la perdre, l'idée d'une telle lâcheté la ferait plus souffrir que toutes les violences.

Le duc redouta d'abord un piège. Il lui semblait impossible que la police n'eût point eu connaissance de cette lettre comme des précédentes. Ne voulait-on pas le mettre à l'épreuve et savoir s'il ne serait pas prêt à profiter de la première occasion venue pour s'échapper de Vienne (1) ?... Le duc avait encore d'autres doutes. Était-il possible de voir dans cette démarche autre chose que des illusions exaltées ? Quelles étaient donc les forces rassemblées pour réussir dans une pareille tentative ? Où étaient les preuves de l'existence d'un parti assez fort en France pour appuyer le fils de Napoléon ?... D'accord avec Prokesch, il rédigea un billet par lequel il se déclarait touché et reconnaissant des sentiments que la comtesse lui exprimait. Il n'avait pas reçu les deux premières lettres dont elle lui parlait, mais il lui affirmait qu'il allait brûler la troisième et qu'il garderait le secret absolu sur ce qu'elle con-

---

(1) Prokesch apprit, après la mort du prince, à M. de Metternich, l'affaire de la comtesse Camerata et la façon dont il croyait la police au courant de tout. Le prince appela aussitôt dans son cabinet le comte Sedlnizky, ministre de la police, et fit raconter une seconde fois par Prokesch tous les détails de cette affaire. « Je vis peint dans les traits du comte, dit Prokesch, un étonnement qui ne fit qu'augmenter, si bien qu'il finit par me dire : « Je ne savais pas un mot de toute cette affaire ! » (*Mes relations avec le duc de Reichstadt*, p. 152.)

tenait. Il la priait enfin de ne plus lui écrire. Le duc raconta ensuite ces divers incidents au baron d'Obenaus, en le chargeant d'en faire part au comte de Dietrichstein, lequel en parla à son frère. Celui-ci se contenta d'approuver ce qui avait été fait et dit simplement au duc : « A votre âge, prince, j'eusse agi comme vous. Au mien, j'aurais lu la lettre, et, après avoir pris note de son contenu, je l'aurais brûlée sans mot dire. » Puis, sur le désir du duc, M. de Prokesch alla voir la comtesse Camerata à l'*Hôtel du Cygne,* où elle demeurait. Il lui fit observer que son imprudence aurait pu être préjudiciable au prince impérial et nuire à sa liberté. Il attesta, à son grand étonnement, qu'il était très au courant de l'histoire de son père, et qu'il lisait avec passion tout ce qui était venu de Sainte-Hélène. La comtesse l'écouta avec une satisfaction visible. Mais lorsque M. de Prokesch lui demanda de lui faire connaître les forces réelles du parti prêt à seconder le fils de Napoléon, elle ne put répondre péremptoirement. Après cet entretien, la comtesse Camerata partit pour Prague, et tout fut dit.

Si le duc de Reichstadt n'avait pas voulu avoir d'entrevue personnelle avec sa cousine germaine, la fille d'Élisa Bacciochi, il désira, au contraire, voir le maréchal Marmont, duc de Raguse, qui était venu à Vienne après la révolution de Juillet, pour s'assurer de sa rente sur le gouvernement autrichien, seul moyen d'existence pour lui. Le maréchal était arrivé à Vienne le 18 novembre et avait été rendre visite au prince de Metternich, qui lui témoignait beaucoup d'intérêt. Le prince reconnut que les Bourbons avaient été renversés par le manque absolu d'esprit et de calcul politiques. L'Empereur, que Marmont vit quelques jours après, blâma également les ministres de Charles X et les Ordonnances (1). On vint à parler du duc de Reichstadt. François II fit l'éloge de son esprit et de

---

(1) Metternich venait d'écrire à Trautmannsdorf, à Berlin, que François II était disposé à accorder un asile à Charles X, mais qu'il lui fallait « l'assentiment des cours alliées ». Et, cependant, il disait ailleurs que des Chambres séditieuses avaient proclamé Louis-Philippe au mépris de tous les droits!

son caractère. Il ajouta que le duc lui avait exprimé de l'intérêt pour la cause des Bourbons et lui avait même assuré qu'il serait heureux de la défendre, si l'Autriche le voulait. Puis le duc aurait dit, lors de l'avènement de Louis-Philippe : « Puisque ce ne sont pas les Bourbons légitimes qui règnent, pourquoi n'est-ce pas moi ? Car, moi aussi, j'ai ma légitimité ! »

Un intérêt de curiosité — le duc de Raguse ose ajouter d'affection — devait faire vivement souhaiter au maréchal de voir le fils de Napoléon. Comme le prince ne fréquentait pas encore le monde, il était difficile de l'approcher. Le maréchal ne l'avait aperçu qu'une fois, à l'Opéra. Il ne se doutait pas qu'une sorte d'intimité allait bientôt s'établir entre eux. Prokesch raconte que Marmont était devenu l'ami de la comtesse Moly Zichy, qui fut plus tard la belle-mère de Metternich. La société du maréchal, conteur très agréable, plaisait à ce prince, qui, profitant de ses connaissances variées, s'entretenait souvent avec lui. Prokesch rapporte que, le 26 novembre, dînant chez la comtesse Zichy avec Metternich, la conversation présenta un entrain extraordinaire. Le maréchal, qui était là, parla de l'Égypte, puis de Napoléon. « Entre autres choses il raconta, pour égayer la société, qu'il y avait des moments où l'Empereur se plaignait, en plaisantant, de ne pouvoir ni se croire une origine céleste, ni se donner pour un envoyé d'en haut !... » Prokesch savait que Marmont était très désireux de connaître le duc de Reichstadt, mais il estimait, pour sa part, que le prince ferait une maladresse en consentant à le recevoir. Le duc de Reichstadt, le comte Maurice et le prince, son frère, n'étaient pas de cet avis. Ils croyaient, au contraire, que ce serait une occasion unique de connaître, par un tel personnage, l'état réel des esprits en France. Déférant alors à leur désir, Prokesch demanda confidentiellement au duc de Raguse pourquoi il n'allait pas voir le duc de Reichstadt. Le maréchal voulut aussitôt savoir s'il serait favorablement accueilli. « Le duc ne verra en vous, répondit Prokesch, que le plus ancien compagnon d'armes de son père. » Et le lendemain, il fit savoir au maréchal qu'il pourrait rencontrer le prince chez la duchesse de Sagan ou chez la comtesse Zichy, ou dans le salon de Metternich. En entendant ce dernier nom, Marmont déclara qu'il ferait connaître, sans retard, au premier ministre de François II son désir de voir le duc. Espérant qu'on répéterait ses paroles, il jura « que, dans tout le cours de sa vie, il n'avait aimé aucun homme autant que Napoléon, mais que son devoir avait été d'aimer encore plus la France ». Cette formule, très commode, est connue, et l'on sait ce qu'il faut en penser.

Tout en paraissant s'ouvrir à Prokesch, le maréchal lui cacha soigneusement l'importance numérique et l'énergie du parti napoléonien, d'accord sans doute en cela avec M. de Metternich. Il laissait entendre que l'issue favorable du procès des ministres de Charles X consoliderait la monarchie constitutionnelle. Le duc de Reichstadt connaissait déjà le caractère faible de Marmont et ne s'y fiait guère, mais il était avide d'entendre les récits de la jeunesse de son père par un de ses plus anciens compagnons d'armes. Il espérait également que ses relations avec un homme aussi considérable produiraient quelque retentissement en France. Il osait croire que le maréchal, séduit par sa franchise, affirmerait hautement ses capacités et mettrait fin, pour sa part, aux calomnies répandues par l'esprit de parti contre sa valeur réelle et ses sentiments d'affection pour la France. Les événements de Pologne, qu'on apprit à Vienne au mois de décembre, la lutte d'abord heureuse de tout un peuple contre ses oppresseurs, avaient rallumé en lui des espérances et des ambitions ardentes. Une partie de la société de Vienne parlait hautement de faire du duc de Reichstadt un roi de Pologne. Elle cherchait à profiter de cette occasion pour s'opposer à l'ambition de la Russie et élever un rempart contre elle. Mais, devant les Polonais comme devant les Belges ou les Grecs, qui n'auraient pas demandé mieux que d'avoir pour monarque le fils de Napoléon, se dressait toujours M. de Metternich (1). Ne

(1) Dès l'arrivée du maréchal Maison à Vienne, M. de Metternich, s'entretenant avec lui de la situation de l'Europe, dit « qu'il préférerait avoir pour voisine

croyant pas devoir enfreindre de solennels engagements pris avec l'Europe, quelles que fussent d'ailleurs ses sympathies apparentes pour la Pologne (1), et ne tenant pas compte des désirs et des tourments d'un jeune prince avide de gloire, il avait déclaré dans les cercles politiques, où il passait pour un oracle, que le duc de Reichstadt resterait ce que sa politique voulait qu'il fût : un prince autrichien.

une Pologne bienveillante et amie qu'une Russie envieuse et envahissante. » A Trautmannsdorf il disait, au contraire, que « le royaume de Pologne depuis sa création avait eu à ses yeux la valeur d'un magasin à poudre ». Le prince de Talleyrand, de son côté, croyait que l'Angleterre et la France pourraient faire tourner les derniers événements de la Pologne à l'avantage de l'Europe et constituer un royaume de Pologne comme la meilleure barrière contre les envahissements de la Russie. (*Mémoires*, t. III.)

(1) Conversant un jour avec M. de Rayneval, au mois de juin 1830, M. de Metternich avait dit que Marie-Thérèse et le prince de Kaunitz avaient été forcés d'accepter le désastreux partage de la Pologne, à cause des intrigues et de l'ambition de Frédéric II et de Catherine. « Si le prince de Metternich, dit-il, avait été en 1772 ce qu'il est en 1830, l'Autriche eût resserré l'alliance de 1756, l'Angleterre s'y serait adjointe, et la Pologne, ce boulevard de l'Europe, eût été sauvée. » Enfin, dans un entretien confidentiel avec le maréchal Maison, en octobre 1831, M. de Metternich s'était laissé aller à regretter le partage de 1772 et avait dit que *Marie-Thérèse avait été contrainte d'accepter une part de ce pays* « *pour éviter de plus grands maux* ». (*Documents inedits.*) Cela rappelle le mot connu : « Elle pleurait, mais elle prenait toujours. » (Voir à ce sujet *la Question d'Orient au XVIIIe siècle*, par M. Albert SOREL, pages 248, 253, 274.)

CHAPITRE XVII

LE DUC DE REICHSTADT ET LES MARÉCHAUX.

Marie-Louise avait été séjourner à Vienne et à Schœnbrunn en 1830, du mois de mai au mois de novembre. Elle avait bien voulu trouver ce temps très court, et, dans une lettre à la comtesse de Crenneville, elle se disait enchantée de son fils sous tous les rapports. « C'est un charmant jeune homme. Je crois qu'il partira pour sa garnison avant la fin de l'année; ce qui l'enchante plus que moi, l'entrée dans le monde étant pour un jeune homme un moment bien décisif pour son caractère et son avenir. » Elle apprenait à son amie que le duc de Reichstadt était lieutenant-colonel dans le régiment de Nassau-infanterie (1). Elle avait eu beaucoup de joie à retrouver ses deux autres enfants, et, grâce à la cure excellente à laquelle elle s'était soumise, ses jambes commençaient à reprendre de l'élasticité. Si elle n'avait pas eu trente-neuf ans, elle aurait pu — c'est elle qui l'assure gaiement — « valser encore cet hiver ». Elle s'affligeait seulement d'apprendre que son fils Alfred fût assez léger pour vendre le cheval du général de Neipperg, son père. Telle était la sensibilité de cette pauvre femme. Un peu d'affection pour ses enfants, un goût encore vivace pour les distractions mondaines et de la compassion pour les animaux, voilà ce qui distinguait Marie-Louise, archiduchesse d'Autriche, duchesse de Parme, ex-impératrice des Français... Quelle influence pouvait avoir cette créature

---

(1) En 1831, il devait passer au régiment de Wasa et, en 1832, être nommé colonel en second de ce même régiment.

frivole sur un être aussi fortement doué que le fils de Napoléon?

Celui-ci ne pensait qu'à son avenir, non pas à cet avenir de bel officier dont rêvait sa mère, mais à celui qui s'était déroulé aux yeux de son père dans la fumée du canon de Lodi, à la gloire et au pouvoir suprême, le seul digne de lui. Dans les premiers jours de l'année 1831, le jeune prince confia à son ami Prokesch quelques paroles échappées à l'Empereur : « Si le peuple français te demandait, lui avait dit François II, et si les alliés y consentaient, je ne m'opposerais pas à te voir monter sur le trône de France. » Cette déclaration l'avait bouleversé. C'était à la fois une consolation et un tourment pour lui (1). Que devait-il espérer? Que devait-il craindre? Il ignorait absolument l'importance du parti napoléonien. Metternich l'avait si bien séquestré que nul bruit du dehors ne parvenait jusqu'à lui. Sans aucun doute, il devait avoir des partisans; mais que faisaient-ils? Où étaient-ils réunis? Quel était leur nombre? Si un coup de hasard rétablissait tout à coup la monarchie impériale, pouvait-on compter qu'elle durerait, qu'elle résisterait, mieux que la monarchie de Louis-Philippe, aux assauts sans cesse renouvelés de l'anarchie? Le duc consulta de nouveau le prince de Dietrichstein qui venait de parcourir la France. Il en reçut l'assurance que son parti était assez bien organisé, mais il fut averti aussi que le moment favorable pour agir n'était point arrivé. De telle sorte qu'après un rayon de soleil éclatant, les ombres ne faisaient que s'épaissir davantage autour de lui... Il fut bientôt question de l'entrée du prince dans le monde, et M. de Metternich chargea le général Hartmann de rédiger une sorte de programme qui lui servît de direction pratique. Hartmann en conversa avec le duc, qui proposa d'en dresser lui-même les bases et ne perdit pas de temps à s'acquitter de sa tâche. « Dans cet écrit semé d'aperçus piquants, rapporte Prokesch, il considérait sa position dans ses rapports avec la France et l'Au-

---

(1) Voir Prokesch-Osten, p. 76.

triche. Il signalait les écueils qui l'entouraient, les moyens de le préserver de ces dangers, les ressources dont on pouvait avantageusement se servir pour influer sur son esprit et sur son caractère, pour combattre ses défauts et pour le préparer enfin à un avenir honorable en accord avec le rang où la Providence l'avait placé... » Le duc de Reichstadt y exposait avec précision ses chances d'arriver au trône. Prokesch, auquel il soumit ce plan, lui prouva rapidement qu'il ne conviendrait ni à M. de Metternich, ni au général Hartmann. Le duc le reconnut. Il le revisa avec les conseils de Prokesch, puis il remit son travail définitif à Hartmann, qui, très embarrassé, en référa au comte Maurice de Dietrichstein. Celui-ci supplia Prokesch de retirer le projet, et Prokesch le déchira. Lorsqu'il informa le duc de ce qu'avaient pensé ses gouverneurs : « Voilà donc les hommes dont on m'entoure! s'écria le prince attristé. Et c'est à leur école que je dois me former, c'est d'eux que je dois prendre exemple!... » Toutes les notes qui avaient servi à son travail furent brûlées. Prokesch le regretta plus que personne, car le duc y avait tracé « un portrait exactement ressemblant de son moral où il n'avait oublié ni ses défauts, ni ses qualités ».

Un ambassadeur avait succédé à l'envoyé extraordinaire de Louis-Philippe; c'était le maréchal Maison. Cet homme de guerre, qui s'était illustré à Jemmapes, à Maubeuge, à Austerlitz, à Leipzig et dans vingt autres batailles rangées, était devenu, en 1814, un homme politique. Il avait, en se ralliant à Louis XVIII, fait, comme tant d'autres, cette déclaration qu'il croyait irréprochable : « Nos serments nous liaient à l'empereur Napoléon ; les vœux de la nation nous en ont relevés; nos devoirs sont remplis, notre honneur satisfait. » Pair de France, gouverneur de Paris, grand-croix de la Légion d'honneur, il s'éleva fortement, au retour de l'île d'Elbe, contre « le délire ambitieux d'un homme qui avait soulevé les peuples contre nous, perdu les anciennes conquêtes et ouvert à l'étranger le royaume et la capitale elle-même »!... Il était, il se disait le serviteur de la vieille monarchie. Il la servit jusqu'à la fin, car il fut l'un des trois commissaires qui escortèrent Charles X, de Rambouillet à Cherbourg. Il dressa même le procès-verbal de l'embarquement du Roi, dont il avait eu « le bonheur » de déterminer la volonté. Il adhéra à la monarchie constitutionnelle avec le même empressement qu'il avait témoigné à la monarchie légitime, ne fit que passer un moment au ministère des affaires étrangères, puis alla occuper le poste d'ambassadeur en Autriche. On a fait observer que cette soumission aurait dû paraître assez pénible à un homme que Napoléon avait comblé de ses bienfaits; mais pour les courtisans, rien ne se perd ou ne s'altère si facilement que le souvenir.

Arrivé à Vienne le 9 décembre, Maison alla voir M. de Metternich, qui voulut bien reconnaître que les Bourbons avaient commis des fautes inexcusables, qu'il les en avait avertis souvent, mais qu'on ne l'avait point écouté. Quelques jours après, ils reprirent cet entretien. M. de Metternich se répandit en affirmations chaleureuses sur son désir de maintenir la paix en Europe. Il se déclara, une fois de plus, disposé à soutenir le gouvernement de Louis-Philippe et à marcher d'accord avec lui dans toutes les questions qui intéresseraient l'ordre public européen. Examinant l'affaire de Belgique, qui paraissait aussi grave qu'insoluble, il exprima cependant le désir que la royauté de ce pays fût déférée au prince d'Orange. Il se gardait bien de prononcer le nom du duc de Reichstadt devant le maréchal. Mais le 18 janvier, le chancelier mandait à Appony, son ambassadeur à Paris : « Le bruit s'est tout à coup répandu à Munich du choix du duc de Leuchtenberg (1) par le congrès belge. » Il voyait là encore la main des bonapartistes. « Ce bruit paraît être une affaire de parti. Comme tout dans ce monde est possible, le gouvernement français reste-t-il ferme dans sa décision de ne pas vouloir pour voisin un Bonaparte? Je crois qu'il aurait raison, car, sans cela, gare à la dynastie d'Orléans!... L'idée n'est-elle encore jamais venue à personne à Paris de nous savoir gré de

(1) Il s'agissait de Maximilien-Joseph, fils cadet du prince Eugène, qui avait pris le titre de duc de Leuchtenberg.

notre conduite correcte à l'égard de Napoléon II? Nous mériterions bien quelque éloge à ce sujet. » Metternich n'en demandait certes pas, mais il ne se cachait point pour déclarer à Appony que, si Louis-Philippe voulait garder « le rôle de conquérant ou de président de la propagande révolutionnaire », il se servirait du duc de Reichstadt. « Attaqués dans nos derniers retranchements et forcés de nous battre pour notre existence, nous ne sommes pas assez anges pour ne pas faire feu de toutes nos batteries (1). » Cette phrase était claire.

Il est certain que si l'Autriche l'eût voulu, au cas où l'anarchie qui régnait en France eût gagné ses États, elle eût pu susciter au gouvernement issu de la révolution de 1830 les plus sérieuses difficultés. Lorsque, au mois de février 1831, des mouvements révolutionnaires éclatèrent à Modène et dans les États de l'Église, Metternich leur reconnut aussitôt une couleur bonapartiste. « Le plan, disait-il encore à Appony, est d'enlever au Pape son domaine temporel, de former un royaume d'Italie sous le roi de Rome constitutionnel. La nouvelle dynastie est toute trouvée, comme le prouve la proclamation qui a été répandue à profusion dans tout le nord et le midi de l'Italie (2). » Et, quelques jours après, il ajoutait que la position de François II était vraiment extraordinaire : « Les bases sur lesquelles repose notre gouvernement, remarquait-il, nous attirent les confidences des amis de la légimité; le fait des relations de famille entre la maison impériale et feu Napoléon nous vaut celle des adhérents à l'ancien Empire français. Le fils de Napoléon est à Vienne; les adhérents du père, en jetant sur lui leurs regards, doivent tout naturellement les élever vers le grand-père. » Mais, suivant le chancelier, l'Autriche était décidée à combattre le mouvement bonapartiste en Italie. C'était rendre service à Louis-Philippe, car sa monarchie ne pourrait tenir en face de l'Italie, gouvernée par Napoléon II. Cette éventualité était encore possible. « C'est à ce fait cependant, disait-il, que va droit le parti

(1) *Mémoires*, t. V.
(2) *Ibid.*

anarchique, et c'est à lui que nous résistons encore. » Toutefois, j'incline à croire qu'il n'y avait là qu'une menace, car les alliés de l'Autriche, tant par horreur du nom de Napoléon que par crainte de l'influence autrichienne, n'auraient pas admis, sans une forte opposition, l'avènement du duc de Reichstadt à une royauté ou à un empire quelconque. Metternich s'était servi — et il se servira encore — du nom du jeune prince pour effrayer Louis-Philippe, pour lui faire combattre la faction révolutionnaire et le faire renoncer au principe de non-intervention dans les affaires d'Italie.

Pendant qu'à son insu on faisait de son nom un épouvantail, le duc de Reichstadt se plaisait plus que jamais dans la société du chevalier de Prokesch. Voici la lettre qu'il lui écrivait le 10 janvier 1831 : « Un bal d'enfants à la Cour m'empêche aujourd'hui, très cher ami, de travailler avec vous. Voir sautiller quelques couples d'enfants est une maigre compensation de deux heures de conversation militaire avec un homme aussi spirituel que vous. En vous demandant de m'honorer de votre visite mercredi, j'y ajoute une prière qui m'est aussi chère : dites-moi le moyen de vous témoigner mon amitié par des actes ; vous savez que, depuis longtemps, ce vœu est un des plus chers à mon cœur. Malheureusement, je ne puis aujourd'hui que vous donner l'assurance que, si jamais j'étais assez heureux pour imaginer et faire aboutir une grande combinaison stratégique, je vous attribuerais une grande partie de ma gloire, attendu que c'est vous qui m'avez guidé le premier dans le champ des grandes manœuvres de guerre. — Votre véritable ami (1). »

Le lendemain, il lui écrivait encore, et lui demandait des conseils sur sa direction dans le monde. Puis, ayant écrit un travail que malheureusement je n'ai pu retrouver, il lui demandait son avis par ce billet pressant :

« Je vous prie, cher ami, de vouloir bien venir causer avec

---

(1) *Mein Verhältniss zum Herzog von Reichstadt.*

moi de ma nouvelle œuvre littéraire, attendu que je dois la livrer à l'éditeur ce soir, à cinq heures.

« De tout cœur,

« Votre ami pour la vie.

« *P. S.* J'espère, en tout cas, qu'aujourd'hui je jouirai de nouveau, comme d'habitude, de votre conversation si agréable et si instructive (1). »

Le 25 janvier 1831 fut une date mémorable pour le jeune prince. C'était la première fois qu'il paraissait dans une soirée officielle. Il fit ses débuts dans les salons de lord Cowley, ambassadeur d'Angleterre. « Tous les yeux se portèrent vers lui, rapporte Prokesch. Il était rayonnant de beauté et de jeunesse. Le ton mat de son visage, le pli mélancolique de sa bouche, son regard pénétrant et plein de feu, l'harmonie et le calme de ses mouvements lui prêtaient un charme irrésistible... » Le maréchal Marmont, qui était venu à cette soirée pour le rencontrer, le contemplait avidement. Il lui trouva le regard de Napoléon. Les yeux, un peu moins grands et plus enfoncés dans leur orbite, avaient la même expression, la même énergie. « Son front aussi rappelait celui de son père. Il y avait encore de la ressemblance dans le bas de la figure et le menton. Enfin son teint était celui de Napoléon dans sa jeunesse, la même pâleur et la même couleur de la peau, mais tout le reste rappelait sa mère et la maison d'Autriche. Sa taille dépassait celle de Napoléon de cinq pouces environ... (2). » Un autre maréchal examinait aussi le prince avec curiosité et lui trouvait la même ressemblance avec l'Empereur. C'était le marquis Maison, l'ambassadeur de Louis-Philippe. J'ai sous les yeux la gravure qui représente le prince à cette époque, dans son costume de lieutenant-colonel. Un uniforme élégant d'une blancheur éclatante et sur lequel étincelait la plaque de Saint-Étienne, faisait ressortir encore la pâleur étrange de sa

(1) *Mein Verhältniss zum Herzog von Reichstadt.*
(2) *Mémoires de Marmont*, t. VIII.

physionomie. Ses cheveux abondants et bouclés étaient séparés par une raie tracée sur le côté gauche et venaient se jouer négligemment sur son front. Un col blanc, se détachant de la bordure dorée du collet, accentuait l'ovale de son visage. Sans l'épaisseur de la lèvre inférieure, il eût été l'image même de son père. Ce qui frappe dans ce portrait fidèle, c'est la profondeur, la pénétration, la gravité du regard.

Le jeune prince alla droit à Marmont et lui dit sans hésitation : « Monsieur le maréchal, vous êtes un des plus anciens compagnons de mon père, et j'attache le plus grand prix à faire votre connaissance. » Prokesch, qui était à côté de lui, entendit Marmont lui répondre, non sans émotion et avec le plus grand respect, « quelques mots que lui suggéra une conscience troublée ». Le duc lui dit encore qu'il avait étudié avec une profonde attention les campagnes de son père et qu'il aurait un grand nombre de questions à lui adresser, à lui qui avait suivi Napoléon en Italie, en Égypte, en Allemagne. « Je suis à vos ordres », répondit Marmont, et, profitant des allées et venues des invités dans les salons, il se rapprocha de M. de Metternich, auquel il fit part des désirs du prince, n'osant aller le voir sans la permission du chancelier. Celui-ci répondit que le maréchal était libre de le voir et de répondre à toutes ses questions. Ce soir-là, M. de Metternich voulut bien reconnaître que Napoléon était un grand homme. Mais il fallait, — comme il disait l'avoir fait lui-même, — en racontant ses grandes actions, montrer aussi les excès et les suites funestes de son ambition. Marmont revint alors auprès du duc de Reichstadt et l'informa que rien ne s'opposait à leur entrevue, car il avait l'agrément du chancelier. Ils convinrent de se voir le lendemain et d'adopter pour leurs conférences le temps compris entre onze heures du matin et deux heures. Cette conversation avait fort intrigué les spectateurs, qui, sans rien entendre, avaient cependant remarqué l'aisance et la dignité du duc. Aussi, les jours suivants, ne parlait-on à Vienne que des succès du jeune prince ; mais on croyait généralement qu'il avait reproché au maréchal sa trahison envers son père, et que Marmont en avait été très ému, ce qui était faux. La tenue parfaite du duc de Reichstadt n'inspira que ce mot méchant à M. de Metternich : « Le duc est fort habile à jouer la comédie. » En réalité, le fils de Napoléon avait médité toutes ses paroles et fixé lui-même avec prudence l'attitude qu'il devait garder en une circonstance aussi délicate. Il n'avait pas, en cela, joué la comédie, beaucoup moins toutefois que les diplomates habitués, par profession et par instinct, à la jouer en toute occasion.

Le duc allait bientôt parler à l'autre maréchal, au marquis Maison, et celui-ci, comme Marmont, devait être immédiatement captivé par sa grâce et sa haute intelligence. L'ambassadeur avait déjà, le 26 janvier, informé le ministre des affaires étrangères, le comte Sébastiani, de sa première rencontre avec le duc. Quelques jours auparavant, il avait été reçu par l'empereur d'Autriche, qui s'était répandu en assurances d'amitié à l'égard de la France, avait fait des vœux pour la consolidation du gouvernement et témoigné toute sa satisfaction pour l'heureuse issue du procès des ministres de Charles X. François II avait rappelé avec quelle franchise et quel empressement il avait reconnu Louis-Philippe : « Je ne me suis point fait prier, avait-il dit avec une bonhomie qui devait le surprendre lui-même. Et je ne sais pourquoi *les autres* n'ont pas fait comme moi. Je le leur avais pourtant conseillé. » Les dépêches secrètes de Metternich n'étaient pas tout à fait d'accord avec ces protestations impériales si aimables. François II ne parlait que de sincérité et de bonne foi (1). « Le temps de la ruse et de la finesse, disait-il, est passé. » Il se plaignait rétrospectivement de l'aigreur, des chicanes et des tracasseries du gouvernement de Charles X. Comme la conversation était tombée sur la révolution belge et sur la candidature éventuelle de l'archiduc Charles au trône : « Cela peut être, dit l'Empereur, mais c'est une chose qui ne sera jamais. Je ne souffrirais pas qu'un tel exemple fût donné dans ma famille et qu'un

(1) Il avait eu la même attitude vis-à-vis de Napoléon, dans les affaires de grand litige. (Voir le *Duc d'Enghien* et le *Divorce de Napoléon*, passim.)

prince de ma maison acceptât un trône élevé par les mains du peuple. » Devant ce propos, le maréchal fit la grimace, mais il ne crut pas devoir le relever, car l'Empereur n'y avait probablement pas mis malice.

Écrivant donc à Sébastiani, au sujet du fils de Napoléon qu'il avait vu au bal de lord Cowley, Maison dit qu'il avait, avec M. de Metternich, amené la conversation sur la question de savoir quelle attitude la cour d'Autriche tenait à faire prendre au jeune prince, au moment de ses débuts dans le monde. Le chancelier avait répondu que, venant immédiatement après les autres membres de la famille impériale, le duc de Reichstadt « n'était autre chose que le premier sujet de l'Empereur (1) ». Il avait ajouté qu'il aurait déjà rejoint son régiment à Brünn, si François II n'avait jugé que, pendant les troubles de Pologne, il était préférable de le garder à Vienne. Le maréchal apprit que le duc avait beaucoup de goût pour l'art militaire et le plus vif intérêt pour tout ce qui venait de France, et il en informa son gouvernement. Il fit, en même temps, l'éloge de l'attitude et des manières du prince. « Sa figure, ajoutait-il, qui rappelle ses parents, quoique empreinte d'un caractère particulier à la famille impériale d'Autriche, annonce de l'esprit et du sens. » Maison déclarait enfin que le prince, tout en désirant une guerre pour occuper son ardeur militaire, avait juré qu'il n'y prendrait point part si la France devait y jouer un rôle opposé à celui de l'Autriche. L'ambassadeur de Louis-Philippe avait cru s'apercevoir que le fils de Napoléon aurait voulu s'entretenir avec lui, et il réclamait à cet égard des instructions spéciales.

Le maréchal recevait ensuite quelques confidences de Metternich, confidences faites pour être répétées. On parlait encore de la candidature du prince de Leuchtenberg au trône de Belgique, et le chancelier y voyait toujours l'œuvre des bonapartistes : « Ces gens-là, s'écriait-il, n'affichent le bonapartisme que pour mieux cacher leurs sentiments véritables. Ce

---

(1) *Documents inédits.*

ne sont au fond que des révolutionnaires déguisés qui ne cherchent qu'un moyen de créer des embarras à votre gouvernement et, par suite, de jeter de nouveaux éléments de désordre en Europe. » Metternich s'inquiétait en même temps des mouvements militaires de la France vers la Savoie. Cependant, le 12 février, il paraissait entièrement revenu des préventions antifrançaises, lorsque surgirent les troubles d'Italie. L'Autriche, qui craignait une conflagration presque générale sur le territoire italien, manifestait de nouveau son intention de mettre fin à toute révolte. Sur ces entrefaites, Sébastiani répondit à Maison qu'il ne devait voir dans le duc de Reichstadt qu'un membre de la famille d'Autriche et faire pour lui ce que faisaient les autres ambassadeurs. Dans l'intervalle de la dépêche de Maison et de la réponse de Sébastiani, le maréchal avait rencontré le duc chez le prince de Metternich, dans un bal donné le 28 janvier. Aux compliments de Maison, le prince avait répondu : « Monsieur le maréchal, vous avez été sous mon père un général distingué. C'est actuellement la circonstance qui se présente à mon souvenir. » Puis il lui avait parlé longuement de la campagne de 1814, et le maréchal avait été ravi de son intelligence et de sa distinction. Le prince était de son côté fort heureux, car depuis longtemps il avait cherché, avec Prokesch, les moyens de rencontrer et de connaître quelques généraux de Napoléon.

« S'il accueillit et vit Marmont plusieurs fois, dit Prokesch, c'est que ce tendre fils désirait apprendre les particularités peu connues de la jeunesse de son père de la bouche même d'un ancien compagnon d'armes. Il voulait ainsi gagner une voix qui pouvait retentir jusqu'en France et aider à rectifier les fausses idées qu'on avait répandues sur son éducation et son caractère (1). » Il avait réussi à merveille auprès des deux maréchaux qu'un heureux sort avait amenés en quelque sorte pour lui à Vienne. Maison, oubliant qu'il était ambassadeur de Louis-Philippe, faisait si ouvertement l'éloge du prince qu'on

---

(1) Voir *Lettre sur la mort du duc de Reichstadt*.

le considéra comme un partisan de Napoléon II, ce qui n'était pas tout à fait inexact, si l'on se rappelle la pièce qui était tombée entre les mains de Metternich. Il arriva même qu'un jour, dans les salons du chancelier, Maison se laissa aller à regretter, devant Metternich et devant Gentz, que l'Autriche n'eût pas renvoyé Marie-Louise et son fils à Paris après les Cent-jours, ce qui eût évité à la France la seconde Restauration.

Le maréchal Marmont devait être au moins aussi enthousiaste. Le 28 janvier, trois jours après le bal de lord Cowley, il vint voir le duc et commença sa première conférence. Il lui parla d'abord avec force détails de la capitulation d'Essonnes, et il essaya naturellement de l'expliquer et de la justifier. Il fit entendre qu'il avait été obligé de faire reculer le 6ᵉ corps sur la Normandie, parce que les nécessités de la politique et le salut de la France l'exigeaient. Il tenta d'établir que ses négociations avec Schwarzenberg, à Chevilly, avaient eu pour objet de conserver à Napoléon « la vie et la liberté ». Mais il ne disait pas qu'au moment où il préparait sa défection, Alexandre avait réuni le gouvernement provisoire pour lui proposer la régence de Marie-Louise. Suivant le tsar, cela terminait tout et assurait à la France un gouvernement capable de respecter les habitudes et les intérêts nouveaux, « ayant d'ailleurs une garantie assurée dans le très vif intérêt que l'Autriche ne pouvait s'empêcher de prendre à la dynastie impériale (1) ». Marmont ne disait pas non plus que, malgré l'opposition formelle de Talleyrand, de Dalberg et du général Dessoles, le tsar avait suspendu sa décision jusqu'au lendemain, et qu'à la nouvelle de la défection du 6ᵉ corps, il s'était écrié : « C'est la Providence qui le veut! » Dès lors, l'abdication conditionnelle de Napoléon avait été rejetée. Il avait fallu qu'il se résignât à une abdication absolue, l'idée de la régence étant abandonnée. Marmont cachait au prince l'indignation de ses soldats et le coup terrible qu'il avait porté par sa défection à la cause de l'Empereur et de sa dynastie.

(1) *Mémoires de Pasquier*, t. II.

Le duc de Reichstadt le laissa discourir sans lui opposer la moindre objection, puis amena la conversation sur la campagne de 1796. La mémoire du maréchal, pleine de faits et de détails, sa vivacité d'esprit donnaient à son récit une valeur exceptionnelle. La conversation entre Marmont et le prince était d'autant plus facile que le prince, ayant lu la plupart des ouvrages historiques sur Napoléon, émettait des observations aussi intéressantes que judicieuses. Ces entretiens devinrent bientôt une sorte de cours d'histoire et de stratégie qui se fit régulièrement deux ou trois fois par semaine et qui dura trois mois. Les relations de Marmont avec Bonaparte remontaient à l'année 1790, date à laquelle le futur empereur était lieutenant d'artillerie à Auxonne, et Marmont occupé à terminer son instruction militaire à Dijon. Aussi le duc, ayant devant lui un des hommes qui avaient vu naître et se développer une aussi prodigieuse fortune, ne se lassait-il pas de le questionner sur les faits et les journées les plus considérables de la Révolution, du Consulat et de l'Empire. Le maréchal commença par raconter au prince l'enfance de Napoléon, les circonstances qui amenèrent ses succès, Toulon, le voyage à Gênes, le 13 vendémiaire, les premières campagnes d'Italie, la campagne d'Égypte, le 18 brumaire, la campagne de 1800, l'expédition tentée contre l'Angleterre, la campagne de 1805, l'expédition en Dalmatie, la campagne de 1809, les affaires d'Espagne, la guerre de Russie, les campagnes de 1813 et 1814. « Il m'est impossible, affirme Marmont, d'exprimer avec quelle avidité il entendait mes récits... Toutes ses idées étaient dirigées vers un père auquel il rendait une espèce de culte. » Le duc écoutait donc le maréchal avec une attention et une émotion profondes. Il comprenait tout. Il portait sur les événements multiples de cette grande histoire les jugements les plus sagaces. Marmont l'entretint aussi de l'époque de sa naissance et des fêtes dont il avait été le témoin. Il remarqua que le prince « parlait de cette prospérité éphémère avec le calme et la modération d'un philosophe ». Arrivant à 1814, le duc de Reichstadt fit ressortir lui-même la grande faute d'avoir éloigné de Paris sa mère, dont la présence aurait peut-être tout sauvé. Suivant lui, elle eût imposé aux conspirateurs, provoqué la générosité d'Alexandre et maintenu le trône à son fils. Le duc se trompait. Marie-Louise — et les événements l'ont prouvé — était incapable de la moindre énergie morale.

Quoique le duc de Reichstadt admirât la vivacité d'esprit, la mémoire et le talent d'exposition du maréchal, quelque chose lui disait de ne point se fier entièrement à lui. Prokesch avait fait, de son côté, une juste remarque. Suivant lui, le maréchal, en se rapprochant du prince impérial, avait dû obéir à une pensée personnelle, c'est-à-dire à la pensée d'exercer ainsi une sorte de pression sur Louis-Philippe, dont il recherchait les faveurs, ou de s'assurer l'appui du prince, au cas où l'Empire succéderait tout à coup à la monarchie de Juillet. Cette dernière hypothèse n'était point invraisemblable, d'autant plus que l'empereur d'Autriche ne cessait d'en parler à son petit-fils, comme si la couronne de France lui était destinée un jour ou l'autre. François II admettait même l'idée d'une révolution dont l'issue serait le retour du duc sur le trône de Napoléon. Marmont ne l'ignorait pas et redoublait d'attentions et de prévenances. Le duc le savait, lui aussi, mais il ne s'en offensait point. Il trouvait ce qu'il avait voulu dans la personne du maréchal, c'est-à-dire le moyen tant cherché de se faire connaître aux Français. Cependant il s'était fait le serment, si la fortune lui était favorable, de ne point se servir de Marmont. Évidemment, le souvenir de 1814 dominait en lui, et l'histoire de la capitulation d'Essonnes, quoique fort bien expliquée, ne lui en avait pas fait oublier les conséquences. Il savait, par les récits qu'il avait lus, que le maréchal avait été aussi néfaste à Charles X qu'à Napoléon. Au bout de trois mois, le duc de Raguse avait épuisé les sujets de ses conférences militaires. Il en prévint son élève. Celui-ci aurait voulu — car rien ne l'intéressait davantage — que leurs entretiens continuassent aussi régulièrement que par le passé. Mais Marmont lui fit observer prudemment qu'on pourrait attribuer un autre motif à leurs relations trop fréquentes. Il le pria de lui permettre de ne le voir que tous les quinze jours. Alors le duc lui remit son portrait peint par Daffinger, avec quatre vers de Racine, choisis par le prince de Dietrichstein. Ces quatre vers, pris dans *Phèdre,* et dont le premier seul était un peu modifié, étaient les suivants :

> Arrivé près de moi par un zèle sincère,
> Tu me contais alors l'histoire de mon père.
> Tu sais combien mon âme, attentive à ta voix,
> S'échauffait au récit de ses nobles exploits.

Suivant le prince de Dietrichstein, ce portrait donné par le jeune prince au duc de Raguse devait être interprété par l'opinon comme un nouveau témoignage d'amour du fils pour son père (1). Dans ses Mémoires, Marmont assure que le duc l'avait embrassé en lui déclarant qu'il avait passé avec lui « les moments les plus doux qu'il eût encore goûtés, depuis qu'il était au monde », et lui avait fait jurer de le venir voir souvent. La scène qu'il décrit complaisamment n'a peut-être pas été aussi démonstrative. Marmont affirme encore que le duc de Reichstadt, ayant eu l'occasion de parler de lui, défendit sa conduite avec autant de chaleur qu'il l'avait lui-même défendue. La vérité est que le duc dit un jour à l'un de ses intimes : « Le maréchal est certainement un homme doué de beaucoup de talent et de connaissances, mais il est né sous une étoile funeste : spéculations, entreprises, politique, rien excepté la guerre, rien ne lui a réussi... » En tout cas, si le prince eût eu besoin de quelqu'un pour aider son retour, il n'eût certes pas choisi le duc de Raguse. Bientôt même le maréchal lui devint importun.

A la suite des événements qui avaient bouleversé l'hérédité en France et fait succéder la monarchie constitutionnelle à la monarchie légitime, l'Italie était entrée en fermentation. Beaucoup de patriotes avaient les yeux tournés vers le fils de

---

(1) La reproduction de ce portrait figure dans les Mémoires de Marmont. Le duc est représenté assis, contemplant le buste de Napoléon.

Napoléon et rappelaient qu'il était aussi bien l'héritier de la couronne de fer que l'héritier de la couronne impériale. Mais le prince de Metternich ne se souciait pas de voir Napoléon II en Italie, parce qu'il redoutait que l'influence française et libérale ne prédominât dans ce pays; parce qu'il savait aussi que le prince ne serait pas un archiduc et n'agirait jamais en archiduc. Dans ces mouvements, Metternich voyait un extrême danger, c'est-à-dire la propagation des idées révolutionnaires. Ce que le ministre de François II attendait du gouvernement de Louis-Philippe, c'était de ne point faire de libéralisme en Italie, c'était enfin de ne point s'opposer à l'action des Autrichiens, si elle y était nécessaire. Sinon, comme il le disait à Appony, le cabinet autrichien se servirait contre Louis-Philippe du duc de Reichstadt.

Le 15 février, le maréchal Maison écrivait à Sébastiani que, dans une conversation avec Metternich, celui-ci lui avait affirmé que la révolution italienne n'était faite que dans les intérêts bonapartistes. Le chancelier voyait déjà Lucien et Jérôme Bonaparte prêts à y jouer un rôle important. « Une preuve, avait-il dit dans une lettre à Appony, se trouve dans la tranquillité qui règne encore dans le duché de Parme. Il est évident que l'on ne veut pas y gêner la mère de Napoléon II. » Cette tranquillité ne devait pas durer longtemps.

« Dans la position où je me trouve, rapportait le maréchal Maison à Sébastiani, — et il citait ainsi les propres paroles de Metternich, — je reçois les confidences de ce parti bonapartiste, comme celles du parti carliste. Tous deux me considèrent comme leur *grand prêtre,* et, à ce titre, je connais tous leurs projets. C'est la suite d'un même plan qui portait le duc de Leuchtenberg au trône de la Belgique, qui met les membres de la famille Bonaparte à la tête du mouvement de l'Italie et qui maintient la tranquillité à Parme dont les fauteurs de troubles menacent la souveraine. Mais nous nous refuserons à toute combinaison qui tendrait au triomphe de ce parti qui cherche à nous entraîner en se rattachant au duc de Reichstadt. Nous sommes ici *Philippe de la tête aux pieds, et rien ne nous fera dévier de cette ligne!...* » Au moment où il donnait ces belles assurances, le même Metternich écrivait à Appony : « Si, d'après les calculs les plus simples, il y avait incompatibilité entre son existence (celle de Louis-Philippe) et celle d'un membre secondaire de la famille Bonaparte sur un trône voisin de la France, trône faible et fragile, de combien cette incompatibilité ne serait-elle pas plus réelle vis-à-vis de l'Italie placée sous le sceptre de Napoléon II?... » Mais aussitôt venait cette menace significative : « Le jour où nous serions forcés dans nos retranchements et où nous serions réduits à n'avoir d'autre choix qu'entre les maux dont nous menace l'anarchie, nous devrions choisir celui qui compromettrait le moins immédiatement notre propre existence, et ce moyen, nous le tenons entre nos mains (1). » Ce qui n'empêchait pas Metternich de dire au maréchal Maison : « Que votre gouvernement s'entende avec nous ! Il y va de son intérêt autant que du nôtre, et il nous trouvera, sur tous les points, disposés à le seconder et à l'appuyer. » Le maréchal Maison faisait observer que les éléments lui manquaient pour juger ce qu'il y avait de vrai ou de faux dans ces assertions ; il comptait sur le cabinet de Paris pour les apprécier à leur valeur. Il aurait pu s'en rendre compte lui-même, car il lui était facile de savoir à quoi s'en tenir sur les démonstrations du chancelier. Peut-être le savait-il, mais ne tenait-il pas à le dire.

Le 16 février, il se hasardait à déclarer que l'on n'était pas sans inquiétude à Vienne sur les sentiments que pouvait avoir le duc de Reichstadt et sur les manœuvres qui se tramaient autour de lui. Il aurait pu ajouter que l'empereur d'Autriche avait vu avec plaisir le succès de son petit-fils auprès des deux maréchaux. M. de Prokesch affirme à plusieurs reprises que François II n'était pas éloigné de désirer que le duc montât sur le trône de France. « Il ne cesse de lui parler, dit-il, comme si, à l'arrière-plan des événements, ce trône l'attendait déjà selon toute vraisemblance. » Ainsi l'empereur

---

(1) *Documents inédits.*

d'Autriche admettait la possibilité d'une guerre. Il ne cachait pas son désir de voir les affaires en France prendre une tournure qui permît de remplacer le roi Louis-Philippe par le duc, son petit-fils. « Cela affermissait le duc dans ses espérances, remontait son courage, entretenait son esprit, pendant plusieurs jours, dans un état de joyeuse surexcitation et en escapades de jeune homme. » Le maréchal Maison ignorait ou faisait semblant d'ignorer ces détails et mandait, avec une confiance inaltérable, à son ministre, que l'Autriche avait le désir de maintenir l'ordre actuel de choses en France, désir fondé principalement sur l'opinion où l'on était que les gens qui « affichaient le buonapartisme » n'étaient que des anarchistes déguisés. Il ajoutait que, dans la surveillance exercée par la maison militaire du duc de Reichstadt, on pouvait voir une disposition bien prononcée de l'Empereur de ne se prêter à aucune démarche tendant à mettre en avant la personne de son petit-fils. Aussi Metternich avait-il raison d'écrire à Appony que le maréchal répondait à sa confiance « par un noble abandon ». Mais Sébastiani se défiait quelque peu de ces pacifiques assurances, et, prenant tout à coup un langage comminatoire, il écrivait que les intérêts et la dignité de la France lui prescriraient de s'opposer à toute intervention étrangère, en vertu du principe de non-intervention (1). C'était vouloir déchaîner la guerre et s'exposer à voir l'Autriche, en cas de menaces réalisées, cesser de tenir « une conduite correcte à l'égard de Napoléon II ».

En Italie, les libéraux et les bonapartistes s'étaient réunis. A l'avènement de Grégoire XVI, les États pontificaux avaient été le théâtre de manifestations révolutionnaires. Un gouvernement provisoire s'était établi à Bologne sous la direction du comte Pepoli, époux d'une fille de Murat. Ferrare et Modène s'étaient également révoltées. On répandait des proclamations où il était dit que le roi d'Italie existait, qu'il sortait « du sang de l'immortel Napoléon ». On invitait les populations à écraser

---

(1) *Documents inédits.*

les Autrichiens, et, dans plusieurs endroits, retentissait le cri fameux : « *Fuori i Tedeschi!...* » Le 19 février, contrairement aux prévisions de Metternich, l'émeute gagnait Parme, et Marie-Louise était réduite à s'enfuir à Casal-Maggiore. Cette nouvelle préoccupait vivement le cabinet autrichien. Or, le même jour, M. de Prokesch, ignorant les menées des bonapartistes, avait parlé à Metternich du désir exprimé par le duc de Reichstadt de courir au secours de sa mère. Il l'appuyait lui-même, en faisant valoir le mouvement naturel et généreux d'un fils. L'empereur François, lui aussi, n'avait pu cacher à Metternich combien une telle résolution l'avait touché. Le chancelier, ayant été obligé de combattre chez son souverain une sympathie très accentuée, avait cru trouver dans l'intervention subite de Prokesch une connexité voulue, une sorte de concert préparé à l'avance contre sa politique, ce qui était faux. Le 21 février, l'Empereur revit le duc de Reichstadt et le complimenta de nouveau sur son dévouement filial. Il se laissa même aller à exprimer encore une fois son manque de confiance dans la solidité du gouvernement de Louis-Philippe et à lui faire entrevoir sérieusement les plus hautes destinées. « L'Empereur, rapporte Prokesch, se plut à parler au jeune prince de la sensation que produirait, d'un bout à l'autre de la France, son apparition sur les frontières de ce pays. » Le jeune prince s'empressa de répéter ces paroles à son ami, et il ajouta que son grand-père s'était même écrié : « François, que n'as-tu quelques années de plus ? » Ces confidences, ces réflexions excitaient cette jeune âme, mais la faisaient plier ensuite comme sous un écrasant fardeau (1). Pour une nature aussi sensible, aussi délicate, c'était trop d'émotions. On allait bientôt s'en apercevoir.

Le maréchal Maison prévenait, le 21 février, son gouvernement de l'insurrection de Parme. Il donnait des éloges à la conduite de la duchesse et à la fermeté avec laquelle elle avait refusé de prêter l'oreille aux propositions de ses sujets insur-

---

(1) Voir Prokesch-Osten.

gés. Les troubles de Modène, de Bologne, de Ferrare, de Parme inquiétaient le maréchal. Il voyait bien l'intérêt de Louis-Philippe à s'opposer à toute révolution et à s'entendre avec le cabinet de Vienne pour empêcher le mouvement de s'étendre. Mais que deviendrait alors le principe sacré de non-intervention? La guerre lui paraissait donc le seul dénouement possible des questions qui venaient de compliquer la situation européenne. Quelques jours après, il parlait de la non-intervention à M. de Metternich, qui lui répondait nettement que, si la France posait ce principe d'une manière absolue, c'était, en effet, la guerre qu'elle allait déchaîner en Europe. Le maréchal Maison croyait pouvoir sortir des difficultés en proposant à l'Autriche de n'agir que momentanément sur le duché de Modène et de retirer ses troupes, dès que l'autorité du duc serait rétablie. Mais il ne hasardait cette proposition qu'à titre d'hypothèse. Ne croyant pas l'Autriche en état de faire utilement la guerre, il affirmait que le gouvernement français ferait respecter le principe de non-intervention partout où s'étendrait son influence. Metternich opposait à ces menaces la personnalité, redoutable pour la France, de Napoléon II. Il entrait avec Maison dans des détails confidentiels et peu rassurants, sur la part que la faction bonapartiste prenait aux affaires italiennes. « Il m'a dit, écrivait le maréchal à Sébastiani, qu'un homme, récemment parti de Paris pour Livourne, lui avait écrit de cette dernière ville une lettre dans laquelle cet individu lui anonçait qu'une légion de douze mille hommes allait être levée et organisée parmi les patriotes italiens; que le gouvernement autrichien ne devait point s'en alarmer, parce que le but de cet armement était dans les intérêts du petit-fils de l'Empereur et que l'expédition n'était dirigée que contre le gouvernement actuel de la France, où ce corps se porterait, dès qu'il se serait formé, pour y proclamer Napoléon II. Pour toute réponse, l'invitation avait été transmise au gouvernement toscan de faire arrêter le signataire de cette lettre, dans les papiers duquel on a trouvé, suivant M. de Metternich, tout le plan du mouvement contre notre gouvernement. » Le chancelier avait pris occasion d'inviter le maréchal Maison à appeler l'attention du cabinet des Tuileries « sur les intrigues buonapartistes tramées en France, et sur lesquelles il prétendait avoir des notions qui ne pouvaient laisser de doute sur leur existence ». Il avait ajouté que, « quant à l'insurrection libérale italienne, il était évident à ses yeux qu'elle émanait de Paris et de ce qu'il appelle la *faction*; et, pour répondre aux doutes que j'élevais sur la vérité de ses moyens, il me dit qu'il en avait les preuves et qu'il me les fournirait en faisant imprimer des pièces irrécusables qu'il avait entre les mains (1) ».

Le duc de Reichstadt ne pouvait se consoler du refus qu'on lui avait fait de le laisser aller au secours de sa mère à Parme. Il lui avait adressé une lettre pleine de cœur où il expliquait les motifs involontaires de son abstention. Il retourna auprès de son grand-père. Il insista, mais en vain. Jamais Prokesch ne l'avait vu si tourmenté. Des pleurs s'échappaient de ses yeux. Son ami, lui reprochant cette fièvre maladive, cette ardeur exagérée, l'invita à triompher de lui-même et à se remettre à ses études. « Le temps est trop court, répondit le jeune prince. Il marche trop rapidement pour le perdre en longs travaux préparatoires. Le moment de l'action n'est-il pas évidemment venu pour moi ? » Il croyait, en effet, que l'heure était arrivée d'agir à tout prix. Il cherchait les moyens secrets de s'enfuir. Après l'échec de la tentative faite pour maintenir la branche aînée des Bourbons, le fils de l'Empereur n'offrait-il pas des garanties plus solides que le duc d'Orléans ? Et, en admettant que les puissances se fussent trouvées dans la nécessité de faire à la Révolution cette concession, ne savaient-elles pas elles-mêmes que cette concession était vaine ? Puis, de cette impatience d'agir au plus vite, le duc retombait aussitôt dans un découragement complet, une extraordinaire défiance de lui-même. Ces transitions si brusques de l'espérance à la désillusion, de la confiance à l'abandon, le rongeaient, le

---

(1) **Documents inédits.**

minaient. Il aurait tant voulu se faire connaître à tous, se révéler par des paroles et encore plus par des actes! Mais il était prisonnier. La moindre de ses démarches était surveillée et commentée. « J'avais le sentiment, dit Prokesch qui voyait juste, que l'espèce de séquestration dans laquelle le prince de Metternich, lié de son côté par les engagements contractés à l'égard des puissances, tenait le duc, devait causer à celui-ci un chagrin décevant et mortel. » La raison pour laquelle le chancelier n'avait pas voulu que le duc allât à Parme, c'est qu'il redoutait que sa seule apparition ne provoquât en sa faveur une manifestation immense. Les deux fils de Louis Bonaparte s'étaient déjà jetés dans la mêlée, c'est-à-dire dans l'insurrection des Romagnes. De nombreux partisans prêchaient et soutenaient partout la cause napoléonienne. Si le fils de Napoléon eût tiré l'épée, il eût été certainement proclamé empereur ou roi, sous le nom de Napoléon II.

Le 5 mars, Metternich, qui voulait enrayer à tout prix un mouvement dont il redoutait l'extension et les conséquences, dit au maréchal Maison que la France et l'Autriche pouvaient, si elles le voulaient, devenir « les médecins de l'Europe ». Dissertant sur le caractère de la révolution italienne, il persistait à la présenter comme faite dans des vues bien plus bonapartistes que libérales. « Et, sur ce que je manifestais des doutes à cet égard, il reprit avec force qu'il s'étonnait que je voulusse contester une chose dont il avait les preuves les plus évidentes. » « Que direz-vous, poursuivit-il, lorsque vous saurez que les fils de Louis Bonaparte, appelés par les insurgés, se sont sauvés de Florence malgré les prières et les supplications de leurs parents, pour aller se mettre à la tête du mouvement (1), et que nous avons ici des envoyés bolonais qui nous

---

(1) Charles-Louis Napoléon et Louis Napoléon avaient été organiser la défense des révoltés italiens depuis Foligno jusqu'à Civitta Castellana. Cédant aux instances de Louis Bonaparte et de la reine Hortense, ils revinrent à Bologne, espérant que le gouvernement français ferait quelque chose en faveur des insurgés. Le prince Charles-Louis succomba le 17 mars à Forli, et le prince Louis-Napoléon se réfugia à Ancône, d'où il s'échappa difficilement pour gagner l'Angleterre et revenir en Suisse.

demandent de leur donner le duc de Reichstadt pour en faire un roi de Rome, ou de les réunir à la monarchie autrichienne? — Ici, déclarait Maison à Sébastiani, j'arrêtai le ministre pour lui dire que nous ne souffririons ni l'une ni l'autre de ces combinaisons. — Cela peut être, me dit-il, mais nous n'en voulons pas nous-mêmes. L'Empereur ne veut ni donner son petit-fils, ni s'agrandir aux dépens du Souverain Pontife ; il ne désire que la paix et le maintien de ce qui est (1). » Une note, émanant de l'empereur d'Autriche et adressée au comte Appony, constate, à la date du 18 mars, que l'exemple de ce qui se passait alors en Belgique devait prouver à la France que, par la conduite de l'Autriche en Italie, le souverain rendait non seulement « le premier des services au repos du monde », mais un service très direct au roi Louis-Philippe (2). Un émissaire de Joseph Bonaparte, le peintre Goubeaux, avait affirmé à Metternich, dès le mois de janvier 1831, que l'armée et le ministère français étaient décidés à agir en faveur du fils de Napoléon, et que si le duc se fût déclaré, c'en était fait de Louis-Philippe. Le commandant de Strasbourg l'eût aussitôt proclamé empereur. La mission de Goubeaux était d'enlever le prince et de le conduire en France. Traqué, serré de près par la police, il dut renoncer à son projet. Le chevalier de Prokesch était lui-même l'objet de défiances sévères. Il fut question un moment de l'envoyer en mission secrète auprès de Louis-Philippe, mais Metternich s'y opposa, de crainte qu'à Paris il ne travaillât dans les intérêts du duc de Reichstadt. Le chancelier en était si préoccupé qu'il n'avait consenti aux relations de Marmont avec le duc que dans l'espoir de voir le maréchal réagir contre une influence exclusive. Sans doute, Metternich avait vu jadis quelques avantages à laisser le duc aspirer à l'Empire, mais il avait pris des engagements rigoureux avec les alliés, et il devait les tenir. Il n'ignorait pas qu'on discutait ouvertement dans les salons de Vienne les chances du fils de Napoléon au trône ; il faisait semblant de ne pas le

---

(1) *Documents inédits.*
(2) *Ibid.*

savoir, parce que toutes ces combinaisons n'entraient pas dans sa politique.

On crut un moment que le duc de Reichstadt prendrait goût à la vie mondaine et à ses distractions. L'accueil qu'il avait reçu au bal de lord Cowley, à celui du prince de Metternich et dans d'autres réunions, était fait pour le charmer et l'encourager. « Sa tournure pleine de grâce, la beauté de ses traits, son esprit, l'aisance avec laquelle il s'exprimait, rapporte Prokesch, l'élégance de ses manières et de ses vêtements et, par-dessus tout, sa destinée attiraient à lui tous les cœurs. » Les femmes de la cour lui témoignaient une bienveillance particulière. On peut dire qu'il la méritait par sa courtoisie et sa distinction. Le duc avait remarqué entre autres une charmante comtesse, pleine d'esprit et de beauté. Elle l'avait un moment captivé, et il s'était fait son chevalier. Le comte Maurice Esterhazy, brillant secrétaire d'ambassade avec lequel il s'était lié, l'avait encouragé dans ses idées un peu romanesques. Une mission à Naples enleva bientôt le comte au duc de Reichstadt, ce qui les peina tous deux (1).

Le chevalier de Prokesch croyait que, dans la période orageuse de luttes et de déceptions où se trouvait alors le prince, rien de plus heureux n'aurait pu lui arriver qu'une liaison honorable avec une femme spirituelle et d'âme élevée. Mais il s'opposa à son inclination pour la belle comtesse, car il craignait que cette jeune femme, élevée dans les boudoirs et les salons luxueux du grand monde, « au lieu de donner au caractère du duc une trempe plus solide encore et de nourrir son esprit de glorieux projets, ne le fît descendre jusqu'à la médiocrité, *cette rouille de l'existence...* ». Le prince se lassa vite de ce caprice et de cette liaison, qui se bornaient à des badinages dans les bals et les réunions. Elle ne donna lieu, de sa part, qu'à une petite escapade dont le but était de prouver

---

(1) On a parlé de relations intimes du duc avec l'infant don Miguel, de 1824 à 1827. Ces relations se sont bornées à quelques visites banales. Le caractère ignoble de don Miguel ne pouvait avoir la moindre affinité avec la nature délicate du fils de Napoléon.

qu'il pouvait à l'occasion tromper une étroite surveillance. Un soir, ayant pris un masque, il suivit secrètement, avec le comte Esterhazy masqué lui-même, la comtesse à laquelle il dévouait ses hommages. Lui et son compagnon pénétrèrent dans son hôtel, où se donnait précisément un bal travesti. Ils s'amusèrent à y prendre part, et, connus seulement de la maîtresse de la maison, ils demeurèrent pour tous les invités de véritables énigmes.

Le comte de Dietrichstein avait reçu, vers cette même époque, une lettre d'une jolie femme de la Cour, chanoinesse et d'origine polonaise, qui s'était fort éprise du duc de Reichstadt. Elle lui disait qu'elle voyait souvent, et avec un plaisir extrême, « un jeune homme auquel la nature semblait avoir empreint l'aristocratie du génie. Esprit, profondeur, finesse, raison, nobles sentiments, grâces extérieures, disait-elle, voilà plus de qualités qu'il n'en faut à un héros de roman ! » Elle ajoutait seulement : « C'est un aigle élevé dans un poulailler », et, avec une ironie plus cruelle : « Au reste, on ne comprend pas les aigles dans le pays où vous êtes. » Elle appréciait sa réelle valeur : « Sa nature généreuse l'empêchera de ramper. Il peut vivre encore longtemps dans une cage, mais il ne se laissera jamais couper les ailes par qui que ce soit. » Le jeune prince n'eut jamais connaissance de cette lettre (1), et les gracieuses avances de la belle chanoinesse demeurèrent inaperçues de lui. M. de Prokesch, auquel le duc communiquait toutes ses impressions sur le monde et ses plaisirs, lui faisait d'ailleurs considérer que des préoccupations médiocres le détourneraient de ses devoirs et compromettraient son avenir. Il lui répétait que tout homme qui aspire à remplir dignement un rôle élevé doit commencer par se maîtriser lui-même. Et lui parlant le langage qui convenait à un prince, il résumait ainsi très heureusement son impression sur sa personne : « Il appartenait trop à l'histoire pour qu'il lui fût permis de faire du roman. » Le duc approuva son ami et l'écouta.

(1) *Journal du maréchal de Castellane*, t. II.

Voilà simplement à quoi se réduisent les aventures du duc de Reichstadt. Je n'ignore pas que d'autres bruits ont couru sur ce sujet et qu'on a prêté au jeune prince des romans bien étranges (1). On s'est trompé. L'ambition, la gloire, telles ont été ses passions maîtresses. Ses goûts ardents pour les splendeurs du trône et pour l'honneur des armes ne lui laissaient guère le temps de songer à d'autres désirs. Son culte pour la mémoire d'un père dont il voulait consacrer le nom par ses propres exploits, le dédain des vulgarités et des banalités, enfin son amour pour l'étude et sa raison déjà mûre l'avaient heureusement préservé de la séduction et de l'ascendant des femmes frivoles.

(1) Les romanciers et les auteurs dramatiques les ont exploités, à commencer par Alexandre Dumas dans les *Mohicans de Paris*.

CHAPITRE XVIII

LA MALADIE DU DUC DE REICHSTADT.

Malgré les énergiques déclarations de Maison et de Sébastiani, le gouvernement de Louis-Philippe n'avait pas maintenu *sine quâ non* le principe de non-intervention dans les affaires d'Italie. Les Autrichiens pénétrèrent dans les États pontificaux et dans le duché de Modène et réprimèrent les tentatives d'insurrection. Marie-Louise revint sans peine de Florence à Parme. Le mouvement qui aurait pu en Italie donner le pouvoir à Napoléon II avait complètement avorté. Cela n'empêchait pas M. de Metternich et certains de ses amis, comme M. de Dalberg, de blâmer énergiquement Louis-Philippe de préparer à son insu une restauration napoléonienne. Ainsi, le 12 avril 1831, M. de Dalberg reprochait à Casimir Périer de rétablir la statue de Napoléon sur la colonne Vendôme (1). « Le parti bonapartiste, écrivait-il au prince de Talleyrand, dirigé par les républicains et les anarchistes, va prendre une nouvelle force. Il exigera la rentrée de toute la famille Bonaparte, et elle servira à des intrigues dont le gouvernement ne sera pas le maître... » Le duc de Dalberg déclarait que si Louis-Philippe avait maintenu le principe de non-intervention dans les affaires d'Italie, « le prince était prêt à se servir du duc de Reichstadt pour augmenter les dissensions en France. Prenez cela pour positif (2) ». Le 3 mai, le duc de Dalberg

(1) Dans son rapport au Roi, Casimir Périer avait dit que l'histoire ne séparerait pas le nom du grand capitaine, dont le génie avait présidé aux victoires de nos légions, du monarque habile qui avait fait succéder l'ordre à l'anarchie, rendu aux cultes leurs autels et donné à la société un Code immortel.

(2) *Mémoires de Talleyrand*, tome IV. On voit que ce renseignement était

était plus inquiet encore. Il affirmait que M. de Sémonville croyait « au rappel du petit aiglon, qui ne tiendra pas plus, à ce qu'il croit, mais qui laissera le champ libre à d'autres prétendants. J'ai la presque certitude, ajoutait-il, que pendant qu'on menaçait l'Autriche d'une guerre en Italie, le parti bonapartiste remuant avait obtenu des assurances de secours. » Étant données les relations de Dalberg et de Metternich, on peut croire maintenant que le chancelier était prêt à jouer sa carte sur Napoléon II et que le gouvernement de Louis-Philippe a risqué gros jeu. Le 10 mai, M. de Dalberg se montrait beaucoup plus pessimiste. « Le bonapartisme, assurait-il, est à présent la couleur sur laquelle on travaille. On s'en sert pour agir sur l'armée et sur les classes inférieures... Le gouvernement a tort de ne pas mieux éclairer l'opinion qu'elle ne l'est sur le régime impérial. Tout le monde se fait bonapartiste, parce que le Palais-Royal et sa camarilla n'ont des égards que pour ce parti. Il en résulte qu'il prend de la consistance. Mauguin disait, il y a quelques jours, à un homme de qui je le tiens : « Il nous faut un gouvernement provisoire et « une régence au nom du duc de Reichstadt (1). » Le prince de Talleyrand, alors ambassadeur à Londres, témoignait de respectueux égards à la reine Hortense, qui était venue lui demander un passeport pour traverser la France. Il le disait en ces termes et avec ces réserves diplomatiques : « Si je crois maintenant, comme en 1814, la politique napoléonienne dangereuse pour mon pays, je ne peux pas oublier ce que je dois à l'empereur Napoléon, et c'est une raison suffisante pour témoigner toujours aux membres de sa famille un intérêt fondé sur la reconnaissance, mais qui ne peut avoir d'influence sur mes sentiments politiques (2). » Seize ans avaient paru dissiper les colères et les rancunes de Talleyrand, et c'est avec une

---

fondé. — « La personne du jeune Napoléon a été entre les mains de l'Autriche tour à tour un objet de terreur pour elle-même et un épouvantail pour la France et la Restauration. » Le *Constitutionnel*, qui écrivait ces lignes en 1832, aurait pu ajouter : « et pour la monarchie de Juillet ».

(1) *Mémoires de Talleyrand*, tome IV.
(2) *Ibid.*

douceur émue qu'il parlait aujourd'hui de sa reconnaissance envers Napoléon. Louis-Philippe, ainsi que plusieurs de ses partisans, n'étaient pas moins respectueux que lui d'une si grande mémoire. Et cela exaspérait M. de Dalberg, qui trouvait inexplicable le goût du Roi pour « ces gens », lui qui avait autrefois adulé l'Empereur comme le plus fervent de ses courtisans.

« Le bonapartisme si vivace en 1820 et 1821, dit M. Thureau-Dangin, qui a parfaitement élucidé ce point particulier (1), avait semblé s'assoupir vers la fin de la Restauration. Les journées de Juillet le réveillèrent, et l'on put se demander si la réapparition du drapeau tricolore ne serait pas le signal de sa revanche. Il ne se trouva pas, sans doute, assez organisé pour proposer son candidat au trône vacant ; mais partout ce fut comme une efflorescence de napoléonisme. On crut pouvoir d'autant plus impunément le laisser se produire qu'aucun prétendant ne paraissait en mesure d'en recueillir immédiatement le profit. La littérature grande et petite cherchait là son inspiration, et Victor Hugo menait le chœur nombreux et bruyant de l'impérialisme poétique, pendant que Barbier demeurait à peu près seul à protester contre « l'idole ». Il n'était pas de théâtre où l'on ne mît en scène Napoléon, à tous les âges et dans toutes les postures. Qui se fût promené dans Paris en regardant aux vitrines des marchands de gravures ou de statuettes, en feuilletant les brochures, en écoutant les chansons populaires ou les harangues de carrefour, eût pu supposer que la révolution de 1830 venait de restaurer la dynastie impériale... Dans cette effervescence bonapartiste, l'opposition vit comme une force sans emploi, dont elle crut habile de s'emparer. Elle s'en servit surtout dans les questions étrangères, ne fût-ce qu'en humiliant, par les souvenirs impériaux, les débuts nécessairement un peu timides de la nouvelle monarchie. Ses meneurs se réclamaient des Cent-jours, au moins autant que de 1789 et de 1792 ; et chez beau-

(1) Voir l'*Histoire de la monarchie de Juillet*, tome I, p. 445. — Voir aussi THIRRIA, *Napoléon III avant l'Empire*, tome I, p. 24 à 27. — Librairie Plon.

coup d'entre eux, on serait embarrassé de dire ce qui prévalait, de la prétention libérale ou de la dévotion napoléonienne. » Les sentiments étaient les mêmes dans la presse. Une feuille qui avait pour gérant M. Antony Thouret, la *Révolution*, soutenait, comme la *Tribune*, la cause du fils de l'Empereur. « Elle demandait l'appel au peuple et déclarait que Napoléon II serait seul capable de donner les institutions républicaines promises dans le prétendu programme de l'Hôtel de ville. » Le duc de Reichstadt ignorait l'action des bonapartistes, car une surveillance rigoureuse empêchait, comme je l'ai dit, les bruits du dehors de parvenir jusqu'à lui. Les nouvelles de France surtout lui étaient cachées ou travesties. Le prince de Metternich, qui ne supportait qu'avec une impatience manifeste la présence de M. de Prokesch à Vienne et qui le soupçonnait d'exciter les désirs du jeune prince, le fit appeler un jour et lui apprit que l'Empereur tenait à lui confier une mission importante. Il s'agissait d'aller à Bologne auprès du cardinal Oppizoni, gouverneur pontifical, faire prévaloir l'influence et les volontés de l'Autriche. De son côté, Prokesch, qui endurait mal les défiances de Metternich au sujet de ses relations avec le fils de Napoléon, n'hésita pas à accepter cette mission temporaire, afin de prouver une fois de plus qu'il était dévoué à l'Empereur et à son pays. Il avertit son jeune ami de son prochain départ. Le duc lui écrivit une lettre touchante. Les épreuves et le malheur l'avaient réellement grandi et mûri. Ils lui avaient donné une dignité, un sérieux remarquables. Cette lettre, que je tiens à citer en entier, montrera combien le prince a été mal compris et mal jugé. Ce n'est point d'un cerveau atrophié que sortent des pensées aussi graves :

« Depuis le commencement de notre amitié, écrivait le duc à la date du 31 mars 1831, c'est aujourd'hui pour la première fois que nous nous séparons pour un temps considérable. Des jours riches en faits, pleins de grands événements, s'écouleront peut-être avant le moment où nous nous reverrons. Peut-être aussi, à mesure que je compterai les grains de mon sablier, l'avenir viendra-t-il m'inviter à remplir de plus lourds devoirs; peut-être encore les lois de l'honneur, la voix du destin exigeront-ils de moi le plus cruel des sacrifices en m'imposant de renoncer aux plus ardents désirs de ma jeunesse, au moment même où la probabilité de leur réalisation m'apparaissait parée des plus brillantes couleurs. » Mais, quelle que fût la situation que le sort lui réservait, le duc priait son ami de compter toujours sur lui, car la reconnaissance et l'affection l'attachaient à jamais à sa personne. « Le soin que vous avez pris de mon instruction militaire, la loyauté de vos conseils, la confiance que vous m'avez accordée, la sympathie qui existe entre nos caractères, vous seront un gage de ces sentiments. » Il lui offrait, à titre de souvenir, sa propre montre, où il avait fait graver son nom et la date du jour de l'envoi. « L'amitié ne regarde pas à la valeur matérielle d'un cadeau reçu en souvenir, mais uniquement à la valeur que lui donne le cœur. Prenez donc cette montre. C'est la première que j'ai portée; depuis six ans elle ne m'a jamais quitté. Puisse-t-elle marquer pour vous des heures bien heureuses! Puisse-t-elle bientôt vous indiquer le moment où sonnera l'heure de la gloire! Mais, en l'interrogeant, souvenez-vous que vous fûtes le premier qui m'ayez fait connaître le prix réel du temps et qui m'avez appris à savoir attendre. » Il lui parlait, en homme et en connaisseur, de sa mission à Bologne, où il s'agissait d'arrêter les mouvements séditieux qui devaient compromettre le repos de toute l'Italie. « Si je comprends bien l'objet de la mission que vous êtes appelé à remplir, il ne s'agit point ici d'un poste digne de vos capacités. Quoi qu'il en soit, pour vous qui connaissez les hommes et qui étudiez le monde, ce poste aura l'avantage de vous fournir les moyens de pénétrer la véritable nature de ces mouvements révolutionnaires et leur enchaînement, de juger des forces du pays dans l'avenir. » Le prince laissait entendre ainsi à Prokesch qu'il était bon de se renseigner sur les véritables aspirations de l'Italie et de savoir si réellement elle faisait appel au fils de Napoléon et si elle était capable de le soutenir. Il félicitait enfin son ami de fouler « ce sol classique, berceau d'une puissance et d'une grandeur presque uniques dans l'histoire ». En traçant ces dernières lignes, il se souvenait d'avoir reçu et d'avoir porté seul le nom de roi de Rome... Enfin, il promettait à Prokesch d'écrire bientôt à sa mère avec tout l'enthousiasme et toute la chaleur qu'il avait su lui inspirer. Telle était cette lettre qui révèle la générosité et l'élévation de cette jeune et poétique nature. M. de Prokesch, en lui faisant de tristes adieux, lui offrit à son tour un fusil albanais que lui avait remis autrefois Ibrahim-Pacha. Le duc ne voulut pas demeurer en reste et donna encore à son ami un dessin de lui, un lavis au bistre, qui représentait fidèlement un des chevaux arabes de son père (1). Les deux amis se séparèrent sans se promettre de s'écrire, car ils savaient qu'ils n'avaient pas besoin du lien fragile de la correspondance pour demeurer étroitement unis. M. de Prokesch quitta Vienne dans les premiers jours d'avril, laissant le duc dans un état de santé assez précaire.

Au mois de mai de l'année précédente, le docteur Malfatti, un des meilleurs médecins de Vienne, avait été appelé auprès du prince par le comte de Dietrichstein, qui s'inquiétait de sa croissance, de légers maux de gorge et d'une toux fréquente. Le docteur Staudenheim, qui l'avait soigné plusieurs fois, lui trouvait une prédisposition à la phtisie de la trachée artère. Le duc de Reichstadt n'avait point d'appétit; il mangeait peu et digérait difficilement. Comme le prince, ayant terminé son éducation, allait se consacrer à l'état militaire et avait obtenu de son grand-père l'autorisation de commander un régiment, le docteur Malfatti crut devoir prévenir François II et Marie-Louise des dangers auxquels le jeune homme allait s'exposer à cause des variations atmosphériques ou des efforts de voix nécessités par le service. Le rapport confidentiel remis à Sa Majesté constatait que, par suite d'une croissance extraordinaire et d'une disproportion remarquable dans le développe-

---

(1) La reproduction qu'on en a faite montre un crayon sûr et énergique.

ment physique, le duc était dans un état général inquiétant, surtout à l'égard de la poitrine. Il fallait veiller au moindre accident, car toute maladie accessoire serait dangereuse, soit pour le présent, soit pour l'avenir. Le docteur conseillait donc au jeune malade d'éviter les grands efforts et particulièrement ceux de la voix, et de prendre garde aux refroidissements. Pour lui éviter tout péril, la vigilance devait être très grande, car sa nature ardente était naturellement difficile à modérer. L'Empereur tint compte des observations si judicieuses du docteur Malfatti et différa de six mois l'entrée au service militaire de son petit-fils. Grâce à des soins assidus et intelligents, les symptômes inquiétants disparurent, et l'hiver se passa sans accidents. Mais, au mois d'avril, le duc, se croyant guéri, demanda à accomplir ses devoirs militaires. L'Empereur eut tort d'accéder à sa demande, car le jeune lieutenant-colonel en abusa aussitôt.

Dès ce moment, — c'est le docteur Malfatti qui le rapporte, — il rejeta les conseils de l'art, et il se lança à corps perdu et comme un fou dans tous les exercices de guerre, s'imposant un labeur excessif. Plus d'une fois Malfatti le surprit à la caserne dans un état de fatigue extrême. Un jour, il le trouva étendu sur un canapé, exténué et presque défaillant. Comme il lui reprochait son imprudence : « J'en veux, dit le duc, à ce misérable corps qui ne peut pas suivre la volonté de mon âme ! — Il est fâcheux, répliqua le docteur, que Votre Altesse n'ait pas la faculté de changer de corps comme elle change de chevaux quand elle les a fatigués ; mais je vous en conjure, monseigneur, faites attention que vous avez une âme de fer dans un corps de cristal et que l'abus de la volonté peut vous être funeste. » Sa vie, comme le constatait Malfatti, était un véritable procédé de combustion. Le prince dormait à peine quatre heures ; il ne mangeait presque pas. Il ne s'occupait que d'exercices militaires. Ses organes, sauf cérébraux, qui étaient sains et parfaitement développés, étaient comme frappés de caducité. Il maigrissait et son teint devenait livide. Il allait être atteint bientôt d'une forte fièvre catarrhale qui devait attrister ses parents et ses amis.

Le duc faisait partie du régiment hongrois de Giulay, en garnison à Vienne. Lieutenant-colonel, il dirigeait activement son bataillon à la caserne et au champ de manœuvres. M. de Prokesch s'étonnait que l'on ne s'inquiétât pas assez de sa santé précaire et que l'on ne remarquât pas que parfois, dans les commandements, sa voix affaiblie se brisait tout à coup (1). Il est vrai qu'il n'était pas facile de faire plier la volonté de ce fougueux adolescent. « Il s'irritait contre sa constitution physique, voulait forcer son corps à lui obéir ni plus ni moins que les chevaux qu'il domptait pendant les exercices d'équitation, auxquels il donnait par jour plusieurs heures. » Aussi l'influence que le jeune commandant exerçait sur ses soldats était-elle surprenante. Le capitaine de Moll a raconté plus tard au chevalier de Prokesch que, passant un jour en revue son bataillon, « l'air profondément grave de ses traits juvéniles et son attitude martiale firent une si puissante impression sur les troupes, accoutumées cependant à un silence complet, à une immobilité absolue, qu'elles éclatèrent en acclamations bruyantes et prolongées ». Ce fut sa première et en même temps sa dernière joie militaire. La fièvre le prit au mois d'août et préoccupa tellement Malfatti qu'il en fit un nouveau rapport à l'Empereur. A ce moment même le choléra régnait à Vienne, et, dans la situation critique du prince, la moindre atteinte du mal pouvait le tuer. Ne craignant rien pour lui et d'une bravoure à toute épreuve, le duc de Reichstadt ne voulait pas s'éloigner de la caserne, lorsque François II, cédant enfin aux avertissements du docteur, lui intima l'ordre de se rendre immédiatement à Schœnbrunn. Le duc s'inclina, obéit, mais en s'éloignant dit à Malfatti avec colère : « C'est donc vous qui me mettez aux arrêts ! » Ce repos obligatoire lui fit cependant le plus grand bien. Ses forces se rétablirent au bout de deux mois. Il retrouva l'appétit et le sommeil. Il reconnut lui-même que le docteur avait

---

(1) C'est ce que rapporte le docteur Herrmann Rollet, qui a été témoin de ce fait. (*Neue Beiträge zur Chronik der Stadt Baden.*)

eu raison de lui imposer ce régime, et il alla l'en remercier à Hietzing, où il demeurait, le priant gracieusement d'oublier un moment de rancune. Malfatti aimait à causer avec lui. Il l'observait, il étudiait ce jeune prince si intéressant. Il avait découvert en lui, comme trait caractéristique, une aptitude singulière à sonder le cœur de l'homme et à en faire jaillir la vérité, grâce à d'habiles questions.

L'exactitude de ses jugements sur des personnes qui avaient cependant grand soin de dissimuler leur caractère était merveilleuse. Le docteur Malfatti avait en outre constaté de l'analogie entre son organisation physique et son organisation morale : d'une part, sa charpente osseuse était encore soumise à une maladie de l'adolescence, tandis que ses organes cérébraux avaient acquis la régularité et le développement d'un homme remarquablement constitué ; d'autre part, ses joies et ses désirs participaient aux joies et aux désirs de la jeunesse, tandis que ses observations, faites avec froideur et désillusion, étaient plutôt d'un âge mûr. Ces dispositions constituaient un dualisme très marqué (1).

Le docteur et le prince s'entretenaient souvent de littérature. D'un naturel porté à la mélancolie, le duc de Reichstadt avait beaucoup de goût pour les œuvres de Byron. Il n'avait d'ailleurs pas oublié son fameux dithyrambe sur la *Mort de Napoléon*. « Il y a dans ce grand poète, disait-il, un profond mystère, quelque chose de ténébreux qui répond aux dispositions de mon âme. Ma pensée se plaît à s'identifier avec la sienne. » Malfatti admirait, lui aussi, ce génie, mais il lui trouvait trop de doute et de désespoir. Il considérait que Lamartine avait mieux jugé l'homme et sa destinée et que, dans son *Épître à Byron*, le poète français avait montré la beauté des plans divins, la grandeur de leurs mystères, la nécessité de la souffrance. Il avait détruit les paradoxes du poète anglais et dissipé tout ce que son désespoir offrait d'artificiel et d'ambitieux. Il avait regardé l'œuvre de Dieu et en offrait reconnu

(1) Voir les *Rapports du docteur Malfatti*, publiés par M. DE MONTBEL.

l'immensité sublime. Le duc demanda les poésies de Lamartine, qu'il ne connaissait pas. Il les lut et les admira. Il voulut même devant Malfatti relire l'épître à lord Byron, mais lorsqu'il arriva au célèbre passage :

> Courage, enfant déchu d'une race divine...

sa voix s'altéra et il s'émut... Malfatti l'encouragea cependant à se nourrir de ces pensées grandioses et à élever son âme au contact de pareilles œuvres.

Le duc aimait aussi à lire les chants d'Ossian, surtout par respect pour la mémoire de son père, qui avait un culte pour le barde écossais. Il se plaisait également dans la lecture du Tasse et savait par cœur des fragments de la *Jérusalem délivrée*. Son précepteur, Mathieu Collin, l'avait initié aux beautés des tragiques français et allemands. Le prince appréciait en connaisseur le mâle génie de Corneille et les vers harmonieux de Racine. Il affectionnait surtout la tragédie d'*Andromaque*, se rappelant combien son père avait redouté pour lui le triste sort d'Astyanax. Le duc savait que l'Europe avait peur de lui, et que plus d'un prince daignait conspirer la mort d'un enfant. Il trouvait une allusion vivante dans ce passage :

> Oui, les Grecs sur le fils persécutent le père.
> Il a par trop de sang acheté leur colère !

Il cherchait en vain auprès de lui une mère, glorieuse du passé et soucieuse de ses destinées futures ; il ne relisait pas sans la plus vive émotion les vers où Andromaque rappelle la dernière prière du héros qui lui laissait son fils pour gage de sa foi et la suppliait de montrer à cet enfant à quel point elle chérissait son père... Ces rapprochements saisissants s'imposaient d'eux-mêmes à son esprit.

Ce qu'il tenait à trouver dans les œuvres placées sous ses yeux, c'était tout ce qui se rapportait directement ou indirectement à son état, à sa situation. Il était le premier à faire naître les allusions et à les rechercher. Il avait cru un moment qu'il serait roi des Belges, car toute autre destinée que celle d'un monarque lui semblait indigne du fils de Napoléon. Des enthousiastes avaient songé à lui. Son nom, comme je l'ai rappelé plus haut, avait été prononcé en France, en Autriche et ailleurs. Mais le gouvernement de Juillet était disposé à la guerre plutôt que d'accepter ce jeune prince comme roi des Belges. « Nous ne souffrirons jamais, avait dit Casimir Périer, qu'un membre de la famille Bonaparte règne aux portes de la France, ni que Bruxelles soit un foyer de révolution. » La conférence de Londres, admise par l'Angleterre, l'Autriche et la Russie, devait, après bien des vicissitudes, dénouer une situation tendue, apaiser les menaces d'une guerre qui aurait embrasé l'Europe, détruire les intrigues de certains agitateurs en rapport avec les bonapartistes de Paris, écarter le choix du prince d'Orange que soutenait le tsar en raison de sa parenté avec ce prince, amener la séparation définitive de la Belgique d'avec la Hollande, grâce à l'habileté de Talleyrand, qui négocia malgré les difficultés incessantes amenées par le parti révolutionnaire, si bien qu'à tout instant on lui demandait : « Votre gouvernement existe-t-il encore à l'heure qu'il est (1)? » Enfin le Congrès belge, qui avait d'abord élu le duc de Nemours, ce qui constituait une nouvelle menace de guerre, choisit, après le refus de Louis-Philippe, le prince Léopold de Saxe-Cobourg. Pour diminuer les regrets de ceux qui auraient voulu le duc de Nemours, le prince épousa la fille aînée du roi des Français, celui que M. de Dalberg appelait insolemment « le roi du jacobinisme ». C'en était fait de l'une des plus chères illusions du duc de Reichstadt. Les manifestations parisiennes que relève encore à cette époque M. Thureau-Dangin (2) n'aboutirent à aucun résultat sérieux. « Le 9 mai 1831, les républicains avaient organisé un banquet aux *Vendanges de Bourgogne*, pour célébrer le récent acquittement

---

(1) A la princesse de Lieven, qui appellera devant lui le gouvernement de Juillet « une flagrante usurpation », Talleyrand aura l'esprit de répondre : « Vous avez raison, madame. Seulement, ce qui est à regretter, c'est qu'elle n'ait pas eu lieu quinze ans plus tôt, comme le désirait et le voulait l'empereur Alexandre, votre maître ! »

(2) *Histoire de la monarchie de Juillet*, t. I, p. 448, 449.

de Godefroy Cavaignac et de ses amis. Le repas terminé, les convives se dirigèrent processionnellement, au chant de la *Marseillaise*, vers la place Vendôme, entourèrent la colonne et se livrèrent, en l'honneur du grand homme, à des danses patriotiques accompagnées de chants séditieux. C'était, pour eux, un lieu habituel de pèlerinage. Quelques jours auparavant, le 5 mai, anniversaire de la mort de l'Empereur, la grille et la base du monument avaient été surchargées de couronnes; le gouvernement les ayant fait enlever, à cause des attroupements qui en résultaient, il y eut une tentative d'émeute où l'on acclama la République, tout en distribuant des portraits du duc de Reichstadt. Lors des émeutes de septembre, après la chute de Varsovie, on criait : « Vive l'Empereur! » en même temps que : « Vive la République! » et « Vive la Pologne! » Plusieurs chefs du parti républicain s'entendaient avec Joseph Bonaparte pour entamer une lutte commune contre la monarchie de Juillet. Le nom de Napoléon II n'était en réalité qu'un prétexte à émeutes, et le duc de Reichstadt ne s'y trompait pas. Mais il ne voulait pas devoir son élévation à des mouvements révolutionnaires.

Un poète, dont le nom commençait à devenir célèbre, avait foi dans l'avenir du fils de Napoléon. Il écrivait, à cette époque, à Joseph Bonaparte, qui s'était mis en relation avec lui par l'entremise d'un sieur Poinnet, une lettre qui mérite d'être reproduite ici (1) :

« Sire,

« Votre lettre m'a profondément touché. Je manque d'expressions pour remercier Votre Majesté. Je n'ai pas oublié, Sire, que mon père a été votre ami. C'est aussi le mot dont il se servait. J'ai été pénétré de reconnaissance et de joie en le retrouvant sous la plume de Votre Majesté. J'ai vu M. Poinnet. Il m'a paru, en effet, un homme de réelle distinction. Au reste, Sire, vous êtes et vous avez toujours été bon juge. J'ai

(1) Elle a été publiée récemment dans la *Correspondance de Victor Hugo*, chez Calmann Levy, 1 vol. in-8°, 1896.

causé à cœur ouvert avec M. Poinnet. Il vous dira mes espérances, mes vœux, toute ma pensée. Je crois qu'il y a dans l'avenir des événements certains, calculables, nécessaires, que la destinée amènerait à elle seule ; mais il est bon quelquefois que la main de l'homme aide un peu la force des choses. La Providence a d'ordinaire le pas lent. On peut le hâter. C'est parce que je suis dévoué à la France, dévoué à la liberté, que j'ai foi en l'avenir de votre royal neveu. Il peut servir grandement la patrie. S'il donnait, comme je n'en doute pas, toutes les garanties nécessaires aux idées d'émancipation, de progrès et de liberté, personne ne se rallierait à cet ordre de choses nouveau plus cordialement et plus ardemment que moi ; et, avec moi, Sire, j'oserais m'en faire garant en son nom, toute la jeunesse de la France, qui vénère le nom de l'Empereur, et sur laquelle, tout obscur que je suis, j'ai peut-être quelque influence. C'est sur la jeunesse qu'il faudrait s'appuyer maintenant, Sire. Les anciens hommes de l'Empire ont été ingrats ou sont usés. La jeunesse fait tout aujourd'hui en France. Elle porte en elle l'avenir du pays, et elle le sait. Je recevrai avec reconnaissance les documents précieux que Votre Majesté a l'intention de me faire remettre par M. Presle. Je crois que Votre Majesté peut immensément pour le fils de l'Empereur... »

Le poète savait que le roi Joseph aimait et cultivait les lettres, et il estimait son suffrage glorieux. Aussi lui adressait-il son dernier volume où se trouvait le nom de l'Empereur. « Je le mets partout, disait-il, parce que je le vois partout. Si Votre Majesté m'a fait l'honneur de lire ce que j'ai publié jusqu'ici, elle a pu remarquer qu'à chacun de mes ouvrages mon admiration pour son illustre frère est de plus en plus profonde, de plus en plus sentie, de plus en plus dégagée de l'alliage royaliste de mes premières années. Comptez sur moi, Sire ; le peu que je puis, je le ferai pour l'héritier du plus grand nom qui soit au monde. Je crois qu'il peut sauver la France. Je le dirai, je l'écrirai, et, s'il plaît à Dieu, je l'imprimerai... 6 septembre 1831. — Victor HUGO. » Mais l'influence du poète, si grande qu'elle fût déjà, ne parvint pas à déterminer une manifestation en faveur de Napoléon II. Cette lettre ne fut qu'un beau morceau de plus pour la littérature épistolaire.

Le duc de Reichstadt s'était retiré à Schœnbrunn, où il occupait les chambres qui donnent à l'ouest sur le parc. C'est là que M. de Prokesch, après sa courte mission à Bologne, vint le retrouver. Le prince lui parut avoir assez bonne mine et un aspect plus calme. Devant les désillusions de tout genre, ses ardeurs avaient quelque peu diminué. En Pologne, l'insurrection n'était plus qu'une sédition ; en Belgique, la monarchie était faite ; en Italie, les sociétés secrètes seules s'agitaient encore, mais avec des intentions plus révolutionnaires que napoléoniennes (1). L'Autriche s'était rapprochée de la France, et le général comte Sébastiani avait accepté la convention qui ramenait au pied de paix les forces militaires des cinq grandes puissances. Le principe de non-intervention, qui avait tant inquiété Metternich, était lui-même abandonné, quoiqu'il eût suffi pour dissiper toute inquiétude de le manier habilement, ainsi que l'avait proposé Talleyrand à Casimir Périer : « Le principe de non-intervention n'est plus qu'une absurdité quand on le regarde comme absolu... Ce principe est un moyen pour l'esprit. C'est à lui à l'écarter ou à l'appliquer (2). » Donc le régime de la monarchie de Juillet, contrairement à toutes les prévisions, s'affermissait. Metternich seul était d'un avis contraire, car, le 14 octobre 1831, il prédisait encore la chute prochaine de Louis-Philippe et la monarchie de Henri V.

Le duc de Reichstadt revit son ami avec joie. Il lui parla aussitôt de ses pensées, de ses travaux, de ses observations sur les choses et sur les hommes. Le lendemain, — c'était le 2 octobre, — il lui écrivit une longue lettre qui montrera une fois de plus ce qu'était cette jeune et haute intelligence. Le prince dépeignait d'abord à M. de Prokesch le plaisir qu'il avait eu à le revoir et son étonnement en constatant l'étendue de l'influence qu'il avait su prendre sur lui. « Que

(1) Voir PROKESCH-OSTEN.
(2) 28 mars 1831. (*Mémoires*, t. IV.)

de choses, disait-il, traversent mon cerveau par rapport à ma situation, à la politique, à l'histoire, à notre grande science militaire qui consolide ou détruit les États, à tant de choses qui auraient tant besoin de vos lumières, de vos connaissances, de vos conseils et de votre jugement pour atteindre leur complet développement ! Que d'idées se pressent dans mon esprit !... » Il voulait les refouler, mais à un ami comme lui qui n'en blâmait pas la hardiesse, il aimait à les faire connaître. « Durant votre absence, continuait-il, deux sujets m'ont occupé de préférence. L'un, c'est l'examen de l'état politique de l'Europe et des mesures qu'on aurait pu mettre en œuvre dans les conditions actuelles. Le bon sens du commun des mortels en général doit être satisfait de la façon dont les choses ont été conduites. Mais c'est là une mesure qui ne m'inspire que de la méfiance quand mon regard se porte vers l'avenir, et je suis plus que jamais animé de la conviction que l'ordre véritable qui repose sur la sécurité de la propriété et du commerce ne saurait être trop tôt obtenu, fût-ce même au prix des plus grands sacrifices. Le second objet de mes méditations a été la religion, mais ce point demande trop de temps pour le traiter ici. » Prokesch lui répondit aussitôt qu'il avait ressenti le même plaisir à le revoir. Au contact de son amitié si ardente, son cœur sentait refleurir sa jeunesse et renaître sa confiance. « La Providence, disait-il gravement, pour laquelle il n'y a pas de hasard, en faisant précisément que nous nous soyons rencontrés, a peut-être en vue un but grand et glorieux. Puisse-t-il en être ainsi et puissions-nous nous trouver prêts ! Le nombre des hommes qui ont été choisis pour parcourir le rude sentier de l'action n'est pas considérable. Chez vous, prince, la naissance, le sort, les qualités, l'initiative naturelle, la force de la volonté, en un mot le cœur et la tête font voir que vous êtes marqué de ce sceau de prédestination. » Il examinait ensuite les deux sujets dont parlait le duc de Reichstadt, c'est-à-dire l'état politique de l'Europe et la question religieuse. Il le voyait sur le chemin qui lui permettait de se rendre compte de l'un et de l'autre. Il l'invitait seulement à se demander dans quelle mesure il était possible de faire application du vrai, de rechercher « quelle proportion d'alliage le pur argent de la vérité exigeait pour pouvoir être frappé et avoir cours ».

Le lendemain, Prokesch et son jeune ami s'entretinrent du grave sujet de la religion. La nature sérieuse du prince le portait à en parler. « Il avait été élevé dans les principes de la foi catholique la plus orthodoxe, observait scrupuleusement les pratiques du culte, ne tournait jamais en ridicule ni les cérémonies ni les doctrines religieuses. Il témoignait, au contraire, un grand respect pour les unes et les autres, ce qui prouvait la maturité de son jugement. » Les sophismes de quelques ouvrages, la conduite de quelques personnes avaient pu inspirer parfois à son esprit certains doutes, mais ceux qui l'ont connu ont tous attesté que son âme était demeurée entièrement religieuse. S'il parlait parfois de ces doutes, c'était en homme qui veut les combattre et les dissiper. « Je ne puis nier, disait-il à Prokesch, que l'hypocrisie de ceux dont les actions s'accordent si mal avec l'esprit de la religion, n'ait été souvent pour moi une source de pensées affligeantes, mais, d'un autre côté, je suis d'avis que la religion est notre bâton de pèlerin et que nous ne pouvons nous appuyer sur un soutien plus solide dans notre marche à travers la nuit de cette vie terrestre. » Prokesch avait publié une relation de son voyage en Terre sainte. Le duc de Reichstadt en parlait volontiers, et alors ce cœur si ferme semblait « un métal en fusion et devenu malléable contre sa nature ». Il disait à son ami qu'il partageait l'avis de son père, qui avait hautement proclamé que la religion était la base indispensable de tout édifice social. « Ce qui est aussi nécessaire à la société humaine, ajoutait-il, ne saurait être en dehors de la vérité. Ceci a parlé à ma raison... J'ai compris, j'ai senti tout ce qu'il y avait de sublime dans la religion pouvant seule éclairer la marche de l'homme au milieu des incertitudes et des ténèbres qui l'entourent. » Prokesch était profondément ému de ce qu'il entendait. « La chaleur extraordinaire de son langage, avoua-t-il plus tard à M. de Montbel, qui le questionnait ardemment à ce sujet, m'avait électrisé. Je lisais dans cette âme vivement exaltée toute cette force surnaturelle qui, sans doute, l'a soutenue dans sa longue agonie. Peu communicatif de sa nature, ne voulant pas surtout se montrer faible au moment de ses plus grandes souffrances, alors qu'il voyait approcher son dernier jour, il se sera réfugié dans l'intimité de sa pensée religieuse, comme dans le sein d'un ami. »

Prokesch méditait les paroles graves prononcées avec tant de conviction par le jeune prince, lorsque le duc de Reichstadt se leva précipitamment, courut à sa bibliothèque, en tira un petit livre, détacha la première page et la lui présenta, disant avec une grande affection : « Vous allez juger de tout le prix que j'attache *à cette heure* — et il souligna ces mots d'un air solennel — par le souvenir que je veux vous en laisser. » Prokesch prit la page. Elle avait été placée en tête des *Saintes Harmonies* d'Albach. On y lisait de la main de l'Empereur : « Dieu veuille, en toute grave circonstance de ta vie, dans toutes les luttes, t'accorder lumière et force. C'est là le vœu de tes aïeux qui te chérissent. François. » Et l'Impératrice avait mis son nom « Augusta » à côté de celui de l'Empereur. Ces lignes qui avaient pour lui un prix inestimable, le duc les offrit à son ami. « Que ce que j'avais de plus cher, dit-il, reste entre vos mains comme un monument de celui de mes entretiens qui, à mes yeux, a le plus d'importance... » Heureux les hommes qui font naître de telles amitiés et qui obtiennent des marques de confiance et d'affection aussi précieuses !... Le chevalier de Prokesch recevait, en cet instant si grave, un souvenir doublement sacré et par les circonstances dans lesquelles il était offert et par les paroles qui l'avaient précédé et accompagné. C'était comme le testament mystique d'une jeune âme qui se sent prête à quitter la terre, mais qui veut auparavant laisser une parcelle d'elle-même au plus fidèle et au plus sûr de ses amis.

Dans ses confidences intimes à Prokesch, le duc de Reichstadt lui avoua « avec une noble candeur comment, de toutes les femmes qu'il avait rencontrées dans le monde, aucune n'avait fixé son attention au delà d'une journée, aucune n'avait touché son cœur, ni même parlé à son imagination juvénile ». Il confiait toutes ses impressions à son ami « avec le ton de la plus pure innocence (1) ». L'un des fils de Neipperg, issu du premier mariage du comte, avait voulu le mettre en relation avec une artiste du théâtre de la Cour, une jeune et belle personne d'une réputation irréprochable. Mais cette artiste eut tort de le recevoir comme si elle se fût attendue à sa visite. Il s'offensa de cette confiance exagérée en soi-même et ne retourna plus la voir. « La malveillance cynique d'un monde qui, du portrait du fils du grand Empereur, faisait dans ses moindres traits une caricature, a exploité aussi à cet égard la crédulité publique et poussé la fausseté jusqu'à attribuer sa mort prématurée à ses prétendues relations amoureuses. Comme si les soucis de son existence n'eussent pas suffi à alimenter le feu cruel qui le consumait (2)!... » On avait répandu également le bruit qu'il fréquentait la célèbre danseuse Fanny Essler, qui avait débuté, à quinze ans, sur le théâtre An der Wien. Le duc ne lui avait jamais dit un mot. Ce qui avait donné naissance à ce bruit, c'est que le chasseur du duc était venu parfois dans l'hôtel de Fanny Essler (3). Mais ce qu'on ne savait pas à Vienne, ou ce que peu de personnes savaient, c'est que Prokesch se rencontrait parfois avec Gentz dans cet hôtel et que le chasseur, sûr de l'y trouver, lui apportait là les invitations du duc à venir le voir (4). Aussi Prokesch a-t-il pu affirmer hautement que le prince était « de mœurs vraiment honnêtes », et que ses goûts et ses pensées graves ne laissaient point de place aux frivolités.

(1) Voy. PROKESCH-OSTEN, p. 127.
(2) C'est ce qui a fait dire que l'Empereur et Metternich avaient, « par un machiavélisme infernal », ouvert au jeune adolescent les coulisses de l'Opéra. M. Émile Dard, dans une excellente étude sur *Le duc de Reichstadt* (*Annales de l'Ecole des sciences politiques*, 15 mai 1896), a cru pouvoir dire que ce point était particulièrement obscur. Il ne l'est pas. C'est une légende qu'il faut écarter avec mépris.
(3) Fanny Essler a déclaré à ses intimes qu'elle n'avait jamais vu le duc de Reichstadt. Cette danseuse, très courtisée, avait une figure plus spirituelle que jolie.
(4) Il paraît que Gentz avait un cabinet de lecture dans l'hôtel de Fanny Essler... On sait que le publiciste était follement épris de la danseuse.

La maladie, dont le duc de Reichstadt se sentait déjà sérieusement atteint, lui donnait des abattements fréquents. Il paraissait découragé, attristé. M. de Prokesch s'ingéniait à le ranimer, à réveiller son intérêt sur les grandes questions. Il lui conseillait la confiance en lui-même et dans les autres. Il l'invitait à réfléchir sur ses qualités, sur ses défauts et à se bien juger pour se rendre meilleur. Le duc lui répondait par ce billet : « Votre aimable lettre d'hier matin m'a indiqué un excellent moyen d'acquérir peu à peu une grande puissance sur moi et de prendre l'habitude de suivre les conseils d'autrui. La connaissance exacte de soi-même, des motifs qui vous guident et des résultats que l'on attend, est la meilleure règle pour la réalisation de certaines idées qui, sans cela, sont comme les enfants qui, après une parturition pénible, viennent au monde sans vie. Création du cerveau, il manque à ces idées la force vitale nécessaire qu'elles ne peuvent recevoir que de leur application aux objets extérieurs. On apprend ainsi à accepter de lourdes obligations et à supporter des critiques sévères, sans cependant entreprendre l'impossible. Pour le travail auquel vous me conviez, ami, il faut du temps, et la voix intérieure, qui doit jouer le principal rôle dans mes occupations futures, me dit que ce temps me manque le plus souvent dans mes nombreuses entreprises. Si vous pouviez venir aujourd'hui à une heure et demie, ou ce soir à six heures, vous seriez le plus aimable des hommes (9 octobre 1831) (1). »
Un autre jour, M. de Prokesch lui adressait un discours de M. Thiers sur la pairie, et il l'engageait à lui indiquer ses réflexions à ce sujet. « Merci pour l'envoi de votre intéressant journal, répondait le duc à la date du 13 octobre. Les raisons démonstratives de M. Thiers sur la noblesse sont concluantes, parce qu'elles sont puisées dans le cœur humain, et justifiées par l'histoire, parce qu'elles reposent sur certaines qualités qui dirigent les actions de l'homme social. Mais, en ce qui concerne la pairie, l'orateur ne me semble pas spécifier suffi-

---

(1) *Mein Verhältniss zum Herzog von Reichstadt.*

samment son but particulier, et ses arguments en faveur de l'hérédité ne me paraissent pas toujours à l'épreuve de la contradiction. Avec mes meilleurs souhaits du soir, je demeure pour toujours votre véritable ami (1). »

On s'apercevait bien que le jeune prince n'avait plus la même vitalité, le même enthousiasme. Une à une, ses illusions et ses espérances disparaissaient. Il restait en face d'une réalité sombre, d'un avenir sans issue. A part M. de Prokesch et son grand-père, il n'avait personne pour faire un échange intéressant d'idées. Aussi lui prit-il envie parfois de s'enfuir secrètement de Vienne et d'apparaître tout à coup en France; mais ce n'était là qu'un caprice aussitôt évanoui, car il sentait les liens de la captivité se resserrer plus étroits que jamais autour de lui. Il savait, d'ailleurs, que personne ne le suivrait dans cette fuite et que nulle puissance en Europe ne lui donnerait le moindre appui. Aussi, de mélancolique était-il devenu irritable ; la vie, avec les maux physiques et les souffrances morales qui l'accompagnent, commençait à lui peser. Il s'était réinstallé à la Hofburg, à Vienne, pour y passer l'hiver au milieu de ses livres et des écrits publiés sur son père. Il restait là souvent silencieux, les yeux fixés sur le portrait de Napoléon, tête expressive et soucieuse que Gérard a peinte dans les derniers jours de l'Empire, et dont le caractère grave s'harmonisait tant avec ses pensées. Il se levait parfois pour regarder dans la grande cour d'honneur l'arrivée ou le départ

(1) Il s'agissait du discours prononcé le 3 octobre 1831 à la Chambre des députés, par M. Thiers, sur le projet de loi relatif à la modification de l'art. 23 de la charte sur l'hérédité de la pairie. L'orateur avait examiné trois formes de gouvernement : « le monarchique, l'aristocratique, le démocratique ». Suivant lui, la monarchie périssait par la démocratie, la démocratie par l'anarchie, l'anarchie par le despotisme. Il voulait composer la monarchie représentative de royauté, d'aristocratie et de démocratie. La royauté délivrait la société des troubles de la République; la démocratie appelait l'élite de la nation à délibérer sur les intérêts du pays; l'aristocratie était nécessaire pour servir d'intermédiaire entre la royauté et la démocratie. Une seconde Chambre présentait toujours de grands avantages, quelle que fût la Constitution. Il fallait une Chambre héréditaire, car l'hérédité reposait sur l'utilité nationale. Cette aristocratie parlementaire possédait seule les traditions. La Chambre élective restait la Chambre de l'ambition, mais la Chambre haute, placée dans une sphère plus sereine, ne dépendait pas des caprices électoraux.

de la garde montante, et les airs de la musique militaire, les drapeaux et la parade distrayaient un peu son esprit chagrin. Mais, à l'idée qu'il était éloigné de son régiment et qu'il ne le reverrait peut-être jamais, il était repris de ses amertumes et de ses profondes tristesses (1).

La duchesse de Parme s'était remise de ses émotions. L'insurrection qui avait troublé ses États était heureusement terminée. Tout en se préoccupant du choléra et de ses horribles ravages à Vienne, tout en manifestant « les plus cruelles angoisses » pour les siens et pour son fils, elle demeurait paisiblement à Parme, occupée à de grandes promenades à pied ou à cheval qui lui faisaient grand bien. Elle s'inquiétait peu d'une maladie dont le docteur Malfatti lui avait pourtant montré la gravité dans son rapport du 15 juillet 1830. Une véritable mère eût pris peur et serait venue s'installer auprès de son fils, pour lui prodiguer des soins qu'elle seule sait donner et qui semblent à l'enfant qui les reçoit, les plus efficaces et les plus doux. Elle eût pu recueillir ses tristes confidences, calmer ses amertumes, atténuer ses déceptions. Mais non, le fils de Napoléon était abandonné à lui-même et à sa pénible destinée. Il se voyait un perpétuel objet d'inquiétude pour l'Autriche et pour la France. Suivant avec attention les débats politiques de son pays, il constatait qu'on s'occupait autant de lui que du monarque récemment détrôné.

Ainsi, au mois de mars 1831, le député Baude avait demandé à la Chambre le bannissement de Charles X et de sa famille. Son collègue Marchal voulait que l'article 91 du Code pénal, c'est-à-dire la peine de mort visée par la loi du 12 juin 1816, fût appliqué à Charles X et à ses descendants, en cas de retour en France, comme cela avait été décrété contre Napoléon et les siens. Isambert désirait, au contraire, que cette loi fût abrogée. On ne tint pas compte de la proposition d'Isambert ni de celle de Marchal, et la loi de bannissement fut votée

(1) Un jour seulement il se laissa emmener à l'Opéra, mais le lendemain il écrivit à Prokesch que la conversation de son ami lui eût été plus chère que l'audition de la plus harmonieuse des musiques.

le 24 mars. Deux jours après, le député Gaëtan Murat revenait à la charge et réclamait encore une fois le retrait de la loi de 1816. M. Agier appuyait sa proposition, mais il croyait devoir signaler l'existence d'un parti qui se rattachait à l'un des membres de la famille Bonaparte et qui se masquait derrière les républicains qui cherchaient un dictateur. Il attaquait les hommes insensés qui ne remarquaient point que Napoléon ne tenait point sa puissance de son nom, mais de son génie et de ses hauts faits d'armes. « Ils ne réfléchissent pas, disait-il, que le maître qu'ils iraient mendier à la cour de Vienne ne pourrait franchir nos frontières, puisqu'il ne pourrait y arriver qu'escorté par les baïonnettes autrichiennes, qui se sont si souvent abaissées devant celles de nos soldats comme devant l'épée de son père. » (*Vive sensation.*) Et voulant rassurer la majorité, Agier s'empressait de déclarer que les Français, satisfaits de la monarchie constitutionnelle, repousseraient toujours le despotisme. Après cette courte discussion, la Chambre prit à l'unanimité, moins une voix, la proposition en considération. Le 14 avril, M. Abbatucci déposa un rapport qui concluait à l'adoption définitive de cette proposition, laquelle supprimait la disposition relative à l'application de la peine de mort aux membres de la famille Bonaparte qui reparaîtraient en France, puisqu'on ne l'avait pas votée pour Charles X et les siens.

Dans la nouvelle Chambre, élue le 6 juillet 1831, M. de Briqueville, député de la Manche, proposa, le 14 septembre, d'autres mesures de bannissement et de confiscation contre la famille de Bourbon. La prise en considération en fut votée le 17 septembre, moins les voix de Berryer et de Laugier de Chartrouse. Le rapport de M. Amilhau, à la date du 24 octobre, tendait au vote de cette proposition, qui par l'article 1ᵉʳ édictait le bannissement de Charles X et de ses descendants et qui, par l'article 2, appliquait la même mesure aux ascendants et descendants de Napoléon (1). Les quatre autres articles

---

(1) C'était une réponse au prince Louis-Napoléon, qui avait sollicité l'autorisation de revenir en France, ainsi qu'une menace adressée aux partisans de Napoléon II.

étaient relatifs à la vente obligatoire des biens de ces deux familles. La discussion en commença le 15 novembre 1831 et donna lieu à d'intéressants débats qui se prolongèrent jusqu'en mars 1832. A la Chambre des députés, les orateurs qui se succédèrent à la tribune furent nombreux et ardents. M. Pagès releva une curieuse contradiction entre les mesures de proscription et certaines autres, qui avaient un caractère bien différent. « Vous avez revendiqué les cendres de Napoléon, disait-il, vous voulez relever ce colosse sur la colonne de la place Vendôme. Pouvez-vous, en même temps, livrer sa race au bannissement? » De son côté, Portalis s'étonnait que l'on confondît dans les mêmes proscriptions la famille de Bonaparte et celle des Bourbons. Quel était donc le Bonaparte qui avait porté les armes contre la France?... Il rappelait les victoires de Napoléon et l'humiliation de l'Europe. « Et quand je parle de Napoléon, s'empressait-il d'ajouter, ce n'est pas que je pense à son fils. Napoléon, comme tous les grands capitaines, n'a eu de véritable postérité que ses victoires. C'est ainsi qu'Épaminondas se vantait de n'avoir que deux filles : Leuctres et Mantinée. » M. de Martignac, dans une admirable harangue, une des plus belles qu'il eût jamais improvisées, faisait comprendre, lui aussi, l'inutilité des proscriptions : « En 1814, n'avons-nous pas vu la dynastie de Napoléon, forte de jeunesse, brillante d'alliances, éclatante de victoires, fondée à perpétuité au nom de la religion et par les mains de son ministre, disparaître en un jour, en présence de l'ancienne race qui paraissait oubliée par la génération contemporaine? » Il ajoutait aussitôt : « En 1815, n'avons-nous pas vu la tête de Napoléon, mise à prix, reparaître ceinte de la couronne impériale? Et ces mêmes Bourbons, bannis à perpétuité à la même époque, ne sont-ils pas rentrés quelques jours après dans le palais de leurs ancêtres?... » Il condamnait ainsi toutes les proscriptions : « Quand la loi ordonne et que l'honneur défend, en France c'est toujours la loi qui succombe. »

M. Duvergier de Hauranne, qui était favorable à la loi de bannissement appliquée à tous les prétendants, se raillait des républicains amis de l'Empire : « Une tendresse si délicate, si susceptible pour la famille Bonaparte, me paraît singulière de la part de ceux qui, plus que nous, se disent amis de la liberté. J'ai cru un moment que les portes de la France pouvaient, sans inconvénient, être ouvertes à le famille Bonaparte. Je ne le crois plus! » M. de Rémusat ne craignait pas le fils de Napoléon, car son père lui avait « laissé un nom imposssible à porter ». Le rapporteur, Amilhau, tout en se félicitant de voir bientôt la statue de Napoléon replacée sur la colonne Vendôme, se défendit d'avoir voulu créer des proscriptions contre la famille du héros. « Ce n'est pas moi, dit-il, qui en ai pris l'initiative; c'est la révolution de Juillet, ce sont les législateurs qui nous précèdent. » Ainsi, en 1815, l'Acte additionnel excluait les Bourbons, et, en 1816, Louis XVIII excluait Napoléon. Guizot blâma également les mesures d'exception; il déclara que la liberté était assez forte pour défendre le nouveau gouvernement, mais il finit par se rallier au projet de la Commission. « Je dirai peu de choses, ajoutait-il, du divorce de la France avec la dynastie de Napoléon. Ce divorce est consommé depuis longtemps; il l'a été par le fait même du chef de cette dynastie. Napoléon s'est perdu lui-même, chacun le sait, et après lui, il ne restait plus rien, car Napoléon était seul; après lui, rien, absolument rien!... » Guizot avait raillé un orateur qui avait assuré qu'un membre de la Chambre avait tenu « pendant vingt-quatre heures à sa disposition » la couronne de France. « Les pays libres, dit-il avec force, n'appartiennent à personne! En juillet 1830, chacun pouvait proposer son plan de gouvernement, amener son candidat au concours. Eh bien, est-il vrai qu'à ce moment il ait été sérieusement question un seul instant de Henri V, de Napoléon II, de la République?... » Le peuple s'était soumis spontanément à la meilleure solution, la seule nationale. Quant à ceux qui prétendaient avoir conduit les affaires, Guizot répondait dédaigneusement : « C'est une présomption étrange que de croire qu'on dirige de tels événements. La Providence en a fait plus des trois quarts. »

A la Chambre des pairs, la discussion ne fut pas moins vive. Le duc de Broglie, rapporteur de la commission, après avoir blâmé les révolutions, même nécessaires, qui sont trop souvent des exceptions au droit commun, se demanda si on pouvait qualifier ainsi l'éloignement de la dynastie déchue. Ce n'était, à son avis, qu'un acte de prudence et de nécessité. En 1815, la Restauration ne s'était point gênée. Elle avait conclu délibérément à la déportation dans un autre hémisphère et à la captivité rigoureuse du seul concurrent qui était à redouter. En 1816, elle avait voté contre lui et les siens une loi draconienne... Or, en ce moment, les membres de la branche aînée des Bourbons n'avaient pas renoncé à leurs prétentions sur la couronne de France, puisqu'ils donnaient au duc de Bordeaux le nom de Henri V. Les craintes du gouvernement étaient donc fondées, et il avait le devoir de se défendre, comme l'avait fait le régime précédent.

Après diverses vicissitudes à la Chambre des députés et à la Chambre des pairs, la proposition fut définitivement votée le 20 mars 1832, mais avec le retrait de l'article 4 de la loi de 1816, qui appliquait l'article 91 du Code pénal à la famille Napoléon, au cas où l'un de ses membres se serait présenté sur le territoire français.

M. de Chateaubriand, dans une brochure qui avait excité les susceptibilités ironiques de M. Viennet (1), contesta aux Chambres le droit de bannir. Les journées de Juillet advenues, que pouvait-on établir? La République ou l'Empire avec le fils de Napoléon, la monarchie légitime avec le duc de Bordeaux ou la monarchie élective avec la branche cadette. Si le gouvernement républicain fût sorti de la révolution de 1830, il aurait, suivant Chateaubriand, mis à l'aise bien des consciences. En lui prêtant serment, on n'aurait rien trahi, car c'eût été un changement de principes, et non un roi substitué à un roi. Il n'y eût pas eu usurpation, mais création d'un autre ordre de choses. Chateaubriand l'eût préféré « à

---

(1) *De la nouvelle proposition relative au bannissement de Charles X et de sa famille.* Paris, Le Normant, in-8°, 1831.

une monarchie bâtarde, octroyée par je ne sais qui ». D'autre part, le choix du duc de Bordeaux eût éloigné toute chance de guerre civile ou étrangère. « Proclamé par le gouvernement, avec les changements nécessaires à la Charte, Henri V eût été reconnu dans toute la France. » Enfin Chateaubriand envisageait le choix du duc de Reichstadt, « héritier d'un grand homme ». L'opinion qu'il en émettait dut plaire au jeune prince, qui eut bientôt connaissance de cette éloquente brochure, répandue dans toute l'Europe. « Ce que l'antiquité conférait au duc de Bordeaux, le duc de Reichstadt le puisait dans l'illustration paternelle. Napoléon avait marché plus vite qu'une lignée : haut enjambé, dix ans lui avaient suffi pour mettre dix siècles derrière lui. Le duc de Reichstadt présentait, en outre, aux hommes de religion et à ceux que le préjugé du sang domine, ce qui complaisait à leurs idées : un sacre par les mains du Souverain Pontife; la noblesse par une fille des Césars. Je l'ai dit ailleurs, sa mère lui donnait le passé, son père l'avenir. Toute la France était encore remplie de générations qui, en reconnaissant Napoléon II, n'auraient fait que revenir à la foi qu'ils avaient jurée à Napoléon Ier. L'armée eût reçu avec orgueil le descendant des victoires. »

Chateaubriand disait encore que le drapeau eût été emporté de nouveau par les aigles qui planèrent sur tant de champs de bataille « et qui ne prêtent plus leurs serres et leurs ailes à cet étendard humilié. Le royaume, redevenu empire, eût retrouvé une puissante alliance de famille en Allemagne et d'utiles affinités en Italie. » Venaient ensuite les objections, qui attristèrent certainement le prisonnier de Vienne. « Mais l'éducation étrangère du duc de Reichstadt, les principes d'absolutisme qu'il a dû sucer à Vienne, élevaient une barrière entre lui et la nation. On aurait toujours vu un Allemand sur un trône français, toujours soupçonné un cabinet autrichien au fond du cabinet des Tuileries; le fils eût moins semblé l'héritier de la gloire que du despotisme du père (1). » Le duc de

---

(1) La brochure de Chateaubriand suscita les *Observations d'un patriote*, attribuées à Louis BELMONTET. L'auteur disait qu'à la chute de Charles X, Napo-

Reichstadt eût été, au contraire, bien Français et eût pratiqué une politique française, car il n'aimait pas Metternich, et sa première pensée, une fois débarrassé de sa surveillance, eût été de se conformer aux indications libérales du testament paternel. La certitude d'être si peu connu et si mal jugé était une des choses qui causaient toujours le plus de tourments au jeune prince. On ne savait pas que la principale règle de sa jeunesse était de ne jamais oublier, comme l'avait conseillé son père, « qu'il était né prince français ». On ne savait pas qu'il avait dit à son grand-père qu'il ne mettrait les pieds sur le sol français que rappelé par l'armée française. Mais la constatation de Chateaubriand : « Sa mère lui donnait le passé, son père l'avenir », l'avait consolé. Elle répondait à ses propres observations, car, pénétré de son bon droit, il avait prononcé un jour devant Prokesch ces fières paroles : « Le fils de l'Empereur, de celui que toute l'Europe avait reconnu, le fils de l'archiduchesse Marie-Louise n'offrait-il pas aux puissances des garanties autrement solides que le fils de Philippe-Égalité ?... » Et cette prédiction finale le faisait frissonner : « La France ne dormira pas toujours. Comme au héros du Tasse, il suffira de lui présenter un bouclier pour la tirer du sommeil! » Enfin le duc de Reichstadt trouvait que Chateaubriand était le seul écrivain qui eût su parler de son père. Quel autre, en effet, eût mieux répondu aux ultras qui lui disaient, en 1814, que pour gouverner la France il suffisait de changer les draps du lit de Buonaparte et d'y coucher Louis XVIII : « Vous oubliez, messieurs, que les draps du lit de Buonaparte étaient des drapeaux et qu'il y dormait avec la Gloire !... »

Le duc connaissait le caractère généreux de l'ancien ministre de Charles X, le seul qui eût osé écrire, à propos du bannissement des membres de la famille impériale : « Ce sont les alliés qui ont provoqué ce bannissement. Des conventions diplomatiques, des traités formels prononcent l'exil des Buonaparte, leur prescrivent jusqu'aux lieux qu'ils doivent habi-

léon II aurait eu toute la France pour lui. Belmontet défendait avec animation le patriotisme du fils de l'Empereur.

ter, ne permettent pas à un ministre ou à un ambassadeur des cinq puissances de délivrer seul un passeport aux parents de Napoléon. Le visa des quatre autres ministres ou ambassadeurs des quatre autres puissances contractantes est exigé. Tant ce sang des Napoléon épouvantait les alliés!... Grâce à Dieu, je ne fus jamais soumis à ces mesures : avant qu'un ministre de Louis-Philippe allât voir un enfant et une femme, j'avais délivré, sans conseiller personne, en dépit des traités et sous ma propre responsabilité, comme ministre des affaires étrangères, un passeport à Mme la comtesse de Survilliers, alors à Bruxelles, pour venir à Paris soigner un de ses parents malade. Vingt fois j'ai demandé le rappel de ces lois de persécution; vingt fois j'ai dit à Louis XVIII que je voudrais voir le duc de Reichstadt capitaine de ses gardes et la statue de Napoléon replacée au haut de sa colonne! » Chateaubriand ne faisait que répéter ce qu'il avait dit dans une précédente brochure, parue au mois de mars : « C'est ainsi que je comprenais largement la monarchie légitime; il me semblait que la Liberté devait regarder la Gloire en face (1). » Cette noblesse de langage et d'attitude n'étonnera pas ceux qui ont pratiqué Chateaubriand.

A la fin des réflexions que lui inspira la nouvelle proposition relative au bannissement de Charles X et de sa famille, l'illustre écrivain disait : « Pourquoi envelopper les Bonaparte dans la destinée des Bourbons? Pourquoi frapper du même coup ce qui, depuis vingt ans, nous a donné gloire et liberté? Pourquoi interdire l'entrée de la France aux parents du dominateur des mers et l'ouvrir à ses cendres? Les dernières sont bien plus à craindre, leur conspiration bien plus redoutable à la monarchie nouvelle que le retour et les complots supposés de quelques individus arrachés à l'exil. Elles s'agiteront à chaque anniversaire de leurs victoires. Tous les jours, sous leur colonne, elles diront à la quasi-légitimité passante : « Qu'as-tu fait de

---

(1) Voir, dans la brochure *Sur le bannissement de Charles X* (octobre 1831), les services rendus par Chateaubriand au cardinal Fesch et à Jérôme en 1829 (p. 129 à 134).

l'honneur français (1)? » Chateaubriand faisait ainsi allusion à la pétition d'un sieur Lepayen qui demandait qu'on déposât les cendres de Napoléon sous la colonne de la place Vendôme. A la séance du 13 septembre 1831, le député Martin du Nord, rapporteur de la pétition, concluait à l'ordre du jour. Il admettait que Napoléon avait été un génie, mais il rappelait qu'il avait confisqué toutes nos libertés. « Nous avons un roi-citoyen, disait-il. Ne troublons pas la marche de son gouvernement en rappelant trop souvent des souvenirs que des imprudents pourraient considérer comme des regrets. Laissons les cendres de Napoléon à Sainte-Hélène. Elles y serviront de leçon aux rois qui seraient tentés d'opprimer les peuples et de lasser la fortune. » Las Cases demanda le renvoi de la pétition au président du conseil. Levesque de Pailly combattit cette proposition. Coulmann la défendit en faisant remarquer qu'il n'y avait là aucun péril à redouter. « La France constitutionnelle de 1831, disait-il, n'ira pas plus chercher des prétendants à la couronne à la cour d'Autriche qu'à la cour d'Holy-Rood. Elle ne veut plus de restauration, pas plus du petit-fils de Henri IV que du fils de Napoléon. » Après des conclusions contraires de Benjamin Levraud, le général Lamarque, dans une forte harangue, dit que les malheurs de Napoléon avaient expié ses torts. « L'Angleterre, ajouta-t-il au bruit des applaudissements, doit être pressée de rendre un dépôt qui lui rappelle l'hospitalité violée et la honte de ses ministres. »

M. de Lameth reconnut que Napoléon avait comprimé l'anarchie, « mais il ne serait pas nécessaire, ajouta-t-il, — et ses paroles firent sensation, — que ses cendres vinssent aujourd'hui pour l'appuyer encore ». Le général Bertrand soutint que c'était une question d'honneur national, et le renvoi au président du conseil fut voté par la majorité, ce qui détermina une vive et longue agitation dans la Chambre. Cet hommage, rendu à la mémoire de son père, causa une profonde émotion au duc de Reichstadt. Il y vit comme un encoura-

(1) Nul écrivain n'a plus éloquemment parlé de l'honneur français : « Dans ce pays, a-t-il dit, l'honneur est pour ainsi dire autochtone, inhérent au sol. »

gement pour son avenir. Mais ce qui le minait sourdement, c'était la crainte d'arriver trop tôt, à cause de son inexpérience des choses et de son peu de savoir, quoiqu'il fût, en connaissances diverses, bien supérieur à beaucoup de princes. Il avait pris pour lui — avec le dessein de les réaliser — les conseils de Chateaubriand, dans la brochure éloquente que je viens d'analyser, conseils qui étaient destinés au duc de Bordeaux : « Qu'il devienne le jeune homme le plus éclairé de son temps, qu'il soit au niveau des sciences de l'époque, qu'il joigne aux vertus d'un chrétien du siècle de saint Louis les lumières d'un chrétien de notre siècle! Que des voyages l'instruisent des mœurs et des lois ; qu'il ait traversé les mers, comparé les institutions et les gouvernements, les peuples libres et les peuples esclaves ; que, simple soldat, s'il en trouve l'occasion à l'étranger, il s'expose aux périls de la guerre, car on n'est point apte à régner sur des Français sans avoir entendu siffler le boulet! » L'ardeur intellectuelle, l'activité matérielle, les études, les voyages et la guerre, la guerre surtout, c'était ce que désirait le fils de Napoléon, et le feu de ces désirs brûlait, dévorait son âme. Là où le hasard des combats l'aurait appelé, il eût tenu encore une fois à se montrer digne du grand nom qu'il portait. Il eût voulu courir au secours des Grecs ou des Italiens, au secours de sa mère menacée par l'insurrection de Parme, au secours des Polonais luttant contre les Russes, partout enfin où l'on se battait ; mais toujours l'impitoyable main de Metternich le rejetait dans une froide inaction qui allait le tuer plus sûrement et plus rapidement que la maladie ou les balles ennemies.

CHAPITRE XIX

LA MORT.

La santé précaire du duc de Reichstadt lui avait fait interdire pendant un certain temps les occupations et les exercices militaires. Se trouvant mieux au commencement de l'année 1832, il retourna à son quartier. Le 2 janvier, par une journée très froide, il assista aux funérailles du général Siegenthal. Colonel en second du régiment de Wasa, il voulut commander ses troupes et fut pris d'une subite extinction de voix. Il fut contraint encore une fois de s'arrêter (1). Il chercha à se distraire de la privation des travaux militaires par des études historiques. Il écrivait au commencement de janvier à son ami Prokesch : « Je viens de quitter mon bureau où j'ai élaboré un long rapport, et je me repose en vous écrivant. Depuis quelques jours j'entends parler beaucoup d'un ouvrage du professeur Iarke (éditeur inconnu) sur l'Histoire de la révolution de 1830, traitée au point de vue de la question d'État. Le connaissez-vous ? Qu'en pensez-vous ? J'ai besoin de votre amicale conversation. Pouvez-vous venir aujourd'hui ? Je vous attends à partir de sept heures (2). » Le duc était plus que jamais dévoué à cet ami fidèle. Il s'était occupé de lui assurer l'avancement de lieutenant-colonel qu'il méritait et dont parle la lettre suivante, si affectueuse : « J'ai fait la

---

(1) « Je me trouvai, dit le docteur Herrmann-Rollet, sur la *Josephplatz*, au moment où, en commandant son régiment qui devait escorter le convoi d'un général, il n'eut plus la force d'émettre aucun son et dut renoncer, en pleurant de dépit, à ordonner les mouvements. »

(2) 10 janvier 1832. — *Mein Verhältniss zum Herzog von Reichstadt.*

commission dont, mon cher ami, vous avez bien voulu me charger. Hier matin, je me suis rendu auprès du général d'artillerie Kutschera. Il vous connaît. Il parla de vous avantageusement et promit de soumettre à l'Empereur la proposition touchant votre avancement. C'est un surcroît d'affaires qui l'a empêché de s'en occuper plus tôt. Je compte, dès lors, vous saluer prochainement comme mon camarade. » M. de Prokesch avait, de son côté, rendu au duc un petit service pour une famille à laquelle il s'intéressait. « Merci pour l'exécution de ma demande, ajoutait le duc. Veuillez être mon interprète auprès du conseiller aulique Kiefewetter. Défendre les veuves et les orphelins fut toujours une jouissance pour les cœurs solides de vos ancêtres; combien cela doit être agréable à votre cœur si sensible !... Mon opinion sur vous est invariable ; elle n'avait pas besoin de la lettre du colonel Kavanagh que je vous renvoie ci-jointe. Le prix que vous attachez à la manière de voir du colonel m'est un garant de la sienne, et sa lettre m'a surtout intéressé à cause des aperçus exacts qu'elle contient sur notre marine. Il serait trop long de vous communiquer mes avis sur les deux articles de l'*Allgemeine Zeitung*. Je vais l'écrire et je vous en soumettrai la substance. Le comte de Dietrichstein me quitte à l'instant. Il m'a beaucoup entretenu de ce fait que l'opinion publique ne m'est pas favorable et que je passe pour une tour de Babel !... A qui m'adresser pour savoir la vérité ? A vous... Assurez-moi par quelques lignes que je ne suis pas tout à fait perdu et si, sans me trahir, vous pouvez apprendre du comte ce que l'on dit de moi, ce serait là une nouvelle preuve de votre amitié (1). » Prokesch lui répondait presque aussitôt : « Laissez le comte de Dietrichstein, avec les préoccupations dévorantes de son amour quasi paternel, accumuler les blâmes contre vous !... Je me réjouis de lire votre pensée sur les deux articles précités, ne serait-ce que pour le style. Savoir écrire bien et clairement est un grand avantage, et la récom-

---

(1) *Mein Verhältniss zum Herzog von Reichstadt.*

pense se trouve dans la peine que l'on se donne pour y arriver. Aucune voie n'est meilleure pour vous apprendre à penser justement et à distinguer les conditions nécessaires d'une action droite et correcte. Le style de votre illustre père est l'expression fidèle de son génie. Imaginez-vous que je suis au loin et écrivez-moi sur tout ce qui vous frappe et qui semble devoir vous être de quelque utilité. Je vous promets de répondre loyalement et franchement et, s'il le faut, de critiquer à l'occasion. » Dans le *post-scriptum* de cette lettre, Prokesch lui disait : « Vous savez sans doute qu'il y a quelques jours une douzaine de gazettes allemandes ont annoncé comme un fait accompli vos fiançailles avec la fille de l'archiduc Charles (1). » Ce n'était là qu'un bruit sans consistance. Le prince était trop souffrant, trop affaibli pour qu'on pût songer en ce moment à des fiançailles. Et cependant, tout malade qu'il était, il n'écoutait aucun conseil ; il multipliait imprudences sur imprudences, ce qui désespérait le docteur Malfatti à tel point que celui-ci s'écria un jour : « Il semble qu'il y ait dans ce malheureux jeune homme un principe actif qui le pousse à se suicider. Tous les raisonnements, toutes les précautions échouent contre une fatalité qui l'entraîne. » Le 21 janvier, Prokesch le trouva fort agité. Le maréchal Maison l'avait invité à un bal pour le soir du 21, — date, entre parenthèses, assez mal choisie. Le prince avait demandé à son grand-père s'il devait s'y rendre. François II l'avait laissé libre. « Je n'ai aucun motif de me plaindre du maréchal, remarqua le duc, mais décemment il est impossible que je me trouve chez l'ambassadeur de Louis-Philippe, au moment même où son gouvernement dirige contre moi un arrêt de bannissement et de proscription. » Déjà, à l'arrivée de Maison à Vienne, le duc de Reichstadt avait montré de la répugnance à aller chez le maréchal, objectant à son grand-père qu'il ne pouvait voir le représentant de Louis-Philippe, « parce que ce prince avait moins de droits que lui-même et qu'il ne voyait pas

---

(1) 19 janvier 1832.

pourquoi il irait rendre hommage à un usurpateur (1). » Profitant de nouvelles complications en Italie, le prince de Metternich, qui supportait mal la présence de M. de Prokesch auprès du duc de Reichstadt, lui confia une nouvelle mission diplomatique à Rome. Le chancelier connaissait pourtant bien l'état réel du jeune malade. Il n'aurait pas dû l'aggraver délibérément, en éloignant le seul être que le duc aimât tendrement et auquel il se plaisait à confier toutes ses pensées. Une telle séparation en des moments aussi douloureux, à la veille d'une solution fatale, était presque un acte de barbarie.

Le dernier entretien qu'eurent les deux amis fut grave, comme le voulaient les circonstances. Le fils de Napoléon déclara une fois de plus que son devoir filial et sa mission providentielle le poussaient irrésistiblement vers la France. Ses espérances, disons le mot, ses illusions — et dans la cruelle maladie dont il était frappé, les illusions sont plus tenaces que dans toute autre — étaient revenues. Mais il se défendait de songer à quelque aventure. Il ne s'en serait pas, d'ailleurs, senti la force. Il consentait donc à attendre avec patience l'instant propice où il lui serait permis de ressaisir le pouvoir impérial. Il croyait encore, comme Metternich lui-même, au peu de durée du règne de Louis-Philippe, et il s'abusait sur les sympathies que devaient inspirer les souvenirs glorieux de l'Empire. Prokesch le remercia avec émotion de la confiance qu'il lui avait toujours témoignée. Il le félicita de n'avoir jamais écouté les personnes qui, le voyant en rapports fréquents avec le premier ministre de François II, auraient pu lui faire croire qu'il s'entendait contre lui avec son adversaire résolu. « Dans votre cœur comme dans le mien, s'écria vivement le prince, il n'y a pas de place pour d'aussi misérables calculs (2)! » Puis il se jeta dans ses bras, en le suppliant de le défendre partout où il serait question de lui. Il lui remit sa propre épée, sur laquelle il avait fait graver son nom. De son côté, Prokesch le

(1) *Mémoires de Metternich*, t. V. — *Journal de la princesse Mélanie*.
(2) Voir PROKESCH-OSTEN.

pria d'accepter un manteau arabe qu'il avait jadis rapporté d'un voyage en Égypte. Ils se séparèrent, très émus l'un et l'autre. « J'étais loin cependant de prévoir, dit Prokesch, que, dans ce moment, je lui disais un dernier, un éternel adieu ! »

Quelques jours après, le duc recevait de Marchand, le fidèle serviteur de son père, une lettre écrite de Strasbourg (1). « Prince, disait Marchand, depuis plusieurs années je sollicite l'honneur de remettre à Votre Altesse Impériale quelques objets tout de sentiment dont votre auguste père, l'empereur Napoléon, m'a fait dépositaire dans ses derniers moments à Sainte-Hélène. Persuadé que l'âme de Votre Altesse doit aspirer à s'identifier avec eux et mes demandes ayant toujours été sans réponse, je m'adresse à vous, Prince, avec l'espérance que vous me ferez connaître vos ordres et que, conformément aux dernières volontés de l'Empereur mon maître, j'aurai l'honneur d'être admis à vous remettre moi-même le dépôt qui m'a été confié... » Cet honneur fut refusé à Marchand. Metternich, toujours inexorable, n'admettait pas que l'un de ceux qui avaient recueilli le dernier soupir de Napoléon fût autorisé à parler à son fils (2). Pourquoi cette cruauté nouvelle ? Pourquoi interdire au fils de Napoléon la joie de recevoir des legs aussi doux, aussi précieux ? pourquoi l'empêcher de s'entretenir avec le fidèle serviteur de son père ? De tels actes sont vraiment une tache pour la mémoire de Metternich... Mais il semblait qu'aucune peine ne devait être épargnée au jeune prince. Aussi sa pensée devenait-elle de plus en plus sombre et mélancolique. Elle se tournait, dans ses angoisses, vers la religion, qui seule offrait quelque adoucissement à sa captivité. On a retrouvé, sur un portrait fait par Isabey, quatre vers écrits par le duc dans ces tristes moments. Les voici dans leur simplicité touchante :

---

(1) 18 mars 1832. *Archiv fur österreichiche Geschichte*, t. LXXXVI.
(2) « Dans la situation où se trouvait le duc de Reichstadt, dit le docteur Malfatti pour excuser le chancelier d'Autriche, on ne crut pas devoir répondre à cette demande, qui fut inutilement renouvelée. »

> Heureux qui met en Dieu toute son espérance !
> On a toujours besoin d'implorer sa bonté.
> Il nous consolera dans les jours de souffrance,
> Si nous l'avons servi dans la prospérité.

Au mois d'avril, le prince se trouva un peu mieux, grâce aux soins assidus des docteurs Malfatti et Wiehrer. Mais il eut tort de sortir et de braver les pluies et les fraîcheurs du printemps. Ses douleurs chroniques se réveillèrent et lui occasionnèrent une toux pénible. Il maigrissait de plus en plus. Cependant il tenait à montrer qu'il pouvait dompter son corps, parce que des propos imprudents de Kutschera lui étaient revenus. Ce général avait eu la maladresse de dire que le prince manquait d'énergie. Ces paroles le blessèrent profondément. Il voulut prouver que son âme était supérieure à son corps fragile, et il le fit avec une audace inconsidérée. Il monta à cheval par un temps humide et froid, et entreprit une course qui eût fatigué un homme robuste. Le soir, il retourna en voiture au Prater et s'y fit promener jusqu'au coucher du soleil. Tout à coup une roue de la voiture se brisa. Il s'élança sur la route et tomba. Cette fois ses forces étaient vaincues. Le lendemain, il était atteint d'une fluxion de poitrine, et cette nouvelle répandait la consternation à la Cour. Dans la consultation qui eut lieu avec Malfatti, les docteurs Vivenot, Wiehrer et Turckeim avaient émis les plus graves pronostics (1). Le maréchal Maison, qui en avait été averti, informait le comte Sébastiani que la santé du duc de Reichstadt paraissait si compromise qu'on avait dû prévenir sa mère. Marie-Louise ne paraissait cependant pas trop préoccupée de la maladie de son fils. Elle regrettait en ce moment pour les

---

(1) Le 20 avril, la princesse Mélanie, la troisième femme du prince de Metternich, écrivait dans son *Journal* ces quelques lignes : « L'Empereur dit à Clément qu'il avait réuni des médecins en consultation pour se prononcer sur l'état du duc de Reichstadt et que tous avaient déclaré que la situation du malade leur paraissait désespérée. Il crache déjà des morceaux de poumon et n'a plus que quelques mois à vivre. Que la volonté du Ciel s'accomplisse ! Quoi qu'il en soit, nous trouvons fort triste la destinée de ce prince, qui ne manque ni d'esprit, ni de talent, ni de génie. »

dames de sa Cour le départ du régiment Esterhazy, parce qu'il s'y trouvait d'excellents danseurs. Elle passait une revue de Croates et défilait à cheval avec les généraux ; elle recevait des visites, offrait de grands dîners, allait au théâtre, puis déplorait la mort du général Frimont, parce qu'elle lui rappelait « la mort de son bon général ». Elle donnait des bals et s'occupait des pièces destinées à son Opéra, comme la *Reine de Golconde*, la *Straniera*, etc., car elle avait « une vraie passion pour la musique ». Elle croyait son fils déjà remis « de sa fièvre rhumatique ». Aussi était-elle heureuse d'apprendre à la comtesse de Crenneville qu'elle s'était fort amusée à l'opéra de Ricci, *Il nuovo Figaro e la modista*. Au moment même où son fils inspirait les plus vives inquiétudes, elle se complaisait dans les plus grandes illusions. « Dieu soit loué ! écrivait-elle le 24 avril, les nouvelles sont toujours meilleures. Mon fils reprend de l'appétit et n'est plus qu'ennuyé par les ménagements qu'il doit prendre et qui, pour un jeune homme de son âge, sont insupportables. Je crois que, pour sa toux, on lui fera prendre cet été une cure d'eau minérale et les bains d'Ischl pour le fortifier. Ce qui rendait mes inquiétudes d'autant plus cruelles, était l'impossibilité absolue de me rendre cet été à Vienne. En général, cette idée me peine souvent, et je n'ai pas encore eu le courage d'ôter cet espoir à mon père. Il faudra que je m'y décide cependant un de ces jours (1). » Toute autre mère, je le répète, en apprenant de quelle affection mortelle son fils était atteint, fût accourue. Mais celle-ci ne savait pas encore si elle se déciderait à venir à Vienne. Ce qu'elle savait mieux, c'est que son Opéra avait réussi, que l'ensemble des artistes était parfait et que « la Ferlotti chantait à ravir (2) ». En résumé, Marie-Louise ne devait arriver auprès du duc de Reichstadt que le 24 juin, un mois à peine avant sa mort.

Les médecins avaient déclaré qu'il serait avantageux d'envoyer le prince à Naples. L'idée de ce voyage ravit le malade,

(1) *Correspondance de Marie-Louise*, p. 298.
(2) *Ibid.*, p. 299.

mais il pensa tout de suite avec effroi à l'opposition qu'allait y faire son geôlier. « Croyez-vous, demandait-il au docteur Malfatti, qu'il n'y aura aucun obstacle ? L'Empereur est absent. Voyez le prince de Metternich. Demandez-lui s'il est possible que j'entreprenne ce voyage... » Cette simple demande serre le cœur. Elle montre à quel état d'asservissement on avait réduit le fils de Napoléon. Devant la gravité du mal et l'avis des quatre médecins, Metternich daigna se montrer moins rigoureux que d'habitude. « Excepté la France, dit-il, il peut se rendre dans quelque pays qui lui convienne. » Cette réponse calma le jeune prince, qui crut désormais à la possibilité d'un prochain départ pour l'Italie. Mais il n'était pas assez robuste pour en supporter les fatigues ; en attendant, on le transporta au château de Schœnbrunn pour lui faire respirer un air plus vivifiant.

Le voyageur qui visite Vienne et ses environs éprouve une certaine déception à l'aspect de ce palais d'été qui manque d'art et d'harmonie (1). De la Rudolfstrasse on voit d'abord deux lions qui se font vis-à-vis, puis un petit pont sous lequel glisse l'eau lente et noire de la Wien, puis deux sphinx en pierre. Enfin apparaît la porte centrale et, à droite et à gauche, deux obélisques en marbre rouge, gauchement surmontés d'aigles aux ailes déployées, puis les communs qui servent de corps de garde. La cour d'honneur a un aspect de cour de caserne, malgré ses deux fontaines. Au fond se dresse le grand pavillon avec un escalier à double révolution flanqué de trois corps de bâtiments, dont le dernier forme saillie. De fausses colonnes doriques sans cannelures montent le long de l'édifice. Sur le centre s'appuie un dôme lourd et épais. Lorsqu'on pénètre dans le jardin, qui a les aspects froids des jardins français du dix-huitième siècle, on aperçoit à l'extrémité un

---

(1) Il a été commencé sous l'empereur Mathias comme chalet de chasse et terminé sous Marie-Thérèse en 1775. On l'a revêtu d'un affreux badigeonnage d'un jaune criard, et l'on a peint toutes les persiennes en vert cru. Ces couleurs enlèvent toute majesté aux constructions, qui sont d'ailleurs assez disparates.

grand bassin que domine un groupe de Tritons et de chevaux marins. Dans les charmilles se dressent des statues qui détachent leurs formes blanches sur une verdure épaisse. De la pelouse centrale on arrive par des sentiers sinueux au portique de la Gloriette, qui a la prétention de représenter un arc de triomphe à la gloire de Joseph II et de Marie-Thérèse (1). De cette hauteur qu'entourent de beaux massifs, on a une vue très étendue sur la ville de Vienne et ses clochers. Sur les bas côtés du château se trouvent les serres, puis à droite un jardin zoologique, un jardin botanique et un autre qu'on appelle le jardin tyrolien. La source qui a donné son nom au château est cachée dans un petit pavillon grec au fond d'un labyrinthe. Une jolie nymphe en marbre blanc tient une urne d'où l'eau cristalline tombe goutte à goutte dans une vasque en forme de coquillage. Adossé au pavillon, dont les sculptures imitent les mousses pendantes et humides, se trouve un charmant groupe d'Amours. Le parc, planté de chênes, d'ormes et de tilleuls, donne l'impression de celui de Versailles, mais avec moins d'art et plus de mélancolie. Un grand escalier, aboutissant à un balcon qui court le long du château, mène aux appartements de l'Empereur. On traverse de beaux salons blanc et or décorés de portraits de famille et de paysages de Rosa, pour arriver à l'appartement du duc de Reichstadt. Il est composé de trois pièces, agrémentées de dorures, de draperies et de laques somptueuses. La chambre à coucher du prince est tendue d'une tapisserie des Gobelins représentant une troupe de reîtres emportant leur butin dans une charrette. Au-dessus des portes figurent des scènes champêtres très gracieuses. Sur un panneau est placé le portrait de l'empereur François Ier. Dans un angle, à droite, se trouvait le petit lit de camp que le prince n'abandonna qu'aux derniers jours de sa vie. La grande fenêtre de la chambre à coucher donne sur les quinconces du jardin et sur deux groupes médiocres : *Hercule et Cérès*, *Pœtus et Arria*. Cette fenêtre est voisine du grand balcon

---

(1) On lit sur le fronton de cet édifice peu artistique : « JOSEPHO II AUGUSTO ET MARIÆ THERESIÆ AUGUSTÆ IMPERANTIBUS ERECTUM CIƆIƆCCLXXV.

en fer forgé où le prince épuisé allait respirer plus à l'aise. De sa chambre il apercevait, à l'angle gauche du palais, la sentinelle de garde dans sa guérite de pierre. L'horizon était borné de deux côtés par les charmilles et au fond par la Gloriette. Tel était le dernier séjour du fils de Napoléon, qui ne se rappelait qu'une chose : c'est que son père était venu dans ce château, deux fois en maître, deux fois en vainqueur.

Auprès de son appartement se trouvent le petit salon japonais aux célèbres incrustations de cuivre, plusieurs salles avec des peintures allégoriques ou historiques et les appartements de l'archiduc Charles. Le duc se reposait sur son lit de camp ou sur un grand canapé. Il aimait sa chambre, parce que c'était précisément celle où Napoléon demeura en juillet 1809, avant le bombardement de Vienne et la victoire de Wagram. Il ne consentit à accepter un lit plus commode et plus doux que lorsque la maladie devint plus aiguë. Et cependant le prince se faisait encore des illusions. Vers la fin du mois, le comte de Dietrichstein étant venu l'avertir qu'il était forcé d'aller à Munich : « Je ne suis donc pas si mal, dit-il, car, s'il me croyait en danger, M. de Dietrichstein ne me quitterait pas. » Mais le dépérissement du pauvre malade était un spectacle navrant. La fièvre lente et continue, la fréquence de la toux, la perte partielle de l'ouïe et l'amaigrissement étaient les indices irrécusables du mal dont il souffrait. Les remèdes et les soins énervaient le duc de Reichstadt. Un jour, malgré l'opposition de son entourage, il voulut aller en voiture découvert à Laxenbourg, château voisin de Schœnbrunn. Il y reçut les officiers de garde et causa longuement avec eux. Au retour, il fut surpris par un violent orage, et son état s'aggrava. Pour la première fois le duc se plaignit d'une douleur au côté droit de la poitrine et cracha le sang. Une nouvelle consultation eut lieu et amena les plus tristes pronostics (1).

On avait choisi pour lieu de repos, dans la journée, un jardin séparé du parc où se trouvait un pavillon dont la vue donnait

---

(1) Note du docteur Malfatti sur le traitement du prince.

sur une fraîche prairie et des fleurs riantes. Le prince voulait que personne n'y vînt troubler sa solitude. Le maréchal Maison avait demandé à le voir : « Dites au maréchal, fit-il avec tristesse, que je dors. Je ne veux pas qu'il me voie dans ma misère (1). » Il avait de la peine à marcher. Il fallut bientôt le transporter en chaise à porteurs dans le jardin réservé dont l'archiduchesse Sophie lui avait laissé la libre disposition. Cette jeune princesse, fille du roi de Bavière et femme de l'archiduc François-Charles-Joseph, s'était prise depuis huit ans d'une grande affection pour l'infortuné duc de Reichstadt. Son mari aimait beaucoup aussi le prince, qu'il avait connu enfant et avec lequel il avait joué. C'était une consolation que la Providence envoyait au duc, en l'absence de son cher Prokesch. L'archiduchesse Sophie fut émue des résultats de la dernière consultation médicale. Elle comprit que le jeune malade était perdu, et elle s'attacha, comme une tendre sœur, à consoler, à adoucir ses derniers instants. Au moment où la crise s'aggravait, le prélat de la Cour, Mgr Wagner, crut devoir lui dire qu'il fallait penser à le préparer à la mort. Mais on redoutait que cette proposition ne causât quelque angoisse au prince, qui s'abusait encore sur son état réel. L'archiduchesse se chargea spontanément de cette mission délicate. Elle attendait la naissance d'un autre enfant, — car elle avait déjà un fils (2), — et elle persuada doucement au duc de communier avec elle, afin d'unir leurs prières, lui, pour sa guérison, elle, pour son heureuse délivrance. Le duc de Reichstadt, dont la foi était ardente, accepta de grand cœur cette offre pieuse. La communion eut lieu le 19 juin, en présence des princes et princesses de la famille impériale qui, suivant les usages, doivent assister au viatique, mais sans

(1) Un étranger de passage, qui l'aperçut une fois dans ce jardin, le vit assis dans un grand fauteuil, enveloppé dans une robe de chambre à raies blanches et rouges, avec un pantalon blanc et un bonnet à la grecque d'où s'échappaient des boucles blondes. Sa figure était d'une pâleur de cire. Le prélat de la Cour lui faisait la lecture.

(2) C'est l'empereur actuel d'Autriche, François-Joseph Ier, qui gouverne l'Autriche depuis 1848. Il est né le 18 août 1830 à Schœnbrunn.

que le duc s'en aperçût. Un silence profond régnait dans l'assistance. L'émotion fut grande, lorsqu'on vit s'approcher lentement de la table sainte et soutenu par l'archiduchesse, le jeune prince qui, déjà aux mains de la mort, allait recevoir le pain de la vie éternelle. En effet, pour ceux qui croient, la vie ne disparaît pas avec la fin apparente de l'être, car ce n'est qu'une transformation et non pas un anéantissement ; et si l'édifice où ils ont vécu sur la terre se dissout en peu d'instants, l'habitation qu'ils trouvent dans les cieux est destinée à ne périr jamais... *Et dissoluta terrestris hujus habitationis domo, æterna in cœlis habitatio comparatur*... Le fils de l'archiduchesse Sophie, qui naîtra trois semaines après cette touchante cérémonie, sera l'archiduc Maximilien, celui qui, en 1867, tomba si cruellement sous les balles des soldats de Juarez. Son cercueil dans la « Kaisergruft », à Vienne, est voisin du cercueil de son cousin le duc de Reichstadt. En 1872, l'archiduchesse Sophie, dont les tristes jours avaient résisté à une douleur pourtant inconsolable, alla reposer enfin dans le même caveau. C'est là que sont les empereurs, les impératrices, les archiducs et les archiduchesses, dont les tombeaux se serrent étroitement les uns contre les autres, « tant la Mort, suivant l'effrayante expression de Bossuet, est prompte à remplir les places » !... Ce n'est que par les inscriptions funèbres qu'on reconnaît tous ces princes, car le même mausolée recouvre et voile toutes leurs grandeurs.

Malgré les avis les plus pressants et les plus pessimistes, la duchesse de Parme ne pouvait se décider à quitter ses États. Le 14 mai, elle écrivait à Mme de Crenneville qu'elle était « assez sotte pour s'inquiéter outre mesure » de la santé de son fils. Depuis quelques mois, elle était devenue pour tous « une bien mauvaise et triste compagnie ». Elle se préoccupait beaucoup, « car lorsqu'on est loin, on se fait des monstres ». Ce n'était pas le désir qui lui manquât de revenir à Vienne; elle eût été bien heureuse de revoir son fils et de s'assurer par elle-même de l'état de sa santé. « Je crois, disait-elle, que le climat d'Italie lui serait bien pernicieux, car sa poitrine, grâce au Ciel, est tout à fait libre et toute la maladie s'est jetée sur le foie... Il est d'une mélancolie terrible. Il veut toujours rester seul... La cure sera longue. » Elle semblait se créer des raisons pour ne pas reparaître en Autriche. « S'il arrivait, dit-elle, le malheur qu'il devint plus mal et que le choléra fût ici, je ne pourrais pas aller à Vienne, car je sens que le devoir de tout souverain est de sacrifier ses plus chères affections pour rester au milieu du danger avec ses sujets... » Sans doute, cette conduite paraît digne d'une souveraine, et si Marie-Louise n'avait pas sacrifié à son duché de Parme l'avenir de son fils, on admettrait bien que les obligations de sa couronne aient dû passer avant ses obligations maternelles. Mais, en réalité, elle n'a pas montré un assez grand attachement à son enfant et à son époux, pour qu'on puisse croire à la sincérité de son dévouement à ses sujets. Quand, sur une dépêche plus inquiétante que les autres, elle consentira enfin à partir, il sera trop tard. Elle aura beau sangloter au pied du lit de ce fils, elle aura beau lui prodiguer ses caresses... elle n'a point fait ce qu'elle devait faire. Elle a abandonné son époux, elle a trahi ses devoirs de femme, elle a oublié ses devoirs de mère. Par son ingratitude, son insouciance, sa légèreté, elle a pour ainsi dire hâté la mort de son enfant. Elle aurait pu empêcher ses fatigues exagérées, s'opposer à ses imprudences, essayer de prolonger par tous les moyens cette existence si chère; elle ne le comprit pas, ou du moins elle le comprit, lorsqu'il n'était plus temps.

Le prince de Metternich avait averti l'empereur d'Autriche, qui se trouvait à Trieste, de l'aggravation effrayante qui s'était produite dans l'état du duc de Reichstadt (1). Quelque temps après, il disait au comte Appony qu'il redoutait la perte prochaine du prince, atteint d'une phtisie pulmonaire parfaitement caractérisée. Il priait son ambassadeur d'en par-

---

(1) « Il était si faible, disait le *Times*, qu'il lui fallait le sein d'une femme pour prendre quelque nourriture. » — « Le lait d'une nourrice qui lui a été ordonné, disait le *Moniteur* à la date du 14 juillet, paraît produire de bons effets. »

ler au roi Louis-Philippe, afin qu'il prît garde au prince qui succéderait au duc, comme prétendant à l'héritage de Napoléon. Pour lui, il redoutait le prince Louis-Napoléon Bonaparte, « engagé dans la trame des sectes » et qui n'était pas placé, comme le duc de Reichstadt, « sous la sauvegarde des principes de l'Empereur (1) ». Ces derniers mots en disaient assez.

Enfin, le 24 juin, Marie-Louise arriva au château de Schœnbrunn. On avait prévenu le jeune prince, qui attendait sa mère avec une impatience fébrile et qui même aurait voulu aller au-devant d'elle. Marie-Louise avait prié le docteur Malfatti et le général Hartmann de rester auprès du malade, de crainte de quelque accident. L'entrevue fut émouvante. Le duc eut de la peine à se soulever de son lit pour embrasser sa mère, qui retenait difficilement ses sanglots. Elle se retira bientôt dans la pièce voisine pour donner cours à ses pleurs. La frivole créature comprenait maintenant combien elle avait eu tort de ne pas revenir à temps auprès de ce fils que la mort, menaçante depuis un an, allait lui arracher. Le duc, un peu calmé par le retour de sa mère, se reprenait au contraire à espérer. Il croyait qu'il pourrait se rétablir. Il pensait à ce voyage à Naples, tant désiré; il craignait que sa voiture ne fût pas prête assez tôt. Le 12 juillet, le prince Louis-Napoléon, à qui les hasards de la politique réservaient le trône refusé au duc de Reichstadt (2), écrivit à son cousin pour lui exprimer ses inquiétudes au sujet de sa maladie. Il était dans l'anxiété la plus grande. « Si la présence d'un neveu de votre père, disait-il, si les soins d'un ami qui porte le même nom que vous, pouvaient soulager un peu vos souffrances, ce serait le comble de mes vœux que de pouvoir être utile en quelque chose à celui qui est l'objet de toute mon affection... » Il espérait que cette lettre tomberait entre les

(1) *Mémoires de Metternich*, t. V, p. 288.
(2) Comme je l'ai écrit ailleurs : « Napoléon a répudié Joséphine pour avoir un fils héritier de son œuvre et de son nom, et c'est le petit-fils de cette même Joséphine qui est devenu le continuateur direct de l'Empire, sous le nom de Napoléon III. » (Voir le *Divorce de Napoléon*.)

mains de personnes compatissantes, qui auraient pitié de son chagrin et permettraient à ses vœux d'aller jusqu'au malade. Cette lettre fut remise à Metternich, qui la garda pour lui seul (1).

Dans les quelques jours qui précédèrent sa fin, le duc de Reichstadt se sentit perdu. Il parlait avec calme de ses derniers moments. Le général Hartman déclara plus tard à M. de Montbel qu'il n'avait jamais vu un soldat mourir avec plus de courage que ce jeune prince. Marie-Louise passait les journées à lui prodiguer des soins, maintenant bien inutiles. Elle maîtrisait sa douleur devant lui, mais s'écartait de temps à autre pour pleurer silencieusement. « Comment se plaindre, disait-elle, quand on vient d'être témoin de si cruelles souffrances supportées avec tant de résignation?... » Se rappelant un jour le berceau superbe offert par la ville de Paris, et où la Victoire, les ailes déployées, présentait à son jeune front une double couronne de laurier et d'étoiles, le prince dit avec un sourire mélancolique : « C'est jusqu'ici l'unique monument de mon histoire... Ma tombe et mon berceau seront bien rapprochés l'un de l'autre ! » Ce berceau historique, il en avait fait don au Trésor impérial de Vienne, où il se trouve auprès de l'épée et du sceptre de Charlemagne, de l'épée et du sceptre de Napoléon, roi d'Italie, faibles et derniers restes de tant de splendeurs !

Le 21 juillet, la veille de sa mort, un orage terrible éclata sur Schœnbrunn, avec la même violence que la tempête qui éclatait à Sainte-Hélène le jour de la mort de l'Empereur. La foudre renversa un des aigles qui se trouvent aux angles du château. La population des environs, qui se préoccupait anxieusement de la santé du prince, y vit un présage lugubre. Ce même jour, les souffrances du duc devinrent si aiguës, qu'il ne put s'empêcher de crier : « Ah ! la mort ! la mort ! Rien que

(1) Sur ces entrefaites, le chancelier était allé voir le prince. Malgré son impassibilité systématique, il parut ému. « C'était, écrivait-il le 21 juillet à l'Empereur, un spectacle déchirant. Je ne me rappelle pas avoir jamais vu une plus triste image de la destruction. »

la mort peut me guérir!... » Il eut ensuite quelques instants de délire, pendant lesquels il disait : « Qu'on mette les chevaux! Il faut que j'aille au-devant de mon père! Il faut que je l'embrasse encore une fois!... » Puis revenant à lui, il avoua pour la première fois qu'il souffrait cruellement. La fièvre redoublait. En cet instant d'angoisse, Marie-Louise entra. Le duc eut le courage de rassurer sa mère. A ses questions inquiètes, il répondit qu'il allait bien. Pour ne pas l'effrayer, il parla, et avec une certaine satisfaction, de son prochain voyage pour l'automne. Le soir, le docteur Malfatti vit que le terme fatal approchait. Il conseilla au général Hartmann et au baron de Moll de ne point sortir de la chambre. Vers trois heures et demie du matin, le dimanche 22 juillet, le prince ressentit une violente douleur à la poitrine. Il se dressa sur son chevet et cria : « Je succombe... Ma mère, au secours! Ma mère!... » Le baron de Moll et un valet de chambre soutinrent le moribond dans leurs bras, mais comme ses traits prenaient les caractères rigides de la fin, ils firent avertir la duchesse de Parme et l'archiduc François qui se trouvait auprès d'elle.

Marie-Louise et l'archiduc accoururent. Le prélat de la cour, Mgr Wagner, qui depuis plusieurs semaines ne quittait pas le château et qui plus d'une fois s'était gravement entretenu avec le prince, les suivit. Le capitaine Standeiski, le docteur Malfatti, les serviteurs vinrent les rejoindre. Marie-Louise tomba à genoux auprès du lit. Le duc de Reichstadt ne pouvait plus parler. Son regard, obstinément dirigé vers sa mère, semblait lui demander un dernier appui. Le prélat attendri lui montra le ciel. Le prince leva alors les yeux vers la voûte comme pour affirmer qu'il n'espérait plus qu'en Dieu, puis remua deux fois la tête. Cinq heures sonnèrent. Quelques minutes après, il était mort, et l'on emportait Marie-Louise évanouie. Le fils de Napoléon succombait dans la chambre où Napoléon, vainqueur et maître de l'Autriche, songeait à divorcer avec Joséphine et ne savait pas que l'empereur François II était déjà prêt, pour sauver ses États d'une perte certaine, à lui offrir l'archiduchesse Marie-Louise. Le prince issu de cette alliance superbe mourait le même jour où, onze ans auparavant, il avait appris la mort de son père, le même jour encore où l'empereur d'Autriche lui avait retiré son nom glorieux pour lui imposer celui de duc de Reichstadt.

A la nouvelle de sa fin, l'archiduchesse Sophie, qui relevait à peine de ses couches, en ressentit une telle affliction que sa santé inspira, pendant quelques jours, de grandes inquiétudes. L'Empereur, informé à Linz par le baron de Moll, versa d'abondantes larmes. « Je regarde, dit-il, la mort du duc comme un bonheur pour lui. Je ne sais si l'événement est heureux ou malheureux pour la chose publique ; quant à moi, je regretterai toujours la mort de mon petit-fils (1). » Il aurait voulu avoir la consolation d'assister à ses derniers moments, et il déplorait d'en avoir été privé. M. de Méneval a été très sévère pour François II, et son jugement me paraît motivé. « Dans des circonstances ordinaires, dit-il, il aurait recommandé à Marie-Louise la fidélité à son époux, mais voyant qu'il ne peut soutenir son gendre proscrit par la ligue des rois, sans manquer à ses alliés, il conseille à sa fille l'oubli de ses liens. Il l'entretient d'illusions qu'il partage lui-même sur son petit-fils impitoyablement sacrifié. Quand il est déçu dans ses espérances pour cet enfant auquel il doit tous ses sentiments de père et une efficace protection, il les oublie en lui témoignant une stérile tendresse. Il le laisse mourir, parce qu'il est empêché par la raison d'État de faire ce qui pourrait le sauver. Il le pleure. Il s'éloigne pour ne pas être témoin de ses derniers moments, et il se console en pensant qu'il est dans le ciel, parce qu'il finit par se persuader que c'est pour le mieux et qu'il n'y a plus de place sur la terre pour cette infortune (2). »

Le pauvre duc de Reichstadt, qui n'avait que l'apanage

---

(1) Metternich à Appony le 4 août.

(2) *Souvenirs*, t. III. — Napoléon avait été jadis bien dur pour l'empereur d'Autriche. Il l'appelait « un enfant gouverné par ses ministres, un prince débile et faux, un homme bon et religieux, mais une ganache, ne s'occupant que de botanique et de jardinage ». Enfin il blâmait « sa débonnaireté, qui le rendait toujours dupe des intrigants ».

éventuel des terres bavaro-palatines, — je ne sais s'il en toucha jamais quelque revenu, — et qui ne possédait aucune fortune personnelle, n'avait point fait de testament. Il avait seulement prié sa mère et le comte de Dietrichstein de remettre au chevalier de Prokesch le sabre que son père avait rapporté d'Égypte et les livres qu'ils avaient souvent lus et étudiés ensemble. Pendant toute la journée du dimanche, le duc resta exposé sur son lit de mort, revêtu du blanc uniforme du régiment de Giulay, ayant à son côté le sabre de son père. La gravure, d'après le portrait de Ender, est saisissante. Mais ce qui m'a le plus impressionné, c'est le masque qui a été moulé le même jour sur sa figure amaigrie. Ce masque, dont il a été pris trois moulages, appartient l'un au prince Roland Bonaparte, l'autre au musée de Baden près Vienne, le troisième au musée lorrain de Nancy. J'ai pu voir de près et toucher le second, grâce à l'obligeance du docteur Hermann-Rollett, directeur du musée de Baden. Le masque du jeune prince a été placé à côté de celui de son père. Antomarchi avait rapporté le masque de Napoléon avec l'intention de le remettre au duc de Reichstadt. On sait qu'il ne put s'acquitter de ce devoir sacré. Le hasard voulut que, longtemps après, ce masque fut trouvé par le père de M. Hermann-Rollett, qui en prit soin et le réunit à celui du duc (1). Ainsi le père et le

(1) « Ce masque, dit le docteur Hermann-Rollet, tomba entre les mains de mon père dans les circonstances suivantes. Il venait d'être appelé chez l'ex-Impératrice pour donner ses soins à l'un des enfants de son intendant; en ouvrant la porte, il aperçut les autres enfants en train de jouer avec un objet en plâtre qu'ils avaient attaché au bout d'une ficelle et qu'ils traînaient sur le parquet en manière de voiture. Mon père vit tout de suite que cet objet était un masque en plâtre placé sens dessus dessous. A ce moment même entra l'intendant, qui s'empressa d'enlever le moulage à ses enfants et de les gronder pour s'en être emparés. C'était le masque de Sainte-Hélène. L'intendant avait mandat spécial de le conserver et de l'emporter partout avec lui, mais sans le remettre au jeune duc. Mon père, qui possédait la riche collection de bustes et de crânes formée par le docteur Gall, et en outre un certain nombre de masques en plâtre de personnages célèbres, demanda aussitôt qu'on voulût bien lui confier le masque impérial, avec promesse d'en avoir soin et de le rendre aussitôt que cela serait jugé nécessaire.

« C'est ainsi que ce moulage entra dans sa collection et passa plus tard au musée de Baden. Le nez, dont la pointe est légèrement aplatie, témoigne encore du traitement que lui avaient fait subir les enfants de l'intendant. » (*Neue Beiträge zur Chronik Stadt Baden*, 1894.)

fils, qui étaient séparés depuis 1814, se sont retrouvés l'un à côté de l'autre sous la forme de ces empreintes fragiles dans un musée autrichien, à quelques lieues de la grande cité où l'un avait paru en vainqueur et l'autre en prisonnier !

Le masque du duc de Reichstadt montre un front bombé, un nez droit et pincé par la mort, des yeux plissés, des pommettes saillantes, un menton très accentué. L'affreuse phtisie a ravagé cette figure si gracieuse, de façon à ne plus laisser que le squelette (1). Le masque de Napoléon, au contraire, est resté puissant et ferme. Les souffrances et la captivité du héros n'ont pas défiguré sa physionomie altière. Il n'est point sorti dégradé des mains de la mort. On ne peut sans émotion voir ces deux masques réunis, et je suis resté longtemps pensif à les regarder, au milieu de ce musée étranger dont nul visiteur ne troublait alors le silence...

Une foule considérable passa respectueusement devant le corps du prince, pendant toute la journée du 22. Le lendemain, les docteurs procédèrent à l'autopsie. Ils trouvèrent le corps entièrement émacié, la caisse de la poitrine trop étroite en raison de la taille, qui avait cinq pieds neuf pouces, le sternum aplati, le poumon droit ne consistant qu'en un amas de vomiques, le poumon gauche lésé et la trachée-artère corrodée. Les autres organes étaient dans un état normal. Le cerveau et le cervelet, plus compacts que d'ordinaire, n'avaient subi aucune altération... Dans la nuit du lundi, on transporta le cadavre en litière, à la lueur des torches, dans la chapelle du palais impérial à Vienne. Le 24 juillet, dès huit heures du matin, le corps fut de nouveau exposé. La chapelle était tendue de draperies noires, aux armes du prince. Sur un catafalque était placé le cercueil ouvert. A droite se trouvaient la couronne ducale et le collier de Saint-Étienne ; à gauche, le chapeau, l'épée et le ceinturon. Devant le cercueil, deux vases d'argent contenaient le cœur et les entrailles, destinés à être

(1) Le masque déposé à Nancy m'a paru meilleur. Il offre plus de ressemblance avec la figure de Napoléon. C'est probablement la première empreinte, qui a été prise aussitôt après la mort.

enfermés, suivant les usages impériaux, l'un dans l'église des Augustins, voisine de la Burg, et les autres dans la cathédrale de Saint-Étienne. Aux quatre angles se tenaient droits des officiers de la garde autrichienne et des officiers hongrois en grand uniforme. Le soir eurent lieu les funérailles, réglées sur celles du duc Albert de Saxe-Teschen, époux de l'archiduchesse Marie-Christine. Pendant toute la matinée, on avait célébré des messes aux divers autels, et des prières pour les morts avaient été dites par les serviteurs de la Cour.

A deux heures de l'après-midi, on porta le cœur du prince dans l'église des Augustins et on le plaça près de l'admirable mausolée de Marie-Christine, le chef-d'œuvre de Canova. A cinq heures, le corps, étant bénit, fut replacé dans le cercueil. Les valets de chambre impériaux le prirent et le déposèrent sur le char funèbre. Le temps était très beau. Les habitants de Vienne étaient accourus en grand nombre. Le convoi se mit en marche par la Josephplatz, précédé de jeunes orphelins portant des torches, d'un détachement de cavalerie, de valets de la Cour à cheval et de voitures de la Cour. Les hussards de Saxe-Cobourg et de Wurtemberg, avec le régiment de Wasa, formaient la haie. Le char était un antique carrosse recouvert de maroquin rouge, orné de clous dorés et tiré par six chevaux blancs, tenus en main par des valets de pied aux livrées d'Autriche. De chaque côté marchaient des pages portant des flambeaux allumés. Les voitures de parade, aux énormes roues sculptées et d'un verni rouge vif, contenaient le clergé et les personnes de la Cour. Venaient ensuite les gardes du corps avec les officiers du prince et sa maison militaire, puis une compagnie de grenadiers et un détachement de cavalerie.

Le convoi suivit la place de l'Hôpital et arriva à la petite église des Capucins, sur la *Neue-Markt*. Là, le représentant du premier grand maître de la Cour frappa à la porte de l'église, déclina les noms et qualités du défunt et sollicita humblement l'entrée du temple. Le corps fut déposé sur un catafalque. Les princes et princesses étaient déjà réunis dans le sanctuaire.

Après les absoutes, les Capucins descendirent eux-mêmes le cercueil dans la *Kaisergruft* ou « caveau impérial ». Le grand maître de la Cour, le major général et le baron de Moll seuls les suivirent. Là, le grand maître fit rouvrir le cercueil et montra le corps du prince au Père gardien. Puis il fit refermer le cercueil, remit une des clefs au Père et l'autre au directeur du bureau de la grande maîtrise. La Cour allait prendre le deuil pour six semaines. Les obsèques étaient terminées.

La mort a encore une fois fait son œuvre. Mais, grâce à elle, l'infortuné prince est affranchi du fardeau qui pesait sur ses trop faibles forces. Il entre, déjà consolé, dans cette vie qui n'a ni les déceptions ni les amertumes de la terre. D'immortelles joies l'attendent. Il va y trouver enfin l'oubli des maux que les événements et les hommes lui avaient prodigués.

Voici comment le maréchal Maison informa son gouvernement de la fin du prince :

« Baden, 22 juillet 1832.

« M. le duc de Reichstadt est mort ce matin à cinq heures au palais de Schœnbrunn. Il paraît que ce n'est point aux progrès naturels de la maladie dont il était atteint que ce jeune prince a succombé, mais que les complications d'un accident intérieur sont venues hâter ce triste dénouement, considéré, d'ailleurs, comme inévitable. Sa Majesté l'archiduchesse Marie-Louise est plongée dans la douleur la plus profonde.

« Maison. »

Le bruit courait à Vienne que la secousse produite en elle par cette mort avait été si vive que l'on craignait pour ses jours. Il y avait là un peu d'exagération. Voici ce que Marie-Louise écrivait, quelque temps après, à la comtesse de Crenneville : « Vous me reverrez bien sûr à Vienne ; si longtemps que mon bon père vivra, j'y viendrai aussi souvent qu'autrefois. Cela me fera même du bien. Quoique les souvenirs soient douloureux, j'y en aurai au moins de celui que je pleure ; au lieu qu'ici, je ne rencontre aucun lieu où je puis dire : Il a fait ceci, cela, etc., et alors la vie me paraît bien triste et le monde désert... Jugez de ce que je dois souffrir de rester ainsi oisive, livrée à mes pensées et, par conséquent, uniquement à ma douleur. Si je n'avais pas Albertine et Guillaume, qui réclament encore mes soins, je demanderais au bon Dieu de m'appeler à lui pour rejoindre les deux personnes que j'ai perdues et qui m'étaient les plus chères au monde ; mais les enfants qui me restent me font un devoir de traîner encore ma triste existence... (1) » Dans les deux personnes que Marie-Louise pleurait, on ne peut placer Napoléon, et, dès lors, c'était le souvenir de Neipperg qui l'attendrissait autant que celui de son fils.

Plus perspicace que Marie-Louise, M. de Prokesch avait eu de tristes pressentiments en quittant le duc de Reichstadt au mois de février, mais cependant il espérait le revoir. Il était encouragé dans cette espérance par une lettre du comte Maurice Esterhazy qui lui écrivait de Naples, à la date du 14 juillet : « Vous aurez le bonheur de voir encore l'intéressant jeune homme qui touche déjà au terme de sa trop rapide carrière. Vous recevrez ses adieux! Il doit se sentir quitter la vie en exilé, cherchant autour de lui quelqu'un habitué à comprendre sa langue pour lui adresser ses derniers regrets... Peut-être vous est-il réservé de les recueillir... J'envie votre sort, sans pouvoir espérer le partager... » Esterhazy suppliait le chevalier de Prokesch-Osten de lui faire parvenir de Vienne quelques détails sur ce douloureux sujet (2). M. de Prokesch était entré à Rome en rapports familiers avec le colonel prince Pompeio Gabrieli, mari de Charlotte Bonaparte, fille de Lucien. Les relations si affectueuses qu'il avait avec le fils de

---

(1) Sala, le 12 août. — *Correspondance*, p. 304.
(2) M. de Prokesch ne savait de la santé du prince que ce qu'en disaient les journaux, c'est-à-dire peu de chose. Il ne pouvait s'attendre à un dénouement si rapproché et si tragique. « M'écrire à Rome, a-t-il dit, *le duc ne le pouvait pas sans en demander l'autorisation. Je compris qu'il préférait garder le silence. Je n'avais donc pas le moindre pressentiment de l'état où il se trouvait.* »

Napoléon les lièrent bientôt. Le 20 juillet, le chevalier, rappelé subitement par le prince de Metternich, — car sa mission était terminée, — vint prendre congé du prince Gabrieli. La princesse Charlotte lui demanda s'il ne voyait aucun inconvénient à aller avec elle voir la mère de Napoléon, Mme Lætitia, qui habitait Rome et qui désirait vivement connaître l'ami fidèle de son petit-fils. Prokesch répondit que l'on se ferait une fausse idée de son gouvernement, si l'on supposait que, dans la démarche respectueuse de l'un de ses agents, il verrait un autre motif que le désir de porter des consolations à une vénérable aïeule, cherchant à avoir des nouvelles d'un prince qui lui était si cher.

Le lendemain, 21 juillet, le chevalier de Prokesch et la princesse Charlotte se rendirent place de Venise, au palais de Mme Lætitia. Ils pénétrèrent dans un vaste et sombre appartement. La mère de Napoléon apparut au diplomate autrichien à moitié aveugle et presque paralysée. Elle était vêtue de noir. Malgré ses quatre-vingt-quatre ans et ses infirmités, elle se dressa, salua noblement Prokesch, puis, épuisée par cet effort, se laissa retomber sur un sofa, en invitant son visiteur à y prendre place. Celui-ci n'hésita pas à lui parler immédiatement de son petit-fils et à lui dire tout ce qu'il savait, tout ce qu'il redoutait. Elle l'écouta en pleurant. Les détails, qui lui furent donnés sur l'intéresssante victime, firent une certaine diversion à sa douleur. Elle questionnait avidement. Elle voulait connaître ses qualités, ses penchants. Elle cherchait à retrouver des traits de ressemblance entre Napoléon et son fils. Elle fut satisfaite d'apprendre que le roi de Rome — elle ne le connaissait que sous ce nom — était traité avec les plus grands égards. Elle pria Prokesch de porter à son petit-fils cette parole qui résumait toutes ses pensées et tous ses vœux : « Qu'il respecte les dernières volontés de son père! Son heure viendra, et il montera sur le trône paternel... » Hélas! au moment même où elle parlait, son heure était venue... Mme Lætitia promit ensuite à Prokesch de lui faire remettre pour le prince sa propre miniature avec une boucle de cheveux de son père. Le chevalier se disposait à partir, lorsqu'elle le retint et fit un suprême effort pour se redresser. « Sa personne, dit-il, me parut grandir et un air de majestueuse dignité l'enveloppa. » Prokesch sentit qu'elle tremblait. « Ses deux mains se posèrent sur ma tête. » Il devina son intention et plia le genou. « Puisque je ne puis arriver jusqu'à lui, murmura-t-elle, que sur votre tête descende la bénédiction de sa grand'mère qui bientôt quittera ce monde!... » Puis elle embrassa Prokesch et, soutenue par la princesse Charlotte, demeura quelque temps silencieusement penchée sur lui. Quand elle se fut rassise sur le sofa, le chevalier lui baisa la main en prononçant des paroles que lui suggéra son cœur attendri par cette scène auguste.

Le 22 juillet, Prokesch sortait de Rome et s'acheminait en toute hâte vers Vienne, porteur des souvenirs de Mme Lætitia, lorsqu'en route, à Bologne, il apprit la mort de son jeune ami. Sa surprise, son chagrin furent tels qu'il en demeura comme paralysé le reste du voyage. A son arrivée à Vienne, il alla voir le docteur Malfatti et ceux qui avaient assisté aux derniers moments du prince. Il voulut connaître tous les tristes détails de l'agonie et de la mort, et le duc de Reichstadt fut longuement pleuré par lui. Prokesch obtint ensuite une audience de l'Empereur. François II eut le bon goût de le louer d'avoir tenu une conduite respectueuse envers la mère de Napoléon, conduite que l'ambassadeur d'Autriche à Rome avait seul osé blâmer. Prokesch écrivit à la princesse Charlotte. En l'entretenant de la triste nouvelle, il lui demandait les intentions de Mme Lætitia sur les objets qu'elle lui avait confiés. La princesse répondit que Madame Mère le priait de renvoyer les portraits, mais de garder l'étui à jeu de Napoléon « en souvenir de l'heure de bonheur qu'elle lui avait due, à la veille de la mort du duc ». Le chevalier de Prokesch conserva ce précieux souvenir, qu'il fut heureux de léguer à ses enfants.

Il leur a légué quelque chose de plus précieux encore : le souvenir d'une bonté, d'une grâce, d'une délicatesse exquises à l'égard du prince que l'Autriche gardait comme un otage. Dans cette relation si touchante et si sincère, à laquelle j'ai été heureux de me reporter souvent, le chevalier fait preuve de la plus touchante modestie. Il s'étonne que le fils du grand Empereur, « dont les monarques avaient entouré le berceau de leurs hommages, que des millions de Français avaient acclamé et que toute l'Europe avait salué comme l'ange de la paix », il s'étonne, dis-je, que le prince ait eu tant de confiance pour un officier de rang inférieur dans l'armée autrichienne... Il n'y a là rien de surprenant. Le fils de Napoléon, entouré d'ennemis ou d'indifférents, avait, dès la première heure, deviné un ami véritable dans celui qui avait défendu son père au moment où tous le calomniaient. Il avait eu l'heureuse fortune de découvrir le cœur fidèle et dévoué dont son jeune cœur avait besoin, dans l'homme qui, dès ses premières paroles, s'était rendu à son appel et qui, ne redoutant ni la disgrâce, ni les calomnies, ni les méchancetés, lui aurait volontiers sacrifié son avenir. Le duc s'était senti attiré aussitôt par la plus vive sympathie vers le seul être qui parût digne de l'initier aux exigences de la vie et aux nobles devoirs de la carrière militaire. C'est à cet homme, en effet, qu'il pouvait confier ses vœux, ses désirs et ses illusions, sûr de retrouver en lui l'écho de sa pensée. C'est par Prokesch qu'il avait pris confiance en l'avenir et en lui-même. C'est à lui qu'il avait été redevable de quelques jours de fierté, de joie et d'apaisement après tant d'épreuves et de tristesses. C'est grâce à lui, à ses conseils si prudents et si sages, qu'il avait pu parer à certaines éventualités, échapper à certains pièges où sa jeunesse imprudente et généreuse serait facilement tombée. Aussi le prince a-t-il pu écrire que la reconnaissance et l'affection l'attachaient à jamais à lui. Il l'a plus d'une fois serré sur sa pauvre poitrine, comme s'il n'eût eu que cet ami et ce défenseur. « Un jour, un de ses camarades de jeu, rapporte Prokesch, lui insinuait de ne pas se fier à moi. Que fit-il? Il me donna la main, me raconta tout et me pressa sur son cœur en s'écriant : « Ces gens-là ne vous « connaissent pas ; mais moi, je vous connais. » Une parole aussi confiante était la plus haute marque d'estime pour cet ami fidèle, et en même temps la plus méritée. Fidèle, Prokesch le fut en effet, car jamais il ne sacrifia son amitié à la faveur des puissants. Aussi cette attitude si droite et si courageuse lui fit-elle rendre la justice qui lui était due. Par ses talents et sa réelle valeur, il atteignit les postes les plus élevés, mais nulle part il ne fut si grand que dans cette conduite généreuse et dévouée à l'égard de l'infortuné fils de Napoléon. Que dire encore?... Il mérita d'être son ami. Et cette amitié, toute d'honneur et de délicatesse, fondée librement sur la similitude des goûts pour tout ce qui était grand et beau, n'ayant que des vues loyales et désintéressées, réunit, pendant deux ans, leurs pensées et leurs volontés; elle formait un de ces sentiments dont le poète disait qu'il n'était rien de plus doux dans les choses humaines (1).

M. de Prokesch avait désiré savoir toutes les causes de la mort prématurée du prince impérial. Le prince de Metternich lui dit que cette mort avait eu son point de départ dans un affaiblissement naturel provenant d'un développement physique exagéré. Le rapport officiel sur l'autopsie confirmait cette opinion, mais n'expliquait pas les raisons primordiales de la maladie. Après avoir longuement observé et réfléchi, M. de Prokesch a pu dire avec raison : « Le prince a succombé au chagrin qui le dévorait et qui était le résultat de sa situation et de l'inactivité à laquelle étaient condamnées ses plus nobles facultés. Il m'est impossible de renoncer à la conviction qu'une jeunesse heureuse et active aurait beaucoup contribué à fortifier le corps, et que l'arrêt qu'a subi le développement des organes a été le résultat des souffrances morales. J'ai assez connu cette âme pour comprendre que ses tourments avaient dû briser le corps... » En effet, si sa mère avait compris quels étaient ses vrais devoirs, elle eût pu par des soins intelligents, assidus et tendres, retarder l'époque de la crise fatale et peut-être même opérer dans sa nature un revirement salutaire. Si

---

(1) *Rebus in humanis nil dulcius experiere*
Alterno convictu et fido pectore amici.

la politique implacable de M. de Metternich, qui le détenait en Autriche comme dans une prison et qui l'excluait à jamais de tous les trônes, eût bien voulu donner à cette juvénile et ardente ambition quelque dérivatif noble et puissant, à sa pensée toujours en feu quelque aliment substantiel, à son besoin d'expansion une confiance sincère ; si l'Empereur lui avait laissé entrevoir sincèrement, et sans restrictions subtiles, la possibilité d'arriver à la situation et à la gloire d'un autre prince Eugène et, de par sa volonté absolue, avait ménagé ses jours en lui interdisant trop de labeurs et d'exercices stériles, le prince eût pu vivre plus longtemps. Mais il intéressait trop peu d'esprits à son avenir, et, d'autre part, ceux qui présidaient aux destinées de l'Europe et qui redoutaient les retours capricieux de la fortune, virent sans aucun regret s'éteindre la vie éphémère du fils de Napoléon.

Les journaux viennois apprirent à leurs lecteurs qu'une mort douce avait terminé les longues souffrances de Son Altesse le duc de Reichstadt. L'*Observateur autrichien*, du 25 juillet, rendait hommage à la peine de Marie-Louise, en des termes qui ont quelque chose d'officiel : « Sa Majesté l'archiduchesse, duchesse de Parme, qui, depuis son arrivée, a soigné son fils chéri avec une tendresse maternelle, est, ainsi que toute la Cour, plongée dans la plus profonde douleur... Cette douleur est vivement partagée par les habitants de cette capitale (1). » En Allemagne, on manifesta une émotion modérée. La *Gazette d'Augsbourg* (31 juillet) annonçait ainsi la triste nouvelle : « Une mort lente a mis fin à l'existence douloureuse du fils de Napoléon. On a fait aujourd'hui même des préparatifs pour le départ de la mère du prince, dont l'affliction est voisine du désespoir. » Il y avait une exagération singulière dans ces dernières lignes, car Marie-Louise supportait son chagrin avec résignation. Le *Correspondant de Nuremberg* ajoutait à la nouvelle de la mort du duc de Reich-

(1) Après les obsèques Marie-Louise était partie pour le château de Persenbeug, où se trouvait l'Empereur. Elle devait retourner ensuite à Parme, par Innsbruck.

stadt une réflexion sympathique : « Qui pourrait, disait-il, refuser quelques larmes à un jeune prince dans le berceau duquel était tombée une couronne, au fils unique enfin de l'Homme du siècle, qui devait régner sur des rois et sur des peuples, et continuer par l'amour une dynastie fondée par la force et par la terreur?... » Un journal de Francfort-sur-le-Mein déclarait que la mort du jeune Napoléon avait produit une grande sensation. « Les amis de la France, ajoutait-il, regrettent en lui le fils du grand homme que l'Allemagne, pour un moment et à juste titre, a pu haïr, mais qu'elle a toujours admiré... » Le journal allemand faisait encore une observation qui mérite d'être reproduite : « Cet événement, disait-il, prive l'Autriche d'une ressource dont elle aurait pu profiter contre le gouvernement français... Le cabinet d'Autriche a toujours regardé la personne du duc de Reichstadt comme un moyen de menace. M. de Metternich l'a dit bien des fois : « Le gouvernement français croit que c'est dans son intérêt que nous gardons Reichstadt, mais c'est aussi un peu dans l'intérêt autrichien. »

En Angleterre, la presse s'occcupa de l'événement, sans y mettre trop d'insistance. Le *Times* repoussait, comme toutes les feuilles sensées, l'accusation d'empoisonnement, et il accentuait l'observation faite par le journal de Francfort. « L'Empereur et son rusé conseiller Metternich, disait-il, connaissaient parfaitemement le gage qu'ils possédaient dans la personne d'un Napoléon, pour tout ce qu'ils auraient voulu entreprendre contre la France. Ils avaient cherché à lui donner une éducation allemande, mais ils savaient qu'il pourrait fort bien avoir un cœur français : ils le tenaient éloigné de l'Italie, mais ils sentaient que l'influence du nom et de la gloire de son père pourrait être l'équivalent d'une armée et même, dans les dernières négociations, au sujet de l'intervention autrichienne dans les Légations romaines, l'important otage de Schœnbrunn ne fut pas oublié comme gage de paix ou d'instrument d'hostilité. » C'est ce que démontraient exactement les dépêches confidentielles de Metternich à Appony. « Sa mort prématurée, ajoute le journal de la Cité, a donné lieu à un sincère chagrin, sinon à des regrets, de voir dissiper les espérances attachées à son nom par les amis de l'indépendance italienne et peut-être française. Au reste, il vaut mieux que le jeune homme soit mort. »

Les journaux français furent généralement sympathiques au prince. Le *Moniteur* du 1er août rendit ainsi compte de sa fin, dans la partie non officielle : « Le 22 juillet, à cinq heures du matin, après une courte agonie, le duc de Reichstadt est mort au château de Schœnbrunn. Nous n'étions pas de ceux qui pensaient qu'il y eût pour lui une succession à recueillir en France ; les hommes comme Bonaparte ont une étoile qui commence avec eux et finit avec eux. On n'est pas le prédestiné de la Providence à la seconde génération. » Le *Moniteur* ajoutait qu'au point de vue philosophique, il fallait se réjouir de cet événement pour la victime condamnée à un double exil : exil de la patrie, exil du trône. « Mais à ne voir qu'une vie de jeune homme s'éteignant un peu après vingt ans, à ne voir que ce nom retentissant auquel on avait prêté autrefois tant d'avenir, sitôt fini, sitôt réfugié dans l'histoire, un sentiment douloureux vient vous saisir, destiné à être unanimement partagé. » La *Quotidienne* du 3 août rapportait que le *Constitutionnel* avait dit que Napoléon II avait en France, sinon un parti, au moins de nombreux partisans, et que c'était un héritage que les factions allaient disputer au gouvernement : « A quel titre, remarquait la *Quotidienne*, le gouvernement se présenterait-il pour recueillir une part quelconque dans l'héritage de Napoléon ? Que peut-il y avoir, en effet, de commun entre l'opinion bonapartiste et le juste milieu ? » Et le journal légitimiste disait que la différence entre le régime impérial et le régime actuel était celle-ci : « Gloire et honte ! Grandeur et abaissement ! » Le 5 août, il publiait un beau poème de Guiraud, mais qui n'avait ni l'ampleur des vers de Victor Hugo, ni l'originalité touchante des vers de Béranger.

La *Gazette de France*, à la date du 1er août, répétait mot

pour mot ce que le maréchal de Castellane consignait dans son *Journal* (1). « Le duc de Reichstadt a succombé à Schœnbrunn, le 22 juillet, à une maladie de poitrine. C'est un événement. Le jeune Napoléon vient de finir une vie qui n'a été qu'une espérance. La France ne peut manquer de prendre un véritable intérêt à la mort de ce jeune homme, dont le père a porté si loin l'éclat et la gloire du nom français. Personnellement, il était digne d'intérêt par son esprit, par l'aménité de son caractère et par ses qualités précoces... » La *Gazette* ajoutait que Napoléon avait voulu un héritier de son nom et que, pour ce rêve, il avait perdu son avenir. L'Empereur et sa dynastie passaient comme un météore, différant en cela de cette race royale où l'on peut dire : « Le Roi ne meurt pas ! » La *Revue des Deux Mondes* (2) s'exprimait ainsi sur cet événement : « Il est mort, le pauvre jeune homme, parce qu'il s'est dévoré lui-même, parce que l'air lui a manqué dans cette Cour dont on lui avait fait un cachot. Il est mort, parce que se voyant oublié par la France de 1830, il a désespéré de l'avenir. Il est mort, parce qu'il n'a pu venir embrasser la Colonne (3) !... » La *Chronique* disait : « La mort du duc de Reichstadt semble, en tout cas, devoir consolider les bases sur lesquelles reposent la paix et la tranquillité de l'Europe. » Le *Temps* faisait ces réflexions philosophiques : « Le jeune fils de Napoléon vient de mourir, à Schœnbrunn, de son exil et de l'impuissance de son parti. Les dynasties ne sont plus rien depuis que la souveraineté populaire est tout. » Le *Constitutionnel* était plus ému : « Le fils de Napoléon est mort. Cette nouvelle, longtemps prévue, a produit dans Paris une sensation douloureuse, mais calme. Cette fin obscure d'une vie à laquelle de si belles destinées avaient été promises, ce pâle et dernier rayon d'une gloire immense qui vient de s'éteindre, quel sujet de tristes méditations ! » Enfin M. Thureau-Dangin dépeint ainsi l'at-

---

(1) T. III, p. 15.
(2) Numéro du 14 août 1832.
(3) C'était une allusion au mot dit par le prince au baron de la Rue, qui rentrait de Vienne à Paris en 1830 : « Lorsque vous verrez la Colonne, saluez-la pour moi ! »

titude d'une partie de la presse parisienne : « En août 1832, tous les journaux de gauche célébreront pieusement les funérailles du duc de Reichstadt. » C'est avec le nom et les souvenirs de Napoléon qu'Armand Carrel et ses amis persisteront à faire opposition au gouvernement de Louis-Philippe; suivant eux, la France seule devait « continuer le grand homme ». On sait à quels résultats aboutit leur campagne et de quelles illusions ils furent les victimes.

Le théâtre essaya de s'emparer d'un sujet aussi dramatique que la mort du fils de Napoléon. « Un matin, disent Jacques Arago et Louis Lurine dans la préface de leur pièce : *Le duc de Reichstadt* (1), nous lûmes dans les feuilles publiques : « Le duc de Reichstadt vient de mourir au château de Schœnbrunn. » Comme tant d'autres, nous déplorâmes par quelques religieuses paroles la triste fin d'un prince que sa naissance avait appelé à de si hautes destinées. Et puis nous nous dîmes : Il y a tout un drame dans la vie de ce fils de Napoléon, un drame avec des larmes, un drame sans scandale, sans hostilité pour aucun parti... Ce n'est pas pour un cadavre que les hommes se font la guerre aujourd'hui. Achille et Patrocle sont morts depuis depuis bien des siècles. Nous prîmes la plume, et, le surlendemain, le drame était achevé. Le Vaudeville, par prévision, avait déjà reçu sur ce triste sujet un ouvrage de trois auteurs à l'âme ardente, à la pensée généreuse. Le Palais-Royal, veuf de Mlle Déjazet, n'osa pas essayer; les Variétés et le Gymnase refusèrent de rappeler une aussi récente catastrophe. Que faire? L'œuvre était là; nous la livrâmes à l'impression. C'est une larme sur une bière, c'est un dernier adieu à une dernière espérance... Rien ne ranime un mort : la voix la plus faible ranime un souvenir. » Les auteurs, qui ne s'étaient pas fatigués à inventer une trame compliquée, avaient supposé que le duc de Reichstadt aimait la jeune Marie, fille d'un vieil officier français. Cette jeune fille devait être une autre Odette qui

---

(1) Drame en deux actes, mêlé de couplets. Paris. Poussielgue, 1832.

calmerait ses inquiétudes et ses terreurs. Mais le précepteur du duc, Malden, entoure le prince d'une surveillance méchante. Ainsi il s'empare du poème de Barthélemy, le *Fils de l'Homme*, et le jette au feu. « A quoi s'occupe le duc? demande Berthini. — A rien. — Et vous? — Je l'aide. » Le duc apprend tout à coup que Napoléon est son père; il se livre à la joie et à des rêves de gloire. Mais la maladie le terrasse, et il meurt sans avoir pu tirer l'épée. Il meurt en revoyant sa mère et en lui disant : « Je vous plains, madame, de n'être plus la veuve de Napoléon! » On voit que ce drame était bien anodin (1). Le 13 juin 1850 seulement, le théâtre de l'Ambigu représenta un grand mélodrame en cinq actes et douze tableaux intitulé *le Roi de Rome*, et dont les auteurs étaient Charles Desnoyers et Léon Beauvallet. Le duc de Reichstadt, qu'un brave sergent de grenadiers, Michel Lambert, avait voulu enlever à l'Autriche et ramener en France, meurt à Schœnbrunn. Une jeune orpheline, Jeanne Muller, son amie, est prise de désespoir et se fait religieuse. Le tableau de Steuben, qui représentait le roi de Rome endormi sur les genoux de son glorieux père, fut très applaudi. Une foule considérable acclama ce mélodrame qui remuait en elle des sentiments patriotiques et, dans une apothéose solennelle, réunissait Napoléon Ier et Napoléon II. Le ministère du prince président avait été favorable à la représentation de cette pièce. Ce fut une des nombreuses manifestations, habilement conçues, qui préparèrent les esprits à la restauration de l'Empire avec Napoléon III (2).

(1) Il ne fut joué sur aucun théâtre.
(2) Il y eut peu de manifestations publiques en 1832. A Clichy-la-Garenne, à la demande des habitants de ce quartier, un service funèbre fut célébré le 23 août. On vendait dans les rues de Paris des placards intitulés : *Les derniers moments du fils de Napoléon, ou le Tombeau du duc de Reichstadt*, avec des gravures d'une simplicité primitive.
En fait de manifestations littéraires, je n'ai trouvé qu'une nouvelle de Frédéric Soulié, intitulée *Sans nom*, plusieurs petites brochures insignifiantes et un article humoristique de Jules Janin. Chateaubriand consacra quelques lignes mélancoliques au duc de Reichstadt dans les *Mémoires d'outre-tombe*. Victor Hugo, Béranger et Guiraud écrivirent quelques vers, et ce fut tout.

CONCLUSION

Une question s'impose à la fin de cet ouvrage. En admettant que le fils de Napoléon eût été heureusement servi par les circonstances et par les hommes, en admettant que, plein de force et de vigueur, il eût réussi à monter sur le trône, aurait-il pu s'y maintenir ?

On a dû remarquer, au cours de ce récit, qu'un de ceux qui étaient le plus à même de juger la situation, François II, ne cessa de parler à son petit-fils, dès la révolution de 1830, de son avènement probable et parfois en termes peu équivoques. Ne lui avait-il pas dit, un jour où les rapports étaient devenus acerbes entre le cabinet de Vienne et celui des Tuileries, à la suite de la révolte dans les duchés italiens : « Tu n'auras pas plus tôt paru sur le pont de Strasbourg que c'en sera fait des d'Orléans... » ? N'avait-il pas dit une autre fois que, si le peuple français demandait son petit-fils, il ne s'opposerait pas à le voir monter sur le trône de France ? Aussi, grâce aux ouvertures faites par l'empereur d'Autriche lui-même, les rêves du duc étaient-ils devenus des espérances. Il savait que les salons officiels discutaient ouvertement ses chances d'avenir. Sans l'opposition formelle de Metternich, le jeune prince eût peut-être cédé à une tentation irrésistible et eût couru les chances dont on parlait. Examinant, avec une gravité au-dessus de son âge, le régime qui venait de succéder à la seconde Restauration, il s'était dit que le fils de l'Empereur et de Marie-Louise pouvait offrir aux Français et aux puissances des garanties plus solides que Louis-Philippe. S'il avait pu connaître les sympathies secrètes de l'armée pour sa personne, les agissements de Joseph Bonaparte, de Mauguin, de Cavaignac, d'Armand Carrel, des bonapartistes, des libéraux et des républicains qui poussaient à une action immédiate contre le gouvernement de Juillet, il se fût prononcé. Que de fois il s'était demandé de quel droit on faisait expier au fils les fautes du père; pourquoi on le privait d'une succession qui avait été rouverte par une révolution imprévue; pourquoi on le privait d'un trône qui lui appartenait par droit d'hérédité. L'Empereur n'avait-il pas abdiqué en sa faveur, et les Chambres ne l'avaient-elles pas officiellement proclamé sous le nom de Napoléon II?

A ces illusions, à ces espérances, il faut répondre catégoriquement. Si Napoléon, malgré le prestige et la gloire dont il s'était environné et qui avaient rejailli sur la France, — car nul Français n'a oublié Arcole, Rivoli, Marengo, Austerlitz, Iéna, Wagram, — si Napoléon avait été obligé de se reconnaître incapable de gouverner une nation qui ne voulait plus de guerres et d'aventures, même glorieuses, comment son fils, avec sa jeunesse et avec son inexpérience, aurait-il pu s'acquitter d'une tâche aussi difficile?... Parfois, lorsque la raison venait tempérer ses ardeurs juvéniles, il le reconnaissait lui-même, et il se demandait avec anxiété s'il aurait la force nécessaire pour mener à bien une telle œuvre. Lui qui avait tant étudié l'histoire, il se rappelait le cri qui avait échappé à Marie-Antoinette et à Louis XVI, lorsque le pouvoir les surprit : « O mon Dieu, prenez pitié de nous ! Nous régnons trop jeunes !... » Quelle aurait été, d'ailleurs, sa situation immédiate ? Il serait arrivé en pleine tourmente, au moment où la rue s'agitait, où l'émeute grondait à toute heure. Le nom de Napoléon aurait-il suffi à calmer les passions déchaînées ? « Mon fils même, avait dit un jour l'Empereur, aurait souvent besoin d'être mon fils pour me succéder tranquillement. » Et une autre fois : « La nation a bien consenti à être gouvernée par moi, parce que j'avais acquis une grande gloire et rendu de grands services. » Mais où était la gloire, où étaient les services du duc de Reichstadt?... A supposer même qu'avec le talisman du nom de son père, il eût arrêté momentanément les dissensions dans le pays, ne se fût-il pas trouvé aussitôt en face de graves difficultés extérieures? La Pologne, la Grèce, l'Italie n'auraient-elles pas réclamé l'épée du fils de Napoléon? Serait-il, lui si généreux, resté sourd à leurs appels, et ses élans, ses désirs impatients de luttes et de combats pour le plus grand honneur de la France, auraient-ils pu demeurer inertes? Sans doute, les dernières instructions paternelles lui avaient conseillé une politique pacifique, mais cette politique convenait plutôt à un prince âgé qu'à un prince jeune, de nature chevaleresque. Pouvait-il vraiment oublier les victoires qui avaient porté si haut le nom de Napoléon? Pouvait-il en demeurer simplement l'admirateur, sans essayer de grossir un jour le nombre de ces victoires? Enfin avait-il l'expérience, la puissance, l'habileté et l'audace suffisantes pour résister aux divers ennemis qui se seraient bientôt ligués contre lui? Sur quels hommes se serait-il appuyé? Où étaient les ministres sincères, fidèles, dévoués, constants dans leurs desseins, sans attaches et sans compromis, qui allaient se trouver prêts à lui suggérer et à pratiquer avec lui une politique équitable et prudente? Si bien doué qu'il fût, il n'avait pas la prétention de gouverner à lui seul la France.

A cela ses partisans répondent que, la France et l'Europe acceptèrent plus tard un Napoléon qui n'avait pas sa valeur intellectuelle. Soit, mais cela s'est passé après un laps de vingt ans, c'est-à-dire après l'expérience de la monarchie de Juillet et de la seconde République, après une préparation adroite et des machinations savantes. Louis-Napoléon avait eu l'habileté de se faire connaître à la France, de se créer des amis résolus, de se préparer tout un personnel et de s'emparer peu à peu du pouvoir, de conquérir le trône par un violent coup d'État et de chercher à s'en justifier par l'approbation du peuple... La France ne connaissait pas le duc de Reichstadt. M. de Metternich l'avait si bien séquestré et si opiniâtrément éloigné de tout ce qui était Français, que partout on le croyait élevé comme un archiduc, avec des sentiments exclusivement autrichiens. Le chancelier, dont la rancune inapaisée poursuivait encore le père dans le fils, avait laissé dire, sans se donner la peine d'apporter un démenti, que l'on cachait au prince la vie et la gloire de Napoléon. L'aventure du poète Barthélemy et du *Fils de l'Homme* avait accrédité cette légende. Le duc de Reichstadt s'en était aperçu, et il en souffrait cruellement. Il avait lu, il lisait des journaux français qui, par méchanceté ou par ignorance, l'accusaient de n'être qu'un Allemand. Plus d'une fois, au cours de ses voyages, M. de Prokesch avait eu à soutenir le contraire et à le défendre surtout au sujet de son éducation, qu'on disait avoir été habilement préparée pour étioler son intelligence.

A la Cour même d'Autriche, on le connaissait peu, on ne le comprenait pas. Certains, ne saisissant pas sa réserve, lui reprochaient d'être taciturne et peu communicatif. D'autres l'appelaient capricieux ou entêté, parce qu'il avait horreur des petites exigences mondaines, ou parce qu'il était résolu à maintenir énergiquement toutes ses idées. Quelques-uns même lui trouvaient de la dissimulation, appelant ainsi ce qui n'était que du tact ou de la prudence. Comment ce jeune Français, captif dans une Cour étrangère ou ennemie, eût-il pu s'abandonner à des hommes qui ne comprenaient pas sa nature droite et fière? Il avait acquis un ami sûr et fidèle. C'était assez pour son cœur. Mais les calomnies des uns, les faux jugements des autres le préoccupaient et le minaient sourdement. Son ambition inassouvie et la séquestration dont il était victime, les efforts inutiles qu'il tenta pour satisfaire l'une et se délivrer de l'autre, la crainte de servir la politique des Cours étrangères ou des factions, la méconnaissance de sa valeur réelle, et surtout l'abandon où le laissait une mère frivole qui n'avait pas, comme lui, le respect et le culte de Napoléon, aggravèrent la maladie qui l'emporta. Il ne pouvait vraiment pas se résigner à vivre comme un simple officier ou même comme un archiduc. Roi de Rome, fils de l'Empereur, né et élevé au milieu de véritables prodiges, lui était-il possible d'oublier ces titres uniques? Et impuissant à remplir sa destinée, il se sentait un être fatalement désigné à l'immolation. Il lui fallait, avant la chute du rideau, disparaître d'une scène où il avait espéré jouer le premier rôle. Après ces observations, n'est-on pas amené à se demander s'il faut regretter avec trop d'amertume la perte si rapide d'une existence qui eût été soumise à tant d'épreuves? « Sa fausse position, a dit Prokesch, ne faisait-elle pas son plus grand tourment, et y avait-il une autre fin pource lui dont les affections, les désirs et les espérances se livraient un continuel combat dans son âme?... Ne le plaignons pas de sa mort prématurée. Une telle mort, après avoir recueilli l'héritage de l'esprit et du caractère de son père, est une belle fin. Le père ne mourut complètement que dans le fils. » C'est à cette conclusion qu'arrivait également le comte Maurice Esterhazy : « Malheureuse victime ! disait-il. De tant de grandeurs n'hériter que la mort ! Mais peut-être est-ce un bien pour lui? Pourquoi le plaindre? Sa destinée n'offrait que peu de chances de bonheur, et dans les alternatives que laissait entrevoir son avenir, la mort se présentait souvent comme le cas préférable. Ses devoirs eussent été nombreux, souvent opposés, peut-être incompatibles !... Une gloire incomplète eût été un malheur pour lui, et la médiocrité, un crime. »

Dans la lettre de Prokesch sur la mort du duc de Reichstadt (1), lettre si peu connue qu'elle semble aujourd'hui presque inédite, se trouve un touchant portrait du fils de Napoléon qui m'apparaît comme le résumé de tout ce que je viens d'écrire et qui doit avoir sa place ici même : « Je le vois devant moi avec cette jeune figure, avec cette taille svelte et élancée, pleine de dignité dans son port et dans ses mouve-

---

(1) Cette lettre fut écrite le 10 octobre 1832, et parut à Fribourg en Brisgau chez Herder avec ce sous-titre modeste : « *Par un de ses amis.* » M. de Metternich avait conseillé à l'auteur, qui était le chevalier de Prokesch, de ne pas se nommer, ce qu'il fit, car il savait sur quel terrain difficile on était alors placé à Vienne. Cette lettre a été traduite par Gerson Hesse (Paris, librairie franco-allemande, 1832). Une autre traduction de Bastien, que je crois être la meilleure, a paru chez Levavasseur en 1833.

ments, souple et habile dans les exercices de tout genre où il excellait et conservant toujours ce calme imperturbable que lui donnait la gravité de son caractère. Je vois ce beau front ombragé des boucles de sa blonde chevelure, cet œil bleu plein de tristesse, cette bouche où un doux sourire semblait éclore, ces joues où brillait la jeunesse, ce visage où se peignaient les traits de son père et de sa mère, ces traits avec lesquels tomba en poussière le dernier monument d'une époque qui, depuis vingt ans, appartient à l'histoire. J'entends cette voix qui s'exprima souvent en paroles sévères et qui, souvent aussi, trouva des inflexions si douces pour épancher son âme. Lorsque je me représente cette image, alors je comprends l'amour et les regrets des milliers d'habitants de cette ville populeuse qui n'avaient vu le prince que de loin et qui, cependant, furent captivés par le charme de son existence. » M. de Prokesch dépeignait ensuite, et avec les traits de la plus parfaite ressemblance, son caractère : « Un certain malaise dans les étroites limites de la vie commune, un enthousiasme facile à s'enflammer à la pensée du grand, de l'extraordinaire, du sublime, une bonté de cœur qui, sans affaiblir son jugement, se faisait encore remarquer lorsqu'il blâmait, une noble ambition bornée par une louable méfiance de lui-même, une grande sûreté dans sa manière de juger et de traiter les hommes des conditions les plus différentes, me frappèrent alors, et, depuis, pendant les longues relations que j'ai eues avec le prince, j'ai toujours vu ces qualités dominer en lui. » M. de Prokesch affirmait qu'il était né avec toutes les qualités d'un vrai général. Doué d'un surprenant coup d'œil stratégique, le duc aimait à étudier et à expliquer les campagnes des grands hommes de guerre. Il avait bien compris pourquoi son père avait été un plus habile capitaine que ses meilleurs adversaires, rompus cependant au métier des armes. Ses jugements étaient neufs, précis, impérieux. « De telles matières donnaient à sa langue une éloquence entraînante. Son œil étincelait. Ses pensées étaient rapides comme l'éclair. Des entretiens de cette nature furent, sans contredit, les plus belles heures de sa vie. » Il adorait la vie du soldat et ses ambitions généreuses. « Il sentait que l'épée était son titre et son sceptre. »

Insistant sur sa ressemblance avec Napoléon, M. de Prokesch ajoute : « Son port et ses mouvements étaient les siens, et cette ressemblance corporelle annonçait une ressemblance plus précieuse, celle de l'esprit et de l'âme. Un des principaux rapports de son esprit avec celui de son père me parut toujours être cette lenteur de conception qui provenait d'un besoin de connaissances solides et, en même temps, cette difficulté qu'il avait de s'intéresser à différentes choses qui paraissent très importantes aux autres... M. de Prokesch dit avoir entendu de Madame Mère elle-même que Napoléon, dans son enfance et dans sa jeunesse, possédait ces deux qualités au point d'être regardé par plusieurs comme faible d'esprit. Il avait, en effet, dans ses premières classes obtenu très peu de succès. Il s'en aperçut, s'en préoccupa et finit par l'emporter sur ses condisciples. Madame Mère aimait à répéter que le jour où il mérita une attestation élogieuse de ses maîtres, il la lui montra joyeusement, puis il la posa sur une chaise et s'assit dessus avec l'air d'un triomphateur. Le roi de Rome avait manifesté la même joie dans ses premiers succès.

Il y a un an, dans une Exposition rétrospective où se trouvaient réunis les plus précieux souvenirs de la famille impériale, mes regards s'arrêtaient sur de menus objets ayant appartenu au roi de Rome : une petite robe, un bonnet de dentelle, des souliers d'enfant, des gants minuscules, un alphabet d'ivoire, une crécelle, une petite trompette de cuivre, une courte épée, un petit sabre avec sa dragonne, une toute petite harpe, puis le premier costume qu'il porta en Autriche, une sorte d'habit de drap blanc sur lequel étaient encore attachés les rubans des trois ordres de la Légion d'honneur, de la Couronne de fer, de la Réunion et les plaques de la Légion et de Marie-Thérèse. J'apercevais aussi une médaille en or frappée pour sa naissance, le 20 mars 1811, diverses miniatures le représentant dans son enfance, quelques bustes et quelques portraits de lui, restes fragiles d'un passé touchant, moins fragiles pourtant que ce que l'âpre nature veut bien laisser de notre misérable substance... Puis à côté du fauteuil du Sacre et du trône impérial, le lit de mort de Napoléon, pauvre petit lit de fer avec un seul matelas étroit et mince, et tout auprès la barcelonnette du roi de Rome, non pas ce berceau merveilleux offert par la ville de Paris, mais ce meuble si simple où les mains caressantes des berceuses venaient doucement et lentement endormir le nouveau-né, espoir de l'Empereur et de l'Empire. Voici que le hasard rapprochait, l'un tout près de l'autre, la couchette de l'enfant impérial où s'étaient élevés ses premiers cris et le lit de l'Empereur où avaient retenti ses derniers gémissements. Et je me redisais, avec émotion, la parole du poète : « Oui, il y a des larmes dans les choses (1) ! »

Il y a des larmes aussi dans la destinée des jeunes princes, « ces enfants de douleur », comme les a si justement appelés Chateaubriand. Avant le roi de Rome, dans le jardin des Tuileries, « cette maison de passage où la Gloire n'a pu rester », on avait vu jouer le dauphin Louis et la dauphine Marie-Thérèse. On sait le sort qui les attendait. Le fils de Napoléon Ier n'abandonna qu'à regret cette demeure pour aller mourir bien loin dans un château étranger. On y vit plus tard le fils du dernier Napoléon, qu'une mort barbare et prématurée devait frapper, lui aussi, loin de sa patrie... Et de ces Tuileries somptueuses qui avaient abrité tant de princes et tant d'orgueils, que restait-il après une épouvantable tourmente? Des cendres vite balayées et quelques colonnes vendues à l'encan... Oui, ce sont bien des enfants de douleur, tous ces fils de monarques, et je comprends qu'un historien ait écrit après la mort du duc de Reichstadt : « Cette mort ne faisait que signaler la fatalité d'une loi terrible en cours d'exécution

---

(1) Les moindres détails ont, à certaines heures, de tristes et d'ironiques significations. Ainsi, quand Charles X, détrôné et proscrit, arriva à Cherbourg, pour passer en Angleterre, un des gardes du corps remarqua dans les chantiers un vaisseau en construction qu'on avait jadis appelé *le Roi de Rome* et qui avait encore pour titre *le Duc de Bordeaux*... Quel allait être son troisième nom?

dans ce pays. Pour trouver un successeur à Louis XIV il avait fallu descendre jusqu'à son arrière-petit-fils. Il y avait eu la mort d'un héritier présomptif entre Louis XV et Louis XVI. Un autre héritier présomptif, Louis XVII, avait cessé de vivre, presque sans qu'on le sût. Le duc de Berry était tombé sanglant à la porte d'un spectacle. Le duc de Bordeaux venait de faire le fatal voyage de Cherbourg. Et maintenant c'était sur l'héritier présomptif de Napoléon lui-même que s'accomplissait l'arrêt inexorable que Dieu, depuis plus d'un demi-siècle, semblait avoir prononcé contre l'orgueil des dynasties qui se prétendaient immortelles (1). »

J'ai tenu à visiter à Vienne le caveau où reposent les restes du duc de Reichstadt. Depuis deux cents ans les Capucins de la *Neue Markt* ont le pieux privilège de veiller, dans la crypte de leur modeste église, sur les tombeaux des empereurs, des archiducs et des archiduchesses d'Autriche. A deux pas de la porte principale du temple est situé l'entrée du caveau impérial. Un Capucin sert obligeamment de guide aux visiteurs. A l'extrémité d'un long couloir, on arrive à une porte sur laquelle est écrit en grosses lettres le mot *Kaisergruft;* on descend une vingtaine de marches, et l'on se trouve immédiatement dans le caveau. Quelques pas encore, et l'on aperçoit l'immense mausolée de François Ier et de Marie-Thérèse, entouré de statues représentant les Vertus qui pleurent. La grande Impératrice est étendue, avec son époux, sur ce mausolée, tandis qu'autour d'eux leurs enfants et leurs petits-enfants sont renfermés dans des sarcophages de cuivre, presque tous semblables. Les empereurs seuls ont des mausolées. On peut passer entre les tombeaux, qui n'ont rien de la splendeur des tombeaux de Saint-Denis. Mais la présence des religieux, la simplicité mystérieuse de la mort, l'illustration des défunts, tout est fait pour impressionner. Dans la seconde partie de

---

(1) Louis Blanc, *Histoire de Dix ans*. — Et comment ne pas penser ici aux deuils si nombreux et si prématurés qui depuis ont frappé cette fière et implacable Maison d'Autriche ?

la crypte, éclairée par un jour venu de la voûte, on voit au centre le mausolée de François II. Près du mur de droite apparaissent enfin le tombeau de Marie-Louise et celui du duc de Reichstadt. Ce dernier est orné de huit têtes de lion qui supportent de grands anneaux de bronze. Aux angles on a figuré un casque renversé sur un javelot et sur un glaive. Au dessus du tombeau, sous une grande croix tréflée, on lit, dans une plaque ovale, une belle inscription latine qui résume admirablement cette jeune et touchante existence. En voici la traduction exacte : « A l'éternelle mémoire de Joseph-Charles-François, duc de Reichstadt, fils de Napoléon, empereur des Français, et de Marie-Louise, archiduchesse d'Autriche, né à Paris le 20 mars 1811. Dans son berceau il fut salué du nom de roi de Rome. A la fleur de l'âge, doué de toutes les qualités de l'esprit et du corps, d'une stature élevée, d'un visage empreint d'une grâce juvénile, extraordinairement attaché aux études et aux exercices militaires, la phtisie le surprit, et la plus triste mort l'enleva à Schœnbrunn près de Vienne, dans le palais suburbain des Empereurs, le 22 juillet 1832 (1). » Au milieu de ce cimetière impérial, j'entendais la voix grave et monotone d'un jeune Capucin qui laissait tomber lentement les noms de l'empereur Mathias, de Charles VI, de Marie-Thérèse, de François Ier, de Joseph Ier, de Joseph II, de Léopold Ier et de Léopold II, de François II, de Ferdinand Ier, de l'archiduc Charles, de l'empereur Maximilien, des impératrices, des archiducs, des archiduchesses et de leurs enfants qui, au nombre de plus de cent vingt, dorment sous ces humbles voûtes, dans la paisible uniformité de la mort... Et je pensais que cette femme, si ingrate et si faible, était là, de par une loi inéluctable, auprès de ce fils sacrifié et délaissé, de ce fils dont elle avait oublié la perte affreuse en donnant deux ans après, pour successeur au comte de Neipperg, le comte

---

(1) Les journaux autrichiens ont fait observer que, pour la première fois depuis soixante-quatre ans, le jour des Morts de l'année 1896, la tombe du duc de Reichstadt n'a point reçu de couronne, ses derniers fidèles étant probablement morts.

Charles de Bombelles, grand maître de sa maison, ancien gentilhomme de la chambre sous Louis XVIII et Charles X(1). La duchesse de Parme employa les dernières années de sa vie à diriger avec le comte de Bombelles l'administration de ses chers duchés, à se distraire par des voyages, des fêtes, des bals, des opéras et des ballets, à soigner enfin ses rhumatismes et ses nerfs. Le 17 décembre 1847, elle mourait d'une fluxion de poitrine, laissant le souvenir d'une femme insoucieuse de ses devoirs et de ses responsabilités, n'ayant montré aucune énergie dans les périls et dans les épreuves, et qui, après avoir été unie au plus grand homme de son siècle, n'avait pu se réduire à une constante fidélité que lui imposaient au moins les convenances. La mort l'avait ramenée auprès de son fils dans la grande sépulture impériale; mais qui donc, en passant près de son tombeau, éprouverait de l'émotion ou de la pitié?

Cette émotion, cette pitié, je les ressentais pour le jeune prince dont j'avais depuis longtemps résolu d'écrire la vie si courte, il est vrai, mais si pleine de faits et d'enseignements.

Le 15 décembre 1809, deux mois après la paix de Vienne, en présence de l'impératrice Joséphine, de Madame Mère, des rois, des reines et princesses, ses frères et sœurs, Napoléon avait déclaré solennellement que le bien de l'État exigeait que des héritiers nés de lui pussent monter un jour sur le trône, afin de consacrer une dynastie chère à ses peuples et de garantir la paix du monde. Depuis trois ans, il pensait à un sacrifice que la politique et le bien de l'État semblaient lui commander impérieusement. Pour arriver au but de ses désirs, il lui fallut briser le cœur d'une femme qui l'adorait, violer le statut de 1806, qui interdisait le divorce aux membres de la famille impériale, méconnaître certaines dispositions formelles du

(1) Le mariage secret eut lieu le 17 février 1834. Ce nouvel époux réunissait, à ce qu'il paraît, « tout ce que l'on peut désirer, fermeté et douceur dans les manières en même temps ; et c'est un homme si vertueux, disait Marie-Louise, c'est une vraie trouvaille ». Elle ajoutait que c'était un saint, et elle vantait ses agréments en société. (*Correspondance de Marie-Louise*.)

Code, obtenir par ruse et par menace d'une Officialité tremblante la rupture des liens spirituels de son premier mariage en se passant de l'autorisation du Pape, seul juge compétent pour les souverains, faire plier à ses volontés le conseil ecclésiastique de France et jusqu'à l'archevêque de Vienne, satisfaire surtout son orgueil en se décidant pour l'union avec la Maison d'Autriche, qui devait lui être si funeste, et commencer avec la Russie une inimitié qui allait aboutir aux désastres de 1812. Nulle considération n'avait été capable de l'arrêter. Il lui fallait à tout prix un fils. Il l'a eu le 20 mars, anniversaire du jour où, sur son ordre, des mains criminelles avaient, dans le fossé de Vincennes, creusé la tombe du duc d'Enghien, dix heures avant le simulacre d'un jugement. Il eût pu, cependant, profiter de la naissance de son héritier pour modifier sa politique. Pie VII, qu'il avait outragé et violenté, consentait encore à lui pardonner, s'il reconnaissait les véritables intérêts de l'Empire. « Il a dans les mains, disait-il le 16 mai 1810 au comte de Lebzeltern, s'il se rapproche de l'Église, les moyens de faire tout le bien de la religion, d'attirer à soi et à sa race la bénédiction des peuples et de la postérité et de laisser un nom glorieux sous tous les aspects. » Or, loin de se réconcilier avec la Papauté et l'Église, l'Empereur leur porta de nouveaux et terribles coups. Mais le triomphe de celui qui ne craignait même pas, comme les Germains superbes, que le ciel s'écroulât sur sa tête, ce triomphe n'a point duré.

Avec le fils de Napoléon, qui n'a porté que quelques jours le nom de Napoléon II, et qui est mort juste à l'âge où il aurait pu commencer un règne, s'est éteint ce titre brillant et fastueux de roi de Rome qui ne reparaîtra plus dans les annales des souverains. Le sénatus-consulte du 17 février 1810 disait, dans ses considérants, que la ville de Rome avait craint un instant « de descendre du rang moral où elle se croyait encore placée, mais qu'elle allait remonter plus haut qu'elle n'avait été depuis le dernier des Césars... ». Les courtisans de Napoléon s'étaient, à cet égard, répandus en flatteries et en promesses. Quelques années ont passé, et tout a été dit. Une petite île perdue dans l'Océan est devenue le tombeau du grand Empereur. Les froids lambris d'un palais étranger, qui avaient deux fois abrité sa gloire, ont reçu le dernier soupir de son fils. Et cette Rome, dont l'enfant impérial avait pris le nom, a vu rentrer dans ses murs la Papauté triomphante que le plus orgueilleux des despotes croyait en avoir exilée pour jamais.

FIN.

TABLE SOMMAIRE DES CHAPITRES

CHAPITRE PREMIER
LE SÉNATUS-CONSULTE DU 17 FÉVRIER 1810.

La séance du Sénat du 17 février 1810. — Lecture du sénatus-consulte par Regnaud de Saint-Jean d'Angely. — Réunion de l'État de Rome à l'Empire. — Motifs de cette réunion. — Le nouveau roi de Rome. — L'Empereur des Romains ou le chef du Saint-Empire romain. — Le prince impérial est appelé roi de Rome plus d'un an avant sa naissance. — Son futur couronnement à Rome. — Attitude de Napoléon vis-à-vis du Saint-Siège. — Lettre qu'il voulait adresser en 1810 à Pie VII. — Conséquences du mariage de Napoléon avec Marie-Louise. — Faiblesse des Officialités de Paris et de Vienne. — Soumission adulatrice de Regnaud de Saint-Jean d'Angely. — Silence de l'Europe. — Tout s'incline devant l'Empereur des Français. — Mansuétude du Pape. — Violences nouvelles de Napoléon qui préparent sa chute. — Affectation de respect pour le pouvoir spirituel du Saint-Siège. — Prières demandées à l'église en faveur de Marie-Louise. — L'oraison *Pro laborantibus*. — Susceptibilités de Réal. — Ignorance de Bigot de Préameneu en matière canonique. — Prières du Consistoire central des Israélites. — Vœux des poètes pour Marie-Louise : Casimir Delavigne, Lemaire et Legouvé..................... 1

CHAPITRE II
LA NAISSANCE ET LE BAPTÊME DU ROI DE ROME.

Toast de Metternich, le soir du mariage de Napoléon. — La couronne des Romains. — Le 20 mars 1811. — Lettre de Napoléon à François II. — Réponse de l'empereur d'Autriche. — Avis du *Moniteur*. — Procès-verbal de la naissance. — Pages et courriers. — Prières dans les églises. — Le 22ᵉ coup de canon. — Joie de l'Empereur. — Berceau offert par la Ville de Paris. — Ondoiement du roi de Rome. — Fêtes, illuminations, feux d'artifice. — Bulletins de santé. — Félicitations des sénateurs, conseillers d'État et diplomates. — Projet de lettre aux évêques. — *Te Deum*. — Démonstrations à l'étranger. — Théâtres de Paris. — Gratifications aux poètes. — Leurs œuvres. — Compte rendu de M. de Montalivet. — L'Université et le roi de Rome. — Adresses à l'Empereur. — Le marquis de Gallo. — Adresse des mères allemandes. — Aménophis et Sésostris. — Rapport du duc de Frioul. — Relevailles de Marie-Louise. — Ses lettres à son père. — Le baptême du roi de Rome. — Le 9 juin 1811. — Les Tuileries et Notre-Dame. — L'Empereur et son fils. — Fête à l'Hôtel de ville. — Fêtes dans Paris. — Ovations et enthousiasme général. — Présents impériaux. — Grâces et décorations. — Ouverture du Corps législatif le 16 juin. — Discours de Napoléon. — Nouvelles menaces contre le Saint-Siège. — Craintes pour l'avenir de la dynastie impériale.. 11

CHAPITRE III

L'ENFANCE DU ROI DE ROME.

Lettres de Marie-Louise à son amie Mme de Crenneville sur son mariage avec Napoléon. — Détails sur le roi de Rome. — Tendresse de Napoléon pour Marie-Louise. — Mme de Montesquiou, gouvernante du roi de Rome. — Le comte de Montesquiou. — La comtesse de Montebello. — Napoléon et son fils. — Le départ pour Dresde. — Apparition du général comte de Neipperg. — Le portrait du roi de Rome par Gérard. — Joie de Napoléon et de l'armée à la vue de ce portrait. — La conspiration Malet et Marie-Louise. — Le retour de Napoléon. — Dernières joies intimes. — Le récit du comte d'Haussonville. — La prière du roi de Rome............................... 28

CHAPITRE IV

LE ROI DE ROME ET L'EMPIRE EN 1813.

Lettres de Marie-Louise sur l'absence de l'Empereur et les consolations que lui donne son fils. — Portrait de Marie-Louise par Lamartine. — Opinions de M. de Laborde et de Thiers sur la beauté de l'Impératrice. — Affection que lui témoigne Napoléon. — Difficultés de la situation de l'Empereur. — Nouveaux différends avec le Saint-Siège. — Le Concordat de Fontainebleau. — Attitude de l'Autriche. — Elle refuse d'augmenter son contingent auxiliaire. — Politique secrète de Metternich. — Lettre conciliante de François II à Napoléon. — Réponse de l'Empereur. — Intrigues diplomatiques de M. de Neipperg. — Bataille de Lutzen. — Régence de Marie-Louise. — Bataille de Bautzen. — Embarras de l'Autriche. — Mission confiée au comte de Bubna. — Son entrevue à Prague avec l'Empereur. — Déclarations de Napoléon. — Hésitations de François II. — Habileté de Metternich. — Entretien de Dresde. — L'armistice. — Les négociations de Prague. — La rupture. — Menées secrètes de l'Autriche. — Le traité de Reichenbach. — La bataille de Dresde. — La bataille de Leipzig. — Le retour de l'Empereur à Saint-Cloud. — Napoléon et le roi de Rome. — Lettre de Marie-Louise à son père. — Défection de l'Autriche. — Déclaration de Francfort. — Le journal du comte Molé. — Les intrigues à l'intérieur. — Tentative de réconciliation de Napoléon avec le Saint-Siège........................ 40

CHAPITRE V

FONTAINEBLEAU, BLOIS, RAMBOUILLET.

L'invasion. — La Régence. — Cambacérès et le roi Joseph. — Le duc de Rovigo et le prince de Bénévent. — Discours de Napoléon aux réceptions de la nouvelle année (1814). — Les dernières joies de Napoléon. — Son allocution aux officiers de la garde nationale. — Il leur confie sa femme et son fils. — Retour de Pie VII dans ses Etats. — La campagne de France. — Efforts héroïques de Napoléon. — Dissentiments chez les alliés. — Schwarzenberg et Blücher. — Critiques violentes du généralissime autrichien contre Alexandre et Frédéric-Guillaume. — Le congrès de Châtillon. — Les combats de Champaubert,

TABLE SOMMAIRE DES CHAPITRES.   479

Montmirail et Vauchamps. — Exigences des alliés. — *Ultimatum* de Chaumont. — Nouvelles récriminations de Schwarzenberg. — Aveux de la détresse des alliés par eux-mêmes. — Napoléon accepte enfin les anciennes limites. — Refus des alliés. — Les derniers combats et la capitulation de Paris. — Intrigues de Talleyrand. — Le Sénat et le gouvernement provisoire. — La trahison du duc de Raguse. — L'abdication conditionnelle de Napoléon. — Le Sénat appelle au trône le comte de Provence. — L'abdication définitive de Napoléon. — Le traité de Fontainebleau. — Part personnelle de Metternich à ce traité. — Instructions que Napoléon avait données à Joseph pour Marie-Louise et le roi de Rome. — Le sort d'Astyanax. — Conduite de Marie-Louise durant la campagne de France. — Conseil du 28 mars. — On décide le départ de la régente. — Résistance du roi de Rome. — Le 29 mars. — Habiletés de Talleyrand. — Manifestation royaliste. — Le fils de Napoléon est exclu du trône. — Arrivée de Marie-Louise à Rambouillet, puis à Blois. — Son message à François II. — Entrevue avec le colonel de Garbois. — Proclamation de Marie-Louise. — Le 8 avril. — Manœuvres de Joseph et de Jérôme. — Arrivée de Schouvaloff et de Saint-Aignan. — Napoléon croit que Marie-Louise pourra le rejoindre à l'île d'Elbe. — L'Impératrice en a d'abord l'intention. — Sa versatilité. — Son entrevue avec M. de Saint-Aulaire. — Les exigences de M. Dudon. — Départ pour Orléans. — Lettre de Napoléon. — Départ de Marie-Louise pour Rambouillet. — Elle revoit son père. — François II et le roi de Rome. — Conseil donné à Marie-Louise d'aller momentanément à Schœnbrunn. — François II et la question de l'île d'Elbe. — Attitude rigoureuse de l'Autriche envers l'Empire déchu. — Mission de Maubreuil. — Les ordres authentiques. — Dernière lettre de François II à Napoléon. — Alexandre et Frédéric-Guillaume viennent voir le roi de Rome. — Lettres de Napoléon à Marie-Louise. — Son départ pour l'île d'Elbe. — Marie-Louise au château de Grosbois... 52

CHAPITRE VI

LE DÉPART POUR L'AUTRICHE.

Jugement de Napoléon sur Marie-Louise. — Hésitations de l'Impératrice à rejoindre son époux. — Elle cède aux mauvais conseils de Metternich. — Son voyage de Grosbois à Bâle. — Lettre de Napoléon. — Lettre de Marie-Louise à son père. — Arrivée à Innsbruck. — Le roi de Rome et le portrait de Joseph II. — Marie-Louise à Melk et à Saint-Poelten. — Arrivée à Schœnbrunn le 18 mai. — Lettre du général Caffarelli. — Installation au château. — Mme de Montesquiou et Mme Soufflot. — Distractions de Marie-Louise. — Entrevue avec son père à Siegartskirchen. — Entrée de François II à Vienne. — Départ de la duchesse de Montebello pour la France. — Nomenclature des Français qui restent à Schœnbrunn. — Arrivée de la reine Marie-Caroline de Naples. — Ses conseils à Marie-Louise. — L'Impératrice veut aller aux eaux d'Aix. — Elle obtient l'autorisation de s'y rendre, mais elle laissera son fils à Schœnbrunn. — Mission confiée par Metternich au général de Neipperg. — Détails sur ce personnage. — Il accompagne Marie-Louise à Aix. — Dernières lettres de Marie-Louise à Napoléon. — Le buste du roi de Rome envoyé à l'île d'Elbe. — Marie-Louise refuse d'aller en Toscane pour se rapprocher de son époux. — Napoléon l'attend toujours pour la fin d'août. — Ses lettres à Meneval et à l'Impératrice. — Attitude de Neipperg. — Courses de Marie-Louise en Suisse. — Entrevue à Berne avec Caroline d'Angleterre. — *Don*

Juan et *La ci darem la mano.* — Rentrée à Schœnbrunn. — Organisation des nouveaux domaines de Marie-Louise. — François II dissuade sa fille d'aller à Parme. — Intrigues et complots. — Mort de Marie-Caroline. — Jugement de Meneval sur Marie-Louise. — Commencement du congrès de Vienne. — Fêtes, bals et festins. — Menaces contre Napoléon. — On parle déjà de l'envoyer à Sainte-Lucie, à Madagascar ou à Sainte-Hélène. — Question de l'entrée future du fils de Napoléon dans les Ordres. — Animosité du congrès contre la France. — Habileté de Talleyrand, qui fait peu à peu rendre à la France son véritable rang. — Marie-Louise se tient à l'écart des fêtes. — Le berceau du roi de Rome lui est rendu. — Le roi de Rome et le prince de Ligne. — Nouveaux propos sur l'entrée du petit roi dans les Ordres. — Les armoiries impériales. — Interruption de la correspondance de Marie-Louise avec l'île d'Elbe. — Douleur de Napoléon. — Sa requête au grand-duc de Toscane. — Attitude de Talleyrand à Vienne. — Il réclame Parme pour la reine d'Étrurie. — Il propose les Açores pour y interner Napoléon. — Talleyrand, l'archiduc Charles et le roi de Rome. — Menaces d'Alexandre au sujet de la candidature possible du fils de Napoléon au trône d'Italie. — Réponse de Louis XVIII. — Mot du duc de Berry. — Marie-Louise et les Légations. — Lettre du roi Murat à Marie-Louise. — Astuce de Metternich. — Égoïsme de Marie-Louise.. 81

CHAPITRE VII

LA COUR DE VIENNE ET LE RETOUR DE L'ILE D'ELBÉ.

Influence de Neipperg sur Marie-Louise. — François II montre aux alliés les lettres de Napoléon. — On se rit des douleurs de l'Empereur. — Louis XVII et le duc d'Enghien. — Meneval et le roi de Rome. — Éducation du petit prince impérial. — Le jour des Rois à Schœnbrunn. — Opposition de la France et de l'Autriche à l'exécution du traité de Fontainebleau. — Metternich et la reine de Naples. — Railleries de Louis XVIII à ce propos. — Pensions proposées à Marie-Louise avec quelques fiefs en Bohême. — Jugement de Talleyrand sur Metternich. — Refus de Marie-Louise d'accepter les pensions. — Conférence d'Alexandre et de Talleyrand. — Le Tsar demande pourquoi on n'exécute pas le traité de Fontainebleau. — Intervention du Tsar en faveur de Marie-Louise. — Le traité de Fontainebleau. — Talleyrand et la diplomatie russe. — Lord Castlereagh engage Louis XVIII à exécuter le traité de Fontainebleau, sous réserve d'indemnités pour la reine d'Étrurie. — Réversion des duchés sur cette reine et son fils à la mort de Marie-Louise. — Talleyrand et Alexandre. — Protestation apocryphe de Marie-Louise au congrès de Vienne. — Elle confie tous ses intérêts à Neipperg. — Elle demande la permission de le garder auprès d'elle. — Raisons qui motivent le retour de l'île d'Elbe. — L'Europe n'a pas tenu ses engagements. — Projet de déclaration contre Bonaparte. — Mémoire inédit de Talleyrand qui contient les bases de la déclaration du 13 mars. — Provocation officielle à un attentat contre la vie de l'Empereur. — Mesures prises contre sa famille. — La nouvelle du retour est connue à Schœnbrunn le 7 mars. — Opinion de l'archiduc Jean. — Inquiétudes de Marie-Louise. — Sa lettre à Metternich. — Neipperg est nommé maréchal de la cour. — Intentions secrètes de François II et de Metternich. — Le roi de Rome est conduit à la Burg à Vienne. — Renvoi de Mme de Montesquiou. — Accusations contre son fils d'avoir voulu enlever le prince impérial. — Ajournement du départ de Mme de Montesquiou. — Chagrin du roi de Rome. — Mesures sévères contre le comte Anatole de Montesquiou. — La *Gazette de Vienne*. — Mme de Mitrowsky remplace Mme de Montesquiou. — Émissaires envoyés de Paris à Vienne. — M. de Montrond et sa mission réelle. — Talleyrand et Caulaincourt. — Accusations non motivées de Talleyrand contre Mme de Montesquiou. — Rentrée de Napoléon aux Tuileries, le 20 mars. — Lettre confiée à M. de Stassart. — Napoléon prie François II de lui rendre sa femme et son enfant. — Refus de ce prince. — Vains efforts de Caulaincourt, ministre des affaires étrangères. — Ses lettres à Méneval, à Mme de Montesquiou, à M. de la Besnardière, au prince de Metternich. — Circulaire pacifique adressée aux agents diplomatiques. — Interception des missives à Kehl. — Inutiles protestations de Caulaincourt. — Lettre de Napoléon à Marie-Louise. — Caulaincourt et le cardinal Fesch. — Nouvelle politique de l'Empire envers le Saint-Siège. — Projet de couronnement du prince impérial. — Lettre de Méneval sur la situation à Vienne. — Méfiances des alliés contre le prince de Talleyrand. — Comment on est arrivé à modifier les intentions de Marie-Louise. — Son mauvais entourage. — Aveux de Marie-Louise à Méneval. — Elle désire une séparation à l'amiable avec Napoléon. — Ses lettres à Neipperg. — Isolement du roi de Rome.............. 99

CHAPITRE VIII

LES INTRIGUES DE FOUCHÉ ET DE METTERNICH EN 1815.

La Régence et l'Autriche. — Thiers et Metternich en 1849. — Questions historiques à élucider. — Mission du faux Werner à Bâle. — Opinion du prince Richard de Metternich. — Complications des intrigues de Metternich et de Fouché. — Étude de l'état de la France sous la première Restauration. — Mécontentement et complots. — Menées secrètes de Fouché. — Ses relations avec Talleyrand. — Ses propositions diverses au duc d'Orléans et à Marie-Louise. — Projet d'envoyer Napoléon aux Açores ou à Sainte-Lucie. — Correspondance secrète de Fouché et de Metternich. — Débarquement de Napoléon. — Fouché se croit trahi par Talleyrand. — Le duc d'Otrante reparaît le 20 mars. — Talleyrand se croit, de son côté, trahi par Fouché. — Décret impérial contre Talleyrand. — Conversation de Fouché et de Pasquier le 25 mars. — Double et triple jeu de Fouché. — Sa lettre secrète à Wellington. — L'affaire d'Ottenfels est plus qu'un incident. — Aveux incomplets de Metternich. — Confidences de Perregaux. — Arrestation du commis de la banque Eskelès et Cie. — Révélations de ce commis. — Le rendez-vous avec Henri Werner ou baron d'Ottenfels à Bâle. — Napoléon décide d'approfondir l'affaire. — Silence de Fouché. — Mission donnée par l'Empereur à Fleury de Chaboulon. — Départ de ce secrétaire. — Aveux tardifs de Fouché. — Pourquoi Napoléon ne le fait pas arrêter. — Fleury est chargé d'arriver à obtenir un rapprochement pacifique avec l'Autriche. — Prescriptions de Metternich à Werner ou Ottenfels. — Instructions écrites. — Entrevue de Fleury et du faux Werner. — Défiance réciproque des deux agents. — Confidences de Fleury. — Surprise de Werner, qui ne comprend rien au changement de politique de Fouché. — Les deux agents conviennent de se retrouver à Bâle huit jours après. — Fleury rapporte les détails de l'entrevue à Napoléon. — L'Empereur ne veut pas croire encore à la culpabilité de Fouché. — Fleury va, de la part de Napoléon, tout raconter au ministre de la police. — Surprise affectée de Fouché. — Il consent à remettre à Fleury, à son nouveau départ, une lettre pour Metternich. — Second entretien de Fouché et de Pasquier le 2 mai. — Indulgence de Napoléon pour les traitres. — Fouché remet deux lettres à Fleury pour Metternich. — Des trois hypothèses discutées, le règne de Napoléon est seul possible. — Nouvelle entrevue de Fleury et de Werner-Ottenfels. — Confidences de ce dernier. — Les alliés consentent à la régence. — Fleury demande ce qui a été décidé pour Napoléon. — Werner répond que les alliés ne poseront pas les armes tant qu'il sera sur le trône. — Lecture des lettres de Fouché. — Surprise et défiance de Werner. — Nouveau rendez-vous fixé au 7 juin. — L'Empereur croit à une détente chez les alliés. — Il reconnaît la trahison de Fouché, mais il préfère attendre les événements pour s'en débarrasser. — Ses menaces devant Lavalette au ministre de la police. — Troisième départ de Fleury pour Bâle. — Ottenfels-Werner ne reparaît plus. — Napoléon et la Régence. — Mission de Saint-Léon à Vienne. — Lettre de Fouché en date du 23 avril 1815 à Metternich. — Talleyrand en détruit l'importance. — Conclusion à tirer de l'affaire d'Ottenfels (Werner). — Audace de Fouché. — L'Autriche et les Bourbons. — Appréciations insolentes de Schwarzenberg sur Louis XVIII, le duc d'Angoulême et le duc de Berry. — La situation telle qu'elle était en mai 1815. — Politique tortueuse des alliés. — La régence de Marie-Louise n'eût pas permis à la France de se faire respecter par l'Europe, autant que la monarchie légitime. 128

CHAPITRE IX

NAPOLÉON II ET LA CHAMBRE DES REPRÉSENTANTS.

Persistance de l'espoir de Napoléon dans le retour de Marie-Louise et du roi de Rome. — Surveillance établie à Vienne et à Schœnbrunn. — Mort de la femme de Neipperg. — Départ de Méneval. — Ses adieux au roi de Rome — Dernière entrevue de Méneval et de Marie-Louise. — Oubli et ingratitude de cette princesse. — Jugement de Méneval sur elle. — Saisie de lettres de Napoléon. — Railleries de Talleyrand à ce sujet. — Attitude de François II. — Marie-Louise obtient enfin ses duchés. — L'article 99 de l'Acte final du congrès de Vienne. — Nouvelle déclaration projetée par les alliés contre Napoléon. — Placard anglais mettant à prix la tête de l'Empereur. — Menaces de lord Castlereagh. — Conseils modérés de Caulaincourt. — Entrevue de Méneval et de Napoléon. — Note dictée par l'Empereur à Caulaincourt pour la Chambre des représentants. — Réunion des Chambres le 3 juin. — Rapports de Carnot et de Caulaincourt. — Fleurus et Waterloo. — Retour de Napoléon à l'Élysée. — L'abdication. — L'armée et le maréchal Ney. — Le prince Lucien propose aux pairs de prêter serment à Napoléon II. — Opposition de M. de Pontécoulant. — Colère et violences du colonel de Labédoyère. — Ajournement de la discussion à la Chambre des pairs. — Élection de Caulaincourt et de Quinette pour le gouvernement provisoire. — Lecture à la Chambre des représentants du dernier message de Napoléon. — Propositions diverses de Mourgues, Dupin, Garreau. — Question de la nomination de la Commission de gouvernement. — Paroles de Napoléon au bureau de la Chambre des représentants, délégué auprès de lui. — Élection de Carnot, Fouché et Grenier pour le gouvernement provisoire. — Confidences de Fouché à Pasquier. — Ses projets secrets. — Il veut empêcher la reconnaissance des droits de Napoléon II. — Motions de MM. Bérenger et Dupin. — Discours de M. Defermon. — L'Assemblée acclame Napoléon II. — Discours de Boulay de la Meurthe. — Observations de MM. Denières, général Mouton-Duvernet, de Maleville, Regnaud de Saint-Jean d'Angély, Dupin. — Habile intervention de Manuel qui fait le jeu de Fouché. — La Chambre des représentants adopte un ordre du jour motivé qui, tout en paraissant reconnaître les droits du fils de Napoléon, fait écarter le serment et la proclamation officielle. — Illusions des divers partis. — Équivoques de part et d'autre. — Le gouvernement provisoire veut traiter au nom de la nation. — Intrigues de Fouché avec la cour de Gand et avec Wellington. — Talleyrand reparaît. — Lettre que lui adresse Caulaincourt. — Autre lettre du même à Nesselrode. — Attitude réservée d'Alexandre. — Menées de Talleyrand. — Ses confidences à Louis XVIII. — Il s'oppose à l'entrée de Fouché au ministère. — Habileté de celui-ci qui veut et sait se faire payer ses services. — Sa lettre à Wellington. — Lettre du prince d'Eckmühl qui accepte Louis XVIII avec la cocarde tricolore et les institutions parlementaires. — Agissements de Fouché contre Napoléon II. — Départ de l'Empereur. — Séance du 30 juin à la Chambre des représentants. — Acclamations en faveur de Napoléon II. — L'armée lui est favorable. — Projet d'Adresse aux Français. — Lettre des généraux qui repoussent les Bourbons. — Vote de l'Adresse par les deux Chambres. — Nouvelle lettre de Fouché à Wellington le 1er juillet, où Fouché parait défendre les droits de la nation. — Ses déclarations contraires au sein du gouvernement provisoire. — Changement d'attitude du maréchal Davout. — Capitulation de Paris. — Relations de Fouché avec Talleyrand à Cambrai. — Motion de Garat relative aux droits des Français. — Cette motion est votée le 5 juillet. — Adresse au pays. — Opposition de Manuel. — Travaux de Constitution. — Apparition des soldats étrangers au Luxembourg. — Protestations du maréchal Lefebvre. — Message de dissolution du gouvernement provisoire le 7 juillet. — La Chambre des pairs se retire. — Discours de Manuel aux représentants. — Simulacre de séance par les pairs le 8 juillet. — La cause de Napoléon II parait perdue... 156

CHAPITRE X

NAPOLÉON ET LA DUCHESSE DE PARME.

Rentrée de Louis XVIII à Paris. — Serments de Fouché. — Talleyrand président du conseil. — L'Autriche abandonne les intérêts du fils de Napoléon. — Opinion de Gentz à cet égard. — Napoléon se rend aux Anglais. — On l'envoie à Sainte-Hélène. — Ce qu'en disent Chateaubriand et Lamartine. — Silence de Marie-Louise. — Générosité de Napoléon à son égard. — Mesures contre la famille Bonaparte. — Le roi de Rome est déjà considéré comme un otage. — Départ de Mme Soufflot pour la France. — Le comte Maurice de Dietrichstein gouverneur du roi de Rome. — Le capitaine Foresti. — Ses observations sur l'intelligence et l'esprit de son élève. — Indifférence de Marie-Louise pour son fils. — Elle ne songe plus qu'à Neipperg. — Attitude des alliés vis-à-vis de la France. — Manquements graves à leurs promesses. — Talleyrand et Fouché sont écartés du ministère. — Lourde tâche imposée au duc de Richelieu. — Les alliés veulent annihiler la France. — Inquiétudes que leur cause le fils de Napoléon. — Éducation du petit prince. — Opinion de Gentz. — La politique de l'Autriche. — Renonciation au titre d'Impératrice par Marie-Louise. — Mesures contre les Français restés à Vienne. — Départ du marquis de Bausset et de Mme Marchand. — Foresti et le roi de Rome. — Départ de Marie-Louise pour Parme avec Neipperg. — Incident au théâtre de Vérone. — Le baron de Vincent informe le duc de Richelieu que Marie-Louise a quitté le titre impérial. — Entrée de Marie-

Louise, duchesse de Parme, dans ses États. — La nouvelle Cour. — Neipperg et la comtesse Scarampi. — Surveillance des menées bonapartistes. — Prescriptions de Metternich au sujet de la princesse Borghèse. — Marie-Louise demande qu'on interdise au prince Louis Bonaparte d'habiter Livourne. — Même demande contre le prince Lucien, qui voudrait demeurer à Gênes. — Lettres de Marie-Louise à Mme de Crenneville sur sa vie heureuse. — Réclamations de Metternich contre les titres honorifiques donnés par Napoléon à ses généraux. — Observations de M. de Caraman à cet égard. — Effervescence bonapartiste en Italie. — Mesures sévères pour la réprimer. — Déclaration de Neipperg au sujet du roi de Rome. — Manifestations napoléoniennes à Vienne et à Bologne. — Ce que Napoléon dit à Sainte-Hélène de son mariage avec Marie-Louise. — Son jugement sur François II. — Traitements indignes dont l'Empereur est l'objet. — Affaire de la boucle de cheveux du roi de Rome. — Stürmer et Welle. — Éloges de Metternich à propos de la conduite correcte de Marie-Louise. — Elle écarte les Français et sert les rancunes autrichiennes. — Défense de faire le portrait de son fils. — Haine contre Napoléon. — Le roi de Rome a conscience de son abandon. — Il interroge ses maîtres sur son père. — Tristesse secrète de l'enfant. — Désespoir de Napoléon d'être privé de nouvelles et de lettres de sa femme et de son fils. — Le buste du roi de Rome. — Lettre apocryphe de Napoléon à la maréchale Ney. — Inquiétudes nouvelles de Metternich. — Il voudrait que la France rompît toutes relations avec les Pays-Bas. — Légendes créées par l'*Abeille américaine*. — Le chevalier Artaud et l'*Almanach militaire* d'Autriche. — Suppression du titre de prince de Parme. — On ne sait comment nommer le fils de Napoléon. — Bruit de divorce entre Marie-Louise et l'Empereur. — Nouvelles mesures contre la famille Bonaparte. — Décision des alliés à propos de la succession des duchés. — Violation du traité de Fontainebleau. — Le fils de Marie-Louise ne lui succédera pas à Parme. — Marie-Louise se contentera de lui souhaiter d'être « le plus riche particulier de l'Autriche ». — Surprise de Gentz à ce sujet. — Il rappelle l'intervention d'Alexandre et fait connaître une convention secrétissime passée entre l'Autriche, la Prusse et la Russie. — Par cette convention il était décidé que la question de Parme serait résolue en faveur du jeune Napoléon. — Embarras de Metternich devant les questions de lord Stewart sur ce sujet. — Aveux de Metternich. — Il regarde la Convention comme non avenue. — Alexandre cède à son tour et la succession de Parme revient au fils de la reine d'Étrurie. — Gentz admire le désintéressement surprenant de l'Autriche. — Rapprochement de la Russie et de la France. — Exigences jalouses de la Russie. — Opinion d'Artaud sur Gentz. — Le *Beobachter*. — Stachelberg et Metternich. — Intervention généreuse de Pie VII en faveur de Napoléon. — Les alliés n'écoutent pas le Saint-Père. — Redoublement de surveillance à Sainte-Hélène et à Schœnbrunn.. 190

CHAPITRE XI

LE DUC DE REICHSTADT (1818-1820).

Déclaration du ministre d'Autriche à Paris le 4 décembre 1817. — Concession des terres bavaro-palatines faite par François II au fils de l'archiduchesse Marie-Louise. — Mesures prises par Marie-Louise contre les menées bonapartistes. — Sa réponse à M. de Las Cases. — Intervention de Metternich. — M. de Caraman informe le duc de Richelieu qu'on destine le roi de Rome à l'état ecclésiastique. — Satisfaction de Richelieu à cette nouvelle. — Goûts militaires du petit prince. — Défiance des Autrichiens contre tout ce qui est Français. — M. de Caraman et le prince de Metternich. — Paroles de Napoléon à O' Meara. — Recommandations pour son fils. — Le roi de Rome devient le duc de Reichstadt. — Patentes du 22 juillet 1818. — Titres et armoiries. — Signification de ce changement de nom, indiquée par Metternich. — Le fils de Napoléon demeurera quand même « prince français ». — Adhésion du gouvernement de Louis XVIII à l'article 99 de l'Acte final du congrès de Vienne. — Neipperg et Marie-Louise se déclarent satisfaits du nouveau titre donné au fils de Napoléon. — L'*Eau du duc de Reichstadt*. — Lettre du général Gourgaud à Marie-Louise. — Il la supplie d'intervenir au congrès d'Aix-la-Chapelle en faveur de Napoléon. — Silence de Marie-Louise. — Accusation d'un journal anglais contre Gourgaud. — Réponse catégorique du général. — Intervention de Metternich. — Lettre de la mère de Napoléon aux membres du congrès d'Aix-la-Chapelle. — Le protocole du 13 novembre. — Affection de François II pour son petit-fils. — Questions de l'enfant à son grand-père. — Leçons d'équitation. — Abdul-Hassan et le peintre Lawrence. — Mot du duc de Reichstadt. — Études nouvelles. — Les sciences militaires. — Indifférence accentuée de Marie-Louise pour son fils. — Oubli de la France et de son propre règne. — Éloges de Caraman pour sa mesure et sa prudence. — Mouvements bonapartistes à Bologne. — Inquiétudes de Metternich. — Conférences de Carlsbad. — Éventualité de la mort de Louis XVIII. — Instructions de M. Pasquier à cet égard. — Napoléon prévoit sa fin prochaine. — Il réclame l'envoi de prêtres à Sainte-Hélène. — La chapelle de Longwood....... 229

CHAPITRE XII

LE TESTAMENT ET LA MORT DE NAPOLÉON.

Préoccupations de l'Autriche au sujet de la situation faite à la France par la possibilité de la mort de Louis XVIII. — Mouvements favorables au duc de Reichstadt depuis 1817. — Émeutes à Saint-Genis-Laval. — Le capitaine Oudin. — Agitation dans le Lyonnais. — Le Dauphiné et la Franche-Comté. — Conspiration de l'Est. — Conduite de M. de Caraman à Vienne. — Ce diplomate se laisse influencer par Metternich et lui confie une note du Roi. — Mécontentement de M. Pasquier. — Politique de l'Autriche à l'égard des Bourbons. — Louis XVIII et Marie-Louise. — Les émissaires bonapartistes. — Vidal et Carret. — Le roi Joseph. — Ioges de M. de Fontenay sur M. de Neipperg. — Le roi de France fait part à Marie-Louise de la naissance du duc de Bordeaux. — Le carnaval à Parme. — Le duc de Reichstadt, cousin du duc de Bordeaux. — Lettre du préfet de l'Isère sur le duché de Parme. — L'Autriche proteste contre la sympathie qu'on lui prête pour la cause du duc de Reichstadt. — Metternich demande qu'on redouble les mesures de surveillance à Sainte-Hélène. — Napoléon est la « propriété » des alliés. — La maladie de l'Empereur s'aggrave. — Reproches de Napoléon au docteur Arnott. — L'Empereur écrit son testament. — Recommandations et legs à son fils. — Conseils dictés à Montholon pour lui. — Politique à suivre. — Conditions nouvelles du gouvernement et de la société. — Leçons à tirer de l'Histoire. — Préoccupations de Napoléon pour garantir son fils de la maladie dont il meurt. — La chapelle ardente. — Sentiments religieux de Napoléon. — Dernier entretien avec l'abbé Vignali. — L'agonie et la mort. — Émotion dans le monde entier. — Réflexions sur la mort de l'Empereur. — Metternich engage le cabinet anglais à empêcher la publication du testament de Napoléon. — Sa lettre à Esterhazy. — Le général de Neipperg demande au chancelier des détails sur la mort de l'Empereur. — Il le prie, au nom de la duchesse de Parme, d'intervenir en ce qui concerne le testament. — Marie-Louise et la *Gazette du Piémont*. — Lettre de la duchesse de Parme à Mme de Crenneville sur la mort de Napoléon. — Neipperg et la *Gazette de Parme*. — L'Empereur est qualifié de *Serenissimo*. — Détails sur la cérémonie funèbre à Parme. — Deuil officiel. — Prières pour Napoléon *consorti Ducis nostræ*. — L'Autriche rend hommage à la parfaite mesure de la duchesse de Parme. — Elle va donner naissance à un enfant qui s'appellera le prince de Montenuovo. — Foresti apprend au fils de Napoléon la mort de son père. — Douleur de l'enfant. — Il prend le deuil, ainsi que sa Maison. — Aveux de Marie-Louise. — On l'a « détachée du père de son enfant ». — Regrets et remords passagers. — Lettre de Madame Mère à lord Londonderry. — Elle réclame vainement le corps de Napoléon. — Le marquis de la Maisonfort et M. de Neipperg. — Éloges du marquis sur Marie-Louise et sur son chevalier d'honneur. — Le cœur de Napoléon. — La pension d'Antomarchi. — La duchesse ne veut pas recevoir ce docteur. — Entretien d'Antomarchi et de Neipperg. — Antomarchi aperçoit la duchesse de Parme au théâtre. — Entretien d'Antomarchi et de Madame Mère à Rome. — La mort de Napoléon n'est pas la fin du bonapartisme. — Les partisans du duc de Reichstadt et la Restauration. — Les lettres de Napoléon au banquier Laffitte et au baron de la Bouillerie. — Mission de M. de Montholon. — Le prince Esterhazy et le prince de Metternich. — Question du testament impérial. — Lettre de Marie-Louise refusant de recevoir les restes mortels de son époux. — Ses préoccupations au sujet du testament. — M. de Neipperg intervient avec elle pour défendre à cet égard les intérêts du duc de Reichstadt. — Question des fonds laissés par l'Empereur. — Marie-Louise réclame, entre autres, la propriété de San Martino. — Elle refuse de voir les exécuteurs testamentaires. — Laffitte ne veut point se dessaisir du dépôt à lui laissé par Napoléon. — Neipperg prie Metternich d'intervenir. — Instructions données au baron de Vincent. — Nouvelles instances de Neipperg au sujet du testament. — Montholon et Dupin. — Consultation des avocats Dupin, Bonnet, Tripier et Gairal. — Plaidoirie de Dupin. — Jugement et arbitrage. — Marie-Louise refuse de rendre les deux millions emportés de Paris en 1814. — Elle remet ses pleins pouvoirs au baron de Vincent. — Lettre du comte Bertrand. — Correspondance de Metternich et de Neipperg au sujet du testament impérial. — François II recommande à son ambassadeur à Paris d'agir en faveur des droits du duc de Reichstadt. — Examen des legs de Napoléon à son fils. — Réclamations de l'Autriche au ministère des affaires étrangères. — Réponse de Chateaubriand. — Nouvelles réclamations de l'Autriche et fin de non-recevoir opposée par Chateaubriand. — L'Autriche continue à réclamer. — Lettre de M. de Peyronnet. — Lettre de Metternich au baron Marschall, qui veut encore intervenir au nom de Marie-Louise. — La duchesse de Parme ne cesse ses réclamations qu'en 1837... 248

CHAPITRE XIII

L'ÉDUCATION DU DUC DE REICHSTADT ET M. DE METTERNICH.

Études classiques du prince avec Mathieu Collin. — Études militaires avec Foresti. — Études religieuses avec Mgr Wagner. — Examens périodiques du duc de Reichstadt. — Le professeur Collin, à sa mort, est remplacé par le baron d'Obenaus.

— Leçons d'histoire et de statistique. — Précocité et fermeté d'esprit du duc de Reichstadt. — Ses boutades. — Étude des classiques français, allemands et italiens. — Ses maîtres Pina et Baumgartner. — Éducation étendue du prince. — L'histoire de Napoléon. — Entretiens avec l'impératrice Caroline-Augusta. — Liaison du duc de Reichstadt avec l'archiduc François et l'archiduchesse Sophie. — Divertissements et plaisirs de Marie-Louise. — Elle va voir son père au congrès de Vérone. — Chateaubriand accepte d'elle une invitation. — Portrait qu'il en fait. — Marie-Louise et M. de Castellane. — Le cabinet des Tuileries fait part à Marie-Louise de la mort de Louis XVIII. — Le marquis de la Maisonfort est accrédité auprès d'elle. — Ses instructions. — Jugement élogieux qu'il porte sur la duchesse et sur M. de Neipperg. — Lamartine accentue encore ces éloges. — Inquiétudes nouvelles sur les agissements bonapartistes. — Les frères Le Bret de Stuttgard. — M. de Caraman et le duc de Reichstadt. — Détails donnés sur le jeune prince. — Affection de François II pour lui. — Lettres du duc à son grand-père. — Dénonciation par un sieur Poppon d'un complot bonapartiste en Suisse. — Nouvelles inquiétudes en France. — Le voyage de Dietrichstein. — La confirmation du duc de Reichstadt. — Prévisions de Talleyrand à son égard. — Etudes du jeune prince. — Son goût pour l'histoire. — François II invite Metternich à lui raconter l'histoire de son père. — Influence de Metternich sur M. de Montbel. — Comment Metternich eût-il pu être impartial dans ses jugements sur Napoléon? — Qualités que le chancelier veut bien reconnaître à l'Empereur. — Défauts qu'il exagère. — Il rabaisse les faits pour abaisser l'homme. — Ses récriminations et ses insinuations. — Sa conduite au sujet de Marie-Louise et de Neipperg. — Le chancelier n'avait pas ce qu'il fallait pour éclairer le duc de Reichstadt sur la vérité des événements. — Portrait de Metternich, unique et officiel représentant de l'Europe.. 287

CHAPITRE XIV

LE « FILS DE L'HOMME » (1829).

Loisirs et délassements de Marie-Louise. — Inquiétudes subites sur la santé du comte de Neipperg. — Mort du comte. — Mausolée que lui fait élever Marie-Louise. — Sa douleur profonde. — Ses lettres à Mme de Crenneville sur « le cher défunt ». — Sa lettre au docteur Aglietti. — Observations du baron de Vitrolles sur la duchesse de Parme. — Portrait qu'il fait de Marie-Louise. — Son oubli de la France. — Le comte Portalis et ses appréciations sur Neipperg. — Nouveaux projets de Marie-Louise : dîners, réceptions, soirées, inauguration d'un grand théâtre. — Voyage en Suisse. — Poème d'Élisée Lecomte. — Surveillance de la police française. — Excursions et réceptions de la duchesse de Parme. — Entrevue avec la duchesse de Saint-Leu. — Le ministre de l'intérieur, le baron de la Bourdonnaye, fait un triste portrait de Marie-Louise. — Retour dans son duché. — Reprise de ses réceptions. — Sa fausse sensibilité. — Elle oublie d'aller revoir son fils. — Manœuvres bonapartistes. — Moyens de propagande : cocardes tricolores, cartes, pipes, mouchoirs, rubans, foulards, etc., à l'effigie du prince impérial. — La police redouble de surveillance. — Tentative de soulèvements. — Complots du 12 août 1820. — Condamnations à mort. — Complots de Belfort et de Neubrisach. — Affaire du colonel Caron à Colmar. — Complot des sous-officiers de Saumur. — Les quatre sergents de la Rochelle. — Complot de la Bidassoa. — Le colonel Fabvier et le général Vallin. — Les poètes Barthélemy et Méry. —

Ils conçoivent un nouveau poème bonapartiste. — *Napoléon en Égypte*. — Le *Fils de l'Homme*. — Arrivée de Barthélemy à Vienne. — Son entrevue avec le comte de Czernine et avec le comte de Dietrichstein. — Ses aveux au gouverneur du duc. — Le comte lui refuse de lui laisser voir le prince. — Il ne remettra même pas au duc de Reichstadt l'ancien poème de Barthélemy, *Napoléon en Égypte*. — Nouvelle demande d'entrevue par le poète. — Refus obstinés de Dietrichstein. — Barthélemy met son voyage en vers. — Extraits du *Fils de l'Homme*. — Le poète est traduit en police correctionnelle. — Il présente lui-même sa défense. — Plaidoirie de Mᵉ Mérilhou. — Jugement et condamnation de l'auteur... 306

CHAPITRE XV

LE CHEVALIER DE PROKESCH-OSTEN.

Marie-Louise n'est occupée que de théâtres et de bals. — Voyage à Vienne. — Éducation du duc de Reichstadt. — Les examens. — Les exercices du corps. — Les exercices militaires. — Les grades du duc dans l'armée. — Son séjour à Baden. — Le docteur Hermann-Rollett et les papillons. — Portrait du prince. — Il fait la connaissance de Prokesch-Osten. — Détails sur le chevalier. — François II l'invite, à Gratz, à la table impériale. — Impression causée par le duc sur Prokesch. — Le duc a lu le mémoire de Prokesch sur Waterloo et le remercie d'avoir défendu l'honneur de son père. — Conversation sur la Grèce. — Le duc pourrait être candidat au trône de ce pays. — Ambitions plus hautes. — Conversation sur la campagne de Bonaparte en Syrie. — Aptitudes militaires du prince. — Il supplie Prokesch de rester auprès de lui. — Nouveaux entretiens. — L'Égypte et Napoléon. — Le duc demande à Prokesch ce qu'il pense de lui et de son avenir. — Relations amicales qui s'établissent entre le prince et le chevalier. — Détails sur la valeur personnelle du fils de Napoléon et la noblesse de son caractère. — La légende et la réalité. — Le duc de Reichstadt était un prince du plus grand avenir. — Motifs de sa gravité et de sa mélancolie précoces. — Études sérieuses auxquelles il s'adonne. — Amour des choses militaires. — La guerre. — Il voulait écrire l'histoire stratégique des campagnes de son père. — Nouvelles entrevues avec Prokesch. — Le prince et François II. — La bibliothèque du prince. — Le portrait de Napoléon par Gérard. — *Don Carlos* et le marquis de Posa. — Plutarque et César. — Le prince Eugène. — Pensées du duc de Reichstadt. — Sa candidature au trône de Pologne. — Insurrection de ce pays. — Le duc est forcé de dissimuler ses ambitions. — Tortures auxquelles est condamné son esprit. — Prokesch et lui se séparent pour quelque temps. — La médaille d'Alexandre le Grand... 331

CHAPITRE XVI

LE DUC DE REICHSTADT ET LA RÉVOLUTION DE 1830.

Chute du gouvernement de Charles X. — Ce que Prokesch entend dire en Allemagne sur l'avènement possible du fils de Napoléon au trône de France. — Metternich raye le nom de Prokesch de la maison militaire qu'aurait voulu se créer le duc de Reichstadt. — Motifs politiques de cette radiation. — Arrivée du général Belliard à Vienne. — Metternich refuse de le laisser approcher du duc. — Belliard aurait proposé à Maison et à divers généraux de ramener le duc à Paris. — Le fils de Fouché. — Propositions secrètes faites à Metternich au sujet du duc de Reichstadt qu'on aurait voulu faire Empereur. — Politique de Metternich. — La Russie et l'Autriche. — Nicolas Ier et la révolution de 1830. — Metternich se sert du duc de Reichstadt, et à l'insu de ce prince, comme d'un instrument. — Les divers desseins du chancelier. — Situation troublée de l'Europe. — Retour de Prokesch à Vienne. — Entrevue avec le duc de Reichstadt. — Le prince l'interroge sur les événements actuels et sur son avenir. — Doutes sur lui-même. — Il veut aller à Prague. — Prokesch parle des aptitudes du prince à Metternich. — Silence du chancelier. — Motifs de cette attitude. — Le parti du duc de Reichstadt. — Ebauche de manifestations en sa faveur. — Culte de Napoléon. — Le préfet de police Gisquet. — Ce que pense Metternich des journées de Juillet. — Inquiétudes pour la vieille Europe. — Troubles de Bruxelles. — Audience impériale accordée au général Belliard. — Illusions de ce général. — Apparences favorables de Metternich, puis récriminations contre le nouveau gouvernement. — Situation extraordinaire. — Propositions du comte d'Otrante. — Ce que serait Napoléon II. — Projet de constitution impériale. — Metternich demande des garanties. — Il ne les juge pas suffisantes. — Son dédain pour l'instabilité des esprits en France. — François II et le duc de Reichstadt. — L'empereur d'Autriche laisse entendre à son petit-fils qu'il pourrait bien monter sur le trône de France. — Metternich dissipe ces espérances. — Son entretien avec le duc. — Démarches des bonapartistes. — Lettre de Joseph Bonaparte à François II. — Silence de l'Empereur et du chancelier. — Ladvocat et Dumoulin veulent proclamer à Paris Napoléon II. — Vaines tentatives du général Gourgaud. — François II emmène son petit-fils en Hongrie. — A son retour, la Belgique est en révolution. — Candidature possible du prince au trône de ce pays. — Arrêt rendu par Metternich. — Le prince de Dietrichstein et le duc de Reichstadt. — Encore le prince Eugène de Savoie. — Sympathie du duc pour la cause de Charles X. — François II et ce roi. — Politique de l'Europe. — Metternich refuse au duc de laisser attacher Prokesch à sa personne. — Le fils de Napoléon et le testament impérial. — Il doit et il veut rester prince français. — Origines de la maladie du duc de Reichstadt. — Abus des exercices de toute sorte. — Croissance prolongée. — Études absorbantes. — Ambitions déçues. — Incident du 2 octobre 1830 à la Chambre des députés. — Pétition relative au retour des cendres de Napoléon. — Le duc de Reichstadt et la fille de la princesse Bacciochi. — Le maréchal Marmont. — Le duc veut le connaître et s'entretenir avec lui. — Persistance de l'opposition de Metternich à toute candidature du prince à un trône quelconque. — Sa politique veut qu'il soit et qu'il reste un prince autrichien... 352

CHAPITRE XVII

LE DUC DE REICHSTADT ET LES MARÉCHAUX.

Séjour de Marie-Louise à Vienne et à Schœnbrunn de mai à novembre 1830. — Ce qu'elle dit de son fils à Mme de Crenneville. — Elle ne peut avoir d'influence sur lui. — Frivolité de cette princesse. — Nouvelles confidences politiques de François II à son petit-fils. — L'empereur d'Autriche agite et bouleverse son esprit ambitieux. — Le parti napoléonien. — Question de l'entrée du prince dans le monde. — Le général Hartmann. — Le prince se compose un programme politique. — Il le confie au comte de Dietrichstein. — Embarras et émoi du gouverneur. — Prokesch déchire le programme du prince. —

Le maréchal Maison à Vienne. — Sa première entrevue avec Metternich. — Déclarations du chancelier sur le gouvernement de Juillet. — Le duc de Leuchtenberg candidat au trône belge. — Ce que Metternich pense de Napoléon II. — Aveux à Appony. — Mouvements bonapartistes à Modène et dans les États de l'Église. — Louis-Philippe et l'Italie. — Menaces secrètes de Metternich. — Lettres du duc de Reichstadt à son ami Prokesch. — Débuts du prince dans le monde. — Le bal de lord Cowley. — Portrait du duc de Reichstadt. — Son entretien avec Marmont. — Le duc de Raguse obtient de Metternich la permission d'aller voir le prince. — Le maréchal Maison demande des instructions à Sébastiani. — Maison et François II. — L'archiduc Charles et le trône de Belgique. — Maison et Metternich. — Éloge du duc de Reichstadt par le maréchal. — Encore le prince de Leuchtenberg. — Troubles d'Italie. — Instructions de Sébastiani à Maison. — Entrevue du duc de Reichstadt et de ce maréchal. — Conférences de Marmont. — La capitulation d'Essonnes. — La campagne de 1796. — Histoire de Napoléon. — Ce que le duc de Reichstadt pense de Marmont. — Ambitions secrètes du maréchal. — Le portrait du duc et les vers de *Phèdre*. — Les partisans du fils de Napoléon en Italie. — Mouvements et intrigues. — Déclarations de Metternich en faveur de Louis-Philippe. — Autres déclarations à Appony. — François II et le duc de Reichstadt. — Espérances du jeune prince favorisées par son grand-père. — Le principe de non-intervention. — Émeutes dans les États pontificaux et à Parme. — Fuite de Marie-Louise. — Nouvelles confidences de François II à son petit-fils. — Troubles de Modène, Bologne, Ferrare et Parme. — Metternich et le fils de Napoléon. — Part de la faction bonapartiste dans les affaires italiennes. — Refus de laisser le duc de Reichstadt porter secours à sa mère. — Inquiétudes et tristesses du prince. — Les deux fils de Louis Bonaparte et l'Italie. — Politique de Metternich. — Maison et Sébastiani. — Le peintre Goubeaud. — Succès du duc de Reichstadt dans le monde. — La comtesse de ***. — Le comte Maurice Esterhazy. — La chanoinesse et le comte de Dietrichstein. — Le duc de Reichstadt préférait l'ambition et la gloire aux romans.. 375

CHAPITRE XVIII

LA MALADIE DU DUC DE REICHSTADT.

Retour de Marie-Louise à Parme. — M. de Dalberg et Casimir Périer. — La statue de Napoléon et la colonne Vendôme. — Le parti bonapartiste et les desseins secrets de Metternich. — M. de Dalberg et Talleyrand. — Réveil du bonapartisme avec les journées de Juillet. — Ignorance du duc de Reichstadt à cet égard. — Défiance de Metternich contre l'influence de Prokesch. — Mission de celui-ci à Bologne. — Lettre du duc de Reichstadt à son ami. — Adieux et présents. — Le docteur Malfatti. — Continuation d'une croissance exagérée chez le jeune prince et faiblesse de sa poitrine. — Son traitement. — Retard momentané pour le service militaire. — Amélioration passagère. — Le duc abuse des exercices. — Sa santé s'en ressent de nouveau. — Commandement des troupes et abus de l'équitation. — Ordre au duc de se rendre à Schœnbrunn pour s'y reposer. — Le duc et le docteur Malfatti. — Entretiens sur Byron et Lamartine. — L'*Andromaque* de Racine. — Allusions à sa situation personnelle recherchées par le duc de Reichstadt. — Le trône de Belgique. — Casimir Périer et le fils de Napoléon. — Conférence de Londres. — Manifestations à la place Vendôme. — Lettre de Victor Hugo à Joseph Bonaparte en faveur du duc de Reichstadt. — Le duc et M. de Prokesch. — Situation de l'Europe. — Le principe de non-intervention et M. de Talleyrand. — Lettre du duc à son ami. — La politique et la religion. — Réponse de Prokesch. — Sentiments religieux du duc de Reichstadt. — Il offre à son ami les *Saintes Harmonies* d'Albach. — Confidences intimes. — Fanny Essler et le duc de Reichstadt. — Fausseté de leurs relations. — Gentz et Fanny Essler. — Aggravation de l'état maladif du prince. — Son découragement. — Conseils de Prokesch. — Nouvelles lettres du prince. — M. Thiers et la pairie en 1831. — Le duc de Reichstadt à la Hofburg. — Indifférence de Marie-Louise pour son fils. — Débats à la Chambre des députés sur le bannissement de Charles X. — La loi du 12 juin 1816 contre les Bonaparte. — Proposition d'Isambert et de Gaëtan Murat relatives à l'abrogation de l'article 4 de cette loi. — Rapport favorable d'Abbatucci. — Nouvelle proposition de M. de Briqueville concernant le bannissement de Charles X. — Rapport d'Amilhau, qui applique la même mesure aux ascendants et descendants de Napoléon. — Discussions à la Chambre des députés et à la Chambre des pairs de novembre 1831 à mars 1832. — Intervention de Pagès, Portalis, Martignac, Duvergier de Hauranne, Rémusat, Guizot, Broglie. — Vote de la proposition Briqueville le 20 mars 1832. — Brochure de Chateaubriand contre le bannissement. — Ses observations sur la République, sur le duc de Bordeaux, le duc de Reichstadt et les Bonaparte. — Pétition du sieur Lepayen relative aux cendres de Napoléon. — Discours de Martin du Nord, du général Lamarque, de Lameth, du général Bertrand. — Renvoi de la pétition au ministre des affaires étrangères. — Conseils de Chateaubriand à un jeune prince. — Application personnelle qu'en voudrait faire le duc de Reichstadt. — Son amour de la guerre.................. 401

CHAPITRE XIX

LA MORT.

Santé précaire du duc de Reichstadt. — Les funérailles du général Siegenthal. — Le prince est obligé de renoncer encore aux exercices militaires. — Ses études historiques. — Lettres du prince à Prokesch. — Conseils de celui-ci. — Bruit des fiançailles du duc de Reichstadt avec la fille de l'archiduc Charles. — Imprudences du prince. — Le bal du maréchal Maison. — Refus du prince de s'y rendre. — Nouvelle mission diplomatique imposée à Prokesch par Metternich. — Dernier entretien des deux amis. — Le duc remet son épée à Prokesch. — Lettre de Marchand au duc. — Refus de laisser Marchand venir en Autriche. — Mélancolie du prince. — Ses vers sur un portrait d'Isabey. — Propos maladroits du général Kutschera. — Imprudences du duc de Reichstadt. — Aggravation de sa maladie. — Consultation des principaux docteurs. — Nouveaux avertissements donnés à Marie-Louise. — Indifférence et légèreté de la duchesse de Parme. — Revues, dîners, bals et spectacles en son duché. — Voyage à Naples projeté pour le duc de Reichstadt. — Permission accordée par M. de Metternich. — Transport du prince au château de Schœnbrunn. — Le château et le parc. — L'appartement du prince. — Chambre où demeurait Napoléon en 1809. — Le lit de camp. — Départ de M. de Dietrichstein. — La promenade à Laxenbourg. — Nouvelle consultation. — Pronostics inquiétants. — Le prince refuse de recevoir le maréchal Maison. — Le jardin réservé. — Confidences du prélat Wagner à l'archiduchesse Sophie. — La dernière communion du prince. — L'archiduc Maximilien. — La *Kaisergruft*. — La duchesse de Parme ne peut se décider à venir à Vienne. — Ses illusions sur la santé de son fils. — Aggravation effrayante. — Nouvelles données par Metternich au comte Appony. — Communications destinées à Louis-Philippe. — Craintes du chancelier au sujet du prince Louis Bonaparte. — Arrivée de Marie-Louise à Schœnbrunn. — Entrevue du fils et de la mère. — Lettre du prince Louis-Napoléon à son cousin. — Le duc de Reichstadt se sent perdu. — Son courage devant la mort. — Le berceau et la tombe. — L'orage du 21 juillet. — Chute d'un aigle à Schœnbrunn. — Agonie et mort du prince. — Douleur de l'archiduchesse Sophie. — Émotion de François II. — Jugement de M. de Méneval sur la conduite de l'empereur d'Autriche. — Le duc de Reichstadt a laissé à Prokesch le sabre de Napoléon et ses livres. — Exposition du corps du prince à Schœnbrunn. — Le masque du duc de Reichstadt et celui de Napoléon. — Le musée de Baden et le docteur Hermann-Rollett. — Autopsie du prince. — Transport de ses restes dans la chapelle de la Hofburg. — Nouvelle exposition et dernières prières. — Le cœur du prince est porté à l'église des Augustins. — Les funérailles. — Absoute en l'église des Capucins. — Descente du cercueil dans la *Kaisergruft*. — Deuil officiel à la cour. — Lettre du maréchal Maison à son gouvernement. — Émotion de Marie-Louise. — Sa lettre à la comtesse de Crenneville. — Elle pleure le duc de Reichstadt et le comte de Neipperg. — Tristes pressentiments qu'avait Prokesch en quittant le duc de Reichstadt. — Son séjour à Rome. — Ses relations avec le prince Gabrieli et la princesse Charlotte Bonaparte. — Rappel de Prokesch. — Il consent, avant de partir, à une entrevue avec Mme Lætitia. — Ses détails sur le duc de Reichstadt. — Mission dont le charge Mme Lætitia pour son petit-fils. — La bénédiction d'une aïeule. — Prokesch apprend la mort de son ami à Bologne. — Sa douleur. — Audience que lui accorde François II. — Lettre de Prokesch à la princesse Charlotte. — Noble conduite de Prokesch. — Comment il a conquis l'amitié du prince et l'estime de tous les gens de cœur. — Causes de la mort prématurée du duc de Reichstadt. — Indifférence de l'Europe. — La presse viennoise : l'*Observateur autrichien*. — La presse allemande : la *Gazette d'Augsbourg*, le *Correspondant de Nuremberg*, le *Journal de Francfort*. — La presse anglaise : le *Times*. — La presse française : le *Moniteur*, la *Quotidienne*, le *Constitutionnel*, la *Gazette de France*, la *Revue des Deux Mondes*, la *Chronique*, le *Temps*. — L'opposition et les souvenirs de Napoléon. — Le théâtre : *Le duc de Reichstadt, Le roi de Rome*. — Les manifestations.................................... 431

CONCLUSION

Si le fils de Napoléon eût réussi à monter sur le trône, aurait-il pu s'y maintenir ? — Ce que François II pensait de son avènement probable. — Opinion du duc de Reichstadt sur les garanties qu'il aurait pu offrir à la France. — Espérances et illusions. — Puissance du nom de Napoléon. — Impossibilité du jeune prince à se prévaloir, comme son père, de gloire personnelle et de services rendus à la France. — Difficultés extérieures auxquelles il eût été exposé. — Le prince n'aurait pu se renfermer dans une politique exclusivement pacifique. — Sur quels hommes se serait-il appuyé ? — Comment eût-il constitué son gouvernement ? — Napoléon II et Napoléon III. — La France ne connaissait pas le duc de Reichstadt. — Légendes répandues sur lui. — Sa vraie situation à la cour d'Autriche. — Séquestration dont il était la victime. — Ambitions inassouvies. — Il ne pouvait vivre comme un simple officier ou comme un archiduc. — Faut-il regretter la perte prématurée de ce prince ? — Observations du chevalier de Prokesch et du comte Maurice Esterhazy à ce sujet. — Nouveau portrait du fils de Napoléon par Prokesch. — Ressemblance physique et morale du prince avec son père. — Exposition rétrospective de l'Empire. — Souvenirs du roi de Rome. — Les jeunes princes et la destinée. — La *Kaisergruft* ou caveau impérial à Vienne. — Les mausolées des empereurs. — Les tombeaux des archiducs et du duc de Reichstadt. — Fin de la duchesse de Parme. — Examen des résultats du divorce de Napoléon et de son second mariage. — Les prédictions du sénatus-consulte du 17 février 1810. — Ce que l'avenir en a fait. — L'Empire et la Papauté............... 463

FIN DE LA TABLE SOMMAIRE DES CHAPITRES.

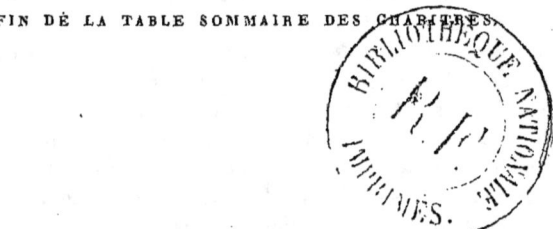

PARIS

TYPOGRAPHIE DE E. PLON, NOURRIT ET Cie
RUE GARANCIÈRE, 8

www.ingramcontent.com/pod-product-compliance
Lightning Source LLC
Chambersburg PA
CBHW051138230426
43670CB00007B/850